The Chivalric Vision of

Alfonso de Cartagena

Juan de la Cuesta
Hispanic Monographs

Series: *Ediciones críticas*, N° 4

EDITOR
Thomas A. Lathrop

EDITORIAL BOARD
Samuel G. Armistead
University of California, Davis

Alan Deyermond
*Queen Mary College
of The University of London*

Manuel Durán
Yale University

Daniel Eisenberg
Florida State University

John E. Keller
University of Kentucky

Robert Lott
University of Illinois

José A. Madrigal
Auburn University

James A. Parr
University of California, Riverside

Julio Rodríguez Puértolas
Universidad Autónoma de Madrid

Ángel Valbuena Briones
University of Delaware

ASSOCIATE EDITOR
James K. Saddler

The Chivalric Vision of Alfonso de Cartagena: Study and Edition of the *Doctrinal de los caualleros*

by
NOEL FALLOWS
University of Georgia

Juan de la Cuesta
Newark, Delaware

Copyright © 1995 by Juan de la Cuesta—Hispanic Monographs
270 Indian Road
Newark, Delaware 19711
(302) 453-8695
Fax: (302) 453-8601

MANUFACTURED IN THE UNITED STATES OF AMERICA

ISBN: 0-936388-XX-X

The Chivalric Vision of Alfonso de Cartagena

Corrigenda

p. 2, n. 6. Says, "*decCaballerias.*" Should say, "*de caballerías.*"

p. 2, n. 6. Says, "Catedra." Should say, "Cátedra."

p. 2, n. 6. Says, "*Españioles.*" Should say, "*Españoles.*"

p. 33. Says "(274)." Should say, "(294)."

p. 66. Says, "p. 101, l. 433." Should say, "p. 101, l. 432."

p. 72. Says, "p. 197, l. 667." Should say, "p. 197, l. 697."

p. 72. Says, "p. 94, l. 209." Should say, "p. 94, l. 208."

p. 80, n. 3. Says, "*DC*, I, v (p. 80)." Should say, "*DC*, I, v (p. 110)."

p. 123, n. 12. Says, "ll. 219-277." Should say, "ll. 218-276."

p. 123, n. 12. Says, "pp. 154-155, ll. 59-120." Should say, "pp. 154-156, ll. 58-121."

p. 129, line 409. Says, "[ancha. E la çaguera. E]." Should say, "[ancha la çaguera. E]."

p. 129, n. 27. Says, "Inc. 1487 has *ancha la çaguera.*" Should say, "*Inc. 1487* has *ancha e la çaguera.*"

p. 152, n. 1. Says, "(ll. 1-84)." Should say, "(ll. 1-83)."

p. 154, n. 9. Says, "(ll. 59-120) . . . ll. 59-84." Should say, "(ll. 58-119) . . . ll. 58-83."

p. 161, n. 17. Says, "ll. 307-311." Should say, "ll. 308-310."

p. 173, line 77. Says, "se acuso." Should say, "[l]e acuso."

p. 257, line 27. Says, "la su fe. faziendo." Should say, "la su fe, faziendo."

p. 312, line 56. Says, "ortogandose." Should say, "otorgandose."

p. 376. Says, "Page 460: n. 1." Should say, "Page 360: n. 1."

Table Of Contents

Preliminary Study

Preface 1

I. Alfonso de Cartagena and chivalric theory 4

II. The meaning and purpose of the
   Doctrinal de los caualleros 17

III. Cartagena's audience 35

IV. The extant manuscripts and incunabula
   of the *Doctrinal de los caualleros*:
   a codicological description 47

V. Conclusion 70

   Editorial criteria 72

Edition

Alfonso de Cartagena, *Doctrinal de los caualleros* 76

APPENDIX

1. Biblioteca Nacional, MS 6607, ff. 53v-54r 362

2. Watermarks in the extant fifteenth- and
   sixteenth-century copies of the
   Doctrinal de los caualleros 363

3. Aristotle 373

   Bibliography 377

For my mother and father,

P<small>AT</small> and B<small>ILL</small>

Preface

IN THE FINAL CHAPTERS of *Cánovas*, the novelist Benito Pérez Galdós is given a tour of that politician's vast personal library. Among the many works that catch the visitor's eye is a rare printed edition of a book by Alfonso de Cartagena, Bishop of Burgos. As he leafs through the text, Galdós remarks: "Después admiré el *Doctrinal de caballeros*, del obispo de Burgos don Alonso de Cartagena, impreso en 1487, fijándome en las anotaciones que el propio don Antonio puso en las guardas de tan interesante y arcaico libro."[1] These cryptic words do indeed arouse the reader's curiosity, yet Galdós neither explains why the book nor Cánovas' notes might be of interest to the curious reader.

Other critics of the *Doctrinal de los caualleros*, perhaps more qualified than Galdós to discuss the text, have been equally cryptic in their observations. While the work has been variously described as "obra...esencial y curiosa,"[2] "compilación curiosísima,"[3] and "libro muy curioso y de grande apreciación,"[4] it has just as often been dismissed as a relatively uninteresting compilation of ordenances and statutes.[5] In recent years, however, attention has been drawn to the fact that the *Doctrinal de los caualleros* has been unduly neglected by scholars—as have Spanish chivalric manuals in general—, and is indeed worthy of serious study. I would add that Cartagena's text is in fact fundamental reading in order to understand the institution of chivalry in medieval Castile. Yet to date there are no accessible editions of the *Doctrinal de los caualleros*, annotated or otherwise.[6]

---

[1] Benito Pérez Galdós, *Cánovas* (Madrid: Alianza, 1980), 159.

[2] Francisco Méndez,. *Tipografía española, o historia de la introducción, propagación y progresos del arte de la imprenta en España* (Madrid: Imprenta de las Escuelas Pías, 1861), 134.

[3] José Amador de los Ríos, *Historia crítica de la literatura española*, 6 vols. (Madrid: José Fernández Cancela, 1861-65), VI, 251, n. 5.

[4] Konrad Haebler, *Bibliografía ibérica del siglo XV. Enumeración de todos los libros impresos en España y Portugal hasta el año de 1500*, 2 vols. (The Hague: Nijhoff, 1903), I, 54.

[5] Cf., for example, Manuel Martínez Añíbarro y Rives, *Intento de un diccionario biográfico y bibliográfico de autores de la provincia de Burgos* (Madrid: Manuel Tello, 1889): "no tiene más de original que las introducciones de cada libro; lo demás es trabajo de recopilación" (104a); And Silvia González-Quevedo Alonso, *El "Oracional" de Alonso de Cartagena. Edición crítica* (Valencia: Albatros Hispanófila, 1983): "Es sólo un trabajo de recopilación" (21).

[6] Sydney Anglo, "Jousting–the earliest treatises," *Livrustkammaren. Journal of the Royal*

The aim of this study, then, is straightforward. In an attempt to explain the remarks of previous critics, I shall discuss the meaning and purpose of Alfonso de Cartagena's *Doctrinal de los caualleros*, and, finally, provide a reliable, annotated edition of the text, the first since the book was last printed in 1497.

It is my pleasure at this point to thank all those who have given freely of their help during the course of my research on this project. Primary research was undertaken at a number of European libraries. In Spain I used the Biblioteca Nacional, the Biblioteca Colombina, and the libraries of the Fundación Lázaro Galdiano, the Palacio Real, the Escorial monastery, the Real Academia de la Historia, and the University of Salamanca. I also used the Bodleian Library in Oxford and the Royal Library of Copenhagen. I owe a debt of gratitude to the staffs of all these libraries as well as to the Interlibrary-Loan staff of the Main Library of the University of Georgia, who over the years have dealt patiently with a constant stream of requests. I would also like to thank *The Journal of Medieval and Renaissance Studies* at Duke University and the Hispanic Seminary of Medieval Studies at Madison, Wisconsin for allowing me to draw upon two of my earlier articles on Alfonso de Cartagena in the following pages.[7] Finally, I received considerable financial support from the University of Georgia in the form of a Faculty Research Grant and a Sarah H. Moss Fellowship which enabled me to visit special collections during the summers of 1993 and 1994.

There are also persons to whom I am especially indebted, in particular professor Charles F. Fraker, who over the years has allowed me to draw freely upon his unrivalled knowledge of fifteenth-century Spanish literature, and who has provided

---

Armoury (1991-1992): 3-23; Ángel Gómez Moreno, "La caballería como tema en la literatura medieval española: tratados teóricos," *Homenaje a Pedro Sáinz Rodríguez*, 2 vols. (Madrid: Fundación Universitaria Española, 1986), II, 311-323. Apart from my own work, the only study dedicated exclusively to the *Doctrinal de los caualleros* is that of Francisco María Tubino, "El *Doctrinal de Caballeros*, por Don Alfonso de Cartagena, obispo de Burgos, diplomático, literato y poeta de la corte castellana de Don Juan II. Códice de la Biblioteca del Escorial. Estudio histórico-crítico," *Museo Español de Antigüedades* 10 (1880): 129-177. Portions of the text are edited by José Mariá Viña Liste, *Textos medievales decCaballerias* (Madrid: Catedra, 1993), 603-620. A machine-readable edition exists on *ADMYTE*, disk Ø, *Archivo Digital de Manuscritos y Textos Españoles*. It should be noted that my own transcription of the *Doctrinal de los caualleros* was undertaken independently of this edition.

[7] Noel Fallows, "Chivalric manuals in medieval Spain: The *Doctrinal de los caualleros* (c. 1444) of Alfonso de Cartagena," *Journal of Medieval and Renaissance Studies* 24. 1 (1994): 53-87. Copyright Duke University Press, 1994. Reprinted with permission. And Noel Fallows, "Just Say No? Alfonso de Cartagena, the *Doctrinal de los caballeros*, and Spain's Most Noble Pastime," *Studies on Medieval Spanish Literature in Honor of Charles F. Fraker*, ed. Mercedes Vaquero and Alan Deyermond (Madison, WI: Hispanic Seminary of Medieval Studies, 1995), 129-141.

much moral support and sound advice as this project slowly developed. My friend and colleague Joseph T. Snow also read portions of the text at one stage or another of its completion and offered many helpful suggestions for its improvement.

I
Alfonso de Cartagena and chivalric theory

IN THE MIDDLE AGES the chivalric world in fiction was often diametrically opposed to the chivalric world in fact, for the honour codes which regulated the lives of the fictional heroes of chivalric romance often did not make a smooth transition from fiction to reality, and consequently tended not to regulate the lives of their real-life counterparts. By the fifteenth century, the reality of aristocratic and political life in Castile was quite apparent. Few knights strictly heeded the law, and most fought more among themselves and with the king than they did with the Muslims, the common enemy: as one chronicler remarked ominously, "entonces no huviese otra ley ni justicia sino las armas."[1] It was amid such circumstances that the Bishop of Burgos, Alfonso de Cartagena (1384-1456; bishop from 1435-1456) composed the *Doctrinal de los caualleros* (c. 1444), an anthology of the laws of Castile bearing on the reality of chivalry.

A dry-eyed and unsentimental look at knighthood, the *Doctrinal de los caualleros* draws heavily on the *Siete Partidas* and the *Fuero Real* of Alfonso X, and the *Ordenamiento de Alcalá* of Alfonso XI. It also includes a complete transcription of the rules of the Order of the Band of Castile, as set down by Alfonso XI in 1330 in *El libro de la Orden de la Banda*. The treatise itself is divided into four books, each of which is in turn divided into titles and statutes which outline the laws of knighthood, which also include Cartagena's own introductions to and interpretations of those laws as they apply to Castilian knights of the fifteenth century. Cartagena himself refers to the text in the prologue to Book I as the *Doctrinal de los caualleros* ("Podeysla llamar si vos plugiere *Doctrinal de los caualleros*, enmendando e mandandola enmendar como a vos bien visto fuere" [84]), and many of the manuscript versions of the text—there are at

---

[1] Alonso de Maldonado, *Hechos de Don Alonso de Monroy, clavero y maestre de la Orden de Alcántara*, in *Memorial Histórico Español: Colección de Documentos, Opúsculos y Antigüedades*, 4 (Madrid: Real Academia de la Historia, 1853), 1-110, at p. 23.

least twenty-two extant copies in various European and American libraries[2]—qualify the title by referring to the work simply as "una copilaçion de leyes."[3] The text was originally commissioned by Diego Gómez de Sandoval, himself a prominent knight in the Court of Juan II.[4]

By the fourteenth and fifteenth centuries the distinctions between chivalric fact and chivalric fiction had apparently become so blurred that modern scholarship on chivalry has tended to revolve around the question of whether the forms and conventions of chivalry in the last two centuries of the Middle Ages reflect decadence and decline, or if they were, on the contrary, representative of a still vigorous and meaningful ideal for aristocratic behaviour. Johan Huizinga's seminal study, *The Waning of the Middle Ages* (1924), as its title suggests, condemns later medieval civilization as a time of decadence and decay. Huizinga sees everywhere in the fifteenth century an obsession with images, symbols, and the development of form at the expense of the idea: "Art and letters in the fifteenth century share the general and essential tendency of the spirit of the expiring Middle Ages: that of accentuating every detail, of developing every thought and every image to the end, of giving concrete form to every concept of the mind."[5] Huizinga argues that chivalry itself is an expression of a waning mode of thought and the conventions of chivalry in this period—the tournaments, the Military Orders, the models of courtly behaviour—were little more than surface decoration. The knights of the fourteenth and fifteenth centuries, with their murdering, pillaging, and general licentiousness, fell pitifully short of the chivalric ideal, yet, Huizinga argues, the ideal itself was dressed up in more fantastic garb than ever before. For Huizinga, "all aristocratic life in the later Middle Ages is a wholesale attempt to act the vision of a dream" (41). The reality of knightly, or aristocratic life, deviated ever

---

[2] The extant manuscripts and incunabula are described in chapter IV.

[3] José Simón Díaz, *Bibliografía de la literatura hispánica*, 2nd. ed. (Madrid: CSIC, 1965), III, 5285, describes Real Academia de la Historia MS 9 / 712 as follows: "Contiene además: *Compilación de leyes de Castilla que fablan del fecho de los caballeros; Libro de la Banda; De la amistad.*" This description is misleading because in fact the *Doctrinal de los caualleros* and the other texts mentioned are one and the same. Many of the extant MSS refer to the text in the dedicatory paragraph as "una copilaçion de leyes" (see chapter IV). Also, a complete transcription of the *Libro de la Orden de la Banda* is included in the *Doctrinal de los caualleros*, III, v; and "De la amistad" is the title of III, vi.

[4] On Diego Gómez de Sandoval, see below, pp. 39-41.

[5] Johan Huizinga, *The Waning of the Middle Ages* (New York: Doubleday Anchor, 1954; first publ. 1924), 277. Future references will be indicated by the page number only. Following Huizinga's general approach, see Raymond Kilgour, *The Decline of Chivalry as Shown in the French Literature of the Late Middle Ages* (Cambridge: Harvard University Press, 1937); and Arthur Ferguson, *The Indian Summer of English Chivalry: Studies in the Decline and Transformation of Chivalric Idealism* (Durham, N. C.: Duke University Press, 1960).

further from the ideal even while the forms of chivalry achieved a magnificence never before realized. The main charge against Huizinga is precisely that his thesis rejects the social realities of the time in favour of an examination of literature and art, and that Huizinga hardly sees the nobility as living in a real world at all, but rather in a fantasy world of their own creation. His theories, however, met with no serious challenges for some sixty years.

In contradistinction to Huizinga, Maurice Keen, in his book *Chivalry*, published in 1984, maintains that in fact the so-called decline of chivalry in the later Middle Ages has been distorted by previous historians, and after studying the social, political and religious realities of the time, as opposed to romantic literature, he concludes that chivalry was in actuality an active ideal, closely adhered to by aristocrats of a knightly caste, and that it played an important, functional role in society in the fourteenth and fifteenth centuries. Keen emphasizes the secular origins of chivalry, holding them to be every bit as important as the religious origins, and he shows that the same conventions of chivalry which Huizinga had seen as symbolic of decadence still served a real purpose in society. Keen takes issue with Huizinga's representation of late medieval society as essentially a cultural phenomenon and argues that chivalry "was at once a cultural and a social phenomenon, which retained its vigour because it remained relevant to the social and political realities of the time."[6] Even taking into account the social realities of knighthood, however, there is little doubt that in the Middle Ages fictional romances were often taken literally as codes of chivalric conduct. In Spain and Catalonia, the relationship between fictional knights and their real-life counterparts has been studied in detail by specialists such as Martín de Riquer.[7] Yet despite this critical attention much still remains to be said about theoretical manuals on

---

[6] Maurice Keen, *Chivalry* (New Haven: Yale University Press, 1984), 219. For a similar argument to Keen's, see Malcolm Vale, *War and Chivalry: Warfare and Aristocratic Culture in England, France and Burgundy at the End of the Middle Ages* (London: Duckworth, 1981). Also, diametrically opposed to Huizinga, see *Chivalric Literature: Essays on Relations between Literature and Life in the Later Middle Ages*, ed. Larry D. Benson and John Leyerle (Kalamazoo: Medieval Institute Publications, 1985). The most recent discussion of the debate between Keen and Huizinga is that of the Argentine historian, Nelly Porro, who ultimately sides with Huizinga. See Nelly R. Porro, "¿Decadencia o cambio en la caballería? Un pacto esclarecedor de la Castilla bajomedieval," *Literature, Culture and Society of the Middle Ages: Studies in Honour of Ferran Valls i Taberner, 9: Interdisciplinary Studies in Honour of Ferran Valls i Taberner on the Occasion of the First Centenary of His Birth*, ed. Miguel Martínez López (Barcelona: Promociones Publicaciones Universitarias, 1989), 2741-2759.

[7] Martín de Riquer, *Caballeros andantes españoles* (Madrid: Espasa-Calpe, 1967); and Martín de Riquer, *Cavalleria fra Realtà e Letteratura nel Quattrocento* (Bari: Adriatica Editrice, 1970). The most comprehensive study of chivalric fiction in Spain is that of Daniel Eisenberg, *Romances of Chivalry in the Spanish Golden Age* (Newark, Del.: Juan de la Cuesta, 1982).

chivalry such as the *Doctrinal de los caualleros*, factual counterparts which existed alongside the fictional romances and also offered codes of behaviour for the knights to follow. Whereas English, French and Catalan theoretical treatises on matters chivalric have received ample critical attention, the volume of criticism dedicated to Spanish theoretical treatises on chivalry is negligible.[8]

---

[8] In England, see William Caxton, *The Book of Fayttes of Armes and of Chyualrye*, ed. Alfred T. P. Byles, Early English Text Society, 189 (Oxford: Oxford University Press, 1932) (a translation of Christine de Pisan's *L'Art de chevalerie*); William Caxton, *The Book of the Ordre of Chyualry*, ed. Alfred T. P. Byles, Early English Text Society, 168 (Oxford: Oxford University Press, 1926) (a translation of Ramon Llull's *Llibre de l'Orde de Cavalleria*); Diane Bornstein, "Military Manuals in Fifteenth-Century England," *Medieval Studies* 37 (1975): 469-477. In France, see Honoré Bouvet (Bonet), *L'Arbre des batailles*, ed. Ernest Nys (Brussels and Leipzig: C. Muquardt, 1883); Berault Stuart, seigneur d'Aubigny, *Traité sur l'art de la guerre*, ed. E. de Comminges (The Hague: Nijhoff, 1976); Christopher Allmand, *The Hundred Years War. England and France at War c. 1300-c. 1450* (Cambridge: Cambridge University Press, 1989), 151-163; Philippe Contamine, "The War Literature of the Late Middle Ages: The Treatises of Robert de Balsac and Béraud Stuart, Lord of Aubigny," *War, Literature and Politics in the Late Middle Ages. Essays in Honour of G. W. Coopland*, ed. C. T. Allmand (Liverpool: Liverpool University Press, 1976), 102-121. In Catalonia, see Ramon Llull, *Llibre de l'Orde de Cavalleria*, ed. Marina Gustà (Barcelona: Edicions 62, 1981); *Tractats de cavalleria*, ed. Pere Bohigas Balager (Barcelona: Barcino, 1947); Siegfried Bosch, "Les partides i els textos catalans didàctics sobre cavalleria," *Homenatge a Antoni Rubió i Lluch. Estudis Universitaris Catalans* 22 (1936): 655-680; Mark D. Johnston, "Literacy, Spiritual Allegory, and Power: Llull's *Libre de l'Orde de Cavalleria*," *Catalan Review* 4. 1-2 (1990): 357-376; Luisa Piemontese-Ramos, "*Libre del Ordre de Cavayleria*: Fashion and Fiction," *Catalan Review* 4. 1-2 (1990): 347-355; M. Sanchis Guarner, "L'ideal cavalleresc definit per Ramon Llull," *Estudios Lulianos* 2 (1958): 37-62. In Spain, see Juan Manuel, *Libro del cauallero et del escudero*, in *Obras completas*, ed. José Manuel Blecua (Madrid: Gredos, 1982), I, 35-116; Juan Manuel, *Libro de los Estados*, ed. R. B. Tate and I. R. MacPherson (Oxford: Clarendon Press, 1974); Mosén Diego de Valera, *Espejo de verdadera nobleza*, *Tratado de las armas*, *Doctrinal de Príncipes*, in *Prosistas castellanos del siglo XV*, ed. Mario Penna, Biblioteca de Autores Españoles, 116 (Madrid: Rivadeneira, 1959), 89-116, 117-139, 173-202, respectively; Lucas de Torre, "Enrique de Villena. *El libro de la guerra*," *Revue Hispanique* 38 (1916): 497-531. I would add that military manuals were as popular in Golden-Age Spain as they were in the Middle Ages. See, for example, Juan Quixada de Reayo, *Doctrina del arte de la cauallería* (Medina del Campo: Pedro de Castro, 1548); Bartolomé Scarión de Pavia, *Doctrina militar. En el qual se trata de los principios y causas por qué fue hallada en el mundo la Milicia, y cómo con razón y justa causa fue hallada de los hombres y fue oprobada de Dios. Y después se va de grado en grado descurriendo de las obligaciones y advertencias que han de saber y tener todos los que siguen la soldadesca, començando del Capitán General hasta el menor soldado, por muy visoño que sea* (Lisbon: Pedro Crasbeeck, 1598); Juan de Carrión Pardo, *Tratado cómo se deven formar los quatro esquadrones en que milita Nuestra nación Española. En el qual se hallarán cosas muy curiosas tocantes al origen de las Armas* (Lisbon: Antonio Alvarez, 1595). Future references to

The most widely diffused treatises on military matters in medieval Europe were the *Epitoma rei militaris* (c. 384-389) of Flavius Vegetius Renatus[9] and *De Regimine principum* (c. 1277-1279)—a *speculum principis* written by Giles of Rome (Ægidius Romanus)[10]—, sections of which dealt with battles and warfare. Both of these texts were translated into vernacular languages (into Spanish by Alfonso de San Cristóbal and Juan de Castrogeriz, respectively). That the works of Vegetius and Giles were popular is understandable, for in their treatises both authors transmitted knowledge about concrete events in the past in order to explain a theory of cause and effect in historical events, the universality of which would be valid for any epoch. Vegetius' *Epitoma rei militaris*, for example, contains many noble, patriotic pleas for a return to the virtues of discipline and courage of the Ancients, and although the treatise was not written as a manual of chivalry with a medieval audience in mind, the didactic nature of the treatise meant that it could serve as an example for future readers as well as instruction for contemporary readers, with the result that the text was received as a manual of chivalry by its medieval audience.[11] Despite the popularity of these texts, however, they do not specifically deal with Peninsular political situations.

Vernacular manuals on knighthood in the Middle Ages in Spain date from the thirteenth century when in Aragon-Catalonia Ramon Llull composed the *Llibre de l'Orde de cavalleria* (c. 1275). In his treatise Llull deals essentially with the

---

the texts listed above will be indicated by page number only.

[9] Flavius Vegetius Renatus, *Epitoma rei militaris*, ed. Leo F. Stelten (New York: Peter Lang, 1990). See also Walter Goffart, "The Date and Purpose of Vegetius' *De re militari*," *Traditio* 33 (1970): 65-100; and Charles R. Shrader, "A handlist of extant manuscripts containing the *De re militari* of Flavius Vegetius Renatus," *Scriptorium* 33 (1979): 280-305.

[10] Giles of Rome, *De Regimine principum libri III* (Frankfurt: Minerva GMBH, 1968). On the fortunes of *De Regimine principum* in medieval Castile, see P. Fernando Rubio, "*De Regimine Principum*, de Egidio Romano, en la Literatura Castellana de la Edad Media," *La Ciudad de Dios* 173 (1960): 32-71; and P. Fernando Rubio, "*De Regimine Principum*, de Egidio Romano, en la Literatura Castellana de la Edad Media, siglo XV," *La Ciudad de Dios* 174 (1961): 645-677. On Castrogeriz's translation, see Sylvia Roubaud, "Les manuscrits du *Regimiento de príncipes* et l'*Amadís*," *Mélanges de la Casa de Velázquez* 5 (1969): 207-222; and *Glosa castellana al "Regimiento de Príncipes" de Egidio Romano*, 3 vols., ed. Juan Beneyto Pérez (Madrid: Instituto de Estudios Políticos, 1947).

[11] Cf., for example, Alfonso de San Cristóbal's prologue to his translation of Vegetius, dedicated to Enrique IV: "Señor, por quanto fue la vuestra merçed de me mandar rromançar el libro en vuestro lenguaje, el libro e la obra que fiso Vegeçio de la caualleria e de la arte de las batallas, e yo viendo e considerando que non tan solamente avedes vos e en todos los fieles catolicos batalla corporal contra los enemigos que veemos que son corporales, mas avn contra los enemigos que veemos que son espirituales..." See *Libro de Vegeçio de rre militare*, Madrid, Biblioteca Nacional, MS 10445, ff. 140r-142v, at f° 140r.

religious aspects of chivalry, and he dwells on such matters as the symbolic significance of arms and armour, and the relationship between traditional biblical virtues and vices (charity, loyalty, justice and truth versus animosity, disloyalty, injustice and falsehood, etc.) and knighthood, more so than the statutes and laws pertaining to the institution. In Castile Juan Manuel dedicated several works to chivalry, namely, the *Libro del cauallero et del escudero* (1326), the *Libro de los Estados* (1330), and the *Libro de la cauallería* (c. 1330). The *Libro del cauallero et del escudero* is a treatise on knighthood, written as a story ("una fabliella") based on a philosophical dialogue between a knight and a squire, which, the author adds cryptically, may or may not be true. Although chivalry and knighthood constitute an integral part of the text, the *Libro del cauallero et del escudero*, like Llull's *Llibre de l'Orde de Cavalleria*, ultimately leans toward a discussion of the religious aspects of knighthood and of the place of man in the universe.[12] The *Libro de los Estados*, like *De Regimine principum*, is more than just a manual on chivalry, but in the text Juan Manuel does discuss chivalric matters incidentally, in the sense that one of the functions of the text is to provide a worldly and religious education for the prospective knight. Characteristically, Juan Manuel couches his instruction in a fictional frame and the didactic message takes the form of a debate. The *Libro de la cauallería* is unfortunately now lost.

A contemporary of Juan Manuel is the French author Honoré Bouvet, whose *L'Arbre des batailles*, composed c. 1387, was translated into Castilian twice in the fifteenth century, by Antón de Zorita and Diego de Valera, and was subsequently diffused throughout the Iberian Peninsula.[13] *L'Arbre des batailles* is essentially a collection of hypothetical situations (mostly problematic) which pertain to knighthood to which Bouvet proposes a solution or challenges the accepted solution with his own views, based primarily on a reading of civil and canon law. As well as translating other authors, Diego de Valera also composed his own treatises on chivalric matters, in particular, a short treatise on knighthood entitled *Espejo de verdadera nobleza* (1441), chapter 10 of which concerns a discussion of the origin and purpose of the institution of chivalry, and the *Tratado de las armas* (c. 1467), a treatise on armour, arms, heraldic devices, and the etiquette that should be

---

[12] See Francisco Rico, *El pequeño mundo del hombre. Varia fortuna de una idea en la cultura española* (Madrid: Alianza, 1988), 85-90, 313-314.

[13] See Charles B. Faulhaber, *Bibliography of Old Spanish Texts* (Madison: Hispanic Seminary of Medieval Studies, 1984), entry numbers 280 (trans. Zorita), 764 (trans. Valera), 1502 (trans. Valera), 1707 (trans. Zorita), 1708 (trans. Zorita), and 1917 (trans. Zorita). See also Carlos Alvar, "Traducciones francesas en el siglo XV: el caso del *Árbol de batallas* de Honoré Bouvet," *Miscellanea di Studi in onore di Aurelio Roncaglia a cinquant'anni dalla sua laurea* (Modena: Mucchi, 1989), 25-34.

observed by those who participate in jousts and tournaments.[14] And in the *Doctrinal de Príncipes* (1475 or 1476),[15] although the influence of Giles of Rome is evident, Valera added much of his own material concerning such chivalric pursuits as jousting and warfare. The turbulent years of the fifteenth century in Castile also produced *El libro de la guerra*, which has been attributed to Enrique de Villena. This work draws on Vegetius and the *Siete Partidas*, and discusses strategies and tactics for success in battle.[16]

Given the ecclesiastical associations of many of the authors of theoretical treatises on chivalry (Giles of Rome was archbishop of Bourges; Ramon Llull was a missionary in Bougie; Juan Manuel was a patron of the Dominican order and had a Dominican confessor; Honoré Bouvet was prior of Selonnet, a Benedictine monastery in the south of France), it was not unusual that the Bishop of Burgos should compose the *Doctrinal de los caualleros*, in an attempt to define knighthood from a strictly Castilian perspective. The *Doctrinal de los caualleros* goes several steps beyond previous Classical and vernacular treatises in that it not only deals with matters of war and combat, but also with the laws and statutes of Castile, and, specifically, the role of the nobleman and the knight in fifteenth-century Castilian society. Prior to composition of the *Doctrinal de los caualleros*, Cartagena had been intimately involved with the study of knighthood, and questions concerning the place of the noble and the knight (and by association, the vassal) in Castilian society, as well as the historical identity of Castile itself and the place of Castile in a European historical and geographical context.

A testament to Cartagena's genuine interest in knighthood is his correspondence with the Marqués de Santillana. Between January 15 and March 17, 1444, prior to or during the composition of the *Doctrinal de los caualleros*, the Marqués de Santillana wrote a letter to Cartagena concerning the *De Militia* (1421) of Leonardo Bruni.[17] Although Cartagena had not read Bruni's treatise ("pues su escriptura non vy" [353], he says in his reply to Santillana) he nonetheless is able to answer Santillana's query, which concerns the nature of an oath of fealty taken by Cato before a battle. Since Santillana has not been able to consult a copy of the

---

[14] On Diego de Valera and chivalric theory see María Lourdes Simó, "Los Conocimientos Heráldicos de Mosén Diego de Valera," *La Corónica* 22 (1993): 41-56.

[15] See Gino V. M. de Solenni, "On the date of composition of Mosén Diego de Valera's *El doctrinal de príncipes*," *Romanic Review* 16 (1925): 87-88.

[16] For editions of the texts discussed in this paragraph, see above, n.8.

[17] Angel Gómez Moreno, "La *Qüestión* del Marqués de Santillana a Don Alfonso de Cartagena," *El Crotalón* 2 (1985): 335-363. All subsequent references to Moreno's edition are indicated by the page number. Bruni's *De Militia* has been edited with notes by Charles C. Bayley, *War and Society in Renaissance Florence: The "De Militia" of Leonardo Bruni* (Toronto: University of Toronto Press, 1961), 360-397.

oath, he asks Cartagena for assistance.

It is possible that Santillana knew that Diego Gómez de Sandoval had commissioned a treatise on chivalry to be composed by Cartagena, and that he was already aware that Cartagena was preparing a treatise on chivalry at this time. Also, Santillana was no doubt aware that Cartagena had corresponded with Leonardo Bruni, a fact which Cartagena himself verifies in his reply to the *Qüestión* ("E yo para esto quisiera ver aquel su tratado como de vn discreto orador, mi muy espeçial amigo, con quien por epístolas oue dolçe comerçio" [353]),[18] and Santillana perhaps believed that Cartagena would therefore be familiar with Bruni's treatise. Nevertheless, since Santillana refers to Cartagena as "grandísimo estoriógrafo e ynvestigador" (348), and the fact that his query is specifically concerned with chivalry and historiography implies that he expected Cartagena to know the answer to the question, whether he had read Bruni's treatise or not. In effect, Cartagena does demonstrate a considerable knowledge of chivalric matters in his response to the Marqués, and he answers Santillana's question with apparent ease. Shortly after his reply to Santillana, Cartagena would reveal the full extent of this knowledge in the *Doctrinal de los caualleros*. Indeed, in one of the extant manuscripts of the text, the Marqués' *Qüestión* precedes the *Doctrinal de los caualleros* as a seemingly pertinent introduction to Cartagena's treatise.[19]

As a means of dispelling fictional myths concerning the nature and history of chivalry promulgated by chivalric romance literature, Cartagena dedicated several works exclusively to historical and geographical definition. In the celebrated speech (originally composed in Latin) *Acerca del derecho de precedencia del Rey de Castilla sobre el Rey de Inglaterra* which he delivered at the Council of Basel in 1434,[20] Cartagena expounded a theory of civil nobility, following Bartolo of Sassoferrato (1314-57),[21] according to which the king's power was absolute and the

---

[18] Cartagena's correspondence with Bruni is well documented. See, in particular, Alexander Birkenmajer, "Der Streit des Alfonso von Cartagena mit Leonardo Bruni Aretino," *Beiträge zur Geschichte der Philosophie des Mittelalters* 20. 5 (1922): 129-223; and, more recently, Ottavio Di Camillo, "Humanism in Spain," *Renaissance Humanism: Foundation, Forms, and Legacy*, ed. Albert Rabil (Philadelphia: University of Pennsylvania Press, 1988), II, 55-108.

[19] The manuscript in question is Biblioteca Nacional MS 6609, which contains the *Qüestión* (folios 1r-16r) and the *Doctrinal de los caualleros* (folios 16r-332r), both in the same hand.

[20] "Discurso pronunciado por D. Alfonso de Cartagena en el Concilio de Basilea acerca del derecho de precedencia del Rey de Castilla sobre el Rey de Inglaterra," *La Ciudad de Dios* 35 (1894): 122-129, 211-217, 337-353, 523-542.

[21] Bartolo's political treatises are edited by Diego Quaglioni, *Politica e diritto nel trecento italiano: il "De tyranno" Di Bartolo da Sassoferrato (1314-1357). Con l'edizione critica dei trattati "De Guelphis et Gebellinis," "De regimine civitatis" e "De tyranno"* (Città di Castello: Leo S. Olschki, 1983).

nobles were subordinate to him: "los reyes tienen la cunbre e ssoberana altura de la noblesa çiuil pues que de ellos como de fuentes desçienden los arroyos de la noblesa çiuil e fidalguia" (129). Cartagena's theories of civil nobility revolve primarily around genealogy and historical definition: thus in the speech he traced the royal lineage of the Castilian monarchy as far back as Hercules. He also emphasised the strength of the Castilian knights and argued that unlike England and France, who continued to be embroiled in a strictly territorial war (i. e., the Hundred Years War, c. 1300-c. 1450), Castile was involved in a just, holy war against the infidel (i. e., the Reconquest), in which, although political and purely territorial expansion was important, it was nevertheless (in theory, at least) of secondary importance to the religious conquest, and the expansion of Christendom ("el enssalçamiento de la fee catholica" [353]).[22]

The ideas which buttressed this speech were developed further in the *Anacephaleosis* (first published by Nebrija in 1522), in which Cartagena traced the royal lineage from Athanaric to Enrique IV. The *Anacephaleosis* was subsequently translated into Castilian with sumptuous illuminations, by Fernán Pérez de Guzmán and Juan de Villafuerte, with the title, *Genealogía de los Reyes de España*, and the quality of the manuscripts alone bears witness to the importance and value of the treatise.[23] The point of genealogical literature is to establish the identity of a particular individual or of a nation, which in the case of the Castilians, as Cartagena demonstrated both in his speech presented at Basel and the *Anacephaleosis*, could be traced as far back as Hercules. Robert Brian Tate has observed that the *Anacephaleosis* itself is based primarily on Cartagena's interpretation of Jiménez de Rada's thirteenth-century *Historia de rebus Hispaniæ*. This is a significant observation, for Cartagena disapproved of romances as recommended

---

[22] Cartagena's "nationalistic" approach to his speeches is discussed by José Antonio Maravall, *El concepto de España en la Edad Media* (Madrid: Instituto de Estudios Políticos, 1964), 403-407, 463-472, 475-488.

[23] Alfonso de Cartagena, *La "Anacephaleosis" de Alonso de Cartagena: edición, traducción, estudio*, ed. Yolanda Espinosa Fernández (Madrid: Universidad Complutense, 1989). See also, Robert Brian Tate, "La *Anacephaleosis* de Alfonso García de Santa María, Obispo de Burgos, 1435-1456," *Ensayos sobre la historiografía peninsular del siglo XV* (Madrid: Gredos, 1970), 55-73. The illuminated vernacular manuscript versions are described by Jesús Domínguez Bordona, *Manuscritos con pinturas* (Madrid: Centro de Estudios Históricos, 1933), I, 369 (entry number 925), and I, 470 (entry number 1130). On genealogy and lineage, see Ernst Robert Curtius, *European Literature and the Latin Middle Ages*, trans. Willard R. Trask (London: Routledge and Kegan Paul, 1979), 495-500; Georges Duby, *The Chivalrous Society*, trans. Cynthia Postan (Berkeley: University of California Press, 1980), 59-80; and, Marian Rothstein, "Etymology, Genealogy and the Immutability of Origins," *Renaissance Quarterly* 43. 2 (1990): 332-347.

reading, witness the comments he makes concerning such matters in his own pedagogical treatise (which, significantly, is composed in Latin), dedicated to Pedro Fernández de Velasco, Count of Haro. In this treatise Cartagena states that because of the lessons to be learned from history the events depicted in the chronicles are to be praised as "perutiles." And he is also quick to add that the chronicles form a stark contrast with popular chivalric fiction, in particular, the tales of Tristram, Lancelot and Amadís, whose adventures are dismissed as "nullius utilitatis."[24]

Cartagena did make Latin works accessible to the nobility by translating them into the vernacular, and in his own prefaces and introductions he often observed that only by reading the Ancients would the reader come to perform virtuous acts. In the prologue to his translation of Cicero's *De senectute,* for example, Cartagena noted that Classical authors "dixeron muchas cosas notables en substancia e compuestas so muy dulçe estilo. E tales que allegadas e sometidas a la fe e a las otras virtudes theologales, excitan el espiritu, animan el corazon e avivan e esfuerzan la voluntad a los actos virtuosos."[25] Similar advice is reiterated by Cartagena in the prologue of Book I of the *Doctrinal de los cauulleros*:

E como sean muchas cosas scriptas, asi en los tiempos antiguos como en los mas çercanos años, para despertar los corazones en los fechos de la cauallería, pero todas las que a ello aprouechan se pueden rreduzir a vna de tres maneras. La primera manera es de doctrinas de sabidores que non ouieron diadema de imperio nin de rreyno para poder mandar, mas ouieron grand exçelençia de ingenio para enseñar. La segunda es enxemplos de los antiguos copilados por estoriadores en sus coronicas muy copiosamente, los quales non son bastantes nin tienen actoridad para apremiar, mas son sufiçientes para induzir los nobles coraçones a seguir el rrastro de la virtud. Ca asi como en el espejo se considera el bulto corporal, asi en las istorias, leyendo los fechos agenos, se veen los proprios con los ojos del coraçon, aunque non del todo claros. La terçera, es ordenança de leyes fechas por aquellos que ouieron poder de las estableçer E estas non solamente atrahen al ombre a beuir bien, mas aun han vigor de le

---

[24] *Un tratado de Alonso de Cartagena sobre la educación y los estudios literarios*, ed. Jeremy N. H. Lawrance (Barcelona: Universidad Autónoma de Barcelona, 1979), 54.

[25] Quoted by Marcelino Menéndez y Pelayo, *Bibliografía hispano-latina clásica, II*, ed. Enrique Sánchez Reyes, Edición Nacional de las Obras Completas de Menéndez y Pelayo, 45 (Santander: Aldus, 1951), 315. Lamentably, few of Cartagena's translations are readily available. See, in particular, *La rethorica de M. Tullio Ciceron*, ed. Rosalba Mascagna, Romanica Neapolitana, 2 (Naples: Liguori, 1969); and, *Texto y Concordancias del "De officiis de Cicerón." Traducción castellana por Alonso de Cartagena. MS 7815, Biblioteca Nacional de Madrid*, ed. María Morrás (Madison, WI: Hispanic Seminary of Medieval Studies, 1989) (Microfiche).

apremiar a ello. (81-82)

This statement in turn anticipates Cartagena's concluding remarks in the *Doctrinal de los caualleros*, when he says: "Ca las leys que de las *Partidas* tome fallareys compuestas en mas dulçe estillo e con mas sçientificas conclusiones. E esto sin dubda seria porque fueron ordenadas por varones sabios e eloquentes" (360). In the text, Cartagena gave full expression to the theories of nobility to which he had drawn attention at Basel, and he deliberately chose the laws and statutes of Alfonso X and Alfonso XI as his principal source material in order to lend authority to the didactic message of the treatise.

What is distinctive about Cartagena is precisely the appeal to what passed as sober history, written in the "dulçe estilo," often in Latin and not in the vernacular, which set down the laws of the land, or which traced lineage to Hercules as opposed to King Arthur, for example.[26] If Cartagena is opposed to the fictionalised and stylised codes of chivalry followed by such equally fictitious knights as Lancelot and Tristram, he does think that knowing genuine laws and statutes is one way for a knight to dispose himself to do his duty; indeed the *Doctrinal de los caualleros* is an anthology of such laws. He makes the following remarks concerning his sources and, by extension, secondary reading: "Son scriptas muchas doctrinas que en diuersos e notables libros, asi de filosofos como de oradores griegos e latinos se contienen, los quales non nombro aqui porque seria prolixo de los contar e non conuiene al intento de la presente copilaçion" (82). As far as Cartagena is concerned, then, listing sources can be an unnecessary hindrance to his purpose and in any case, all that the noble needs to know can be found in the *Doctrinal de los caualleros* alone. Identity goes hand in hand with authority, veracity, and above all superiority over those whose identity is not established genealogically or whose lineage is obscure and / or cannot be traced far enough to make any lasting impression.

It is the appeal to sober history that distinguishes the *Doctrinal de los caualleros* from other chivalric treatises, especially when considered from an international perspective, for in this respect Cartagena's views differ radically from those of other roughly contemporary authors. William Caxton, for example, published his

---

[26] John O. Ward has discussed chroniclers and rhetorical historians in the twelfth century in his article: "Some Principles of Rhetorical Historiography in the Twelfth Century," *Classical Rhetoric & Medieval Historiography*, ed. Ernst Breisach (Kalamazoo: Medieval Institute Publications, 1985), 103-165. Cartagena is a fine example of a fifteenth-century Castilian rhetorical historian, and his own "dulçe estilo" in the *Doctrinal de los caualleros* earned him a place in the *Diccionario de Autoridades*, where his text is acknowledged as a primary source for the dictionary. See *Diccionario de Autoridades*, ed. facsímil (Madrid: Gredos, 1964), I, lxxxv and lxxxxii.

translation of Ramon Llull's *Llibre de l'Orde de Cavalleria* between 1483-1485, some three years before the first printed version of Cartagena's text. Caxton appended his own epilogue onto his translation in which he made the following appeal:

> Byhold that noble kyng of Brytayne, kyng Arthur, with al the noble knyghtes of the round table, whos noble actes and noble chyualry of his knyghtes occupye so many large volumes that is a world or as thyng incredyble to byleve. O ye knyghtes of Englond, where is the custome and vsage of noble chyualry that was vsed in tho dayes? What do ye now, but go to the baynes and playe att dyse. And some, not wel aduysed, vse not honest and good rule ageyn alle ordre of knyghthode. Leue this! Leue it and rede the noble volumes of Saynt Graal, of Lancelot, of Galaad, of Trystram, of Perseforest, of Percyual, of Gawayn & many mo. Ther shalle ye see manhode, curtosye & gentylnesse. (122)

Like Cartagena and his sources, Caxton evokes a past age of chivalry, but in contradistinction to Cartagena, Caxton evokes an idealised, fictional age of chivalry as a way of fostering chivalric ideals, and he urges the nobles of his own time to amend their ways by reading the Arthurian romances and, he goes on to say, chivalric biographies of the nobles of the recent past.

Over a century earlier in Castile, Juan Manuel in the *Libro de los Estados*, had expressed a slightly different view when he suggested that future knights should be obliged as children to read chronicles for instruction. Teachers at Court, he says, should:

> fazer quanto pudieren por que tomen plazer en leer las corónicas de los grandes fechos et de las grandes conquistas, et de los fechos de armas et de cauallerías que acaesçieron, et en commo los grandes sennores llegaron a grandes estados por su voluntad et por su esfuerço, et quánto mal passaron en su vida, et quán mal acabaron et quán mala fama dexaron de sí los emperadores et rreyes et grandes sennores que fizieron malas obras et fueron medrosos et flacos de coraçón. (123)

The lessons to be learned from the chronicles, then, were concerned with the hardships of the nobles, how they rose to high place by their efforts, and the bad ends of bad rulers. These are the lessons of sober history more so than those of romance literature or, at the least, these themes do not belong exclusively to romance. Even so, Juan Manuel's didactic message in the *Libro de los Estados* is itself part of a larger fictional frame.

In the *Doctrinal de los caualleros* Cartagena takes the didacticism a step further than Juan Manuel, for he is not as concerned as his eminent predecessor about the topos of "enseñar deleitando." Then again, Cartagena fosters a practical set of ideals because his aim is urgent, not frivolous, not for children, in which case the "literary" trappings of chivalry are unimportant, even distractions from the didacticism. Cartagena never mentions love of women, for example. He is aware that knights in reality are far removed from their literary counterparts, and he does not wish his audience to aspire to unattainable ideals. Indeed, it is precisely the absence of these themes in the *Doctrinal de los caualleros* which makes the treatise so distinctive.

II
The meaning and purpose of the *Doctrinal de los caualleros*

ETYMOLOGY IS IN THE SAME learned range as genealogy, hence, just as in the speech at Basel Cartagena had focused on the genealogy of the kings of Castile with a view to defining the historical identity of the kingdom, so as a point of departure for the *Doctrinal de los caualleros* Cartagena discusses the etymology of the noun *cauallero*, as a means of placing the knight—his reader and intended audience—in historical perspective. This he must do if he is to convince the reader of his credibility, for in doing so Cartagena demonstrates his ability to handle his subject matter in a professional manner, as an expert who has studied his subject fully before he presumes to write about it. His analysis of the noun *caballero* is as follows:

> Caualleria fue llamada antiguamente la compaña o los compañeros de los omnes nobles que fueron puestos para defender las tierras. E por ende, le pusieron nombre en latin *miliçia*, que quiere tanto dezir como compañas de omnes duros e fuertes escogidos para sofrir males, trabajando e lazrando por pro de todos comunalmente. E por ende, ouo este nombre de cuento de mill, que antiguamente de mill omnes escogian vno para ser cauallero. Mas en España llaman caualleria non por rrazon que andan caualgando en cauallos, mas porque, bien asi como los que andan en cauallo van mas onrradamente que en otra bestia, e otrosi, los que son escogidos para caualleros son mas onrrados que todos los otros defensores, onde, asi como el nombre de la caualleria fue tomado de compaña de omnes escogidos para defender, otrosi, fue tomado el nombre del cauallero de caualleria. (89)

In establishing the etymology of *caballero* at the beginning of the book, Cartagena is pointing to the tone of the work, that is, a serious guide to knighthood. From the start, Cartagena's knights are firmly rooted in reality. The word *miles* was by no means an easy noun to define in the Middle Ages since various plausible definitions were possible. In his own definition of the Latin technical term Cartagena moves from the general to the specific: the Latin *miles* is so called because of every one thousand men one was chosen as a *caballero*. This is Cartagena's attempt to clarify the common medieval misconception that there was little (if any) difference between the Roman *miles* and the medieval knight,[1] a misconception he had hinted at briefly in his correspondence with the Marqués de Santillana in 1444. In his reply to Santillana, Cartagena made the following observations concerning the noun *caballero*:

> Mas deste nonbre que *milles* dezimos, segund que el santo doctor Ysidoro Arçobispo recuenta, Romulo fue el inventor porque escogio mill para guerrear; o, segund otra opinion, porque tanto quiso estrechamente escoger los omnes para este ofiçio loable que de cada millar vno solo tomaua. (354)

As an example of the first possible explanation outlined by Cartagena, in *L'Arbre des batailles* Honoré Bouvet constructs a similar definition which lends support to his own arguments on the foundation of Rome: "Aqueste Romolus," he says, "fizo venir a su consejo çient honbres ançianos, e aquellos llamo senadores, e elegio mill honbres a cauallo por guardar su tierra, e llamolos caualleros, e por

---

[1] This misconception was due in part to the *De excidio Troiæ historia* of the supposititious Dares Phrygius, and the *Ephemeris belli Troiani* of the supposititious Dictys Thebanus, which in the Middle Ages were believed to be eye-witness accounts of the Trojan war and therefore better than Homer, who in turn was known to the Middle Ages through the *Ilias latina*. In the Middle Ages Homer's reputation was based primarily on memories of his genuine works and Homer himself was considered the "author" of the *Ilias latina*. Benoît de Sainte-Maure later drew upon Dares Phrygius and Dictys Thebanus in his own *Roman de Troie*, one of the first (if not the first) French verse *roman*. Here indeed Hector and Achilles ride horses, dress in medieval armour, and follow Germanic honour codes; here the walls of Troy have crenellated battlements, etc. This is, of course, not the one and only explanation of the equation *miles-knight*, but it is a valuable testimony. For the reality of the equation in fifteenth-century Castile we need look no further than Iñigo López de Mendoza. In a letter to his son, the Marqués de Santillana requests that Pero González translate Pier Candido Decembrio's version of the *Iliad*, and states that he is interested in the Trojan war as the most significant and ancient military conflict that ever took place: "agradable cosa sería a mi ver obra de un tan alto varón e quassi soberano prínçipe de los poetas, mayormente de un litigio militar o guerra, el mayor, e más antiguo que se cree aver seydo en el mundo." See *Obras del Marqués de Santillana*, ed. José Amador de los Ríos (Madrid: José Rodríguez, 1852), 481. Similarly, cf. Mosén Diego de Valera, *Origen de Troya y Roma*, in *Prosistas castellanos del siglo XV*, ed. Mario Penna (Madrid: Rivadeneira, 1959), 155-159. See also *Epitome Iliados Homeri*, in *Poetæ Latini Minores*, vol. 3, ed. Nicolas Eloi Lemaire (Paris: Lemaire, 1824), 453-620; Pedro-Manuel Cátedra, "Sobre la biblioteca del Marqués de Santillana: La *Iliada* y Pier Candido Decembrio," *Hispanic Review* 51 (1983): 23-28; Alfred Morel Fatio, "Les deux *Omero* castillans," *Romania* 25 (1896): 111-129. On Benoît de Sainte-Maure, see Antonio G. Solalinde, "Las versiones españolas del *Roman de Troie*," *Revista de Filología Española* 3 (1916): 121-165.

el numero de mill los llamo en latin *Milites*, que antes non tenian aquel nombre."² For Bouvet, then, *miles* simply meant "knight." In the *Doctrinal de los caualleros*, however, Cartagena chooses the second explanation, based on the *Siete Partidas* (II, xxi, 1), and challenges the view that *miles* was synonymous with *caballero*, arguing that the *caballero* is indeed distinguished from other troops, because of his mount (i. e., the difference between *militaris ordo* and *equestris ordo*). The horse is an emblem of knighthood, and those who ride horses are more revered than those who do not. Moreover, unlike Bouvet, Cartagena emphasises that the knight is associated with defence as opposed to offence (*defensores / para defender las tierras*), and is one who strives against great odds for the benefit of the common good (*por pro de todos comunalmente*), for his purpose in the *Doctrinal de los caualleros* is not to incite violence but to inspire peace on the basis of defence.

The concept of knights as defenders of the faith can be traced at least as far back as Adalbéron of Laon (d. after 1017).³ While it may seem contradictory, however, that Cartagena at once depicts Castilian knights as defenders of the faith and advocates war against the enemies of the faith, his position does make sense from a Medieval legal point of view, for a war against the Muslims of occupied Granada would be considered a case of *disseisin*—violent ejection from property illegally occupied.⁴ The notion of disseisin is but one aspect of the just war theory that Cartagena develops throughout the text. The principal elements of the theory of *bellum iustum* in the Middle Ages were forged in the fifth century by Saint Augustine, who none the less did not develop a unified theory.⁵ The theory was

---

² Honoré Bouvet, *Arbol de batallas*, trans. Antón de Zorita, Madrid, Biblioteca Nacional, MS 10203, fº 29r. For the original French, see *L'Arbre des batailles*, ed. Ernest Nys (Brussels and Leipzig: C. Muquardt, 1883): "Romel print pour son conseil cent hommes lesquels il appela senateurs et si esleut mille hommes à cheval pour garder son pays lesquels il appela chevaliers et pour ce par le nombre de mille ils furent appelé en latin *Milites* qui paravant n'avoient pas ce nom" (40). Future references to both versions will be indicated by folio and page number respectively.

³ See Adalbéron of Laon, *Carmen ad Rotbertum regem*, ed. Claude Carozzi (Paris: Société d'Edition "Les Belles Lettres," 1979), especially vv. 275-284.

⁴ Cf., for example, Pope Innocent IV, *Commentaria. Apparatus in Quinque Libros Decretalium*: "Si vero non sit bellum ex edicto principis, sed alias sit iustum, puta quia est ad defensionem rerum suarum, vel pro executione iuris sui...Si autem ille, qui tale bellum iuste agit, nullam habet iurisdictionem super eo, pro quo bellum agitur, et tamen quia iuste pugnat, puta quia alius invadit ipsum, et ipse et res suas defendit, et tunc licet vim vi repellere." Quoted by Frederick H. Russell, *The Just War in the Middle Ages* (Cambridge: Cambridge University Press, 1975), 146n.

⁵ See the useful articles by David A. Lenihan, "The Just War Theory in the Work of Saint Augustine," *Augustinian Studies* 19 (1988): 37-70; and Richard Shelley Hartigan, "Saint Augustine on War and Killing: the Problem of the Innocent," *Journal of the History of Ideas*

most clearly postulated by Saint Thomas Aquinas in the *Summa Theologiæ*, 2a2æ, q. 40, *de bello*. According to Aquinas, it was not a sin to wage war provided the following three conditions were met: 1) the war should be waged pursuant to the authority of the monarch who ordered it; 2) the war should be waged with just cause to avenge a wrong or injustice; 3) those who engage in the war should do so with a right intention. The basic tenets of this theory were subsequently adopted by Alfonso X in the *Siete Partidas* (II, xxiii, 2), and thence by Cartagena in the *Doctrinal de los caualleros* (I, vii, *Por que rrazones se mueuen los omnes a fazer guerra*, pp. 119-120). The prologue of I, vii also reveals that Cartagena was familiar with Gratian's views on the just war. Indeed, in his role as jurist Cartagena was certainly qualified to give a much more systematic treatment of the just war theory in the *Doctrinal de los caualleros* based on solid theoretical foundations of the just war in Christian moral thought, but instead the comments in the text simply reflect received opinion, and make the just war theory relevant to other problems faced by ordinary Castilian knights.

Roland H. Bainton has observed that as a general rule the evolution of a just war theory requires three preconditions: national consolidation, monarchical government, and a system of military defence, all of which are salient themes in the *Doctrinal de los caualleros*.[6] In establishing a Christian basis for just war, the implication is that Christians could legitimately wage war against the enemies of Christianity, specifically in the case of Castilian knights, the Muslims of occupied Granada. As Bishop of Burgos, Cartagena would be excluded from participating directly in the fray, but by composing the *Doctrinal de los caualleros* he is fulfilling his own professional obligation to exhort Christian knights to take appropriate action in the defence of Christendom from its enemies.

Rather than dwell on the moral and theoretical foundations of the just war in the *Doctrinal de los caualleros*, Cartagena simply makes the just war theory relevant to ordinary knights and deals primarily with what constitutes appropriate action, how it may be taken, and by whom. The same can be said of the bishop's earlier works, where we are informed emphatically and with little explanation that "pugnare contra infideles resistens est quid enim pium et honestum," and, "manifiesta cosa es que mi sseñor el rey de Castilla continuamente fase guerra contra los paganos e ynfieles. E por conssiguiente es ocupado de fecha en guerra diuinal por mandado del ssoberano enperador que es Dios."[7] Religious doctrine

---

27 (1966): 195-204.

[6] Roland H. Bainton, *Christian Attitudes toward War and Peace. A Historical Survey and Critical Re-evaluation* (New York: Abingdon Press, 1960), 45.

[7] See, respectively, "Allegationes factas per reuerendum patrem dominum alfonsum de cartaiena Episcopum burgensem in consilio bassilensi super conquesta Jnsularum Canarie contra

serves as a point of departure, which Cartagena then buttresses with laws and statutes from the *Siete Partidas* and other medieval law codes, such as the *Fuero Juzgo* and the *Fuero Real*, with a view to enforcing the religious orthodoxy, because the just war constitutes above all a legal procedure in which each participant, from the king to the lowliest vassal, has a specific obligation.

Defence of property against external invaders would be a sound basis for a just war; and it is in this sense that the Castilian knights are *defensores*. Thus, while the concept of the knight as defender of the faith was not new, Cartagena's choice of definition is quite elegant for his own purposes, for whereas for Bouvet Romulus merely chose one thousand men to be knights, Cartagena's definition that of every one thousand men only one was chosen to be a knight by implication leaves room for hundreds of other skilled men at arms, all of whom were necessary for victory in battle; and especially the definition carries with it the notion of responsibility.

For all practical purposes, the ability to function (but not necessarily to survive) as a knight in the Middle Ages merely entailed a basic knowledge of armour, horses and weapons.[8] Cartagena is concerned only tangentially with the accouterments of the knight and the technicalities involved in using sword and lance, and in his own prologue to book III of the *Doctrinal de los caualleros* he stresses that arms and armour are knighthood only at its most basic level, and, more importantly, he reiterates the remarks he made at Basel in 1434, that the knight has a duty to dispose himself to uphold the catholic faith and extend the realms of Christendom:

Non consiste el loor de los caualleros en tener muchas armas nin en mudar el tajo dellas e poner su trabajo en fallar nueua forma de armaduras e poner nombres nueuos que si nuestros anteçesores se leuantasen non los entenderian, mas en exalçar con ellas la sancta fe e ensanchar los terminos del rreyno. (255)

It is important to note, however, that for all his serious intent and his concern for the reality and practical implementation of chivalry, Cartagena is not critical of the institution. Other authors of theoretical treatises do succumb to the

---

Portugalensses Anno domini M. CCCC. tricessimo 5°," in *Descobrimentos portogueses*, ed. João Martins da Silva Marques (Lisbon: Edição do Instituto para a alta cultura, 1944), I, 291-346, at p. 298; and "Discurso pronunciado por D. Alfonso de Cartagena en el Concilio de Basilea acerca del derecho de precedencia del Rey de Castilla sobre el Rey de Inglaterra," *La Ciudad de Dios* 35 (1894): 122-9, 211-7, 337-53, 523-42, at p. 353.

[8] On the skills involved in using sword and lance, see Sydney Anglo, "How to Kill a Man at your Ease: Fencing Books and the Duelling Ethic," in *Chivalry in the Renaissance*, ed. Sydney Anglo (Woodbridge: Boydell Press, 1990), 1-12; and Sydney Anglo, "How to Win at Tournaments: The Technique of Chivalric Combat," *Antiquaries Journal* 68. 2 (1988): 248-264.

temptation of interrupting the text, with often cynical observations in order to provoke a response. Bouvet, for example, often refers cynically to the reality of knighthood in *L'Arbre des batailles*. He laments, for example, the fact that "el dia de oy todas las guerras sson contra las pobres gentes, contra los bueyes e contra las vacas, e aquesto non es guerra antes es rroberia" (f° 127v).⁹ And, he insists, "quien non sabe poner fuego por todo e quemar las iglesias e ocupar sus derechos e apresonar los saçerdotes non es para fazer guerra" (f° 128r).¹⁰ Bouvet goes on to say that such behaviour is particularly prevalent in Lombardy and Spain, where, he maintains, treachery is a way of life:

> A, Dios, e de donde viene tanta cobdiçia de señorear e tal cobdiçia de aver jurisdiçion, ca algunos ha que por estar en tal estado matan sus hermanos con sus manos o los fazen matar. O Dios, e que rreyes seran estos despues o que tal fruto faran ante Dios. En Lonbardia e en España saben bien desto la manera, e todos dias les verna mal por ello, e es bien rrazon. (f° 152r)¹¹

Bouvet couches his cynical observation in the form of an exclamatory appeal to God, with interjections such as "A" (French: "Ha") and "O" (French: "Las"), which add spice to the prose and convey the sense of an outburst of emotion on the part of the author, whose reaction to such outrageous conduct is indignation.

Unlike Bouvet, however, who was prior of a somewhat obscure monastery, and possibly only seldom had occasion to came into personal contact with the type of knight he described, Cartagena was bishop of one of the most important episcopal sees in the Peninsula. He was, as well, a senior member of Court, and as such he was never too far removed from the political intrigue which fuelled the dynastic wars of the fifteenth century in Castile; and since the *Doctrinal de los caualleros* is an unbiased book in the sense that it is an appeal to all the knights on the Christian side of the frontier, the last thing Cartagena would want to do is aggravate the situation even more. Hence the author endeavours to suppress what might be considered outbursts of emotion. In any case, given Cartagena's

---

⁹ The French reads as follows: "aujourd'huy toutes les guerres sont contre les povres gens laboureurs, contre les biens et meubles qu'ils ont. Pourquoy je ne l'appelle pas guerre mais tres bien me semble estre pillerie et roberie" (211).

¹⁰ Cf. French: "qui ne scet partout bouter les feus, rober les eglises, occuper leur droit et emprisonner les prestres, il n'est pas souffisant pour mener guerre" (211).

¹¹ Cf. French: "Ha, Dieu, comment vient tant grande cruaulté de dominer par avarice, d'avoir jurisdiction à tort, que aucuns en y a qui pour parvenir aux grands estats font mourir leurs freres charnels ou ils les font occir. Las, quels rois ou princes seront ils apres ce, ne quelles vertus ou fruits feront ils devant Dieu. En Lombardie et en Espagne especialement ils en sçavent trop bien la guise" (251).

reputation as a statesman and orator, we sense that he was not prone to outbursts, but rather that he carefully considered his words before he spoke, let alone put pen to paper. Paraphrasing Valerius Maximus, Cartagena observes in his own introduction to title IV of book II of the *Doctrinal de los caualleros* that, "todas las cosas se deuen pensar primero porque son los errores muy difiçiles de rreparar" (211).[12]

As a competent jurist Cartagena was no doubt aware that pillaging was in fact a complex legal issue;[13] and as a cleric he was also no doubt aware of the temptation among warriors to pillage, but unlike Bouvet, who simply despairs, Cartagena rationalises the problem in a practical manner. Rather than dwell on the moral justification (or condemnation) of soldierly rapine he turns the argument for pillaging on its head and, following *Partida* II, xxvi, 3, discourages it because of the risks involved for those who pillage:

> En esto yazen muy grandes peligros a los que lo fazen, porque los omnes se han de esparçer entrando por las casas de los que y moran, de que son siempre mas sabidores los de aquel logar que los otros que vienen de fuera, e demas, andando asi, non se pueden ver nin acorrer vnos a otros, asi como farian andando en el campo en logar descubierto. E por esto, son muchas vegadas vençidos o muertos o presos. (181)

Cartagena's remarks on the perils of pillaging underline the fact that as men-at-arms the knights were not only expected to fight, but perhaps more importantly, they were also expected to preserve the chain of command and maintain order within the ranks, for if on a spiritual level the knights were disposed to defend and expand the realms of Christendom, on a practical level, as the noble representatives of a fighting force whose strength and success in battle depended in large part upon their capable leadership, the knights were also duty bound to defend and protect

---

[12] Cf. also Cartagena's remarks in the *Oracional*: "Onde dize Gregorio: 'Sea el prelado discrepto en el silençio, provechoso en la palabra de guissa que non diga lo que deve callar nin calle lo que deve fablar ca asi commo la demasiada fabla trahe a las vezes a los oyentes en error, assy el indiscreto silençio dexa en error a los que podrian ser enseñados.'" See *El "Oracional" de Alonso de Cartagena*, ed. Silvia González-Quevedo Alonso (Valencia: Albatros Hispanófila, 1983), 150. Cartagena may also have been influenced by Justinian, a major source for the *Doctrinal de los caualleros*. See especially the *Digest*, I, xviii, 19: "Id enim non est constantis et recti iudicis, cuius animi motum uultus detegit" (*The Digest of Justinian*, 4 vols., ed. Theodor Mommsen, Paul Krueger, Alan Watson [Pennsylvania: University of Pennsylvania Press, 1985], I, 37).

[13] See Frederick H. Russell, *The Just War in the Middle Ages* (Cambridge: Cambridge University Press, 1975), 155-179.

the geographical frontiers of the Christian kingdoms in the Iberian Peninsula, in particular the kingdom of Castile. Thus, in the above quotation, Cartagena explains how knighthood can go astray just as plainly as Bouvet, but Cartagena has the practical implementation of chivalry in mind, and he does not want to seem to attack the institution: as a consequence, the reader is spared the *sacra indignatio* of Bouvet.

Contemporary chronicles attest to the disastrous consequences of pillaging, witness, for example, the ignominious demise of some troops who attempted to pillage at the siege of Alora (June 20, 1484), during the final stages of the Reconquest. The scene is described by Hernando del Pulgar, as follows:

> E algunos de los christianos con orgullo e cobdicia de robar, soltáronse de algunas batallas sin orden e sin mandamiento de los capitanes, e fueron a escaramuzar con los moros por aquellos lugares que no sabían. Algunos de los capitanes visto aquel daño entraron en la escaramuza, por retraer della a los christianos; e la confusión e desorden de pelear fue allí tan grande, e los christianos fueron algunos muertos e muchos feridos de los tiros de saetas con yervas y espingardas que tiraban los moros.[14]

The incident provides concrete evidence that failure to govern one's troops results in chaos on the battlefield, and the Christian lives lost in this skirmish are proof enough that a strong theoretical background was an asset if not a necessity in the type of battles which were fought regularly against an increasingly desperate and unyielding foe in the later Middle Ages in Spain. Even after the Reconquest a similar incident to the one described above, with identical consequences, occurred when Christian knights were sent to quell a Muslim uprising at Ronda in 1501.[15] Thus, not only is Cartagena's advice practical and to the point, it is also sound.

---

[14] Hernando del Pulgar, *Crónica de los Reyes Católicos Don Fernando y Doña Isabel de Castilla y de Aragón*, in *Crónicas de los Reyes de Castilla, III*, ed. Cayetano Rosell, Biblioteca de Autores Españoles, 70 (Madrid: Rivadeneira, 1953), 223-511, at page 403b.

[15] For the details, see Lorenzo de Padilla, *Crónica de Felipe I llamado el hermoso*, in *Colección de Documentos Inéditos para la Historia de España*, 8, ed. Miguel Salvá and Pedro Sainz de Baranda (Madrid: Imprenta de la Viuda de Calero, 1846), 5-267, at pp. 71-73; and Fray Prudencio de Sandoval, *Historia de la vida y hechos del Emperador Carlos V*, 3 vols., ed. Carlos Seco Serrano, Biblioteca de Autores Españoles, 80-82 (Madrid: Rivadeneira, 1955), I, 20b. On the perils of disobedience, see also the lapidary statements in Alfonso de Cartagena's own translation of Pseudo-Seneca [in fact Vegetius], *Dichos de Seneca en el fecho de la caualleria*, Madrid, Palacio Real, MS II / 1842, ff. 256r-262v: "La desobidençia llena es de peligro e de daño de la cosa sacra, la qual es caualleria" (f° 259v); and "Tanto cuesta la hueste mal ordenada como la bien hordenada" (f° 259v).

Notwithstanding Cartagena's forceful approach, however, he does sympathise that being a knight is no easy task. Those who choose such a difficult career must realise that there are many misconceptions about their profession, due in part to the abundance of romance literature, and in part to the knights themselves, who often attempted to glorify their own profession and thereby perpetuate the myth that knights in reality were indeed not unlike their fictional counterparts, witness the legendary escapades of the knights who participated, "por amor de sus damas," in the "Passo honroso,"[16] for example; and, indeed, Diego Gómez de Sandoval—he who commissioned the *Doctrinal de los caualleros*—himself participated in many an organized joust.[17] Cartagena's text suggests implicitly that the abundance of chivalric fiction and the knights' own attitudes are indeed a serious problem which need to be dealt with, and those two themes are in effect the underlying reasons for writing; reasons not stated explicitly, or at best hastily and without much emphasis.

Knighthood is a difficult profession, but, says Cartagena, the more a knight gives the greater will be his rewards: "si todas las leys de la caualleria induxiesen estos peligros e trabajos, non abria omne que quisiese ser cauallero. Ca rrazonablemente se desuiarian todos de se poner a peligro e trauajo si non esperasen dello algund fructo" (169). For each of the plausibly negative aspects of chivalry there is a positive side. Thus the knights should shift their attention away from the "peligros e trauajos" and focus more on the "fructo," the rewards of their endeavours. In this respect Cartagena is more subtle than other authors of chivalric treatises, for he mentions the positive aspect as a solution to the negative aspect, as it is the positive aspect of knighthood to which the knights should devote their energies.

In his own introductions to the *Doctrinal de los caualleros* Cartagena argues that there is more to nobility than having (for a fact) great ancestors and being spirited in the fight. The knights should fight only in times of war, and then only with the enemy: in times of peace they should lead a life of *otium strenuum*, reading books and studying, as Publius Scipio Africanus did ("muchas vezes se apartaua a algunos onestos estudios" [80]), for knighthood must be learned as a science or an art; or, like Juan Manuel's prospective knights, they should have books read to them while

---

[16] The events at the "passo honroso" were recorded for posterity by Pero Rodríguez de Lena. See Pero Rodríguez de Lena, *El passo honroso de Suero de Quiñones*, ed. Amancio Labandeira Fernández (Madrid: Fundación Universitaria Española, 1977). The quotation is from page 410.

[17] In the *Crónica del halconero de Juan II* we catch a glimpse of Sandoval's passion for jousting in a description of the celebrations in honour of the betrothal of doña Leonora to Prince Duarte of Portugal: "E luego el conde de Castro tomó todos los cavalleros, e fuése a la posada del rrey de Navarra. Y vino luego con veynte cavalleros armados en arnés rreal, e duró la justa fasta que vbo estrellas en el çielo" (ed. Juan de Mata Carriazo [Madrid: Espasa-Calpe, 1946], 25).

seated at the dinner table, the implication being that only by knowledge will the knights truly learn their trade: "por eso acostumbrauan los caualleros quando comian que les leyan las ystorias de los grandes fechos de armas que los otros fizieran, e los sesos e los esfuerços que ouieron para saber vençer e acabar lo que querian" (102). Those members of the nobility who blindly put faith in the hereditary nature of their status and do not read may well end up disgracing not only themselves, but also their family and by extension, their entire social class.

The emphasis on reading, then, is sufficient justification for the existence of Cartagena's text. This point is illustrated by way of the only moral *exemplum* in the text, which focuses on the importance of knowing the laws of chivalry and reading about such laws in books. The exemplary tale—which, stylistically, is the closest Cartagena comes in the *Doctrinal de los caualleros* to his illustrious fourteenth-century predecessor, Juan Manuel, in the *Libro de los Estados*—serves as a spicy introduction to a rather dry section of laws which deal with the importance of castle maintenance in times of peace as well as war (II, v). The protagonists are historical figures: Diego Pérez de Vargas and Diego López de Haro, members of the lesser and higher nobility, respectively. Both men were called to arms in the defence of strategically important castles: Pérez de Vargas at Martos, López de Haro at Alarcos.

Diego Pérez de Vargas was left in charge of the castle of Martos temporarily while the castellan, Álvar Pérez de Castro, Vargas' uncle, was in Castile on a diplomatic mission. During Álvar's absence the castle was besieged in 1225, but despite overwhelming odds Diego refused to let the castle fall into enemy hands. He was subsequently commended not only for bravery in the field but also for preserving the personal honour of the castellan, whose wife was in residence during the siege.

During the battle of Alarcos in 1195, on the other hand, Diego López de Haro, Alfonso VIII's standard bearer, fled the battlefield, taking the colours with him, and took refuge in the castle of Alarcos. Like Pérez de Vargas, he was subsequently surrounded and besieged by the Muslims, but unlike Pérez de Vargas he surrendered the castle and its Muslim prisoners in exchange for safe conduct to return to Castile. Thus, although both men were faced with a similar set of circumstances—the siege of a castle and the possibility of slaughter at the hands of a superior Muslim force—they both reacted quite differently and exhibited two extremes of behaviour in the face of their impending doom: courage and cowardice, respectively. As a result, whereas Diego Pérez de Vargas is now frequently cited and extolled as a paragon of knightly virtue, Diego López de Haro is just as frequently cited as the ignominious emblem of chivalric misconduct. The moral is taken directly from Valerius Maximus, "que mejor es onrra sin vida que vida sin onrra" (225),[18] and the implication is that had Diego López de Haro the wisdom and foresight to read Valerius he would have realized that hereditary nobility alone does not necessarily lead to great deeds, and consequently he would have avoided disgrace. And on a more practical level the anecdote shows that knights should read not only to improve themselves morally, but also to educate themselves in the technical sense of the word.[19]

Whilst the debate between hereditary versus acquired virtue is a rhetorical topos, it is also possible, of course, that Cartagena's own converso blood played a part in the formulation of the above statements concerning hereditary nobility. Cartagena was intimately involved with the implications of purity of blood—the *Defensorium Unitatis Christianæ* bears witness to this interest[20]—and, in this instance, he admonishes those who choose to ignore the reality of an urgent political situation and instead perpetuate the problem of Muslim occupation by shirking their responsabilities and refusing to compromise—or, in the case of Diego López de Haro, to dispose himself to do his duty—, using purity of blood and kinship as an excuse. Following Saint Jerome, knights, says Cartagena in the prologue of book I, are like doctors and blacksmiths: their profession requires much learning and theoretical knowledge before practicing and using the trade constructively to the common benefit of society.

Once a knight has learned the rules of his profession, Cartagena believes that he should not abuse those skills or waste time on frivolous pursuits which may undermine his profession. Thus those who joust are admonished. The author's distrust of a training derived solely from practical experience and his views on jousts and tournaments are, once again, a radical departure from the accepted view, that jousting served as practice for combat; views shared by Ramon Llull in the

---

[18] This type of lapidary statement about noble conduct is a commonplace in the popular literature of the Middle Ages. Cf., for example, the following variants: "Más vale morir con honra / que con deshonra vivir," and "Más vale morir por buenos / que deshonrados vivir," in C. Colin Smith, ed. *Spanish Ballads* (Oxford: Pergamon, 1969), 41, vv. 71-72, and 42, vv. 11-12, respectively.

[19] To a certain extent the moral of the tale was heeded. The Count of Haro included the *Doctrinal de los caualleros* in his fundamental reading list for wounded or retired knights who resided in the hospital founded by the count. The collection of books "no se destinaba, pues, a la función médica o limosnera de la fundación, sino al adoctrinamiento de los doce hidalgos, a cuyo número se incorporó el propio conde en 1459." See Jeremy N. H. Lawrance, "Nueva luz sobre la biblioteca del conde de Haro: inventario de 1455," *El Crotalón* 1 (1984): 1073-1111, at p. 1075.

[20] The standard edition is that of P. Manuel Alonso, ed. *Defensorium Unitatis Christianæ* (Madrid: CSIC, 1943). See also *Alonso de Cartagena y el Defensorium Unitatis Christianæ*, trans. Guillermo Verdín Díaz (Oviedo: Universidad de Oviedo, 1989); and Santiago García-Jalón, "La noción de 'cuerpo místico' en Alonso de Cartagena," *Helmántica* 43 (1992): 409-414.

Llibre de l'Orde de Cavalleria and Juan Manuel in the *Libro de los Estados*, for example.[21]

Medieval tournaments were in fact not unlike modern academic conventions, whereby young knights or knights whose position was not secure would attend the tourney in an attempt to establish self and reputation, "une sorte de club,...une société d'encouragement à tournoyer," in the words of Georges Duby.[22] For Alfonso de Cartagena, however, jousting only serves to direct people's attention (knights and spectators alike) away from more pressing issues, such as Holy Wars, and, specifically, the reconquest of Granada. As we have seen in the exemplary conduct of Diego Pérez de Vargas, the real strength of a knight lies in his allegiance to his lord and his willingness to sacrifice himself for his country. Paraphrasing Aristotle, and, implicitly, recalling the deeds of Pérez de Vargas, Cartagena observes that "en los torrneos e en las prueuas de las armas non se paresçe qual es fuerte. Ca la fortaleza verdadera en los fechos terribles e peligrosos de muerte que por la rrepublica se fazen se conosçe" (255). Although a popular pastime, and, in the case of some knights, a lifestyle, jousting is a luxury and a vice of peace time and proves nothing, "que a las vezes el buen torrneador es temeroso e couarde batallador" (255).

Since knights have a legal duty to fight *pro defensione patriæ et coronæ*,[23] that is, for God, king and country—"Ca aquel que pone su cuerpo e sus bienes en seruiçio de Dios e de su rrey e de la tierra onde es natural de uida, le es satisfaçion de los daños que rresçibio" (172-173)—, it follows that they should engage in combat exclusively with the enemies of Christianity and the state, and not with their fellows. Cartagena warns the reader: "E asi tomando los dos estremos, es a saber, o jugando con las armas o amenazando con ellas a los que llamamos amigos, dexamos el medio para que se fizieron, que es para abaxar la soberuia de los enemigos" (255). This statement contains the essence of the *Doctrinal de los*

---

[21] Cf. Juan Manuel, *Libro de los Estados*, ed. R. B. Tate and I. R. MacPherson (Oxford: Clarendon Press, 1974): "Et devedes saber que la diferençia que a entre maneras e costunbres es ésta: las maneras son toda cosa que ayuda al omne por que pueda fazer por manera lo que non podría fazer tan ligeramente por fuerça. Non las puede aver omne si de otrie non las aprende. Et estas maneras son así commo cavalgar et bofordar et fazer de cavallo et con las armas todas las cosas que pertenesçen a la cavallería" (20); and Ramon Llull, *Llibre de l'Orde de Cavalleria*, ed. Marina Gustà (Barcelona: Edicions 62, 1981): "Cavaller deu córrer a cavall, bornar, llançar a taulat, amar ab armes, torneigs, fer taules redones, esgremir, caçar cers, orses, senglars, lleons, e les altres coses semblants a aquestes que són ofici de cavaller" (50).

[22] Georges Duby, *Guillaume le Maréshal, ou le meilleur chevalier du monde* (Paris: Fayard, 1984), 113.

[23] See Ernst H. Kantorowicz, *The King's Two Bodies. A Study in Medieval Political Theology* (Princeton: Princeton University Press, 1957), 232-272.

caualleros, for Cartagena sees jousting as emblematic of the contemporary political situation in Castile, as a microcosmic representation of the violent dynastic disputes that plagued fifteenth-century Spain and delayed the Reconquest.

By the year 1444 the end of the Reconquest was clearly in sight. Even so, it was not over, and the history of Castilian inactivity almost certainly was the background for Cartagena's utterances, for he stresses in the text that in effect the Reconquest had made no significant progress since 1264, during the reign of Alfonso X, and the Christian kingdoms of the north had become complacent, even apathetic towards the Muslim kingdom of Granada. Such complacency was especially dangerous in the mid-fifteenth century because by this time the Ottoman empire presented a serious threat to Christianity from the east.[24] The text, then, is an appeal to Christian knights, in particular those of Castile, not to lose sight of the humble origins of the Reconquest, which gathered momentum due in large part to Muslim complacency on the one hand, and on the other hand to the courage and dedication of such legendary figures as king Pelayo (mentioned in the introduction to I, v), who led Christian warriors to victory in the face of overwhelming odds. And as proof of the spiritual importance of the Reconquest, in his own introduction to II, ii Cartagena recalls the battle of Calahorra in 844, during the reign of Ramiro I of Asturias, when Santiago himself appeared on horseback and urged Ramiro's troops to victory.

An Islamic army with its eye on territorial expansion had ventured to engage Christian forces at Río Salado in 1340 and the threat of further military action in the fifteenth century was still a real one. An Islamic success could put the Reconquest back another hundred years or more, a daunting prospect for the inhabitants of the Christian kingdoms of the north, and an especially daunting prospect for the bishop of Burgos. In the prologue to book III Cartagena appeals for a ban on tournaments for political reasons and supports his argument by recalling a past situation not unlike the current political situation in Castile, when jousting was prohibited in France in the belief that the sport drew the participants' attention away from more pressing issues, such as the Crusades (255). The reader is led to the conclusion that if such momentous undertakings as the Crusades were adversely affected by jousting, surely the Reconquest could be also.

The tourney, like civil war, deserves serious consideration because it can be lethal, and destroys lives which would have been better spent fighting the common enemy. Cartagena cites Manrique de Lara and his brother Nuño as examples of those for whom jousting during a period of civil strife had disastrous consequences and he adds:

---

[24] See Archibald R. Lewis, "The Islamic World and the Latin West, 1350-1500," *Speculum* 65 (1990): 833-844.

> Luenga diferençia es en el mouer de las armas que justamente se fazen contra los enemigos, e el que en estos ayuntamientos se faze contra parientes e naturales. Ca el vno es loable e virtuoso, asi como aquel que sirue a exaltaçion de la fe e defension della o amparo de la tierra donde los que guerrean naçieron, e el otro es triste e denostable como aquel que inpugna los deudos de sangre e destruye la onrra e destierra las amistades. Del vno nasçe gloria e honor e dilaçion de buena fama; del otro viene daño e destruyçion de la tierra, e disfamaçion de la caualleria. (257)

The reference to Manrique and Nuño shows that any knight, regardless of experience or position in society, can die jousting. If Cartagena names names at this point, it is because the matter is urgent, and he is conscious of the fact that he is moving ever further from the objective, legal stance that characterizes the *Doctrinal de los caualleros*: "E aun quando lo bien considerare fallara que si se dize algo mas de lo que pertenesçia a mi dezir pero menos de lo que la materia meresçe. Mas por este punto que abri entienda el buen entendedor lo que la vergüença me fizo callar e yo continuare lo començado" (256). He goes on to say that contemporary nobles spend their time in the pursuit of two unworthy activities, "la vna es en contiendas del rreyno; la otra es en juego de armas" (256). By way of this simple yet appropriate *isocolon* the internal strife in Castile and jousts are portrayed as reflections in a mirror. The tournament merely serves to reflect the condition of the Castilian nobility, their complacency before the imminence of death, their frivolous concern for private advancement at the cost of the public good and the good of Christendom.

Cartagena laments the fact that although the majority of the nobility is involved in some way in political matters, and despite their bellicose potential, the nobles, in the main, are engaged in private feuds among themselves:

> Antes cuydo que tan fermosa nin tan guarnida caualleria nin tantos e tan valientes e tan ardides fijosdalgo non ouo en estas partidas grandes tiempos ha como agora los veemos, graçias a Dios. Mas por nuestra desauentura despienden su tiempo en ocupaçiones domesticas e debates de vezinos sin mostrar la bondad de sus coraçones e la desemboltura de sus cuerpos contra los verdaderos enemigos. (256)

Since jousts are casuistic quests for personal honour and vainglory, they contravene the law and contribute to the increasing lawlessness among members of the same state. But the chivalric vision of Alfonso de Cartagena was not completely pessimistic. As stated above, Cartagena was quick to recognize that the knights did have great potential and were the strongest Castile had seen for centuries. Indeed, it was the strength of the Castilian knights that was one important part of

Cartagena's speech at the Council of Basel in 1434.[25] The tragedy was that they directed that strength to the wrong cause, an imbalance that Cartagena aims to set aright in the *Doctrinal de los caualleros*.

Aware, perhaps, that despite his protests jousting would continue, in book III, title V of the *Doctrinal de los caualleros* Cartagena offers a feasible alternative, and suggests that if the knights must joust, they should do so within the highly structured confines of the military orders, specifically the Order of the Band, a native Castilian secular military order, founded by Alfonso XI in 1330.[26] Title V is deliberately included in book III in opposition to jousts, and the meaning of the word "Order" is to be taken quite literally, as an antidote to chaos and a metaphor of unification. The military orders are deemed worthy of attention because they promote fraternal allegiance as well as the defence of Christendom and loyalty to the monarch. Cartagena saw in the various military orders a possible cure for the lawlessness of Castilian knights, for the preservation of the order precluded individual grievances. Once again Cartagena had developed this idea at some length

---

[25] "E para guerra de mar tiene mi sseñor el rey naues e galeas. E para guerra de tierra tiene omnes de armas guarnidos de notables cauallos e muy fuertes armaduras. E tiene esso mesmo caualleros ginetes, los quales husan de armas moriscas e perssiguen los enemigos con marauillosa ligeresa e corren la tierra dellos. E desque han destruydo e talado, tornanse a la batalla de los omnes de armas." "Discurso pronunciado...en el Concilio de Basilea" (see above, n.7), 350. The Council is discussed by Luciano Serrano, *Los conversos D. Pablo de Santa María y D. Alfonso de Cartagena* (Madrid: CSIC, 1942), chapter 9; Julio González, *El maestro Juan de Segovia y su biblioteca* (Madrid: CSIC, 1944), 35-74; Francisco Cantera Burgos, *Alvar García de Santa María y su familia de conversos: historia de la Judería de Burgos y de sus conversos más egregios* (Madrid: Instituto Arias Montano, 1952), 413-414, and 420-421; Vicente Beltrán de Heredia, "La embajada de Castilla en el Concilio de Basilea y su discusión con los ingleses acerca de la precedencia," *Hispania Sacra* 10 (1957): 5-31; and Silvia González-Quevedo Alonso, "Alfonso de Cartagena, una expresión de su tiempo," *Crítica Hispánica* 4. 1 (1982): 1-20. For a contemporary description of the Council, see Æneas Sylvius Piccolomini (Pius II), *De Gestis Concilii Basiliensis Commentariorum Libri II*, ed. Denys Hay and W. K. Smith (Oxford: Clarendon Press, 1967). Pius II refers to Cartagena favourably as "delitiæ Hispaniarum" (10); "non minus eloquentia quam doctrina præclarus" (20); and "inter prælatos apprime doctus" (30). He also goes on to say: "Et quoniam de magno illo et potentissimo rege Castellæ mentio facta est, quis est qui nesciat ipsus regis oratores interfuisse, Burgensem ac Ebrunensem episcopos, uiros tum prudentissimos, tum scientiæ atque eloquentiæ copia præstantissimos" (106).

[26] On the history of the Order of the Band, see especially D'Arcy Jonathan Dacre Boulton, *The Knights of the Crown: The Monarchical Orders of Knighthood in Later Medieval Europe, 1325-1520* (New York: St. Martin's Press, 1987), 46-95. See also Lorenzo Tadeo Villanueva, "Memoria sobre la orden de caballería de la Banda de Castilla," *Boletín de la Real Academia de la Historia* 72 (1918): 436-65; and Georges Daumet, "L'Ordre castillan de l'Echarpe (Banda)," *Bulletin Hispanique* 25 (1923): 5-32.

in his speech at Basel.[27]

In order to support his conviction that jousting should be banned, in his own introduction to title V, on the rules of the Order of the Band, Cartagena reminds us that from a legal standpoint tournaments were once prohibited by canon and papal law, and, as a premise for including the rules of the Order in book III, he states that even though the law was subsequently revoked and tournaments were once again legal, a fixed set of rules for jousting had yet to be established. Such rules were incorporated in the *Libro de la Orden de la Banda de Castilla*.

The Order of the Band offered a palatable set of rules for the knight to follow and although jousting took place, it too was governed by a strict set of rules which were concerned above all with the knight's safety; and while concern for safety might seem obvious in such a dangerous sport, the opposite was often true. The knights in the "Passo honroso," for example, often behaved quite recklessly and, perhaps not surprisingly, many were wounded and one knight died as a result of his injuries.[28] The rules of the Order of the Band suit Cartagena's purpose well, in the face of such behaviour, for they dwell on the ludic element of the tourney. Thus, for example:

> La primera cosa que deuen los fieles fazer quando los caualleros quisieren començar el torrneo, que han a catar las espadas que las non trayan muy aguadas en el tajo nin en la punta, sinon que sean rromas. E eso mesmo caten que non trayan agudos los aros de las capellinas. Otrosi, que tomen jura a todos los caualleros que non den con ellas de puntas en ninguna guisa, nin de rreues a rrostro. (301)

Jousting is, after all, a sport, and when conjoined with the Order, it is a means for the knights to strengthen not only their muscles but also their spiritual bond

---

[27] "Las hordenes de las cauallerias son falladas para dilactar e enssanchar la fee. E para resistir aquellos que la quieren contrariar e punar contra ella. E estas hordenes asi en numero como en poderio sson abundosas en Castilla...E qualquier destas hordenes tiene maestre e caualleros en gran numero de omes de armas que estan muy aparejadas continuamente para la guerra de los moros." See "Discurso pronunciado...en el Concilio de Basilea" (above, n.7), 525.

[28] Examples of wounded knights include: Fernando de Liñán (p. 197), Diego de Mansilla (pp. 208-209), Gonzalo de Castaneda (p. 244), and Diego de Bazán (p. 265). The mortally wounded knight was Asbert Claramunt, from Aragon (pp. 365-366). His death was much lamented but did not stop the festivities. Several horses were also wounded or killed (pp. 93, 239). Page references are from Pero Rodríguez de Lena (above, n.16). Chapter LVIII describes an argument between Suero de Quiñones and the tournament judges that Suero be allowed to defy the rules and remove certain key pieces of body armour, presumably in order to add to the risk involved. This, I believe, would constitute reckless behaviour.

with each other. The knights of the Band are first and foremost defenders of the faith and secondly defenders of the realm, which in turn echoes Cartagena's own remarks in the *Doctrinal de los caualleros* on the spiritual foundations of the order of chivalry as well as the legalities involved in the knightly profession. The order also has a well-defined system which regulates every aspect of the knight's life: he must take good care of his arms and attend mass every day (274), for example. Although the Order of the Band is founded upon faith in God, it is sustained by loyalty and truth. Loyalty has in turn two principal characteristics: "la primera es guardar lealtad a su señor; la segunda es amar verdaderamente a quien ouiese de amar, espeçialmente aquel en quien posiere su entinçion" (293). That Cartagena would choose such a text for inclusion in the *Doctrinal de los caualleros* suggests that he too believed that obeisance to the king and brotherhood among knights were the keys to a unified Castile. In the Order of the Band jousting was of secondary importance, offering some respite from the rigours of the discipline of the Order. If Cartagena believed that the jousts fostered enmity, he also believed that the military orders encouraged fraternal allegiance. It is therefore no coincidence that the title immediatley following the laws copied from the Order of the Band is entitled "De la amistad" (III, vi), and deals with the specific legal bond of fealty the knights have to each other.[29]

For Cartagena, then, being a knight on a superficial level is quite easy. The difficulty lies in using strength and power to uphold the Christian faith and the laws of chivalry. The seeds of national unity must be sown in the allegiance and lawful conduct of the knights, for "los fijosdalgo...exçellen en la honrra e pueden e deuen exçeller en la virtud. E entre los virtuosos es la verdadera amistad ca entre los malos non la puede auer" (303). Whereas most knights and theorists believed that jousting offered practical training for wartime skirmishes, Cartagena saw the process of the Reconquest itself as ample opportunity for raw combat. Instead of knights fighting each other, they would do well to channel their bellicose energy into what could be called, in military terms, a duel between civilizations.

The sentiments expressed in the *Doctrinal de los caualleros* look back to those expressed at Basel some ten years before (and we must bear in mind that the Reconquest had made no significant progress since then), that the knights' duties are above all to God, king and country. Even the Hundred Years War did not pose a serious threat to Christianity, but by the late fifteenth century the Muslim presence in the Iberian Peninsula, and the feasible possiblity of a pincer-movement by which the Muslims in the west could link up with the Turks in the east represented both a grave political and spiritual threat to the Christian kingdoms on

---

[29] A similar discussion of "amistad," based on the same source—*Partida* IV, xxvii, 1-7—, is included in the *Oracional* (see above, n.12), chapters XI and XIX.

the northern side of the frontier. Thus the *Doctrinal de los caualleros* is distinguished from previous chivalric treatises because the ludic aspects of chivalry are either suppressed or reinterpreted, so that the text is essentially a plea made by a prelate for the knights to settle their dynastic disputes and focus their aggression on the expulsion of the infidel from the Peninsula, and thereby to halt what Cartagena saw as the destruction of the very foundations of Christendom.

III
Cartagena's audience

GIVEN CARTAGENA'S SERIOUS message in the *Doctrinal de los caualleros*, with all its implications, both for the nobles and the king, the question arises, how was the text received by its intended audience? At least part of the answer to this question may be found in inventories of individual libraries. As useful as inventories are in determining the readership of a particular text, however, they are by no means the only valid method of achieving satisfactory results. The evidence culled from inventories provides a framework for the study of the text in question which must be complemented by further documentary evidence, such as the dedication and the prologue of the text itself, as well as any mentions or criticism of the text in works by other authors during the same epoch. Such mentions are an indication not only of who read the text, but also of how the text was received by contemporary authors and readers.

I have considered a total of 37 inventories, all compiled within the boundaries of the Iberian Peninsula. For the most part library inventories were made for the purposes of auction or inheritance, and they often formed part of a will. Thus a particular work may have been in the family for many years before we become aware of its existence via a fortuitous encounter with a library inventory. In the case of wealthy noble families and prelates especially, entire libraries would be passed on from one generation to the next until such time as an inventory was compiled. A notable example is the library of Queen Isabel la Católica, who inherited many of her books from her father, Juan II. Thus I have not only reviewed fifteenth-century library inventories, but I have also taken into account inventories compiled at a later date.[1] In order to assess the diffusion of the

---

[1] In chronological order, the inventories are as follows (dates in parenthesis refer to the date the inventory was compiled): 1) Alvaro de Zúñiga, Duke of Béjar (1452): Rudolf Beer, *Handschriftenschätze Spaniens*, Neudruck 1970 der Ausgabe Wien 1874 (Amsterdam: Gérard Th. Van Heusden,1970), 401-402; 2) Pedro Fernández de Velasco, Count of Haro (1455): Jeremy N. H. Lawrance, "Nueva luz sobre la biblioteca del conde de Haro: inventario de 1455," *El Crotalón* 1 (1984): 1073-1111; 3) Juan de Segovia (1457): Julio González, *El maestre Juan de Segovia y su biblioteca* (Madrid: CSIC,1944); 4) María of Sicily and Aragon (1458): Beer, 529-532; 5) López de Mendoza, Marqués de Santillana (1458): Mario Schiff, *La bibliothèque*

Doctrinal de los caualleros, I have compared the amount of copies of the text

du Marquis de Santillane, Bibliothèque de l'Ecole des Hautes Etudes, 153 (Paris: Emile Bouillon,1905); 6) Alvar García de Santa María (1460): Beer, 116-117; 7) Carlos de Aragon (1461): Beer, 85-86; 8) Gómez Manrique (1490): Gómez Manrique, *Cancionero*, vol. 2, ed. Antonio Paz y Meliá (Madrid: Pérez Dubrull,1886), 332-334; 9) Luis Osorio y Acuña, Bishop of Burgos (1496): Nicolás López Martínez, "La biblioteca de D. Luis de Acuña en 1496," *Hispania* 29 (1960): 81-110; 10) Galcerán Ferrer, jurist (1497): Manuel Serrano y Sanz, "Inventarios aragoneses de los siglos XIV y XV," *Boletín de la Real Academia Española* 2 (1915): 85-97; 11) Margarita de Austria (1498): Beer, 247-248; 12) Alonso Cota, jurist (no date): Angel J. Battistessa, "La biblioteca de un jurisconsulto toledano del siglo XV," *Revista de la Biblioteca, Archivo y Museo del Ayuntamiento de Madrid* 2 (1925): 342-351; 13) Isabel la Católica (1503): Francisco Javier Sánchez Cantón, *Libros, tápices y cuadros que coleccionó Isabel la Católica* (Madrid: CSIC,1950); 14) Juan de Guzmán, Duke of Medina Sedonia (1507): Miguel Angel Ladero Quesada and María Concepción Quintanilla Raso, "Bibliotecas de la alta nobleza castellana en el siglo XV," *Livre et lecture en Espagne et en France sous l'Ancien Régime: Colloque de la Casa de Velázquez* (Paris: ADPF,1981), 47-62; 15) Pedro Fernández de Córdoba (1518): María Concepción Quintanilla Raso, "La biblioteca del marqués de Priego (1518)," *En la España Medieval: Estudios dedicados al profesor D. Julio González González* (Madrid: Universidad Complutense,1980), I, 347-383; 16) Rodrigo de Mendoza (1523): Francisco Javier Sánchez Cantón, *La biblioteca del Marqués del Cenete, iniciada por el Cardenal Mendoza (1470-1523)* (Madrid: CSIC,1942); 17) The Pimentels: Isabel Beceiro Pita, "Los libros que pertenecieron a los condes de Benavente, entre 1434 y 1530," *Hispania* 43 (1983): 237-280; 18) Fernando de Rojas (1541): Fernando del Valle Lersundi, "Testamento de Fernando de Rojas, autor de *La Celestina*," *Revista de Filología Española* 16 (1929): 366-388; 19) Francisco de Zúñiga, Guzmán y Sotomayor (1544): Agustín Redondo, "La bibliothèque de Don Francisco de Zúñiga, Guzmán y Sotomayor, troisième duc de Béjar (1500?-1544)," *Mélanges de la Casa de Velázquez* 3 (1967): 147-196; 20) Francisco de Vargas (1546): Klaus Wagner, "La biblioteca del Dr. Francisco de Vargas, compañero de Egidio y Constantino," *Bulletin Hispanique* 78 (1976): 313-324; 21) Fernando of Aragon (1550): Vicente Vignau, "Inventario de los libros del duque de Calabria (A. 1550)," *Revista de Archivos, Bibliotecas y Museos* 4 (1874): 7-10, 21-25, 38-41, 54-56, 67-69, 83-86, 99-100, 114-117, 132-134; 22) Morlanes, student (1550): Marcel Bataillon, "La librería del estudiante Morlanes," *Homenaje a Don Agustín Millares Carlo* (Madrid: Caja Insular de Ahorros de Gran Canaria,1975), I, 329-347; 23) Juan Bernal Díaz de Luco, Bishop of Calahorra (1556): Tomás Marín, "La biblioteca del obispo Juan Bernal Díaz de Luco. Lista de autores y de obras," *Hispania Sacra* 7 (1954): 47-84; 24) Gonzalo Fernández de Oviedo y Valdés (1557): E. Daymond Turner, "Los libros del alcaide: la biblioteca de Gonzalo Fernández de Oviedo y Valdés," *Revista de Indias* 31. 125-6 (1971): 139-198; 25) Bartolomé Carranza, Archbishop of Toledo (1558): J. Ignacio Tellechea Idígoras, "La biblioteca del arzobispo Carranza," *Hispania Sacra* 16 (1963): 459-499; 26) Martín Pérez de Ayala (1567): Gregorio de Andrés, "La biblioteca de un teólogo renacentista: Martín Pérez de Ayala," *Helmántica* 27. 82 (1976): 91-111; 27) Pedro Ponce de León (1573): P. Guillermo Antolín, "La librería de D. Pedro Ponce de León, obispo de Plasencia," *Revista de Archivos, Bibliotecas y Museos* 20 (1909): 370-400; 28) Miguel Thomás Taxaquet, Bishop of Lérida (1574): Gregorio de Andrés, "Historia de dos colecciones de códices," *Hispania Sacra* 23 (1970): 459-470; 29) Diego Hurtado de Mendoza (1575): Angel González de Palencia and with *Epitoma rei militaris* and *De Regimine principum*, the two best known treatises on chivalry in the Middle Ages.

In the 37 inventories I reviewed there is a total of 22 copies of *De Regimine principum*, 16 copies of *Epitoma rei militaris*, and 11 copies of the *Doctrinal de los caualleros*. In the case of *Epitoma rei militaris* and *De Regimine principum*, as well as the fifteenth-century vernacular translations of these two works by Alfonso de San Cristóbal and Juan de Castrogeriz, the titles were also common to a number of other works written by different authors. As indicated above, the best known version of *Epitoma rei militaris* in the Middle Ages was that of Flavius Vegetius, and the same title was appended to paraphrased or adapted translations of the text composed by Roberto Valturio and Diego de Salazar. Similarly, the most widely diffused version of *De Regimine principum* in Spain was that of Giles of Rome, and at least two other authors—Pseudo Aristotle and Pseudo Saint Thomas Aquinas (both of whom influenced Giles of Rome)—had written works with the same title. *Epitoma rei militaris* exists in ten libraries (27% of the inventories), and *De Regimine principum* appears, in one form or another, in eleven libraries (29.7% of the inventories). Since the *Doctrinal de los caualleros* is found in nine libraries (24.3%), the evidence suggests that the *Doctrinal de los caualleros* enjoyed a certain amount of popularity within the Iberian Peninsula in the fifteenth century and beyond as a theoretical treatise on chivalry. Indeed, compared with other contemporary treatises written in the vernacular, the *Doctrinal de los caualleros* is by far the most frequently recurring treatise in the inventories under review: Honoré Bouvet's *L'Arbre des batailles*, for example, appears in three inventories

---

Eugenio Mele, *Vida y Obras de Don Diego Hurtado de Mendoza*, vol. 3 (Madrid: Instituto de Valencia de D. Juan,1943), 481-572; 30) Gonzalo Argote de Molina (1575): Agustín Millares Carlo, "La biblioteca de Gonzalo Argote de Molina," *Revista de Filología Española* 10 (1923): 137-152; 31) Luis Barahona de Soto (1595): Francisco Rodríguez Marín, *Luis Barahona de Soto: estudio biográfico, bibliográfico y crítico* (Madrid: Tip. de la Real Academia Española,1903), II, 520-551; 32) Benito Arias Montano (1598): Agustín Rodríguez Moñino, "La biblioteca de Benito Arias Montano. Noticias y documentos para su reconstitución (1548-1598)," *Revista del Centro de Estudios Extremeños* 2 (1928): 555-598; 33) Francisco de Mendoza Bobadilla (1599): José M. Fernández Pomar, "Libros y manuscritos procedentes de Plasencia. Historia de una colección," *Hispania Sacra* 18 (1965): 33-102; 34) García de Loaisa (1599): Gregorio de Andrés, "Historia de un fondo griego de la Biblioteca Nacional de Madrid," *Revista de Archivos, Bibliotecas y Museos* 77 (1924): 5-65; 35) Antonio de Sigura (1604): Luis Astrana Marín, "Dos Antonios de Segura y la librería de Antonio de Sigura," *Vida ejemplar y heroica de Miguel de Cervantes Saavedra* (Madrid: Reus,1948), VII, 792-793; 36) Diego Sarmiento de Acuña (1623): M. Serrano y Sanz, "Libros manuscritos o de mano [de la biblioteca del Conde de Gondomar]," *Revista de Archivos, Bibliotecas y Museos* 8 (1903): 65-68, 222-228, 295-300; 37) Diego Velázquez (1660): Francisco Javier Sánchez Cantón, "La librería de Velázquez," *Homenaje ofrecido a Menéndez Pidal* (Madrid: Hernando,1925), III, 379-406.

(8%),[2] and Diego de Valera's *Doctrinal de Príncipes* appears in only two (5%). The libraries which contained copies of the *Doctrinal de los caualleros* are listed below (dates in parentheses refer to the date of the inventory):

Pedro Fernández de Velasco, Count of Haro (1455)
Alonso Cota, jurist in Toledo (fifteenth century)
Queen Isabel la Católica (1503)
Pedro Fernández de Córdoba, Marquis of Priego (1518)
The Pimentels, Counts of Benavente (1530)
Gonzalo Argote de Molina, poet and humanist (1575)
Francisco de Mendoza Bobadilla, Cardinal in Burgos (1599)
García de Loaisa, Archbishop of Toledo (1599)
Diego Sarmiento de Acuña, Count of Gondomar (1623)

From this list it is possible to draw some general conclusions. The inventories reveal that the text was owned primarily by the noblemen of Castile, and was probably used as a technical work of reference by some jurists. With the exception of Queen Isabel, who, as I noted above, inherited much of her library from her father, Juan II, women tended not to own theoretical treatises on chivalry (see María of Sicily and Aragon, 1458, and Margarita de Austria, 1498). In two cases, a prelate owned a copy of the text, due no doubt to the active interest of the clergy in the religious side of chivalry. As a general rule, in all the inventories under review, the absence of works of fiction is underscored by the proliferation of books of a theoretical nature which concern war and chivalry. It need not surprise us that, in the fifteenth century at least, theoretical and historical works were so popular among the nobility and the clergy. In his book of biographical sketches, for example, Fernando del Pulgar informs us that the Count of Haro, "aprendió letras latinas y dávase al estudio de las crónicas & saber fechos pasados. Plazíale asimismo la comunicación de personas religiosas & de omes sabios con las quales comunicava sus cosas;"[3] and the Marqués de Santillana, we are told, "tenía grand copia de libros e dávase al estudio, especialmente de la filosofía moral & de cosas peregrinas & antiguas. Tenía siempre en su casa doctores & maestros con quien platicava en las ciencias & lecturas que estudiava."[4] Thus texts were not only read and their contents absorbed, but ideas and opinions about texts were formed, exchanged and discussed.

---

[2] Doubtless because Antón de Zorita's translation is dedicated to him, the Marqués de Santillana owned three copies of *L'Arbre des batailles*. It is curious, however, that Cartagena's proselyte did not own any copies of the *Doctrinal de los caualleros* (See Schiff, *La bibliothèque du Marquis de Santillane*, 226, 373, 374, above, n.1).

[3] Fernando del Pulgar, *Claros varones de Castilla*, ed. Robert Brian Tate (Oxford: Clarendon Press, 1971), 18.

[4] Fernando del Pulgar, *Claros varones de Castilla* (above, n.3), 24.

The text of the *Doctrinal de los caualleros* is preceded by a dedicatory paragraph to Diego Gómez de Sandoval (1386-1455), Count of Castro and Denia:

Este libro se llama *Doctrinal de los caualleros*, en que estan copiladas çiertas leys e ordenanças que estan en los Fueros e Partidas de los rreynos de Castilla e de Leon tocantes a los caualleros e fijosdalgo e los otros que andan en actos de guerra. Con çiertos prologos e introduçiones que hizo e ordeno el muy reuerendo señor don Alonso de Cartajena, obispo de Burgos, a instançia e ruego del señor don Diego Gomez de Sandoual, conde de Castro e de Denia. (76)

As Count of Castro and Denia, Gómez de Sandoval was certainly one of the most powerful noblemen of the day. In his political intrigues he represented a serious threat to the belligerent nobles of the Manrique, Velasco and Enríquez clans, all of whom, due to their rapid accumulation of revenues and lands, formed part of the powerful oligarchy of wealthy noble families who along with the king's favourite, Álvaro de Luna, struggled for control of the Castilian political situation in the fifteenth century.[5] Such was Gómez de Sandoval's renown, in fact, that he merited a "semblanza" to himself, in Pérez de Guzmán's *Generaciones y Semblanzas*, where he is described as "un grant cavallero."[6] Notwithstanding the possible irony of this epithet, however, even though Sandoval might have flaunted the outward appearance of a chivalric gentleman, in reality he was never too far removed from the seedy side of life. For example, in 1436 he had his wife killed because he suspected her of adultery, even though, as Sandoval well knew, she was confined to a life of isolation in the convent of San Pedro de las Dueñas at the time of his suspicions. Sandoval's sordid affairs off the battlefield were hardly indicative of the sort of behaviour one would expect of a "great knight," and this episode in particular reinforces the irony of Pérez de Guzmán's description of him in the *Generaciones y Semblanzas*. Indeed, this affair was considered significant enough for the details not just to receive a passing mention, but to occupy an entire chapter in the *Crónica del halconero de Juan II*.[7]

---

[5] The oligarchy is discussed by Luis Suárez Fernández, "The Kingdom of Castile in the Fifteenth Century," *Spain in the Fifteenth Century, 1369-1516*, ed. John Roger Highfield (London: MacMillan, 1972), 80-113, especially pp. 95-105.

[6] Fernán Pérez de Guzmán, *Generaciones y Semblanzas*, ed. Robert Brian Tate (London: Tamesis, 1965), 28.

[7] *Crónica del halconero de Juan II*, ed. Juan de Mata Carriazo (Madrid: Espasa-Calpe, 1946) chapter 212, page 233: "Estando el Rey en la cibdad de Toledo, a 13 días de setienbre, viniéronle nuebas en cómo el conde de Castro, don Diego Gómez de Sandoval, envió desde Aragón donde estaua desterrado a don Diego de Sandoval, su sobrino, e a un bachiller suyo, con fasta veinte rroçines, a Villafrechos, lugar suyo, donde estaua la condesa su muger, en vn

Sandoval's reprehensible treatment of his wife is, unfortunately, typical of the behaviour of the Castilian knights of the fifteenth century, most of whom were motivated by a frightening combination of venality, ruthlessness, cunning and rapine. That Sandoval's conduct was venal hardly requires an explanation; after all, separation or divorce would have been feasible alternatives to murder. But although obtaining a divorce was not uncommon in the Middle Ages, the process could be complicated, for the petitioner was often required to purchase a papal dispensation as well as to provide (supposedly) concrete proof for a legitimate case. Since proof more often than not had to be acquired by deceit, the entire process could cost a considerable amount of time, effort and money. Separation, on the other hand, while less costly, would not only have meant that Sandoval still had a legal obligation to his wife,[8] but probably would also have led to gossip at Court, and unsavoury gossip would in turn have diminished the prestige of the established knight. From an egomaniacal perspective, sequestration and / or murder were not

---

fasta veinte rroçines, a Villafrechos, lugar suyo, donde estaua la condesa su muger, en vn monesterio de monjas. E llamaron a la puerta, deziendo que el conde que venía allí, e entraron dentro en la cámara onde la condesa estava, de noche, e afogáronla. La rraçón por que el conde mandó fazer esto fue porque, estando él ausente, usó mal de su persona. E don Fernando, fijo del conde, desque lo sopo que era muerta, vino a demandar la merced al Rey de lo que ella avía de su merced." Sandoval was not without his supporters. Alfonso de Palencia, in a passage reminiscent of the modern tabloids, maliciously intimates that Catalina de Sandoval deserved to die because of her supposedly licentious behaviour at the convent, and even suggests that she had an affair with prince Enrique: "Esta dama, nada cuidadosa de su honra, buscaba tan libremente el trato de los hombres, que habiendo el Rey intentado (aunque inútilmente a causa de su conocido defecto), hacerla su concubina, y estando ella perdidamente enamorada de un joven de grandes prendas, llamado Alfonso de Córdoba, llegó a solicitarle con tal ardor a sus criminales antojos, que el Rey, inútil rival, fuertemente irritado, mandó degollar a su competidor en la plaza de Medina. Arrastrada a multitud de crímenes por su desenfreno doña Catalina se resolvió a continuar hasta el fin de su vida de infamia." See Alfonso de Palencia, *Crónica de Enrique IV*, ed. Antonio Paz y Meliá, Biblioteca de Autores Españoles, 257 (Madrid: Rivadeneira, 1973), 115b-116a.

[8] Cf. the warnings contained in the *Crónica del emperador Carlos V*, in the wake of Henry VIII's divorces from Catherine of Aragon and Anne Boleyn: "que el matrimonio contraído y consumido entre los cristianos no se pudiese deshacer aunque uno de los dos casados fuese adúltero o ella estéril, o cualquiera de ellos hereje;" and, "siendo este vínculo del matrimonio una vez ayuntado con sola la muerte se desata y no con el divorcio, porque lo que Cristo da a entender que por la fornicación se puede dejar la mujer, esta separación divide entre ellos la conversación de la cama y mesa, pero no el vínculo del matrimonio. Así que cometerá adulterio cualquiera que a la que así hubiere dejado tornare" (Alonso de Santa Cruz, *Crónica del emperador Carlos V*, 5 vols., ed. Ricardo Beltrán y Rózpide and Antonio Blázquez y Delgado Aguilera [Madrid: Imprenta del Patronato de Huérfanos de Intendencia e Intervención Militar, 1920-1925], IV, 467, and V, 141-142 respectively).

only final, but also the most expedient way of dissolving an unhappy or an inconvenient marriage.

If discovered, and sent to trial, the penalty for murdering one's wife— amongst the nobility at least—was apparently subject to pecuniary valuation. I have found only one other comparable case of foul play in the death of a spouse in contemporary chronicles. Fray Prudencio de Sandoval mentions the case of Juan de Vivero, Viscount of Altamira, whose penalty for murdering his wife in 1520 was forfeiture to the Crown of the fortress of Fuensaldaña, near Valladolid; as opposed to a more serious punishment such as imprisonment, exile or death.[9] Yet despite the luxury of a relatively light sentence it takes a ruthless person indeed to plan and commit a murder. Sandoval was ruthless enough to contract assassins (one of whom was his own nephew) to murder his spouse, and cunning enough to realize that by having others do his dirty work he would be able to provide himself with a credible alibi while the murder was taking place, if necessary. Thus, while for all outward appearances Sandoval courted respectability as the beneficent patron of the *Doctrinal de los caualleros*, he was in fact the contentious noble par excellence, and, ironically, just the sort of noble whose semi-psychotic self-interest Cartagena wished to redirect toward more altruistic causes in his treatise on knighthood, for the common good of Castile.

In nine of the extant fifteenth-century manuscript copies of the *Doctrinal de los caualleros*, including the copy owned by king Juan II (Biblioteca de San Lorenzo de El Escorial MS h-III-4), the work is dedicated to Álvaro de Luna (1388?-1453), royal favourite of Juan II, and enemy of Diego Gómez de Sandoval, amongst others.[10] Don Álvaro's adult life was shrouded in political intrigue and he spent

---

[9] See Fray Prudencio de Sandoval, *Historia de la vida y hechos del Emperador Carlos V*, 3 vols., ed. Carlos Seco Serrano, Biblioteca de Autores Españoles, 80-82 (Madrid: Rivadeneira, 1955), I, 202b. We are told cryptically that Vivero "mató a su mujer malamente."

[10] MSS Biblioteca Nacional 27, Biblioteca Nacional 6607, Biblioteca Nacional 6609, Biblioteca Nacional 12743, Biblioteca de San Lorenzo de El Escorial h-III-4, Biblioteca del Palacio Real 2906, Real Academia de la Historia 9 / 712, Biblioteca Universitaria de Salamanca 1767, all begin as follows: "Los famosos caballeros, muy noble señor condestable...," and Biblioteca Nacional 18061 begins "A los famosos caualleros, muy noble señor condestable..."—a reference to Álvaro de Luna in his role as "Condestable de Castilla." The reference is explicit in Biblioteca Nacional MS 18061 which bears the following preliminary remark: "Introduçion al muy magnifico y noble cauallero don Aluaro de Luna, Condestable de Castilla." Cf. the 1487 incunable, which begins—correctly—: "Los famosos caualleros, muy noble señor conde...," the 1497 incunable, which begins: "Muy noble señor conde, los famosos caualleros...," Biblioteca del Palacio Real MS 1305, which begins: "Los famosos caualleros, muy noble señor Conde de Castro e Denia...," and MSS Biblioteca Nacional 10107, Biblioteca Nacional 12796, and Fundación Lázaro Galdiano 474, which begin: "Los famosos caualleros, muy noble señor...," a reference to Gómez de Sandoval in his role as Count of Castro and

most of his political career deeply involved in the bitter struggle for absolute power in Castile. In order to strengthen his position and further his political ambitions, in 1430 Don Álvaro married Juana Pimentel, and thereby forged alliances with her father, the Count of Benavente, and her uncle, Pedro Manrique (the "Adelantado Mayor"). The more power Don Álvaro acquired, however, the more he incurred the wrath of his enemies; yet politically he was as audacious as he was astute—a dangerous combination—and he made good use of his connections in the years following his marriage when he stood alone and vied with other members of the noble oligarchy for political control of Castile.

Álvaro de Luna's political machinations and his quest for power affected some nobles more than others, and he was opposed vehemently in his endeavours in particular by Pedro Fernández de Velasco, Count of Haro, and also by Iñigo López de Mendoza, Marqués de Santillana, who considered Don Álvaro personally responsible for his loss of lands and revenues. By the mid fifteenth century Fernández de Velasco and Santillana, along with their mentor, Alfonso de Cartagena, had turned against Don Álvaro and had begun plotting his downfall.[11]

Although neither Velasco, Santillana nor Cartagena would risk denouncing Álvaro de Luna in public while he was alive, shortly after Don Álvaro's execution in 1453 Santillana did freely voice his hatred of the king's erstwhile favourite in the *Doctrinal de privados*,[12] perhaps influenced by the title of Cartagena's own work. No doubt Cartagena was aware of the manuscript versions dedicated to and commissioned by Álvaro de Luna, and it is also likely that he had discussed the matter with Santillana and Velasco, in which case, if Santillana was aware that Álvaro de Luna possessed a copy of the *Doctrinal de los caualleros*, the cruel satire contained in the *Doctrinal de privados* would be all the more humorous for Santillana's supporters. Since the *Doctrinal de los caualleros* was composed c. 1444, it is tempting to imagine that Don Álvaro either commissioned or acquired his own copy of the text while Diego Gómez de Sandoval was his prisoner after the battle of Olmedo (May 19, 1445), in which case copies were owned and read

---

Denia. For further discussion of the dedicatory paragraphs, see below, chapter IV.

[11] On the political climate in Castile in the fifteenth century, see, especially, Luis Suárez Fernández, *Nobleza y Monarquía. Puntos de vista sobre la Historia política castellana del siglo XV*, Estudios y Documentos, Departamento de Historia Medieval, 15 (Valladolid: Universidad de Valladolid, 1975); and Julio Valdeón Baruque, *Los conflictos sociales en el reino de Castilla en los siglos XIV y XV* (Madrid: Siglo XXI, S. A., 1986). On Don Álvaro's decline and fall, see Nicholas G. Round, *The Greatest Man Uncrowned: A study of the fall of Don Alvaro de Luna* (London: Tamesis, 1986).

[12] See Ángel Gómez Moreno, ed. Marqués de Santillana, *Obras completas* (Barcelona: Planeta, 1988), 349-372.

by key members of opposing factions at roughly the same time.[13] A remark made by Álvaro de Luna, however, and recorded for posterity in the *Crónica de Don Álvaro de Luna*, indicates that Don Álvaro did renounce any positive feelings he might have had about Cartagena, as well as, by association, his treatise on chivalry. On the eve of Don Álvaro's execution, when Cartagena went to advise Don Álvaro that he would receive no preferential treatment simply because he had surrendered peacefully, Don Álvaro gave full vent to his anger at Cartagena for Cartagena's part in Don Álvaro's downfall, and intimated that because of the nature of his profession Cartagena could in fact only ever have had a limited knowledge of the institution of chivalry. The episode is described as follows: "Entonçe el Maestre, conmovido algúnd tanto en malenconía contra el obispo díxole: 'Obispo, callad agora vos, e non curéys de fablar donde caualleros fablan: quando fablaren otros de faldas luengas, como las vuestras, entonçe fablad vos.'"[14]

Despite Don Álvaro's irreverent comment, references to Cartagena's work in contemporary texts attest to the fact that the *Doctrinal de los caualleros* was well known as an authoritative treatise and that Cartagena himself was renowned for his knowledge of chivalric matters. For example, Cartagena is remembered for his knowledge and writings concerning chivalry by Juan de Lucena in his *Libro de Vida beata* (1463), composed some seven years after Cartagena's death. This work is an imaginary discussion on happiness which takes the form of a dialogue between Alfonso de Cartagena, Santillana and Juan de Mena, and much of the dialogue serves as a vehicle for Lucena to express his views on contemporary literature. In one such speech Lucena has Santillana make the following encomium, directed at Alfonso de Cartagena:

Nasció en Grecia la philosophía. Socrates la llamó desdel cielo. Después de Socrates, al tiempo que Bruto liberó a Roma, Pithágoras la sembró por Italia. Tú agora transplántasla en España. Beata ella, felice Castilla! Para ella nasciste

---

[13] The battle of Olmedo is described by Pérez de Guzmán, in the *Crónica del serenissimo rey Don Iuan Segundo deste nombre* (Pamplona: Thomas Porralis, 1591), in chapters 67-70 (pp. 250rb-252vb). On the capture of Diego Gómez de Sandoval, see especially, p. 252va: "Fueron assi mesmo presos en la batalla del Principe, el Conde de Castro, y don Pedro su hijo, y Garcisanchez de Aluarado, y Mosen Alonso de Alarcon;" and, chapter 73, p. 253rb: "Y assi el rey se partio, y fue a ssentar su Real cerca de Yscar, y dende a Cuellar, en el qual viage el Condestable yua en andas: el qual lleuaua preso a don Enrrique hermano del Almirante, y algunos otros caualleros que auian sido presos en su batalla: y el Principe lleuaua al Conde de Castro." Pérez de Guzmán also mentions Sandoval's capture at Olmedo in the *semblanza* of Sandoval in the *Generaciones y Semblanzas* (above, n.6), 28.

[14] *Crónica de Don Álvaro de Luna*, ed. Juan de Mata Carriazo (Madrid: Espasa-Calpe, 1940), 392.

quando nasciste, no para ti solamente. Tú de cauallería, de re pública, de fe christiana escreuiste vulgar, y las obras famosas del moral Séneca nuestro vulgarizaste.[15]

Lucena makes the connection between Santillana, Cartagena, and chivalric matters, giving a brief synopsis of the *Doctrinal de los caualleros* which, along with Cartagena's translations, is considered by Lucena (in the guise of Santillana) to be one of Cartagena's most influential works in the vernacular. Indeed, in this quotation at least, the *Doctrinal de los caualleros* seems to precede Cartagena's translations of Seneca in importance.

In the late fifteenth century, Cartagena's reputation among contemporary authors and scholars as an authority on chivalry is given full expression by Diego de Valera in one of his own treatises on chivalry. In chapter 9 of the *Doctrinal de Príncipes*, which he dedicates to the future king Fernando, Valera defines the term "magnanimidat" and cites a number of authorities to clarify and support his definition. The passage is worth quoting in full:

La fortaleza según Tulio tiene siete partes, conviene saber: magnanimidat, fiusia, constancia, perseverancia, magnificencia, segurança, paciencia. Magnanimidat es virtud que desecha todos los viles e desonestos provechos e fase los ombres ossados a las cosas a razón subgetas, e fáselos alegres e humiles. A la qual, segunt el Philósopho en el tercero de las *Éthicas*, conviene cometer terribles cossas. Según Macrobio, en el primero libro, a la magnanimidat conviene ninguna cosa temer, salvo los torpes, las cosas prósperas e adversas pasando en egual cara. Según Santo Agustín, magnanimidat es virtud medianera entre flaqueza de coraçón e presunpción: así el esfuerço deve mandar el denuedo a la discreción, según lo nota el muy reverendo doctor Don Alfonso de Cartagena, obispo de Burgos, en el prólogo de su *Doctrinal de cavalleros*. De la qual virtud Séneca fablando dise: Conviene la magnanimidat a qualquier de los mortales, aun a'quel de baxo de quien ninguna cosa está.[16]

Thus in his definition of "magnanimidat" Valera associates Cartagena and the *Doctrinal de los caualleros* with the great scholars of antiquity—Aristotle, Saint Augustine, Macrobius and Seneca—, and the work is used by Valera as a means of clarifying Saint Augustine. In this way Cartagena ranks among the most

---

[15] Juan de Lucena, *Libro de Vida beata*, in *Opúsculos literarios de los siglos XIV a XVI*, ed. Antonio Paz y Meliá (Madrid: M. Tello, 1892), 105-205, at page 112-113.

[16] Diego de Valera, *Doctrinal de Príncipes*, in *Prosistas castellanos del siglo XV*, ed. Mario Penna, Biblioteca de Autores Españoles, 116 (Madrid: Rivadeneira, 1959), 173-202, at p. 194ab.

respected authorities of the age and his book forms an integral part in the education of the future monarch. We know that Isabel of Castile possessed a manuscript copy of the *Doctrinal de los caualleros* in her personal library, so a copy of the text was accessible to Fernando if the prince wished to pursue his studies further at a later date. The fact that during the reign of Fernando and Isabel, some fourteen years after the introduction of printing in Spain, the *Doctrinal de los caualleros* went through two, possibly three, printed editions (1487, 1492 [?], and 1497),[17] is an indication that further interest in the text was indeed stimulated. The printings themselves provide some indication that the work was carefully selected for mass production, probably for diffusion among an elite class of book-buyers of the lesser and higher nobility. The 1487 edition, for example, was done by Friedrich Biel at Burgos, whose books "are conspicuous by the beauty of the founts, the excellence of the paper, and the correctness of the impression."[18] The same is true of books printed at the press of Juan de Burgos, who did the 1497 edition, for "in neatness of type and quality of paper [his books] vie with the best productions of the period."[19] The incunabula copies owned by Pedro Fernández de Córdoba, Marqués de Priego, were each valued at 4 reales in 1518, while a manuscript copy owned by García de Loaisa, Archbishop of Toledo, was valued at 100 reales in 1599.[20] Since, even if we take inflation into account, the difference in price (or value) between incunabula and codex in this instance is immense, it is likely that the printed editions of the *Doctrinal de los caualleros* aim to satisfy a classic case of supply and demand: while comparable in quality to manuscript copies of the text, the printed versions were cheaper to own and consequently the chivalric treatise became all the more accessible to all members of the noble class.

H. J. Chaytor has observed that as a general rule:

The medieval public was not greatly interested in the personality of the author. Modern ideas on this matter are in direct contrast with those of medieval days. The name of a well-known author is now regarded as a guarantee of the kind of book that may be expected of him...and readers are attracted as much by his

---

[17] On the printed editions see chapter IV.

[18] Konrad Haebler, *The Early Printers of Spain and Portugal*, Bibliographical Society Monographs, 4 (London: Chiswick Press, 1897), 34.

[19] Konrad Haebler, *The Early Printers of Spain and Portugal* (above, n.18), 67.

[20] See, respectively, María Concepción Quintanilla Raso, "La biblioteca del marqués de Priego (1518)," *En la España Medieval: Estudios dedicados al profesor D. Julio González González* (Madrid: Universidad Complutense, 1980), I, 347-383, at page 367 (entry numbers 231 and 234); Gregorio de Andrés, "Historia de un fondo griego en la Biblioteca Nacional de Madrid," *Revista de Archivos, Bibliotecas y Museos* 77 (1974): 5-65, at page 62 (entry number 204).

manner as by his matter.[21]

Most general rules, however, are prone to exceptions. Santillana's correspondence, the dedication of the text itself, and the stray hints from contemporary texts, as well as the amount of extant manuscripts, corroborate the evidence culled from library inventories. As a code of chivalric conduct, evidence suggests that the *Doctrinal de los caualleros* was read by most of the members of the families who constituted the noble oligarchy in later medieval Castile, such as the Mendoza, Velasco and Pimentel families, as well as by some of the most prominent prelates of the age, such as the Cardinal of Burgos and the Archbishop of Toledo. Moreover, the two dedicatory traditions—the one to Diego Gómez de Sandoval and the other to Álvaro de Luna—suggest that the book was coveted by individuals who stood at opposite ends of a battleground of political strife in Castile. Cartagena himself was considered a respected authority on such a complicated subject matter: as a competent jurist he knew the laws of chivalry better than most, as he knew the laws generally. Thus as much the members of the nobility as the royal family were well aware that they could depend upon Cartagena the man to compose a definitive text in a reasonably unbiased manner about matters which were close to everyone's heart in the chivalric world of fifteenth-century Castile.

---

[21] H. J. Chaytor, *From Script to Print. An Introduction to Medieval Vernacular Literature* (London: Sidgwick and Jackson, 1966; first publ. 1945), 140.

IV
The extant manuscripts and incunabula of the *Doctrinal de los caualleros*: a codicological description

THERE ARE TWENTY-TWO extant codices of the *Doctrinal de los caualleros*, housed in various European and American libraries, and two known incunabula. The manuscripts are as follows:

1. Copenhagen, Det Kongelige Bibliotek, MS Gaml. Kongl. Saml. 2219
2. Escorial, Real Biblioteca de San Lorenzo de El Escorial, MS h-III-4
3. Madrid, Biblioteca del Museo Lázaro Galdiano, MS 474
4. Madrid, Biblioteca del Palacio Real, MS 727
5. Madrid, Biblioteca del Palacio Real, MS 758
6. Madrid, Biblioteca del Palacio Real, MS 1272
7. Madrid, Biblioteca del Palacio Real, MS 1305
8. Madrid, Biblioteca del Palacio Real, MS 2906
9. Madrid, Biblioteca de la Real Academia de la Historia, MS 9 / 712
10. Madrid, Biblioteca Nacional, MS 27
11. Madrid, Biblioteca Nacional, MS 6607
12. Madrid, Biblioteca Nacional, MS 6609
13. Madrid, Biblioteca Nacional, MS 7345
14. Madrid, Biblioteca Nacional, MS 7365
15. Madrid, Biblioteca Nacional, MS 10107
16. Madrid, Biblioteca Nacional, MS 12743
17. Madrid, Biblioteca Nacional, MS 12796
18. Madrid, Biblioteca Nacional, MS 18061
19. New York, Hispanic Society of America, MS B2704[1]
20. Oxford, Bodleian Library, MS 597

---

[1] Lamentably, I have not been able to inspect this manuscript personally.

21. Salamanca, Biblioteca Universitaria de Salamanca, MS 1767
22. Seville, Biblioteca Colombina, MS 7-5-29

Previous bibliographers have written descriptions of most of these codices, but (albeit of necessity) their descriptions often tend to be brief. By studying watermarks and researching contemporary library inventories it has been possible to shed some new light on this particular group of manuscripts.

I have divided the manuscripts according to the century in which they were written. In the case of the fifteenth- and sixteenth-century manuscripts I have included descriptions of watermarks, and, at the end of each description, I have summarized known details concerning the amanuensis, date, and ownership of the codex. In most instances the only clue for the date of the codex is based on the date of the watermark(s). Since watermarks cannot often be dated with great certainty, the dates given are approximations, and are by no means intended to be definitive. Drawings of the watermarks in the fifteenth- and sixteenth-century codices and incunabula are provided in Appendix 2.

I. Fifteenth-Century Manuscripts

1. Escorial, Real Biblioteca de San Lorenzo de El Escorial, MS h-III-4 (olim v-M-9; ij-A-14)[2]

276 ff. plus 4 blank pages.

205 X 280 mm.

Paper and vellum. Approximately 27 lines per page.

The text is preceded by a table of contents: "Tabla de los titulos del libro que se llama el *Doctrinal de los cavalleros*, el qual es partido en quatro libros" (f° 1r). Otherwise there are no preliminary remarks or dedicatory paragraph.

Titles are in red; text is in black. Initials and calderones are in alternating colours: the initials are in turquoise and red (except for the first initial of each book, which is gilded); the calderones in red and purple.

---

[2] Faulhaber, *Bibliography of Old Spanish Texts* (Madison: Hispanic Seminary of Medieval Studies, 1984), 23, 310; Francisco Cantera Burgos, *Alvar García de Santa María y su familia de conversos: historia de la Judería de Burgos y de sus conversos más egregios* (Madrid: Instituto Arias Montano, 1952), 494; Jesús Domínguez Bordona, *Manuscritos con pinturas*, 2 vols. (Madrid: Centro de Estudios Históricos, 1933), II, 93, entry number 1617; Augusto Llacayo y Santa María, *Antiguos manuscritos de historia, ciencia y arte militar, medicina y literarios existentes en la biblioteca del monasterio de San Lorenzo del Escorial* (Seville: Francisco Álvarez, 1878), 115; Joseph Rodríguez de Castro, *Biblioteca española*, 2 vols. (Madrid: Imprenta Real de la Gaceta, 1781), I, 643b; Juan Zarco Cuevas, *Catálogo de los manuscritos de la Biblioteca de El Escorial*, 3 vols. (Madrid: Imprenta Helénica, 1924), I, 214-215.

The first page of each book is lavishly illustrated in gold, blue and red, with courtly scenes. Each illumination is approximately a half folio in size, done in grisaille: Book I (f° 1r); Book II (f° 92r); Book III (f° 180r); Book IV (f° 232r). In the case of the illuminations on ff. 1r and 92r, a bishop (Cartagena?) appears alongside the king.

Some pages are vellum, others are paper. Many pages have been restored and have a rectangular piece of paper stuck over the text in order to cover numerous holes and tears, namely: ff. 55-58, 61-64, 67-70, 73-76, 79-82, 86-90, 99, 112-114, 165-168, 171-174, 177-178, 181, 184, 187-190, 193-194, 196, 217-220, 223-226, 233-236 (here the text beneath the restoration has been supplied in a modern hand in the bottom margin), 239, 240, 241-242 (text supplied in a modern hand), 245-248, 251-254, 257-260, 263-266. The pages have been guillotined and gilded. On the verso side of the blank vellum page after f° 276 is the name "TUBINO 1874." Francisco María Tubino studied this codex, and no doubt he played a part in the restoration of the manuscript.[3]

The volume is bound in brown leather.

The watermark is a letter T atop a lion.[4]

This codex belonged to Juan II and Isabel la Católica, as evinced from Isabel's library inventory, compiled in 1503.[5]

Summary of Escorial MS h-III-4:
Amanuensis: Unknown
Approximate date: Before 1454
Owners: 1. Juan II (1406-1454)
         2. Isabel la Católica (1474-1504)

2. Madrid, Biblioteca del Museo Lázaro Galdiano, MS 474[6]
335 ff. No foliation.
220 X 285 mm.

---

[3] Francisco María Tubino, "El *Doctrinal de Caballeros*, por Don Alfonso de Cartagena, obispo de Burgos, diplomático, literato y poeta de la corte castellana de Don Juan II. Códice de la Biblioteca del Escorial. Estudio histórico-crítico," *Museo Español de Antigüedades* 10 (1880): 129-177.

[4] There is no comparable watermark in Briquet (see below, n.8). A similar watermark from a text in the Archivo Municipal de Barcelona is, however, registered by Francisco de Asis de Bofarull y Sans, *Los animales en las marcas del papel* (Villanueva y Geltrú: Oliva, 1910), 37, n° 195, dated 1471-72.

[5] Francisco Javier Sánchez Cantón, *Libros, tápices y cuadros que coleccionó Isabel la Católica* (Madrid: CSIC, 1950), 69, entry number 219C.

[6] Faulhaber, *Bibliography*, 85, 1120; Charles Faulhaber, "Some Private and Semi-private Spanish Libraries: Travel Notes," *La Corónica* 4 (1976): 81-90, at p. 84.

Paper. Gothic script of the fifteenth century. Double columns with approximately 25 lines per column.

The text begins as follows:

> Aquj comjença el libro que se llama *Dotrinal de los cauallleros*, que contiene las leys del regno que fasen a los fechos de la cauallleria.
> Prologo que se dirige a vn conde a cuya ynstançia se fiso.[7]

Book I, 1r-103r; Book II, 103v-211r; Book III, 211v-273r; Book IV, 273v-332r.

Titles are in red ink; text is in black ink. The first initial is illustrated, the rest are omitted.

Four folios, in a different hand, are appended to the end of the codex. The section is entitled: "Capitulo honseno como las armas se deuen auer e en quantas maneras perderse pueden."

The volume is bound in brown suede with brass bosses in each corner of the cover, as well as brass catches.

The watermark for the four appended folios is a scale (cf. Briquet III, 2407 [1474]).[8] The watermark for the main text is a wagon, the same as Biblioteca Nacional MS 27 (Briquet III, 3540 [1470]).

Summary of Lázaro Galdiano MS 474:
Amanuensis: Unknown
Approximate date: c. 1470-1474?
Owner: Unknown

3. Madrid, Biblioteca del Palacio Real, MS 1305 (olim VIII-G-1; 1-L-4)

218 ff. plus two blank pages at the beginning and one blank page at the end. 200 X 290 mm.

Paper. Gothic script of the fifteenth century. Approximately 30-33 lines per page.

The text is preceded by a dedication: "Este libro es de Bamonde. O Mater Dei Memento Mei" (fº 2r); and, in red ink, "*Dotrinal de los cauallleros*. Aqui viene a parar la vida" (fº 2v), beneath which is a skull and crossed bone, done in grisaille.

A table of contents follows the dedication: "Tabla de los titulos del libro que se llama el *Dotrinal de los cauallleros*, el qual es partido en quatro libros" (fº 3r).

---

[7] On the confusion that has arisen among bibliographers from the various dedicatory paragraphs of the *Doctrinal de los cauallleros*, see chapter I, n.3.

[8] Charles Moïse Briquet, *Les filigranes. Dictionnaire Historique des marques du papier dès leur apparition vers 1282 jusqu'en 1600*, ed. Allan Stevenson, 4 vols. (Amsterdam: The Paper Publications Society, 1968). The reference refers to volume, entry number and date.

The text begins as follows:

Comiença vna copillaçion de aquellas leyes que atañen a los fijosdalgo del reyno de Castilla. Libro primero. (5r)

Book I, 5r-76r; Book II, 76r-148r; Book III, 148r-191r; Book IV, 191r-218r.

Titles and calderones are in red ink; text is in black ink. All of the initials are in place, alternating in colour between blue and red, and purple and red.

The volume is bound in an eighteenth-century leather binding, with the title on the spine: "Doctrinal de caballeros. MS." The pages have been guillotined, and the codex has undergone some restoration in the form of pieces of paper stuck along the bottom margin of pages 163-66, and 169-71, to cover worm damage.

The watermark is a scale (cf. Briquet III, 2448 [1453]).

This manuscript belonged to Diego Sarmiento de Acuña, Count of Gondomar, and is cited in his library inventory, compiled in 1623.[9]

Summary of Palacio Real MS 1305:
Amanuensis: Unknown
Approximate date: c. 1453?
Owner: Diego Sarmiento de Acuña, Count of Gondomar (1623)

4. Madrid, Biblioteca del Palacio Real, MS 2906 (olim 2-G-11)[10]

228 ff.
195 X 275 mm.
Paper. Gothic script of the fifteenth century. Between 32-41 lines per page.
The *Doctrinal de los caualleros* occupies ff. 1r-215r.
The text begins as follows:

> Comjença una copilacion de aquellas leyes del reygno de Castilla que fablan de los fechos que tañen a los caualleros e fijosdalgo, fecha e compuesta por el reuerendo don Alfonso de Cartagena, obispo de Burgos. (1r)

Book I, 1r-64r; Book II, 65v-133r; Book III, 133r-179v; Book IV, 179r-212r.

Ff. 215v-228v contain fragments of Seneca's letters to Lucilius: "Tabla de las epistolas de Seneca a Lluçillo." The text is in the same hand as the *Doctrinal*.

---

[9] M. Serrano y Sanz, "Libros manuscritos o de mano [de la biblioteca del Conde de Gondomar]," *Revista de Archivos, Bibliotecas y Museos* 8 (1903): 65-68, 222-228, 295-300, at p. 225.

[10] Faulhaber, *Bibliography*, 186, 2214; Cantera Burgos, *Alvar García*, 494.

Titles and calderones are in red ink; text is in black ink. All initials are left blank, with the exception of f° 27v.

Masking tape has been stuck to the top margin of pages 1 and 2; page 38 is severely torn at the top right side of the page; page 84 is severely torn on the right side of the page. The pages have been guillotined.

The volume is bound in brown leather embossed with gold. The title is on the spine: "CARTAGENA / DOCTRINAL / DE / CABALLEROS."

The watermark is a wagon (cf. Briquet III, 3538 [1466]).

Summary of Palacio Real MS 2906:
Amanuensis: Unknown
Approximate date: c. 1466?
Owner: Unknown

5. Madrid, Biblioteca de la Real Academia de la Historia, MS 9 / 712 (olim 9-5-1=K-87)[11]

174 ff.
200 X 275 mm.

Paper. Gothic script of the fifteenth century. Approximately 30 lines per page.

The text is preceded by a table of contents: "Tabla de los titulos del libro que se llama el *Doctrinal de los caualleros*, el qual es partido en quatro libros" (f° 1r).

The text begins as follows:

> Aqui comjenca una copilacion de aquellas leyes del rreyno de Castilla que fablan del fecho de los caualleros e fijosdalgo e de todo lo que a la cauallerja perteneçe. (2r)

Book I, 1r-55r; Book II, 56v-118r; Book III, 118v-147r; Book IV, 147r-174v.

Initials and calderones are in red ink; text is in black ink. All of the initials are in place.

There is a note in a different, more modern hand at the top of the first folio of the text: "Este libro, cuio titulo es *Doctrinal de caualleros*, fue conpuesto por don Alonso de Cartagena, obispo de Burgos, a instancia de D. Diego Gomez de Sandoval, Conde de Castro e Denia."

The volume is bound in pigskin.

The watermark is a flower (there is no comparable watermark in Briquet).

Summary of Real Academia de la Historia MS 9 / 712:
Amanuensis: Unknown

---

[11] Faulhaber, *Bibliography*, 71, 935; José Simón Díaz, *Bibliografía de la literatura hispánica*, 2nd. ed. (Madrid: CSIC, 1965), III, 5285.

Approximate date: Fifteenth century
Owner: Unknown

6. Madrid, Biblioteca Nacional, MS 27 (olim S-73)[12]
194 ff.
280 X 400 mm.
Paper. Gothic script of the fifteenth century. Double columns with approximately 34-36 lines per column.
The *Doctrinal de los caualleros* occupies ff. 1r-157r. The text begins as follows:

Aqui comiença una copillaçion de aquellas leyes del rregno de Castilla que fablan de los fechos que tañen a los caualleros fijosdalgo. Libro primero. (1r)

Book I, 1r-48r; Book II, 48v-99v; Book III, 99v-130r; Book IV, 130v-157r.
Ff. 158r-194r contain *Los doçe trabajos de Hercules*: "Este libro fiso don Enrrique de Villena en que puso las dose cosas señaladas que Hercules el grande fiso." The text is in the same hand as the *Doctrinal*.
On f° 194v a note in a modern hand, written in pencil says: "fol. 195-205 contenía los Proverbios del Marqués de Santillana, que fueron arrancados después de la restauración del MS como se ve por los hilos sueltos de la encuadernación."
Capitals are illustrated and complete, in red and black ink. Titles and calderones are in red ink; text is in black ink.
The volume is bound in brown embossed leather. According to Faulhaber, this is the original binding and dates from 1446.
The watermark is a wagon (cf. Briquet III, 3540 [1470]).
This manuscript belonged to Francisco de Mendoza y Bobadilla, Cardinal in Burgos, and then to García de Loaisa Girón, Archbishop of Toledo, who purchased the Cardinal's library from his nephew, Juan Hurtado de Mendoza, in 1588. The manuscript fits the description of the *Doctrinal de los caualleros* in Mendoza's library, as follows: "*Doctrinal de cavalleros*; *Trabajos de Hércules*, y *Proverbios del Marqués de Santillana*: 1vol. fol. marca mayor, letra antigua."[13] The extraordinarily detailed library inventory of García de Loaisa's books provides the name of the scribe of this codex—Juan Alfonso de León—, as well as its value in 1599. The entry is as follows: "*Un Doctrinal de los caballeros y recopilación de las leyes de la caballería*, hechas por Juan Alfonso de León en tiempo de Juan Segundo, se

---

[12] Faulhaber, 87, 1144; Margherita Morreale, ed., Enrique de Villena, *Los doze trabajos de Hércules* (Madrid: Real Academia Española, 1958), 51-54.

[13] José M. Fernández Pomar, "Libros y manuscritos procedentes de Plasencia. Historia de una colección," *Hispania Sacra* 18 (1965): 33-102, at p. 93, entry number 45.

tasó en 100 reales."[14]

Summary of BN MS 27:
Amanuensis: Juan Alfonso de León
Approximate date: Probably before 1454
Owners: 1. Francisco de Mendoza y Bobadilla, Cardinal in Burgos (1508-1566)
2. García de Loaisa Girón, Archbishop of Toledo (1534-1599)

7. Madrid, Biblioteca Nacional, MS 6607 (olim S-22)[15]
199 ff.
200 X 270 mm.
Paper. Gothic script of the fifteenth century. Approximately 26-28 lines per page.

The text is preceded by a table of contents: "Tabla de los titulos del libro que se llama el *Doctrinal de los caualleros*, el qual es partido en quatro libros" (fº 1r).

The text begins as follows:

> Comiença una copilaçion de aquellas leyes del rreyno de Castilla que fablan de los fechos que tañen a los caualleros e fijosdalgo.
> Libro primero.
> Prologo del libro primero. (14r)

Book I, 14r-83r; Book II, 84r-144v; Book III, 144v-176r; Book IV, 176r-199v. Initials, titles and calderones are in red ink; text is in black ink. Many initials are left blank. Page 42 has a square cut out of the bottom margin, but no text is missing. Similarly, there is a tear in the margin of page 83, but again no text is missing. The text seems to be written in two different hands. The text of Book IV is incomplete: approximately half of the conclusion is missing, which would occupy the last folio of the codex.

The volume is bound in pigskin, with original ties. The title is on the spine: "DON / Alonso / De Cartagea. / DOCTRINAL / DE / Cavalleros."

There are two watermarks, as follows:

---

[14] Gregorio de Andrés, "Historia de un fondo griego de la Biblioteca Nacional de Madrid," *Revista de Archivos, Bibliotecas y Museos* 77 (1974): 5-65, at p. 62, entry number 204. The incunabula copies of the *Doctrinal de los caualleros* owned by Pedro Fernández de Córdoba, Marquis of Priego, were valued at only 4 reales in 1518. See María Concepción Quintanilla Raso, "La biblioteca del marqués de Priego (1518)," *En la España Medieval, I: Estudios dedicados al profesor D. Julio González González* (Madrid: Universidad Complutense, 1980), 347-383, at p. 367, entry numbers 231 and 234. See also chapter III, p. 45.

[15] Faulhaber, *Bibliography*, 112, 1503; Simón Díaz, *Bibliografía*, III, 5286.

1. Scissors (cf. Briquet III, 3717 [1466]).
2. As of folio 101, a crown (cf. Briquet III, 4864 [1499]).

Summary of BN MS 6607:
Amanuensis: Unknown
Approximate date: c. 1466-1499?
Owner: Unknown

8. Madrid, Biblioteca Nacional, MS 6609 (olim S-125)[16]
332 ff.
195 X 265 mm.
Paper. Gothic script of the fifteenth century. Approximately 26-27 lines per page.
The *Doctrinal de los caualleros* occupies ff. 16r-332v.
Ff. 1r-16r contain the Marqués de Santillana's *Qüestión* and Cartagena's reply:

Comjença una question o pregunta enbiada por el magnifico senor el Marques de Santillana e conde del real al reuerendo señor don Pablo, obpo. de Burgos, de donde aya aujdo prinçipio el ofiçio de caualleria. (1r)

The text of the *Doctrinal de los caualleros* is preceded by a table of contents: "Tabla de los titulos deste libro que se llama el *Doctrinal de los caualleros*, el qual es partido en quatro libros" (fº 16r).
The text begins as follows:

Aqui comjenca una copillaçion de aquellas [ll] leyes del rregno de Castilla que fablan de los fechos que tañen a los caualleros e fijosdalgo e llamase *Dotrinal de los caualleros*.
Prologo.

Book I, 19r-128v; Book II, 128v-227r; Book III, 227v-283v; Book IV, 284r-334r.
Initials, titles and calderones are in red ink; text is in black ink. Most of the initials are left blank. On ff. 96, 101, 108, 109, 110, 111, 112, 113, 114, the ink has eaten through the page, causing minor damage.
At the top of the first folio a note has been added in a modern hand, which attributes the work erroneously to Alfonso's father, Pablo de Cartagena: "Libro de

---

[16] Faulhaber, *Bibliography*, 112, 1506; Simón Díaz, *Bibliografía*, III, 5287; Angel Gómez Moreno, "La *Qüestión* del Marqués de Santillana a Don Alfonso de Cartagena," *El Crotalón* 2 (1985): 335-363, at p. 341.

la nobleça y caualleria por el opo. Pablo de Cartagena."
The following note, in a contemporary hand, is appended to f° 332v:

> Este libro es de Sancho de Herrera, el qual costo quatro ducados, de maese Alfonso, cura de Lomego, en el ano de mill e qujnientos e quatro años. E murio el dicho Sancho de Herrera a diez y siete dias del mes de mayo de mill e quinjentos e nueve, viego de diez y nueve años. Y porque es verdad lo firme de mj nonbre. Fecho a comienzos del mes de junjo de mill e qujnientos e treynta e syete años. Floridio de Horozco. En nonbre de Dios y de Santa Maria su madre [?] hijo de Julio e de San Pedro [?] a quince dias del mes de junjo en mill e qujnientos e treynta e syete años. Floridio de Horozco.

The volume is bound in cardboard with a green leather spine. The title is embossed on the spine in gold: "A. DE CARTAGENA / DOCTRINAL / DE CABALLEROS."
The watermark is a ring (there is no comparable water mark in Briquet).

Summary of BN MS 6609:
Amanuensis: Unknown
Approximate date: Fifteenth century
Owner: Sancho de Herrera (d. 17-5-1509)

9. Madrid, Biblioteca Nacional, MS 10107 (olim IIh-24. Cajon 43 Num 31)[17]
270 ff.
190 X 270 mm.
Paper. Gothic script of the late fifteenth century. Approximately 27-30 lines per page.
The text begins as follows:

> Aquy comjença una copilaçion daquellas leyes del reyno de Castilla que tañen a caualleros e fijosdalgo, las quales mando copilar en vno el muy estrenuo don Diego Gomez de Sandoval, Conde de Castro, Señor de Saldaña, Adelantado Mayor de Castilla. E por ende sendereça a el. El prologo. E llamase este libro *Dotrynal de cavalleros*. (1r)

Book I, 1r-87r; Book II, 87v-172r; Book III, 172v-220r; Book IV, 220v-273v.
Titles are in red ink; text is in black ink. Initials are omitted. The pages have been guillotined.

---

[17] Faulhaber, *Bibliography*, 122, 1656; G. Fink-Errera, "A propos des bibliothèques d'Espagne. Tables de concordances," *Scriptorium* 13 (1959): 89-118, at p. 96.

The volume is bound in red leather with brass clips. The title is on the spine: "Doctrinal / DE / Caballeros."
The watermark is a crescent (cf. Briquet III, 5214 [1481-1482]).
Summary of BN MS 10107:
Amanuensis: Unknown
Approximate date: c. 1481-1482?
Owner: Unknown

10. Madrid, Biblioteca Nacional, MS 12743 (olim Pp-31)
230 ff.
245 X 335 mm.
Paper. Gothic script of the fifteenth century. Double columns with approximately 29-30 lines per column.
The text is preceded by a table of contents: "Aqui comiença la tabla deste libro llamado *Dotrinal de cauallleros*, que es partido en quatro libros" (f° 1r).
The text begins as follows:

Aqui comiença el libro llamado *Dotrinal de los cauallleros*, el qual es vna copilaçion de aquellas leyes del rreyno de Castilla que fabla de los fechos que atañen a los cauallleros e fijosdalgo. (2v)

Book I, 2v-73r; Book II, 73r-148r; Book III, 148r-192v; Book IV, 192v-230r. Titles and calderones are in red ink; text is in black ink. The initials are all in place, beautifully illustrated in red, purple and blue.
At the end of the codex the scribe has written his name in red ink, as follows: "Petrus me fecit" (f° 230r).
The volume is bound in pigskin. The title is on the spine: "Cartagena/ Doctrinal de cauallleros / MS." A sticker on the inside cover reads as follows: "Librería de Juan Rodríguez. Calle del Oliva 6 y 8. Madrid."
The watermark is a pair of scissors surmounted by a crown (cf. Briquet III, 3686 [1460-64]).
Summary of BN MS 12743:
Amanuensis: "Petrus"
Approximate date: c. 1460-64?
Owner: Unknown

11. Madrid, Biblioteca Nacional, MS 12796 (olim Ee-20)[18]
119 ff.

---

[18] Faulhaber, *Bibliography*, 134, 1821; Simón Díaz, *Bibliografía*, III, 5288.

280 X 390 mm.
Paper. Gothic script of the fifteenth century. Double columns with approximately 44-50 lines per column.
The text is preceded by a table of contents: "Tabla de los titulos deste libro que se llama el *Doctrinal de los caualleros*, que es partido en quatro libros" (f° ir).
The text begins as follows:

> Aqui començña una copillaçion de aquellas leyes del rregno de Castilla que fablan de los fechos que tañen a los caualleros e fijosdalgo: ha nombre *Doctrinal de los caualleros*. (1r)

Book I, 1r-25r; Book II, 25v-73r; Book III, 73r-96r; Book IV, 96v-118r.
Titles are in red ink; text is in black ink. Most of the initials are left blank.
The following note concerning details of the amanuensis, Juan de Nebreda, is appended to f° 119v, which is otherwise blank: "Istum librum perfecit Iohans de Nebreda."
The volume is bound in green leather with gold inlay. The title is embossed on the spine in gold: "Santa María / (Alfonso de) / Doctrinal / de / Caballeros."
The watermark is a wagon (cf. Briquet III, 3540 [1470]).[19]
This manuscript probably belonged to Pedro Fernández de Velasco, Conde de Haro, since it fits the description of the *Doctrinal de los caualleros* in his library inventory, compiled in 1455, as follows: "*Doctrinal de cavalleros*, echo por Joannes de Nebreda, escrito de mano en papel de 119 hojas."[20]

Summary of BN MS 12796:
Amanuensis: Juan de Nebreda
Approximate date: Before 1455
Owner: Probably Pedro Fernández de Velasco, Count of Haro (c. 1400-1470)

12. Madrid, Biblioteca Nacional, MS 18061 (olim 917)[21]

---

[19] For a similar water mark in use in Catalonia as early as 1409, see Oriol Vals i Subirà, *Paper and Watermarks in Catalonia*, 2 vols. (Amsterdam: The Paper Publications Society, 1970), II, entry number 1330. See also Gemma Avenoza and Germán Orduña, "Registro de filigranas de papel en códices españoles," *Incipit* 11 (1991): 1-9, at p. 1 (described only as fifteenth century).

[20] Jeremy N. H. Lawrance, "Nueva luz sobre la biblioteca del conde de Haro: inventario de 1455," *El Crotalón* 1 (1984): 1073-1111, at p. 1105, entry number 148. In a footnote, however, Lawrance states that "a pesar de la descripción pormenorizada, no he identificado este manuscrito, que no es BN 27, 6607, 6609, ni 12796." My own research shows that the description does concur with MS 12796.

[21] Faulhaber, *Bibliography*, 137, 1867; Simón Díaz, *Bibliografía*, III, 5284.

223 ff.
200 X 280 mm.
Paper. Gothic script of the fifteenth century. Approximately 31-32 lines per page.
The text begins as follows:

> Comiença una copilaçion de aquellas leyes del reyno de Castilla que fablan de los fechos que atañen a los caualleros e los fijosdalgo.
> Libro primero.
> Introduçion al muy magnifico y noble cauallero don Aluaro de Luna, Condestable de Castilla. (1r)

Book I, 1r-73v; Book II, 74r-146v; Book III, 147r-188v; Book IV, 189r-224r.
Initials, titles and calderones are in red; text is in black. With the exception of ff. 9r, 10v, 210v, 211r, 212r, 218r, 220r, 222r, the initials are left blank. Calderones are added up to and including f° 12v. From f° 13r they are omitted, with the exception of ff. 37r, 55v, 56v, 57v, 58v, 60v, 61r, 220r. Pages 23, 143 and 218 have the middle section of the page torn out. The text of Book IV is incomplete: approximately one third of the conclusion is missing, which would occupy the last folio of the codex.
There is an appendix to the codex, in a modern hand on paper with the following heading: "Sello de 4. mrs. Pobres Año 1833." Each folio has a hole at the top of the page and the pages were probably held in place with a clip. They are copied from ff. 204-206, 215-217, 221, all of which are torn out of the codex.
The volume is bound in pigskin with original ties. The title is on the spine: "FVERO / de los / Caballeros / Nobles."
The watermark is a pair of scissors (cf. Briquet III, 3744 [1448]).
This manuscript belonged to Pascual de Gayangos, whose personal seal is on the inside cover.
Summary of BN MS 18061:
Amanuensis: Unknown
Approximate date: c. 1448?
Owners: 1. Unknown
           2. Pascual de Gayangos

13. Oxford, Bodleian Library, MS 597 (olim S. C. 2377)[22]

---

[22] Falconer Madan and H. H. E. Craster, *A Summary Catalogue of Western Manuscripts in the Bodleian Library at Oxford: Seventeenth Century*, 2 vols. (Oxford: Clarendon Press, 1922), I, 337, entry number 2377.

337 ff.
200 X 250 mm.
Paper. Gothic script of the fifteenth century. Approximately 30-31 lines per page.

The *Doctrinal de los caualleros* occupies ff. 112-337.

The text is preceded by a table of contents: "Aqui comiença la tabla de los titulos que se llama *Dotrinal*." The text begins simply with the word "Leyes." Otherwise there are no preliminary remarks or dedicatory paragraph.

Book I, 112v-191v; Book II, 192r-253v; Book III, 254r-297v; Book IV, 298r-335v.

The titles to individual laws, as well as capitals and calderones appear sporadically in book I and more consistently in books II-IV, in red ink, as follows: 139v, 142v (capitals only), 143v (title), 144v (titles), 190v (title, calderones, initial), 191v (titles, initials), 192r (initial), 194v (titles, initials), 195v (title, initial, calderones), 196r-253v (titles, initials), 254r-297v (titles, initials), 299r-335v (titles, initials). The text is in black ink.

The manuscript has sustained some damage in the upper right corner, possibly due to water, on ff. 296-334, but this does not interfere with the text. F° 333v has a strip of paper added to reinforce the bottom margin, as does f° 335r on the bottom and right margin. The first and last two pages are blank and were added at a later date.

The volume is bound in cardboard with a pigskin spine. The pages have been guillotined and dyed green.

Ff. 1r-111v is a manuscript on vellum—also fifteenth century, but a different hand from the *Doctrinal*—containing two astrological treatises of Ptolemy, with gloss and commentary by Alî ben Ridhwân, in Latin, with beautifully illustrated initials and calderones in blue and red.

There are two watermarks: up to f° 141, a hand (cf. Briquet IV, 10637 [1467]); as of f° 142, spectacles (cf. Briquet IV, 10625 [1466]).

Madan and Craster note that this manuscript was donated to the library in 1601 by Dame Mary Fermor of Easton Neston. English interest in Alfonso de Cartagena may be due to Duke Humphrey of Gloucester (1391-1447), who knew of Alfonso de Cartagena through Humphrey's correspondence with Pier Candido Decembrio concerning Decembrio's translation of Plato's *Republic*, the sixth book of which was dedicated to Cartagena.[23]

Summary of Bodleian Library MS 597:

---

[23] See Mario Borsa, "Correspondence of Humphrey Duke of Gloucester and Pier Candido Decembrio," *English Historical Review* 19 (1904): 509-526; and W. L. Newman, "The Correspondence of Humphrey, Duke of Gloucester, and Pier Candido Decembrio," *English Historical Review* 20 (1905): 484-496.

Amanuensis: Unknown
Approximate date: c. 1466-1467?
Owner: Dame Mary Fermor, before 1601

14. Salamanca, Biblioteca Universitaria de Salamanca, MS 1767 (olim Colegio del Arzobispo 19; Biblioteca del Palacio Real VII-Y-4, 2-C-5, 210)[24]
250 ff.
195 X 265 mm.
Paper. Free cursive Gothic script of the fifteenth century. Double columns with approximately 27-32 lines per column.
The text is preceded by a table of contents: "Tabla de los titulos del libro que se llama el *Doctrinal de los caualleros*, el qual es partido en quatro libros" (fº 1r).
The text begins as follows:

> Aqui comjença una copilaçion de aquellas leyes del reyno de Castilla que atañen de los fechos que atañen a los caualleros e fijosdalgo. (3r)

A title has been appended to the first folio, in a modern hand: "*Doctrinal de caballeros*. Autor: don Alonso de Cartagena, obispo de Burgos."
Book I, 3r-79v; Book II, 79v-160r; Book III, 160r-207v; Book IV, 207v-249v.
Initials and calderones are in red; text is in black. All the initials are complete.
Ff. 249v-250v contain anotations in a different hand on the siege of Baeza by the Catholic Monarchs (7 April, 1489). Cartagena's text ends proper on fº 249v.
There is some restoration on pages 246, 247. The pages have been guillotined. The volume is bound in brown leather. The title is embossed on the spine, in gold on red: "DOCTRINAL / DE / CABALLEROS."
There are four watermarks, as follows: 1) A scorpion (there is no comparable watermark in Briquet); 2) A wagon (cf. Briquet III, 3533 [1453]); 3) A flower, similar to Biblioteca Colombina MS 7-5-29 (cf. Briquet III, 6652 [1465]); 4) A paschal lamb (cf. Briquet III, 22 [1478]).
Summary of Biblioteca Universitaria de Salamanca, MS 1767
Amanuensis: Unknown
Approximate date: c. 1453-1478?
Owner: Unknown

---

[24] Faulhaber, *Bibliography*, 226, 2733; Cantera Burgos, *Alvar García*, 494; F. Marcos Rodríguez, "Los manuscritos pretridentinos hispanos de ciencias sagradas en la Biblioteca Universitaria de Salamanca," *Repertorio de Historia de las Ciencias Eclesiásticas en España* 2 (1971): 261-481, at p. 373.

15. Seville, Biblioteca Colombina, MS 7-5-29[25]
233 ff. plus four blank pages at the beginning and two blank pages at the end. 220 X 290 mm.
Paper. Gothic script of the fifteenth century. Approximately 25 lines per page.

The dedicatory paragraph and parts of the text, including the beginning of the prologue and the end of the conclusion, are missing.

Book I, 1r-71v; Book II, 71v-153v; Book III, 153v-190v; Book IV, 190v-233v.

The codex has been partly restored, possibly in the eighteenth century, judging by the watermark on the restored pages. F° 233, for example, has the original text cut out and pasted onto it. The extra folios at the beginning and end of the codex were also meant to have pages pasted on them, but the restoration is incomplete and this would explain the loss of the prologue and conclusion. Ff. 188-189 were also intended for restoration, but for some reason the text was not pasted on them.

A sticker on the inside front cover of the manuscript describes the text as follows:

> Don Fernando Colón, hijo de Don Cristóbal Colón, primer Almirante que descubrió las Indias, dejó este libro para uso e provecho de todos sus próximos; rogad a Dios por él (Cláusula 49 del Testamento del mismo Don Fernando, cumplida por el Cabildo Metropolitano de Sevilla).[26]

A previous bibliographer made the following observations about the text on f° 1r:

> Ordenamientos Reales. Compilación de las leyes de cavallería & de los Hijosdalgo (Alfonso de Cartagena, obispo de Burgos, Doctrinal de Caballeros). Escrivióse esta Compilación en el Reynado del Sr. Rey D. Juan el Segundo, como se lee al fin en la Rúbrica & Título después de la Rubriçela & de el Título VIII en que trascribe el Ordenamiento de Madrid hecho por el Sr. Rey D. Enrrique III, "Padre" (dice) "de Nuestro Señor el Rey."
>
> Fáltale la primera oja donde empieza el Prólogo, donde diría quién es el Virtuoso Cavallero por cuyo mandato hizo el Compilador (D. Diego Gómez de Sandoval, Conde de Castro y de Denia) esta obra, y donde es preciso diese su nombre también. Resulta que a ecepción de el principio de el Prólogo y final de la conclusión toda la Compilación está entera.

---

[25] Faulhaber, *Bibliography*, 252, 3042.
[26] See also Henri Dehérain, "Fernand Colomb et sa bibliothèque," *Journal des Savants* 12 (1914): 342-351.

También le falta el final de el Título 4 de el Libro 3° desde la Carta de Paz. Igualmente le falta la mayor Parte de el Título 5 que habla de los Ricos Omes, y todo el Título 6, ambos del Lib. I, y el principio de la Introducción de de este último Título.

Initials, titles and calderones are in red ink; the text is in black ink.
The volume is bound in pigskin, with original ties. The following title is on the spine: "Ordenamient. Reales."
There are two watermarks: scales (cf. Briquet III, 2405 [1463]); and, as of f° 135, a flower (cf. Briquet III, 6652 [1465]).
Summary of Biblioteca Colombina MS 7-5-29:
Amanuensis: Unknown
Approximate date: c. 1463-1465?
Owner: Fernando Colón (1488-1539)

II. Sixteenth-Century Manuscripts
1. Copenhagen, Det Kongelige Bibliotek, MS Gaml. Kongl. Saml. 2219[27]
49 ff. Fragmentary copy (occupies ff. 5r-14v).
170 X 230 mm.
Two different types of paper. Free cursive script of the sixteenth century in three different hands. Ff. 10r, 15, 28, 41, 43, 45, and 48 are blank.
The *Doctrinal de los caualleros* occupies ff. 5r-13v and is accompanied by a glossary of "palabras antiguas" on f° 14v. The manuscript also contains the following works:

1. *Comiença vn tratado que fizo Juan de Mena al señor don Juan de Guzman, duque de Medina Sydonia y conde de Niebla sobre el titulo de duque: adonde ouo comienço, e quantas maneras son de duques, y que preeminenças tienen* (ff. 1r-2v).
2. *Cadira de honor ordenada por señor Rodriguez de Padron, criado del Cardenal de San Pedro don Juan de Sernantes, fecha a ruego de algunos señores mançebos de la corte del rey don Juan el Segundo* (ff. 2v-3r).
3. *Lo que dixo el relator quando el rey don Juan el II hizo Marques de Santillana a Iñigo Lopez de Mendoça, año de MCCCCXLV* (ff. 3v-4v).
4. *De vn tratado que compuso el obispo don Alfonso, dedicado al Condestable don Alvaro de Luna que llama Dotrinal de caualleria* (ff. 5r-14v).
5. *Fuero del rey don Alfonso [VII]* (ff. 16r-28r).

---

[27] Faulhaber, *Bibliography*, 10, 128-132; P. Högberg, "Notices et extraits des manuscrits espagnols de Copenhague," *Revue Hispanique* 46 (1919): 382-399. See especially p. 383, N° 5.

6. Fragments of elegies in Latin (ff. 29r-40v) written in a second hand. The text has no title. A piece of paper between folios 40 and 41 continues the text from the previous folio.
7. Part of a geographical treatise, written in a third hand, in Spanish (ff. 42r-49v).

The text of the *Doctrinal de los caualleros* is fragmentary, and the following sections are included in the manuscript: from Book I—part of the prologue, and parts of title III, title V, title VI, title IX; from Book II—parts of title IV and title V; from Book III—the prologue.

There are two watermarks: up to f° 29, a pointed oval with a Latin cross in the centre, the stem of which is flanked by the letters LP (cf. Briquet III, 5695 [1560]); and a circle with a Greek cross in the centre (cf. Briquet III, 1242 [1566]).

Summary of Det Kongelige Bibliotek MS Gaml. Kongl. Saml. 2219:
Amanuensis: Unknown
Approximate date: c. 1560-1566?
Owner: Unknown

2. Madrid, Biblioteca del Palacio Real, MS II / 758 (olim Gondomar Sal. 2, est. 12, cax. 7; 2-L-4)
483 ff. Fragmentary copy (occupies ff. 17r-22v).
200 X 285 mm.
Paper. Free cursive script of the sixteenth and seventeenth centuries.
The text begins as follows:

> Aqui comiença una copilaçion de aquellas leies del rreyno de Castilla que fablan de los fechos que atañen a los caualleros e fijosdalgo. (17r)

On the same page another, contemporary hand has written: "Fue autor Mosén Diego de Balera."

The text of the *Doctrinal de los caualleros* is fragmentary, and the following sections are included in the manuscript: from Book I—the prologue; from Book IV—Cartagena's introductions to titles I, III, and V, part of title VIII, the last law of title IX.

The volume was bound in brown leather in the nineteenth century. The following title is on the spine: "FUEROS DE LOS HIJOSDALGO DE CASTILLA." The pages have been guillotined and dyed red.

The watermark is a star above a hand (cf. Briquet IV, 11174 [1523]).

Summary of Palacio Real MS II / 758:
Amanuensis: Unknown
Approximate date: c. 1523?

Owner: Diego Sarmiento de Acuña, Count of Gondomar

III. Seventeenth-Century Manuscript
1. **Madrid, Biblioteca Nacional, MS 7365**
Fragmentary copy (occupies ff. 56r-59r).
220 X 320 mm.
This is Nicolás Antonio's summary of the contents of the 1487 printed edition of the *Doctrinal de los caualleros*. The text of the *Doctrinal de los caualleros* is fragmentary, and the following sections are included in the manuscript: from Book I—the prologue and brief summaries of each title; from Book II—brief summaries of each title; from Book III—a brief summary of title I.

IV. Eighteenth- and Nineteenth-Century Manuscripts
1. **Madrid, Biblioteca del Palacio Real, MS II / 727 (olim VIII-Y-1)**
Fragmentary copy (occupies ff. 338r-349v).
220 X 320 mm.
The text of the *Doctrinal de los caualleros* is fragmentary, and the following sections are included in the manuscript: from Book I—the prologue, title I, brief summaries of titles II-IX; from Books II and III—brief summaries of each title; from Book IV—title III. The scribe has also copied two different dedicatory paragraphs, one from a manuscript dedicated to Alvaro de Luna, the other from a manuscript dedicated to Diego Gómez de Sandoval. The dedicatory paragraph to Alvaro de Luna is as follows:

> Aqui comienza vna copilaçion de çiertas leyes del reyno de Castilla que llaman *Dotrinal de caualleros e fijosdalgo*, que es partido en quatro libros.
> Libro primero.
> Los famosos caualleros, mui noble señor condestable, que en los tiempos antiguos por diversas regiones del mundo florescieron, &c. (338r)

The dedicatory paragraph to Diego Gómez de Sandoval follows Biblioteca Nacional MS 10107:

> Aqui comienza vna copilaçion daquellas leyes del reyno de Castilla que tañen a cavalleros e fijosdalgo, las quales mando copilar en vno el muy estrenuo Don Diego Gomez de Sandobal, Conde de Castro, Señor de Saldaña, Adelantado Mayor de Castilla. E por ende se endereza a el. El prologo. E llamase este libro *Dotrinal de caualleros*.
> Prologo.
> Los famosos, &c. (338r)

A note on f° 331r states that the summaries of the *Doctrinal de los caualleros* in the following pages are written by Padre [Andrés Marcos] Burriel (1719-62).

2. Madrid, Biblioteca del Palacio Real, MS 1272 (olim IV D 3; 2-J-3)
574 ff.
200 X 300 mm.
Paper. Italic script of the eighteenth century. Approximately 20 lines per page.
The text is preceded by a table of contents: "Yndice de lo contenido en este Libro de las leyes de caballeria" (f° 7r).
Book I, 1r-151r; Book II, 151v-354v; Book III, 354v-468v; Book IV, 468v-573v.
A piece of paper is stuck onto the first folio of the codex with the following note:

En atención a que no hay otro tomo de esta clase, se dejará este en los términos que se halla, sin necesidad de que pase al librero, [pues para hacerle el índice que le falta tiene papel al principio, y así no hay necesidad más que foliarlo, y proceder a formar dicho índice. Se ha foliado y se lo falta el índice.]

The following note in a contemporary hand appears on f° 574r: "Del Libro Antiguo de Ocaña."
The entire prologue to Book I is missing. The text begins in the middle of I, iii, as follows: "Atamiento [*sic*.] de religion que les muestra que sean obedientes..." (see my ed., p. 101, l. 433).
The text is in black ink. The initials are all in place. There are no calderones. The volume is bound in brown leather, in a nineteenth-century binding, with the title on the spine: "Leyes de Caballería."

3. Madrid, Biblioteca Nacional, MS 7345
Fragmentary copy (occupies ff. 299r-307r).
220 X 320 mm.
This is simply a nineteenth-century copy of Nicolás Antonio's annotations in Biblioteca Nacional MS 7365 (see above).

V. Printed Editions of the *Doctrinal de los caualleros*
1. Burgos: Fadrique de Basilea [Friedrich Biel], 20 June, 1487.[28]

---

[28] Konrad Haebler, *Der Westeuropäische Wiegendruck in originaltypenbespielen* (München: Weiss and Co., 1928), Plate 53; Francisco Vindel, *Manual gráfico-descriptivo del bibliófilo hispano-americano (1475-1850)*, 7 vols. (Madrid: Góngora, 1930), II, Plate 446; Francisco

170 ff. No foliation.
200 X 280 mm.
Paper. Gothic script of the fifteenth century. 35 lines per page.
The entire text is in black ink, except for the dedicatory paragraph, which is in red ink.
The title is given on f° 1r: "Doctrinal de los caualleros."
The text is preceded by the dedicatory paragraph and a table of contents, as follows:

Este libro se llama *Doctrinal de los caualleros*, en que estan copiladas çiertas leyes e ordenanças que estan en los Fueros e Partidas de los rreynos de Castilla e de Leon tocantes a los caualleros e fijosdalgo e los otros que andan en actos de guerra. Con çiertos prologos e introduçiones que hizo e ordeno el muy reuerendo señor don Alonso de Cartajena, obispo de Burgos, a instançia e ruego del señor don Diego Gomez de Sandoual, conde de Castro e de Denia.
Tabla de los titulos deste libro.

The watermark in Biblioteca Nacional I-1982 is a star above a hand.

2. Seville: [?], 1492.
Whereas the 1487 and 1497 editions are well documented, concrete evidence concerning the alleged 1492 edition of the *Doctrinal de los caualleros* has yet to be uncovered. The first bibliographer to mention this edition is Nicolás Antonio. In the *Biblioteca hispana vetus*, Nicolás Antonio registers the 1487 edition of the *Doctrinal de los caualleros* and a 1492 edition, of which no copies apparently survive.[29] Ludwig Hain lists the same two editions as Nicolás Antonio, and adds the 1497 edition. According to Hain the 1492 edition was printed in Seville.[30] Thirty five years later Francisco Méndez listed the alleged Seville, 1492 edition and the Burgos, 1487 edition, after Nicolás Antonio, and added the 1497 edition, following Hain.[31] Méndez's contemporary, Bartolomé José Gallardo, cites the

---

Vindel, *El arte tipográfico en España durante el siglo XV*, 7 vols. (Madrid: Dirección General de Relaciones Culturales, 1951), VII, 24-28.

[29] Nicolás Antonio, *Biblioteca hispana vetus* (Madrid: Joaquín Ibarra, 1788), 262, entry number 397.

[30] Ludwig Friedrich Theodor Hain, *Repertorium bibliographicum, in quo libri omnes ab arte typographica inventa usque ad annum MD*, 4 vols. (Stuttgart: J. G. Gotta, 1828-1838), I, 49a, entry numbers 4538-4540.

[31] Francisco Méndez, *Tipografía española, o Historia de la introducción, propagación o progresos del arte de la imprenta en España* (Madrid: Imprenta de las Escuelas Pías, 1861), 93, entry number 36, and 134, entry number 5.

editions of 1487 and 1497, but he does not acknowledge the Seville, 1492 printing.[32] Nor does José Amador de los Ríos, even though he follows Méndez as to printed editions of the *Doctrinal de los caualleros*: Amador cites the 1487 and 1497 printings, and acknowledges Méndez as his source.[33] The same is true of Pedro Salvá y Mallén, who recognizes only the 1487 and 1497 editions.[34] The 1487 and 1497 printings are again recognized by Konrad Haebler in *The Early Printers of Spain and Portugal*,[35] and in a later monograph Haebler refers to the editions of 1487, 1492 and 1497, but expresses some reservations as to the work of earlier bibliographers, and dismisses the Seville, 1492 edition as "dudosa."[36]

The *Biblioteca hispana vetus* dates both of the editions registered of the *Doctrinal de los caualleros* in Roman numerals, and it is feasible that MCDXCII is simply a printing error for MCDXCVII. As the case may be, the existence of a 1492 edition remains a bibliographical enigma, and its existence is somewhat suspect.

3. Burgos: Juan de Burgos, 6 May, 1497.[37]

130 ff.
200 X 290 mm.
Paper. Gothic script of the fifteenth century. Double columns, except for the prologues to each book, with 42 lines per column.

The entire text is in black ink, except for the dedicatory paragraph, which is in

---

[32] Bartolomé José Gallardo, *Ensayo de una biblioteca española de libros raros y curiosos*, 2 vols. (Madrid: Rivadeneyra,1863-1866; M. Tello, 1888-1889), II, 249-250, entry numbers 1627 and 1628.

[33] José Amador de los Ríos, *Historia crítica de la literatura española* (Madrid: José Fernández Cancela, 1861-1865), VI, 251, n.5.

[34] Pedro Salvá y Mallén, *Catálogo de la biblioteca de Salvá*, 2 vols. (Valencia: Imprenta de Ferrer de Orga, 1872), II, 341ab, entry number 1541.

[35] Konrad Haebler, *The Early Printers of Spain and Portugal*, Bibliographical Society Monographs 4 (London: Chiswick Press, 1897), 109 and 131.

[36] Konrad Haebler, *Bibliografía ibérica del siglo XV. Enumeración de todos los libros impresos en España y Portugal hasta el año de 1500*, 2 vols. (The Hague: Martinus Nijhoff, 1903), I, 54-56, entry numbers 124-126. Described as "edición dudosa" on p. 54, entry number 124.

[37] Francisco Vindel, *Manual gráfico-descriptivo del bibliófilo hispano-americano (1475-1850)*, 7 vols. (Madrid: Góngora, 1930), II, Plate 447; Francisco Vindel, *El arte tipográfico en España durante el siglo XV*, 7 vols. (Madrid: Dirección General de Relaciones Culturales, 1951), VII, 122-131.

red ink.

Book I, 2r-41r; Book II, 41r-82v; Book III, 82v-106v; Book IV, 106v-129r; Tablas, 129v-130r.

F° 1r has a wood engraving of a knight kneeling before the king, and the title: "Doctrina e instruçion del arte de la caualleria."
The text is preceded by the dedicatory paragraph, as follows:

> El presente libro se llama *Doctrinal de los caualleros*, en que estan copiladas çiertas leyes e ordenanças que estan en los Fueros e Partidas de los reynos de Castilla e de Leon tocantes a los caualleros e hijosdalgo e a los otros que andan en actos de guerra. Con çiertos prologos e introduçiones que hizo e ordeno el muy reuerendo señor don Alonso de Cartagena, obispo de Burgos, a instançia e ruego del señor don Diego Gomez de Sandoual, conde de Castro e de Denia. Prologo. (2r)

The watermark in Biblioteca Nacional I-2297 is a star above a hand.

Copies of the Incunabula are located in the following libraries (details from Faulhaber, *Bibliography of Old Spanish Texts*):

1. 1487 Edition:
Bloomington: Indiana University
Cambridge: Harvard University (Houghton)
Cuenca: Biblioteca Diocesana
London: British Library
Madrid: Academia de la Historia
Madrid: Academia Española
Madrid: Biblioteca Nacional
New Haven: Yale University
New York: Hispanic Society
Paris: Bibliothèque Nationale
Salamanca: Biblioteca Universitaria
Toledo: Biblioteca Pública
Valencia: Biblioteca Universitaria

2. 1497 Edition
Barcelona: Biblioteca Universitaria
Devon, Pennsylvania: Penrose
Madrid: Academia Española
Madrid: Biblioteca Nacional
Madrid: Biblioteca del Palacio Real
Mallorca: Biblioteca Pública
New York: Hispanic Society
Rio de Janeiro: Nacional
Salamanca: Biblioteca Universitaria
Valencia: Biblioteca Universitaria
Washington: Library of Congress
Valencia: Biblioteca Municipal

V
Conclusion

IN CONCLUSION, ALTHOUGH it is true that the knights in fifteenth-century Castile often abused their privileged status primarily for reasons of self-interest, Cartagena attempted to correct this problem by offering a way out of lawlessness in his view of a structured society, a structure which is reflected in the military orders, for example, and, to a lesser extent, in the layout of the treatise itself which is carefully divided into titles and laws.

Cartagena deliberately steers clear of unattainable ideals and all the trappings of chivalric fantasy, and stresses instead the harsh reality of the social and political demands which the nobles must accept in order to achieve peace. The years following the composition of the *Doctrinal de los caualleros* bear witness to their struggle to meet these demands, as well as their ultimate triumph, due in part to the teachings of Cartagena, for the success of the marital alliances forged between Castile and Aragon in the fifteenth century depended largely upon the creation of a strictly service nobility. If as an observer the bishop of Burgos was not satisfied with everything he observed, he nevertheless acknowledged the power of the knights, and constantly underscored their potential. This potential—for a military force that would serve and support the royal authority—was to be exploited in the military orders, particularly the Order of the Band, which reflected the chivalric heritage of Castile.

By the final years of the Reconquest Aragon and Castile were united politically and the knights' role in society, always functional, was clearly defined: a military force whose ultimate objective was peninsular unification at the cost of Muslim expulsion from the kingdom of Granada. The King and Queen themselves would, on occasion, remind the knights of the knights' obligations to God, crown and country, and encourage them in their endeavours during these trying times. After the bloody siege of Loja (28 May, 1486), for example, in a calculated diplomatic move aimed at boosting morale, Queen Isabel visited the knights who had been wounded in the fighting. Her words of encouragement (as reported by Hernando del Pulgar) echo the advice contained in the *Doctrinal de los caualleros*: "E luego embió a visitar los caballeros e otros continos de su casa que allí habían quedado feridos, diciéndoles que debían ser alegres, porque como caballeros se ofrescieron a los peligros por ensalzar la fe y ensanchar la tierra, e que si ella gelo agradecía para gelo remunerar en esta vida, Dios cuya era la causa, no se olvidaría de gelo remunerar en la otra. E junta con esta consolación les embió su Tesorero que les diese dineros para ayuda de sus gastos, a cada uno según la manera de su estado."[1]

Thus, in Spain at least, we are not so much faced with problems of decadence versus prosperity of the chivalric ideal in the later Middle Ages, as the knights' own attempt to adhere to a new set of ideals and models for aristocratic life between the reigns of Juan II and the Catholic Monarchs. It would not be until 1492, thirty-six years after Cartagena's death, that the Reconquest would be completed, under the auspices of Fernando and Isabel. Under their rule the Muslim occupation of the Iberian Peninsula was brought to a swift and violent conclusion,[2] and their reign heralded a new era of vast religious, political and military expansion, in Europe and the New World. Unlike their predecessor, Enrique IV, whose ignoble epithet, "el Impotente," was so emblematic of his reign, Fernando and Isabel were the living emblems of Cartagena's chivalric ideal, and their epithet, "los Reyes Católicos," stood as a monument to national unity. Thus Cartagena's foresight was proven correct, and the political unity that he had hoped to envision within the kingdom of Castile ultimately became the reality of the sovereign nation of Spain. It could be said, then, that the advice contained in the *Doctrinal de los caualleros* was heeded, and that the book serves as a corner-stone for the absolutism of the Catholic Monarchs.

---

[1] *Crónica de los señores Reyes Católicos Don Fernando y Doña Isabel de Castilla y de Aragón*, in *Crónicas de los Reyes de Castilla*, ed. Cayetano Rosell, Biblioteca de Autores Españoles, 70 (Madrid: Rivadeneira, 1953), 439a. It should be noted that financial compensation for injuries sustained in battle was the norm in the Middle Ages. The amount of compensation generally depended on the gravity of the wound and the social class of the victim. Cartagena provides a gruesome catalogue of some of the most common wounds sustained in battle and their corresponding monetary values in Book II of the *Doctrinal de los caualleros*. For example: "si la ferida fuese en la cabeça de guisa que la non pudiese encobrir con los cabellos, que le diesen doze maravedis. E por ferida de cabeça de que le sacasen hueso, diez maravedis. E por otra ferida que le non sacasen hueso, çinco maravedis...Si perdiese ojo o nariz o mano o pie, por cada vna destas deue auer çient maravedis, o por la oreja, quarenta maravedis. E si perdiese el braço fasta el codo o la pierna fasta la rodilla o dende arriua, ha de auer çiento y veynte..." (175). On the horrific treatment of wounds and the organized use of surgeons in war, see, Linda M. Paterson, "Military Surgery: Knights, Sergeants and Raimon of Avignon's Version of the *Chirurgia* of Roger of Salerno (1180-1209)," in *The Ideals and Practice of Medieval Knighthood, 2: Papers from the Third Strawberry Hill Conference*, ed. Christopher Harper-Bill and Ruth Harvey (Bury St. Edmunds: Boydell Press, 1986), 117-146.

[2] See especially Weston F. Cook, Jr., "The Cannon Conquest of Nasrid Spain and the End of the Reconquista," *Journal of Military History* 57. 1 (1993): 43-70.

Editorial criteria

The aim of the present edition of the *Doctrinal de los caualleros* is, quite simply, to fill a significant gap in fifteenth-century studies by providing an edition that reflects the best medieval text of the treatise available in the fifteenth century. The edition is a best-manuscript edition based on the 1487 incunable, which, as stated in the colophon, was copied directly from Cartagena's original version. There is no evidence to suggest that this statement is untrue. Cartagena's autograph manuscript was indeed housed in the Capilla de la Visitación in Burgos cathedral, and since Friedrich Biel printed in Burgos he would therefore have had easy access to the original. The text is transcribed as conservatively as possible, using the following criteria.

1. All abbreviations are silently resolved.
2. The ampersand is transcribed as *e*; calderones are omitted.
3. Word separation is modernized, as are capitalization and punctuation, with the exception of accents, which have not been included in the text. When modern capitalization is required in a word with initial lower-case *rr*, the double *r* is replaced with a single upper-case *r*.
4. There is no foliation in the 1487 incunable and, therefore, folio numbers are not indicated in the text.
5. Minor editorial emendations are indicated within square brackets without further explanation. Thus, for example, *quisieseu* (p. 197, l. 667) is emended to *quisiese[n]*. Other textual changes and emendations are indicated and explained in the notes to the text, as is the case with *[cauallos]* for *caualleros* (p. 94, l. 209), for example. Readings and variants from other manuscripts are included only when there exists a lacuna in the incunable or when there is an error which affects the sense of the text. Because of the large number of extant manuscripts, many of which are fragmentary copies, I have further limited textual variants to fifteenth-century manuscripts only. The notes to the edition are numbered consecutively for each *Título*.

Manuscript and Incunabula versions of the *Doctrinal de los caualleros* mentioned in the notes are abbreviated as follows:

Escorial, San Lorenzo de El Escorial, MS h-III-4	*E*
Madrid, Biblioteca del Museo Lázaro Galdiano, MS 474	*G*
Madrid, Biblioteca del Palacio Real, MS 1305	*P1*
Madrid, Biblioteca del Palacio Real, MS 2906	*P2*
Madrid, Biblioteca de la Real Academia de la Historia, MS 9 / 712	*R*
Madrid, Biblioteca Nacional, MS 27	*N1*
Madrid, Biblioteca Nacional, MS 6607	*N2*
Madrid, Biblioteca Nacional, MS 6609	*N3*
Madrid, Biblioteca Nacional, MS 10107	*N4*
Madrid, Biblioteca Nacional, MS 12743	*N5*
Madrid, Biblioteca Nacional, MS 12796	*N6*
Madrid, Biblioteca Nacional, MS 18061	*N7*
Oxford, Bodleian Library, MS 597	*B*
Salamanca, Biblioteca Universitaria, MS 1767	*S*
Seville, Biblioteca Colombina, MS 7-5-29	*C*
Doctrinal de los caualleros (Burgos: Friedrich Biel, 1487)	*Inc. 1487*
Doctrina e instruçion del arte de caualleria (Burgos: Juan de Burgos, 1497)	*Inc. 1497*

Works cited in the notes to the text on more than one occasion are abbreviated as follows:

Aquinas, *Summa Theologiæ*	Saint Thomas Aquinas, *Summa Theologiæ*, 51 vols. (Blackfriars: McGraw-Hill, 1963-1969).
Aristotle, *Nicomachean Ethics*	Aristotle, *Nicomachean Ethics*, ed. H. Rackham (Cambridge, MA: Harvard University Press, 1990).
Cicero, *De Amicitia*	Cicero, *De Amicitia*, ed. William A. Falconer (Cambridge, MA: Harvard University Press, 1954).
Cicero, *De Officiis*	Cicero, *De Officiis*, ed. Walter Miller (Cambridge, MA: Harvard University Press, 1961).
Corpus Iuris Canonici	*Corpus Iuris Canonici*, 2 vols., ed. Æmilius Friedberg (Leipzig: Graz, 1959).
Cortes	*Cortes de los antiguos reinos de León y de Castilla*, 5 vols. (Madrid: Real Academia de la Historia, 1861).
Crónica de Alfonso décimo	*Crónica de Alfonso décimo*, in *Crónicas de los reyes de Castilla*, I, ed. Cayetano Rosell, Biblioteca de Autores Españoles, 66 (Madrid: Rivadeneira, 1953), 1-66.
Curtius	Ernst Robert Curtius, *European Literature and the Latin Middle Ages*, trans. Willard R. Trask (London: Routledge and Kegan Paul, 1979).

DC	Alfonso de Cartagena, *Doctrinal de los caualleros*.
Fuero Juzgo	*Fuero Juzgo en latín y castellano* (Madrid: Ibarra, 1815).
Fuero Real	Alfonso X, *Fuero Real*, ed. Gonzalo Martínez Díez (Avila: Fundación Sánchez Albornoz, 1988).
Gonzalo de la Hinojosa	Gonzalo de la Hinojosa, *Crónica de España*, in *Colección de Documentos Inéditos para la Historia de España*, 105-106 (Madrid: Imprenta de José Perales y Martínez, 1893).
Gratian, *Decretum*	*Decretum Magistri Gratiani*, in *Corpus Iuris Canonici*, vol I, ed. Æmilius Friedberg (Leipzig: Graz, 1959).
Justinian, *Digest*	Justinian, *Digest*, 4 vols., ed. Theodor Mommsen, Paul Krueger, Alan Watson (Philadelphia: University of Pennsylvania Press, 1985).
Las Etimologías Romanceadas	*Las Etimologías de San Isidoro Romanceadas*, 2 vols., ed. Joaquín González Cuenca (Salamanca: CSIC, 1983).
Lib. de Valerio	*Libro de Valerio Maximo*, Madrid, Biblioteca Nacional, MS 2208
Livy, *Annals*	Livy, *Annals*, 14 vols., ed. B. O. Foster, E. T. Sage, A. C. Schlesinger, R. M. Geer (Cambridge, MA: Harvard University Press, 1940).
Lucas de Túy	Lucas de Túy, *Crónica de España*, ed. Julio Puyol (Madrid: Tip. de la Revista de Archivos, Bibliotecas y Museos, 1926).
Ed. Morrás	*Texto y Concordancias del "De Officiis de Cicerón." Traducción castellana por Alonso de Cartagena. MS. 7815, Biblioteca Nacional de Madrid*, ed. María Morrás (Madison: Hispanic Seminary of Medieval Studies, 1989).
Opúsculos	*Opúsculos legales del rey don Alfonso el Sabio*, 2 vols. (Madrid: Real Academia de la Historia, 1836).
Ordenamiento de Alcalá	*Ordenamiento de leyes que el rey D. Alfonso XI hizo en las Cortes de Alcalá de Henares, en la era MCCCLXXXVI (año 1348)*, in *Cortes de los antiguos reinos de León y de Castilla*, 5 vols. (Madrid: Real Academia de la Historia, 1861), I, 492-593.
Partidas	Alfonso X, *Las Siete Partidas*, in *Códigos Españoles*, vols. 2-5 (Madrid: Rivadeneyra, 1848).
PL	*Patrologia Latina*, 222 vols., ed. J. P. Migne (Paris: Vrayet, 1844-1864).
Pliny, *Natural History*	Pliny, *Natural History*, 10 vols., ed. H. Rackham,

Plutarch, *Lives*	W. H. S. Jones, D. E. Eichholz (Cambridge, MA: Harvard University Press, 1961). Plutarch, *Lives*, 11 vols., ed. Bernadotte Perrin (London: Heinemann, 1928).
Primera Crónica General	*Primera Crónica General*, 2 vols., ed. R. Menéndez Pidal (Madrid: Gredos, 1955).
Prosistas	*Prosistas castellanos del siglo XV*, ed. Mario Penna, Biblioteca de Autores Españoles, 116 (Madrid: Rivadeneira, 1959).
Qüestión	*Qüestión fecha por el noble e magnífico señor don Iñigo López de Mendoça, Marqués de Santillana e Conde del Real, al muy sabio e noble perlado don Alfonso de Cartagena, Obispo de Burgos*, in Angel Gómez Moreno, ed. Marqués de Santillana, *Obras completas* (Barcelona: Planeta, 1988), 414-34.
Russell, *The Just War*	Frederick H. Russell, *The Just War in the Middle Ages* (Cambridge: Cambridge University Press, 1975).
Saint Isidore, *Etymologiæ*	Saint Isidore, *Etymologiæ*, 2 vols., ed. José Oroz Reta, Manuel-A. Marcos Casquero, Manuel C. Díaz y Díaz (Madrid: Biblioteca de Autores Cristianos, 1982).
Saint Jerome, *Lettres*	Saint Jérôme, *Lettres*, 10 vols., ed. Jérôme Labourt (Paris: Société d'Édition "Les Belles Lettres," 1949-1963).
Siete edades del mundo	M. Jean Sconza, *History and literature in fifteenth-century Spain: An edition and study of Pablo de Santa María's "Siete edades del mundo"* (Madison: Hispanic Seminary of Medieval Studies, 1991).
Valerius Maximus	Valerius Maximus, *Factorum Dictorumque Memorabilium Libri Novem*, 3 vols., ed. Joannis Kapii (London: A. J. Valpy, 1823).
Vegetius	Flavius Vegetius Renatus, *Epitoma Rei Militaris*, ed. Leo F. Stelten (New York: Peter Lang, 1990).
Ed. Villanueva	Lorenzo Tadeo Villanueva, "Memoria sobre la orden de caballería de la Banda de Castilla," *Boletín de la Real Academia de la Historia* 72 (1918): 436-465, 552-574.

Este libro se llama *Doctrinal de los caualleros*, en que estan copiladas çiertas leys e ordenanças que estan en los Fueros e Partidas de los rreynos de Castilla e de Leon tocantes a los caualleros e fijosdalgo e los otros que andan en actos de guerra. Con çiertos prologos e introduçiones que hizo e ordeno el muy reuerendo señor don Alonso de Cartajena, obispo de Burgos, a instançia e ruego del señor don Diego Gomez de Sandoual, conde de Castro e de Denia.

TABLA DE LOS TITULOS DESTE LIBRO.
LIBRO PRIMERO.
EN QUE HAY NUEUE TITULOS.

Titulo primero. De la sancta trinidad e de la fe catholica. En que hay dos leys.

Titulo segundo. De las virtudes de las leys. En que hay vna ley.

Titulo terçero. De los caualleros e de lo que han de fazer. En que hay veynte e seys leys.

Titulo quarto. De diuersos nombres que han los grandes señores que non son emperadores nin rreys. En que hay tres leys.

Titulo quinto. De los rricos omnes, quales deuen ser. En que hay vna ley.

Titulo sexto. De los adalides e de los almoçadenes e de los almogauares e de los peones. En que hay ocho leys.

Titulo septimo. De la guerra que se faze por tierra. En que hay treynta leys.

Titulo octauo. De la guerra que se faze por mar. En que hay onze leys.

Titulo nono. En que hay diez e seys leys. Como deuen los naturales guardar al rrey de sus enemigos e yr en hueste en su seruiçio e non se partir della sin su liçençia.

LIBRO SEGUNDO.
EN QUE HAY ÇINCO TITULOS.

Titulo primero. De las emiendas, a que llaman en España erechas. En que hay seys leys.

Titulo segundo. De la parte que los omnes deuen auer de lo que ganan en el tiempo de las guerras. En que hay treynta e tres leys.

Titulo terçero. De los galardones que los omes deuen auer en tienpo de guerra segund que los meresçimientos. En que hay onze leys.

Titulo quarto. De como deuen ser castigados e escarmentados los que andan en las guerras por los yerros que fizieren. En que hay diez e seys leys.

Titulo quinto. Como deuen los omes guardar e basteçer e defender e dar los castillos e fortalezas del rreyno e del rrey. En que hay treynta e ocho leys.

LIBRO TERÇERO.
EN QUE HAY SEYS CAPITULOS.

Titulo primero. De las asonadas. En que hay ocho leys.

Titulo segundo. De los desafiamientos. En que hay siete leys.

Titulo terçero. De los rrieptos. En que hay quarenta e ocho leys.

TITULO QUARTO. De las treguas e de la paz. En que hay ocho leys.
TITULO QUINTO. De la diuisa de la vanda e de los torneos. En que hay veynte e çinco leys.
TITULO SEXTO. De la amistad. En que hay ocho leys.

LIBRO QUARTO.
EN QUE HAY NUEUE TITULOS.

TITULO PRIMERO. De los vasallos, e espeçialmente de aquellos que llaman vasallos porque han dinero o por bien fecho de señores. En que hay diez e seys leys.

TITULO SEGUNDO. Quando e como pueden seguir los vasallos a sus señores si son echados e salen fuera del rreyno, e de la naturaleza que han los naturales con sus señores, e en que caso se pueden desnaturar. En que hay seys leys.

TITULO TERÇERO. De los que son vasallos por rrazon de feudo. En que hay treze leys.

TITULO QUARTO. De los vasallos que llamamos solariegos. En que hay dos leys.

TITULO QUINTO. De las behetrias. En que hay veynte e vna leys.

TITULO SEXTO. De las encomiendas. En que hay çinco leys.

TITULO SEPTIMO. General. De algunas cosas que por diuersas maneras del derecho deste rreyno que son espeçialmente establesçidos çerca de los fechos de los caualleros. En que hay ocho rrubriçelas, que son estas.

    RUBRIÇELA PRIMERA. De los personeros. En que hay quatro leys.
    RUBRIÇELA SEGUNDA. De lo que se gana por tiempo. En que hay vna ley.
    RUBRIÇELA TERÇERA. De las guardas. En que hay vna ley.
    RUBRIÇELA QUARTA. De los fiadores. En que hay vna ley.
    RUBRIÇELA QUINTA. Del poderio que el padre ha sobre el hijo, e en que caso non lo ha. En que hay vna ley.
    RUBRIÇELA SEXTA. De los arendamientos. En que hay vna ley.
    RUBRIÇELA SEPTIMA. De la caça. En que hay vna ley.
    RUBRIÇELA OCTAUA. De los testamentos. En que hay dos leys.

TITULO OCTAUO. General. De lo que es establesçido en los derechos deste rreyno, espeçialmente çerca de los malefiçios de los caualleros e fijosdalgo. En que hay nueue rrubriçelas, que son estas.

    RUBRIÇELA PRIMERA. De las acusaçiones. En que hay tres leys.
    RUBRIÇELA SEGUNDA. De la infamia a que llaman menos valer. En que hay dos leys.
    RUBRIÇELA TERÇERA. De los que desanparan la hueste e derrocan de la batalla. En que hay dos leys.
    RUBRIÇELA QUARTA. De la falsedad. En que hay vna ley.
    RUBRIÇELA QUINTA. De los castellares viejos e de los malfechores que se acojen en los castillos. En que hay dos leys.
    RUBRIÇELA SEXTA. De las ligas. En que hay dos leys.
    RUBRIÇELA SEPTIMA. De las prisiones. En que hay dos leys.
    RUBRIÇELA OCTAUA. De los que blasfeman o rreniegan. En que hay II leys.

RUBRIÇELA NONA. De los que dan fauor a los erejes. En que hay vna ley.
TITULO NONO. General. De algunos priuillejos que han diuersas partes del rreyno se otorgan a los caualleros e fijosdalgo. En que hay seys rrubriçelas, que son estas.
RUBRIÇELA PRIMERA. De los caualleros e armas. En que hay quatro leyes.
RUBRIÇELA SEGUNDA. Del priuillejo de las monedas. En que hay dos leys.
RUBRIÇELA TERÇERA. De los fijosdalgo que son en la frontera. En que hay vna ley.
RUBRIÇELA QUARTA. Del priuillejo de las prisiones. En que hay vna ley.
RUBRIÇELA QUINTA. Del priuillejo de los tormentos. En que hay vna ley.
RUBRIÇELA SEXTA. Del traer de las vestiduras. En que hay vna ley.

CONCLUSION.

Asi pareçe que hay en este libro quarto nueue titulos en que hay veynte e tres rrubriçelas e çiento e dos leys.

PROLOGO.

Los famosos caualleros, muy noble señor conde, que en los tiempos antiguos por diuersas regiones del mundo floreçieron, entre los grandes cuydados e ocupaçiones arduas que tenian para gouernar la rrepublica e la defender e amparar de los sus aduersarios, acostumbrauan interponer algund trabaio de sçiençia por que mas onestamente supiesen regir a si e aquellos cuyo regimiento les perteneçia, ansi en fechos de paz como de guerra, entendiendo que las fuerças del cuerpo non pueden exerçer acto loado de fortaleza si non son guiados por coraçon sabidor. Ca el esfuerço discreto e la esforçada discreçion son de loar en los caualleros, e non el presumptuoso atreuimiento nin la atreuida presunçion.[1] Zoroastes, vno de los primeros prinçipes de oriente, aquel que escriuen que rreyendo nasçio, muy enseñado dizen que fue.[2] E el grande Alexandre Maçedon so la disçiplina de Aristotiles expendio

---

[1] Cartagena's preliminary remarks in the prologue (ll. 2-10) are based on Aristotle, *Nicomachean Ethics*, II, vii, 2-3. See also Appendix 3. In the Middle Ages the *Ethics* was often interpreted as a chivalric text that could be used to teach the moral basis for action, in the case of the *DC*, the reconquest of Muslim-occupied Granada. The text constitutes a primary source for Cartagena in his own introductions in the *DC*. Cartagena's interest in the *Nicomachean Ethics* is well documented. See especially Alexander Birkenmajer, "Der Streit des Alfonso von Cartagena mit Leonardo Bruni Aretino," *Beiträge zur Geschichte der Philosophie des Mittelalters* 20. 5 (1922): 129-236; Ottavio Di Camillo, *El humanismo castellano del siglo XV* (Valencia: J. Doménech, 1976), 203-226; and Jerrold E. Seigel, *Rhetoric and Philosophy in Renaissance Humanism. The Union of Eloquence and Wisdom, Petrarch to Valla* (Princeton: Princeton University Press, 1968), 99-136. While, it is true, Cartagena did not translate the *Ethics*, his name is cited erroneously as that of the translator in several manuscripts of the vernacular translations of the text, notably Vatican Library, cod. Ottob. lat. 2054, and Biblioteca Nacional, Madrid, MS 1204. On the extant vernacular translations from fifteenth-century Spain, see P. E. Russell and A. R. D. Pagden, "Nueva luz sobre una versión española cuatrocentista de la *Ética a Nicomaco*: Bodleian Library, MS *Span. D. 1*," *Homenaje a Guillermo Guastavino* (Madrid: Asociación Nacional de Bibliotecarios, Archiveros y Arqueólogos, 1974), 125-146. On the diffusion of Aristotle in Medieval Spain, see A. R. D. Pagden, "The Diffusion of Aristotle's Moral Philosophy in Spain, ca. 1400-ca. 1600," *Traditio* 31 (1975): 287-313.

[2] Cf. the following possible sources: Pliny, *Natural History*, VII, xvi, 72: "Risisse eodem die quo genitus esset unum hominem accepimus Zoroastren, eidem cerebrum ita palpitasse ut inpositam repelleret manum, futuræ præsagio scientiæ" (II, p. 552); and Saint Augustine, *De Civitate Dei*, 2 vols., ed. B. Dombart (Leipzig: B. G. Teubner, 1877), XXI, xiv: "Solum, quando natus est, ferunt risisse Zoroastrem, nec ei boni aliquid monstrosus risus ille portendit" (II, p.

grand parte de su moçedad.³ Publio Çipion Africano el primero muchas vezes se apartaua a algunos onestos estudios.⁴ E en esto non son muchos de nombrar porque

---

517). Cf. also *Siete edades del mundo*: "En aqueste tiempo fue tresladado / en poder de Melos aqueste rreynado / un grant sabidor Soloastres llamado, / todas las siete artes dizen que escrivio / e fallan tanbien que rriendo nasçio" (vv. 64a-e, p. 69).

³ Cf., for example, [Pseudo-Aristotle], *Poridat de las poridades*, ed. Lloyd Kasten (Madison: Hispanic Seminary of Medieval Studies, 1957), *passim*. Also, *Libro de Alexandre*, ed. Jesús Cañas Murillo (Madrid: Editora Nacional, 1978), especially st. 32. Aristotle's relationship with Alexander is also mentioned by Plutarch, *Alexander*, vii-viii, in *Lives*, VII, pp. 238-242. According to Plutarch Alexander was also tutored by Leonidas and Lysimachus. Finally, cf. *Segunda Partida*, IX, vi, reproduced by Cartagena in the *DC*, I, v (p. 80). See also María Rosa Lida de Malkiel, "La leyenda de Alejandro en la literatura medieval," in *La tradición clásica en España* (Barcelona: Ariel, 1975), 165-197; and Antonio Bravo García, "Sobre las traducciones de Plutarco y de Quinto Curcio Rufo hechas por Pier Candido Decembrio y su fortuna en España," *Cuadernos de Filología Clásica* 12 (1977): 143-185.

⁴ Publius Cornelius Scipio Africanus Major (234-183 B.C.). Cf. Cicero, *De Officiis*, III, i: "I. P. Scipionem, M. fili, eum, qui primus Africanus appellatus est, dicere solitum scripsit Cato, qui fuit cius fere æqualis, numquam se minus otiosum esse, quam cum otiosus, nec minus solum, quam cum solus esset. Magnifica vero vox et magno viro ac sapiente digna; quæ declarat illum et in otio de negotiis cogitare et in solitudine secum loqui solitum, ut neque cessaret umquam et interdum colloquio alterius non egeret. Ita duæ res, quæ languorem afferunt ceteris, illum acuebant, otium et solitudo" (270). Cartagena subsequently translated this passage, as follows: "Catón escriuió que Publio Sçipión, aquel que primeramente fue llamado Africano, a quien Catón era poco menos ygual, solía dezir que nunca era menos oçioso que quando estaua oçioso, nin menos solo que quando estaua solo. O grandiosa boz, digna de gran varón e sabidor, la qual demuestra que en el oçio pensaua en los negoçios e en la soledad solía fablar consigo, de guisa que nunca çesaua. E a las vezes non auía mester fabla de otro. E asy dos cosas que a los otros traen flaqueza e tristeza, aguzauan a él, es a saber, oçio e soledad" (Ed. Morrás, p. 98). Another possible source is Giovanni Aurispa's *Comparatio* (1425), a loose translation of Lucian's twelfth *Dialogue of the Dead*. Aurispa's version diverges considerably from the original in which, for example, Scipio's enthusiasm for study is not mentioned. Aurispa's version has been edited from the point at which it diverges from the original by David Cast, "Aurispa, Petrarch, and Lucian: An Aspect of Renaissance Translation," *Renaissance Quarterly* 27 (1974): 157-173. Cf. the following quotation, where Scipio says: "iam puero mihi omne vicium displicuit, et bonis artibus a primis annis deditus humanitatique inserviens, scire solum turpe putabam, sed opere semper perficere, quidquid magnificum a maioribus natu aut literis didicissem conatus sum" (p. 173). Aurispa's Latin version of Lucian was subsequently translated into Castilian for Juan II by Vasio Ramírez de Guzmán, some time before 1438. This version has been edited in its entirety by Ana Julia Darnet, "Un diálogo de Luciano romanceado en el siglo XV," *Cuadernos. Facultad de Filosofía y Letras de la Universidad de Buenos Aires* 1. 4 (1925): 143-159. See especially p. 158: "A mi desde moço desplugo todo pecado, et ahun desde los primeros annos de mi ninnez fuy dado a estudio de buenas artes, abezandome a toda humanidat; feo me pareçia el saber solo, si non me esforçava poner en obra quoalquier cosa magnifica que aprendiesse por letras de mis mayores." On Aurispa's influence in fifteenth-century Europe see Arie Johan Vanderjagt, *'Qui*

tantos son que ocuparian mucha scriptura, mas estos solos reconte porque cada vno dellos fue singular en su tiempo. E si en studio de las altas sçiençias se ocuparon los grandes varones, quanto mas se deuen ocupar en lo que pertenesçe a los actos de la caualleria, cuyo ofiçio tienen. Ca siguiendo a Sant Geronimo, puedo dezir que asi como a los medicos pertenesçe saber las cosas de la medeçina e a los ferreros tractar las de la ferreria, asi a los caualleros las reglas de lo militar.[5] Nin se engañe alguno cuydando que en la claridad de la sangre e en el denuedo solo del coraçon consiste todo el loor de los caualleros. Ca estas dos cosas buenas son, pero mas es menester.[6] E muchos fueron esforçados e generosos e non son contados en el numero de los notables varones, por non guiar los fechos por la linea de la rrazon. E Caton, muy valiente dizen que fue, mas non le cuentan entre los caualleros.[7] Ca la discreçion deue mandar al denuedo e non el denuedo a la discreçion. E como sean muchas cosas scriptas, asi en los tiempos antiguos como en los mas çercanos años, para despertar los coraçones en los fechos de la caualleria, pero todas las que a ello aprouechan se pueden rreduzir a vna de tres maneras. La primera manera es de doctrinas de sabidores que non ouieron diadema de imperio nin de rreyno para poder mandar, mas ouieron grand exçelençia de ingenio para enseñar. La segunda es enxemplos de los antiguos copilados por estoriadores en sus coronicas muy copiosamente, los quales non son bastantes nin tienen actoridad para apremiar, mas son sufiçientes para induzir los nobles coraçones a seguir el rrastro de la virtud. Ca asi como en el espejo se considera el bulto corporal, asi en las istorias, leyendo los fechos agenos, se veen los proprios con los ojos del coraçon, aunque non del todo claros. La terçera, es ordenança de leyes fechas por aquellos que ouieron poder de las estableçer. E estas non solamente atrahen al ombre a beuir bien,

---

sa vertu anoblist': *The Concepts of 'noblesse' and 'chose publicque' in Burgundian Political Thought* (Groningen: Jean Miélot, 1981). For another contemporary reference to Scipio in Castilian, see Diego de Valera, *Doctrinal de Príncipes*, in *Prosistas*, 173-202, at p. 198ab. Scipio is mentioned again by Cartagena in the *DC*, II, iv, p. 211. On the topos of "otium strenuum" see Jeremy N. H. Lawrance, *Un tratado de Alonso de Cartagena sobre la educación y los estudios literarios* (Barcelona: Universidad Autónoma, 1979), 36n.

[5] Saint Jerome, Letter LIII, *Ad Paulinum Presbyterum*: "Ad minores ueniam artes... Agricolæ, cæmentarii, fabri, metallorum lignorumque cæsores, lanarii quoque et fullones et ceteri, qui uariam supellectilem et uilia opuscula fabricantur, absque doctore non possunt esse quod cupiunt.

'Quod medicorum est,
promittunt medici, tractant fabrilia fabri'" (*Lettres*, III, p. 15).

[6] It is possible that Cartagena's own background influenced this statement. The debate between hereditary versus acquired virtue is also a locus classicus, however. See Curtius, 179-180. For a discussion of the topos in Spanish literature, see Noel Fallows, "'Nobility of Soul': A Rhetorical Commonplace in Cervantes' *La ilustre fregona*," *Romance Notes* 33 (1993): 305-312.

[7] Marcus Porcius Cato (234-149 B.C.). Cicero compared him to Scipio in greatness (see above, n. 4). Cf. also Livy, *Annals*, XXXIX, xl, 6; and Valerius Maximus, II, ix, 3.

mas aun han vigor de le apremiar a ello. En la primera manera son scriptas muchas doctrinas que en diuersos e notables libros, asi de filosofos como de oradores griegos e latinos se contienen, los quales non nombro aqui porque seria prolixo de los contar e non conuiene al intento de la presente copilaçion, por vos señor conde demandada. En la segunda son scriptas e compuestas muchas coronicas, asi generales como rromanas, e otras particulares de diuersas prouinçias del mundo, cuyos nombres dexo so silençio porque non fazen al proposito de aquello que queremos fablar. En la terçera son scriptas muchas leyes de emperadores e rreyes que por las partidas del mundo rreynaron, estableçidas para buen rregimiento de la rrepublica, e non oluidaron en ellas de poner muchas rreglas pertenesçientes a la disçiplina de la caualleria. E porque esto pertenesçe a la entençion presente, bien es de nombrar a algunos de aquellos que primeramente scriuieron leyes, e anteponiendo a todas la ley diuinal que en amos los santos testamentos se contiene. Los primeros que leyes estableçieron nombra Sancto Ysidoro, diziendo asi: Foroneo, rrey, estableçio primeramente a los griegos las leyes e los juyzios. Mercurio Trimegistro las fizo e dio a los egepçianos. Solon fue el primero que las dio a los de Athenas. Ligurgo estableçio derechos en Laçedemonia. Numa Pompilio, que suçedio a Romulo en el rreyno, fue el primero que dio leys a los rromanos.[8] E maguer que de estrañas naçiones se faga mençion quien les dio leyes, non se rrecuentan entre ellos los que las dieron en España, non porque en ella non ayan pasado muy grandes e notables fechos e non aya seydo mayor su poderio que el de Egipto nin el de Athenas, mas porque non ouo en ella tanta copia de pregoneros eloquentes. Ca muchas vezes queda la virtud ascondida, por non auer quien la fermosamente publique. Mas para el proposito de la presente copilaçion, pareçeme que es bien que nos nombremos a algunos de los que fizieron las leyes. E pues los otros contaron lo mucho antiguo, digamosnos a lo menos aquellos que fueron mas çercanos a nuestro tiempo, de cuyas leyes oy usamos. E despues de la terrible mal andança e singular desauentura que Dios, prouocado por nuestros peccados, quiso dar en España, en el tiempo del rrey don Rodrigo, rreynaron en Castilla e en Leon, segund se puede collegir por las istorias contando todos los rreys, asi los que amos estos rreynos touieron como los que rreynaron apartadamente en cada vno dellos fasta este tiempo

---

[8] Cf. Saint Isidore, *Etymologiæ*, V, 1: "Moyses gentis Hebrææ primus omnium divinas leges sacris litteris explicavit. Phoroneus rex Græcis primus leges iudiciaque constituit. Mercurius Trimegistus primus leges Ægyptiis tradidit. Solon primus leges Atheniensibus dedit. Lycurgus primus Lacedæmoniis iura ex Apollinis auctoritate confinxit. Numa Pompilius, qui Romulo successit in regno, primus leges Romanis edidit" (I, p. 508). Cf. also the following fifteenth-century translation, from *Las Etimologías Romançeadas*: "Moysés, de la gente de los Judíos, demostró primeramente (que) todos las divinales leyes por santas letras. El rey Foroneo establesçió primeramente leyes e juyzios a los Griegos. Mercurio Trimegistro dio primeramente leyes a los Egipçianos. Solón dio primero leyes a los de Athenas. Ligurgo primeramente puso derechos a los de Laçedemonia por auctoridat de Apollo. Numa Pumpilo, que regnó en Roma en pos Rómulo, dio primeramente leyes a los Romanos" (I, p. 268). The passage also appears in Gratian's *Decretum*, I, Distinctio VII, C. 1, *De conditoribus legum* (col. 11b).

en que oy somos, en que rreyna el muy catholico e muy iusto prinçipe nuestro señor el rrey don Juan el segundo, cuya persona e rreyno la clemençia diuinal quiera
70 conseruar e ensalçar con mucha prosperidad e feliçidad verdadera, quarenta e dos rreys. Entre estos ouo onze que ouieron nombre don Alfonso. E asi estos como otros estableçieron algunas leys. Pero como de las otras gentes non se nombran todos los fazedores dellas saluo los prinçipales, asi nos nombremos a aquellos que mas generales leys fizieron e de que mas vsamos, e son estos: don Alfonso el sexto, aquel que cobro
75 a Toledo, fizo el *Fuero de las leys*;[9] don Alfonso el deçimo, fijo del rrey don Ferrnando, que conquisto a Seuilla, mando ordenar las *Partidas*; don Alfonso el vndeçimo, aquel que vençio la vatalla de Tarifa, fizo el *Ordenamiento de Alcala* e algunas otras ordenanças. E aunque estos solos nombramos, otros ouo que fizieron leys. E antes de todos estos fue compuesto el *Libro Juzgo*, el qual dizen que fue fecho por
80 sesenta e seys obispos en el tiempo de los godos, en el quarto conçilio de [Toledo],[10] rreynante el rrey Sisignando. E las leyes del non han actoridad de derecho general en todo el rreyno, mas vsan de algunas dellas en algunas partes del rreyno de Leon.[11] E asi como en las leyes de los griegos e de los rromanos se contienen muchas cosas que pertenesçen singularmente al estado de los cauallos, segund qualquier jurista puede
85 ver por los libros del derecho çeuil, asi en las leyes de España non fue oluidada la caualleria, mas fue fecha grand mençion de lo que a cauallos e fijosdalgo pertenesçe. E como vos de la primera manera de libros que dezimos, es a saber, de doctrinas militares, tengades algunos, e de la segunda, que es de las coronicas, ayades grand copia, querriades auer de la terçera, que es de las leyes, e señaladamente de las de
90 España, aquellas que pertenesçe saber a los fijosdalgo e cauallos. E como sean mezcladas entre otras muchas que disponen de otros fechos que non son neçesarios de sauer a los militares varones, mandastesme muy afincadamente que escogiese dellas aquellas que atañen a la caualleria por que apartadas de las otras las pudiesedes ver por vos mismo quando compliese, lo qual demuestra bien la animosidad de vuestro coraçon
95 e la recta, viril intençion que tenedes de exerçer los actos a vuestra profesçion pertenesçientes, por querer auer auisamiento de las leyes para seguir e mandar seguir a los vuestros las cosas que por ellas son loadas, e esquiuar las vituperadas. Ca el loor

---

[9] The *Fuero de las leyes*, or *Fuero Real* as it is also known, was in fact promulagted by Alfonso X. Cf. Burriel's marginal note in Madrid, Palacio Real, MS II / 727, f° 338v: "Traxóme inquieto la noticia de este *Fuero de las leyes*, compuesto por don Alfonso VI, pero ya he visto que las leyes todas que cita por el dicho fuero son del *Fuero Real*, compuesto por don Alonso el Sabio, el qual se llama también *Fuero de las leyes*, como dice Montaluo en el prologo a sus glosas, y se ve en las *Leyes del estilo* y otros mil. No sé cómo cupo en un hombre como Cartagena esta equivocación."
[10] Toledo] Todoledo – *Inc. 1487*.
[11] Cf. *Fuero Juzgo*: "Esti libro fo fecho de LXVI obispos enno quarto concello de Toledo, ante la presencia del Rey Don Sisnando, enno tercero anno que regnó. Era de DC et LXXXI anno" (i).

e el vituperio son espuelas de los fijosdalgo. E el filosopho dize que en aquellas tierras ouo omnes mas fuertes donde la fortaleza fue loada e la couardia denostada.[12] Mas fazese aun mas loable este vuestro proposito porque primero quesistes poner en platica las buenas doctrinas de la caualleria que aprender la theorica dellas, lo qual si es asi yo callare, mas diganlo aquellos que se açertaron en las çercas de las villas en las batallas campales que en las prouinçias antiguamente llamadas Betica e Çeltiberia çerca del mar Mediterraneo, asi contra moros como contra algunos christianos en nuestros dias pasaron, e yo tornare a lo començado. E comoquier que he muy poca familiaridad con estas leyes, pero cumpliendo vuestro mandado rrecorrilas superfiçialmente e ayunte dellas algunas que me paresçian fazer a lo que vos quereys. E puselas en esta breue copilaçion, la qual pues mandastes componer por ser enformado por ella de los estableçimientos e doctrinas de la caualleria. Podeysla llamar si vos plugiere, *Doctrinal de los caualleros*, enmendando e mandandola enmendar como a vos bien visto fuere, e dando ya fin a la perfeçion, ca no es de fazer luengo prologo en pequeña obra, llamando con toda humildad a la ayuda diuinal, que asi en grandes obras como en pequeñas se deue inuocar.[13] Declaremos el intento por que mejor podades veer la rrazon de la ordenaçion infrascripta. Entre las leyes deste rreyno se contienen algunas que pertenesçen a fechos de caualleria, e otras, aunque non fablan de caualleria, pero son actos que se suelen fazer por los caualleros e fijosdalgo. E ayunte todas estas en este volumen, non guardando la orden de los titulos que en sus lugares tenian, por quanto en los libros donde estan, por seer mezcladas con otras muchas, ouieron de guardar la rregla uniuersal de toda la obra. Mas pues que aqui son apartadas a este fin singular pareçiome que complia tener en ello la orden particular que a la intençion pertenesçe. E a las vezes puse nombre nueuo al titulo por que so el se pudiesen copilar algunas que en diuersos titulos de sus originales estan situadas. E en comienço de cada titulo dixe algunas palabras para introduçion por que mejor se entienda la intençion de las leyes que se siguen. E por que se conozca, fize scriuir suprascription de bermejo que dize, "Introduçion," por que sepa quien lo leyere que aquellas palabras son de la copilaçion, mas non han actoridad de ley. E despues dellas esta scripto, "Leyes," por que vea que lo que se sigue ha actoridad. E porque en algunos titulos acaeçe que fagan a proposito leyes de las *Partidas* e del *Fuero* e de los *Ordenamientos* donde esto acaeçiere, fallaredes primero puestas las de las *Partidas*, e despues las del *Fuero*, e al fin las de los *Ordenamientos*, lo qual fize porque el rrey don Alfonso el vndeçimo ordeno en Alcala que primero se librasen los pleytos por los *Ordenamientos*, e en lo que ellos non

---

[12] The statement is based on Aristotle, *Nicomachean Ethics*, III, viii, 1-3. See also Appendix 3. It was common in the Middle Ages to define Aristotle simply as "el filósofo." Cf. Diego de Valera, *Tratado en defenssa de virtuossas mugeres*, in *Prosistas*, 55-76: "En todos los lugares donde es escripto *el Philósopho* sin nonbrar propio nonbre, se entiende por Aristótiles por excelencia" (75b). See also Nicholas G. Round, "The Shadow of a Philosopher: Medieval Castilian Images of Plato," *Journal of Hispanic Philology* 3 (1978-79): 1-36, especially p. 26.

[13] This is a typical modesty formula. Cf. Curtius, 83-85.

bastasen se rrecorriese al *Fuero*, e despues a las *Partidas*. E esto mesmo ordeno el rrey don Enrrique el segundo, que llamamos el viejo, en el prologo que fizo en la publicaçion de las *Partidas*. E pues si en algo se contradixesen, es de estar al *Fuero* o
35 al *Ordenamiento*. Razon es que se situe despues lo que puede corregir a lo otro como los legistas fazen, que las leyes que se llaman autenticas ponenlas despues de las otras, non solamente por seer mas nueuas, mas porque corrigen o declaran o mandan a las primeras. E en el tenor de las leyes non mude palabra alguna, mas puse las palabras materiales en que ellas estan scriptas, porque la scriptura que non solamente vale por
40 rrazon mas aun por actoridad de quien la compuso non se deue mudar, lo qual guardo Graçiano en aquella famosa copilaçion que se llama *Decreto*, ca en las actoridades que traxo a su proposito non mudo las palabras mas scriuiolas asi como estauan en sus originales, interponiendo algunas vezes entre vnas e otras palabras suyas para mejor ligar e continuar la mixtura.[14] Dexemos ya esto e començemos lo que queremos fazer.

TITULO PRIMERO.
De la sancta trinidad e de la fe catholica.
Introduçion en el libro primero.

5 Rayz de todos los bienes e comienço de todas las buenas obras e firmeza de todas las leyes es la sancta fe catholica, ca sin ella, segund dize el apostol, non se puede poner algund fundamento.[1] Por ende, comoquier que la entençion presente fue de copilar en este volumen las leyes que pertenesçen solamente a los caualleros, pero antes de todas cosas es rrazon de poner aquellas que fablan de la sancta fe catholica, por tres rrazones. La primera, porque buena obra
10 alguna non puede ser sin ella, ca scripto es, lo que non es con fe peccado es.[2] La segunda, porque señaladamente pertenesçe a los caualleros pugnar e morir por ella mas que por otra cosa alguna. E asi muy rrazonable es que la oyan e que la tengan scripta,

---

[14] Gratian's *Decretum* is one of Cartagena's principal models for the *DC*. Cartagena follows Gratian in the *dispositio* of the treatise, that is, a carefully organized compilation of laws and statutes, to which Cartagena appends his own introductions. In Cartagena's own introductions to each Titulo, he often quotes directly from the *Decretum* (cf. I, vii, for example). I would agree with Jeremy Lawrance that the careful structure of the *Doctrinal de los caualleros* and similar texts is strong evidence that by the fifteenth century more and more books were being written specifically with the needs of the private reader in mind. See Jeremy N. H. Lawrance, "The Spread of lay literacy in late medieval Castile," *Bulletin of Hispanic Studies* 62 (1985): 79-94. On the diffusion of the *Decretum* in Spain see Juan Beneyto, "Índice y balance del decretismo español," *Studia Gratiana* 2 (1954): 541-563, and Antonio García y García, "Los manuscritos del Decreto de Graciano en las bibliotecas y archivos de España," *Studia Gratiana* 8 (1962): 161-93.

[1] 1 Corinthians 3: 10-11. See also Ephesians 2: 19-22; Luke 6: 46-48.
[2] Romans 14:23.

non solamente en los coraçones, mas en sus libros. La terçera, por que sepan la deuoçion e el zelo que tenian a la fe catholica los rreyes, poniendola en el comienço de sus ordenanças, e sabiendolo, trabajen por seguir siempre la catholica via de los anteçessores. E por ende, ante de las otras pornemos aqui las leyes que della fablan.

El rrey don Alfonso el deçimo, en la *Primera Partida*, titulo terçero, dize asi.[3]

Sin dubda tenemos que es verdad e creemos firmemente que es vno solo verdadero Dios, que non ha comienço nin fin, nin ha en si medida nin mudamiento, e es poderoso sobre todas las cosas, tanto que seso de omne non puede entender nin fablar del complidamente. Padre, fijo, e spiritu sancto, tres personas e vna cosa simple sin departimiento: padre non fecho nin engendrado de otro; el fijo fue engendrado del padre tan solamente; e el spiritu santo saliente de amos a dos; e todos tres de vna substançia e de vna ygualdad e de vn poder e de vn saber, e durables en vno para siempre jamas. E comoquier que cada vna destas tres personas es Dios, pero non son tres Dioses, mas vno. Otrosi, comoquier que Dios es vno, non tuelle por eso que las personas non sean tres. E esto es comienço de todas las cosas spirituales e temporales, tan bien de las que pareçen como de las que non paresçen. E quanto en si todas las cosas fizo buenas, mas cayeron algunas dellas en yerro, las vnas por si, asi como el diablo, las otras por consejo de otro, asi como el omne, que peco por el consejo del diablo. E esta sancta trinidad, que deximos que es padre e fijo e spiritu sancto e vn Dios, comoquier que diese a los omnes por Moysen e los profetas e los otros padres sanctos enseñamiento para beuir por ley, en cabo enbio el su fijo en este mundo que rreçibio carrne de la Virgen Maria. E fue conçebido del spiritu sancto omne verdadero, compuesto de anima rrazonable e carrne humana e verdadero Dios. E este es nuestro señor Ihesu Christo, que segund la natura de la deydad es durable para siempre, e segund la umanidad fue mortal. E este nos mostro manifiestamente la derecha carrera de saluaçion. E por saluar el linaje de los omnes rreçibio passion y muerte por nos en la cruz. E deçendio a los infierrnos en anima. E rresusçito al terçero dia. E subio a los çielos en cuerpo e en anima. E ha de uenir en fin del siglo a juzgar los biuos e los muertos para dar a cada uno lo que mereçe, a cuya venida han todos de rresusçitar en cuerpos e en animas en aquellas mismas que ante auian, e rreçebir juyzio segund las obras que fizieron de bien e de mal. E abran los buenos gloria sin fin e los malos pena para siempre. Otrosi, tenemos e creemos firmemente que es vna sancta yglesia vniuersal en que se saluan todos los fieles cristianos–fuera della non se salua ninguno–, en la qual se faze sacrifiçio del cuerpo e de la sangre de nuestro señor Ihesu Christo en semejança de pan e de vino. E este sacrifiçio non lo puede otro fazer sinon el preste que fuere ordenado derechamente para ello. Otrosi, creemos firmemente que tan bien los niños como los mayores que rreçiben el bautismo segund la forma de la sancta yglesia se

---

[3] Cf. *Primera Partida*, III (II, 27b-28a).

saluan por ella. E si despues del rreçibimiento del bautismo pecaren puedense todavia saluar, enmendando el pecado con verdadera penitençia. E esta es la creençia verdadera en que yazen los articulos de la sancta verdadera fe catholica, que todo christiano deue creer e guardar. E quien asi non lo fiziere non puede ser saluo. Onde, mandamos firmemente que la crean e la guarden todos los del nuestro señorio, asi como sobredicho es, e segund la cree e guarda la sancta yglesia de Roma. E qualquier christiano que de otra guisa creyese e contra esto fiziese deue auer pena de ereje.

        Item: el rrey don Alfonso el sexto, en el *Fuero de las leyes*,
        en el libro primero, titulo primero, dize asi.[4]
        Ley.

Todo christiano firmemente crea e tenga que vno solo es verdadero Dios padre, fijo, e spiritu sancto. E estos tres son vn Dios e vna natura e vna cosa, que fizo de nada los angeles e los omnes e el çielo e la tierra e todas las cosas, tan bien las que veemos como las que non veemos nin sentimos. Fizo angeles buenos por natura a Luçifer, que por su maldad son fechos diablos y malos. E esta sancta trinidad ante de la encarnaçion de nuestro señor Ihesu Christo dio ley e enseñamiento al su pueblo por Moysen e por los otros sus profetas e sus sanctos por que se pudiesen saluar. E despues, nuestro señor Ihesu Christo, fijo de Dios e Dios verdadero, vno solo con el padre e con el spiritu sancto, rreçibio carrne e fue conçebido en la Virgen Maria. E nasçio della verdadero omne e verdadero Dios. E endereço e complio la ley que fue dada primeramente por Moysen. E mostronos la carrera mas manifiesta por que nos pudiesemos saluar. E este nuestro señor Ihesu Christo ha en si dos naturas: de omne, e de Dios. E maguer segund la natura de Dios non pudiese morir nin sentir ningund mal, segund la natura que tomo de omne quiso morir por nos todos saluar, e sofrir fambre e sed e otros trabajos. E rresçibio muerte en la cruz. E mientra que la carne fue muerta el anima del desçendio a los infierrnos e saco dende los sus sanctos e sus fieles. E despues rresusçito en la carrne e mostrose a los sus disçipulos e comio con ellos e dexolos confortados en la sancta fe catholica. E subio a los çielos en cuerpo e en deydad. E dende verna en fin deste mundo e dara juyzio sobre los buenos e sobre los malos. E aquel juyzio verrnemos todos en los cuerpos e en las almas que agora tenemos. E rresçebiremos los buenos bien e gualardon e gloria por siempre jamas en nuestro señor Ihesu Christo. E los malos rresçebiran pena con el diablo, de que jamas non saldran. E esta es la nuestra fe catholica que firmemente creemos e tenemos. E todo lo al que de la fe guarda la yglesia de Roma e manda guardar, como del sacrifiçio del cuerpo de nuestro señor Ihesu Christo que se faze sobre el altar por preste que derechamente es ordenado, e como del bautismo e de los otros sacramentos de la santa yglesia. E queremos e mandamos que todo christiano tenga esta fe e la guarde. E qualquier que contra ella viniere en alguna cosa es ereje, e rresçiua la pena que es puesta contra los erejes.

---

[4] Cf. *Fuero Real*, I, i (186-7).

TITULO SEGUNDO.
De la virtud de las leyes.
Introduçion.

Pues de las leyes fablamos, rrazonable cosa es de saber que virtud han. E comoquier que segund los legistas dizen, los mandamientos del derecho son tres, es a saber, beuir onestamente, non dañar a otro, e dar a cada vno lo suyo,[1] pero aunque estos son los preçeptos, las virtudes de las leyes distinguense de otra guisa. Onde, el rrey don Alfonso el deçimo, en la *Primera Partida*, en el titulo primero, manda scriuir vna ley del tenor siguiente.

Quales son las virtudes e la fortaleza de las leyes.
Ley.[2]

Las virtudes de las leyes son en siete maneras. La primera es mandar. La segunda vedar. La terçera consentir. La quarta dar pena al que lo meresçe. La quinta consejar e mostrar de fazer bien e guardarse del contrario. La sexta es creer. La septima ordenar. E comoquier que en cada vna destas leyes deste nuestro libro non ay todas estas virtudes ayuntadas en si, pero quien bien las quisiere leer e entender fallara que alguna dellas es y puesta segund que conuiene a la razon sobre que es fecha la ley.

TITULO TERÇERO.
De los cauallleros e de lo que han de fazer.
Introduçion.

Tiempo es ya de començar en aquello que a los caualleros singularmente pertenesçe, por cuya causa se faze esta copilaçion. E maguer que los legistas muchas cosas digan dello en diuersos logares, pero en las leyes deste rreyno muy copiosa e muy fermosamente es scripto. E el rrey don Alfonso el deçimo, en la *Segunda Partida*, en el titulo viçesimoprimo, establesçio todas las leyes siguientes.

Quales defensores[1] deuen ser mucho escogidos.
Ley.[2]

Defensores es vno de los tres estados por que Dios quiso que se mantouiese todo

---

[1] See *Justinian's Institutes*, ed. Peter Birks and Grant Mcleod (Ithaca: Cornell University Press, 1987), I, i, 3: "Iuris præcepta sunt hæc: honeste vivere, alterum non lædere, suum cuique tribuere" (p. 36). This is repeated in the *Digest*, I, i, 10 (I, p. 2). The originator of the precept is Ulpian.

[2] Cf. *Primera Partida*, I, v (10b).

[1] Quales defensores] Que los defensores – *N4, N6, N7, C, E, G, P1, P2, R, S* ‖ Omit title – *B*.

[2] Cf. *Segunda Partida*, XXI (II, 465b-466a).

el mundo. Ca bien asi como los que rruegan a Dios por el pueblo son llamados oradores, e otrosi los que labran la tierra e fazen en ella aquellas cosas por que los omnes han de beuir e mantenerse son dichos labradores, otrosi, los que han a defender a todos son llamados defensores. Por ende, los omnes que tal cosa han de fazer touieron por bien los antiguos que fuesen mucho escogidos. E esto fue porque en defender yazen tres cosas: esfuerço e honrra e poderio. Onde, pues que en el titulo ante deste mostramos qual deue el pueblo ser a la tierra o moran faziendo linaje que la pueblen e labrandola para auer los fructos della, e enseñoreandose de las cosas que en ella fueren e defendiendola e amparandola de los enemigos, que es cosa que conuiene a todos comunalmente, pero con todo eso a los que mas pertenesçe son los caualleros, a quien los antiguos dizen defensores: lo vno, porque son mas honrrados; lo al, porque señaladamente son establesçidos para defender la tierra e ampararla. Por ende, queremos aqui fablar dellos, e mostrar por que asi son llamados, e como deuen ser escogidos, e quales deuen ser en si mismos, e quien los puede fazer, e como deuen ser fechos, e como se deuen mantener, e quales cosas son tenudos de guardar, e que es lo que deuen fazer, e como deuen ser onrrados pues que son caualleros, e por quales cosas pueden perder aquella onrra.

Por que rrazon la caualleria e los caualleros ouieron este nombre.[3]

Caualleria fue llamada antiguamente la compaña o los compañeros de los omnes nobles que fueron puestos para defender las tierras. E por ende, le pusieron nombre en latin *miliçia*, que quiere tanto dezir como compañas de omnes duros e fuertes escogidos para sofrir males, trabajando e lazrando por pro de todos comunalmente. E por ende, ouo este nombre de cuento de mill, que antiguamente de mill omnes escogian vno para ser cauallero. Mas en España llaman caualleria non por rrazon que andan caualgando en cauallos, mas porque, bien asi como los que andan en cauallo van mas onrradamente que en otra bestia, e otrosi, los que son escogidos para caualleros son mas onrrados que todos los otros defensores, onde, asi como [el][4] nombre de la caualleria fue tomado de compaña de omnes escogidos para defender, otrosi, fue tomado el nombre del cauallero de caualleria.

Como deuen ser escogidos los caualleros.[5]

Mill es el mas onrrado cuento[6] que puede ser. Ca bien asi como diez es el mas onrrado cuento de los que se comiençan en vno, el çiento entre los diezes, asi entre los

---

[3] Cf. *Segunda Partida*, XXI, i (II, 466ab).
[4] el] en – N3, N7, B, C, E, G, P1, Inc. 1487, Inc. 1497 ‖ es – N4.
[5] Cf. *Segunda Partida*, XXI, ii (II, 466b-467a).
[6] cuento] cuento de cuento – Inc. 1487, Inc. 1497.

45 çentenarios es el mayor e el mas onrrado el mill. E porque todos los otros se ençier[r]an en el e de alli adelante non puede auer otro cuento nombre señalado por si e ha de tornarse por fuerça a ser nombrado por los otros que deçimos que se ençierran en millar. E por esta rrazon escogian antiguamente de mill omnes vno para fazerlo cauallero, asi como deximos en la ley ante desta. E en escogiendolo catauan que fuesen
50 omnes que ouiesen en si tres cosas. La primera, que fuesen lazdradores para sauer sofrir la grand lazeria e los trauajos que en las guerras e en las lides les acaesçiesen. La segunda, que fuesen vsados a ferir por que supiesen mejor e mas ayna matar e vençer sus enemigos e non cansasen ligeramente faziendolo. La terçera, que fuesen crueles para non auer piadad de rrobar lo de los enemigos, nin de ferir nin de matar. Otrosi,
55 non desmayasen ayna por feridas que ellos rresçibiesen nin que diesen a otros. E por estas rrazones escogieron antiguamente para fazer caualleros de los leñadores del monte, que son omnes que sufren grand lazeria, e carpenteros e ferreros e pedreros, porque usan mucho a ferir e son fuertes de manos. E otrosi, de los carrniçeros, por rrazon que son crudos en matar las cosas brutas e esparzen la sangre dellas. E aun
60 catauan otras cosas en escogiendo los que fuesen bien façionados de miembros para ser rrezios, fuertes, e ligeros. E esta manera de escoger vsaron los antiguos muy grand tiempo. Mas porque despues vieron muchas vegadas que estos tales, non auiendo vergüença, oluidauan todas estas cosas sobredichas, e en lugar de uençer sus enemigos vençianse ellos, touieron por bien los sabidores destas cosas que catasen omnes para
65 esto que ouiesen naturalmente en si vergüença. E sobre esto dixo vn sabio que ouo nombre Vegeçio, que fablo de la orden de caualleria, que la vergüença al cauallero vieda que non fuya de la batalla, e por ende, ella le faze ser vençedor. Ca mucho touieron que era mejor el omne flaco e sofridor que el fuerte e ligero para foyr. E por ende, sobre todas las otras cosas cataron que fuesen omnes de buen linaje por que se
70 guardasen de fazer cosa por que pudiesen caer en vergüença. E porque estos fueron escogidos de buenos logares e fijosdalgo, que era tanto dezir en lenguaje de España como bien, por eso los llamaron fijosdalgo, que muestra tanto como fijos de bien. E en algunos otros logares los llamaron gentiles. E tomaron este nombre de gintileza, que muestra tanto como nobleza de bondad, porque los gentiles fueron omnes nobles e
75 buenos e biuieron mas onrradamente que las otras gentes.[7] E esta gentileza auia en tres maneras: la primera por linaje; la segunda por saber; la terçera por bondad de costumbres e de maneras. E comoquier que estos que lo ganauan por su sabiduria e por su bondad son por derecho llamados nobles e gentiles, e mayormente lo son aquellos que lo han por linaje antiguamente e fazen buena vida porque les viene de lueñe como
80 por heredad, por ende, son mas encargados de fazer bien e guardarse de yerro e de mal

---

[7] On the etymology of "hidalgo," see José María Lacarra, "En torno a la propagación de la voz 'hidalgo,'" *Homenaje a Don Agustín Millares Carlo* (Gran Canaria: Caja Insular de Ahorros de Gran Canaria, 1975), II, 43-53; and I. A. A. Thompson, "*Hidalgo* and *pechero*: the language of "estates" and "classes" in early-modern Castile," in *Language, History and Class*, ed. Penelope J. Corfield (Oxford: Blackwell, 1991), 53-78.

estança. Ca non tan solamente quando lo fazen rreçiben daño e vergüença ellos mismos, mas aun aquellos donde ellos vienen. E por ende, los fijosdalgo han de ser escogidos que vengan de derecho linaje de padre e de auuelo fasta quarto grado, a qui llaman trasuisauuelo. E esto touieron por bien los antiguos porque de aquel tiempo en adelante
85 non se pueden acordar los omnes comunalmente, pero quando dende en adelante mas de lueñe vienen de buen linaje tanto mas creçen en su onrra e en su fidalgia.

Como los fijosdalgo deuen guardar la nobleza de la fidalgia.[8]

Fidalguia, segund diximos en la ley ante desta, es nobleza que viene a los omnes por linaje. E por ende, deuen mucho guardar los que han derecho en ella que non la
90 dañen nin menguen, ca pues el linaje faze los omnes, los omnes asi como herençia, non deue querer el fijodalgo que el aya de ser de tan mala ventura que lo que en los otros se començo e heredaron mengue o se acabe en el. E esto seria quando el menguase en lo que los otros acresçentaron casando con villana, e el villano con fijadalgo. Pero la mayor parte de la fidalguia ganan los omnes por la onrra de los padres, ca maguera la
95 madre sea villana e el padre fijodalgo, el fijo que dellos nasçiese por fijodalgo se puede contar, mas non por noble. Mas si nasçe de fijadalgo e de villano, non touieron que era derecho que fuese contado por fijodalgo porque siempre los omnes el nombre del padre ponen delante; primeramente delante quando alguna cosa le quisieren dezir. Otrosi, la madre nunca la seria ementada que a denuesto non se torrnase del fijo e della porque
100 el mayor denuesto que la cosa onrrada puede auer es quando se mezcla tanto con la cosa vil que pierde su nombre e gana el de la vil.

Como los caualleros deuen auer en si quatro virtudes prinçipales.[9]

Bondades son llamadas las buenas costumbres que los omnes han naturalmente en si, a que llaman en latin virtudes, e entre todas son quatro las mayores, asi como
105 cordura e fortaleza e mesura e justiçia. E comoquier que todo omne que aya voluntad de ser bueno deua trauajarse de auerlas, tan bien los oradores que deximos como los otros que han a gouernar las tierras por sus lauores e por sus trauajos, con todo aquesto non ay ningunos a quien mas conuenga que a los defensores, porque ellos han a defender la yglesia e a los rreys e a todos los otros. Ca la cordura les fara que lo sepan
110 fazer a su pro e sin su daño. E la fortaleza, que esten firmes en lo que fizieren e non sean cambiadizos. E la mesura, que obren de las cosas como deuen e non pasen amas. E la justiçia, que la fagan derechamente. E por ende, los antiguos por rremembrança desto fizieron fazer a los caualleros armas de quatro maneras: las vnas que visten e calçan; e las otras que çiñen; e las otras que paran delante si; las otras con que fieren.
115 E comoquier que estos sean en muchas maneras, pero todas tornan en dos: las vnas para defender el cuerpo, que son dichas armaduras; e las otras armas que son para ferir.

---

[8] Cf. *Segunda Partida*, XXI, iii (II, 468a).
[9] Cf. *Segunda Partida*, XXI, iv (II, 468ab).

E porque los defensores non abrian comunalmente todas estas armas, e aunque las ouiesen non podrian siempre traerlas consigo, touieron por bien los antiguos de fazer vna en que se mostrasen todas estas cosas por semejança. E esta fue la espada. Ca bien asi como las armas que el omne viste para defenderse muestran cordura, que es virtud que le guarda de todos los males que le podrian venir por su culpa, otrosi, muestra eso mesmo el mango de la espada que el omne tiene ençerrado en el puño. Ca en quanto lo asi touiere en su poder es de alçarla o de baxarla o de ferir con ella o de lo dexar. Otrosi, como en las armas que el defendedor para ante si para defenderse muestran fortaleza que es virtud que faze al omne estar firmemente a los peligros que le auienen, asi en la maçana es toda la fortaleza que es la virtud de la espada, ca en ella se sufre el mango e el arriaz e el fierro. E bien como las armas que el omne çiñe son medianas entre las armaduras que viste e las armas con que fiere, e son asi como la virtud de la mesura entre las otras cosas que se fazen ademas o de menos de los que deuen, bien a esta semejança es puesto el arriaz entre el mango e el fierro della. Bien otrosi, como las armas que el omne tiene en las manos enderesçadas para ferir con ellas alli do conuiene muestra mesura iustiçia que ha en si derecho e ygualdad, otrosi, lo muestra el fierro de la espada que es derecho e agudo e taja ygualmente de amas partes. E por todas estas rrazones establesçieron los antiguos que la traxesen siempre consigo los nobles defensores e que con ella rreçibiesen onrra de caualleria, e non con otra arma, por que siempre les viniese en mientes destas quatro virtudes que deuen auer en si sin que non podrian complidamente mantener el estado del defendimiento para que son puestos.

Quales caualleros[10] deuen seer entendidos.[11]

Aun ay otras bondades sin las que diximos en la ley ante desta que deuen auer en si los caualleros; esto es, que sean entendidos. Ca entendimiento es la cosa que mas enderesça al omne para ser complido en sus fechos nin que mas lo extrema de las otras criaturas. E por ende, los caualleros que han a defender a si e a los otros, segund que dicho auemos, deuen ser entendidos. Ca si lo non fuesen errarian en las cosas que ouiesen a defender, porque el desentendimiento les faria que non mostrasen su poder contra aquellos que ouiesen de mostrar. E de la otra parte, que fiziesen mal a los que fuesen tenidos de guardar. Otrosi, les faria ser crudos contra la cosa que deuiesen auer piadad e ser piadosos en las cosas que deuen ser crudos. E aun les faria fazer otro yerro mayor que se tornaria en deslealtad, ca fazerles ya amar a los que ouiesen de querer mal, e desamar a los que ouiesen de querer bien. E aun les faria ser esforçados donde non lo ouiesen de ser e couardes do deuiesen auer esfuerço e cobdiçiar lo que non deuiesen auer e oluidar lo que deuen cobdiçiar. E desta guisa les faria errar en el desentendimiento en todas las cosas que ouiesen de fazer.

---

[10] Quales caualleros] Que los caualleros – *N1, N2, N4, N5, N6, N7, E, G, P1, P2, R, S* ‖ Omit title – *B*.

[11] Cf. *Segunda Partida*, XXI, v (II, 469a).

Quales caualleros[12] deuen saber obrar de su entendimiento.[13]

Entendidos seyendo los caualleros, asi como diximos en la ley ante desta, comoquier que valdrian mas por ello, con todo eso non les terrnia pro si non lo sopiesen meter en obra. Ca maguer el entendimiento les mostrase que deuian fazer para defender, si sabiduria non ouiese para lo saber fazer, non les valdria nada. Ca la obra aduze al omne a acabamiento de lo que entiende, e es asi como espejo en que muestra la su voluntad e el su poder qual es. E por ende, conuiene que los caualleros sean sabidores e çiertos para saber obrar de lo que entienden. Ca en otra manera non podrian ser cumplidamente buenos defensores.

Que los caualleros deuen seer bien acostumbrados.[14]

Pasando los fijosdalgo de las cosas contrarias les fazen que lleguen por ellas a acabamiento de buenas costumbres, e esto es que de vna parte sean fuertes e brauos, e de la otra parte mansos e humildes. Ca asi como les esta bien de auer palabras fuertes e brauas para espantar los enemigos e arredrarlos de si quando fueren entre ellos, bien de aquella manera las deuen auer en cosas humildes e mansas para afalagar e alegrar a aquellos que con ellos fueren, e serles de buen gasajado en las sus palabras e en sus fechos. Ca natural cosa es que el que vsa como deue de su voluntad non le conuiene que le fallezca despues, e alli donde mas la ouiere menester.

Que los caualleros deuen ser arteros e mañosos.[15]

Arteros e mañosos deuen ser los caualleros, e estas son dos cosas que les conuienen mucho, porque bien asi como las maneras los fazen ser sabidores de aquello que han de fazer por sus manos, otrosi, el arteria les faze buscar carreras para saber acabar mejor e mas en saluo lo que quieren. E por ende, se acuerdan muy bien estas dos cosas en vno. Ca las maneras les fazen que sepan amar bien e apuestamente, e otrosi, ayudarse e ferir con toda arma e ser ligeros e buenos caualgantes. E el arteria les muestra como sepan vençer con pocos a muchos, e como estuerçen de los grandes peligros quando en ellos cayeren.

Que los caualleros deuen ser muy leales.[16]

Leales conuienen que sean en todas guisas los caualleros, ca esta es bondad en que se acaban e ençierran todas las otras bondades e buenas costumbres, e ella es asi como madre de todas. E comoquier que todos los omnes la deuen auer, señaladamente

---

[12] Quales caualleros] [Quales] \Que los/ caualleros – *N1* ‖ Que los caualleros – *N4, N6, G, S* ‖ Qu[a]\e/ los caualleros – *N2* ‖ Omit title – *B* ‖ Como los caualleros – *P1, R*.
[13] Cf. *Segunda Partida*, XXI, vi (II, 469a).
[14] Cf. *Segunda Partida*, XXI, vii (II, 469b).
[15] Cf. *Segunda Partida*, XXI, viii (II, 469b).
[16] Cf. *Segunda Partida*, XXI, ix (II, 469b-470a).

185 conuiene mucho a estos que la ayan, por tres rrazones, segund los antiguos dixeron. La primera, es porque son puestos por guarda e defendimiento por todos, e non podrian ser buenos guardadores los que leales non fuesen. La segunda, por guardar onrra de su linaje, lo que non guardarian quando en la lealtad errasen. La terçera, por non fazer ellos cosa por que cayan en vergüença, en la que caerian mas que por otra cosa si
190 leales non fuesen. E por ende, han menester que ayan lealtad en las voluntades e que sepan obrar della, ca de otra manera non podria ser que non errasen en ello, porque muchas vezes acaesçe que por guardar lealtad a su señor áquellos a quien la han de tener fazen tuerto a omnes que nunca gelo meresçen e daño a si mismos, e algunas cosas con que han deudo, metiendose a peligro e a muerte e yendo contra sus
195 voluntades, dexando todo lo que auian sabor, e faziendo aquello que non deuian fazer, podiendolo escusar. E esto fazen por non menguar en su lealtad. E por ende, ha menester que la entiendan bien qual es e sepan obrar della, asi como conuiene.

Que los caualleros deuen ser sabidores de conosçer bien los cauallos e las armas que touieren si son buenos o non.[17]

200   Cauallos e armaduras e armas son cosas que conuiene mucho a los caualleros de las auer buenas, cada vna segund su natura. Ca pues con estas han de fazer los fechos de armas, que es su menester, conuiene que sean tales de que se puedan bien ayudar. E entre todas aquellas cosas de que ellos han de ser sabidores es esta la mas señalada. Ca por ser el cauallo grande e fermoso, si fuese de malas costumbres e el cauallero non
205 fuese sabidor para conosçer esto, avenirle ya ende dos males: el vno, que perderia quanto por el diese; e lo al, que podria ser que cayese por el en peligro de muerte o de presion. E eso mesmo le auernia si non fuesen las armaduras buenas e bien fechas e con rrazon. E por ende, segund los antiguos mostraron, para ser los [cauallos][18] buenos, deuen auer en si tres cosas: la primera, ser de buena color; la segunda, ser de
210 buenos coraçones; la terçera, auer [miembros][19] conuenientes que rrespondan a estas dos cosas. E aun sobre todo esto,[20] quien bien lo quisiere conosçer ha de catar que venga

---

[17] Cf. *Segunda Partida*, XXI, x (II, 470ab).
[18] cauallos] caualleros – *Inc. 1487, Inc. 1497, N1, N3, N5* ‖ cauall[er]os – *P1*.
[19] miembros] muchos – *Inc. 1487, Inc. 1497*.
[20] The following accretion–based on Genesis 30: 25-43 and Aristotle's *Rhetoric* II, xv, 3–is peculiar to *N3*: "sobre todo esto... deuen auer mayor lugar en el omne: lo vno, porque leemos por los meresçimientos de los buenos padres nasçer buenos fijos, como lo nota Grisostomo sobre Sant Matheo; e lo otro, porque el omne ansi era natural ynfluençia commo en la rassonal ha en si mayor vigor para lo trasladar o ynfluyr en su fijo. Et aun podriamos desir que la causa desto fuese el vigor, virtud, e valor que por la rrason e semejança de Dios rresçebimos. Aristoteles dise que la perfecta virtud non es de naturalesa, enpero es la buena dispusiçion que de la sangre al omne proviene. Et esto fase en favor de los fidalgos, en los quales, asi commo dicho es, sera ayudada e de mayor vigor la propia buena dispusiçion por la de los engendradores, et mayormente si por la costumbre es rroborada e abituada, commo en los fijos que han del padre

de buen linaje, ca esta es la animalia del mundo que mas rresponda a su natura. E avn los antiguos que mas fablaron en esta rrazon touieron que sin todas estas sabidurias deuian aun auer los caualleros en si tres cosas para fazer buenos en si los cauallos: la primera, saberlos mantener en sus bondades; la segunda, que guarden si alguna mala costumbre ouiesen tol[l]erlos della; la terçera, guareçerlos de las enfermedades que ouiesen. E en las armaduras que ouiesen deuen otrosi auer sabiduria en tres maneras: la primera, si es bueno el fierro o el fuste o el cuero o la otra cosa de que las fazen para conosçer si son fuertes; la segunda, que sean ligeras; la terçera, eso mesmo es de las armas para ferir que han de ser bien fechas e fuertes e ligeras. E quanto mas conosçieren los caualleros estas cosas e las vsaren, tanto mas mejor se ayudaran dellas e las tornan a su pro.[21]

Quien ha poder de fazer caualleros o quien non.[22]

Fechos non pueden ser los caualleros por mano de omne que cauallero non sea, ca los sabios antiguos, que todas las cosas ordenaron con rrazon, non touieron que era cosa con guisa nin que pudiese ser con derecho dar vn omne a otro lo que non ouiese. E bien asi como las ordenes de los oradores non las puede ninguno dar sinon el que las ha, otrosi, tal non ha poderio ninguno de fazer cauallero sinon el que lo es. Pero algunos y ouo que touieron que el rrey o su fijo heredero, maguer caualleros non fuesen, que bien lo podian fazer por rrazon del rreyno, por[que][23] ellos son caueças de

---

castigo, o dotrina, e costumbres, conformase la buena dispusiçion que del padre rresçibieron. Et si en las animalias por su vista e rrepresentaçion se muda su naturalesa, segund se lee de Jacob, que guardando las ovejas de Lavan, fiso vergas de diuersos colores, et quando las ovejas las vieron e se cavalgaron, conçibieron fijos verrendos de la vista de los machos e suya. Aunque los padres non lo eran, quanto mas vigor deue auer la humana naturalesa, que es señora de los animales, la qual considera e continua, piensa obras virtuosas, et las exerçita en acto, por lo qual es de creer que sus buenas dispusiçiones transmite en su ymaginaçion, e que el feto o fijo rresçibe impresion de la semejança de sus padres,..."

[21] Hippology is discussed at length in the following manuals: *El libro de los caballos. Tratado de albeitería del siglo XIII*, Revista de Filología Española, Anejo 23, ed. Georg Sachs (Madrid: C. Bermejo, 1936); *Livro da ensinança de bem cavalgar toda sela que fez El-Rey Dom Eduarte de Portugal e do Algarve e Senhor de Ceuta*, ed. Joseph M. Piel (Lisbon: Livraria Bertrand, 1944), *passim*; Juan Quixada de Reayo, *Doctrina del arte de la cauallería* (Medina del Campo: Pedro de Castro, 1548), especially chapter 6; Fernando Chacón, *Tractado de cavallería de la gineta*, ed. facsímil (Madrid: Bibliófilos Madrileños, 1950), *passim*; and Luis Zapata, *Miscelánea*, in *Memorial Histórico Español: Colección de Documentos, Opúsculos y Antigüedades*, 11 (Madrid: Real Academia Española, 1859), 212-8. See also R. H. C. Davis, *The Medieval Warhorse. Origin, Development and Redevelopment* (New York: Thames and Hudson, 1989), 99-123; and Brigitte Prévot, "Le cheval malade: l'hippiatrie au XIIIème siècle," in *Le cheval dans le monde médiéval* (Aix-en-Provence: Centre Universitaire d'Études et de Recherches Médiévales d'Aix, 1992), 449-64.

[22] Cf. *Segunda Partida*, XXI, xi (II, 470b-471a).

[23] por[que] por – *Inc. 1487, Inc. 1497*.

caualleria e todo el poder se ençierra della en su mandamiento. E por esto lo vsaron e vsan en algunas tierras, señaladamente en España. Mas segund rrazon verdadera e derecha, ninguno otro non puede fazer cauallero si el primero non lo fuese. E tanto encareçieron los antiguos orden de caualleria que touieron que los emperadores nin los otros rreyes non deuian ser consagrados nin coronados fasta que caualleros fuesen. E aun dixeron mas, que ninguno non puede fazer cauallero a si mesmo, por onr[r]a que ouiese. E comoquier que en algunos logares lo fazen los rreys, asi como en España, mas por costumbre que por derecho, con todo esto non touieron por bien los sabios antiguos que lo fiziesen, ca dignidad, orden, nin regla non puede ninguno tomar por si si otro non gelo da. E por ende, ha menester que en la caualleria aya dos personas: aquel que la da, e aquel que la rresçiue. Otrosi, touieron que muger, por onrra que touiese, maguera fuese imperatriz o rreyna por heredamiento, que non pudiese fazer cauallero por sus manos, comoquier que podrian rrogar o mandar a algunos de su señorio que los fiziesen aquellos que ouiesen derecho de lo fazer. E aun dixeron que omne desmemoriado, nin el que fuese de menor hedad de catorze años, que non deue ninguno dellos esto fazer porque la caualleria es tan noble e tan onrrada cosa que deue entender el que la da que es lo que faze en darla, lo que estos non podrian fazer. Otrosi, clerigo nin omne rreligioso non touieron que los podrian fazer caualleros porque seria cosa e muy sin rrazon de entremeterse en fecho de caualleria aquellos que non pudieron nin han poder de meter las manos para obrar della. Pero si alguno fuese cauallero primeramente, e despues le acaeçiese que ouiese de ser maestre de orden de caualleria que mantouiese fecho de armas, non fue atal como este defendi[d]o[24] de los fazer. E non touieron otrosi por bien que ningund omne fiziese caualleros a aquellos que por derecho nin por rrazon nin pueden nin lo deuen ser, segund adelante lo muestra en las leyes deste titulo.

Quales non deuen ser caualleros.[25]

Falleçimiento para non poder fazer bien las cosas [es][26] en dos maneras, la vna por fecho, la otra por rrazon. E la de fecho es quando los omnes non han cumplimiento de lo que han menester para fazerlas. E la que viene por rrazon es quando non han derecho por que la deuan fazer. E comoquier que esto auenga en todas cosas, señaladamente cae mucho en fecho de caualleria, porque bien asi como rrazon tuelle que dueña non puede fazer cauallero, nin omne de rreligion, porque non han de meter las manos en las lides, nin otrosi el que es loco e sin hedad, porque non han de cumplimiento de seso para entender lo que fazen, otrosi, tuelle el derecho que non sea cauallero omne muy pobre si non le diere primeramente consejo el que lo faze por que pueda bien beuir. Ca non touieron por bien los antiguos que era cosa guisada que orden de caualleria, que es estableçida para dar e fazer bien, fuese puesta en omne que ouiese

---

[24] defendido] defendio – *Inc. 1487, Inc. 1497.*
[25] Cf. *Segunda Partida*, XXI, xii (II, 471ab).
[26] es] Omit – *Inc. 1487, Inc. 1497.*

a mendigar con ella nin de fazer vida desonrrada, nin otrosi que ouiese de furtar o fazer cosa por que meresçiese rreçebir pena que es puesta contra los viles e malfechores. Otrosi, non deue ser fecho cauallero el que fuese menguado de su persona o de sus miembros de manera que se non pudiese en guerra ayudar de las armas. E aun dixeron que non deue ninguno ser cauallero omne que por su persona andouiese faziendo mercaderia. E otrosi, non deuen fazer cauallero al que fuese conosçidamente traydor o aleuoso o dado en juyzio por tal, nin omne que fuese juzgado para muerte, por yerro que ouiese fecho, si primero non le fuese perdonado, non tan solamente la pena, mas la culpa. E non deue ser cauallero el que vna vez ouiese rreçebido la caualleria por escarnio. E esto podria ser en tres maneras: la primera, quando el que lo fiziese cauallero non ouiese poderio de lo fazer; la segunda, quando el que la rresçibiese non fuese omne para ello por alguna de las rrazones que diximos; la terçera, quando alguno que ouiese derecho de ser cauallero rresçibiese a sabiendas caualleria por escarnio. Ca maguer aquel que gela diese ouiese poder de lo fazer non lo podria ser el que la asi rresçibiese porque la rreçibiera como non deuia. E por ende, fue estableçido antiguamente por derecho que el que quisiese escarnesçer tan noble cosa como caualleria que fincase escarnido della de manera que nunca la pudiese auer. Otrosi, pusieron que ninguno non rresçibiese onrra de caualleria por preçio de auer nin de otra cosa que diese por ella que fuese como manera de compra. Ca bien asi como el linaje non se puede comprar, otrosi, la onrra que viene por la nobleza non la puede la persona auer si ella non fuese atal que la merezca por linaje o por seso o por bondad que aya en si.

Quales cosas deuen fazer los escuderos ante que rresçiuan la caualleria.[27]

Limpieza faze paresçer bien las cosas a los que la ueen. E bien asi como el apostura la faze estar apuestamente cada vna por su rrazon, e por ende, touieron por bien los antiguos que los caualleros fuesen fechos limpiamente. Ca bien asi como la limpieza deuen auer dentro en si mesmos e en sus bondades e en sus costumbres, en la manera que dicho auemos, otrosi, la deuen auer de fuera en sus vestiduras e en las armas que traxeren. Ca maguer el su menester es fuerte e crudo, asi como de ferir o matar, con todo esto las sus voluntades non pueden oluidar que non se paguen naturalmente de las cosas fermosas e apuestas, e mayormente quando las ellos traen, porque de vna parte les dan alegria e conorte, e de la otra les fazen cometer mas denodadamente fecho de armas porque saben que por ello seran conosçidos e que les ternan todos mas mientes en lo que fizieren ende. E por esta rrazon, non les enuarga la limpiedumbre e la apostura a la fortaleza nin a la crueldad que dende deue auer. E demas, que deuen auer significança, segund que desuso diximos en la obra, que paresçe de fuera a lo que tienen en las voluntades de dentro. E por ende, mandaron los antiguos

---

[27] Cf. *Segunda Partida*, XXI, xiii (II, 472ab).

que el escudero que fuese de noble linaje, vn dia ante que rresçiba caualleria, que deue tener vigilia. E en ese dia que la touiere, desde mediodia adelante, hanle los escuderos a batear e lauarle la cabeça por sus manos, e echarle en el mas apuesto lecho que pudieren auer. E alli le han de uestir e calçar los caualleros de los mejores paños que ouiere. E desque este alimpiamiento le ouieren fecho al cuerpo, hanle de fazer otro tanto al alma, leuandole a la yglesia en que ha de conosçer que ha rresçebir trabajo, velando e pidiendo merçed a Dios que le perdone sus peccados e que le guie por que faga lo mejor en aquella orden que quiere rresçebir en manera que pueda defender su ley e fazer otras cosas segund le conuiene, e que le sea guardador e defendedor de los peligros e de los enbargos e de lo que le sera contrario a esto. E deuele venir en miente que comoquier que Dios es poderoso sobre todas las cosas del mundo e puede mostrar su poder en ellas como e quando quisiere, que señaladamente lo es en fecho de armas, ca en su mano es la vida e la muerte para darla e para tollerla, e fazer que el flaco sea fuerte e el fuerte flaco. E en quanto esta oraçion fiziere, ha de estar los hinojos fincados e todo lo al en pie mientra sofrirlo pudiere. Ca la vigilia de los caualleros nobles no fue establesçida para juegos nin para otra cosa sinon para rrogar a Dios e a los sanctos que los guien e los aliñen como a omnes que entran en carrera de muerte.

Como han de ser fechos los caualleros.[28]

Espada es arma que muestra aquellas quatro significaçiones que ya auemos dicho. E porque el que ha de ser cauallero deue auer en si por dicho aquellas quatro virtudes que establecieron los antiguos que rresçibiesen con ella la orden de caualleria, e non con otra arma. E esto ha de ser fecho en tal manera que pasada la vigilia, luego que fuere de dia, deue yr primeramente oyr misa e rrogar a Dios que le guarde en sus fechos e para su seruiçio. E despues, ha de venir el que lo ha de fazer cauallero e preguntarle si quiere rresçebir orden de caualleria. E si le dixere que si, hale de preguntar si la manterrna como se deue mantener. E despues que gelo otorgare, deuele calçar las espuelas o mandar algund cauallero que gelas calçe. E esto ha de ser segund que el omne fuere e el logar que touiere. E hanle de fazer desta guisa por mostrar que asi como el cauallero pone las espuelas al cauallo de diestro e de siniestro para fazerle correr derecho, que asi deue el fazer sus fechos endereçadamente de manera que non tuerça a ninguna parte. E de si ha de çeñir la espada sobre el brial que le vistiere asi que la çinta non sea muy floxa, mas que se llegue al cuerpo. E esto es por significança que las quatro virtudes que diximos deuen auer siempre los caualleros e tenerlas coronadas asi. Pero antiguamente establesçieron que a los nobles omnes fiziesen caualleros seyendo armados de todas sus armaduras, bien asi como si ouiesen de lidiar. Mas las cabeças non touieron por bien que las touiesen cubiertas, porque los que asi la traen non lo fazen saluo por dos rrazones. La primera, por encubrir alguna cosa que en ellos ouiese que les paresçeria mal. Ca por tal cosa bien las pueden encubrir de

---

[28] Cf. *Segunda Partida*, XXI, xiv (II, 472b-473a).

alguna cobertura que fuese fermosa e apuesta. La otra manera por que cubren la cabeça es quando algund omne faze alguna cosa desaguisada de que ha vergüença. E esto non conuiene en alguna manera a los nobles, ca pues ellos han de reçebir tan noble e tan o[n]rrada cosa como la caualleria, non es derecho que entren en ella con mala vergüença nin con miedo. E desque la espada le ouiere ceñida, deuela sacar de la bayna e ponergela en la mano derecha e fazerle jurar estas tres cosas: la primera, que non rreçele de morir por su ley si menester fuere; la segunda, por su señor natural; la terçera, por su onrra. E quando esto ouiere jurado, deuele dar vna pescoçada por que estas cosas sobredichas se le vengan en miente, diziendo que Dios le guie a su seruiçio e le dexe complir lo que prometio, que Dios le guie a su seruiçio. E despues, hale de besar en señal de fe e de paz e de hermandad que deue ser guardada entre los caualleros. E eso mesmo han de fazer todos los otros caualleros que fueren en aquel logar, non tan solamente en aquella sazon, mas aun en todo aquel año, dondequier que a el vengan nueuamente. E por esta rrazon non se han de buscar mal nin catar los caualleros vnos a otros, ha menos de echar en tierra la fe que asi prometio, desafiandose primeramente, segund se muestra o fabla de los desafiamientos.[29]

Como han de çeñir la espada al noble despues que fecho cauallero.[30]

Çeñir la espada es la primera cosa que ha de fazer despues que el cauallero noble fuere fecho. Por ende, ha de ser muy catado quien es el que gela ha de çeñir. E esto non deue ser fecho sinon por mano de omne que aya en si algunas destas tres cosas: que sea su señor natural, o que lo faga por el debdo que han de con so en vno, o omne onrrado que lo fiziese por fazerle onrra, o cauallero que fuese muy onrrado e muy bueno en armas que lo fiziese por su bondad. E en esto se acordaron mas los antiguos que en las otras dos que touieron que era muy comienço para lo que era tenudo el noble de fazer. Pero qualquier dellas que aya vale e es muy buena. Ca este que le deçiñe la espada llamanle padrino. Ca bien asi como los padrinos en el bautismo ayudan a confirmar e otorgar a su ahijado como sea christiano, otrosi, el que es padrino del cauallero noble, desçiñendole la espada, confirma e otorga la caualleria que ha rresçebido.

Que debdo han los nobles caualleros con quien los fazen caualleros e con los padrinos que les deçiñen las espadas.[31]

Debdo han los caualleros nobles, non solamente con aquellos que los fazen, mas aun con los padrinos que les deçiñen las espadas. Ca bien asi como son tenudos de obedesçer e de onrrar a los que les dan la orden de la caualleria, otrosi si lo son a los

---

[29] Cf. *DC* III, ii, *De los desafiamientos*.
[30] Cf. *Segunda Partida*, XXI, xv (II, 473b).
[31] Cf. *Segunda Partida*, XXI, xvi (II, 473b-474a).

padrinos que son confirmadores della. E por ende, estableçieron los antiguos que el cauallero nunca fuese contra aquel de quien ouiese rresçibido la caualleria, fueras ende si lo fiziesse con su señor natural. E aun entonçe quando contra el fuese que se guardase quanto pudiese de ferirle e de matarle con sus manos, sinon viese que el querria ferir e matar a su señor. Otrosi, non ha de ser en fecho nin en consejo de ninguna cosa que su daño fuese, mas halo a destoruar quanto pudiere que non sea asi, e si non, aperçebirlo dello, fueras ende si fuese cosa que se tornase en daño de su señor, si gelo fiziese saber o del mesmo o de su padre si lo obiere o de su fijo o de su hermano o de otro su pariente de que el fuese tenudo de demandar su muerte. Pero esto se entiende si por el desengañamiento que aquel fiziese pudiese venir alguno destos sobredichos muerte o desederamiento o desonrra. Ca por otras cosas destas afuera non deue dexar de le aperçebir. E sin todo esto deuele ayudar contra todo omne que le quisiere maltraer, sinon contra estos sobredichos o contra otro omne con quien ouiese puesto el o su padre pleyto de amistad. Ca en quanto el amor durare deue guardar que non sea contra aquel con quien lo ha. E eso mesmo dezimos que deue guardar fasta tres años al que le ouiese desçeñido la espada. Pero algunos y ouo que dixeron deue esto ser fecho fasta siete años, e por ende, los caualleros nobles, pues que tan grand deudo han con los que les deçiñen las espadas [deuen catar ante que al fecho vengan quien son aquellos][32] a quien han de rrogar que sean sus padrinos para desçeñirgelas.

Que cosas deuen guardar los caualleros quando caualgaren.[33]

Mantenerse deuen los caualleros, segund dixeron los antiguos sabios, en manera que ellos fagan buena vida e den buen enxemplo a otros. E por eso pusieron entonçe maneras çiertas como biuiesen, tan bien en su caualgar como quando beuiesen e comiesen, e quando ouiesen de dormir. E ordenaronlo desta guisa: que quando ouiesen de caualgar por villa, que non caualgasen sinon en caualos quien los pudiere auer. E esto fizieron porque van ellos mas onrrados que en ninguna otra caualgadura, e otrosi, por que vsasen caualgar, que es cosa que pertenesçe mucho a los caualleros, e porque andan en los caualos mas loçanos e mas alegres, e afeytanlos mejor, por eso mas a su guisa. E aun mandaron que quando ouiesen de caualgar fuera de la villa en tiempo de guerra que fuesen en sus caualos armados, en manera que si algo acaesçiese podiesen fazer daño a sus enemigos e guardarse de lo rresçebir dellos. E otrosi, establesçieron que quando caualgasen non leuasen otros empos de si. E esto fizieron por que non les toliese la vista el que fuese en la silla e por que non semejase que leuase troxa. Ca estas son cosas que peor paresçen a cauallero que a otro omne porque son neçias e desapuestas. E otrosi, pusieron que quando caualgasen por la villa que traxesen todavia mantos, fueras ende si fiziese tal tiempo que gelo estoruase. E sobre todo establesçieron

---

[32] Omit – *Inc. 1487*, nc. 1497 ‖ deuen catar – *N2, N7. B, C, E, P.*
[33] Cf. *Segunda Partida*, XXI, xvii (II, 474ab). On horsemanship in the Middle Ages, see Caroll Gillmor, "Practical Chivalry: The Training of Horses for Tournaments and Warfare," *Studies in Medieval and Renaissance History*, New Series 13 (1992): 5-29.

415 que quando el cauallero caualgase que leuase todavia la espada çeñida, que asi es como habito de caualleria.

En que manera se deuen vestir los caualleros.[34]

Paños de colores señalados establesçieron los antiguos que traxiesen vestidos los caualleros nobles mientra que fuesen mançebos, asi como bermejos o jaldes o verdes
420 o cardenos por que les diese alegria, mas prietos o pardos o otra color fea que los fiziese entristeçer, non lo touieron por bien que lo vistiesen. E esto fizieron por que las vestiduras fuesen mas apuestas e ellos andouiesen mas alegres e les cresçiese los coraçones para ser mas esforçados. E comoquier que las vestiduras fuesen de tajos de muchas maneras, segund eran las costumbres departidas e los usos de las tierras, pero
425 el manto acostumbraron todos traer desta guisa, que lo fazian grande e luengo, que les cubriese fasta los pies e sobraua tanto paño de la vna parte e de la otra sobre el ombro siniestro por que podrian y fazer vn ñudo, e faziendolo de manera que podrian meter e sacar la cabeça sin ningund enbargo. E llamauanlo manto caualleroso. E este nombre le dizen porque non lo auia otro omne desta guisa traer sinon ellos. E el manto fue
430 fecho desta manera por mostrança que los caualleros deuen ser fechos e cubiertos, de humildad que han de obedesçer a sus mayores. E el ñudo fizieron porque es manera de acatamiento de rreligion que les muestra que sean obedientes, non tan solamente a sus señores, mas a sus cabdillos. E por esta rrazon sobredicha tenian el manto tan bien quando comian o beuian como quando seyan e andauan o caualgauan, e todas las otras
435 vestiduras trayan limpias e mucho apuestas, cada vno segund el vso de sus logares. E esto fazian por que quienquier que los viese que los pudiese conosçer entre las otras gentes para saberlos onrrar. E eso mesmo establesçieron, tan bien de las armaduras como de las armas que traxiesen, que fuesen fermosas mucho apuestas.

Que los caualleros deuen ser mesurados en comer
440 ### e en beuer e en dormir.[35]

Comer e beuer e dormir son cosas naturales sin que los omnes non pueden beuir. Pero despues deuen vsar los omnes en tres maneras: la vna, con tiempo; e la otra, con mesura; la otra, apuestamente. E por ende, los caualleros eran mucho acostumbrados antiguamente a fazer esto. Ca bien asi como en tiempo de paz comian a sazon señalada,
445 de manera que pudiesen comer dos vegadas al dia e de manjares buenos, bien adobados e con cosas que le sopiesen bien, otrosi, quando auian de guerrear comian en la mañana e poco, e el mayor comer fazianlo en la tarde, e esto era por que non ouiesen grand fambre nin grand sed, e por que si fuesen feridos guareçerian mas ayna. E en aquella sazon dauanles a comer viandas gruesas por que comiesen dellas poco e les abondase
450 mucho, e les fiziese las carnes rreçias e duras. E otrosi, les dauan a beuer bino blanco

---

[34] Cf. *Segunda Partida*, XXI, xviii (II, 474b).
[35] Cf. *Segunda Partida*, XXI, xix (II, 475ab).12

e mucho aguado, de manera que les non turbase el entendimiento nin el seso. E quando fazia grandes calenturas dauanles vn poco de vinagre con mucha de agua por que les quitase la sed e non dexase ençender la calentura en ellos por que ouiesen de enfermar e beuiendolo. Otrosi, entre dia, quando auian grand sabor de beuer agua solamente. E
455 esto les fazian vsar los antiguos por que el comer e el beuer les acreçentase la vida e la salud e non gela quitase comiendo e beuiendo ademas. E avn sin esto fallauan y otra grand pro que menguaua en la costa cotidiana por que pudiesen mejor complir los fechos grandes, que es cosa que conuiene mucho a los que han de guerrear. Otrosi, los acostumbrauan que non fuesen dormidores, porque nuze mucho a los que grandes
460 fechos han de fazer, e señaladamente a los caualleros quando son en guerra. E por eso, asi como les consintian en tiempo de paz que traxiesen rropas muelles e blandas para su jazer, asi non querian que en la guerra yoguiesen sinon en poca rropa e dura o en sus perpuntes. E fazianlo por que dormiesen menos e se acostumbrasen a sofrir lazeria, ca tenian que nigund viçio que auer pudiesen non era tan bueno como ser vençedores.

465 **Como ante los caualleros deuen leer los grandes fechos de armas quando comieren.**[36]

Apuestamente touieron por bien los antiguos que fiziesen los caualleros estas cosas que dichas auemos en la ley ante desta. E por ende, ordenaron que asi como en tiempo de guerra aprendiesen fecho de armas por vista e por prueua, que otrosi, en tiempo de
470 paz lo aprendiesen por oyda o por entendimiento. E por eso acostumbrauan los caualleros quando comian que les leyan las ystorias de los grandes fechos de armas que los otros fizieran, e los sesos e los esfuerços que ouieron para saber vençer e acabar lo que querian. E alli do non auia tales scripturas faziangelo rretraher a los caualleros buenos e ançianos que en ello se açertaron. E aun sin todo esto fazian mas, que non
475 consintian que los juglares dixesen ante ellos otras canticas sinon de guerra o que fablasen en fecho de armas. E eso mesmo quando non podian dormir, que cada vno en su posada fazia leer y rretraer estas cosas sobredichas. E esto era porque leyendolas les creçiesen los coraçones e esforçauanse faziendo bien, queriendo llegar a lo que los otros fizieran, e pasar por ello.

480 **Que cosas son tenudos de guardar los caualleros.**[37]

Señaladas cosas ordenaron los sabios antiguos que guardasen los caualleros de manera que non errasen en ellas. E son aquellas que dicho auemos, que juran quando rreçiben orden de caualleria, asi como non se escusar de muerte tomar por su ley si menester fuere, nin ser en consejo en ninguna manera para menguarla, mas
485 acreçentaran lo mas que pudieren. Otrosi, que non dubdaran de morir por su señor natural, non tan solamente desuiando su mal e su daño, mas acresçentandole su pro e

---

[36] Cf. *Segunda Partida*, XXI, xx (II, 475b).
[37] Cf. *Segunda Partida*, XXI, xxi (II, 476a).

su onrra quanto mas pudieren e sopieren, e eso mesmo faran por pro comunal de su tierra. E por que fuesen tenudos de guardar esto e non errasen en ello en ninguna manera, fazian los antiguos dos cosas. La primera, que lo señalauan en los braços
490 diestros con fierro caliente, de señal que ningund otro omne non la [auie][38] de traher sinon ellos. La otra, que escriuiesen sus nombres e el linaje donde venian e los logares donde eran naturales en el libro donde estauan escriptos todos los nombres de los caualleros. E fazianlo asi por que quando errasen en estas cosas sobredichas fuesen conosçidos e non se pudiesen escusar de rresçebir la pena que meresçiesen, segund el
495 yerro que ouiesen fecho. E desto se auian de guardar en tal manera que non fuesen contra ello en dicho nin en palabras que dixiesen, nin en fecho nin en obra que fiziesen, nin en consejo que diesen a otro. Otrosi, acostumbrauan mucho de guardar pleyto e omenaje que fiziesen e palabra firmada que pusiesen con otro, de guisa que non la mintiesen nin fuesen contra ella. E aun guardauan al cauallero o dueña que viesen
500 cuytados de pobreza o por tuerto que ouiesen rresçebido de que non pudiesen auer derecho que pugnasen con todo su poder en ayudarlos que saliesen de aquella cuyta, e por esta rrazon lidiauan muchas vegadas por defender el derecho destos tales. E otrosi, auian de guardar todas aquellas cosas que derechamente les eran dadas en encomienda, defendiendolas bien asi como lo suyo mesmo. E sin todo esto guardauan
505 que cauallos nin armas, que son cosas que conuiene mucho a los caualleros de las traer siempre consigo, que las non enpeñasen nin las mal metiesen sin mandado de sus señores o por grand cuyta manifiesta que ouiesen a que ningund acorro non pudiesen auer. Otrosi, que los non jugasen en alguna manera. E tenian aun que deuian ser guardados de fazer ellos por si furto nin engaño, nin consejar a otro que lo fiziese, e
510 entre todos los otros furtos, señaladamente en las armas e en los cauallos de sus compañeros quando estouiesen en hueste.

Que cosas deuen fazer los caualleros en dichos e en fechos.[39]

Fazederas son a los caualleros cosas señaladas–por ninguna manera non las deuen dexar–, estas son en dos guisas: las vnas en dichos e las otras en fechos. E las otras de
515 palabra son que non sean villanos nin desmesurados en lo que dixeren, nin soberuios sinon en aquellos logares do les conueniere, asi como en fecho de armas do han de esforçar los suyos e darles voluntad de fazer bien, nombrando a si e ementando a ellos que faganlo mejor, rreptandolos en lo que entendiere que yerran e non fazen como deuen. E aun por que se esfuerçen mas tenian por cosa aguisada que los que touiesen
520 amigas que las mentasen en las lides por que les cresçiesen mas los coraçones e ouiesen mayor vergüença de herrar. Otrosi, tenian por bien que se guardasen de mentir en sus palabras, fueras ende en aquellas cosas que se ouiese a tornar la mentira en algund grand bien, asi como desuiando daño que podria acaesçer si non mintiesen, e otrosi,

---

[38] auie] ame – *Inc. 1487, Inc. 1497.*
[39] Cf. *Segunda Partida*, XXI, xxii (II, 476b).

trayendo alguna pro metiendo asosegamiento con los omnes que fuesen mouidos a fazer algund grand mal, o poniendo paz o acuerdo entre aquellos que se desamasen, o en otra cosa que por aquella mentira se quitase mal e traxiese bien. Otrosi, las palabras que dixesen jurando o faziendo omenaje e prometiendo de fazer alguna cosa que las guarde, asi como deximos en la ley ante desta. E de fecho, otrosi, dezimos que deuen ser leales e firmes en lo que fizieren, ca la lealtad les fara guardar de yerro e la firmedumbre que non sean mouedizos de vno, ca lo al que es cosa que non conuiene a los defensores, ca no son tan dubdos por ello los que lo fazen. Otrosi, deuen tan bien sus paños como las armaduras e las armas que traxieren fazerlas fermosas e apuestas e a pro de si, de manera que parezcan bien a los que las vieren e sean ellos conosçidos por ellas asi que se aprouechan de cada vna dellas, segun aquello para que fue fecha. Otrosi, deuen ser de buena barata, ca si lo non fuesen todo su aguisamiento non les valdria nada e serian atales los que esto fiziesen, segund los sabios antiguos dixeron, como el arbol sin corteza que paresçe mal e secase ayna. E aun deuen pugnar en quanto pudieren en ser mañosos e ligeros, asi como dicho auemos, que son dos cosas de que se puede ayudar en muchos logares. E sobre todas cosas, que sean muy bien mandados. Ca maguer todas las otras cosas les ayuden a ser vençedores, del poder de Dios en ayuso, esto [es][40] aquello que lo acaba todo.

En que manera deuen ser onrrados los caualleros.[41]

Onrrados deuen ser mucho los caualleros, por tres rrazones: la vna, por rrazon de la nobleza de su linaje; la otra, por su bondad; la terçera, por el pro que dello viene. E por ende, los rreyes los deuen onrrar como a aquellos con quien ha de fazer su obra, guardando e onrrando a si mesmo con ellos, acreçentando su poder e su onrra e todas las otras cosas, mayormente los deue onrrar porque ellos son asi como escudo e defendimiento e se han a parar a todo peligro que acaesçiere para defenderlos. Onde, asi como ellos se meten a peligro de muchas guisas para fazer estas cosas sobredichas, asi deuen ser onrrados en muchas maneras, de guisa que ninguno non deue estar ante ellos en la yglesia quando estouieren en las oras sinon los perlados e los otros clerigos que las dizen, e los rreys e los grandes señores a quien ellos ouiesen de obedesçer e de seruir. Nin otrosi, ninguno non deue yr a ofreçer nin a tomar la paz antellos, nin a comer non deue asentarse con ellos escudero nin otro ninguno sinon cauallero o omne que lo meresçiese por su onrra o por su bondad. Nin otrosi, ninguno non se deue baldonar con ellos en palabras que non fuese cauallero o otro omne onrrado. Otrosi, deuen ser onrrados en sus cosas que ninguno non gelas deue quebrantar sinon por mandado de rrey o por rrazon de justiçia por cosa que ellos ouiesen meresçido. Nin los deuen otrosi prendar los cauallos nin las armas fallandoles otra cosa mueble o rrayz en que puedan fazer la prenda, e aun non fallasen otra cosa en que la fiziesen non les

---

[40] es] Omitted in *Inc. 1487*.
[41] Cf. *Segunda Partida*, XXI, xxiii (II, 477ab).

[deuen]⁴² tomar los cauallos de sus cuerpos nin desçenderlos de otras bestias en que caualgasen, nin entrarles en las casas a prendar, estando y ellos o sus mugeres. Pero cosas y señaladas hay sobre que les pueden poner plazos a que salgan de las c[a]sas por que pueda fazer la enterga en ellas o en lo que ay fuere. E aun los antiguos tanto
565 encaresçieron la onrra de los caualleros que non tan solamente dexauan de fazer la prenda do ellos estauan e sus mugeres, mas aun do fallauan los mantos dellos e sus escudos. Sin esto les fazian otra onrra que do quier que los omnes con ellos se fallaban se les omillauan, e oy en dia, de eso han por costumbre en España de dezir a los omnes buenos: "Omillamosnos." E aun ha otra onrra el que es cauallero, que despues que lo
570 fuere puede llegar a onrra de emperador o de rrey, e ante non lo puede ser, e bien asi como non podria ser ninguno obispo si primeramente non fuese ordenado de preste misa cantano.

Como los caualleros han onrras apartadas sobre los otros omnes por rrazon de la caualleria.⁴³

575 Conosçidas [e]⁴⁴ apartadas onrras han los caualleros sobre los otros omnes, non tan solamente en aquellas cosas que diximos en la ley ante desta, mas aun otras que aqui diremos. E esto es que quando el cauallero estouiere sobre algund pleyto de que espera auer juyzio el o su presonero que si acaesçiere que dexe de poner alguna defension ante si por que pudiese vençer o defenderse de la demanda que le fiziesen. E maguera que
580 ante que esta defension fuese puesta diesen juyzio contra el, que bien la podria despues poner, e probandola non le empeçeria el juyzio, lo que otro omne non podria fazer sinon si fuese menor de hedad de veyente y cinco años, otrosi, quando acaesçiese que algund cauallero fuese acusado en juyzio de algund yerro que ouiese fecho, maguer fallasen contra el señales o sospechas porque fallandolas contra otro omne meresçia ser
585 atormentado, non deuen a el meter en tormento, fueras ende por fecho de trayçion que tañiese al rrey o al rreyno cuyo natural o vasallo fuese, o al rreyno do morase por razon de alguna naturaleza que y ouiese, porque la trayçion es yerro muy grande de que es mucho de estrañar. E aun dezimos que maguer les fuese prouado el yerro, que le non deuen dar abiltadamente,⁴⁵ asi como rrastrandolo o enforçandolo o despeñandolo, mas
590 hanle de descabeçar por derecho, o matarle de fambre quando quisiese mostrar contra el grand crueza por algund grand mal que ouiese fecho. E aun tanto touieron los antiguos de España que fazian mal los caualleros de se meter a furtar e a rrobar lo ageno o fazer aleue o trayçion, que son fechos que fazen los omnes viles de coraçones e de bondad, que mandaron que los despeñasen de logar alto por que se desmenbrasen,
595 e los afogasen en la mar o en las otras aguas por que peresçiesen, o los diesen a comer

---

⁴² deuen] Omit – Inc. 1487, Inc. 1497.
⁴³ Cf. Segunda Partida, XXI, xxiv (II, 477b-478a).
⁴⁴ e] Omit – Inc.1487, Inc 1497.
⁴⁵ abiltadamente] muerte aviltada – N2, N7, B, C, P1, P2, R ‖ aviltada muerte – N3, N4 ‖ aviltadamente muerte – N5 ‖ \ muerte / aviltadamente – E ‖ aviltada m\u/e[n]\r/te – G.

a las vestias fieras. E aun sin esto han otro preuilejo que mientra estouieren en hueste o fueren en mensajeria de rrey o en otro logar qualquiera esten señaladamente en su seruiçio o por su mandado, que en todo aquel tiempo que asi estouiesen fuera de sus casas por algunas destas rrazones sobredichas, non pierden ellos nin sus mujeres ninguna cosa por tiempo. E si alguno rrazonase que auia ganado alguna cosa dellos por rrazon del tiempo sobredicho, puedenlo demandar por manera de rrestituçion desde el dia que torrnaren a sus casas fasta quatro años. Mas si en este plazo non lo demandasen, dende en adelante non lo podian fazer. Otrosi, dezimos que han preuillejo de otra manera, que pueden fazer testamento o manda en la guisa que ellos quisieren, maguer non sean y guardadas todas aquellas cosas que deuen ser puestas en los testamentos de los otros omnes, asi como se demuestra en las leyes del titulo que fabla en esta rrazon en la *Sesta Partida* deste nuestro libro.[46]

Por quales rrazones e en qual manera pueden toller al cauallero la caualleria.[47]

Perder los caualleros por su culpa onrra de caualleria es [la] mayor abiltança que pueden resçebir. Pero segund los antiguos fallaron por derecho esto podria acaesçer en dos maneras: la vna, es quando les tollesen tan solamente orden de caualleria e non les dan otra pena en los cuerpos; la otra, es quando faze tales yerros por que merezca muerte, ca entonçes ante le han de quitar la orden de caualleria que los maten. Las rrazones por que les pueden toller la caualleria son estas. Asi como quando el cauallero estouiese por mandado de su señor en hueste o en frontera, e vendiese o mal metiese el cauallo o las armas, o las perdiese a los dados o fiziese furtar a sus compañeros las suyas, o las enpeñase en tauerrna o furtase. O si a sabiendas fiziese cauallero a omne que non deuiera ser, o si vsase publicamente el mesmo de mercaduria o obrase de algund vil menester de manos por ganar dineros, non seyendo captiuo. E las otras rrazones por que han de perder onrra de caualleria antes que los maten son estas. Quando el cauallero fuyese de la batalla o desamparase a su señor o castillo o algund otro lugar que touiese por su mandado, e le viese prender o matar, e non le acorriese o non le diese su cauallo si el suyo le matasen, o non lo sacase de presion podiendolo fazer por quantas maneras pudiese. Ca maguer justiçia ha de prender por estas rrazones o por otras qualesquiera que fuesen aleue o trayçion, pero antes le deuen desfazer que le maten. En la manera de como le han a toller la caualleria es esta. Que deue mandar el rrey a un escudero que le calçe las espuelas e que le çinga la espada e que le corte con vn cuchillo la çinta de parte de las espaldas. Otrosi, que le taje las correas de las espuelas, teniendolas calçadas. E despues que esto le ouieren fecho non deuen llamarle cauallero, e pierde la onrra e los preuillejos de la caualleria, e demas, non deue ser rresçebido en ningund ofiçio de rrey nin de conçejo, nin puede acusar nin rreptar a

---

[46] Cf. *DC* IV, vii, pp. 345.
[47] Cf. *Segunda Partida*, XXI, xxv (II, 478b-479a).

ningund cauallero.

TITULO QUARTO.
De diuersos nombres que han los grandes señores que non son emperadores nin rreys.
Introduçion.

Asi como en la corte e rreyno çelestial ay diuersidad de preeminençias, ca en la angelica gerachia nueue ordenes cuentan los sanctos doctores, prouandolas todas por la sancta scriptura,[1] e nuestro saluador dize en el Euangelio, "en la casa de mi padre muchas son las moradas,"[2] asi en este rreyno terrenal e caduco diuersos son los estados. E por ende, aunque so nombre de defensores se contengan todos aquellos cuyo ofiçio es vsar de las armas deuidamente, pero entre ellos hay grandes prerogatiuas, las quales, comoquier que por los legistas sean bien espaçificadas en otra manera en diuersos logares, pero las leyes deste rreyno de que fablamos asi las declararon. E comoquier que la cabeça de todos los caualleros e señores seglares sean los emperadores e rreys, de cuyo poderio mucho es en ellas escripto, nos aqui non tomamos las leyes que dellos fablaron porque non fazen a la materia del proposito que començamos. Por ende, queda que deuamos oyr como se nombran los otros grandes señores que non son emperadores nin rreys, e que grados ay entre vnos e otros, lo qual declara el rrey don Alfonso el deçimo, en la *Segunda Partida*, en el titulo primero, en tres leyes que dizen asi.

Quales son los grandes e onrrados señores que non son emperadores nin rreys.[3]

Prinçipes, duques, condes, marqueses, juges, viscondes, son llamados los otros señores de que fablamos de suso que han onrra de señorio por heredamiento. E prinçipe fue llamado antiguamente el emperador de Roma, porque en el se començo el señorio de su imperio. E es nombre general que pueden llamar a los rreyes. Pero en algunas cosas a las tierras es nombre de señorio señalado, asi como en Alemaña e en la [Morea][4] e en Antiochia e en [la Pulla].[5] E otros señores non acostumbraron llamar por

---

[1] On the tripartite structure of the celestial hierarchy, see, for example, Saint Bonaventura, *Breviloquium*, ed. Trophime Mouirem (Paris: Éditions Franciscaines, 1967), II, 8, *De confirmatione bonorum angelorum*: "Ad supremam autem spectant Throni, Cherubim et Seraphim; ad mediam Dominationes, Virtutes et Potestates; ad infimam Principatus, Archangeli, Angeli" (II, p. 96). See also Aquinas, *Summa Theologiæ*, 1a. q. 108, *de ordinatione angelorum secundum hierarchias et ordines*, a. 5; and Pope Gregory, *Homiliarum in Evangelia*, II, xxxiv, 7, in *PL* 76, col. 1250ab.
[2] John 14:2
[3] Cf. *Segunda Partida*, I, xi (II, 330ab).
[4] Morea] Maçeca – *Inc. 1487, Inc. 1497, N1* ‖ Marca – *N6, G* ‖ Morca – *N2, N3* ‖ Morea – *N4, N5 N7, B, C, E, P2, R, S* ‖ Amorea – *P1*.

este nombre sinon a estos sobredichos. E duque tanto quiere dezir como caudillo, guiador de hueste, que tiene este offiçio antiguamente de mano del emperador o del
30 rrey. E porque este offiçio era mucho onrrado, heredaronlo los enperadores e los rreys, a los quales tenian de grandes tierras que son agora llamados ducados, e son por ello vasallos del imperio o del rreyno do son. E conde tanto quiere dezir como compañero que acompaña continuamente al emperador o al rrey, faziendole seruiçio señalado. E algunos y auia a que llamauan palatines, que muestra tanto como condes de palaçio,
35 porque en aquel logar los acompañauan e les fazian seruiçio continamente. A los heredamientos que fueron dados a estos offiçiales llamauan condados. E marqueses tanto quiere dezir como señor de alguna grand tierra que esta en comarca de rreynos. E juge tanto quiere dezir como juzgador. E non acostumbraron llamar este nombre algund señor fueras ende a los señores que juzgan e señorean en Sardeña. E visconde
40 tanto quiere dezir como offiçial que tiene logar de conde.

Que poderio han los señores sobredichos en las tierras donde son señores.[6]

Por heredamiento han señorio los prinçipes e los duques e los otros grandes señores de que fablamos en la ley ante desta. E conuiene que fuese por esta rrazon:
45 porque el emperador o el rrey, maguera sean grandes señores, non puede fazer cada vno dellos mas que vn omne porque fue menester que en su corte ouiese grandes omnes e onrrados de que se siruiesen e de quien se encargasen las gentes e que touiesen sus logares en aquellas cosas que ellos ouiesen de ver por mandado dellos. E ayan poderio cada vno dellos en su tierra en fazer iustiçia e en todas las otras cosas que
50 han rrazon de señorio, segund dizen los preuillejos que ellos han de los emperadores e de los rreys que les dieron primeramente el señorio de la tierra, o segund la antigua costumbre que usaron de luengo tiempo, fueras ende que non pueden legitimar nin fazer ley nin fuero nueuo sin otorgamiento del pueblo, nin pueden fazer otras cosas que segund costumbre del imperio o del rreyno suele el emperador o el rrey fazer e non
55 otro alguno. Deuen usar en las otras cosas de su poderio derechamente en las tierras de que son señores, en aquella manera que en las leyes que de suso deximos que la han de fazer los emperadores e los rreys.

Quales son llamados capitanes e valuasores e potestades e vicarios, e que poder han.[7]

60 Capitanes e valuasores son algunos fijosdalgo en Ytalia, a que dizen en España

---

[5] la Pulla] Omit – *Inc. 1487, Inc. 1497* ‖ la Pulla e Orenga – *N1* ‖ Napol e Este – *N2* ‖ Napol – *N3, N5, N7 B, C, E, P1, P2, R, S* ‖ la Pulla e en Orenga – *N4* ‖ Pulla – *N6* ‖ Pusa – *G*.

[6] Cf. *Segunda Partida*, I, xii (II, 331a).

[7] Cf. *Segunda Partida*, I, xiii (II, 332a).

infançones. E comoquier que estos vengan antiguamente de buen linaje e ayan grandes heredamientos, pero non son en cuenta destos grandes señores que de suso deximos. E por ende, non pueden nin deuen vsar de poder de señorio en las tierras que han, fueras ende en quanto les fuere otorgado por los preuillejos de los emperadores o de
65 los rreys. E potestades llaman en Ytalia a los que escogen por rregidores de las villas e de los logares e de los grandes castillos. E estos han poder de juzgar segund ley e fuero en aquellos logares sobre que son escogidos, e en aquellas cosas e por tanto tiempo como les fuere otorgado por los omnes de aquel logar, e non en mas. E vicarios llaman a aquellos offiçiales que fincan por adelantados en lugar de los emperadores e
70 de los rreys e de los otros grandes señores en las prouinçias e en los condados e en las grandes villas quando ellos non pueden yr personalmente. E estos ofiçiales deuen vsar de aquel poderio que los señores han que los dexan en sus logares, fueras ende en aquello que les ellos defendiesen, señaladamente, que non vsasen en las otras cosas en que, segund costumbre del rreyno, deuen auer mandamiento señalado, e en las que el
75 rrey non puede [en]comendar[8] a otro.

TITULO QUINTO.
De los rricos omnes, quales deuen ser.
Introduçion.

                 ntiguamente en España, señaladamente en Castilla e en Leon, a todos los
5   grandes señores llamauan rricos omnes, e auia muy pocos que se llamasen
               duques o condes. Ca comoquier que en el tiempo del rrey don Pelayo[1]
               leemos que ouiese vn duque que llamaron don Pedro, señor de Cantabria, que agora llamamos Rioja, e este fue padre del rrey don Alfonso el primero, que dixeron el catholico.[2] E despues grand tiempo ouo condes en Castilla Vieja, aquellos
10 que estonçe fueron sus soberanos señores, de cuya sangre desçienden los rreys. E largos dias pasados ouo condes en Lara e aun en Carrion. Pero marqueses non los oymos, nin eso mesmo se vsaron tantos ducados e condados como del tiempo del rrey don Enrrique el segundo, que dezimos el viejo, el qual fizo marques en Villena e algunos duques e condes en otras partes donde non los solia auer.[3] E por esto en la cothidiana manera de

---

[8] encomendar] ha comendar – *Inc. 1487*.
[1] Pelayo (718-737) was the first Christian leader in the Iberian Peninsula who actively opposed Muslim occupation.
[2] Pedro, Duke of Cantabria was the father of Alfonso I (739-757). Alfonso was also Pelayo's son-in-law, and succeeded Pelayo's son, Fáfila (737-739) to the throne of the kingdom of Asturias.
[3] On the origin of marquisates in Spain, see Alonso López de Haro, *Nobiliario Genealógico de los Reyes y Títulos de España*, 2 vols. (Madrid: Luis Sánchez, 1622): "En la Corona y Reyno de Castilla sucedió en los títulos de Marqueses lo mismo que de los Duques, por auer passado más de trecientos años sin ellos desde don Fernando el primero deste nombre, llamado el Magno, hasta este Príncipe Rey don Enrique II, del qual vemos que la primera vez que entró

fablar non vsamos ya tanto dezir rricos omnes, mas las scripturas antiguas rretienen este vocablo. Por ende, lo que las leyes dizen fablando quales deuen ser los rricos omnes, entiendanlo por si los duques e condes e todos los otros grandes señores. E esto nos muestra el rrey don Alfonso el deçimo, en la *Segunda Partida*, en el titulo nono, diziendo asi.

Ley.[4]

Cabeça del rreyno llamaron los sabios al rrey por las rrazones que de suso son dichas. E a los nobles omnes del rreyno pusieron como por miembros, ca bien asi como los miembros fazen al omne fermoso e apuesto e se ayuda dellos, otrosi, los omnes onr[r]ados fazen al rreyno noble e apuesto e ayudan al rrey a defenderlo e acreçentarlo. Ca nobles son llamados en dos maneras: o por linaje o por bondad. E comoquier que el linaje es noble cosa, la bondad pasa e vençe a todo. Mas quien las ha amas a dos, este puede ser dicho con verdad rrico omne, pues que es rrico por linaje, e omne complido por bondad. E porque ellos han de consejar al rrey en los grandes fechos e son puestos para afermosear su corte e su rreyno, onde son llamados miembros. E por ende, aconsejo Aristotiles a Alixandre, que asi como los miembros, para seer tales como deuen, han de auer en si quatro cosas–la primera, que sean complidos; la segunda, sanos e de buen seso e entendidos; la terçera, apuestos; la quarta, fuertes–, e asi deue el rrey pugnar que los rricos omnes suyos fuesen tales que ouiesen en si estas quatro cosas. Primeramente, que fuesen complidos en lealtad e en verdad. Ca entonçe le amarian derechamente e querrian su pro e desuiarian su daño. Lo segundo, los miembros deuen ser bien sanos. Otrosi, conuiene mucho que los rricos omnes lo sean de seso e de entendimiento, pues que ellos han de consejar al rrey en los grandes fechos. Ca si de buen seso non fuesen non lo podrian fazer nin guardarian bien su poridad. E si non fuesen entendidos non conosçerian el bien que les ouiese fecho nin gelo seruirian como deuiesen nin sabrian otrosi guardar su buena andança. Otrosi, dixo como los miembros deuen ser apuestos, e otrosi, ha menester que lo sean los rricos omnes, e demas, bien acostumbrados e de buenas maneras, pues que por ellos ha de ser

---

en estos Reynos con el exército que auía llegado en Francia contra el rey don Pedro su medio hermano, le hizo merced en la frontera de Valencia de la ciudad de Villena y su tierra año de 1376, que era de la Reyna D. Iuana Manuel su mujer, estando en Burgos, que fue en tiempo que auía tomado el título Real, y don Alfonso de Aragón comenzó a gozar de su título de Marqués de Villena, que es el primero que hallo en estos Reynos en el estado de Villena.

Deste título de Marqués podemos entender auer tenido su nombre la tierra de la Mancha, deriuándole del nombre alemán *Marchio*, y assí la llamamos y dezimos ordinariamente la Mancha, que tiene su significación y tierra de la frontera y límites del Reyno de Aragón. De esta manera vino a ser esta tierra el primer Marquesado de Castilla, con cuyo título hallamos a don Alfonso de Aragón por confirmador en los priuilegios dados por el Rey don Enrique II con los demás señores destos Reynos" (II, pp. 315b-316a).

[4] Cf. *Segunda Partida*, IX, vi (II, 363b-364a).

fermoseada e noblesçida la corte del rrey e el rreyno, ca seyendo atales sabrian al rrey mejor seruir e todos los otros tomaran ende exemplo, e estos mantenerse han
45 onrradamente. E bien asi como los miembros han de ser fuertes, otrosi, deuen ser los rricos omnes esforçados e rrezios para amparar a su señor e a su tierra e para acresçentar su rreyno a onrra del e dellos. E quando tales non fuesen vernia ende mucho mal, primeramente a ellos, non faziendo las cosas que deuiesen e faziendo otras que les estouiesen mal, por que ouiesen de caer en pena, segund los fechos que
50 fiziesen. Otrosi, verrnia al rreyno grand daño e sin los pesares que le farian que por derecho gelo abrian a calupniar, e asi perderian ellos su buen fecho e su esperança.

TITULO SEYS.
De los adalides e de los almoçadenes e de los almogauares e de los peones.
Introduçion.

5 En todos los ayuntamientos de gentes cumple que aya diuersos estados para que algund fructo se pueda fazer. Ca segund dizen los filosophos, non se podria poblar la çibdad si todos fuesen rricos, ca non abria quien labrase las heredades nin quien quisiese fazer algunas cosas que son neçesarias para enderesçamiento de la rrepublica que son baxas e auidas por viles. E si todos fuesen pobres, non se podria gouerrnar la rrepublica porque non abria quien socorriese a los
10 otros en el tiempo de las neçesidades, e por esto son menester omnes de diuersas guisas.[1] Asi en las huestes, si todos fuesen caualleros, non podrian mucho fazer ca han menester algunos que lo guien, e eso mesmo son neçesarios peones. E si todos fuesen peones non seria onrrada nin prouechosa la hueste. Por ende, vnos e otros son menester. E estos guiadores llaman adalides, de los quales algunas vezes vino grand
15 prouecho. Ca Cordoua, segund dizen las istorias, por consejo de adalides fue tomada, e Domingo [Muñoz],[2] que fizo poner el escala, e Aluaro Colodro, e Benito de los Baños, fueron los primeros que subieron al muro, los nombres de los quales non se quiso callar la estoria, ni yo los callare por que por ellos podades entender que non eran omnes de alta guisa aunque por causa suya se fizo alto fecho.[3] Por ende, los que
20 en la caualleria quisieren ser enformados, non tan solamente han de saber las leyes que fablan de los caualleros, mas deuen aun oyr aquellas que disponen de los otros omnes que para la guerra son complideros, de los quales fabla el rrey don Alfonso el deçimo, en la *Segunda Partida*, en el titulo veynte e dos, en la manera siguiente.

---

[1] Aristotle justifies the need for social classes in the *Politics*, ed. H. Rackham (Cambridge, MA: Harvard University Press, 1990), II, i, 4-6. Saint Thomas Aquinas dwells on the warrior class in particular in the *Summa Theologiæ*, 22æ. q. 40, *de bello*, art. 2, resp.

[2] Muñoz] Omitted in *Inc. 1487* and *Inc. 1497*. The correct name is supplied in all of the MSS except *N1* (Don Yñigo Nuñez Gaytan); *N5* (Don Mengo Nuñes); and *B* (Domingo Nuñez).

[3] Cordoba was taken on July 19, 1235. The deeds of Domingo Muñoz, Álvaro Colodro and Benito de los Baños are recorded in the *Primera Crónica General*, II, Chapter 1046, p. 730ab; and Gonzalo de la Hinojosa, chapter CCXXXII, pp. 505-506.

Los adalides e almogauares e peones que son menester en tiempo de guerra.
Leyes.

Quales conuiene que sean los caualleros, e como han de ser fechos, e que cosas deuen fazer e guardar mostramos en el titulo ante deste. Agora queremos aqui dezir de los adalides e de los almogauares e de los peones que son mucho menester en fecho de guerra. E fablaremos primeramente de los adalides, quales deuen ser en si, e por que son asi llamados, e de quales cosas deuen ser sabidores, e como deuen ser escogidos, e quien los puede fazer, e como deuen ser fechos, e qual es el poder de los adalides. E asi mostraremos quales deuen ser los almoçadenes, e como deuen ser fechos, e que peones deuen escoger para traer consigo en las guerras.

Quales deuen ser en si los adalides e por que son asi llamados e de que cosas han de ser sabidores.[4]

Quatro cosas dixeron los antiguos que deuen. auer los adalides: la primera, sabiduria; la segunda, esfuerço; la terçera, buen seso natural; la quarta, lealtad. E sabidores deuen ser para guiar las huestes e saberlas guardar de los malos pasos e peligros. Otrosi, deuen ser sabidores do han de posar las huestes e las caualgadas, tan bien las paladinas como las que fazen ascondidamente, guiandolos a tales logares do fallen agua e yeruas e leña e do puedan posar todos de so vno. Otrosi, deuen saber los logares que son buenos para echar çeladas, tan bien de peones como de caualleros, e de como deuen en ellas estar callando, e salir dende quando ouiesen menester. Otrosi, les conuiene que sepan muy bien la tierra donde han de correr e donde han de enbiar las algaras. E esto porque lo pueden mas ayna e mejor fazer e salir en saluo con lo que rrobaren. E otrosi, como sepan poner las atalayas e escuchas, tan bien las manifiestas como las otras que llaman escusanas, e traer barruntes de sus enemigos e para auer siempre sabidurias dellos. E quando desta guisa non lo pudiesen saber, deuense trabaiar por auer alguno dellos de aquel logar a quien quisieren fazer guerra por que por ellos puedan saber çiertamente como estan los enemigos e en que manera los deuen ellos guerrear. E vna de las cosas que mucho deuen catar es que sepan que vianda han de leuar los que fueren en las huestes e en las caualgadas, e para quantos dias, e que las sepan fazer alongar si menester fuere. E por ende, los antiguos, que eran muy sabidores de guerra, tan grande era el sabor que auian de fazer mal a sus enemigos que leuauan viandas troxadas en arguenas e talegas quando yuan en las caualgadas, e non querian leuar otras vestias. E esto fazian ellos por yr mas ayna e mas encobiertamente. E quanto mas onrrados eran tanto mas se preçiauan e se tenian por mejores en saber sofrir afan e pasar con poco en tiempo de guerra. E esto fazian por vençer sus enemigos, semejandoles que prez nin sabor deste mundo non era mejor que este. E porque su vianda leuauan asi como sobredicho es llamaron despues siempre talegas, onde de todas

---

[4] Cf. *Segunda Partida*, XXII, i (II, 479b-480a).

estas cosas que en esta ley diximos deuen ser sabidores los adalides para saberlas ellos mostrar a los otros como lo sepan. E porque en aquello que a ellos conuiene de fazer deuen los omnes ser muy mandados, tan bien los emperadores como rreys, e todos los
65 otros que en las guerras fueren, e por ellos se ouiesen a guiar, e por ende, el su acabdillamiento es muy grande e los que non les quisieren ser mandados deuen auer tal pena qual fallase el rrey que meresçiesen, segund el daño que rresçibiesen los de la caualgada por aquellos que se les desmandaran. E esforçados e de grand coraçon es menester que sean, de manera que non se espanten nin desmayen por los peligros
70 quando les acaesçieren, asi como errar el logar do cuydauan yr e salir a otro mas peligroso, e como quando les diesen salto grande poder de los enemigos a sobreuienta e ellos tener poca gente consigo, e quando les acaesçiesen otras cosas semejantes destas. Antes deuen auer buenos coraçones rrezios para esforçar e conortar a si mesmos e a los otros e meter y las manos e ayudarles bien con ellas quando menester fuere. Ca non
75 es derecho que ellos popen sus cuerpos pues que los otros auenturan los suyos yendo en su guiamiento. E non tan solamente deuen auer el esfuerço de fecho, mas aun de palabra. Ca palabra verdadera es de los antiguos que muchas vegadas vençe buen esfuerço la mala andança. E buen seso natural deuen auer por que sepan obrar de todas cosas que diximos, tan bien de la sabiduria como del esfuerço de cada una en su logar.
80 E que sepan abenir los omnes quando estouiesen desabenidos, e partir con ellos lo que ouiesen, e onrrar e seruir los omnes buenos que andudiesen en las huestes o en las caualgadas que ellos guiasen. Mas sobre todas estas cosas, conuiene que sean leales, de manera que sepan amar su ley e su señor natural e la compañia que guian. E que amor ni malquerençia nin cobdiçia non les mueua a fazer cosa que contra esto sea, ca pues
85 ellos, fiandose en su fieldad, se meten en poder de sus enemigos e en logares donde nunca entraron. Ca si ellos leales non fuesen mayor seria la su trayçion que de otro omne, porque todo el mal que quisiesen podrian fazer ellos. Por ende, antiguamente fueron catadas estas quatro cosas que las ouiese [en][5] si el adalid. E por eso los llaman adalides, que quiere tanto dezir como guardadores, porque ellos deuen auer en si todas
90 estas cosas sobredichas para saber bien guiar las huestes e las caualgadas en tiempo de guer[r]a.

Como deuen ser escogidos los adalides, e quien los puede fazer.[6]

Antiguamente pusieron los sabios de guerra çierta manera como fuesen fechos los adalides e en que guisa los onrrasen los señores e sobre que cosas les diesen poder. E
95 nos queremoslo mostrar en estas leyes porque es cosa que conuiene mucho a fecho de guerra. Donde dizimos que quando el rrey o otro algund señor quisiere fazer adalid, que deue mandar llamar doze adalides de los mas sabidores que pudieren fallar. E estos, que juren que digan verdad si aquel que quisieren alçar adalid ha en el las quatro

---

[5] en] ne – *Inc. 1487*.
[6] Cf. *Segunda Partida*, XXII, ii (II, 480b).

cosas que deximos en la ley ante desta. E si ellos dixeren sobre su juramento que si, deuenlo estonçe fazer adalid. E si tantos adalides non pudieren fallar que dixesen esta cosa e testimonio han de tomar de los que menguaren de doze de otros omnes que sean sabidores de guerra de su fazienda del, e dando estos testimonios con los otros valen tanto como todos si fuesen adalides. E desta guisa deue ser escogido e non de otra, nin el non se puede fazer por si mesmo, maguer fuese para ello, nin lo puede fazer sinon emperador o rrey o otros en logar dellos. E qualquier otro que se atreuiere a fazerlos sinon aquellos que en esta ley dize, o si alguno por si mesmo tomase poderio para ser adalid, maguer fuese para ello, deuen morir por ello, tan bien el vno como el otro, porque se atreuieron a lo que les non conuiene. E si por auentura non los pudiesen fallar han de perder todo lo que ouieren.

Ley.
Como se deue fazer el adalid e que le deue dar el que lo fiziere e que poder ha e que onrra gana desque fuere adalid.[7]

Alçar queriendo algund omne por adalid deuelo onrrar en esta manera: el que lo ouiere a fazer hale a dar que vista e vna espada e cauallo e armas de fuste o de fierro, segund la costumbre de la tierra. E deue mandar a vn rrico omne, señor de cauallleros, que le çinga la espada. Pero pescoçada non le deue dar. E desque gela ouiere çeñido han de poner vn escudo en tierra allanado lo que es de parte de dentro contra arriua. E deue poner los pies de suso el que ouiere de ser adalid. E de si, hanle de sacar la espada de la bayna e el rrey o el que lo fiziere, e ponergela desnuda en la mano. E entonçe deuenle alçar en el escudo lo mas que pudieren los doze que dieron testimonio por el. E teniendolo ellos asi alçado, deuen torrnar contra oriente, e ha de fazer con la espada dos maneras de taja. E la vna alçando el braço con ella arriba e tirando contra yuso, e la otra en trauieso en manera de cruz, diziendo asi: "Yo, Fulano, desafio en el nombre de Dios a todos los enemigos de la fe e de mi señor el rrey e de su tierra." E eso mesmo deue dezir e fazer a las otras tres partes del mundo. E despues desto ha de meter el mesmo la espada en la vayna e ponerle el rrey vna seña en la mano si lo el alçare adalid, e dezirle asi: "Otorgote que seas adalid de aqui adelante." E si otro lo fiziere en logar del rrey, deuele poner la seña en la mano, diziendo asi: "Yo te otorgo en nombre del rrey por adalid." E dende en adelante puede traer armas e cauallo e señal e asentarse a comer con los cauallleros quando le acaesçiere. E quien le desonrrare deue auer pena segund que por caualllero por onrra del rrey. E despues que fuese fecho adalid onrradamente, asi como sobredicho es, ha poder de cabdillar los omnes onrrados e los cauallleros por palabra e a los almogauares de cauallo e a los peones de fecho, e feriendolos e castigandolos que non vayan al logar nin en manera que rresçiban daño.

Por qual rrazon deuen ser fechos adalides onrradamente e

---

[7] Cf. *Segunda Partida*, XXII, iii (II, 481a).

que pena mereçen si non fazen bien lo que han de fazer.[8]

Onrradamente estableçieron los antiguos que fuesen fechos los adalides, segund en la ley ante desta deximos. E esto fizieron por muchas rrazones. Lo primero, por los grandes fechos que fazian con ellos. Lo al, por los grandes peligros a que se meten. E otrosi, por el poderio que han de juzgar muchas cosas, lo que otros omnes non podrian fazer. Ca ellos juzgan a los de las caualgadas sobre las cosas que acaesçen en ellas e han de ser entre aquellos que partieren lo que ganaren e fazer enderesçar de lo que perdieren. E ellos han poder de mandar a los almogauares de cauallo e a los peones de poner de dia atalayas e descubridores, e de noche, escuchas e rrondas, e han de ordenar las algaras. E otrosi, las çeladas, como se faga cada vna dellas segund deue. E ellos han poder de fazer almoçadenes a los peones, segund dize en la ley que fabla en esta rrazon. E por ende, deuen ser entendidos e de buen seso para saber escoger aquellos omnes que conuiene para todas las cosas sobredichas. E si desta guisa non los fiziesen deuen rresçebir pena en los cuerpos e en los aueres, segund el mal que viniere por el yerro que ouiese fecho. Pero si el yerro non viniese por culpa de los adalides, mas de los que ellos y pusiesen, deuen los otros que se les demandaren auer la pena sobredicha.

Quales deuen ser los almoçadenes, e que deue fazer el que lo fiziere.[9]

Almoçadenes llaman agora a los que antiguamente solian llamar cabdillos de las peonadas. E estos son muy prouechosos en las guerras ca en logares podrian entrar los peones e cosas acometer que non lo podrian fazer los de cauallo. E por ende, quando ouiere ende algund peon que quiera ser almoçaden, ha de fazer de aquesta guisa: venir primeramente a los adalides e mostrarles por quales rrazones tienen lo que meresçen de serlo. E entonçe ellos deuen llamar doze almoçadenes e fazerles jurar que digan verdad si aquel que quiere ser almoçaden es omne que ha en si estas quatro cosas: la primera, que sea sabidor de guerra e de guiar los que con el fueren; la segunda, que sea esforçado para cometer los fechos e esforçar los suyos; la terçera, que sea ligero, ca esta es cosa que conuiene mucho al peon para poder alcançar ayna lo que tomar ouiese, e otrosi, para guaresçer quando menester fuese; la quarta es que deue ser leal para ser amigo de su señor e de las compañas que acabdillare ca esto conuiene que aya en todas guisas el que fuere cabdillo de peones. E dando ellos testimonio que ha en si estas quatro cosas deuenlo leuar al rrey o a otro cabdillo que fuere en la hueste o en la caualgada, diziendo como es bueno para ser almoçaden. E desque gelo otorgare hale de dar que vista de nueuo, segund la costumbre de la tierra, e darle vna lança con pendon pequeño que sea fecho como posadero. E este pendon ha de ser de qual señal quisiere por que sea por el conosçido e mejor guardado de sus compañeros, e otrosi, por que sepan quando fazen bien o mal.

---

[8] Cf. *Segunda Partida*, XXII, iv (II, 481b).
[9] Cf. *Segunda Partida*, XXII, v (II, 481b-482a).

Como deue ser fecho el almoçaden e que pena deue auer si non vsare bien de su offiçio.[10]

175 Auiendo jurado los doze almoçadenes por el que quisieren fazer almoçaden, asi como dize en la ley ante desta, han ellos mesmos tomar dos lanças e fazerle sobir despues sobre las astas, tomandolas açerca de manera que non se quebranten nin caya el, e alçarlo quatro vezes alto de la tierra a las quatro partes del mundo. E ha de dezir a cada vna dellas aquellas palabras que desuso deximos que deue deçir el adalid. E
180 mientra que las dixere ha de tender la su lança con el pendon en la mano, endereçando siempre el fierro contra la parte do el touiere la cara. E maguera alguno fuese atal que meresçiese ser adalid, non lo deue ser a menos que algund tiempo fuese almogauar de cauallo, ca segund dixeron los antiguos, las cosas que han de yr a bien siempre han de sobir de vn grado en otro mejor, asi como fazen del buen peon buen almoçaden, e del
185 buen almoçaden el buen almogauar de cauallo, e de aquel buen adalid. E desta manera deue ser fecho el almoçaden, e quien de otra manera lo fiziere deue perder el logar que touiere, solo por atreuerse a fazerlo. E demas desto, ay otra pena, que si algund daño viniere por culpa de aquel almoçaden mal fecho, que deue auer pena el que lo fiziere, segund aquel daño fuese. E si fuese fecho en la manera que dicha es que se deua fazer,
190 ninguna culpa non abria y el que lo fiziere almoçaden, si algund yerro fiziese, mas el mesmo deue lazdrar por ello segund su fecho. E esto mesmo dizimos si le desmandasen sus compañas que deuen auer pena segund el daño que viniese por su desmandamiento. Pero esto se entiende si el almoçaden non gelo pudiese vedar, ca el podiendolo vedar, la pena e la culpa suya es e deue ser.

195 ### Quales deuen ser los peones para la guerra, e como deuen estar aguisados.[11]

La frontera de España es de natura caliente e las cosas que nasçen en ella son mas gruesas e de mas fuerte complision que las de la tierra vieja. E por ende, los peones que andan y con los adalides e con los almoçadenes en fecho de guerra han menester
200 que sean fechos e acostumbrados e criados del ayre e a los trauajos de aquella tierra. E si atales non fuesen non podrian y luengo tiempo biuir sanos, maguer fuesen ardides e valientes. Por ende, los adalides e almoçadenes deuen mucho catar que lieuen consigo peones en las caualgadas e en los otros fechos de guerra que sean vsados de estas cosas que desuso deximos, e demas, que sean ligeros e ardides e bien fazionados de sus
205 miembros para poder sofrir el afan de la guerra, e que anden siempre bien aguisados, e de buenas lanças e dardos e cuchillos e puñalles. Otrosi, deue traer consigo peones que sepan bien tirar de vallestas e que traygan sus guisamientos que pertenesçe a fecho de vallesteria. Ca estos omnes atales cumple a fecho de guerra mucho e quando atales

---

[10] Cf. *Segunda Partida*, XXII, vi (II, 482ab).
[11] Cf. *Segunda Partida*, XXII, vii (II, 482b).

fueren deuen¹² los adalides e los almoçadenes mucho amar e onrrarlos de dicho e de
10 fecho, partiendo bien con ellos las ganançias que fiçieren de so vno, asi como adelante
se muestra. Si por auentura tales peones como aquestos sobredichos non pudiesen auer
ante deuen querer entrar ellos en tierra de los enemigos con pocos e buenos que con
muchos e malos.

TITULO SIETE.
De la guerra que se faze por tierra.
Introduçion.

M uy bien seria si ser pudiese que sin ofensa de Dios e de la rrepublica todas
5 las gentes ouiesen paz, mas esto es muy difiçile, donde en el Euangelio,
el saluador dize: "Non vine poner paz mas guerra,"¹ lo qual declarando
los sanctos doctores, dizen que los vnos pugnando por la fe e los otros
contrallandola se leuantan las guerras iustas. Ca por çierto, aquella es verdaderamente
justa e loable guerra la que por defension e por ensalçamiento de la fe se faze. Donde
10 el Papa Grigorio, segund rrelatan los decretistas, loando a Giraldo Patriçio, dize que
deseaua mucho a menudo fazer guerra, non por deseo de derramar sangre, mas por
dilatar la casa de la rrepublica en que fuese seruido Dios, e el nombre de nuestro señor
Ihesu Christo extendido por predicaçion de fe entre las gentes subditas.² E esto

---

¹² deuen] deuen deuen – *Inc. 1487*.
¹ Matthew 10:34. Christ actually refers to a sword, possibly as a metaphor for war. See also, Luke 12: 51-52: "Do you think that I have come to give peace on earth? No, I tell you, but rather division." Cartagena is manipulating the verse slightly in order to leave the reader in no doubt that war is indeed justifiable in certain instances. Significantly, however, he refers only to this one verse, because in fact, the few New Testament references to war are at best ambiguous, often contradictory. With respect to Matthew 10: 34, for example, cf. Matthew 26: 52: "all who take the sword will perish by the sword"; and Revelation 13: 10: "if any one slays with the sword, with the sword must he be slain." On the contradictory nature of New Testament references to war and their subsequent manipulation by medieval theologians in the attempt to justify warfare, see Stanley Windass, *Christianity Versus Violence. A Social and Historical Study of War and Christianity* (London: Sheed and Ward, 1964), especially pp. 73-91.
² Pope Gregory I (540?-604; pope, 590-604). The original source is Gregory's epistle I, 73, dated August 591, to Gennadius, Patrician and Exarch of Africa (Giraldo Patriçio): "Vbi enim meritorum uestrorum loquax non discurrit opinio, quæ et bella uos frequenter appetere non desiderio fundendi sanguinis sed dilatandæ causa rei publicæ, in qua Deum coli conspicimus, loqueretur, quatenus Christi nomen per subditas gentes fidei prædicatione circumquaque discurreret." See S. Gregorii Magni, *Registrum Epistolarum*, 2 vols., ed. Dag Norberg, *Corpus Christianorum Series Latina*, 140 (Turnholti: Typographi Brepols Editores Pontificii, 1982), I, 81-82. The decretist mentioned is Gratian, who repeats this passage verbatim in the *Decretum*, C. 23, q. 4, c. 49 (col. 926). Causa 23 has been analysed at length by G. Hubrecht, "La 'juste guerre' dans le Décret de Gratien," *Studia Gratiana* 3 (1955): 160-177; and Stanley Chodorow, *Christian Political Theory and Church Politics in the Mid-Twelfth Century. The Ecclesiology*

pertenesçe mucho a los caualleros. E por ende, conueniente cosa es que oyan las doctrinas de la guerra por que sean informados quando justamente en ellas ouieren de yr. E como dos maneras sean de guerra, vna por tierra, e otra por mar, e cada vna dellas tenga sus apartadas doctrinas, oyamos primero las leyes de la guerra de la tierra pues este es el elemento en que andamos e la que mas se vsa en esta tierra e nuestro rreyno, las quales pone este rrey don Alfonso el deçimo mas distintamente que legistas algunos lo pusieron, en la *Segunda Partida*, en el titulo veynte y tres, diziendo asi.

Que de la guerra viene asosegamiento e amistad.
Leyes.[3]

Guerra es cosa que ha en si dos maneras: la vna de mal; la otra de bien. E comoquier que cada vna destas cosas son partidas en si segund sus fechos, por quanto en el nombre e en la manera de como se faze todo es como vna cosa. E el guerrear, maguera aya en si manera de destruyr e de meter departimiento e enemistad entre los omnes, pero con todo esto, quando es fecho como deue, aduze despues paz, de que viene asosegamiento e folgura e amistad. E por ende, dixeron los sabios antiguos que era bien de sofrir los omnes trabajos e los peligros de la guerra por llegar despues por ello a buena paz e folgura. E pues que el mal que han en ella aduze bien, e por aquella sospecha se mueuen los omnes a fazerla, deuen siempre los que la quieren començar ser mucho enuisos ante que la comiençen, donde pues que en el titulo ante deste fablamos apartadamente de los caualleros e de los adalides e de las cosas que son tenudos a guardar e de fazer, queremos aqui mostrar en las leyes deste titulo de la guerra que conuiene que fagan, tan bien ellos como los otros, catando pro de su tierra en dos maneras: la vna, sabiendola guardar e defender de sus enemigos; la otra, acresçentandola e ganando de la suya dellos. E mostraremos primeramente que cosa es guerra, e quantas maneras son della, e por que rrazones se deue mouer omne a fazerla, e de que cosas deuen estar apreçebidos e aguisados los que la fazer quisieren, e quales deuen ser los que fueren escogidos para ser cabdillos de la guerra, e que es lo que deuen guardar e fazer, e como se deuen acabdillar todos los otros del pueblo por ellos, e que pro nasçe del cabdillamiento. E de si mostraremos quantas maneras son de hazes, e como se deuen parar quando ouieren de entrar en batalla o en fazienda, e otrosi, de como deuen ser apreçebidos los cabdillos en acabdillar las huestes quando van de vn logar a otro e quando los aposentan e quando quieren çercar villa o castillo. E sobre todo diremos de las caualgadas e de las çeladas e de las algaras e de todas las otras

---

of Gratian's Decretum (Berkeley: University of California Press, 1972), 223-246. On the legalities of clerical participation in warfare, see James A. Brundage, *Medieval Canon Law and the Crusader* (Madison: University of Wisconsin Press, 1969), 28-29; John W. Baldwin, *Masters, Princes and Merchants. The Social Views of Peter the Chanter and his Circle*, 2 vols. (Princeton: Princeton University Press, 1970), I, 205-215; and, Russell, *The Just War*, 105-112, 180-194, 251-257, 282-291.

[3] Cf. *Segunda Partida*, XXIII (II, 483ab).

naturas de guerras que los omnes fazen.

Que cosa es guerra e quantas maneras son della.[4]

Los sabios antiguos que fablaron en fecho de guerra dixeron que guerra es estraña de paz e mouimiento de las cosas quedadas e destruymiento de las cosas conpuestas e aun dixieron que guerra es cosa de que se leuanta muerte e cautiuerio de los omnes, e daño e perdida e destruymiento de las cosas. E son quatro maneras de guerra. La primera, llaman en latin *justa*, que quiere tanto dezir en rromançe como derecha. E esta es quando la omne faze por cobrar lo suyo de los enemigos o por amparar a si mesmo dellos o las sus cosas. La segunda llaman *injusta*, que quiere tanto dezir como guerra que se mueue con soberuia e sin derecho. La terçera, llaman *çiuilis*, que quiere tanto dezir como guerra que se leuanta entre los moradores de algund logar de manera de vandos o en el rreyno por desacuerdo que ha la gente entre si. La quarta llaman *plus quam çiuilis*, que quiere dezir tanto como guerra en que combaten non tan solamente los çibdadanos de algund logar, mas aun los parientes, vnos con otros por rrazon de vando, asi como fue entre Çesar e Pompeo, que eran suegro e yerrno, en la qual guerra los rromanos guerreauan los padres contra los fijos e los hermanos contra los hermanos, teniendose los vnos con Çesar e los otros con Pompeo.

Por que rrazones se mueuen los omnes a fazer guerra.[5]

Mouer guerra es cosa en que deuen parar mientes los que la quieren fazer antes que la comiençen por que la fagan con rrazon e con derecho, ca desto vienen grandes tres bienes. El primero, que ayuda Dios mas por ende a los que asi la fazen. El segundo, por que ellos se esfuerçen mas en si mesmos por el derecho que tienen. El terçero, porque los que lo oyen, si son amigos, ayudanlos de mejor voluntad, e si son enemigos, rreçelanse mas dellos. E este derecho, segund muestran los sabios sobre que la guerra se deue fazer, es sobre tres rrazones. La primera, por acresçentar los pueblos e su fe e para destruir a todos los que la quisieren contrallar. La segunda, por su señor, queriendolo seruir e onrrar e guardar lealmente. La terçera, para amparar a si mesmo e acresçentar e onrrar la tierra donde son. E aquesta guarda se deue fazer en dos maneras. La vna, de los enemigos que son dentro[6] del rreyno que fazen mal en la tierra donde son, rrobando e forçando a los omnes lo suyo sin derecho, ca contra estos deuen ser los rreys e aquellos que han de juzgar e complir la justiçia por ellos e comunalmente todo el pueblo para desraygarlos de entre si, porque segund dixeron los sabios, tales son los malfechores en el rreyno como poçoña en el cuerpo del omne, que mientra que alli esta non puede ser sano. E por ende, conuiene que guerreen con tales omnes como estos corriendolos e faziendoles quanto mal pudiesen fasta que los echasen

---

[4] Cf. *Segunda Partida*, XXIII, i (II, 483b).
[5] Cf. *Segunda Partida*, XXIII, ii (II, 484ab).
[6] dentro] dentro dentro – *Inc. 1487*.

del rreyno e los maten, asi como de suso deximos en las leyes de los titulos que fablan en esta rrazon por que los omnes que moraren en la tierra puedan beuir en paz. Mas la segunda manera de guerra de que agora queremos fablar es de aquella que deuen
85 fazer contra los enemigos que son fuera del rreyno que les quieren tomar por fuerça su tierra o ampararlesla que con derecho la deuen auer. E desta queremos mostrar en qual manera la deuen fazer, segund dixeron los sabios, que lo sopieron naturalmente, e los otros caualleros que fueron sabidores della por obra e por vso de luengo tiempo.

De que cosas deuen estar aperçebidos e guisados los que
90 ### quisieren fazer guerra.[7]

Aperçebimiento grande en muchas maneras deue auer el pueblo quando quisiere guerrear con sus enemigos, e non tan solamente de omnes, mas de cauallos e de armas e de conducho, mas aun de engenios e de ferramientas e de todas las otras cosas que han menester, e tan bien para acometer como para defenderse, ca algunos ay dellos que
95 conuiene a los vnos fechos e otros a los otros. E por ende, deuen ser aperçebidos ante de tiempo e para auer todas estas cosas de manera que non ayan mengua dellas. Ca si les fallesçiese quando las ouiesen menester fincarian perdidosos e sin pro e con deseo de lo que cobdiçiauan auer, e demas, serian tenidos por omnes de poco rrecabdo. E aperçebimiento deuen otrosi auer para sauer todavia de fecho de sus enemigos e
100 guardarse quanto mas pudieren que los otros non pueden auer sabiduria de ellos, e por este lugar guardaran a si mesmos e a sus cosas e podran quanto quisieren guerrear a su pro, e mostrarse han y por de buen seso. E quando asi non lo fiziesen, verrniales y todo lo contrario ca fincarian todos maltrechos e perdidos e farian la guerra a su daño, e demas serian tenidos por de mal rrecabdo.

105 ### Quales deuen ser escogidos para cabdillos de la guerra,
e por quales rrazones.[8]

Cabdillos tienen logar de grand onrra, ca sin ellos non se puede fazer ninguna cosa acordadamente, e esto es en todos los fechos, tan bien en los pequeños como en los grandes. Pero porque en las mayores cosas e mas peligrosas deuen esto ser mas catadas.
110 E por ende, queremos aqui fablar quales deuen tomar para cabdillos, e mostrar, segund dixeron los antiguos, por quales rrazones deuen ser fechos estos. Donde dezimos que por vna destas tres cosas deuen los omnes ser tomados por cabdillos. La primera, por linaje, que es cosa que faze ennoblesçer al omne e ser onrrado e tenido en caro porque le pueden tomar por cabdillo maguer non tenga grand logar nin sea muy sabidor. La
115 segunda es por rrazon de poderio, asi como emperadores o rreys o los otros señores que tienen grandes logares e onrrados. Ca maguer este non fuese de muy grand linaje nin muy sabidor, solamente por el señorio e por el poderio que ha el mesmo es cabdillo.

---

[7] Cf. *Segunda Partida*, XXIII, iii (II, 494b).
[8] Cf. *Segunda Partida*, XXIII, iv (II, 494b-495a).

Mas el terçero, que viene por sabiduria, ha mayor fuerça que estos dos que deximos porque tan bien aquel que lo es por linaje como el otro que lo gana por poderio, si sabidores non son, conuiene en todas guisas que tornen a seso e a consejo de aquellos que lo sauen fazer. E por ende, en fechos de guerras deue esto ser muy acatado, tan bien los altos omnes como los de grand linaje porque se mandan e se cabdillan que aya vso e sabiduria de cabdillo. Ca los que de otra guisa lo fizieren a tal estado lo podrian traer su fecho, que poderio nin linaje non les valdria nada. Ca natural rrazon es que el omne aquel logar vaya buscar la cosa que cobdiçia que saue que la fallara o la podra auer.

Que cosas deuen auer en si los cabdillos.[9]

Esfuerço e maestria e seso son tres cosas que conuiene en todas guisas que ayan los que bien quisieren guerrear. Ca por el esfuerço seran cometedores, e por la sabiduria maestros de fazer la guerra, guardando a si e faziendo guerra e daño a sus enemigos. E el seso les fara que cobren de cada vna destas cosas en el tiempo e en el logar que conueniere. E por ende, los antiguos, que fablaron en fecho de guerra, touieron que comoquier que esto deuiesen auer todos comunalmente, que mas conuiene a los cabdillos que a los otros omnes pues que ellos han poder de cabdillar. Ca estos deuen ser esforçados para acometer las cosas peligrosas, e acostumbrados de fechos de armas, saberlas bien traer e obrar bien con ellas. E sabidores e maestros de fecho de guerra ha menester que sean, non tan solamente en sofrir los trauajos e los peligros que della vienen, mas aun que lo sepan mostrar a los otros omnes como lo han de fazer e en que manera se deuen acabdillar e vsarlos a ello ante que el fecho comiençen por que quando en el fueren sean aperçebidos e sabidores de como han de fazer. E por ende, los antiguos tanto ouieron por bien que los omnes fuesen acabdillados que non tan solamente les semejo que lo debrian ser por palabra que el cabdillo dixese, mas aun por señales que les fiziese. E esto fizieron por que los enemigos non entendiesen lo que ellos dixesen nin tomasen ende aperçebimiento. Ca vna de las cosas por que mas ayna pueden los omnes fazer mal a sus enemigos es en fazer sus fechos encubiertamente. Otrosi, cataron sobre todo que el cabdillo ouiese buen seso natural por que se pudiese guardar la vergüença alli donde conuiene, e el esfuerço e la sabiduria, cada vno en su logar, porque el seso es sobre todo, e sabe cada vna destas cosas aduzir alli do ha menester. Ca le faze el esfuerço acometer aquello que entiende que se puede acabar e fazer, e faze otrosi a la sabiduria obrar alli do deue, e faze al vso cambiar de vna manera en otra, segund conuiene a los fechos, e faze otrosi a la vergüença entender el logar donde ha de ser catada. E porque el seso es sobre todo linaje e poder, por eso los cabdillos lo han mas menester que los otros omnes, ca si cada vn omne lo ha menester para acabdillar a si mesmo estando en paz, pero mas lo ha menester estando en guerra. E ha de cabdillar a si e a otros muchos. E aun dixeron los antiguos que el cabdillo deue

---

[9] Cf. *Segunda Partida*, XXIII, v (II, 495ab).

auer dos cosas que semejen contrarias: la vna, que fuese fablador; la otra, callado. Ca bien rrazonado e de buena palabra deue ser para saber fablar con las gentes e aperçebirlas e mostrarles lo que han de fazer ante que vengan al fecho. E otrosi, deue auer buena palabra e rrezia para darles conorte e esfuerço quando en el fecho fueren.
160 E callado deue ser, de manera que non sea cotidianamente fablador por que ouiese la su palabra a envillesçer entre los omnes, nin deue otrosi alauarse mucho de lo que fiziere en contarlo de otra manera que non fuese, ca en otra manera alabarse a si mesmo pierde la onrra del fecho e enuileçelo, e en rretrayendo como non es fallanlo por mentiroso e non le creen despues en las otras cosas en que lo deuian creer. Donde
165 el cabdillo por quien se deuen acabdillar todos los de las huestes, conuiene que aya en si todas estas cosas sobredichas. E si el emperador o el rrey o otro señor cuyo fuere el fecho ouiere en si todas estas cosas sobredichas, seria mejor, e si non, tales omnes deuen escoger para esto que las ayan, e porque el mesmo se mande e todos los otros, ca el fecho de guerra que es todo lleno de peligros e de desauenturas, e demas, que el
170 yerro que y viene non se puede despues bien emendar. E por ende, non se deue traer sinon por seso e por muy grand acabdillamieto.

Como los cabdillos deuen ser enuisos en lo que deuen fazer ante que el fecho venga.[10]

Cuydar es vna de las naturales cosas que en si han los omnes. Ca bien como el
175 comer nin el beuer nin el dormir non pueden escusar en sus sazones, otrosi, pensar en las cosas non puede ser escusado. E por ende, los sabios antiguos que fablaron en todo muy con rrazon, dixeron que pues el pensamiento era cosa que se non podia escusar, que deuian los omnes vsar dello quanto mas pudiesen en aquello que fuese a su pro e non a su daño. E comoquier que esto deua ser catado en todos los fechos que los
180 omnes fizieren, mucho mas conuiene en lo de las guerras que son llenas de peligros e de miedos. E por ende, los cabdillos deuen ser aperçebidos que los cuydados que ouieren en que aya algund miedo que piensen en ellos ante que al fecho vengan, e faziendolo asi, tomaran aperçebimiento en aquello que ouieren de fazer por que lo fagan mejor e mas endereçadamente, de guisa que se guarden de rreçebir daño e de
185 caer en vergüença, que son dos cosas de que se deuen mucho los omnes guardar en toda sazon, e mas en tiempo de guerra. Ca el pensamiento que viene en vno con los fechos es dañoso porque lo vno estorua lo al. E demas, los que lo asi fazen muestranse por de mal rrecabdo en non cuydar en lo que han de fazer ante que el fecho venga. E por ende, los cabdillos deuen ser enuisos, asi como de suso deximos, para cuydar en
190 las cosas ante que en ellas sean, e el miedo e el peligro que yaze en los fechos catarlo e tenerlo quando estan de vagar, e oluidarlo quando fueren en el fecho. Ca el pensamiento que estonçe lo aduxiese a rremembrança. Ca el miedo o el peligro que podia acaeçer los estoruaria de manera que non podrian fazer algund buen fecho, e non

---

[10] Cf. *Segunda Partida*, XXIII, vi (II, 496a).

sacarian otra pro sinon que fincarian por mal andantes e ganarian pres de medrosos. E por ende, en aquella sazon non deuen al pensar sinon en las cosas que les daran esfuerço para acabar su fecho por que puedan ganar onrra e prez.

Como los cabdillos deuen catar siempre su mejoria.[11]

Embargar omne a sus enemigos quando ouieren de lidiar con ellos es vna de las cosas del mundo, segund dixeron los sabios antiguos, que mas cumple en fecho de armas. Ca esta es car[r]era para desuaratar e vençerlos sin grand su daño. E por ende, el cabdillo para esto fazer deue catar siempre su mejoria, asi que quando estouiere con poca compaña e los enemigos fueren muchos, e entendieren que non les podran yr en saluo nin desuiar que non lidien con ellos cate algund logar alto atal en que les pueda fazer daño, asi que la grauedumbre del logar sea como ygualeza a la muchedumbre dellos. E si fuere tanta la su compaña como la de la otra parte, aun con todo esto non dexe catar su mejoria, de manera que si el sol les diere de cara que aguise si pudiere que de a los otros, e si non, que sea partido entre ellos e asi que todavia venga a los suyos de la parte siniestra e a los enemigos de la parte diestra. E eso mesmo dezimos que deue guardar si fiziere viento, que les de en las caras, que les enbargue la fabla o que aduga poluo que les faga daño, embargandoles la vista o cubriendoles las señales de las armas por que se non puedan conosçer. Aun deuen otrosi mucho catar que si los enemigos traxeren peones e ellos non, que den alguna partida de sus cauallos que los enuarguen por que la peonada aya que ver con aquellos e non vengan embueltos en vno con la su caualleria. Otrosi, deuen ser mucho aperçebidos que si fueren a logar donde ouiere peones de la otra parte e ellos non los traxeren, que non vayan a ellos a barreras nin cabo sierra nin de mal paso, mas que pugne[n] de los sacar a llano quanto pudieren. Ca bien asi como los peones han mejoria de los caualleros por las sierras e por los grandes malos pasos, asi lo han los caualleros[12] [de los peones en el llano por los cauallos e las armas que han de mejoria e por el logar que non es enbargoso. E por ende, los caudillos en estas cosas sobredichas e en las otras semejantes dellas deuen catar siempre su mejoria por que puedan vençer sus enemigos sin su daño lo mas que podieren.

---

[11] Cf. *Segunda Partida*, XXIII, vii (II, 496b).
[12] The following lacuna (ll. 219-277) is exclusive to *Inc. 1487* and *Inc. 1497*. The lacuna occupies approximately two folios in length and is doubtless due to a simple error on the part of the type-setter upon turning the pages of the autograph manuscript which served as the basis for the 1487 printed edition. See also below, pp.154-155, ll. 59-120. The lacuna thus suggests that the 1497 incunable is based on the 1487 incunable, and not Cartagena's original MS or some other witness. The missing text is supplied from *G*.

Que cosas deuen faser los caudillos que sepan los omnes e vsen en fecho de guerra.[13]

Vso e arte son dos cosas que fasen a todo omne ser sabidor de lo que quisiere saber e aquesto deue ser muy guardado en aquellos yerros que los omnes fasen que son emendaderos, quanto mas lo deue ser de fecho de armas e de guerra en que non se emienden muy de ligero las faltas que y auenieren. E por ende, conuiene que los caudillos fagan a aquellos que se han de acaudellar por ellos faser estas dos cosas: la vna, que sean arteros e sabidores en fecho de armas; e la otra que vsen dellas. E la sabidoria que deuen auer es que paren mientes en las armas con que mayor daño les fasen los enemigos e sepan ellos faser armaduras contra aquellas con que se defiendan por que non rresçiban ligeramente daño ni muerte dellos. Otrosi, las armas que ellos traxieren que las fagan faser de la guisa que entiendan que mayor daño podrian faser con ellas a aquellos con quien guerrean. E que sepan los omnes que departimiento ha entre las armaduras e armas, desimos asi, que todo aquello que visten o ponen sobre si para defender sus cuerpos es dicho armadura, e todo lo al que es para ferir ha nombre armas, asi como de suso deximos en el titulo de los caualleros. Otrosi, deuen ser sabidores que tan bien las armas como las armaduras que traxieren que las sepan mandar faser fuertes e ligeras e apuestas. Ca la fuerça de las armas los anpararan mejor e podran sofrir mas, e con las armas que fueren fuertes podran faser mayor daño e mas ayna. E la apostura les fara paresçer mejor con ellas e ser mas tenidos de sus enemigos. E la ligeresa les fara que las puedan mas sofrir e ayudarse mejor dellas, tan bien de las que trahen para anparar como de las con que han de ferir. Ca semeja mucho nesçia cosa que el que trae armas o armaduras para defenderse de muerte o de presion de otri que el sea muerto o preso por el enbargamiento dellas.[14] E por ende, non tan solamente conuiene a los caualleros de ser sabidores de traer tales armaduras e armas, como dicho auemos, mas avn que sepan armarse dellas bien e ayna de guisa que ellos se apoderen de las armas e non sean ellas apoderadas dellos. E esto mesmo desimos de los cauallos

---

[13] Cf. *Segunda Partida*, XXIII, viii (II, 497ab).

[14] Underestimating the size and weight of weapons was not an uncommon occurence. Cf., for example, the case of a French knight slaughtered by Diego García de Paredes in 1533: "Sobre este combate se revolvió un capitán francés conmigo porque le maté dos hermanos suyos en el campo, y combatimos en medio de los dos campos armados de hombres de armas con unas porras de hierro que yo saqué. En viendo el francés la pesadumbre de ellas, hechó la suya en el campo no pudiéndola bien mandar y echó mano a un estoque y vino a mí, pensando que tampoco pudiera mandar la porra. Dióme una estocada por entre la escarcela e hirióme, y yo le di luego con la porra sobre el almete y se le hundí en la cabeza, de que cayó muerto" (Diego García de Paredes, *Chrónica del Gran Capitán, Gonzalo Hernández de Córdoba y Aguilar*, in *Crónicas del Gran Capitán*, ed. Antonio Rodríguez Villa, Nueva Biblioteca de Autores Españoles, 10 [Madrid: Bailly-Baillière, 1908], 1-259, at 257b). This incident is also recorded by Francisco López de Gómara, *Annales del Emerador Carlos Quinto*, ed. Roger Bigelow Merriman (Oxford: Clarendon Press, 1912), 227.

que los deuen prouar ante de como fasen e se dexan enfrenar o ensillar o armar por que quando el fecho veniere tengan las sus cosas prestas e çiertas por que non cayan en falla quando menester les fueren. E deuen ser sabidores de saber caualgar en el e defender del ayna, e tan bien a la parte diestra como a la siniestra ca esto es cosa que se torna en gran pro porque en tal priesa podria alguno caher que si non ouiese quien le ayudase o el non sopiese caualgar podria ser muerto o preso.[15] E otrosi deuen saber ferir con las armas que traxieren en la manera que entendieren que mas ayna podran matar o toller sus enemigos. E todas estas cosas deuen vsar ellos por si e los caudillos faser que las fagan porque el vso les fase ser sabidores de todo esto que dicho auemos, e demas, fase las cosas graues tener por ligeras, e sobre todo fase los omnes çiertos de las cosas que han menester. E deuen faser avn demas que son mejor mandados a sus caudillos. Por ende, los que estas cosas non vsaren sin el daño que resçibieren por su culpa deueles el rrey dar tal pena segun que el mal veniere por el yerro que ellos fisieren.

Como los omnes deuen ser acaudillados por palabra e por fecho.[16]

Acaudellar, segun mostraron los sabidores que fueron de armas e de fecho de guerra, se deue faser en dos maneras: la vna, de dicho, e la otra de fecho. E la de palabra es que el caudillo mande a los suyos que tengan bien poridad por que los fechos que quisieren faser non lo sepan los de la otra parte mas que ellos ayan sabidoria de los otros segun en algunas leyes de suso deximos. Ca asi como es gran trayçion mesturar los omnes lo que saben e es cosa de que viene gran daño, e otrosi los que se trabajan de auer sabidoria de sus enemigos fasen lealtad e vieneles ende gran pro. E deuen otrosi mandar a los omnes que vsen a faser ayna las cosas que les mandaren e por pocas palabras entiendan lo que les dixieren como si fuesen dichas por gran rrason e las señales otrosi que con ellos pusieren que las conoscan e fagan con ellas o por ellas como si gelo dixiesen por palabra. Ca estas son dos cosas que deue el caudillo vsar e los que el caudillare] por que puedan fazer sus fechos ayna e encubiertamente. E si por ventura acaesçiere que esto sepan los enemigos, deuenlo

---

[15] Cf. the death of Rodrigo Tellez Girón, Master of the Order of Calatrava, who was struck by arrows at the siege of Loja, in 1482, and died of his wounds shortly thereafter, on July 3, 1482. Tellez was spared from falling directly in the field thanks to the equestrian skills of Pedro Gasca, a fellow knight from Ávila: "En aquella pelea murió el Maestre de Calatrava de dos saetadas que le dieron. Fue la una por baxo del brazo, por la escotadura de las corazas, tan mortal que incontinente fue a caer del caballo, como cayera, si no porque Pedro Gasca, caballero de Avila, que iba a su lado, se abrazó con él, e le tomó, e llevó ansí fasta su aposento, donde murió dende a poco" (Hernando del Pulgar, *Crónica de los señores Reyes Católicos Don Fernando y Doña Isabel de Castilla y de Aragón*, in *Crónicas de los Reyes de Castilla*, ed. Cayetano Rosell, Biblioteca de Autores Españoles, 70 [Madrid: Rivadeneira, 1953], 223-511, at 372b).

[16] Cf. *Segunda Partida*, XXIII, ix (II, 497b-498a).

cambiar en otra manera por que todavia el arte e la sabiduria del vençer en su poderio lo ayan, e non la den a los otros. E deue otrosi mandar que los suyos non fablen sinon quando gelo mandare. E esto por dos cosas. La vna, porque el rruydo de las muchas palabras faze que los omnes non se entiendan vnos a otros. E la otra, porque los que han mucha verba non pueden tanto fazer por sus manos como los que estan callando, e esto es porque vna grand partida de la saña pierden por las palabras que dizen. E otrosi, deuenlos tener castigados que quando fueren en algund fecho de grand afruenta si non se pudieren tener de fablar que digan pocas palabras e tales que non enflaquezcan los suyos, mas que tomen esfuerço. E aun sin todo esto les deuen todavia mostrar que non sean entre si rrefertosos nin mezcladores, que esto es cosa que torrna en daño en toda sazon, e mayormente en tiempo de guerra porque tal podria ser la mezcla o el rruydo que faria que todo el fecho que cuydase fazer se perderia por y. Onde, el cabdillo que bien quisiere por su palabra acabdillar deue mandar que se fagan e se guarden todas estas cosas sobredichas. E si alguna cosa por el menguase del yerro o del daño que por ende viniese, toda la culpa seria suya e meresçe tal pena como fuese el mal que los omnes rresçibiesen, por mengua de lo que auian de mandar.

Que bienes vienen del cabdillamiento.[17]

Sofridores e feridores deuen ser, [segund los][18] antiguos dixeron deuen ser, los caualleros e los otros que guerrearen de que fueren embueltos en las lides con los enemigos para fazer lo que les conuiene en fecho de caualleria. Ca maguer fuesen feridores e sopiesen fazer daño, si sofridores non fuesen de manera que non desmayasen por las feridas que dellos rresçibiesen, nin por los otros grandes fechos nin peligros que les y viniesen non podrian vençer, ante conuernia por fuerça que fuesen vençidos. Otrosi, maguer fuesen muy sofridores en todas estas cosas que diximos, si non fuesen feridores, de guisa que por sus feridas sopiesen fazer daño a sus enemigos, non les valdria sofrir nada que muertos o vençidos non fuesen. E por ende, conuiene en todas guisas que ayan en si estas dos cosas e por que sean aperçebidos todavia de vsar dellas en vno. Ca la vna sin la otra non vale nada.

Que los grandes omnes e los caualleros deuen traer en las huestes señales conosçidas, e por quales rrazones.[19]

Acabdillamiento, segund dixeron los antiguos, es la primera cosa que los omnes deuen saber en fecho de guerra. Ca sy esto es fecho como deue nasçen ende tres cosas o bienes: el primero, que los faze ser buenos; el segundo, que los faze ser vençedores e llegar a lo que quieren; el terçero, que los faze tener por bien andantes e por de buen seso. E por ende, los vnos llamaron llaues e los otros freno e los otros maestro. E estos

---

[17] Cf. *Segunda Partida*, XXIII, x (II, 498b).
[18] segund los] Omitted in *Inc. 1487*.
[19] Cf. *Segunda Partida*, XXIII, xi (II, 498b-499a).

nombres se pusieron muy con rrazon, ca bien asi como la llaue abre los logares çerrados e da entrada para llegar los omnes a lo que demandan, otrosi, el
15 cabdillamiento quando es fecho bien faze a los omnes entrar do quieren e acabar lo que cobdiçian. E freno ouo nombre muy con rrazon, ca bien asi como el freno faze a la bestia que non vaya sinon por do quiere aquel que la caualga, otrosi, el buen cabdillamiento endereça a los omnes e fazeles que non tuerçan nin sobrelieuen en la guerra, mas que vaya segund conuiene al fecho que quiere fazer. Maestro fue llamado
20 porque en el yazia toda la maestria de como los omnes deuen vençer sus enemigos e fincar ellos onrrados. Ca bien asi como el nauio que va por el mar, maguer se mueua con velas e vientos e con rremos, non pueden llegar los que en el van do quieren e han de peligrar muchas vegadas si el maestro que tiene el gouierno non los endereça, otrosi, los que quieren guerrear non pueden acabar su voluntad e son vençidos e desbaratados
25 muchas vezes quando non son bien acabdillados. E demas, por el buen acabdillamiento vençen muchas vegadas los pocos a los muchos e fazen otrosi cobrar e vençer a los que son vençidos. E por todas estas rrazones touieron por bien los antiguos de adelantar e onrrar el cabdillamiento entre todas las otras cosas que se deuen fazer en la guerra. E fizieron del como rrey a que touiesen mientes e obedesçiesen, e posieron grandes penas
30 a qualquier que contra el fuese, segund la cosa en que se desmandasen, asi como se demuestra en las leyes que fablan en esta rrazon.

Quantas maneras son de señas e de pendones, e quien los deue traer.[20]

Señales conosçidas pusieron antiguamente que traxesen los grandes omnes en sus
35 fechos, mayormente en los de guerra, porque es fecho de grand peligro en que conuiene que ayan los omnes mayor acabdillamiento, asi de suso deximos. Ca non tan solamente se han de acabdillar por palabra e por mandamiento de los cabdillos, mas por señales. Estos son de muchas maneras, ca los omnes pusieron en las armaduras que traen sobre si o sobre sus cauallos señales, departidas vnas de otras, por que fuesen conosçidos. E
40 los otros las pusieron en las caueças, asi como en los yelmos e en los capillos por que mas çiertamente los pudiesen conosçer en las grandes priesas quando lidiasen. Mas las mayores señales e mas conosçidas son las señas e los pendones. E todo esto fizieron por dos rrazones: la vna, por que mejor guardasen los caualleros a sus señores; e la otra, por que fuesen conosçidos quales fiziesen bien o mal. E estas señas e pendones
45 son de muchas maneras, asi como adelante oyredes.

---

[20] Cf. *Segunda Partida*, XXIII, xii (II, 499a).

Que ninguno non trayga seña nin pendon cothidianamente sinon emperador o rrey.[21]

Estandarte llaman a la seña que es quadrada e sin armas. E esta non la deuia otro traer sinon emperador o rrey, porque asi como ellos non son departidos, asi non deuen
350 ser departidos los rreynos onde son señores. Otras auia que eran quadradas e harpadas en cabo, a que llaman caudales. E este nombre auian porque non la deuia otro traer sinon caudillos por rrazon de cabdillamiento que deuian fazer, pero non deuian ser dadas sinon a quien ouiese çient caualleros por vasallos o dende arriba. Otrosi, las pueden traer conçejos de çibdades o villas, e esto por rrazon que los pueblos se deuen
355 acabdillar por ellas porque non han otro cabdillo sinon al señor mayor, que se entiende por el rrey o el que pusiere por su mano. E eso mesmo pueden fazer los conuentos de las ordenes de la caualleria, ca maguer ellos ayan cabdillos a que ayan a obedesçer segund su orden, pero non deuen quanto al temporal auer ninguno dellos cosa estremada vnos de otros. Por eso, non pueden auer seña sinon todos en vno.[22] E
360 pendones posaderos eran llamados aquellos que son anchos contra el asta e agudos fazia los cabos, e llamauanlos asi porque por ellos se guiasen en las huestes los que van tomar posadas e sabe otrosi toda compaña do ha de posar. E tales pendones como aquestos pueden traer los maestres de las ordenes de la caualleria, e aun los comendadores do ellos non fueren. Otrosi, los pueden traer los que ouiesen çient
365 caualleros ayuso fasta en çincuenta. Mas dende fasta diez ordenaron los antiguos que traxiese el cabdillo dellos otra seña quadrada que es mas luenga e ancha bien el terçio el asta ayuso. E a esta llaman en algunos logares vandera, e en España, pendon caualleril. E otra seña que es angosta e luenga contra fuera e partida en dos rramos e atal como esta establesçieron los antiguos que la traxiesen los ofiçiales mayorales del
370 rrey por que supiesen los omnes que logar tiene cada vno dellos en la corte do auian de yr o de posar en la hueste. E esa mesma señal touieron por bien los antiguos que traxiesen los que fuesen señores de diez caualleros fasta çiento, pero que fuese mas pequeña que la de los ofiçiales. E los guiadores o guardadores de las huestes e de las caualgadas, a que llaman adalides, pueden traer otrosi señas cabdales si gelas diere el
375 rrey, mas non de otra guisa. E esto es porque non han compaña çierta de que sean señores por que merezcan auer seña sinon como les acaesçe por auentura vna caualgada mas e otra menos. E el almirante mayor de la mar deue leuar en la galea en que fuere

---

[21] Cf. *Segunda Partida*, XXIII, xiii (II, 499ab). In a contemporary hand *N2* includes sketches of the different standards described in this law in the margin of the codex. See Appendix 1 for further details.

[22] Cf. *Segunda Partida*, XXIII, iv (II, 499b). Cf. the following textual variants: \Aqui falleçe vn titulo: **Quantas maneras son de pendones, e quien los deue traer, e por que rrasones.**/ Pendones... – *N1* ‖ [Que ninguno non traya seña continuadamente sinon emperador o rey, e que nunca pare seña tendida contra el rrey aquel a quien la dio. XV ley.] Pendones... – *N6* ‖ **Quantas maneras son de pendones, e quien los deue traer, e por que rrasones.** Pendones... – *G*.

el estandarte del rrey e vna seña cabdal en la popa de la galea de la señal de sus armas, e de todos los otros pendones menores que traxieren en ella puedelos traer de su señal por que todas las otras galeas que se han de cabdillar por el conoscan la suya en que el va. Mas en todos los otros nauios de la flota non deuen traer otra señal sinon del rrey o del señor que mando fazer el armada, fueras ende que [el][23] comitre de cada galea puede leuar en ella vn pendon de su señal por que acabdille su compaña e sepa qual faze bien o mal.

Que ninguno non trayga seña continuadamente sinon emperador o rrey, e que nunca pare seña tendida contra el rrey que gela dio.[24]

Traer puede qualquier de los sobredichos la seña que dicha auemos en las huestes e en las guerras, mas con todo esto non la deue traer otro ninguno cotidianamente sinon emperador o rrey porque son cabdillos de cada dia. E otrosi, por onrra de los imperios e de los rreynos que han de mantener, e aun por que sean conosçidos por do fueren, ca por todas estas rrazones pueden traer consigo seña o pendon cada quando que caualgaren, tan bien en tiempo de paz como de guerra. E ninguno destos que diximos non la deue auer sinon aquellos a quien ellos la diesen de comienço, dandoles con ellas aquel poder e faziendoles aquellas onrras que de suso son dichas. E por esta rrazon establesçieron los antiguos que a qualquier que el rrey ouiese dado seña que nunca se parase contra el, nin la tendiese contra la suya nin pendon nin otra señal ninguna de aquellas que ouiese auido del o de aquellos que del desçendiesen de su linaje del rrey o del mesmo. Ca qualquier que lo fiziese pusieron que fazia grand maldad conosçida porque deue ser del rreyno echado solamente por esconder la vista de la del rrey. E esto touieron que era estraña cosa que aquello que los rreys dauan a sus vasallos por les fazer onrra que lo desonrrasen ellos despues con ello, parandoseles en contrario con el bien que dellos rresçibieron.

Quantas maneras hay de hazes, e como se deuen parar quando deuen entrar en fazienda o en batalla.[25]

Nombres departidos pusieron los antiguos que sopieron e vsaron fecho de armas a las compañas de las huestes segund se parauan quando eran çerca de sus enemigos. Ca los que estauan tendidos, parados vnos cauo de otros, llamauan haz, e los que se parauan en manera de touo rredondo, llamauan muela. E [cuño][26] llamauan a los que yuan todos en vno e fazian la delantera aguda e [ancha. E la çaguera. E][27] muro

---

[23] el] Omit – *Inc. 1487, 1497.*
[24] Cf. *Segunda Partida,* XXIII, xv (II, 500a).
[25] Cf. *Segunda Partida,* XXIII, xvi (II, 500a-501a).
[26] cuño] como – Inc. 1487, Inc. 1497.
[27] Inc. 1487 has *ancha la çaguera.*

dixeron [a los]²⁸ que estauan todos ayuntados en vno en manera de quadra. E otra manera auia que llamauan çerca, que era fecha en manera de corral. E alas dizen a otras hazes pequeñas que ponen de costado de la vna parte e de la otra. E de las hazes que llaman en España açecaras e tropel, e llaman ayuntamiento de omnes que estan en compañas, maguer que sean pocos o muchos en qualquier manera que sean departidos. E estos nombres les pusieron segund la obra e pro que nasçe de cada vna destas, ca las hazes tendidas fueron fechas por que paresçen mejor en ellas los caualleros e muestranse por mas de los que son, que es cosa que fazen a la mala gente tomar mayor espanto e vençerse mas ayna. E aun ay otra rrazon por que lo fizieron, porque si la vna compaña fuese menos que la otra e quisiesen ferir en medio, que los pudiesen çeñir enderredor, lo que non podrian fazer en otra manera si la haz non fuese tendida. E por ende, los antiguos ponian atales hazes como estas tendidas vnas tras otras por mostrar mas su poder, e por que si la vna haz fuese cansada e desbaratada, la otra que estouiese folgada la pudiese acorrer. E la muela fizieron otrosi, porque si los enemigos los çercasen enderredor que los fallasen todavia de cara contra ellos e defendiendose. E la otra manera, a que llaman timon, fue asacada por que quando las hazes de los enemigos fuesen fuertes e espesas que las pudiesen vençer e departir e rromper mas ayna, e desta guisa vençerian los pocos a los muchos. E este cuyno deue ser fecho desta manera, poniendo primeramente delante tres caualleros, e en las espaldas dellos seys, e en pos los seys doze, e en pos los doze veynte e quatro, e asi doblandolos e cresçiendolos todauia, segund fuere la compaña. Pero si la gente fuere poca, bien podria fazer la delantera de vno e de si doblarlo a dos o quatro, segund la manera que de suso deximos. E el muro fizieron para quando viniesen los enemigos por que pudiesen meter en medio todo lo suyo para tenerlo en saluo por que non gelo pudiesen desbaratar nin forçar. E desto vsauan quando los rreys auian de auer batallas, vnos con otros, que dexauan los vnos para guardar las compañas del rrastro de la hueste, asi como sobredicho es, e los otros yuan a lidiar. E corral o çerca fazian para guardar sus rreys que estouiesen en saluo. E esto fazian de omnes de pie que los parauan en tres hazes, los vnos en pos de otros. E atauanlos a los pies por que non se pudiesen yr. E fazianlos tener los cuentos de las lanças fincados en tierra e los cuchillos aderesçados contra los enemigos. E ponian ante ellos piedras o dardos o vallestas o arcos, con que pudiesen tirar e defenderse de lueñe. E esto fazian por tener onrrado a su señor que los enemigos non pudiesen llegar a el nin fazerle mal, e que si los suyos vençiesen que se le non semejase que se el mouiera de vn logar nin mostrar que los tenia en miedo. E si fuesen vençidos, que fallasen cobro e esfuerço alli do el rrey estouiese por que pudiesen ellos despues vençer. E alas açitaras pusieron por que si acaesçiese que las hazes se alongasen mucho vnas de otras que non pudiesen los enemigos entrar de trauieso en ellos, e otrosi, que por que quando se ayuntasen pudiesen venir mas ayna los de las alas para ferir los enemigos de trauieso a tomarles las espaldas. E las compañas de los tropeles fueron puestas para fazer derramar las huestes, otrosi, para rresçebir los que

---

²⁸ a los] Omit – *Inc. 1487, Inc. 1497.*

450 viniesen derramados, feriendolos de trauieso e tomandoles las espaldas de manera que los desbaratasen. E todas estas cosas sobredichas deuen saber los cabdillos por dos rrazones: la vna, para fazerlas ellos e ayudarse dellas quando menester les fuese; la otra, para saberlas desfazer quando los enemigos las fiziesen. En cada vna destas maneras de compañas deue el cabdillo mayor poner otros que sean esforçados e
455 sabidores para mandar fazer guardar todas aquestas cosas, asi como sobredichas son. E deuense todas acabdillar por aquel que el pusiere, bien asi como por el mesmo. E qualesquier que se les desmandasen, non queriendo yr en haz de qualquier manera que fuese destas que dichas auemos o despues que estouiesen en ella, derramasen toda cosa que les fiziesen, tan bien los otros cabdillos como el mayor, asi como ferirlos o
460 matarlos, o fazerles o dezirles otra cosa qualquier por escarmiento non cahen por ende en pena ninguna, nin se pueden llamar por ende a desonrra aquellos a quien lo fiziesen, nin deuen auer enemistad dellos nin de sus parientes pues que es fecho por mandado de aquel que tiene logar de señor e por pro comunal de todos. Mas si por auentura fuesen atales los cabdillos que non escarmentasen esto, asi como sobredicho es, deuen
465 ellos auer tal pena como meresçen aquel o aquellos que derramasen e non quisiesen estar acabdillados. Pero si otro daño mayor viniese por aquel derramamiento deuen auer tal pena los derramadores e los que lo non vedasen como el mal e el daño que el rrey fallase que fuera lo que viniera por ellos.

Como deuen ser aperçebidos los cabdillos en acabdillar
470 ### la hueste quando van de vn logar a otro.[29]

Iendo las huestes de vn logar a otro deuen ser muy guardadas, segund los antiguos dixeron, porque acaesçe muchas vezes que alli do son vençidos e desbaratados de los enemigos si se non saben guardar. E esto auiene en muchas maneras, asi como quando los de la hueste se parten por muchos caminos, otrosi, pasan por tales logares que non
475 pueden yr en haz nin en tropeles e por fuerça se ha de fazer el rrastro luengo. E si quisieren esperar, enbarganse de guisa que non puedan pasar, e demas, cansan las vestias con las cargas e mueren muchas dellas e se dañan, que es cosa que se torna en grand menoscabo de la hueste. E aun han de pasar por tan fuertes pasos que pocos omnes podrian desbaratar a muchos. E sin todo esto acaesçe a las vegadas que pasan
480 hazes açerca de los logares do son los enemigos porque ha menester que los cabdillos sean sabidores de guardar que non rresçiban las huestes daño en estos logares sobredichos. E por ende, deuen ordenar ante que la hueste se mueua como el rrastro todo vaya por vn logar e non se partan por muchos, e si lo fizieren, viedengelo muy cruelmente en los cuerpos. E otrosi, deuen poner quales vayan en la çaguera o en la
485 delantera, pero siempre deuen dexar mas poder en la çaguera porque si los enemigos vinieren a ella mas graue se faze a los omnes de torrnar a acorrerla que non a la delantera porque les es en su camino por do han de yr. E aun han de catar si el rrastro

---

[29] Cf. *Segunda Partida*, XXIII, xvii (II, 501ab).

se alongare que pongan quien lo guarde en tantos logares como entendieren que han menester por que non se ayan a detener nin cansen nin mueran las vestias. Otrosi,
490 quando ouieren de pasar por fuertes logares, asi como malos barrancos o tremedales que non pueden desuiar, deuen fazer yr delante tantos omnes que lo adoben por que puedan pasar sin enbargo, e dar quien los guarde por que non puedan rresçebir daño. Mas si el paso fuere fuerte, asi como so peña o en tal angostura que pocos omnes lo pudiesen tener a muchos, deuen enbiar adelante a tantos omnes e tales que se apoderen
495 de aquel logar ante que los enemigos lo tomen por que la hueste pueda pasar en saluo. E quando les acaesçiere que pasasen cabo algund logar de los enemigos deuen alli fazer estar la delantera fasta que llegue tanta gente de cauallo e de peones que puedan guardar el rrastro fasta que venga la trasera e sea toda la hueste pasada en saluo. E todas estas cosas deuen sauer los cabdillos e ser mucho aperçebidos en ellas para
500 guardarse del daño que les podria venir de los enemigos.

Como deuen ser los cabdillos aperçebidos en acabdillar la hueste quando los enemigos los saltearen en alguna partida.[30]

Salteando los enemigos en alguna parte de la hueste deuen los cabdillos ser muy aperçebidos para non dexar yr alla toda la gente que fagan grand mengua en los otros
505 logares porque podria ser que lo farian con arteria para ferir alli do entendiesen que mayor daño podrian fazer. E para esto deuen yr siempre aperçebidos de guardarse en todas las cosas que dichas auemos. E deuen para esto fazer dos cosas. La vna, dar caualleros que vayan sienpre con ellos delante, a diestro e a siniestro, a que llaman descobridores, porque si los enemigos venieren que aperçiban a la hueste por que non
510 rresçiban daño. E la otra, que yendo la hueste vayan los caualleros armados siempre e aperçebidos porque si los enemigos vinieren a ellos a desora que se puedan amparar e non se ayan mucho de tener para armarse nin pugnando mucho en se acabdillar. Ca todo omne cuerdo deue entender que pues el enemigo viene para fazerle mal non le dara vagar para se poder armar nin para auer luengo consejo de como se acabdillen.
515 E demas, semeja grand locura que las armas que fueron fechas para ayudarse los omnes dellas en los logares de miedo e de rreçelo que ayan vergüença los caualleros nin los otros omnes de las traer. E yendo en estas maneras que auemos dicho, aperçebidos e acabdillados los de la hueste, non podrian rresçebir daño de los enemigos sinon fuese el poder dellos grande, ademas que en lo que los de la hueste non abrian culpa. Onde,
520 los que se desmandasen de los cabdillos en manera que por culpa de los cabdillos rresçibiesen daño los de la hueste, o si los cabdillos errasen en lo que ouiesen de fazer deue auer tal pena cada vno dellos, segund dize en la terçera ley ante desta.

Como deue el cabdillo catar logar conuenible en que pose la hueste.[31]

---

[30] Cf. *Segunda Partida*, XXIII, xviii (II, 501b-502a).
[31] Cf. *Segunda Partida*, XXIII, xix (II, 502ab).

Aposentar huestes es muy grand maestria, e ha de ser muy grand sabidor el cabdillo que lo ha de fazer. E para fazer esto ha menester que trayga omnes consigo que sepan la tierra bien, a que llamen adalides. E solia auer en otro tiempo guiadores. E estos deuen siempre yr en la delantera con los que lleuaren la seña o el pendon del rrey o del mayor cabdillo de la hueste, en pos que an de yr los otros de la hueste. E desque llegaren al lugar do ha de posar la hueste, deue aquel que ha de aposentar catar que si la gente fuere mucha que los non faga posar de guisa que ayan grand angustia, e si poca que non esten alongados vnos de otros, ca esta es cosa por que podrian rresçibir ayna grand daño de los enemigos, mas deuenlos fazer posar todos en vno e enfortalesçer la hueste quanto mas pudieren. E por esto llamauan antiguamente en latin a la hueste *castro*, que quiere tanto dezir como posada fuerte e ordenadamente fecha para defenderse de los enemigos. E por ende, los antiguos, quando trayan muchos carros e carretas, trayanlos enderesçados de la hueste e fazian dellas como muro. E quando los non tenian trayan palos agudos, herrados, en que auia sortijas de fierro, e fincabanlos con cuerdas e çerrauan con ellas toda la hueste enderredor. E tan fuertes las fazian e tan ordenadamente ponian las tiendas que los enemigos non la podian tan ligeramente quebrantar. E aun fazian otra cosa, que quando los palos non tenian que pusiesen aderredor de la hueste, ponian las tiendas vna çerca otra e trauauanlas de manera que ningund omne de cauallo nin de pie non las pudiese rromper. E esto fazian los cabdillos por muy grand sabiduria, que auian entendimiento que los de la hueste trabajauan mucho de dia por que pudiesen de noche folgar e dormir seguramente. E catauan aun mas los que la hueste aposentauan que la non pusiesen en logar que fuese so otero o sierra alta por que los enemigos non se podiesen de aquel logar alto para fazer daño allegarse a la altura e se acogiesen en saluo. E que non fuese puesta en tremedal nin en logar que aguaducha le pudiese fazer mal. E otrosi, que fuese çerca de agua e de leña e de yeruas, que son cosas que han mucho menester en las huestes e que non puedan escusar. Ca bien asi como es de catar el logar do quieren fazer alguna buena villa que sea sana e fuerte e abondada de agua e de las otras cosas que fueren menester, asi lo deuen fazer para posar la hueste, fallando logar conueniente para ello. E si non, deue escoger el mejor que pudiere auer, segund el logar que fuere.

Como deue ser aposentada la hueste.[32]

Aposentadas deuen ser las huestes segund la facçion del logar, luenga o quadrada o rredonda, e poner en medio las tiendas del señor e las otras de los ofiçiales que le han de seruir enderredor dellas que esten en manera de alcaçar. E todas las puertas de las tiendas deuen ser fazia las del señor. E deuen dexar enderredor desto plaça do descaualguen los que vienen ver al rrey e ado se alleguen si algund arrebato acaesçiere en la hueste. E despues destas tiendas deuen posar todos los otros de la hueste que es asi como la puebla de la villa. E aderredor desto deuen poner las tiendas de los

---

[32] Cf. *Segunda Partida*, XXIII, xx (II, 503a).

caualleros e de los otros omnes onrrados, que çerquen la hueste como en manera de muro con torres. E si la hueste fuere rredonda deuen dexar vna carrera ancha de parte de dentro enderredor entre las tiendas de los omnes onrrados e de los otros del pueblo.
565 E si fuere luenga deuen dexar vna carrera en medio que vaya toda derecha. E si fuere quadrada deuen dexar dos o fasta quatro, las vnas en luengo e las otras en trauieso. E todas estas carreras deue el cabdillo señalar de manera que entiendan los de la hueste como han de pasar e que ellos mesmos se acaudillen segund la señal que les pusieren. E non deuen desçender el nin sus caualleros fasta que llegue la çaguera. Antes
570 mandarlos estar al derredor de la hueste e guarden poniendo atalayas a todas partes e omes que descubran la tierra enderredor en manera que non rresçiuan daño de sus enemigos en pasando. E si otras guardas fueren puestas al rrastro, asi como las costaneras, deuen estar fasta que llegue la çaguera porque muchas vegadas acaesçe que los enemigos quando entienden que la hueste es pasada vienen rreferir en los que la
575 lleuan, cuydando que los de la hueste estan aposentados, e non les acorreran.

Como el cabdillo deue fazer carcabear la hueste enderredor quando han de estar de morada en algund logar.[33]

Carcabear deue el cabdillo la hueste enderredor quando sopiere que han de fazer luenga morada en algund logar: lo vno, por que non rresçiban daño de los enemigos;
580 lo otro, por que non pierdan sus bestias nin les furten sus cosas. Otrosi, deuen dar tantos caualleros e peones que la guarden de noche, segund entendieren que es el poder de los[34] enemigos e conuiene al logar donde estouieren posados. E tan bien estas guardas como las que pusieren de dia hanlas de compartir e temprar de guisa que puedan sofrir el trabajo. E todas estas cosas sobredichas deuenlas fazer los cabdillos e
585 mandar a los otros como las fagan. E aquel que lo non quisiere fazer, si fuese de los mayores omnes de la hueste, deuele el rrey dar tal pena segund fuere la cosa en que le desmandase. E si fuere de los otros toda cosa que el cabdillo fiziere en manera de escarmiento non le deue ser calupniado, segund se muestra adelante. Mas si el yerro viniese por culpa del cabdillo deuele el rrey dar pena segund el daño que viniere por
590 su meresçimiento.

Los cabdillos deuen guiar e guardar la rrecua que fuere por vianda e a los otros que fueren por las otras cosas que son menester en la hueste.[35]

Leña e agua e yerua e paja son cosas que los de las huestes non pueden escusar, nin otrosi, de embiar rrecuas para traer aquello que ouiesen menester. E por ende, los
595 cabdillos que ouiesen de guardar a los que fuesen por estas cosas deuen ser sabidores para leuar la compaña toda ayuntada en vno, e no sean esparzidos con çaguera e con

---

[33] Cf. *Segunda Partida*, XXIII, xxi (II, 503ab).
[34] de los] de los de los – *Inc. 1487*.
[35] Cf. *Segunda Partida*, XXIII, xxii (II, 503b-504a).

delantera, segund fuere el lugar por donde ouieren de pasar. E deuen ser todavia aperçebidos para auer sabiduria de los enemigos, ca desque lo sopieren alli de los enemigos les cuydaran fazer daño e lo podrian rresçebir dellos. E deuenlos fazer yr
600 armados por que si a desora viniesen los enemigos que se pudiesen mejor defender. Pero aun con todo eso non deuen dexar de traer omnes que descubran la tierra e sepan guiar por aquellos logares por que mas derechos fueren, e guardandose de los malos logares que entendieren que podran rresçebir daño. E quando los enemigos fueren deue el cabdillo esforçarlos e conortarlos en dos guisas. La vna, de palabra, diziendo que non
605 son los enemigos tantos como paresçen nin tan buenos como ellos. E otras rrazones semejantes destas les deue dezir e conortarlos e esforçarlos. La otra, de fecho, conortandolos e poniendolos e mandandolos a cada vno como esten aperçebidos e mostrarles lo que deuen fazer si a ellos vinieren. E si fuere poca compaña e traxeren muchas bestias sin cargas, deuen fazer sobir los omnes en ellas por mostrar que son
610 muchos, e de si mandarlos que fagan todas las otras cosas que entendieren por que los puedan dar conorte e esfuerço para vençer. E comoquier que los cabdillos deuen esto fazer en todo lugar, mucho mas le cae en guardar los que van por estas cosas sobredichas o son gentes menudas e de poco esfuerço. E porque a tales como estos deuen los cabdillos mas esforçar que a otros, que segund dixeron los sabios antiguos
615 que vsaron fecho de armas, tal es la palabra e el esfuerço del buen cabdillo para la su gente quando han miedo como la del fisico al enfermo quando cuyda morir. E eso mesmo deue fazer a los que van por leña o por yerua o por paja. E aun mas conuiene que faga que mientra lo cogieren que esten armados los caualleros que los guardaren, e pongan sus atalayas e descubran la tierra, e los puedan aperçebir ante que los
620 enemigos vengan a ellos a desora. E aun sin todo esto deuenlos mandar que los omnes fagan en todas sus hazes en vno e los carguen, otrosi, por que non vengan derramados e se faga el rrastro malo de guardar e que non rresçiban otrosi daño en veniendo a la hueste, que le seria mayor vergüença que de otra guisa porque semejaria que lo rresçiberian non catando ninguna cosa con sabor de tornarse a las posadas. E por ende,
625 los deue el cabdillo mas guardar al torrno que a la yda, porque al yr van mas medrosos, e a la tornada vienen como mas seguros. Onde, los que non se quieren acabdillar deuen auer tal pena como en esta otra ley deximos. E si los cabdillos errasen en lo que ellos ouiesen de fazer deuen auer tal pena como en esta ley mesma dize.

Como deuen ser o como deuen pasar aposentadas las
630   huestes quando çercaren villa o castillo de los [enemigos].[36]

Çercando la hueste villa o castillo sobre que quieren estar fasta que la tomen, deue el señor mayor o el otro cabdillo que fuere por el fazer tomar las posadas enderredor de aquel logar que quisieren çercar si tanta compaña tienen porque lo pueden bien fazer en saluo. E si todos non la pudieren çercar, deuen posar compañas ante las puertas por

---

[36] Cf. *Segunda Partida*, XXIII, xxiii (II, 504ab). *Enemigos* is omitted in *Inc. 1487*.

que los tuellan la entrada e la salida. E si non, todos en vno en el logar do entendieren que mayor daño podran fazer a los de dentro. La çerca non quiere al dezir sinon cosa que çerca todo enderredor, e la que asi non es fecha non la llaman sinon albergada. Pero deuen aposentar la hueste en tal logar que non sean todavia çerca de los enemigos para apoderarse dellos e fazerles mal que non meterla primeramente tan dentro que la aya despues a tirar afuera, ca desto les vernia vergüença e daño. E luego que asosegada fuere la hueste deuen fazer entre si los de dentro carcaua enderredor por que los de la villa non les puedan dar rrebato nin ellos non puedan yr a conbatirlos sin mandamiento de sus cabdillos. E si la aluergada fuere a la vna parte o amas, non seyendo la villa çercada, deuen fazer ante aquellas posadas carcabas entre si e los de la villa, pero tan bien estos como los que toda enderredor la çercasen deuen fazer otra carcaua contra fuera. E esto fallaron los antiguos porque muchas vegadas han acuerdo los de dentro con otros sus amigos de fuera que los vengan acorrer, e tan bien los vnos como los otros de guisa podrian ferir en la hueste. E aunque fuesen menos que ellos que si non fuese bien guardada podrian ser vençidos e maltrechos, lo qual seria cosa que paresçeria muy mal si el daño que y viniese que aquellos que tienen logares de vençedores fuesen vençidos por su culpa. E aun en estas carcauas fallaron otros proes que los enemigos se tienen por mas cuytados por ellas pues que non pueden entrar nin salir nin auer las cosas que les es menester. E los de la hueste estan mas en saluo e pueden guardar mejor sus cosas que non las pierdan nin gelas furten. E aun sin todo esto, quando los enemigos les diesen rrebato a desora que se podrian armar de su vagar e auer acuerdo para defenderse. E aun demas desto vieneles grand pro que quando carcaueados fueren, asi como sobredicho es, non abran de tener otras guardas sinon atalayas de dia e escuchas de noche, e podran mas seguramente dormir e folgar, e sofrir mejor el trabajo que ouieren. Ca segund los sabios mostraron, maguer el omne gana prez e onrra en vençer sus enemigos e aduzirlos a lo que quisieren, mucho lo alcança mayor quando lo saben fazer de manera que el sea guardado de daño e lo fagan a ellos. E por ende, non tan solamente mandauan los antiguos que se carcauase, mas aun si fuese en logar do ouiesen madera que fiziesen palenques e la çercasen toda enderredor e cadahalsos en derecho de las salidas de la hueste que asi fuesen contra los de dentro como contra los de fuera. E aun fazian otra cosa en tal que los de fuera fuesen esforçados e los de dentro mayor espanto touiesen que las heredades de los que estauan çercados partian a los de la hueste e gelas façian labrar a uista de los enemigos. E esto fazian por dar voluntad a los suyos para fazer bien e meter miedo a los de dentro para atraherlos mas ayna a lo que ellos quisiesen. E todas estas cosas deuen saber los cabdillos e mandarlas fazer cada vna en su logar e asi como conuiene. E sobre todo deuen catar que ninguno non sea osado de derramar nin de yr a los enemigos sinon quando gelo mandaren en aquella guisa que mayor daño les podra fazer. E los que asi non fizieren toda cosa que los cabdillos les fiziere por escarmiento non les deue ser calupniado, segund dize en la ley sobredicha. E por yerro que los dichos cabdillos fiziesen deuen auer pena segund esta mesma ley dize.

Como deuen los que fueren a la hueste ser aparejados de las otras cosas

que son menester para fazer daño a los enemigos.[37]

Engenios e armas e ferramientas de todas naturas deuen los rreys tener guardadas en sus villas, mayormente en aquellas que estouiesen en frontera, para leuarlas consigo onde ouiesen a çercar algunos logares e para fazer mal de otra guisa a sus enemigos. Ca este es thesoro que se torrna en grand pro: lo vno, porque aquellos que las han se muestran en ello por mas poderosos; lo al, que se onrran por ellas, apoderandose de sus enemigos. Ca muchas vezes auiene que mas ayna se pierden por sabiduria e por arte que non por otro esfuerço nin por muchedumbre de gente. E por eso deuen traer abondo de todas estas cosas, tan bien de los enemigos que tiran piedras por contrapeso como de los otros que las tiran por cuerdas de mano, e otrosi, de vallestas muchas e arcos e todas las otras cosas que tiran saetas, e aun fondas de aquellas que tiran con mano e de las otras que tiran con fustas. Ca todas estas cosas son mucho menester para combatir los enemigos de que fueren embarrados. E aun otros engenios hay que deuen estonçes fazer para derribarles las torres e los muros o para entrarles por fuerça. E estos son de muchas maneras, asi como castillos de madera e de gatas e boçones e sarços, tras que se han de parar los vallesteros para tirar en saluo a los de dentro. E otrosi, cauas, e carretas cubiertas que fazen para derribar los muros. E sin esto han de traer otras ferramientas muchas para fazerles daño, asi como picos e açadones e açadas de palancas de fierro, pequeñas e grandes, de que son para derribar las torres e los muros. E otrosi, segures e segurones para cortar los arboles e las viñas, e aguadañas e foçes para tajar los panes, e todas las otras cosas que pudieren auer e entendieren como les podrian fazer daño por que mas ayna los conquieran. E si sopieren antes que mueuan que en el logar do quieren yr non ha abondo de madera con que puedan estas cosas sobredichas fazer, deuenla leuar consigo. E desque fueren alla deuen yr por ella al logar do entendieren que la podran mas çerca fallar. E en esto non deuen rreçelar trabajo nin costa que fagan, pues que por ellos pueden acabar lo que quisieren. Ca mayor es el pro que ende viene que la mision que y meten pues que por ello acaban lo que quieren. E todas estas maneras de engenios e de ferramientas que dicho auemos deuen los cabdillos mayores dar a otros que las guarden e las tengan prestas e las den a omnes que sepan obrar con ellas quando menester fuere. E estos cabdillos que las ouieren de guardar deuen ser cuerdos e leales que sepan leer e escriuir e contar. E si non, auer omnes consigo que sean sabidores dello por que sepan conosçer o rresçebir las cosas con rrecabdo e darlas. Onde, si yerro aduiniese por culpa de los que estas cosas ouiesen de guardar deuen auer pena por el aluedrio del rrey, segund el daño que viniere por el yerro que fizieron. E esto mesmo dezimos si viniese por culpa de los cabdillos que lo ouiesen de mandar.

Como los rreys e los otros cabdillos de la hueste deuen catar todas aquellas cosas con que mayor daño podran fazer

---

[37] Cf. *Segunda Partida*, XXIII, xxiv (II, 505ab).

715   a los enemigos e sin costa e daño del pueblo,
             e en quantas maneras lo podran mejor fazer.[38]

Ferramientas nin engenios nin armas, maguer las leuasen consigo los omnes en la hueste, asi como diximos en la ley ante desta, non les terrnia pro si non sopiesen fazer daño con ellas a sus enemigos. Antes les verrnia ende dos males: el vno, que les
720 costaria mucho en auerlas; e el otro seria grand embargo en fazerlas leuar. E por ende, los antiguos que vsaron mucho las guerras e eran bien sabidores de las fazer, cataron todas aquellas cosas con que mayor daño pudiesen tener a los con que guerreasen e mas ayna podian aduzir a lo que quisiesen e fuesen guardadas. E fazianlas leer a los caualleros e a los omnes ante que entrasen en las guerras por que sopiesen como auian
725 de obrar quando en ellas fuesen. E señaladamente vna de las cosas del mundo que ellos mucho catauan, esta era, que quando a sus enemigos podian vençer con guerra ligera, que non se metian a fazer aquella en que les yazia peligro, asi como podiendolos conquerir solamente por tollerles los fructos e la vianda e dexarlo de fazer e yrlos combatir, o otra cosa semejante desta. E tenianlo por bien, porque lo vno les era en
730 saluo e lo al con grand peligro. E aun catauan mucho al, porque quando a sus enemigos daño auian de fazer, que gelo fazian primero en aquellas cosas que gelo mayor podian fazer, asi como si los panes e los fructos les ouiesen a toller que les tollesen los de mas çerca por que non se pudiesen dellos aprouechar. Ca desto vienen dos pros: la vna, por toller a sus enemigos aquello de que mas ayna se pueden ayudar; lo al, que les finca
735 a ellos lo otro en saluo para acorrerse dello quando quisiesen, e eso mismo es del agua, ca esta es la cosa del mundo que ante les deuen toller mientra que pudieren, porque menos pueden sofrir los omnes la sed que la fambre. E esto mismo deuen fazer en todas las otras cosas, ca aquellas les deuen antes fazer perder que entendieren que mayor mengua les fara. E otra cosa vsauan aun mucho los antiguos que era mucho
740 prouechosa con que fazian daño a sus enemigos que entendian que conuenia para ello, e con que mas les podrian nozer, asi como tollerles el agua de los pozos por cabas o desuiarles los rrios a otra parte por açequias o quebrantarles los engenios que touiesen dentro con otros que sopiesen ellos fazer e que tirasen de lueñe e mas çiertamente.

   [Como non deuen poner engenios sinon a castillo o villa pequeña.][39]

745 Guardauanse mucho los antiguos de poner engenios sinon a castillo o a villa pequeña porque en tales logares fazian mas daño derribando los muros e las torres e aun las casas, e matando los omnes, lo que non podrian fazer en las villas grandes, ca estas de lieue nunca se toman sinon por fambre o por furto o por cauas o por feridas de votones con que derribasen los muros o por castillos de madera que llegasen a las
750 torres con que las entrasen por fuerça e por combatirlas tan afincadmente que los

---

[38] Cf. *Segunda Partida*, XXIII, xxv (II, 505b-506a).
[39] Cf. *Segunda Partida*, XXIII, xxvi (II, 506a). The following five laws are untitled in both of the incunabula. Titles are copied from *G*.

subiesen por escalas. Pero tan bien los menores logares que dezimos como estos non se pueden tomar por ninguno destos combatimientos que dicho auemos si los de fuera non son muchos e mejores que los de dentro. Onde, ha menester que en todas aquestas cosas que deximos en esta ley e en las que son ante della que sean sabidores dellas los cabdillos que las mandaren fazer e los omnes sean a ellas bien mandados, ca de otra guisa non podria seer que non viniese ende vno de dos daños: o que se perderia por y el fecho que cuydauan fazer; o que en logar de fazer daño rresçebirlo yan. Por ende, la pena de los cabdillos o de los otros omnes que errasen en alguna destas cosas sobredichas deue ser tal como sobredicho es.

[Que departimiento hay entre fasienda e lid, e quantas maneras hay para guerrear.][40]

Combatir, segund los antiguos sabidores mostraron, tanto quiere dezir como cometimiento que fazen anbas las partes la vna contra la otra. E esto puede seer en dos maneras: la vna, quando son ambas yguales e pugna cada vna por vençer a la otra; la otra, quando es mas flaca e pugna en defenderse de la mas fuerte. E por ende, en las tierras do se fabla el lenguaje latino dizen combatir a todo fecho de armas, tan bien quando lidian en campo como quando combaten villa o castillo o lidian vno con otro. Mas antiguamente los de España este nombre mudaron en muchas maneras, segund los fechos de armas eran e los omnes que los fazian. E por ende, el combatir que deximos touieron que non conuenia para dezirlo sobre otra cosa sinon quando combaten alguna fortaleza que quieren tomar. E el [combatir][41] es dicho quando los enbaran de manera que por ninguna parte non osan salir, de guisa que los han despues a entrar por fuerça. E por ende, a cada vno llamaron su nombre por que los que lo oyesen, maguer non fuesen en el fecho, sopiesen por el nombre en que manera fuera. E lid llamaron quando se combatieren en el camino, vno por otro, e dende arriba, quantosquier que fuesen, e non ouiesen cabdillos de la vna parte nin de la otra que traxiesen seña caudal. E eso mesmo nombre pusieron quando se ayuntauan rrebatosamente de la vna parte e de la otra caualleros armados que non paran hazes nin tienden señas. Fazienda llamaron do ay cabdillos de amas partes en que faze cada vno su poder tendiendo su seña e parando mientes e cabdillando su conpaña. E batalla pusieron nonbre do ay rreys de amas partes e tienen estandartes e señas do paran sus hazes con delantera e con costaneras e çaguera, mas señaladamente pusieron este nonbre porque los enperadores e los rreys quando se avian a yuntar vnos con otros para lidiar solian fazer tañer tronpetas e batir atabales, lo que non era dado a otro omne. E otra manera ay avn de lidiar, a que llaman torneo, e esto es quando pasa o p[o]sa la hueste cabo villa o castillo de los enemigos o lo tienen çercado e salen a lidiar los de dentro con los de fuera, e tornanse a aluergar cada vno a su logar. E esto mismo es quando las huestes posan en tiendas,

---

[40] Cf. *Segunda Partida*, XXIII, xxvii (II, 506a-507a).
[41] combatir] Omitted in both of the incunabula, but not in the MSS.

vnas çerca de otras, e salen los caualleros de amas partes para fazer de armas e tropeles e compañas. Pero non tengan los omnes que este torrneo se entiende por los torneamientos que vsan los omnes en algunas tierras, non para matarse, mas para fazerse a las armas que las non oluiden, por que sepan como han de fazer con ellas en los fechos venideros e peligrosos. E espolonada llaman otra manera de lid, que es quando los de la hueste touieren algund logar de los enemigos çercado o pasan cabo el e los de dentro los acometen de guisa que los de fuera han por fuerça de derrancar con ellos. E porque esto deue seer fecho de rrezio e muy ayna, por eso se llama espolonada. Onde, en todas estas maneras de lidiar que dicho auemos ha menester que sean muy sabidores los cabdillos en cabdillar los omnes en cada vna, segund conuiene al fecho que quisieren fazer, ca de otra guisa, en logar de vençer serian vençidos, e alli do cuydarian ganar perderian. Otrosi, los de la hueste deuen ser muy mandados e bien acabdillados de non derramar nin yr a ningund logar sin mandado de sus cabdillos. Ca segund los antiguos mostraron, tres males grandes yazen en esto a los que lo fazen. Primeramente, que salen de mandamiento de sus mayorales, que es muy loco atreuimiento e grand auoleza que se muestra el que lo faze por non se atreuer a fazer bien con los buenos e por non poder sofrir miedo en que semeja a los malos. Lo al, por el daño e el mal que podria venir a los de la hueste por el su desmandamiento. E el otro mal que ende vernia seria la pena que ellos deuen rresçebir por el yerro que fazen o los cabdillos por rrazon dellos si non gelo vedasen. Ca segund los antiguos dixeron, mayor miedo deuen auer los de la hueste de la pena que entienden rresçebir del señor en la manera que sobredicha es por los yerros que fizieren que el peligro o la muerte que los enemigos les pueden dar.

[Como los omnes se deuen bien acaudellar en las caualgadas, e quantas maneras son de caualgadas.][42]

Guerrerias ay de muchas maneras, sin las que diximos en la ley ante desta, con que pueden los omnes fazer mal a sus enemigos, en que acaesçe que lidian algunas vezes. Otrosi, que han menester sabidores de fazerlas e muy acabdillados en ellas e por los nombres que han sean sabidores e conoscan los que en ellas fueren lo que deuen fazer, queremoslo aqui dezir en este libro. Segund los antiguos mostraron, que llamaron a algunas dellas caualgadas, asi como quando se departen algunas compañas sin hueste para yr apresuradamente a correr a algund logar o a fazer daño en sus enemigos, o quando se apartan de la hueste despues que es mouida para eso mesmo. E estas caualgadas son en dos maneras: las vnas se fazen conçejeramente; e las otras encubiertas. E aquellas son conçejeras do va grand poder de gente que se atreuen a armar tiendas e fazer fuegos mientra que la caualgada anda, o a la salida. E en esta han de yr muy acabdillados por que non sean descubiertos en la entrada e puedan mejor acabar su fecho. Ca despues que lo ouieren acabado bien se pueden mostrar, segund

---

[42] Cf. *Segunda Partida*, XXIII, xxviii (II, 507ab).

deximos, si fueren tantos e tales que se atreuan a cabdillar e a lidiar con los que a ellos vinieren. La otra, que se faze encubiertamente, es quando son los que van en las caualgadas tan poca gente o han tal fecho de fazer que non quieren ser descubiertos mientra en la tierra de los enemigos fueren. E este nombre de caualgada le pusieron porque han de caualgar a priesa e non deuen leuar en ella cosas que les enbarguen para yr ayna a fazer su fecho. Ca bien asi como a los de las huestes que son fechas poderosamente non conuiene de yr a priesa sinon a paso, destruyendo los enemigos e metiendoles miedo, asi non conuiene a los de la caualgada yr de uagar. E deuen mas andar de noche que de dia, e han de traer tales omnes que los sepan guiar por logares encubiertos por que non sean vistos de los enemigos. E por esta mesma rrazon deuen posar en logares baxos. E tan bien en yendo como en pasando deuen auer de dia atalayas e descobridores, e de noche escuchas e rrondas por que non sean a desora desbaratados. E todas estas cosas que dichas auemos han menester sauer los cabdillos por que sepan muy bien acabdillar a los omnes que con ellos fueren en las caualgadas. Ca muchas vegadas alli do querrian fablar les conuernia de ser callados, e que querrian comer o beuer o dormir e non gelo dexaran fazer. E esto por que non venga peligro de ser descubiertos por que puedan ser desbaratados o presos o muertos. E sin estas caualgadas que deximos ay otras, a que llaman dobles, e esto es quando los de la caualgada han fecho su presa e ante que lleguen con ella al lugar do salieron torrnan otra vez a tierra de los enemigos a fazerles daño. E por ende, llaman los ladinos rriedro caualgada. E los antiguos sacaron esta manera de guerra porque fallaron que era mas dañosa que las otras por rrazon que las gentes estan mas seguras e rresçiben por ende mayor daño que de otra guisa. Onde, los cabdillos, que en todas estas maneras de caualgadas non sopiesen bien acabdillar a los que con ellos fuesen, si algund daño les viniese por culpa dellos, deuen auer pena segund deximos en las otras leys. Eso mesmo seria de los que se les desmandasen.

[Como deuen faser las algaras e las correduras, e que cosas deuen ser guardadas en ellas.][43]

Algaras e correduras son otras maneras de guerra que fallaron los antiguos que eran muy prouechosas para fazer daño a los enemigos, ca el algara es para correr la tierra e rrobar lo que y fallaren. E esta se deue fazer segund deximos en la ley que fabla de las batallas, corriendo los logares de los enemigos e rrobando primeramente lo que mas çerca dellos fallaren. E desto vienen dos bienes: el vno, que les fazen daño; e el otro, que se muestran en ello por mas esforçados. Pero en fecho destas algaras han de catar tres cosas. La vna, que los corredores sepan bien la tierra que han de correr. Otrosi, do han de tornar a sus compañas, e que lieuen buenas bestias e que sean ligeramente armados. Ca si esto non fiziesen en tal logar podrian echar el algara que serian y todos desbaratados, e si non lo fuesen de yda, serlo yan de torrnada quando

---

[43] Cf. *Segunda Partida*, XXIII, xxix (II, 507b-508a).

non sopiesen ado se auian de acoger. La segunda cosa es que caten do echan el algara e la aguisen que mueua de tal logar que puedan yr tornar los que la fazen ante que los cauallos les cansen, ca de otra guisa venirles ya ende dos daños: lo vno, que non podrian bien rrobar; lo otro, que podrian por ello ser desbaratados o a lo menos perderian por ello lo que ouiesen tomado. La terçera cosa es que sea el algara muy guardada, dando buena compaña, que baya sienpre en pos ella, e que se puedan acojer ayna con la presa que tomaren o en que ayan ayuda e cobro si desbaratados fueren, fallandolos los enemigos esparzidos e rrobando. La corredura es quando algunos omnes salen de algund logar e toman talegas para entrar a correr la tierra de los enemigos e tornanse al logar donde salieron. E esta se deue fazer e acabdillar en la manera que el algara. E por esto es dicha corredura, porque los que van en ella han de yr ayna e venir quanto mas pudieren por que non rresçiban daño de los enemigos, e porque esta non se faze sinon de poca compaña, e por eso han de yr a furto e non paladinamente como los del algara.

[Que cosa deuen catar los que se meten en las çeladas.][44]

Çelada es otra manera de guerra que los antiguos sacaron para fazer mal a sus enemigos. E en esta deuen ser acatadas quatro cosas. La primera, a qual logar la echan si han grand poder o non, o si son omnes que vsan de guerra o otra cosa. La segunda rrazon es que caten en qual logar quieren meter la çelada, si es çerca o lueñe de alli do quieren fazer el daño, e que sea en logar çelado, ca por eso ha este nombre. E señaladamente deuen catar que el logar do yuguieren sea atal de que puedan ayna salir, e esto por dos rrazones. La vna, que non sea en logar enbargoso por que quando los enemigos saliesen los de la çelada pudiesen ayna rrecodir a ella. E la otra, que si tan poderosos fuesen los enemigos que viniesen a la çelada que pudiesen ayna salir della e pararse en otro logar que fuese mas sin su daño. La terçera cosa que deuen otrosi catar que sean muy sabidores de guerra los que han de traer a los enemigos a la çelada en saberlos sacar e fazerles cosas por que los ayan aduzir a ella. E aun deuen ser muy sabidores los que los sacaren de non los leuar derechamente a la çelada mas pasarlos allende, de guisa que non la vean por que puedan entrar entre los enemigos e el logar do salieren para fazer mayor daño. E los que yuguieren en la çelada deuen y yazer muy callados e tener todauia sus atalayas en logares encubiertos do non puedan ellos ser vistos e puedan ver a los otros quando vinieren. Onde, tan bien en las çeladas como en las algaras como en las correduras que de suso deximos deuen seer muy sabidores los cabdillos en mandar fazer todas aquestas cosas sobredichas e las otras que entendieren conuenir al fecho que quisieren fazer. E los que se ouieren por ellos de acabdillar deuenles ser muy mandados. E los que asi non lo fizieren, tan bien los cabdillos como los otros, deuen auer la pena que sobredicha es en estas otras leyes.

---

[44] Cf. *Segunda Partida*, XXIII, xxx (II, 508a).

[TITULO VIII.
De la guerra que se fase por mar.
Introduçion.]¹

Singular plazer, segund cuentan los ystoriadores, ouieron los rromanos quando en la primera guerra africana que con los anteçesores [de Anibal]² auian, vençio Gayo Duolio su consul vna batalla en la mar que dixeron la naual, porque fue en naos.³ Ca maguer ouiesen muchos vençido por tierra, non auian auido fasta alli victoria por mar. E entendian que non bastauan las disçiplinas de guerrear por tierra para las batallas del agua si non ouiesen para ello particulares enseñanças e [acostumbrado]⁴ exerçiçio. E aun veemos que loamos a algunas gentes para pelear en la mar e non les damos tanto loor en la tierra porque es la manera diuersa e ha menester diuersas doctrinas. Por ende, despues que oymos las leys de la guerra que se faze por tierra, oyamos las de la mar, pues en España biuimos donde baten amas las mares, asi el Mediterraneo como el brauo e grande Oçeano. Pero vn mandamiento ay comun en amas estas guerras, el qual quiero que con diligençia acateys, e fallareys que es en todas las mas leys mandado que con grand diligençia obedezcan todos al capitan. E deuemos entender que quien quiso tantas vezes esta conclusion rrepetir non quiso que a de suso la oyesemos. E en la ley diuinal leemos que aunque por Jonatas se vençio vna grand vatalla non dexara por eso Saul su padre de le matar si el pueblo non le defendiera porque traspaso su decreto.⁵ E el jurisconsulto Marçiano dize en vna ley del derecho çiuil, que qualquier que cosa [vedada]⁶ por el cabdillo fiziere en la guerra o su mandado non guardare, aunque el fecho venga a bien, rresçiba pena capital.⁷ E dexando las leys, la esperiençia nos muestra que es muy

---

¹ The twelve laws in this *Titulo* are untitled in both of the incunabula. Titles are copied from G.
² de Anibal] Omitted in *Inc. 1487* and *Inc. 1497*.
³ Gaius Duellius was the leader of the first naval victory won by the Romans, in 260 B.C. The battle took place off the Lipari Islands during the First Punic War (264-241 B.C.). For possible sources, cf. Sextus Julius Frontinus, *Strategemata*, ed. Mary B. McElwain (Cambridge, MA: Harvard University Press, 1980), II, iii, 24, p. 122; and Lucius Annæus Florus, *Epitomæ de Tito Livio Bellorum Omnium Annorum DCC Libri II*, ed. Edward Seymour Forster (Cambridge, MA: Harvard Univerity Press, 1960), I, xviii, pp. 78-80. On ships and naval warfare in the Middle Ages see the useful articles (with sundry illustrations) by R. Morton Nance, "The Ship of the Renaissance," *Mariner's Mirror* 41 (1955): 180-192, 281-298; and Richard W. Unger, "Warships and Cargo Ships in Medieval Europe," *Technology and Culture* 22 (1981): 233-252.
⁴ acostumbrado] acostumbrando – *Inc. 1487, Inc. 1497*.
⁵ 1 Samuel 14: 24-46.
⁶ vedada] verdadera *Inc. 1487, Inc. 1497*.
⁷ Cartagena is referring to the *Lex Julia* on treason, as outlined in Justinian's *Digest*, XLVIII, iv, 3: "Marcianus libro quarto decimo institutionum. Lex duodecim tabularum iubet eum, qui hostem concitauerit quiue ciuem hosti tradiderit, capite puniri. lex autem Iulia

dañosa en la guerra la desobediençia, ca todos lo oymos e aun algunos ay que lo vieron quan vniuersal daño vino en algunas guerras pasadas por particulares porfias. E pues las leys diuinales e vmanas en esto concuerdan e los derechos del rreyno con tanto feruor lo rrepiten, e la experiençia e la rrazon claramente lo muestra, todo cauallero, qualquier que sea, deue mucho pugnar por ser obediente al cabdillo. E pues ya en los fechos de la tierra lo oymos, oyamoslo en la guerra de la mar en vno con las otras doctrinas della, las quales este mesmo rrey don Alfonso el deçimo pone en la *Segunda Partida*, en el titulo veynte e [quatro],[8] diziendo asi.

[Leyes.][9]

Mar es logar señalado en que pueden los omnes guerrear sus enemigos. Onde, pues que en los titulos ante deste auemos fablado de la guerra que los omnes fazen por tierra, queremos aqui dezir desta otra que fazen por mar. E mostraremos que guerra es esta, e en quantas maneras se deue fazer, e de que cosas han de estar guisados los que quieren guerrear por mar, e quales omnes son aquellos que son menester, e como se deuen acabdillar, e quales nauios son menester para fazer esta guerra, e de que cosas deuen ser basteçidos, e que pena mereçen los que en alguna dellas errasen.

[Que cosa es la guerra de la mar e quantas maneras son della e de que cosas han de estar guisados los que la quisieren faser.][10]

La guerra de la mar es cosa como desesperada e de mayor peligro que de la tierra por las grandes desauenturas que y pueden aconteçer, e tal guerra como esta se faze en dos maneras. La primera es flota de galeas e de naos armadas, poderosas de gente, e bien asi como la grand hueste que fazen por tierra. La segunda es armada de algunas galeas e de leños corrientes o de naos armadas en curso. E los que desta guerra se quisieren trabajar deuen auer en si quatro cosas. La primera, que aquellos que la ouieren de fazer sean sabidores de conosçer la mar e los vientos. La segunda, que tengan los nauios tantos e tales asi guisados de omnes de armas e de las otras cosas que ouieren menester, segund que conuiene al fecho que quieren fazer. E la terçera, que non se den vagar nin tardança a las cosas, que bien asi como la mar non es vagarosa en sus fechos mas fazelo ayna, asi los que andan en ella deuen ser acuçiosos e

---

maiestatis præcipit eum, qui maiestatem publicam læserit, teneri: qualis est ille, qui in bellis cesserit aut arcem tenuerit aut castra concesserit. eadem lege tenetur et qui iniussu principis bellum gesserit dilectumue habuerit exercitum comparauerit: quiue, cum ei in prouincia successum esset, exercitum successori non tradidit: quiue imperium exercitumue populi Romani deseruerit: quiue priuatus pro potestate magistratuue quid sciens dolo malo gesserit: quiue quid eorum, quæ supra scripta sunt, facere curauerit" (IV, pp. 802-803).

[8] Both of the incunabula and all of the manuscripts except *N1*, *N4*, *N6*, and *R* refer erroneously to Titulo XXV.

[9] Cf. *Segunda Partida*, XXIV (II, 508b).

[10] Cf. *Segunda Partida*, XXIV, i (II, 508b-509a).

apresurados en lo que ouieren de fazer, por que quando tiempo ouieren non lo pierdan mas que lo metan en su pro. La quarta cosa es que sean muy acabdillados, ca si los de la tierra lo deuen ser que pueden yr por sus pies o en bestias a qual parte les ploguiere e quando quisieren, quanto mas los de la mar, que yr nin estar non [es][11] en su mano como aquellos que van por pies e en caualgaduras. Los nauios que son de madera e los vientos por freno, de que non han poder de desçender cada que quisieren, nin dexarse caer de aquellas caualgaduras en que van, nin fuyr por guaresçer, maguer sean en peligro de muerte. E por todas estas rrazones deue el su acabdillamiento ser atal que cada vno sepa lo que ha de fazer. E quando vinieren al fecho non gelo ayan a dezir muchas vezes. E por ende, los antiguos, que fablaron en la guerra de la mar tan bien como en la de la tierra, non pusieron otra pena a los que en fecho della se desmandasen sinon que perdiesen las cabeças. E esto fizieron entendiendo que el daño que podria venir por el desmandamiento que seria mayor e mas peligroso que el de la tierra. E por eso pusieron pena los cabdillos sobre cada cosa, segund se muestra en este titulo.

[Quales omnes son menester para armamiento de los nauios quando quisieren guerrear.][12]

Omnes de muchas maneras son menester en los nauios quando quisieren guerrear por mar, asi como almirante, que es guiador o mayoral de la armada. E comitres deuen auer en cada galea, que son como cabdillos. Otrosi, naucheles, que son sabidores de los vientos e de los puertos para guiar los nauios, e marineros, que son omnes que los han de seruir e de obedesçer. E sobresalientes, que es su ofiçio señaladamente de lidiar, e otros omnes muchos, como adelante se muestra en las leys deste rreyno.

[Qual deue ser el almirante de la mar e como deue ser fecho e que poder ha.][13]

Almirante es dicho aquel que es cabdillo de todos los que van en los nauios para fazer guerra sobre mar. E tan grand poder ha quando va con la flota, que es asi como hueste mayor o en otro armamiento menor que se faze en logar de caualgada como si el rrey mesmo y fuese. E sin esto deue el judgar todas aquellas cosas que deximos en la ley que fabla de su ofiçio. E por este poderio que ha tan grande de su ofiçio deue ser mucho escogido el que quisieren fazer almirante, catando que aya en si todas estas cosas. Primeramente, que sea de buen linaje para auer vergüença de si e que sea sabidor de fecho de la mar e de la tierra por que sepa lo que le conuiene de fazer en cada vna dellas. E que sea de grand esfuerço, ca esta es cosa que le conuiene mucho para acometer e para fazer daño a sus enemigos. Otrosi, para apoderarse de la gente que traxere, ca son omnes que han sienpre menester justiçia e grand cabdillamiento.

---

[11] es] Omitted in *Inc. 1487*.
[12] Cf. *Segunda Partida*, XXIV, ii (II, 509a).
[13] Cf. *Segunda Partida*, XXIV, iii (II, 509ab).

Otrosi, deue ser muy granado por que sepa bien partir lo que touiere con aquellos que le han de ayudar e seruir, comoquier que todos los omnes ayan sabor e plazer naturalmente quando les fazen bien e les dan buena parte de lo que ganan, mucho mayor la han los de la mar: lo vno, por la grand cuyta que sufren en ella; lo al, porque son en logar que non pueden auer las cosas sinon por mano del señor. E sobre todo le conuiene que sea leal, de guisa que sepa amar e guardar al señor e a los que van con el. E asi mesmo de non fazer cosa que mal le este. E el que desta guisa fuere escogido por almirante, quando le quisieren fazer deue tener vigilia en la yglesia como si ouiese de ser cauallero. E deue venir otro dia ante el rrey, vestido de rricos paños de seda. E hale de meter vna sortija en la mano diestra por señal de la onrra que le fizo, otrosi, vna espada aguda por el poder que le da, e en la siniestra mano vn estandarte de las señales de las armas del rrey por señal de acabdillamiento que le otorgo. E estando asi deuele prometer que conquerira por amparar la fe e por acresçentar la onrra e el derecho de su señor, e por pro comunal de su tierra, e que guardara e fara lealmente todas las cosas que ouieren de fazer segund su poder. E desque todo esto fuere acabado, dende adelante ha poderio de almirante en todas estas cosas, segund dicho es.

[Quales deuen ser los comitres e como deuen ser fechos e que poder han.][14]

Comitres son llamados otra manera de omnes que son cabdillos de mar so el almirante. E asi como cada vno dellos ha poder de acabdillar los de su nauio, bien otrosi pueden judgar las contiendas que acaesçieren entre ellos. Pero si non se pagaren de su juyzio puedense alçar para ante el almirante mas non para el rrey sinon quando el mesmo fuese en la flota o quando la fiziese en tal manera que ese dia tor[n]ase al logar o el fuese. Mas estos comitres non deuen ser puestos sinon por el rrey mesmo o su mandado. E por ende, el almirante non les puede dar pena en los cuerpos nin en cosa que sea rrayz si el non gelo mandase, comoquier que los puede prender e fazerlos emendar del auer mueble las cosas que ouieren a pechar, segund su fuero o la postura que ouiesen fecho en aquella flota o armada. E porque ellos son juezes de los pleitos e cabdillos de las compañas que en los nauios traen, deuen ser muy escogidos de manera que ayan en si aquellas cosas que deximos del almirante. Ca porque el es cabdillo sobre todos ellos, tanto han poder cada vno de los comitres en su nauio como el almirante sobre la flota o armada en que fuese. E la manera en que deuen ser fechos los comitres es esta. Que quando touieren que es para ello ha de venir primeramente al rrey si y fuere, e si non, al almirante, e dezirle las cosas por que lo quiere ser. E estonçe el rrey o el almirante por su mandado deue llamar doze omnes sabidores de la mar que conoscan a aquel omne e fazerles jurar que digan verdad si ha en si todas aquellas cosas que deximos por que lo meresçe ser. E dando tal testimonio deuenlo vestir de paños bermejos e ponerle en la mano vn pendon de señal de las armas del

---

[14] Cf. *Segunda Partida*, XXIV, iv (II, 509b-510a).

rrey e meterlo en la galea tañendo trompetas e añafiles e ponerle en ella en aquel logar ado deue ser, e otorgandole que dende en adelante sea comitre. E despues que desta guisa fuere fecho ha poderio de acabdillar e de judgar en la manera que de suso deximos. E si dende en adelante errase en rrazon del acabdillamiento desmandandose al almirante o faziendo vando contra el con los otros comitres o con algunos otros de la armada, deue morir por ello. Mas si errase en los juyzios que diese deue auer tal pena segund el fuero. E si menoscauase o perdiese por su culpa algunas cosas de aquellas de las galeas deuelas pechar dobladas. E es tenudo de dar rrecabdo de todos los que en su nauio fueren si fizieren algund yerro. Pero si se le desmandasen mostrandolo al almirante o si les fuere prouado deuen morir por ello.

[**Quales deuen ser los naocheles e como deuen ser fechos e que poder han.**][15]

Naucheles son llamados aquellos por cuyo seso se guian los nauios por la mar. E porque estos son como adalides en la tierra, por ende, quando los quisieren rresçebir para aquel ofiçio deuenlos catar que sean tales que ayan en si estas quatro cosas. La primera, que sean sabidores de conosçer todo fecho de la mar, en quales logares es quedo e en quales corriente, e conoscan los vientos e el cambiamiento de los tiempos, e que sepan toda la otra manera. Otrosi, deuen saber las yslas e los puertos e las aguas dulçes que y son, e las entradas e las salidas para guiar sus nauios en saluo e leuar los suyos ado quisieren e guardarse otrosi de rresçebir daño en los logares peligrosos e de temençia. La segunda, que sean esforçados para sofrir los peligros de la mar e el miedo de los enemigos, e otrosi, para acometerlos ardidamente quando menester fuere. La terçera, que sean de buen entendimiento para entender bien las cosas que ouieren de fazer e para saber otrosi consejar derechamente al rrey o al almirante o al comitre quando demandaren consejo. La quarta, que sean leales, de manera que guarden e amen la pro e la onrra de su señor e a todos los otros que han de guiar. E al que fallaren, por tal que fuere çerca de la mar, deuenlo meter en el nauio en que han de yr e ponerle en la mano el espada o el timon e otorgarle que dende en adelante sea nauchel. E si despues desto, por su engaño o por su culpa e de su mal guiamiento se perdiese el nauio o rresçibiesen grand daño los que en el fueren, deuen morir por ello.

[**Quales deuen ser los proeres e los sobresalientes e los que han de guardar las armas e la vianda e la otra sarçia de los nauios.**][16]

Proeres son llamados aquellos que van en la proa de la galea, que es en la delantera. E porque el su ofiçio es de ser en las primeras feridas quando lidian, por ende, deuen auer en si tres cosas: la primera, que sean esforçados; la segunda, ligeros; la terçera, vsados de fecho de mar. E sin estos ay otros que llaman alieres, que van

---

[15] Cf. *Segunda Partida*, XXIV, v (II, 510b).
[16] Cf. *Segunda Partida*, XXIV, vi (II, 511a).

açerca dellos en las costaneras, que son asi como alas en el nauio, e por ende les dizen este nombre. E estos han de ser escogidos para acorrer e seruir alli do menester fuere, segund les mandare el nauchel o el comitre. E por esto que han de fazer deuen ser
165 atales que ayan en si las tres cosas que deximos de los proeres. Sobresalientes llaman otrosi a los omnes que son puestos ademas en los nauios, asi como vallesteros e otros omnes de armas, ca estos non han de fazer otro ofiçio sinon defender a los que fueren en su nauio, lidiando con sus enemigos.[17] E estos han de ser esforçados e rrezios e ligeros, lo mas que ser pudiere. E quanto mas vsados fueren de la mar tanto mas sera
170 mejor. E sin todos los que auemos dicho ha menester otros marineros para seruir la vela e fazer las otras cosas que les mandaren los naocheles, asi como echar las ancoras e tirarlas e atar los nauios en el puerto. E estos han de ser sabidores de marineria e ligeros e bien mandados. Otrosi, deuen poner omnes para guardar las armas e la vianda, e estos deuen ser leales para saberlo fazer derechamente e sin cobdiçia, e darlas alli
175 donde les mandare el mayoral del nauio. E sobre todas estas cosas que deximos deuen ser acabdillados e bien mandados. E los que contra esto fizieren deuen auer pena segund el yerro que fizieren.

[Quales son los mejores nauios para guerrear e como deuen ser apareiados.][18]

180 Nauios para andar sobre mar son de muchas guisas. E por ende, pusieron a cada vno su nombre segund la façion en que es fecho. Ca los mayores, que van a dos vientos, llamanlos naos o carracas, e destas y ha de dos masteles e de vno. E otros menores son desta manera, e dizenles nombres por que sean conosçidos, asi como carracones e buços e cardas e taças e leños e haloques e barcas. E en España non
185 llaman a estos nauios sinon a aquellos que han velas e rremos, ca estos son fechos

---

[17] In theory the use of crossbows in war was generally frowned upon as much by theologians and canonists as by the knights themselves. See, for example, A. T. Hatto, "Archery and Chivalry: A Noble Prejudice," *Modern Language Review* 35 (1940): 40-54; and Russell, *The Just War*, pp. 243-244. In practice, however, crossbowmen were indispensible, as Ramon Muntaner observed: "E per cert vull que cascun sàpia, e diu-vos-ho aquell qui en moltes batalles ho ha vist, que els ballesters en taula s'emporten les batalles pus les galees meten rems en frenell" (*Crònica*, 9 vols., ed. "E. B." [Barcelona: Barcino, 1927], IV, chapter 130, p. 40). Useful information on the ballistics of naval crossbow warfare is provided by William L. Rodgers, *Naval Warfare Under Oars, 4th to 16th Centuries. A Study of Strategy, Tactics and Ship Design* (Annapolis: U. S. Naval Academy, 1967), 106-108 (with illustration). The effectiveness of the crossbow in medieval naval warfare is further discussed by Frederic C. Lane, "The Crossbow in the Nautical Revolution of the Middle Ages," in *Economy, Society, and Government in Medieval Italy. Essays in Memory of Robert L. Reynolds*, ed. David Herlihy, R. S. Lopez, V. Slessarev (Kent, OH: Kent Sate University Press, 1969), 161-171.

[18] Cf. *Segunda Partida*, XXIV, vii (II, 511ab).

señaladamente para guerrear con ellos. E por eso les pusieron vellas e masteles como a los otros para fazer grand viaje sobre mar, e rremos e espatos e timones para yr quando les fallesçiese el viento para salir o entrar en los puertos e en los rrincones de la mar para alcançar biento que les fiziese o para fuyr de los que los siguiesen. Ca bien asi como el aue que non puede yr por el ayre si non ha alas con que buele, nin quando desçendiese en tierra non se podria mouer si non ouiese pierrnas e pies sobre que se sofriese, otrosi, estos nauios que son guerreros non podrian yr sobre mar a viento si non ouiesen velas en que le rresçibiesen, nin otrosi, rremos que los fiziesen mouer quando el viento les fallesçiese. Ca por esto es grand poder destos atales porque se ayudan del viento quando lo han e de los rremos quando les es menester, e muchas vegadas de todo. E a estas llamauan galeas grandes e menores, que dizen galeotas e carditas e façientas e farrantes e otros pequeños que han a yr que son destas façiones para seruiçios de los mayores, e de que se ayudan a las vegadas los que quieren guerrear a furto, e por que puedan mas encubiertamente mouerlos e ayna de vn logar a otro. E por ende, estos nauios, quien los quisiese auer para fazer con ellos guerra deue catar tres cosas: la primera, que quando los mandaren fazer que sea la madera para ellos escogida e en sazon cortada por que dure e non se dañe ayna; la segunda, que sean fechos de buena forma, e fuertes e ligeros, segund conuiene a lo que han de fazer; la terçera, que ayan todos los aparejos, que llaman sarzia, velas, timones, e espadas e ancoras e cuerdas de muchas maneras. E todas e cada vna dellas han su nonbre segund el seruiçio que fazen.

[En que manera fisieron los antiguos semejante de los cauallos a los nauios.][19]

Caualgaduras son los nabios a los que van sobre la mar, asi como los cauallos a los que andan por tierra. Ca bien asi como el cauallo, que es bien luengo e delgado e bien fecho, es ligero e corredor mas que el que es grueso e rredondo, otrosi, el nauio que es fecho desta manera es mas corriente que el otro. E los rremos fizieron a semejança de los pies e de las pierrnas de los cauallos, que han de ser luengos e derechos. Ca esta es cosa que conuiene otrosi mucho los rremos. Ca bien asi como el cauallo non se podria mouer sin ellos, otrosi, el nauio non se moueria sin los rremos quando el viento fallesçiese. E la silla asemeiaron al entablamiento, do uan asentados los rremadores, que non deuen ser mas posados a una parte que de la otra por que vaya el nauio ygual. E otrosi, pusieron la vela por semejante de las espuelas. Ca bien asi como el cauallo, maguer aya buenos pies, non corre tan bien como quando le dan de las espuelas, otrosi el nauio, aunque aya buenos rremos, non puede tanto yr con ellos como quando fuere el nauio en la vela e le faze yr por fuerça. E el timon o la espadilla fizieron semejante al freno del cauallo, porque asi como non se puede mouer a diestro nin a siniestro sin el, asi el nauio non se puede enderesçar nin rremouer sin estos contra la parte que le quisieren leuar, e sin aquesto las cuerdas que son para tirar el nauio son

---

[19] Cf. *Segunda Partida*, XXIV, viii (II, 511b-512a).

asi como el cabestro e las hazquas con que atan el cauallo. E sin todo aquesto, asi
como non le pueden fazer estar quedo sin sueltas, en esa mesma manera fueron
asacadas las ancoras para fazer estar quedo el nauio. Onde, todas estas cosas deuen auer
e los cabdillos de los nauios tener bien aparejadas de guisa que tengan todavia dellas
de mas que de menos, ca la mengua que por esto auiene en tal logar podria acaesçer
que todo el fecho se perderia por ende, porque la culpa e la pena seria de ellos segund
el dapño que por ello viniese. E otrosi, deuen auer sus omnes bien armados de guisa
que les den todas estas cosas quando las ouieren menester. E si asi non lo fizieren han
de auer pena segund el daño que ouiese por su desmandamiento.

[Como los nauios deuen ser guisados de omnes e de armas e de viandas.][20]

Bastimento deuen auer en los nauios, bien asi como en los castillos, non tan
solamente de omnes e de sarçia, asi como en las otras leys deximos, mas avn de armas
e de vianda. Ca sin esto non podrian beuir nin guerrear. E por ende, ha menester que
ayan para defenderse lorigas e lorigones e perpuntes e coraças e escudos e yelmos para
sofrir golpes de piedra e para ferir a manteniente. E deuen auer cuchillos e puñales
serraniles e espadas e hachas, porras e lanças e astas con garauatos de fierro para trauar
de los omnes e derribarlos, e aun teoques con cadenas para prender los nauios que non
vayan para tierra. E han de auer vallestas de estriberas de dos pies e de torrno e dardos
e piedras e saetas, quantas mas pudieren leuar, e terrazos con cal para çegar los
enemigos. E en otros xabon para fazerlos caer. E sin esto, fuego de alquitran para
quemar los nauios. E todas estas armas deuen siempre traer ademas por que non les
fallezcan. Otrosi, deuen auer mucha vianda, asi como biscocho, que es pan muy liuiano
porque se cueze dos vezes, e dura mas que otro pan, que non se daña. E deuen leuar
carne salada e legumbre e queso, que son cosas que con muy poco dello gouiernan
mucho los omnes; e ajos e çebollas, para guardarlos del corrompimiento del ayre del
mar e de las aguas dañadas que beuen. Otrosi, deuen lleuar agua, la mas que pudieren,
ca esta non puede ser mucha porque se pierde e se desgasta de muchas guisas, e demas,
que es cosa que non pueden escusar los omnes, e muchas vegadas quando non cuydan
la fallan menos porque han de morir quando fallesçe o vienen a peligro de muerte.[21]
E aun vinagre deuen otrosi leuar, que es cosa que les cumple mucho en sus comeres
e para beuer en el agua quando ouieren grand sed. E la sidra e el vino, comoquier que
lo aman mucho los omnes, son cosas que enbargan el seso, lo que non conuiene en
ninguna manera a los que han de guerrear sobre mar. E por ende, los antiguos vedaron
que non traxiesen estos beueres atales en las guerras, tan bien de mar como de tierra,
nin otros que cambiasen los sesos a los omnes, ca es la cosa del mundo que mas noze

---

[20] Cf. *Segunda Partida*, XXIV, ix (II, 512ab).

[21] The average daily water ration for sailors in the Middle Ages has been estimated at two quarts per man. See John H. Pryor, *Geography, Technology and War. Studies in the Maritime History of the Mediterranean, 649-1571* (Cambridge: Cambridge University Press, 1988), 76.

60 a los fechos que han de fazer, e mayormente a los grandes. Pero quando non lo podiesen escusar deuense ayudar dellos de guisa que non les faga daño, beuiendo dellos poco e echando en ellos mucha agua. Ca asi como es bien beuer los omnes para biuir con ello, otrosi, seria mal e grand vileza cobdiçiar beuir por beuer. Onde, de todas estas cosas deuen ser sabidores los cabdillos de los nauios en tres maneras: la primera, deuen
65 tenerlas con tiempo ante que vengan al fecho; la segunda, de guardarlas e non las expender sin rrecabdo; la terçera, de obrar con ellas segund conuiene quando menester les fuere. Los que desta guisa non lo fiziesen, sinon por culpa se perdiesen los nauios, son por ende mas traydores tan bien como si perdiesen vn castillo, e deuen perder los cuerpos e lo que ouieren.

70 **[Como los que se auenturan a guerra de mar deuen ser honrrados e
guardados quando bien fisieren e escarmentados
quando fisieren el contrario.]**[22]

Ardimento muy grande fazen aquellos que auenturan sus cuerpos andando en guerra por tierra, segund de suso mostramos, mas mucho es mayor de los otros que
75 guerrean por mar. Ca en la guerra de la tierra non es el peligro sinon de los enemigos tan solamente, mas en la mar es de esos mesmos, e demas, del agua e de los vientos. E aun sin esto ay otro peligro, que si el cae del cauallo non puede mas desçender de fasta tierra, e si estouiere armado non le fara mal, mas el que cae del nauio por fuerça ha de yr fasta el fondon de la mar, e quanto mas armado fuere tanto mas ayna
80 desçiende e se pierde. Mas los de la tierra si combaten villa o castillo puedense tirar a una parte, mas los de la mar non lo pueden fazer, ca despues que los nauios se açercan vnos a otros e se trauan, non se pueden desuiar los que estan en ellos a ninguna parte porque por fuerça ha de ser la lid a maneniente con todas las armas que traxieren, e por ende, estan en grand peligro de los enemigos, ca non ha entre ellos
85 sinon las manos e las armas con que se fieren. Otrosi, de parte de la mar non han sinon vna tabla entre ellos, e el agua e el viento e la tempestad son descubiertos de cada parte. E sin todo aquesto el comer e el beuer hanlo todo por medida e muy poco e non las cosas que querrian, mas aquellas con que puedan solamente beuir, asi como de suso deximos. E si aquello les falleçe non han a quien se torrnar, lo que non conteçe a los
90 que guerrean por tierra, ca si les menguan las viandas de las talegas yr pueden a otra parte a buscarlas, e si las non fallan, comeran de las yeruas o de las sus bestias mesmas que traxieren. Aun demas de todas estas cosas peligrosas e lazerias que deximos, aun han otras muy grandes ca non les dan logar en el nauio en que folgadamente puedan estar e dormir. E por todas estas rrazones que auemos dicho deuen los que se auenturan
95 a guerrear por mar ser esforçados e acuçiosos para saber estorçer de los peligros de la mar e de los enemigos. E quando tales fueren deuen ser onrrados e guardados. E otrosi, les deuen dar sus soldadas e su parte de las gananças que fueren de los enemigos e

---

[22] Cf. *Segunda Partida*, XXIV, ix (II, 512b-513a).

escarmentar los que erraren en el armada segund que fuere el yerro e el logar e el tienpo en que fuere fecho.

TITULO NONO.[1]
De como deuen los naturales guardar al rrey de sus enemigos e yr en hueste en su seruiçio e non se partir della sin su liçençia.
Introduçion.

5   Poco cumplirian las doctrinas de la guerra si la gente non viniese a ella. Ca lo prinçipal que es menester para guerrear los enemigos es ayuntar hueste poderosa.[2] E comoquier que si verdadera virtud reynase en nos, aunque ley alguna sobre ello non ouiese, se debria de suyo qualquier buen coraçon leuantar sin esperar llamamiento e yr a seruir a su prinçipe quando sabe que es en trauajo de
10 guerras. E entre todos debrian los caualleros a ello mas prestos salir e los omnes que son de linaje, ca mal pareçe el fidalgo en casa quando el rrey esta en el campo, lo qual guardo Orias, que non quiso entrar en casa aunque gelo mandaua Dauid porque Joab

---

[1] *N4* omits the following four laws (ll. 1-84) and substitutes the following:
Titulo nono.
Como deuen yr los caualleros e las otras gentes a la hueste quando ay guerra o se leuanta bolliçio en el rreyno.

    No bastaria como san de fazer las guerras a saberse si no supiesemos como son tenidos los naturales del rreyno yr a ellas, lo qual es ordenado de diversas maneras segun la diversidat de los casos en que las guerras e los levantamientos e bolliçios acaeçen, en lo qual no solamente proueyeron las *Partidas*, mas avn en el *Libro Judgo* e el *Fuero* e los *Hordenamientos*. E comoquier que esto a todos cumpla saber, pero mas conviene a los caualleros e fijos de algo porque a estos prinçipalmente perteneçe yr a las huestes. E a ellos es mas feo quedar en casa quando deuen yr o tornarse dellas no deuidamente. Por ende, oyan lo que disponen en esto los dichos del rreyno. E primero las leyes de las *Partidas*, las quales situo este rey don Alfonso el deçimo en la *Seguna Partida*, en el titulo XIX, en la manera siguiente.

[2] The *DC* underscores the fact that warfare in the Middle Ages was by no means rudimentary or simple, and battles were for the most part carefully planned and organized. The most recent study on the organized nature of battles is that of Michael Howard, "*Temperamenta Belli*: Can War be Controlled?" in *Just War Theory*, ed. Jean Bethke Elshtain (New York: New York University Press, 1992), 23-35. Howard observes that "War, at least as the term has been understood in western societies since the Middle Ages, is not the condition of generalized and random violence pictured by Thomas Hobbes as 'the state of nature.' It is on the contrary a highly social activity–an activity indeed which demands from the groups which engage in it a unique intensity of societal organization and control. It involves the reciprocal use of organized force between two or more social groups, directed according to an overall plan or series of plans for the achievement of a political object" (23). See also Philippe Contamine, *War in the Middle Ages*, trans. Michael Jones (New York: Blackwell, 1984), 219-37.

con la hueste estaua en las tiendas.³ Pero en muchos del pueblo, e aun a las vezes en algunos de los fijosdalgo, acaesçe ser tan tibio el deseo de la virtud que bien se
15 pararian a esta vergüença si neçesidad non los apremiase. Por ende, los componedores de las leys non quisieron oluidar este articulo mas ordenaron que viniesen los naturales a seruir al rrey en su hueste poniendo a los que non lo fiziesen penas, segund la qualidad de los casos. E aunque muchas dellas fablan general[m]ente⁴ en todos, pero prinçipalmente han logar en los fijosdalgo, ca pues por el exerçiçio de las armas han
20 tantas onrras e franquezas, rrazonable es que non se escusen de vsar dellas al tiempo que veen ser neçesarias. E el rrey don Alfonso el deçimo, proueyendo en esto en la *Segunda Partida*, en el titulo [deçimonono],⁵ establesçio las leyes que se siguen.

Leys.
Qual deue ser el pueblo en guardar al rrey de sus enemigos.⁶

25 Complida non puede ser la guarda que el pueblo fiziese al rrey si del daño que le podria venir de sus enemigos non le guardasen. Onde, pues que en el titulo ante deste fablamos de como el pueblo deue guardar al rrey en sus casas, muebles, e rrayzes, de qual natura quier que sean, queremos aqui dezir de como deuen guardar el rreyno de sus enemigos. E mostraremos que cosa es enemistad, e quantas maneras son de
30 enemigos, e como deue el pueblo guardar al rrey e a la tierra de ellos, e que pena deuen auer los de la tierra que se les mostrasen por enemigos, e como deue el pueblo venir en hueste para defender al rrey e al rreyno e para estragar a sus enemigos, e que pena meresçen los del pueblo quando asi non lo fiziesen.

Que cosa es enemistad e quantas maneras son de enemigos.⁷

35 Enemistad es malquerençia con mala voluntad que ha omne contra su enemigo por rrazon de desonrra o de tuerto que fizo a el o a los suyos, asi como mostramos en la *Setena Partida* deste libro, en las leys que fablan del significamiento de las palabras. E son dos maneras de enemigos: los vnos de la tierra; e los otros de fuera. Los de la tierra son aquellos que moran con omne continuadamente en ella. E destos son mas
40 dañosos que los de fuera porque son como de casa e non se puede omne bien guardar de ellos porque en semejança de bien fazen a las vegadas muy grandes males e muy grandes daños a los que mal quieren. E por ende, dixo el sabio que ninguna pestilençia non es mas fuerte para empeçer a omne que el enemigo de casa porque el sabe de todo su fecho e puede estoruar mas de ligero. E los otros enemigos de fuera son aquellos

---

³ Orias] Uriah the Hittite, who was wronged by David in the second campaign against Ammon. Cf. 2 Samuel 11: 1-27.
⁴ generalmente] general gente – *Inc. 1487*.
⁵ deçimonono] deçimo – *Inc. 1487, Inc, 1497, N4, G*.
⁶ Cf. *Segunda Partida*, XIX (II, 454b).
⁷ Cf. *Segunda Partida*, XIX, i (II, 454b).

45   que han guerra con el rrey paladinamente.

Como deue el pueblo guardar al rrey de sus enemigos.[8]

Guarda de tres maneras deximos de suso que deue el pueblo fazer al rrey e todos aquellos que son sus naturales o sus vasallos. La primera, del mesmo. La segunda, de los anexos. E destas dos auemos mostrado en que manera deue ser fecho, segund fuero
50   antiguo de España. Mas agora queremos dezir de la terçera, que es de los enemigos. E por guardar a el en si que non fiziese cosa que le estouiese mal o se le torrnase en daño nin por guardarse dellos mesmos que non fiziesen contra el cosa que fuese sin derecho, e todo aquesto non le habundaria si non le guardasen de los enemigos porque esta guarda ençierra todas las otras. E esto es por que si algunas vezes errase faziendo
55   cosa desaguisada por que fuese sin vergüença e aun su daño puedese endereçar e emendar muy bien. E si ellos contra el fizieren cosa que non deuen, puedelo castigar o sofrir o perdonar si quisiere. E porque el es señor e los vasallos son todos vna cosa, mas el daño[9] [o el mal que el rrey rresçibiese de los enemigos por mengua de guarda de los suyos, este seria peor que los otros e mas dañoso e con mayor vergüença, lo vno,
60   porque seria mas sabido, lo al, que lo farian por mayor cruesa. E sin todo esto acaesçeles ya otra cosa muy desaguisada que ganarian ellos en la tierra onde fuesen mala fama por sienpre, lo qual seria tan malo como muerte, o peor, ca de vna parte fincaria su señor desonrado e ellos denostados e malandantes e perdidosos, dexando sus enemigos apoderar e enriqueçer de lo suyo. E por ende, los españoles acatando su
65   lealtad, queriendose guardar desta vergüença touieron por bien e quisieron que todos fuesen muy acuçiosos en guardar su rrey. Ca en guardando a el guardaran a si mesmos e a la tierra onde son. E esta guarda se deue faser en quatro maneras: la primera, guardando su cuerpo cotidianamente; e las tres son a tiempos señalados, asi como en las huestes, ca la vna se fase quando alguno se alça dentro en la tierra mesma del rrey;
70   e la otra quando los enemigos entrasen en ella; e la terçera quando el rrey entrase en la tierra de los enemigos. E cutianamente deuen los vasallos guardar al rrey e non dexar a ningun omne que sea llegar a el que sea su enemigo conosçido de quien entendiesen que podria venir mal en alguna manera. E comoquier que algunos sean conosçidos e puestos señaladamente para guardarle el cuerpo, como es de suso dicho, con todo eso
75   non son escusados los otros que non le guarden cada vno segun su estado quanto podiere. Ca asi como el deue guardar a todos los omnes con justiçia e con derecho, asi son ellos tenidos otrosi de guardar a el siempre con lealtad e con virtud. E por ende, ninguno non se puede escusar, nin deue, desiendo que non deue nin es el puesto para aquella guarda que si a su señor viere ferir o matar o desonrrar que non faga y todo su
80   poder para desuiar lo que non sea e caloñarlo quanto mas podiere. E el que asi non lo

---

[8] Cf. *Segunda Partida*, XIX, ii (II, 455ab).

[9] The following lacuna (ll. 59-120) is peculiar to *Inc. 1487* and *Inc. 1497*. The missing text is supplied from *G. N1* includes ll. 59-84 only.

fisiese, seyendo su vasallo o su natural, farie trayçion conosçida por que meresçia auer tal pena como quien puede desuiar o acaloñar muerte de su señor o desonrra e non lo fase.

Como deue el pueblo guardar la tierra e venir en hueste contra los que se alçan en ella.[10]

Regno es llamado la tierra que ha el rrey por señor. E otrosi, ha nombre rrey por los fechos que ha de faser en ella, maniteniendola con justiçia e con derecho. E por ende, dixieron los sabios antiguos que son como alma e cuerpo, que maguer sean apartados el ayuntamiento los fase como vna cosa, onde, maguer el pueblo guardase al rrey en todas las cosas sobredichas, si el rregno non guardasen de los males que podrian y venir, non seria la guarda conplida. E la primera guarda destas que se conuiene faser es quando alguno se alçase con el rregno o para boluerle o faserle otro daño. Ca en tal fecho como este deuen todos venir lo mas ayna que podieren por muchas rrasones: primeramente, por guardar al rrey su señor de daño e de vergüença que nasçe de tal leuantamiento como este. Ca en la guerra que le veniese de los enemigos de fuera non ha marauilla ninguna porque non han con el debdo de naturalesa ni de señorio; mas la que se leuanta de los suyos mesmos, desta nasçe mayor desonrra, como en querer los vasallos egualarse con el señor e contender con el orgullosamente con soberuia. E es otrosi mayor peligro porque de tal leuantamiento como este siempre se mueue con gran falsedad e señaladamente por faser mal. E por esto dixieron los sabios antiguos que en el mundo non auia mayor pestilençia que rresçebir ome daño de aquel en quien se fia, nin mas peligrosa guerra que de los enemigos de quien non se guarda que non son conosçidos, mostrandose por amigos, asi como deximos. E al rrey viene otrosi gran daño porque le nasçe guerra de los suyos mesmos que le son asi como fijos e criados. E viene otrosi gran departimiento de la tierra de aquellos que la deuen ayuntar e estruymiento de aquellos que la deuen guardar por saber la manera de faser y mal mas que los otros que non son dende naturales. E por ende, es asi como la ponçoña que si luego es dada non acorren al omne va derechamente al coraçon e matale. E por esto los antiguos llamaron a tal guerra como esta lid de dentro del cuerpo. E sin todo esto viene ende gran daño porque se leuanta blasmo non tan solamente a los que lo fasen, mas avn a todos los otros de la tierra si tanto que lo saben non muestran que les pesa e luego yendo al fecho vedandolo muy cruelmente, porque fuego de tan gran enemiga como esta non se ençienda, ni avn el rrey non rresçiba mal en su poder para en su honrra, ni otrosi el rregno pueda venir en gran daño e destruymiento ni que los malos atreuiendose tomasen ende enxienplo para faser otro tal o otro mal. E por esto deue luego ser amatado de manera que solamente fumo non salga ende que pueda ennegresçer la buena fama de los de la tierra. E por todas estas rrasones deuen todos luego venir que lo sopieren a tal hueste como esta non atendiendo

---

[10] Cf. *Segunda Partida*, XIX, iii (II, 455b-456b). The text of *N4* resumes at this point.

mandado del rrey. Ca tal leuantamiento como este es tan] por estraña cosa lo touieron los antiguos, que mandaron que ningunos non se podiesen escusar por onrra del linaje nin por priuança que ouiesen del rrey, nin por priuilegio, nin por ser del orden, sinon fuese omne ençerrado en la claustra o los que fincasen para dezir las oras que todos viniesen y para ayudar con sus manos e compañas e con sus aueres. E tan grand sabor ouieron de lo vedar que mandaron que si todo lo al fallesçiese las mugeres viniesen para ayudar a destroyr tal fecho como este, pues que el mal e el daño atañen a todos. Non touieron que por dinero ninguno se escusase que todos non viniesen a desrraygarlo. Onde, los que tal leuantamiento como este fazen son traydores e deuen morir por ello e perder todo quanto ouieren. Otrosi, los que a tal hueste como esta non quisieren venir o se fuesen della sin mandado porque semeja que les non pesa de tal fecho deuen auer esa mesma pena. Ca derecho conosçido es que los fazedores del mal e los consentidores ygualmente sean penados. Pero non caerian en ella los que non pudiesen venir mostrando escusa derecha, asi como aquellos que fuesen menores de hedad de catorze años e mayor de sesenta, o enfermos o feridos, de manera que non pudiesen venir, o si fuesen embargados de muy grandes nieues o de abenidas de rryos que non pudiesen pasar por ninguna guisa. Mas de la hueste non seria escusado ninguno para venirse della sinon fuese enfermo o llagado tan grauemente que non pudiese traer armas. Pero a lo que dize de suso que los viejos deuen ser escusados, non se entienda de aquellos que fuesen tan sabidores que pudiesen ayudar por su seso o por su consejo a los de la hueste, ca vna cosa de las del mundo en que mas son menester, esta es, en fecho de armas. E por esta rrazon los antiguos fizieron engenios e maestrias para leuar consigo en las huestes los viejos que non podian caualgar para poderse ayudar de su consejo.

Como deue el pueblo venir en hueste quando los enemigos de fuera entrasen en la tierra por fazer daño en ella de pasada.[11]

Guerrean los omnes en dos maneras. Ca o lo fazen por defender lo suyo, o por conquerir lo ageno. E cada vna destas es menester que se faga con huestes o con poderio de omnes de armas, ca pues que la cosa se faze para vençer los enemigos, quanto mas poderosamente es fecha, tanto mas ayna viene a acabamiento. E por ende, maguer en la ley ante desta mostramos de vna manera de hueste por que se faze quando alguno se muestra o se leuanta en la tierra, non queremos por eso oluidar que non fablemos en las otras de que fezimos en miente en la ley primera deste titulo. La vna dellas es quando los enemigos del rrey entrasen en su rreyno por fuerça. E esto podria acaesçer de tres guisas: la vna, entrando para fazer daño en el de pasada; la otra, atreuiendose tanto que çercasen villa o castillo; la terçera, quando quisiesen lidiar con el rrey dentro en el su rreyno o a dia señalado. E cada vna dellas es el pueblo tenudo de venir para guardar a su rreyno de daño de sus enemigos. E si esto guardaren

---

[11] Cf. *Segunda Partida*, XIX, iv (II, 457ab).

guardaran a si mesmos e la tierra donde son. Mas a la primera, que es quando entra en la tierra para fazer daño de pasada, porque es mas rrebatosa que las otras, deuen luego acorrer todos los que lo sopieren para defendergela e pugnar de echarlos della, e
60 mayormente aquellos que fueren mas çerca, ca, pues el fecho los llama, non han menester otros mandaderos nin cartas que los llamen. E los que asi non lo fiziesen bien se mostrarian que non les pesaua con desonrra de su señor nin auian sabor de guardarlo de ella, nin otrosi, con el daño de su rreyno donde son naturales. E por ende, deuen auer tal pena que pierdan amor del rrey a quien non quisieron acorrer, e sean echados
65 del rreyno a que non ouieron sabor de amparar. E esto fue puesto antiguamente en España porque si en grand culpa yazen los que non quisieren ayudar al rrey quando entra a ganar algo a la tierra de los enemigos, tanto en mayor caen en los que non quisieren venir a amparar lo suyo quando los enemigos les entran a fazer daño en la suya. Pero si por mengua de su acorro fuese el rrey muerto o ferido o preso o
70 desonrrado deuen auer todos los que non le acorrieren tal pena como aquellos por cuya culpa su señor cayo destos yerros sobredichos de que le pudieran guardar e non quisieron. Pero esto non se entiende auiendo escusa derecha por que non pudiesen venir, segund se dize en la ley ante desta.

Como deue el pueblo venir en hueste quando los enemigos de
75 **fuera çercasen alguna villa o castillo en la tierra del rrey.**[12]

Desonrra grande deximos en la ley ante desta que seria a todos los de la tierra quando los enemigos entrasen en ella por correrla o por fazer otro daño de pasada si non viniesen luego a defenderla. Mas muy mayor lo seria quando los dexasen çercar la villa o el castillo, ca esto seria ya como manera de sosegamiento para fincar en la
80 tierra cuydandola ganar. Ca asi como se mostrarian en ello los enemigos por esforçados, asi se mostrarian los de la tierra por couardes e por flacos si luego que lo supiesen non viniesen todos a leuantarlos dende o fazer todo su poder por que su señor non fuese deseredado, dexando a sus enemigos herredar en la su tierra. E por ende, atal hueste como esta touieron los antiguos por bien que todos fuesen tenudos de venir
85 maguer non fuesen llamados tan bien como si llamados fuesen. E esto es porque el fecho de la naturaleza que han con la tierra los llama, otrosi, el señorio del rreyno a quien son tenudos de guardar, ca de otra manera non podria el rrey ser bien guardado. Onde, los que a tal hueste como esta non quisiesen venir non auiendo escusa derecha como sobredicho es, si el castillo se perdiese e ellos fuesen omnes honrrados, deuen ser
90 echados del rregno e ser deseredados de lo que han, porque semeja que les plugo del deseredamiento de su señor. E si fuesen de menor guisa deuen morir por ello e perder todo quanto ouieren. Pero si el rrey rresçiuiese y alguno de los males que diximos en la ley ante desta deuen auer esa mesma pena que en ella dize.

---

[12] Cf. *Segunda Partida*, XIX, v (II, 457b-458a).

Como deue el pueblo venir en hueste quando los enemigos de fuera entrasen en la tierra para lidiar con el rrey.[13]

Algunas vegadas acaesçe que tan grande es el poder de los enemigos que se atreuen a entrar en el rreyno para dar batalla al rrey e a todos los de su tierra. E porque esto fazen atreuiendose en su esfuerço e en la flaqueza dellos, por esto es mayor desonrra del rrey e de todos los de la tierra que en las otras entradas que dicho auemos. Por ende, todos los de su señorio deuen venir luego que lo sopieren en la manera que dize en la ley que fabla de quando algunos se leuantan en el rreyno. E atal hueste como esta touieron por bien los antiguos que acorriesen non tan solamente los que fuesen naturales de la tierra, mas aun todos los otros que en ella morasen e armas pudiesen tomar. E esto han asi de fazer porque esta desonrra tañe a su señor primero e de si a todos los otros comunalmente. E seyendo y el rrey, si por auentura fuese muerto o preso o vençido, todos los mejores de la tierra se perderian y con el porque si algunos y escapasen con aboleza non valdrian nada para defender el rreyno. E si acaesçiese que el non fuese en aquella batalla, por ser niño, o por enfermedad manifiesta que ouiese, o porque sus vasallos non gelo consintiesen en ninguna guisa por llegar de peligro, con todo, tales omnes se podrian y perder que si los de la tierra non les viniesen luego a acorrer, que el rrey mesmo despues non la podria defender tan bien como los otros que fincasen con el e podria por ende todo venir a peligro e a perdimiento. E porque la perdida seria comun a todos, como deximos de suso, por ende, non se deue ninguno escusar desta hueste, ca el que lo fiziese faria trayçion al rrey e al rreyno e denostaria su linaje para siempre, por que deue auer tal pena en el cuerpo e en lo que ouiere como aquel que dexa a su señor caer en peligro de todo mal e al rreyno donde es natural o do mora en perdiçion por mengua de su acorro que pudiera fazer e non fizo. Pero non se entiende esto de aquellos que ouiesen escusa derecha, asi como de suso es dicho en la ley que fabla del leuantamiento.

Como el pueblo deue venir en hueste quando el rrey entrase en tierra de los enemigos para fazer mal de pasada.[14]

Entrar puede el rrey con hueste en tierra de enemigos para fazerles mal e guerra en aquellas tres maneras mesmas que deximos en las leys ante desta que los enemigos podrian entrar en la suya. E comoquier que el pueblo sea tenido de venir en estas huestes mucho apresuradamente, asi como de suso mostramos, porque son a guarda de su señor e de su tierra, non deuen otrosi estar que non vayan en aquestas otras para onrrar a si e quebrantar sus enemigos. E por ende, los antiguos de España, que cataron todas las cosas con razon, non touieron que menor guarda auia menester el rrey quando entrase en la tierra de los enemigos que si ellos entrasen en la suya. Ca en la su tierra, si fuese mayor el poder de los enemigos que el suyo, si non se atreuiesen a lidiar con

---

[13] Cf. *Segunda Partida*, XIX, vi (II, 458ab).
[14] Cf. *Segunda Partida*, XIX, vii (II, 458b-459a).

ellos, auian villas e castillos e fortalezas a que se pudiesen acoger, e armas e vianda e las otras cosas que les fuesen menester, lo que non podrian auer en la tierra de los enemigos. E otrosi, sabrian mejor el e los suyos el fecho de su tierra que de la agena. E por ende, quando el rrey quisiere entrar en la tierra de los enemigos para fazerles mal como de pasada, deuelo ante fazer saber a los suyos, a aquellos que touiere por bien que vayan con el, poniendoles plazo en que se puedan guisar para venirle seruir, tanto tiempo quanto entendiere que cumple a aquel fecho e lo puedan ellos sofrir. Por eso, los antiguos non pusieron plazo de acorro señalado a tal hueste como esta, porque podria ser de pocos dias o de muchos, segund los fechos acaesçiesen, mas touieron por bien que aquellos que el rrey llamase e pusiese plazo señalado para venir e non viniesen podiendolo fazer e non auiendo escusa derecha, asi como dize en estas leyes, que perdiesen bien fecho del rrey porque le non quisieron seruir, e fuesen echados de la tierra porque la non quisieron onrrar. E a los otros que con el entrasen e se viniesen de la hueste pusieron mayor pena porque esto seria ya como trayçion en desamparar su señor en tierra de los enemigos. E tanto lo touieron por estraña cosa que solamente por el desmandamiento touieron por bien que fuesen echados de la tierra. Mas si el rrey rreçibiese daño como de muerte o desonrra posieron tal pena segund el mal que y ouiese rreçebido, pues que por el desmandamiento dellos lo rreçibiera.

Como el pueblo deue venir en hueste quando el rrey quisiere çercar villa o castillo de sus enemigos.[15]

Çercar queriendo el rrey villa o castillo en tierra de sus enemigos por que ouiese a llamar sus pueblos que le viniesen en hueste deuegelo ante fazer saber e ponerles plazo a que vengan guisados de armas e de uianda e de las otras cosas que conuienieren a aquel fecho. Eso mesmo seria quando ouiese fecho la çerca e enbiase por ellos que le viniesen a ayudar. E para esto son tenudos de venir aquellos por quien el rrey enbiase, por muchas rrazones. Primeramente, por fazer mandamiento de su señor. Lo otro, por guardarle de daño de sus enemigos e por onrra de acresçentar su tierra. Onde, los que a tal hueste como esta non viniesen non auiendo escusa derecha, asi como ya deximos, solamente por el desmandamiento deuen ser echados del rreyno. E si se fuesen de la çerca sin mandado, si el rrey non pudiese por alguna dellas ganar aquel logar, touieron por bien los antiguos que perdiesen la meytad de sus heredamientos porque por su culpa fue el rrey deseredado de la heredad que pudiera auer de sus enemigos. E si el rrey fuese y muerto o ferido o desonrrado, deuen auer tal pena segund el mal o la desonrra rreçibiere, asi como en la ley ante desta deximos.

Como deue el pueblo venir en hueste quando el rrey ouiese de auer batalla con sus enemigos dentro en la tierra dellos.[16]

---

[15] Cf. *Segunda Partida*, XIX, viii (II, 459b).
[16] Cf. *Segunda Partida*, XIX, ix (II, 460ab).

Dentro en la tierra de sus enemigos podria el rrey entrar para auer batalla con ellos a dia señalado. E a tal hueste como esta touieron los antiguos que viniesen todos los que lo sopiesen, tan bien los que non fuesen seydo llamados como los que lo fuesen, bien asi como al leuantamiento del rreyno e a la otra hueste quando los enemigos entrasen para auer batalla con el dentro en su tierra. E en esto non touieron que deuia auer tardança nin otro plazo sinon aquel que fuese puesto e señalado por los que ouiesen de auer la batalla. E los españoles, que fueron siempre sabidores de guerra e mucho vsados en fecho de armas, maguer entendieron que la otra batalla que diesen al rrey su señor dentro en el rreyno era peligrosa, mucho mas touieron que lo era esta, porque si en la otra non ouiasen luego matar o prender poderse yan acoger en la su tierra mesma o a algund logar do abrian guarnimiento. E otrosi, los que con el fuesen fallarian lo que ouiesen menester e se le podrian despues llegar sus gentes con que se vengaria. Mas el que fuese vençido dentro en la tierra dellos, muy de duro podria ser que escapase el e los suyos de muerte o de presion. E aunque se podiesen acorrer a algund logar non fallarian cosa de lo que fuese menester, e menguarle yan todauia sus gentes e cresçeria el poder de los enemigos. E acatando todos estos peligros mandaron que viniesen todos a tal hueste como esta, e ninguno non se podiese ende escusar sinon por algunas rrazones de las que dichas son. E esto fizieron por onrra de su señor e guardarle en tamaño peligro como este de sus enemigos, e por auer acuerdo sobre las cosas que ouiesen de fazer por que mejor las pudiesen acabar ante que en la batalla entrasen. Ca toda lid ha tal natura que despues que los omnes son bueltos en ella cada vno pugna de fazer lo mejor que puede, e sale el fecho del tal e torna todo al poder de Dios. E auiene asi que comoquier que se pueda despues vengar el daño que y toman nunca se bien cobra, e la vergüença que y rreçibiesen por su mal rrecabdo. E por todas estas rrazones, deuen venir todos a tal hueste como esta luego que lo sopieren. E el que lo non fiziese, por solo el desmandamiento de non venir, pusieron que si fuese omne onrrado que perdiese amor del rrey e fuese echado del rreyno. E si fuese tal omne, que le echasen por ende de la tierra e perdiese la meytad de lo que ouiese. E los que se fuesen de tal hueste sin mandado del rrey ante que se fiziese la batalla, seyendo nobles omnes, deuen ser echados de la tierra por sienpre e perder la meytad de lo que ouiesen. E si fuesen otros omnes deuen morir por ello. E porque podria acaesçer que por la su yda dellos non yria a la batalla e fincaria en vergüença e desonrrado e si fuese alla podria ser mal andante. E esto todo viene por culpa dellos. Mas aquellos que fuyesen de la batalla desque las hazes fuesen paradas fasta que fuese acabada, o si se fuesen para sus enemigos, a estos dieron por traydores conosçidos, e deuen morir por ende e perder quanto ouieren. E aun por ser mas señalados de la trayçion que fizieron mandaron que les der[r]ibasen las casas. E tanto touieron por estraña cosa desamparar a su señor en la batalla que ouiese con sus enemigos, quier en la su tierra o en la de ellos, que pusieron que las mugeres nin los fijos non acogiesen a estos atales en las casas nin morasen con ellos dende en adelante por la fama e la nonbradia que por ellos ganan.

Item: en el *Libro Judgo* estan algunas leys que fazen a esta materia, pero por quanto las mas dellas non son ya para en este tienpo escogi de todas ellas dos que pareçen mejor ordenadas, que estan en el libro nono, que dizen asi.[17]

---

[17] *N4* offers the following variant reading of ll. 307-311. For the source, cf. *Fuero Juzgo*, IX, ii, 1, 3, 4, and 5, respectively (157a-159a):
Ytem: en el *Libro Yudgo*, en el titulo de los que van en la hueste e de los que huyen della se contienen algunas leyes antiguas que fazen a esta materia que disen asy.
Sy aquellos que son senesçales de la hueste dexan tornar algun hombre de la hueste por preçio a fyncar en su casa.

Sy el que ha mil cauallleros en guarda en la hueste e tomo preçio de alguno de su compaña que lo dexe tornar para su casa quando tomare pechelo en nueue doblos al señor de la hueste. Et sy no rreçibio del nada mas dexalo tornar a su casa e era sano o no lo quiso costreñir que saliese de su casa que fuese en la hueste. E el que lo fiso peche veynte maravedis. E el que ouiere quinientos hombres de guardar en la hueste e fisiere esto, peche XV. E el que ha çiento peche diez maravedis. E estos dineros deuen ser partidos entre la conpaña quel avia de mandar.
Ley antigua.
Si los senesçales que deuen ordenar la hueste dexan la hueste e se tornan para sus casas e si dexan alguno que non costringan que vayan a la huetse.

Sy el que ha çiento de mandar en la hueste dexa su conpaña en la batalla e se torna para su casa deue ser descabeçado. E si fuyere al obispo o a la yglesia peche tresçientos sueldos al señor de cuya tierra es e no aya ningun pavor de su muerte y el señor de la tierra lo haga saber al rrey. E aquellos dineros sean partidos entre la conpaña quel deuie mandar. E dally adelante nunca mas deue ser señor de çiento, mas puede ser de diez. E sy aquel que ha de mandar çiento syn voluntad del señor de la hueste dexare algun hombre por rruego o por preçio de su compaña tornar a su casa, o sy lo dexare fyncar en su casa que no vaya en la hueste, quanto ende reçibiere todo lo peche en nueue doblos al señor de qual tierra era. E el señor de la tierra lo haga luego saber al rey como es de suso dicho, que por mandado del rey se parta aquello por entre aquella conpaña que el dexo. E si el que tiene çiento en guarda no tomo ningun preçio por lo dexar tornar a su casa de la hueste o por lo dexar en su casa que no vaya a la hueste el que lo hiso peche çient maravedis al señor de qual tierra fuere, asi como de suso es dicho.

Sy los que deuen ordenar la hueste se torrnan para sus casas o sy dexan a otros torrnar.

Sy el que ha de mandar diez hombres en la hueste finca en su casa e es sano, e non quyere yr en la hueste o se torna de la hueste para yr en su casa, peche al señor de la hueste onde es dies maravedis. E si fizo algun rruego que lo dexasen, peche çinco maravedis y el señor fagalo luego saber al rrey que de aquellos dineros sean partidos por mandado del rey entre aquella compaña que dexo. E si algun honbre despues que es contado en la hueste entre mil o entre quinientos o entre çiento o entre diez sin mandado de aquel que ha de mandar estas conpañas finca en su casa e no quyere yr en la hueste o si se torna de la hueste para su casa rreçiba çient açotes en el mercado ante todos e peche diez maravedis.

Si los que ordenan la hueste rreçiben algun preçio por dexar algun hombre fyncar en su casa que no es enfermo.

De los que non van en hueste en el tienpo estableçido, en como se deuen escusar los dolientes. E los rricos omnes que rrigen pueblos que non vayan en hueste.[18]

Si aquellos aman la tierra que se ponen a muerte por la defender, ¿por que non
315 diremosnos que aquellos que la non quieren vengar que la non aman e que la desamparan? ¿E como podremosnos creer que aquellos quieren saluar la tierra, los quales, quando les amonestan que vayan a la hueste, non quieren yr, e de lo que fazen peor, quierense fincar en sus casas, o quando van en la hueste van asi como delexados? Ca son algunos que quieren entender mas en sus labores e dexan todos los omnes en
320 sus casas. E por guardar su lauor non quieren leuar sinon de veynte omnes vno. E quieren mas guardar sus lauores que sus cuerpos, e amparan a sus cosas e desanparan a si mesmos. E han mayor cuidado de lo que dexan en casa que en se defender por armas, asi como si non ouiese a ser suyo lo que ganasen pues que fuese vençido, e como si non ouiesen de seruir señor. E do estan tales omnes como estos deuemosnos
325 mandar por castigo pues que se non quieren amparar de su voluntad para fazer su pro. Onde, nos mandamos a todos los pueblos que son de nuestro rreyno por esta constituçion que en el dia estableçido o en el tiempo o en el logar que el rrey mandare yr en la hueste a algunos de sus rricos omnes todo omne que rreçibiere su mandado o lo sopiere en qualquier manera, quier en logar deue ser mantenido e manteniente, se
330 vaya para alla, e que non ose fincar en su casa de alli adelante, mas vayase luego sin toda escusaçion e sin toda demorança. E todo omne, pues que rreçibiere el mandado, e maguer que non rreçiba el mandado, mas que lo sepa en qualquier manera que se faze la hueste e non quisiere yr luego manteniente para alla, o non fuere presto en el logar o en aquel tiempo, si es de grand guisa pierda quanto ha e sea echado de la tierra
335 e el rrey faga de sus cosas lo que quisiere. E los omnes que son de menor guisa e los cabdilladores que mandan la hueste e los que la sacan, si non fueren prestos en la

---

Los siruientes del señor que costriñen los hombres que vayan en la hueste si alguna cosa tomaren de algun hombre que es sano por lo quitar que no vaya en la hueste, quanto tomare pechelo en nueue doblos al señor de la tierra honde es. E por aquel que dexo que era sano sy no tomo del nada peche çinco maravedis. E aquel que ha de mandar çiento o ha de mandar diez sy pudiere saber que algun hombre se torno para su casa por algun rruego o dadiua o no quiso yr en la hueste, aquel que es mayor en la hueste lo faga saber al señor de la tierra onde es aquel que fuyo. E el señor tome ende la vyndita qual manda la ley, e quanto ende ouieren entreguenlo todo a los syruientes del señor de la hueste. E si negaren que no ovieron ende nada o lo no quisieren manifestar quanto tomaron entreguenlo en nueue doplos. E si el señor non quisiere esto demandar por algun rruego que le fisieron o por alguna cosa que le dieron toda la peche en doblo de su buena a los que avian a partir aquella emienda entre si. Despues quel señor rreçibiere aquella emienda no lo fisiere saber al rrey o al señor de la hueste que la departa entre aquellos que la deuian aver o gela no quisieren dar, pechela en nueve doblos de su buena.

[18] Cf. *Fuero Juzgo*, IX, ii, 8 (159b-161a).

hueste aquel dia en tiempo que les fuere mandado, o si se fuere de la hueste furtadamente, rreçiba cada vno dellos cada dozientos açotes, e sea señalado laydamente.[19] E demas, peche vna libra de oro para el rrey, e el rrey la de a quien quisiere. E si aquel a quien la diere el rrey la perdiere por algund mal fecho, asi que torne otra vegada en poder del rrey e el rrey la deue dar a otro, e non a aquel cuya fuere primeramente que fuyo de la hueste, ca pues que fuese perdida del non deue ser mas suya. E los duques e los rricos omnes del rrey deuen auer esta pena si non fiziesen el mandado del rrey. E esta mesma pena deuen auer los que se fuesen de la batalla e se van de la hueste sin mandado de su señor. E esto mandamos asi guardar a los grandes como a los menor[e]s. E aquel que fuere enfermo e non pueda yr a la hueste, faga venir a la hueste al obispo de la tierra que vea su enfermedad, o buenos omnes, ca non gela creeran a aquel sinon fuere por testimonio del obispo o de los que mandare el obispo catar. E los obispos deuen catar la enfermedad destos atales, por si o por otros, si podran yr por alguna manera o pueden lidiar, segund como vieren las enfermedades. Asi lo deuen judgar o si los mandaren fincar en casa o si los mandaren yr, asi que aquel que fuere enfermo si por ninguna manera non pudiere yr a la hueste, segund el poder que ha, que embie de sus cosas en la hueste con el rrey o con el rrico omne que ha de yr, e qual ora se sintiere que es mejorado, manteniente por si mesmo e con todo su poder, vaya a la hueste, asi como es mandado en la ley de suso, e vaya en aquel logar donde le mandaren e do sopiere que se muda la hueste. E pues que deximos agora generalmente de todos los que deuen yr en la hueste, digamos espeçialmente lo que deuen lleuar. E por ende, estableçemos espeçialmente que todo duque o conde o rrico omne o godo o rromano o libre o franqueado o sieruo, qualquier que sea que deua yr en la hueste, lieue la meytad de sus sieruos con que ouieren de veynte e çinco años fasta çincuenta. E non los lieue sin armas. E muestrelos bien armados ante el prinçipe o delante el conde, de lorigones e de perpuntes. E muestrelos en la primera quando se junta la hueste, e en la postrimera quando los el rrey mandare yr. E los otros sean armados de lanças e de escudos e de espadas e de vallestas e saetas e fondas e de otras armas, asi como es costumbre de cada vno. E si algund omne leuare menos de la meytad de sus sieruos consigo en la hueste, sea la verdad pesquerida en sus sieruos que el ouo. E quantos falaren que leuo menos de la meytad, todos sean en poder del rrey, e faga dellos lo que quisiere. E pues que esta cosa es ordenada asi de suso, agora deuemos poner freno a la cobdiçia de aquellos que mandamos que los omnes yr a la hueste. E por ende, estableçemos que ningund omne nin conde nin duque nin rrico omne nin otro omne que pueblo ha de mandar, non dexe de yr en la hueste.

---

[19] On *laido / laidamente* see Víctor Fernández Llera, *Gramática y vocabulario del 'Fuero Juzgo'* (Madrid: Real Academia Española, 1929), 208ab. By the fifteenth century the adjective *laido* and its derivatives were rare. It should be noted, however, that Cartagena is copying from the *Fuero Juzgo*, which is a thirteenth-century text. On *laido* vs. *feo*, cf. Steven N. Dworkin, "The Role of Near-Homonymy in Lexical Loss: The Demise of Old Spanish *laido* 'ugly, repugnant,'" *La Corónica* 19. 1 (1990): 32-48. *N4* offers the variant reading: *vergoñosamente*.

Otrosi, por rruego nin por ninguna escusaçion non dexen ninguno de los que ouieren de mandar que non vayan en la hueste nin los dexen venir de la hueste, e si lo fiziere o tomare alguna cosa dellos por ende o gela dieren ellos, si es de los mayorales de la
375 corte lo que tomo, enterguelo a quien lo tomo en quatro tanto e peche al rrey treinta sueldos de oro porque lo oso tomar solamente. E si es omne de menor guisa, enterguelo con el doblo e demas rresçiba treynta[20] açotes. E esta ley mandamos que vala desde kalenda de nobiembre adelante que fue fecha dos años andados que nos rreynamos. El Rey Bamba.

380 **E lo que deue ser guardado si guerras ay en España o en Galizia o en Françia, e los que lo non guardaren que pena deuen auer.**[21]

La intençion que nos auemos de la salud del pueblo nos costriñe que asi como fazemos para departir los pleitos que son entre ellos, asi fagamos ley que lo vno ayude a lo otro para lidiar e para defenderse. Ca creemosnos que sea prouecho de todos si
385 cada vno es costreñido para fazer bien las cosas que non fueron bien ordenadas fasta aqui que sean mejoradas de aqui adelante por la ayuda de Dios. E por ende, queremos toller las malas costumbres de los omnes porque vienen muchos males en la tierra que quando los enemigos vienen e quieren entrar en nuestro rreyno e los nuestros omnes que comarcan con ellos quieren lidiar con ellos. E algunos dellos se despreçen porque
390 se parten vnos de otros a las vezes con cuyta que se han de torrnar a la tierra e non quieren los vnos a los otros ayudar a lidiar. E asi los que ouieren amparar al pueblo porque non ha ninguna ayuda fazense afuera con miedo e si quisieren ser ardides que maten sus enemigos. Por ende, estableçemos en esta ley que deste dia en adelante, quandoquier que los enemigos se leuanten contra las gentes del nuestro rreyno, que
395 todo omne de nuestro rreyno, siquier sea obispo, siquier sea clerigo o conde o duque e rrico omne o infançon o qualquier omne que sea de la comarca de los enemigos, o si fuere llegado a la frontera çerca dellos o se allegare alli a ellos por auentura que venga de otra tierra, todo omne que sea çerca de frontera fasta çient millas de aquel logar do se faze la lid, e despues que gelo dixere el rrey o su omne, o despues que lo
400 sabe por si en qualquier manera si mano a mano non fuere puesto en todo su poder para alla a defender al rreyno, o si se quisiere escusar en alguna manera que non ayude a los otros luego para amparar la tierra, si los enemigos fiziesen algund daño o captiuasen algund omne de nuestro pueblo o de nuestro rreyno, aquel que non quiso exir contra los enemigos por algund miedo o por algund engaño non quiso ser presto
405 para amparar la tierra sea echado de la tierra si es obispo o clerigo, o non ouiere de fazer la emienda del daño que fizieron los enemigos en la tierra como mandare el prinçipe. E esta pena mandamos que ayan los obispos o los saçerdotes o los diaconos. E los otros clerigos que non han dignidad sean penados segund mandan penar los

---

[20] treynta] With the exception of *Inc. 1487* and *Inc. 1497*, the original source and the MSS all have 50 as the prescribed number of lashes.

[21] Cf.*Fuero Juzgo*, IX, ii, 9 (161a-162b).

obispos. E a los señores que menguan la justiçia, la ley desuso que comiença por las leys antiguas auemos mostrado rrequire ley XX del libro nono.²² E de los otros legos estableçemos que si fuere omne de grand guisa o de vil, pierda la dignidad que ha, e sea sieruo del rrey e faga del lo que quisiere, ca derecho es que aquel que non quiso defender su gente nin su tierra nin la onrra que le dexaron los anteçesores suyos deue auer la pena desta ley. Ca semeja que non viene de aquel linaje e es omne sin pro e de la buena que estos ouieren que non ninguna dignidad. O si son clerigos o legos, mandamos esto, que todo el daño que fizieren los enemigos en la tierra, que aquellos que rreçibieren el daño que se enterguen en la buena de aquellos que non los quisieron ayudar, e que aquestos atales que non se quieren mostrar por buenos barraganes para defender la tierra de los enemigos sean enuergonçados e se duelan por perder su dignidad e su onrra. E si algund escandalo viniere en la tierra de España o de Galizia o de Françia, o en alguna nuestra tierra que sea de nuestro rreyno, en qualquier parte que sean, pues que lo sopieren aquellos que son de çerca, segund la cuenta que es dicha en esta ley de las millas de suso, si gelo mandare el rrey o el rrico omne o sus omnes, en qualquier manera que lo sepan, si non fueren prestos manteniente por desfazer el escandalo o por amparar la tierra del rrey e la gente del mal, si es obispo o qualquier saçerdote que lo non quisiere fazer, deue ser echado de toda la tierra, e el rrey puede fazer de su buena lo [que]²³ quisiere. Mas mandamos que aquellos sean quitos de la pena desta ley que non pueden yr por enfermedad. E si algunos y ouiere atales que son enfermos e non pueden yr a departir el escandalo, mandamos que embien todo su poder a los obispos o a los clerigos en adjutorio para partir los escandalos, o por prouecho de la tierra e del pueblo del rrey. E si esto non quisieren fazer rreçiban la pena que es dicha de suso. E estos enfermos asi deuen yr mostrar que son sin culpa quando pudieren por buenos testigos como eran enfermos, de tal manera que non podian yr nin prestar su yda e ayuda, entonçe vala. E esto estableçemos por que la maldad de los omnes que fue fasta este tiempo non aya logar e sean penados por esta ley, e todos sean ordenados por tener la tierra en paz e sosiego e por la defender. E esta ley fue dada en el dia de kalendas de nobiembre en el segundo año que nos rreynamos. E el Rey Bamba.

Item: el rrey don Alfonso el sesto, en el libro quarto del *Fuero de las leys*, puso todas las leys siguientes.

Como todo cauallero o rrico omne deue yr en la hueste, mandandogelo el rrey.²⁴

---

²² Cf. *Fuero Juzgo*, IX, i, 20: "El iuez que fallare siervo aieno fuido, si el sennor non es presente, muestre el siervo al sennor de la tierra, e despues tengalo en guarda, que quando viniere su sennor que gelo de" (155-156).
²³ que] Omitted in *Inc. 1487*.
²⁴ Cf. *Fuero Real*, IV, xix, 1 (472).

Todo rrico omne o infançon o otro qualquier que tenga tierra o maravedis del rrey por que deua fazer hueste, si non viniere guisado segund que deue quando el rrey le mandare e al logar do le mandare, pierda la tierra e los maravedis que touiere del rrey e peche doblado de lo suyo quanto del rrey rreçibio de la tierra que del tiene por rrazon de aquella hueste que el auia de fazer. E esta mesma pena ayan los cavalleros que non vinieren con sus señores en la hueste del rrey quando gelo ellos mandaren. E esto mesmo mandamos de los que son acostados de otros que touieren tierra o maravedis por esta rrazon. E si aquellos que fueren y se tornaren ante del plazo sin mandado, pierda la tierra e los maravedis, e torne quanto del señor leuo por rrazon de aquella hueste.

Que pena meresçe el cauallero o rrico omne que non va a la batalla al plazo que le el rrey manda.[25]

Si el rrey ouiere batalla aplazada, quier con moros, quier con christianos, quier contra otros qualesquier en que el aya de ser, o otro en su logar por su mandado, o rrico omne o infançon o cauallero o otro omne qualquier que sea que su mandado rreçibiere, o de aquel a quien el da su poder o que vaya en su logar, non fuere a la batalla al plazo que le mandaren, pierda quanto ha como aleuoso e sea todo del rrey si fijos legitimos o dende ayuso non ouiere. E si los ouiere, ayan la meytad, e del cuerpo faga el rrey lo que quisiere. E esta mesma pena ayan los que se torrnaren sin mandado del rrey ante del plazo.

Como los que han de yr en la hueste sin soldada deuen yr en el plazo que les pusiere el rrey.[26]

Quando el rrey fiziere pregonar [su][27] hueste, quier contra moros, quier contra otros qualesquier el conçejo o los otros qualesquier que deuen yr sin soldada a ella, si non fueren al plazo que les fue mandado, asi como deuen, pechen la fonsaderia como el rrey mandare. E esta mesma pena ayan los que fueren sin mandado antes que deuieren.

Como los cavalleros e rricos omnes que han tierra del rrey deuen yr en hueste.[28]

Los rricos omnes o infançones o otros omnes qualesquier que touieren tierra o maravedis del rrey o le ouieren de fazer hueste con cavalleros e non le leuaren tantos como deuen, o si los leuaren o embiaren ante que deuan, pierdan la tierra e los

---

[25] Cf. *Fuero Real*, IV, xix, 2 (472-3).
[26] Cf. *Fuero Real*, IV, xix, 3 (473).
[27] su] sin – *Inc. 1487, Inc. 1497*.
[28] Cf. *Fuero Real*, IV, xix, 4 (473-4).

maravedis que aquellos caualleros tenian, que non vinieron o se tornaron por su mandado. Peche al rrey otro tanto de lo suyo quanto aquellos caualleros ouieron por rrazon de aquella hueste; e los caualleros non ayan pena porque se fueron o se torrnaron por mandado de su señor.

Que pena meresçe el cauallero o rrico omne que derramare de la hueste.²⁹

A ningund cauallero nin otro ninguno non sea osado de der[r]amar de hueste de rrey sin su haz. E quien lo fiziere este a la merçed del rrey e faga del lo que quisiere.³⁰

---

²⁹ Cf. *Fuero Real*, IV, xix, 5 (474).
³⁰ The following accretion appears in *N4*. In the right-hand margin of the codex the word "Acaba" is written in a different hand. For the source, cf. *Ordenamiento de Alcalá*, LXXII (548-552).

Ytem: el rey don Alfonso el vndeçimo, en el *Ordenamiento de Alcala*, en el titulo triçesimoprimero, mando hordenar vna ley que dize asi.

Con quantos de cauallo y de pie e como guisados deuen seruir los vasallos y como han de venir al plaso e como se partir del rey o del señor e en que pena caen si asy no lo cumplieren.

Hordenamos que los vasallos del rrey le siruan por las soldadas que les el mandare librar en tierra o en dineros, o en otra manera: primeramente que de la contia quel rrey mandare librar a qualquier su vasallo, que le sea descontado ende para que no sea tenido de seruir por ello con hombres de cauallo ni de pie, la terçia parte para el guisamiento de su cuerpo e para su costa. E esta terçia parte que le sea descontada de los dineros que le fueren librados. E cada vno por esta terçia parte que le es descontada que sea tenido de lleuar el cuerpo e su cauallo armado, e de lleuar quixotes e canilleras, e por las dos partes que fincaren del, libramiento sacada la terçia parte, que sea tenido cada vno de seruir, tan bien por la tierra çierta como por los dineros del libramiento por cada mil e dosientos maravedis con vn hombre de cauallo, e cada vno sea tenido de traer sendos hombres de pie por cada hombre a caballo que truxiere. E la meytad destos hombres de pie que troxiere que trayan lanças e escudos, e la otra meytad ballesteros, e los hombres buenos que troxieren pendones e que touieren del rrey quitaçiones, e gelas mandare librar al tiempo del libramiento que les sean contados los maravedis que les mandaren librar en quitaçiones en cuenta de su libramiento para que sean tenidos de seruir por estas quitaçiones, asi como son tenudos de seruir por sus libramientos. E todos los honbres a cauallo con que cada vno es tenudo a seruir, segun este ordenamiento, que sean tenudos de los traer al seruiçio guisados de ganbages e de lorigas e de capellinas e de gorgueras o de fojas e capellinas e gorgueras e de lorigones e de gorgueras e de capellinas. E los cauallos que cada vno ouiere de traer, segun este hordenamiento, que sean de contia de ochoçientos o dende arriba, e no de menos. E esto que sea sobre jura del que lo conpro. E los honbres buenos que han pendones que sean tenudos de leuar a cada diez ombres de cauallo vn hombre de cauallo, el cuerpo e el cauallo armado, e con quixotes e greuas demas del cauallo quel es tenudo de traer, e que le sea contado por este hombre a cauallo armado mil e tresientos maravedis del libramiento e de la tierra. E en esta manera de libramiento que no entren los ricos hombres e cavalleros e escuderos de la frontera aquellos a quyen no cumplen sus soldadas en dineros e han a servyr por la tierra que tienen e todos aquellos a quien el rey mandare librar sus soldadas, tan bien los hombres buenos como todos los caualleros e escuderos e vasallos de los hombres buenos, o los que fueren con los caualleros sean tenudos de seruyr por sus cuerpos ally do les mandare el rey a aquel plaso que les mandare todo aquel tiempo son tenidos de seruir. E con tantos hombres a cavallo, dellos los cuerpos e los cauallos armados, dellos los cuerpos armados e no los cauallos, e cada vno con vn hombre de pie, segun dicho es. E qualquier destos que dichos son que no fueren servyr por sus cuerpos alli do les mandaren o \no/ enbiaren sus conpañas, ellos no podiendo por sus cuerpos yr, mostrando escusa derecha por rrecado çierto que no podieron yr, que pechen el libramiento que les fue fecho con el doblo e que salgan de la tierra por çinco años. E si en comedio de los çinco años entraren en la tierra, que los maten por ello, do quier que los hallaren, e que el rey que les no pueda perdonar ninguna cosa destas. E esta pena de los dineros que sea la meytad della para el rey, e la otra meytad para qual que les oviere fecho el libramiento. E sy el rey se lo ovyere fecho que sea toda la pena de los dineros para el rey. E qualquier que se partiere del rey o de aquel que le da la soldada syn su mandado ante que se cumpla el tiempo del seruiçio o tomare libramiento de dos señores o de mas de dos, que le maten por ello, avnque finque en la hueste. E depues que se cumpliere el tiempo del seruiçio dandoles su sueldo en esta guisa a los hombres a cavallo, segun el rrey viere que es guisado, e segun el tiempo e a los hombres de pie a cada lançero vn maravedi cada dia. E cada vallestero treze dineros cada dia que se no pueda yr de la hueste. E si se fueren, que los maten por ello, do quier que los hallaren, e el rrey que les no perdone su justiçia. E qualquier que no fuere con el rey o con aquel que le da la soldada al plazo quel rrey le pusiere o dende a ocho dias, que sea tenudo de seruir dos tantos dias como fueren los dias que tardare sin darle sueldo pasado el tiempo del serviçio del libramiento. E si mas de los ocho dias tardare, no siendo el rrey entrado a tierra de sus enemigos allende del postrimero lugar frontero del señorio del rrey, que sea tenudo de seruir dos tantos dias como fueron los dias que tardare. E si el rrey fuere entrado, como dicho es, el que tardare de los ocho dias en adelante despues del plazo, que le maten por ello, e el rrey que le no perdone la su justiçia. E qualquier que viniere ante del plaso que le pusiere, que le no sean contados en el tiempo del seruiçio los dias que viniere en ante. E todo este hordenamiento que se entienda en todos los vasallos del rey e en todos los vasallos de todos los otros, e que no cayan en las penas sobredichas los que mostraren por rrecaudo çierto escusas derechas por que no pudieron venir. E qualquier que no troxiere tantos hombres de cauallo, armados e no armados, e hombres de pie, lançeros, e escuderos e vallesteros, o los no troxiere aguissados, o no valieren los cauallos, cada vno ochoçientos maravedis o dende arriba, como dicho es, que por cada hombre a cauallo que les menguare o no los troxiere guisados, como dicho es, que sea tenido de pechar al rey con el doblo lo que montare el su libramiento de aquellos que menguare. E el cauallo que no valiere la dicha contia que gelo mande el rrey tomar e sea para el rrey. E por cada hombre de pie que le menguare que peche dozientos maravedis desta moneda, que fasen diez dineros el maravedi. E esta pena que sea otrosi para el rey. E si alguno touiere tierra del rrey o de otro qualquier, e se partiere de aquel de quien la toviere ante del tiempo del libramiento que lo que oviere leuado de la tierra de aquel año en que ouiere de seruir con ella e con el libramiento que peche la tierra que ouiere levada con el doblo a aquel de quien touiere la tierra. E todos los hombres buenos e rricos hombres e caualleros e vasallos

Aqui se acaba el primero libro.
COMIENÇA EL SEGUNDO LIBRO.
PROLOGO.

Oydo auedes, muy esforçado cauallerro, en el primero libro, legales mandamientos e notables doctrinas de la caualleria. E por çierto, bien espeçificaron las leys deste rreyno lo que conuiene fazer a los caualleros en los actos de las guerras, asi por tierra como por mar. Pero todo lo suso scripto bien considerado induze peligro e trabajo, que son dos cosas que rrefuye la natura humana. Ca del peligro veemos que non solamente los omnes, mas aun los animales, que guardan su vida e su cuerpo de lo que les puede empeçer e se arriedran. Onde, Tulio dize, que desde comienço es dada por la natura a todo linaje de animales que se desuien de lo que les puede empeçer.[1] E del trauajo, dize el philosopho que todo animal es inpaçiente a continuamente sofrirle.[2] Por ende, si todas las leys de la caualleria induxiesen estos peligros e trabajos, non abria omne que quisiese ser cauallero. Ca rrazonablemente se desuiarian todos de se poner a peligro e trauajo si non esperasen dello algund fructo. E por esto, los componedores de las leys non solamente estableçieron derechos de lo que a los caualleros e a los otros que guerrean conuiene

---

del rrey e los caualleros vasallos de los otros e cada vno dellos que sean tenudos de traer armas enhiestas, aquellos que ovieren guisado para las traer. E del dia que llegaren al rrey, segunt el plaso que les pusiere e dende en adelante en quanto durare la hueste, que ninguno no venda ni enpeñe cauallo ni armas ningunas, e sy lo fisiere que peche dosientos maravedis para el alguasil del rey. E el alguazil que lo pueda prendar por ellos, e si lo no prendare, que lo peche al rrey con el doblo, e qualquier que lo conprare o lo tomare a peños que pierda aquello que comprare o tomare a peños e la contia que diere sobre ello. E lo que vendiere e se enpeñare que sea la meytad dello para el rrey, e la otra meytad para su alguasil. E esto sea del dia que lo el rrey mandare pregonar en adelante. E en quanto durare el seruiçio que ovieren de faser, tan bien por el libramiento como por el sueldo, que ninguno no sea osado de jugar juego de tablas ni de dados a dineros ni sobre prendas. E qualquier que jugare, segun dicho es, que por cada vegada que jugare que peche çient maravedis de la dicha moneda. E esta pena que sea para el alguazil del rey e que pueda prendar por ella, e si no prendare que lo peche el alguazil del rey con el doblo. E qualquier cosa que qualquier ganare, tan bien dineros e armas e bestias e otros peños qualesquier que sea tenudo de lo tornar a aquel a quien lo ganare. E el que no oviere los dichos çien maravedis de la dicha pena, que este preso en la cadena XXX dias.

[1] Cicero, *De Officiis*, I, iv, 11: "Principio generi animantium omni est a natura tributum, ut se, vitam corpusque tueatur, declinet ea, quæ nocitura videantur, omniaque, quæ sint ad vivendum necessaria, anquirat et paret, ut pastum, ut latibula, ut alia generis eiusdem" (p. 12). This passage is translated by Cartagena as follows: "Desdel comienço es dado por la natura a todo linaje de animales que defienda e guarde a sy, e a su vyda, e a su cuerpo, e se desuíe de las cosas que le paresçieren ser enpeçibles, e busque, e endereçe todas las cosas que son nesçesarias para beuir, commo mantenimiento, moradas, e las otras cosas desta manera" (Ed. Morrás, p. 13).

[2] Cf. Aristotle, *Nicomachean Ethics*, II, iii, 8-9. See also Appendix 3.

fazer, mas aun ordenaron leys de lo que deue ser fecho a ellos, asi en emendarles las perdidas que rreçiben e en rrepartirles las ganançias que guerreando han, como en les dar otros gualardones, segund los mereçimientos de cada vno, por que mas se animasen
20 los omnes a fazer proeza e bondad, e mas alegremente sofriesen los peligros e trabajos, esperando por ellos auer plazer. Ca segund dize Seneca: la esperança del gualardon solaz es del trabajo.[3] E asi el que quiere ser enformado de las leys de la caualleria, lo vno e lo otro deue leer, pues en muchas consiste el derecho que a los caualleros atañen, las quales en muy breues e fermosas palabras, segund rrecuentan los decretistas, declara
25 Sancto Ysidoro diziendo asi. El derecho militar, es a saber, de los caualleros, este es: la solempnidad de mandar fazer guerra; e el atamiento de firmar paz; salir e cometer a los enemigos quando fazen señal los capitanes; rretraerse por su mandado el castigo del malefiçio del cauallero si desanpara su logar en la pelea; e el modo e diuersidad del sueldo; el grado de las dignidades; la onrra; la onrra de los gualardones, como quando
30 dan al cauallero en señal de algund buen fecho corona o torque que podemos llamar collar; la justa partiçion del rrouo que se faze en la guerra segund las qualidades de las

---

[3] This quotation is not from Seneca's genuine works. Indeed, Cartagena appears to contradict the statement in the introduction to II, iii: "non se deuen fazer las buenas obras por sola esperança de gualardon temporal mas por seruiçio de Dios e puro amor de la virtud" (203). An extended version of the maxim appears in *El libro de la guerra*, which has been attributed to Enrique de Villena: "A los caualleros el temor e la pena los castiga en la paz; mas en la guerra, esperança e galardones los faze obedientes e leales" (Lucas de Torre, "Enrique de Villena. *El libro de la guerra*," *Revue Hispanique* 38 (1916): 497-531, at p. 531). In the Middle Ages Seneca's name was often appended to Vegetius' *Epitoma Rei Militaris*. In fact, Cartagena translated sections of this work as *Dichos de Seneca en el fecho de la caualleria*. Vegetius is indeed the original source for this particular reference: "Milites timor et poena in sedibus corrigit, in expeditione spes ac præmia faciunt meliores" (III, xxiv, p. 218). Cf. also Alfonso de Cartagena, *Dichos de Seneca en el fecho de la caualleria*, Madrid, Palacio Real, MS II / 1842, ff. 256r-262v: "A las veses la nesçesidad demanda a los çibdadanos ser apremiados para tomar armas" (f° 257r); and Alfonso de Cartagena, *Breue compilaçion de algunos dichos de Seneca*, Madrid, Biblioteca Nacional, MS 6962, ff. 123r-219r: "La esperança del galardon fase a los omnes ser diligentes e trabajadores" (f° 199v). While it does seem curious that Cartagena should confuse Vegetius with Seneca, it is a fact that of all the Classical authors cited in the *DC*, Vegetius' name appears only once–I, iii (p. 90)–, in a law copied directly from the *Siete Partidas*. Cartagena's interest in Seneca is well documented. See especially Karl Alfred Blüher, *Séneca en España. Investigaciones sobre la recepción de Séneca en España desde el siglo XIII hasta el siglo XVII*, trans. Juan Conde (Madrid: Gredos, 1983), 133-155, 212-230; Ramón Fernández Pousa, *"Libro que fizo Séneca a su amigo Galión contra las adversidades de la fortuna." Versión inédita de Alonso de Cartagena según el MS. 607 de la Biblioteca Universitaria de Salamanca* (Escorial: Ediciones Escorial, 1943); Louise Fothergill-Payne, *Seneca and 'Celestina'* (Cambridge: Cambridge University Press, 1988), 1-38; Olga Tudorica Impey, "Alfonso de Cartagena, traductor de Séneca y precursor del humanismo español," *Prohemio* 3 (1972): 473-494; and Carlos Cabrera, "Cartagena, traductor de Séneca. Aproximación al estudio del manuscrito escurialense N-ij-6," *Studia Zamorensia* 8 (1987): 7-25.

personas, e la parte que dello deuen auer los prinçipes.⁴ E esto todo atribuyo Sant Ysidoro espeçialmente al derecho militar, de lo qual algo ay que pertenesçe al peligro e trabajo, e algo a rremuneraçion, segund cada cosa de si mesma claramente demuestra.
35 E como de lo primero, es a saber, de lo peligroso e trabajoso, ayamos oydo en el libro suso scripto, consiguiente cosa es que oyamos de lo segundo, porque en otra manera non seria perfecta la doctrina. Ca segund dize el jurisconsulto, en todas las cosas es asi, que aquello se dize perfecto que tiene todas sus partes.⁵ E comoquier que los legistas en la materia de la caualleria asaz copioso fablaron, pero mas extensamente scriuieron
40 la diuersidad de los delictos militares e la pena que deuen auer los cauelleros que en la hueste yerran que los gualardones que meresçen los que bien siruen, lo qual quando algunas vezes considero por que lo fizieron asi los jurisconsultos, ca non es de creer que quedase por oluido, pues non solian oluidar lo que complia a buena gubernaçion de la rrepublica, pienso que la rrazon podria ser porque segund la grand diuersidad que
45 ay en los fechos e en las diuersas costumbres de los rreynos e las diferençias de las personas, neçesaria cosa es que los mas de los gualardones que den en aluedrio del prinçipe, e por esto non curarian de lo declarar en las leys, dexandolo todo al juyzio del capitan. Pero los derechos deste rreyno non se contentaron con esto, mas quisieron declarar aquello que exprimirse podria, e touieron en ello muy buena e notable
50 consideraçion. Ca bien es que se declaren algunos gualardones, e ende queda el bueno e justo aluedrio del prinçipe para disponer en lo que non es declarado, e aun mudar lo declarado segund la calidad de los tiempos sintieren que cumple. E como dos cosas son que atraen a omne a fazer bien: la vna es amor de virtud, o a lo menos de gualardon;

---

⁴ *Ius militare* was generally understood in the Middle Ages as the "law of chivalry." For the original source, cf. Saint Isidore, *Etymologiæ*, V, 7: "Ius militare est belli inferendi sollemnitas, fœderis faciendi nexus, signo dato egressio in hostem vel commissio. Item signo dato receptio; item flagitii militaris disciplina, si locus deseratur; item stipendiorum modus, dignitatum gradus, præmiorum honor, veluti cum corona vel torques donantur. Item prædæ decisio, et pro personarum qualitatibus et labori iusta divisio; item principis portio" (p. 512). Cf. also the translation in *Las Etimologías Romanceadas*: "*Ius militare*, que es 'Derecho de la Cavallería,' es solepnidat o fiesta de la batalla que es de fazer, e el enlazamiento o atamiento quando fazen postura o amistança, e salir contra los enemigos por la señal que les fuere puesta o dada, o el cometimiento de la batalla, e otrosí acogerse por su señal, e castigamiento o emendamiento de la pena de la cavallería si desampararen el logar, e la manera de las soldadas, e los grados de las dignidades, e la honrra de los gualardones, así commo quando es dada a alguno corona o otra cosa noble por honrra e por gualardón, e la derecha partiçión de la prea o del robo, segund que las personas fueren e el trabajo levaren e la parte del prínçipe o del señor" (p. 271). The decretist mentioned is Gratian, who follows this precept word for word in the *Decretum*, Distinctio Prima, C. 10 (col. 3a).

⁵ Cf. Justinian, *Digest*, I, ii, 1: "Facturus legum uetustarum interpretationem necessario prius ab urbis initiis repetendum existimaui, non quia uelim uerbosos commentarios facere, sed quod in omnibus rebus animaduerto id perfectum esse, quod ex omnibus suis partibus constaret" (p. 3). The originator of the precept is Gaius.

la otra, es temor de pena. E la segunda non es tan honesta como la primera, porque el amor pertenesçe a los buenos, e el temor a los malos e a los imperfectos. Ca proueruio antiguo es que dize: asi dexan de pecar los malos por temor de la pena; aborreçen de pecar los buenos por amor de la virtud.⁶ E tambien el jurisconsulto dize, fablando en persona de los fazedores de las leys, deseamos verdadera e non infingida sabiduria, e cobdiçiamos a los omnes fazer buenos, non solo con miedo de las penas, mas con amonestamiento de gualardon e de amor.⁷ E destas dos cosas quisieron fablar las leys del rreyno que de la caualleria tractaron, diziendo de como deuen ser gualardonados los que bien siruen en las guer[r]as, e non callando de que guisa deuen ser escarmentados los que yerran. Por ende, todo lo oyamos. E primeramente de los gualardones. E porque qualquier emienda e gualardon que a los caualleros e otros que guerrean se deue fazer se rreduze a una de tres maneras, de todas quisieron dezir, e son estas. La primera, emendarles los daños que asi en los cuerpos como en las faziendas rreçiben. E es muy justa e consona a todos los derechos. E non solamente se deue fazer de buena ygualdad e rrazon, mas aun de pura e estrecha iustiçia, que llama el philosopho comutiua, que consiste en dar a cada vno lo que suyo es o lo que es a el deuido.⁸ Ca aquel que pone su cuerpo e sus bienes en seruiçio de Dios e de su rrey e

---

⁶ Cf., for example, Sebastián de Covarrubias Horozco, *Teatro universal de proverbios*, ed. José Luis Alonso Hernández (Salamanca-Groningen: Universidad de Salamanca, 1986), 223b, n° 880:
El bueno por virtud y el malo por pena
   El bueno y bien inclinado
   por sola virtud es bueno
   mas el malo y mal vezado
   temor de ser ahorcado
   le escusa de tomar lo ageno
    Al malo dalle carena
   porque su vida no es buena
   y assi ternan quietud
   el bueno por su virtud
   mas el malo por la pena.
⁷ Cf. Justinian, *Digest*, I, i, 1: "Cuius merito quis nos sacerdotes appellet: iustitiam namque colimus et boni et æqui notitiam profitemur, æquum ab iniquo separantes, licitum ab illicito discernentes, bonos non solum metu poenarum, uerum etiam præmiorum quoque exhortatione efficere cupientes, ueram nisi fallor philosophiam, non simulatam affectantes" (p. 1). The originator of this precept is Ulpian.
⁸ Cf. Aristotle, *Nicomachean Ethics*, V, 4. See also Appendix 3. Aristotle dwells on two kinds of Particular Justice: Commutative and Distributive (see below, n. 10). Commutative Justice is based on corrective principles in private transactions. Under a system of Commutative Justice both injured parties would state their case before a judge who would then duly pass the appropriate sentence. Cf. also Aquinas, *Summa Theologiæ*, 22æ, 61, *de justitia commutativa et distributiva*; and Cartagena's remarks in the *Oracional*, IX: "E es asy que la justiçia en muchas espeçies la repartio el Filosofo llamando una legal e otra particular e una distributyva e otra

de la tierra onde es natural de uida, le es satisfaçion de los daños que rresçibio. La segunda es que aya alguna ganançia de aquello que en las guerras se cobran. Ca muy rrazonable cosa es que de lo que los omnes ayudan a ganar ayan alguna parte. E los grandes capitanes antiguos muy liberalmente vsaron partir la ganançia entre los
75 cuaulleros e dar la parte deuida al rrey o a su soberano señor. E si lo contrario fiziesen, erales muy escarmentado. E por ende, Furio Camillo, aunque era muy virtuoso e onrrado varon, pero porque el tribuno del pueblo se acuso que del rrobo que ouo quando entro la çibdad de Boyus tomara bien pequeña quantia de lo que deuia auer, el errario publico, que agora llamamos camara del rrey, fue desterrado.[9] E quantos buenos
80 e notables fechos en seruiçio de la rrepublica auia obrado, non le pudieron librar de padesçer muy duro destierro. La terçera manera es de gualardonar las proezas que los cuaulleros fazen, e esta es cosa muy congrua e conueniente. E de los gualardones ay muchas e diuersas maneras, mas yo aqui non las digo porque se contienen en las leys que adelante en sus logares seran scriptas, e seria superfluo de rrepetirlas aqui. E amas
85 estas dos cosas, asi partiçion de la ganançia como distribuçion de los gualardones, pertenesçen a la justiçia que llama el philosopho distributiua, la qual consiste en distribuyr los bienes de la rrepublica a los omnes que por ella trauajan, segund la qualidad de las personas e sus meresçimientos.[10] E de todas estas cosas oyamos por su orden, e despues, oyremos como deuen ser castigados los que en la hueste yerran. Ca
90 esta es vna orden de doctrina que primero sea omne atraydo a los actos de la virtud e al bien obrar con esperança de gualardon. E quando por esto non quisiere, estonçe sea amenazado con pena. E por quanto entre las otras cosas mucho cumple a los caualleros e fijosdalgo sauer como se deuen auer en la guarda de los castillos e en los entergar a cuyos son, situaremos en este libro las leys que a esta materia fazen. Çesemos ya de
95 prometer, e cumplamos lo prometido.

TITULO PRIMERO.
De las emiendas, a que llaman en España erechas.
Introduçion.

---

comunicativa e de otros nonbres assaz que le aproprio segund sse paresçio convenir a la calidat de los actos e de las personas con quien los omnes comarcan. Ca la justiçia es virtud para nos rregir en quanto comaracamos con otro." See *El "Oracional" de Alonso de Cartagena*, ed. Silvia González-Quevedo Alonso (Valencia: Albatros Hispanófila, 1983), 73.

[9] Marcus Furius Camillus. According to Livy, *Annals*, V, xxiii, 5-6, "Fuit enim vere vir unicus in omni fortuna, princeps pace belloque" (p. 358). After the siege of the Etruscan town of Veii (396 B. C.), Camillus was accused of appropriating booty, and went into exile. He was subsequently recalled as dictator when the Gauls captured Rome, c. 390. Another likely source is Plutarch, *Camillus*, in *Lives*, vol. II, pp. 94-207, especially vii-xiii, pp. 110-124.

[10] Cf. Aristotle, *Nicomachean Ethics*, V, 2. See also Appendix 3. Distributive Justice is exercised in the distribution of honour and wealth, which may be allotted to members of the community in equal or unequal shares, and is not necessarily decided upon by a judge.

En las tres maneras que de suso deximos en que consiste la satisfaçion de los que guerrean, la vna es emendarles el daño que rreçiben. E esta es mas neçesaria que otra alguna. Ca segund dizen los legistas, non es ygual cosa non ganar e perder, porque mayor daño es el perder que el non ganar. E por esto, los derechos dieron mas fauor a aquellos que litigan por euitar daño que a aquellos que contienden por auer ganançia.[1] E por ende, primeramente, ante de las otras satisfaçiones, es de poner aquella que consiste en emienda, de la qual fabla el rrey don Alfonso el deçimo, en la *Segunda Partida*, en el titulo veynte y çinco, en la manera siguiente.

Leys.
Mucho conuiene que se emienden los daños que los omnes rreçiben en tiempo de guerra.[2]

Emendarse deuen las cosas de que los omnes rreçiben daño. Comoquier que conuenga mucho en toda sazon, señaladamente conuiene mas en tiempo de guerra. Onde, pues que en los titulos ante deste fablamos de aquello que los omnes deuen guardar e fazer, tan bien en la guerra que se faze por tierra como por mar, queremos aqui dezir de las emiendas que los omnes deuen auer por los daños que en ellas rreçiben. E mostraremos que quiere dezir emienda, a que dizen en España herecha, e de quantas maneras es, e por que rrazones se deue fazer, e como se deue fazer, e quales, e en que tiempo, e en que manera.

Que quiere dezir emienda, e por que rrazones la deuen fazer, e en quantas maneras.[3]

Herecha llaman en España a las emiendas que los omnes han de rreçebir por los daños que rreçiben en las guerras. E tomo este nombre de vna palabra que dizen *erzer*, que quiere dezir tanto como leuantar la cosa que cayo. E desto tomaron entendimiento los que andan en guerra para llamar herechas a las emiendas que dan a los omnes de lo que ganan en la guerra por los daños que en ella rreçibieron en los cuerpos e en lo suyo. E destas herechas vienen muchos bienes. Ca faze a los omnes auer mayor sabor de cobdiçiar los fechos de guerra, non entendiendo que caeran en pobreza por los daños que en ella rreçibieren. Otrosi, de començarlos de grado e fazerlos esforçadamente, e tuelleles las perezas e pesares e tristeza, que son cosas que tienen grand daño a los coraçones de los omnes que andan en guerra. E nos queremos primero fablar de las herechas de los cuerpos de los omnes, porque son mas onrrados. E despues fablaremos de las otras, segund los antiguos lo departieron.

---

[1] Cf., for example, Justinian, *Digest*, XVII, ii, 29.
[2] Cf. *Segunda Partida*, XXV (II, 513a).
[3] Cf. *Segunda Partida*, XXV, i (II, 513b).

Como deuen ser fechas las herechas o emiendas del daño que los que guerrean rreçiben en sus cuerpos.[4]

40 Omnes es la mas onrrada cosa que fizo Dios en este mundo. Ca bien asi como los sus fechos son adelantados entre todos los otros, otrosi touieron por bien los antiguos de fablar primeramente de lo que a ellos pertenesçe. E por ende, pusieron que las herechas que pertenesçen a sus cuerpos fuesen primeramente fechas que las otras. E estas pueden ser en quatro guisas. Las tres son por vida, asi como ser captiuo, o ser
45 ferido, de guisa que non pudiese sanar tan ayna, o fincar lisiado para toda su vida. E la quarta es quando lo matasen los enemigos. Onde, por todas estas rrazones touieron por derecho que si alguno dellos que fuese en caualgada o en otra manera de guerra de las que de suso deximos captiuasen, que diesen otro por el de los que ellos ouiesen presos, segund que el omne fuese cauallero o peon. E si non ouiesen, que diesen tanto
50 de la caualgada de que pudiesen otro comprar que diese por si para salir de captiuo. E si fuese ferido de manera que non perdiese miembro, si la ferida fuese en la cabeça de guisa que la non pudiese encobrir con los cabellos, que le diesen doze maravedis. E por ferida de cabeça de que le sacasen hueso, diez maravedis. E por otra ferida que le non sacasen hueso, çinco maravedis. E por ferida de cuerpo que pasase de vna parte a otra,
55 diez maravedis. E por otra ferida del braço o pierna que pase al otro cabo, çinco maravedis. E por otra ferida que non pase la meytad desto que deximos de ferida que pasa, o por quebrantamiento de pierna o de braço de que non fuese lisiado toda su vida, por cada vna, diez maravedis. Mas si acaesçiese que alguno fuese ferido de guisa que non fuese lisiado, asi como si perdiese ojo o nariz o mano o pie, por cada vna destas
60 deue auer çient maravedis, o por la oreja, quarenta maravedis. E si perdiese el braço fasta el codo o la pierna fasta la rodilla o dende arriua, ha de auer çiento y veynte. E si perdiese el pulgar de la mano, deue auer çinquenta maravedis. E por el dedo segundo que es cabe el pulgar, quarenta maravedis, e por el terçero, treynta maravedis, e por el quarto, veynte, e por el quinto, diez maravedis. E por los quatro dedos, si acaesçiere
65 que gelos corten en vno, ochenta maravedis, si el pulgar le fincare. E si perdiere de los dientes delanteros de los quatro de suso o de los quatro de yuso, por cada vno dellos deue auer quarenta maravedis. E por otra ferida de que fuese lisiado, asi como quebrado o fadrubado, deue auer çient maravedis.

Que deue auer de la caualgada el que muriere en ella.[5]

70 Reçiben muerte muchos omnes en las caualgadas auiendo voluntad de fazer seruiçio a Dios e amp[ar]ar la tierra onde son, e de onrrar a su rrey, que es su señor natural. E por ende, touieron por bien los antiguos que el que asi muriese, si fuese cauallero, que diesen de toda su caualgada por rrazon del çiento e çinquenta maravedis. E si fuese peon, la meytad desto. E de estos maravedis, que diesen por su anima

---

[4] Cf. *Segunda Partida*, XXV, ii (II, 513b-514a).
[5] Cf. *Segunda Partida*, XXV, iii (II, 514ab).

quantos el mandase en aquellas cosas que touiese por bien si muriese con lengua o ouiese fecho testamento. E si non, la terçera parte, e lo al que fincase a sus herederos. E esto mandaron entendiendo que era muy derecha rrazon, ca si los que rreçiben menores daños en sus cuerpos han herechas, mucho mas deuen auerlas estos que mueren por las rrazones sobredichas. E los que asi rreçibiesen muerte, comoquier que los cuerpos mueran, non touieron por bien los antiguos que muriese el bien que fizieran. E por derecho a estos atales mas los deuen llamar pasados que muertos. Ca çierta cosa es que el que muere en seruiçio de Dios e por la fe en que pasa desta vida va a parayso. Otrosi, el que muere por defendimiento de su tierra e de su señor natural faze bondad e mudase de las cosas que se cambian, e todavia pasa a ganar nonbradia firme para si e para su linaje para siempre.

Como deuen fazer las erechas de los daños que los omnes rreçiben en sus cosas que non son apreçiadas.[6]

Bestias e armas e otras cosas pierden los omnes en las guerras, de que han de auer emienda, señaladamente de lo que ganaren de los enemigos. E porque cobdiçia faze a los omnes demandar a las vegadas mas de lo que vale la cosa que pierde, e por ende, touieron por bien los antiguos que ante que la hueste o la caualgada mouiesen del logar onde ouiesen de mouer, que fuesen apreçiadas todas las bestias e armas que lleuasen. E esto pusieron non tan solamente por que cada vno ouiese emienda de lo que ouiese perdido, mas aun que los perdidosos non agrauiasen a los otros, demandandoles por las cosas mas de lo que valiesen. E para esto fazer touieron por bien que escogiesen los mas sabidores omnes e los mas leales que fallasen entre si. E estos, que fuesen apreçiadores jurando primeramente por Dios que guarden a cada vno su derecho, tan bien a aquellos cuyas son las cosas que apreçiaren como a los otros que han a fazer las erechas por ellos. E desque [desta][7] guisa ouieren jurado, deuen apreçiar las bestias e las armas e las cosas, e fazerlas scriuir quantas son las que cada vno lieua, e quanto vale cada vna por si. E quando tornaren de la caualgada o de la hueste, deue ser fecha emienda de lo que ganasen en ella, segund apreçiamiento destos sobredichos, de aquello que fallasen en verdad que perdieron por ocasion e sin su culpa de aquellos cuyo era.

Como deuen fazer las herechas del daño que los omnes rreçiben en sus cosas que non son apreçiadas.[8]

Tamaña seyendo la hueste que ouiese de rresçeuir grand tardança apreçiando e escriuiendo sus cosas, asi como dize en la ley ante desta, o si la caualgada quisiese salir en poridad o tan apresuradamente que esto non pudiesen fazer, touieron por bien los antiguos por non estoruar los fechos de la guerra, despues que aguisados estouiesen,

---

[6] Cf. *Segunda Partida*, XXV, iv (II, 514b-515a).
[7] desta] Omitted in *Inc. 1487* and *Inc. 1497*.
[8] Cf. *Segunda Partida*, XXV, v (II, 515ab).

110 que el cauallero que perdiese el cauallo o otra bestia de silla despues que saliesen en la caualgada por qualquier destas guisas, o le fuyere que non la pueda tomar, o se le muriese, o gela furtasen, deuele dar la caualgada tanto por ella quanto le costo, si la perdida o la muerte en aquel año que la compro e del año en adelante deuenle dar quanto la posiese por su jura con dos caualleros de los de la caualgada, quier sean
115 fijosdalgo o de otros. E quien perdiese bestia mular o cauallar de carga, o azemila, muriendose o matandogela, hanle de dar tanto por ella quanto jurase fasta veynte maravedis, e por bestia asnal fasta çinco maravedis. E si cauallo o bestia de silla perdiese por ferida, o le tajasen la cola, o ouiere otra lision de que non pueda guaresçer, deuela tomar la caualgada e pecharla a aquel cuya era, segund la manera que
120 de suso deximos, o si ouiere ferida de que pueda guaresçer, fagala guardar el cabdillo o el adalid fasta treynta dias, e si sanare a aquel plazo denla a su dueño, e si non, pechengela los de la caualgada e fagan della lo que quisieren. E esto deximos si la mostrare al cabdillo o al adalid fasta el terçero dia. E eso mesmo dezimos de todas las otras bestias, de qualquier manera que an. Otrosi, quien perdiere armas en caualgada
125 o en algara, o auiendo batalla o fazienda o lid, pechengelo de lo que ganaren por quanto jurare el que las perdio con dos caualleros de los que fueron en aquel fecho. E si de otra guisa las perdiere por su culpa, non es derecho que le fagan emienda dello. E otrosi, las armas o el cauallo del que captiuaren o mataren los enemigos, si se perdiere alli do lo mataren o lo cabtiuaren, deuengelo otrosi pechar los de la caualgada
130 a el o a sus herederos. E demas, dezimos que si alguno se muriere su cauallo o gelo mataren, que le deue dar la caualgada alguna bestia de silla en que venga de aquellas que ganaron fasta que le pechen la suya. E si fuere enfermo o ferido, hanle a dar el aloguero de la bestia en que viniere si non ouiere alguna ganada que le den en que venga.

TITULO SEGUNDO.
De la parte que los omnes deuen auer de lo que ganaren en tiempo de guerra.
Introduçion.

5 **M**uy rrazonable cosa es que ayan parte de las ganançias los que han parte del peligro. Ca segund doctrina del apostol, los que son compañeros en las pasiones, compañeros deuen ser en las consolaçiones.[1] E mucho se animan los caualleros a bien fazer quando rreçiben algund fructo del bien que fazen, o señaladamente se gozan mucho en auer parte de aquello que ganan. Ca, veyendolo, miembranse del logar donde ganaron, e deleytanse mucho en se rrecordar
10 de la proeza que fizieron. Ca la memoria de la virtud, segund el philosopho dize, muy delectable es.[2] E por el contrario, han muy grand dolor quando veen que lo que ellos ayudaron a ganar con derramamiento de su sangre e grand peligro de su vida es en

---

[1] 2 Corinthians 1: 6-7.
[2] Cf. Aristotle, *Nicomachean Ethics*, X, viii-ix. See also Appendix 3.

poder de otros que por ventura en ello non se açertaron. E por esto, las leys de España establesçieron las rreglas que se deuiesen tener en el partir de las gananças que en la
15 guerra se fazen. Pero vna cosa que en ellas non se contiene, e fue antiguamente ordenada, es rrazon que yo diga, la qual es esta: que en qualquier ganançia que en guerra de moros se ha, la yglesia de Santiago deue auer tanto como vn cauallero, asi de cogida de campo que arrancasen como de caualgada, lo qual, aunque las leys callan,[3] non lo quise callar, pues de aquella muy deuota yglesia rreçebi muchos benefiçios.[4] E
20 non siento cabdillo, por grande que sea, que non deua auer por bien andança contar a Santiago entre los caualleros de su mesnada. E esto fue prometido e ordenado, segund las coronicas cuentan, por el rrey don Ramiro el primero, en la batalla que ouo çerca de Calahorra, quando fueron ofreçidos los votos, donde visiblemente vino el apostol Santiago, e por interçesion suya Dios vençio los enemigos de la fe,[5] lo qual asi añadido,

---

[3] See, for example, Lucas de Túy, IV, xviii. After Ramiro I's victory at Calahorra, we are told: "otorgaron tanbien para siempre que los caualleros christianos diesen a Sanctiago de lo que ganasen en cada vna batalla de los moros a medida de razon de vn cauallero" (p. 292). Cf. also Gonzalo de la Hinojosa, chapter LXVII, pp. 288-289.

[4] Cartagena was appointed dean of Santiago in 1415 or 1416 and held this title until he was appointed bishop of Burgos in 1435. In his will Cartagena bequeathed 200 Florins to the chapter of Santiago. See M. Martínez Burgos, "Don Alonso de Cartagena, Obispo de Burgos. Su Testamento," *Revista de Archivos, Bibliotecas y Museos* 63 (1957): 81-110, especially p. 90.

[5] During the reign of Ramiro I of Asturias (842-850) Saint James reputedly appeared before Christian knights and urged them on to victory at the battle of Calahorra in 844. The event is mentioned by Rodrigo Jiménez de Rada, *Historia de rebus Hispaniæ sive Historia Gothica*, ed. Juan Fernández Valverde, *Corpus Christianorum Continuatio Mediævalis*, 72 (Turnholti: Typographi Brepols Editores Pontificii, 1987), IV, xiii, pp. 132-133; Lucas de Túy, IV, xvii, pp. 291-292; and Gonzalo de la Hinojosa, chapter LXVI, pp. 286-287. Saint James' appearance before Ramiro's troops (but not the name of the specific battle in which he appeared) is also mentioned by Pablo de Cartagena in the *Siete edades del mundo*, st. 315, pp. 122-123. See also Cartagena's own *Anacephaleosis*, which in turn relies heavily on Jiménez de Rada. This text went through several translations in the fifteenth and sixteenth centuries. See, for example, *Historia original del obispo de Cartagena*, Madrid, Biblioteca Nacional, MS 815, especially ff. 68rv: "Este rrey peleo con los alarves en aquella famosa grand batalla canpal que se hizo çerca de Calahorra, en la qual paresçio Santiago, e bençida muy grand copia de los alaraves, fueron prometidos por los de España de dar de cada yugo de bueyes o de mulas que labrasen e senbrasen çierta medida de grano de la yglesia del apostol Santiago, lo qual oy en muchas prouinçias deste rreyno se paga, e de alli acostunbraron los de España en las batallas los braços diestros levantados clamando llamar al apostol Santiago, que la noche antes de la batalla mostrando por santa vision al rrey don Ramiro le prometio por mandado del Señor por sienpre ser guarda e patron de España." Jiménez de Rada's influence on the works of Alfonso de Cartagena is discussed by Robert Brian Tate, "La *Anacephaleosis* de Alfonso García de Santa María, Obispo de Burgos, 1435-1456," *Ensayos sobre la historiografía peninsular del siglo XV* (Madrid: Gredos, 1970), 55-73. On the miraculous appearance of Saint James and other saints in the battles of the Reconquest, see Bernabé Martínez Ruiz, "Notas sobre las creencias y

ya oyamos las leys que puso este rrey don Alfonso el deçimo en la *Segunda Partida*, en el titulo veynte e seys.

Leys.
Que parte deuen auer de las ganançias los omnes que andan en guerra.[6]

Ganançia es cosa que naturalmente cobdiçian fazer todos los omnes, e mucho mas los que guerrean: lo vno, por la costa que fazen; lo otro, porque se auenturan a grandes peligros por ello. Onde, pues que en el titulo ante deste auemos fablado de las emiendas que los omnes deuen fazer e auer por los daños que en la guerra rreçiben, queremos aqui dezir de la parte que deuen auer de lo que en ella ganaren, e mostraremos que quiere dezir partiçion, e a que tiempo e en que manera deue ser fecho, e cada vno quanto deue auer, e por que rrazon, e quando deue ser fecho, e por quales omnes, e que bien viene quando se faze como deue, e que daño quando asi non lo fiziesen.

Que quiere dezir partiçion, e a que tiene pro, e como se deue fazer.[7]

Partiçion quiere dezir como dar a cada vno su derecho de la cosa que se parte, e nasçe grand pro de ella. Ca seyendo partidos derechamente los bienes que ganan, vienen dos pros: lo primero, que guardan que non cayan en desacuerdo; el segundo, que les faze ser pagados de lo que han. Ca segund dixeron los sabios, la mas sabrosa e la mas folgada vida que el omne en este mundo puede auer es esta, e si en todas las otras ganançias que el omne faze deue esto ser muy acatado quanto mas en lo que ganan en las guerras do sufren muchos trauajos e se auenturan a muy grandes peligros, los quales dan rrazon de tener, por que cada vno dellos deua auer buena parte con grand derecho. Por ende, antiguamente fue puesto por aquellos que vsauan las guerras sabidores dellas en qual manera se partiesen todas las cosas que y ganasen, segund los omnes fuesen e los fechos que fiziesen. E por eso, quisieron que quando viniesen de la batalla que mandase el rrey o el cabdillo que y fuese ayuntar todo lo que en el campo cogiesen, e desque lo ouiesen todo allegado, que non partiesen dello cosa alguna fasta que torrnasen los que fuesen en el alcançe siguiendo los enemigos. E esto fizieron por dos rrazones. La primera, por que los omnes ouiesen sabor de fazer mal a los con quien guerreasen, e de seguirlos, non se temiendo que rreçibirian perdida nin daño nin mengua de lo que deuen auer si ouiesen fincado. La segunda rrazon por que deuen esperarlos es por el seguimiento que aquellos fizieron rreçibieron los que fincaron onrra e pro. E por ende, touieron por bien que los honrrasen esperando, e los que de otra guisa rrobasen o tomasen o partiesen alguna cosa, quantoquier que fuese, ante que estos

---

supersticiones de los caballeros castellanos medievales," *Cuadernos de Historia de España* 3 (1945): 158-167.

[6] Cf. *Segunda Partida*, XXVI (II, 515b).
[7] Cf. *Segunda Partida*, XXVI, i (II, 516a).

sobredichos que fueron en el alcançe torrnasen, deuen auer tal pena como adelante se
muestra. Pero si aquellos que deximos que siguiesen los enemigos rreçibiesen algund
desbarato por vileza de coraçon o por mengua de seso, non se sabiendo acabdillar, non
deuen auer parte de lo que los otros ouiesen ganado. Ca pues que ellos falleçieron en
seso e sentido, e en el esfuerço, que son las dos cosas del mundo que mas son menester
en guerra, touieron por bien los antiguos que falleçiesen otrosi en aquella parte de la
gananςia que esperauan auer.

Como se deuen guardar de non ser cobdiçiosos los que andan en guerra.[8]

Daños de muchas maneras vienen a los omnes por la grand cobdiçia, e
mayormente a los que andan en guerra. Ca estos, si della non se saben guardar, caen
en muerte o en desonrra o en perdimiento de lo que han, e a las vegadas caen en todo.
E sin el daño que les ende viene, fincan por ende desonrrados por lo que rreçiben,
mostrandose por biles, queriendo ante ganar otras cosas e rriquezas del mundo que non
en vençer sus enemigos, que es la mayor onrra que ser puede. E aun sin todo esto,
nasçe ende otro grand mal, que tanto se dexan vençer de la cobdiçia que muchas
vegadas la saña que deuen mostrar contra sus enemigos torrnase a si mesmos,
tolliendose vnos a otros lo que tienen por fuerça, feriendo e matandose, cobdiçiando
de ganar de qualquier manera, non catando derecho nin rrazon. E por ende, los
caualleros antiguos que fueron de nobles condiçiones defendieronlo muy afincadamente
por los grandes males que sintieron que desto vienen en tres maneras. La primera,
desmandandose a sus mayorales e salirles de acabdillamiento. La segunda, en querer
ser vençidos de sus enemigos por su culpa, auiendolos ellos ya vençido. Ca muchas
vegadas auiene que por el desacuerdo que veen los enemigos entre aquellos que andan
rrobando en el campo, que tornan a ellos e los vençen, e non tan solamente pierden
aquello que cuydauan ganar, mas aun los cuerpos e lo que han. La terçera, porque
algunas vegadas aquellos que van siguiendo los enemigos pierden la gananςia que
podrian auer por el yerro que los otros fazen que se fincan furtando. E esto era cosa
muy sin rrazon que los buenos se perdiesen por los malos. E demas, que podria
acaesçer que por aquel rrobo serian ellos vençidos e pobres, e el rrey o otro señor que
y ouiesen seria y muerto o preso. Onde, por todas estas rrazones sobredichas
establesçieron que quando algunos vençiesen batalla o façian lid o torneo, o entrasen
alguna fortaleza por fuerça o por furto, o nauio de los enemigos, que ninguno non se
parase a rrobrar fasta que ouiesen acabado aquel fecho, de manera que ellos fincasen
vençedores e honrados, e los enemigos vençidos e desonrrados. Pero touieron por
guisado que aquellos que guardasen el alcançe quando ouiesen vençido sus enemigos
que lo fiziesen todauia cuerdamente, de guisa que los que fuyesen non los viesen yr em
pos de si muy desbaratados e descabdillados, por que torrnasen a ellos e los ouiesen a
desbaratar o echarles alguna çelada en que les auerrnia ese mesmo daño. Mas esto que

---

[8] Cf. *Segunda Partida*, XXVI, ii (II, 516b).

dezimos de seguir el alcançe non se entiende de los cabdillos, ca non ouieron por guisado que ellos se partiesen del campo que auian ganado de sus enemigos, mas que estouiesen y quedos, guardando su onrra fasta que viniesen los que fueran en el
100 alcançe, por que sopiesen logar çierto a que auian de tornar. E si por auentura viniesen desbaratados, que fallasen cobro e esfuerço en ellos.

Como los omnes non se deuen parar a rrobar quando entraren en villa o castillo o otra fortaleza, e que pena meresçen e deuen auer los que lo fiziesen.[9]

Entrando algunos por fuerça villa o castillo o otra fortaleza, non se deuen parar a
105 rrobar. Ca en esto yazen muy grandes peligros a los que lo fazen, porque los omnes se han de esparçer entrando por las casas de los que y moran, de que son siempre mas sabidores los de aquel logar que los otros que vienen de fuera, e demas, andando asi, non se pueden ver nin acorrer vnos a otros, asi como farian andando en el campo en logar descubierto. E por esto, son muchas vegadas vençidos o muertos o presos. E aun
110 viene ende otro mal, que fazen perder al señor por su culpa aquel logar de que podria ser heredado, e ellos otrosi pierden el bien que podrian auer. E por todas estas rrazones non se deue ninguno parar a robar fasta que todos sean bien apoderados de todas las fortalezas. Otrosi, mandaron que aquellos que entran en el nauio sobre mar que non se parasen a rrobar ninguna cosa fasta que todo el nauio ouiesen ganado. Onde,
115 qualesquier que fiziesen contra lo que dicho es en esta ley e en la delante de ella, e se parase vilmente por su cobdiçia a rrobar en algunos destos fechos que deximos, si fueren de los mas honrrados omnes, deuen perder todo el bien fecho que del rrey ouiesen e non auer parte en aquella ganançia, e si fueren de los otros omnes, deuen perder todo lo que tomaron e pecharlo doblado, e non auer parte de la ganançia. Mas
120 si non ouiesen de que lo pechar, deuen ser presos fasta que el rrey o el señor de la caualgada les de la pena que entendieren que meresçen. Pero si acaesçiese que por culpa de su rrobar fuesen ellos vençidos, o el rrey o el otro señor que ouiesen fuese muerto o preso, deuen auer tal pena como si ellos mesmos lo fiziesen. E esa mesma pena dezimos que deuen auer los que andando con los enemigos lidiando en alguna de
125 las maneras sobredichas ante que los ouiesen vençido tomasen alguna cosa e se fuesen luego con ella. Ca los antiguos tanto touieron este fecho por malo que pusieron que maguer que pechasen aquello doblado que ouiesen furtado o rrobado, que non lo perdonasen por ende de todo, mas que los metiesen vna vez por la hueste o la caualgada en que lo fizieron. Ca caualleros auiesas en yegua o asno, e la cola en la
130 mano. E esta pena pusieron por desonrrarlos porque non sopieron sofrir miedo por rrazon de cobdiçia, nin quisieron ser buenos. Pero si el rrey o los otros señores ouiesen fecha postura en que pusiesen mayores penas que estas, aquellas deuen valer. Ca segund los tiempos e los fechos acaesçieren, asi pueden los señores toller e cresçer e menguar en las cosas que entendieren que abran pro e tolleran daño.

---

[9] Cf. *Segunda Partida*, XXVI, iii (II, 517ab).

Por que rrazon deuen dar al rrey su derecho de lo que ganaren en las guerras.[10]

Apuestas rrazones e çiertas fallaron los sabios antiguos por que los omnes diesen al rrey con derecho su parte de lo que ganasen en las guerras. E por ende, establesçieron que le diesen el quinto de lo que ganasen, por çinco rrazones. La primera, por rreconosçimiento de señorio, que es mayor sobre ellos. E son con el como vna cosa, el por cabeça e ellos por cuerpo. La segunda, por deudo natural que han con el. La terçera, por gradesçimiento del bien fecho que del rresçiben. La quarta, porque es tenudo de los defender. La quinta, por ayudarle a las misiones que ha fechas o podria fazer. E este derecho del quinto non lo puede otro auer sinon el rrey. Ca al rrey pertenesçe solamente por las rrazones sobredichas. E maguer lo quisiese dar a alguno por heredamiento para siempre, non lo podria fazer, porque es cosa que tañe al señorio del rreyno señaladamente. Mas queriendo fazer bien e merçed a alguno puedolo otorgar que aya la pro que saliere del quinto fasta tiempo señalado, o por su vida de aquel rrey que gela otorgase. E otros derechos y ha que aun deuen dar al rrey de las cosas mayores e mas onrradas que ganasen de los enemigos, e esto señaladamente por fazerle honrra. E sin todo esto le deuen aun dar otros derechos de lo que ganaren por rrazon que les da el con que lo ganen, asi como se muestra en las leyes deste titulo.

De quales cosas deuen dar al rrey su derecho de lo que ganaren en las guerras.[11]

Quinto touieron por bien los antiguos que diesen al rrey de todas las cosas muebles que los omnes ganasen en las guerras, de qualquier manera, que fuesen biuas o muertas.[12] E pusieron aun que quando el rrey vençiese batalla que ouiese el cabdillo mayor de la otra parte si fuese y preso con sus mugeres vna o mas, segund de qual ley fuere, e con sus fijos si los y traxere, e con sus omnes que señaladamente para su seruiçio de cada dia, e con todas las otras cosas muebles que y fuesen falladas e pertenesçiesen a el mesmo. E otrosi, deue auer las villas, e con castillos e las fortalezas, en qualquier manera que las ganaren, e las casas onrradas de los rreys. E donde rrey non ouiese, las de los omnes mas onrradas que fuesen en aquellos logares que ganasen. E eso mesmo dezimos de los nauios que ouiesen tomado de los enemigos. E aun touieron por bien que todo preso que sacasen del almoneda por mill marauedis o dende arriba que lo ouiese el rrey dando por el çient maravedis. E aun otro qualquier, maguer non valiese tanto, podiendo el rrey auer por el villa o castillo o otra fortaleza, o rreçebir

---

[10] Cf. *Segunda Partida*, XXVI, iv (II, 517b).

[11] Cf. *Segunda Partida*, XXVI, v (II, 518a).

[12] The royal portion of the booty varied according to different regions and customs. In England, for example, it was a third, and in France it was that portion of any booty which amounted to more than 10,000 francs. See Maurice Keen, *The Laws of War in the Late Middle Ages* (London: Routledge and Keegan Paul, 1965), 146-147.

tal seruiçio por el que acabe su fecho. E esto deue ser dando por el aquello que valiese. E esto sobredicho non se entiende tan solamente de la ganançia que fiziesen quando el rrey vençiese batalla, mas avn si lo ganasen en fazienda o en lid o en caualgada o en torneo o en espolonada o en algara o en çelada, o entrando villa o castillo por fuerça o por furto, o nauios de los enemigos por mar, o en otra manera qualquier que pudiese ser de guerra. E si por auentura el rrey non se açertase a aquel fecho en que ouiese auido algunas destas ganançias sobredichas, el caudillo mayor que fuese en su logar las deue rrecabdar por el, auiendogelo mandado señaladamente que lo fiziese. E aun touieron por bien que si el rrey diese talegas a alguno otro que estouiese en su logar a los que fuesen en las caualgadas, que de todo lo que ganasen diesen al rrey la meytad. E si algund rrico omne que touiese tierra del enbiase sus caballeros en caualgada, e dandoles el señor talegas para yr en ella, rreçibiendo ellos del rrey su despensa para cada dia, touieron por bien que de aquello que ganasen que diesen al rrico omne la meytad porque eran sus vasallos e mouieron con sus talegas. E el deue dar al rrey la meytad de todo lo que dellos rreçibiere porque del rreçibio aquello con que cumplio a aquellos.

En que manera deuen dar al rey su derecho de lo que ganaren en las guerras.[13]

Repartimiento fizieron los antiguos en que manera deuen dar los omnes al rrey estos derechos que deximos de lo que ganasen en guerra, e pusieron asi. Que quando el rrey vençiese batalla porque esto non podria ser a menos de se açertar en ello el mesmo, que le diesen el quinto de todas las cosas muebles que ganasen ante que sacasen ende las erechas, nin fiziesen otra partiçion nin metiesen ninguna cosa en almoneda. E este quinto se deue dar en esta manera: tomando vno de çinco. E si algunos ouiesen tomado presos, o alguna de las otras cosas mayores que pertenesçen al rrey por rrazon de onrra, asi como ya deximos, si non gelo leuasen luego que lo ouiesen tomado, o non lo diesen al omne que estouiese en su logar para rrecabdar por el aquestas cosas, deuen auer tal pena como aquellos que non conosçen los derechos que deuen fazer nin entienden las rrazones por que conuiene que las fagan nin saben la manera en que le deuen guardar. E por ende, la pena que estos atales deuen auer en los cuerpos e en el auer ha de ser segund fallare el rrey por su consejo, catando todas las cosas que fueren tomadas e los omnes que lo fizieron e el tiempo e el logar en que fuese fecho. Pero si fuere batalla en que el rrey non se acaesçiese por su cuerpo e la vençiesen los suyos, deuen sacar primeramente las erechas para rrefazer los daños que ouiesen rreçebido, e lo que ouiesen de auer las guardas que guardasen la presa que non se perdiese nin la furtasen. E otrosi, las escuchas e las atalayas que fuesen puestas para guardar la hueste o la caualgada. E despues de todo esto dar al rrey su quinto de lo que fuese vendido en el almoneda. Mas esto non se entiende de las cosas mayores que pertenesçen a el mesmo por rrazon de onrra, asi como de suso deximos. Ca estas non

---

[13] Cf. *Segunda Partida*, XXVI, vi (II, 518b-519a).

se deuen almonedar, mas darlas al rrey los que las tomaron, e el fazerles gualardon por ello, segund entendiere que conuiene. E eso mesmo dezimos de lo que fuese ganado en fazienda, o en lid, o en caualgada do andouiese algund caudillo por su mandado.

En que manera deuen dar el quinto quando la caualgada sale del logar do es el rrey o de otro do non fuese.[14]

Saliendo la caualgada del logar o el rrey fuese, deuenle dar el quinto primeramente por honrra del, e de si pagar las erechas de todas otras cosas que pertenesçen a fuero de caualgada, segund adelante diremos. Mas si saliese del logar do el non fuese deuen primeramente pagar todas estas cosas que diximos, e despues el quinto. Otrosi, dezimos que si la tal caualgada saliese de algund logar e ante que tornase a el viniesen a otro do estouiese el rrey, que ay le deuen dar el quinto ante que otra cosa den nin partan. Otrosi, touieron por bien los antiguos que fizieron el fuero de España, que quando alguno fuese vasallo del rrey e mouiese de su tierra e fiziese alguno de los vençimientos en logar que le pertenesçiese por rrazon de su conquista, o se acogiese a alguno de sus logares e de su señorio con la ganançia que fiziese, ca por qualquier destas rrazones es tenudo de dar al rrey su quinto de todas las cosas mayores que dichas son que deue auer por onrra. E aun dixeron mas los antiguos sobre esta rrazon. Que si aquel que venç[ie]se o acauase algund grand fecho de armas fuese vasallo o natural de vn rrey e veniese a tierra de otro, e ante que se tor[n]ase suyo de aquel en cuyo rreyno entrase mouiese para yr fazer alguno destos fechos que de suso deximos e tomase talegas de su tierra, que le deue dar el quinto de todo lo que ganare por rrazon del señorio donde mouiese e las talegas que ende ouo sacadas.

De quales cosas que sean ganadas en la guerra non deuen dar derecho al rrey.[15]

Ganançias fazen los omnes en las guerras de muchas cosas de que non deuen dar derecho al rrey, asi como quando lo ganan en torrneo. Deue ser todo suyo del que lo ganare, fueras ende si fuese y preso tal omne por que el rrey pudiese acabar su fecho. Pero esto deuelo el rrey auer, dando buen gualardon a los que lo diesen. E eso mesmo dezimos de lo que ganasen en espolonada seyendo fecho por mandado del caudillo. E otrosi, lo que fuese ganado en apellido yendo en pos de los enemigos, si les tollesen lo que leuasen non auiendo trasnochado en su poder, nin otrosi, de los que se rredimiesen a rrescate de vno por otro, fueras ende si fuese y preso caudillo, segund deximos, nin de aquellas cosas que las el quitase por su preuillejo en que nombrase cada vna por si sin las otras que el otorgare por su palabra, segund la postura que y ouiesen fecho entre si, prometiendo de dar algo por Dios, o para sacar captiuos o para fazer algund otro bien que les tornase en pro de su fecho. E eso mesmo dezimos de lo que ganasen en hueste o en caualgada o en otra manera qualquier de guerra en que les

---

[14] Cf. *Segunda Partida*, XXVI, vii (II, 519ab).
[15] Cf. *Segunda Partida*, XXVI, viii (II, 519b-520a).

otorgase el rrey por su palabra que fuese rreal la ganançia que en aquel fecho fiziesen. E esta palabra, comoquier que se entienda sobre todas las cosas que pertenesçen al rrey e al rreyno, quanto en fecho de guerra ha su entendimiento apartado. Ca en este logar tanto muestra como si el rrey mesmo dixese todas las cosas muebles que cada vno y ganase que fuesen suyas quitamente. E esta palabra non la puede otro dezir sinon el rrey mesmo por su boca o por su carta en que lo mandase, o si dixiese a otro que la pudiese dezir por el. E aun sin todas estas cosas que dichas auemos pueden los omnes fazer otra ganançia de que non deuen dar derecho al rrey, asi como quando entrasen los enemigos por su tierra a darles batalla e los vençiesen. Ca entonçe lo que cada vno dellos ganase deue ser suyo si non tan solamente el rrey de la otra parte si fuese y preso. Ca entonçe el rrey lo deue auer e dar gualardon por el. Otrosi, quando acaesçiese que alguno captiuasen en qualquier manera de guerra e los otros de la caualgada diesen por el algund captiuo de los que ellos traxiesen presos o dineros para comprarlo de tal captiuo, nin de los maravedis que le diesen de que lo comprasen, non deuen dar al rrey quinto nin sesmo nin otro derecho ninguno. E otras gananças aun y ha de que los omnes non deuen dar derecho, asi como de aquello que ganan las atalayas o las escuchas, e los barruntes, e los que van tomar lengua de los enemigos. Ca lo que cada vno destos ganare en faziendo su ofiçio non deuen dar quinto dello nin otro derecho alguno.

Como deue ser fecha la partiçion de manera que cada vno aya su derecho.[16]

Dadas al rrey todas las cosas que le pertenesçen, segund deximos en la ley ante desta, lo al que fincare deue ser partido entre los otros omnes de manera que cada vno aya lo que le conuiniere. E esto por tres rrazones: la primera, porque fizieron esfuerço en ganarlo; la segunda, porque fizieron lealtad en guardarlo; la terçera, porque fueron sesudos en el peligro. E por ende, los antiguos de España pusieron que sin aquel derecho que cada vno deue auer en su parte de la gananç ia que fiziesen primeramente, deuen auer emienda e erechas de los daños que ouiesen rreçebido, asi como de suso es dicho en el titulo que fabla en esta rrazon. Ca a esto se mouieron por dos rrazones: la primera, por piedad, e doliendose de los males que los omnes ouiesen preso; la segunda, por darles gualardon del bien que ouiesen fecho.

Como los atalayadores e las escuchas deuen fazer su offiçio e auer todo lo que ganaren faziendo su offiçio.[17]

Atalayadores son llamados aquellos omnes que son puestos para guardar las huestes de dia, viendo los enemigos de lueñe, si vinieren, de guisa que puedan aperçebir a los suyos que se guarden de manera que non rreçiban daño. E estos hanlo

---

[16] Cf. *Segunda Partida*, XXVI, ix (II, 520ab).
[17] Cf. *Segunda Partida*, XXVI, x (II, 520b).

de fazer paladinamente. Mas otros y ha que han de atalayar a escuso, de manera que non parescan. E por ende, son llamados escusados. E esto es manera de guerra que tiene muy grand pro. Ca por y saben, sin mostrarse, quantos son los enemigos que van o uienen, e en que manera. E eso mesmo dezimos de las escuchas que son guardadas para de noche, ca lo que fazen las atalayas por vista eso han ellos de fazer por oyda. E comoquier que sea mucho peligroso, es el offiçio de los atalayadores porque han de estar todo el dia acatando a toda parte, que es menester graue e mucho enojoso. E sin esto, que han de sofrir la lazeria de los tiempos, quandoquier que fuertes sean, muy mas lo es de las escuchas. Ca estos han a guardar a si mesmos e a los otros con quien son. E auiene muchas vezes que si non lo saben bien fazer que los prenden o los matan los enemigos, e son los de su parte por ende desbaratados. E porque destos atales es su offiçio muy peligroso que los han a matar. E si lo non fizieren como conuiene, por ende deuen ante ser pagados que la partiçion se faga sin aquello que les deuian dar segund la postura que con ellos ouiesen fecho, ha de ser suyo todo lo que les viniere en quanto estouieren faziendo su ofiçio.

Como los barruntes e los que van tomar lengua deuen ser pagados ante de la partiçion, e lo que ganaren es suyo.[18]

Barruntes son llamados aquellos omnes que enbian para andar con los enemigos e saber su fecho dellos porque aperçiben a aquellos que los embian que se puedan guardar, de manera que les sepan fazer daño e non lo rreçiban. E estos deuen catar sabiduria e arte para saber verdaderamente el fecho de los enemigos por que a los suyos puedan dar çertidumbre dellos, ca esta es cosa que conuiene mucho a los que son en guerra. E otros ay que van tomar lengua, e esto es quando los omnes quieren yr en hueste o en caualgada e non saben fecho de los enemigos çiertamente, e embian algunos omnes que tomen omne o muger, el primero que fallaren, por que puedan auer sabiduria dellos. E comoquier que tan bien los barruntes que deximos como estos es su offiçio de dar sabiduria a los suyos de los enemigos, con todo eso, ha departimiento entre ellos, ca los varruntes lo han a dar por si, e los otros por aquellos que prendieren. E porque esto non se puede fazer sin grand peligro, pusieron los antiguos que fuesen pagados de lo que con ellos ouiesen puesto ante que la partiçion fiziesen, e sin esto, todo lo que ganasen yendo aquel fecho deue ser suyo quitamente. Ca derecho es que asi como quando non lo fiziesen derechamente deuen morir por ello, otrosi, es muy grand guisado que ayan buen gualardon quando bien lo fizieren.

Del ofiçio de los guardadores e de los quadrilleros.[19]

Guardadores deuen ser puestos en las huestes e en las caualgadas para guardar todas las cosas que y ganaren de los enemigos por que non se pierdan nin las rroben

---

[18] Cf. *Segunda Partida*, XXVI, xi (II, 521a).
[19] Cf. *Segunda Partida*, XXVI, xii (II, 521ab).

nin las furten. E para esto deben escoger omnes que sean tales que lo sepan fazer lealmente, faziendoles jurar primero que lo guarden bien e que non fagan en ello engaño por cobdiçia que ayan. E porque han a guardar estas cosas, por eso los llaman guardadores. E comoquier que esto que ellos han de fazer se torna en pro de los que la ganançia fazen, tanto es el travajo que en ello lieuan, que touieron por bien los antiguos que ante fuesen pagados que la partiçion fiziesen. E otros ofiçiales ay que llaman quadrilleros. E estos han de ser tomados faziendo quatro partes de la hueste o de la caualgada e escogiendo de cada quatro vn buen omne leal e tal que sepa temer a Dios e aya en si vergüença. E sin todo esto touieron por bien los antiguos que cada vno destos quadrilleros ouiese en si tres cosas: la primera, que fuesen leales; la segunda, de buen entendimiento; la terçera, sofridos. Ca la lealtad les guarda que non les faga la cobdiçia errar; el buen entendimiento les fara dar a cada vno su derecho; la sufriençia que non se ensañen nin se quexen por las muchas rrazones e de muchas guisas que les diran los omnes desmesuradamente. E por esto, son llamados quadrilleros, porque cada vno dellos ha de saber las erechas que caen en los de su quarto, segund aquella parte que han de auer de lo que fuere. Por ende, han de tomar la jura dellos, luego que los ouieren escogidos, que estas cosas sobredichas fagan bien e lealmente. E porque el ofiçio destos e de los guardadores que deximos es trabajoso, por ende, deuen ser pagados de aquello que les prometieron ante que la partiçion se faga. E si alguno dellos errase faziendo a sabiendas furto o engaño en su ofiçio, deuelo pechar tres doblado, e esto de guisa que la partiçion non se embargue por ello. E si non ouiere de que lo pechar, deuenlo matar como a omne que faze falsedad contra aquellos que se fian en el.

Como deuen ser pagados por aluedrio los ofiçiales sobredichos quando non ouiesen puesto cosa çierta que les diesen.[20]

Conteçe algunas vegadas que los que van en hueste o en caualgada obligandoseles non ponen çierta cosa que den a los atalayaderos nin a los escuchas nin a los barruntes nin a los que van tomar lengua nin a las guardas nin a los quadrilleros. E por toller contienda que podria acaesçer sobre esta rrazon touieron por bien los antiguos que quando esto acaesçiese que los de la caualgada escogiesen otros omnes buenos en que fiasen que fuesen atales que ouiesen en si las tres cosas que deximos en la ley ante desta de los quadrilleros. E por esto, deuen ser tres o çinco, por que si desacuerdo acaesçiese entre ellos en lo que acordasen, los mas de aquellos que vala. E luego que los ouiesen escogido deuenles tomar la jura que fagan esto bien e lealmente. E desque esto ouieren fecho, lo que ellos mandaren que les den deue valer tan bien como si todos lo ouiesen fecho e puesto comunmente. E si lo alguno contrallase, o non quisiese por ello estar, deue auer tal pena como quien desdize juyçio de señor o mandamiento de caudillo.

---

[20] Cf. *Segunda Partida*, XXVI, xiii (II, 521b).

Como deuen partir lo que ganasen en fazienda o en lid.[21]

Fazienda o lid si acaesçiese que alguno vençiese, deuen guardar que non rroben el campo fasta que torne el alcançe, asi como dize en la ley que fabla de la batalla que el rrey vençe. E el que de otra guisa lo fiziese deue auer tal pena como ay dize. Mas despues que ouieren vençido los enemigos todo lo que ganaren deue ser ayuntado por las rrazones que en estas leys son dichas, e si el caudillo que ouieren fuere señor por naturaleza de linaje o por heredamiento que rrey non sea deuele dar el septimo de lo que ganaren. Mas si lo fuese por naturaleza de bien fecho, o si lo ouiesen ellos de su voluntad escogido, a este atal han de dar el diezmo. Ca los antiguos non touieron por bien que otro omne ouiese el quinto sinon el rrey o a quien el lo diese, asi como es dicho en la ley que fabla desta rrazon. E esto dezimos que si el señor o el caudillo saliere de su heredad o de otra que non sea del rrey quando fuere a aquella fazienda o lid. Mas si saliere de tierra del rrey o por su mandado por alguna destas rrazones que deximos, entonçe deuen dar al rrey su quinto de todo lo que ganaren, segund de suso deximos.

Como deuen rrobar el campo de las cosas que y yuguieren.[22]

Robar non deuen los omnes el campo desque vençido ouieren los enemigos en batalla o en fazienda o en lid. E esto pusieron los sabios antiguos por que non se perdiesen las cosas que y ganasen e pudiesen mejor venir a partiçion. E non tan solamente lo pusieron por el dia en que fuese vençida, mas aun fasta tres dias despues que a aquel logar llegase do estouiesen en este plazo, ellos nin otros non se entremetisen a rrobarlo, mas que allegasen las cosas biuas e las otras que las aduxesen a monton, e qualquier que ouiese tomado algunas dellas, si gelas conosçiesen, fasta este plazo sobredicho, que las tomasen doquier que fuesen falladas, e gelas fiziesen pechar con el doblo. Pero esto se entiende si los que este fecho fiziesen ouiesen alguna escusa derecha por que non pudieran fazer la partiçion en aqueste plazo sobredicho, mas si por auentura acaesçiese que tornasen los enemigos en el campo e vençiesen aquellos que primeramente fuesen vençedores de manera que los echasen ende leuando los vençidos sobreuiniendo otros que cobrasen lo que ellos touiesen perdido, e estos que la postrimera vegada ouiesen vençido los enemigos, deuen auer toda la ganançia que los otros desanpararon en el campo quando fueron vençidos, e non son tenudos de les dar dello parte por rrazon de la primera ganançia que fizieron. E esto es porque ellos lo ganaron de nueuo e los otros lo auian perdido, fueras ende si aquellos que los vençieron la primera vez torrnasen en ayuda de los otros que los vençieron la segunda, ca entonçe deuen auer su parte por rrazon de la ayuda que les fizieron. Pero si aquellos que vençieron los enemigos la primera vez non quisiesen seguir el alcançe e viniesen algunos otros de otra parte e desbaratasen a los que fuesen fuyendo, aquellos que

---

[21] Cf. *Segunda Partida*, XXVI, xiv (II, 521b-522a).
[22] Cf. *Segunda Partida*, XXVI, xv (II, 522ab).

entonçe los desbaratasen deuen auer la ganançia e non han a dar parte a los que
primero los ouiesen vençido pues que non quisieron yr en pos ellos. Mas esto se
entiende si fuesen tantos los vençedores que pudiesen seguir el alcançe e non quisiesen.
Ca seyendo pocos que non se atreuiesen a yr en pos ellos o tan cansados que lo non
pudiesen fazer, e estos atales non deuen perder su parte de lo que los otros ganasen, e
esto por dos rrazones: la primera, porque ellos los vençieron primeramente; la segunda,
porque por su vençimiento los vençieron los otros, veyendolos yr feridos e cansados.
Mas si fuese que los pocos vençiesen a los muchos, mas por manera de espanto que por
fuerça, e aquellos, en fuyendo, viniesen otros que los desbaratasen, non los fallando
feridos nin cansados, deuen auer la ganançia e non dar parte a los primeros, fueras ende
si algunos de los que los ouiesen vençido primeramente siguiesen todavia el alcançe,
ca entonçe aquellos deuen auer parte de la ganançia, mas non los otros que fincasen en
el campo. E todas estas cosas son quando la batalla o la fazienda o la lid fuese contra
los enemigos de la fe o del rrey o del rreyno.

Que derecho han los omnes en lo que ganan en el torrneo o en espolonada o en lid o en justa.[23]

Torrneo que boluiesen dos huestes que estouiesen vna cabe otra, o de los que touiesen çercado villa o castillo con aquellos que fuesen dentro, touieron por bien los antiguos que lo que cada vno y ganase que lo ouiese quitamente, e esto por dos rrazones: la primera, porque lo fazen por mandado de sus caudillos; la segunda, porque auenturan a peligro sus cuerpos de muerte por fazer bondad, yendo solos o con pocos mas que los otros que van en esfuerço de grandes compañas. E por ende, non han a dar parte a otro, nin quinto al rrey, nin otro derecho, fueras ende aquellas cosas señaladas que dize en la ley que fabla en esta rrazon. Eso mesmo seria de lo que fuese ganado en espolonada si non se acaesçiese que por ella fuese tomada la villa o castillo. Ca esto deue ser del rrey o del caudillo con todas las otras cosas que le pertenesçen por rrazon de su onrra, segund en las leys de suso es dicho. Mas el torneamiento que se faze por rrazon de vsar las armas e non para matarse, nin por enemistad conosçida que los omnes ouiesen vnos con otros, en tal como este todo lo que cada vno y ganase deue ser suyo, que non aya a partir con ninguno nin dar quinto al rrey nin derecho dello al rrey nin a otro señor que aya. E aun si acaesçiere que algund cauallero fuese y preso bien puede lleuar del aquel que lo prendio tamaña quantia de auer, segund la postura que ante ouiesen puesto que el torrneamiento se començase. E si aueniese que alguno cometiese de justa vno por otro tan solamente de las lanças, e el que derribase abria el cauallo del derribado de aquella manera que le fallase armado o por armar. E desto no ha a dar parte nin derecho alguno. Mas si por ventura fuese que lidiasen en prueua vno por otro, o mas, por rrazon de rriepto, deuen los vençedores auer pena si todas las cosas que ganaren de los vençidos, e non deuen dello dar parte nin derecho alguno,

---

[23] Cf. *Segunda Partida*, XXVI, xviii (II, 524b-525a).

fueras ende si aquello que traxieren los vençidos todo o alguna parte dello fuese de otro.

Como deuen partir lo que fallaren en la villa o en el castillo que fuere entrado por fuerça o por furto.[24]

Uillas e castillos se ganan en las guerras de muchas guisas. Ca las vnas se toman por fuerça de combate e las otras por furto. E nos queremos dezir como deue ser partido lo que ganaren en cada vno dellos, segund los antiguos lo departieron. E por ende, dezimos que quando ganasen villa o castillo por fuerça de combate o por furto, que non se deuen parar los omnes a rrobar ninguna cosa fasta que toda la villa o castillo ayan ganado e sean apoderados de todas las partes de las fortalezas, asi como ya es dicho. E los que contra esto fiziesen deuen auer tal pena como deximos de suso de los que se paran a rrobar el campo. E despues desto, la primera cosa que deuen fazer es dar al rrey aquel logar que ganaron si se açertare y, apoderandole de todas las fortalezas. E si non, al caudillo que y fuese en su logar. Mas si por ventura non se açertase y el nin otro caudillo por su mandado, mas si algunos por si se llegasen auenturandose, deuen ellos entre si escoger omnes señalados a quien lo den en voz del rrey que lo tenga, e ellos han de ayudarlos a guardarle fasta que el rrey embie quien lo rreçiba por el. E despues desto, deuense allegar todas las cosas muebles, e dar primeramente al rrey todas aquellas cosas que el deue auer por rrazon de honrra e de señorio, asi como es dicho en las leys que fablan en esta rrazon, e de si dar luego sus gualardones a aquellos que primero entraron en la villa o en el castillo por fuerça de combate o por furto, en la manera que es dicho alli do fabla de esto. E otrosi, aquellos que ganaron aquel logar porque lo ouieron de auer. Ca a estos deuen dar gualardon segund conuiene al seruiçio e a la postura que con ellos fizieron. E si postura non ouiesen fecho, deuenles dar gualardon segund conuiene al seruiçio que fizieron. E esto ha de ser en aluedrio de buenos omnes comunales que se açertaron en aquel fecho. E si ellos non se abiniesen deuenlo fazer complir al rrey, segund entendiere que lo mereçieron. E despues que estos gualardones fueren pagados deuen sacar lo que han de auer las guardas e los quadrilleros e los otros offiçiales que conuiene a aquello, segund que deximos en las leys que fablan en esta rrazon. Pero esto se entiende si lo ouiesen puesto señaladamente en aquel fecho, entonçe deuen dar al rrey su quinto de todas las cosas muebles que y ganasen, fueras ende de aquellas que fuesen tajadas con tiseras e cosidas con aguja. E esto pusieron los antiguos por nobleza del rrey porque non touieron que le conuenia vestir paños que para otro fuesen començados o fechos. E lo al que fincare deue ser partido segund que adelante mostraremos. Mas si acaesçiese que las villas o la fortaleza non fuesen entradas por fuerça nin por furto, mas que se diesen por fambre o por otra premia atal pleito que fuesen todos captiuos a merçed del rrey, entonçe puede el dellos e de sus aueres fazer lo que quisiere, dando

---

[24] Cf. *Segunda Partida*, XXVI, xix (II, 525ab).

a los que fueren y con el parte segund las compañas que traxiesen, o teniendolos para si para ayuda de las expensas que ouiese fechas. E si ouiesen a salir con los cuerpos e dexarles el auer, deue ser partido lo que y fallaren en esta guisa, que aya el rrey la meytad e toda la hueste la otra meytad. Mas si pleytesia fuese puesta que saliesen con los cuerpos e con los aueres, esto deue ser guardado firmemente en todas guisas, en la manera que fuese fecho. E qualquier que lo quebrantase, si fuese de los mayores omnes, deue ser echado de toda la tierra, e si de los menores, morir por ello, o perder quanto ouiere si non lo fallaren.

Como se deue partir lo que se ganare en la caualgada senzilla o doble.[25]

Caualgada senzilla o doblada, o que llaman rredro caualgada, e çelada e algara e corredura, son maneras de guerrear en que ganan ende a las vegadas algo los omnes que lo fazen. E por ende, queremos aqui dezir segund los antiguos lo mostraron, en que guisa lo fiziesen quando lo quisiesen partir por que non les nasçiese despues sobre ello contienda en la partiçion. E por ende, pusieron que todas las cosas que fuesen ganadas en qualquier manera destas sobredichas de guerrear, que fuesen venidas a monton, e despues, que fueren aduzidas a monton, dando al rrey su derecho, en la manera que sobredicha es, e pagando las erechas e las otras cosas que han de auer los offiçiales, segund otrosi mostraremos. E de todo lo al que fincare deuen ser apoderados los quadrilleros por que puedan fazer sin embargo las partiçiones. E ellos hanlo de leuar todo al almoneda e tomar fiadores de aquellos que lo comparen, faziendo escriuir por quanto se vende cada cosa. Despues que ende rreçibieren el preçio han de dar a cada vno su parte segund le conuiniere, asi como diremos adelante. E los que alguna cosa sacaren del almoneda deuengelo contar en su parte, e si valiese mas de lo que deue auer, halo de torrnar, e si menos, deuengelo complir. E los que desta guisa non lo fiziesen deuen pechar tres doblado lo que tomasen: el vn terçio para el rrey porque pasaron su mandado; el segundo para los quadrilleros porque los despreçiaron; el terçero para la cabalgada a quien fizieron el daño.

Como deuen partir la ganançia que fizieren los que se echaren en la çelada sobre alguna villa o castillo, quier sea vna compaña, quier dos.[26]

Estoruo grande viene a los omnes en lo que quieren fazer quando contienden ellos, vnos con otros, señaladamente sobre vna cosa. E comoquier que en todo tiempo desto viene mucho daño, mucho mayor es quando los omnes son en guerra. E por ende, los antiguos, porque touieron que era vna de las cosas que mas valian en la guerra toller la contienda entre los suyos e torrnarla sobre los enemigos, establesçieron asi que quando alguna cosa les acaesçiese asi guerreando sobre que ouiesen de contender, que catasen carrera de derecho con que lo departiesen, por que non tan solamente pudiesen

---

[25] Cf. *Segunda Partida*, XXVI, xx (II, 526a).
[26] Cf. *Segunda Partida*, XXVI, xxi (II, 526b).

la partiçion de lo que ganasen fazer derechamente, mas aunque la ganançia que podrian fazer que non se les estoruase entendiendo sobre ello. Onde, sobre esto, pusieron que si acaesçiese que dos compañas yoguiesen en çelada, non sabiendo los vnos de los otros, sobre algund castillo o villa que quisiesen correr, para ganar dellos, o sobre algund camino por do cuydasen que pasaria aquella ganançia que cuydauan fazer, e despues, en corriendo cada compaña andouiesen por si e non se ayuntasen en vno, lo que cada vna ganase fuese suyo e non diese parte a la otra, maguer fuesen amas de vn señor e mouiesen de vn logar, sinon si ouiesen ya antepuesto tal postura dellos o de los que los embiasen que todo lo que ganasen viniese a partiçion de so vno. Pero porque mouieron por mandado de vn señor o de vn logar tenudos son de torrnar a fazer la partiçion cada vno por si, alli donde fue la mouida. E esto pusieron por guardar que el señor o el logar onde mouieron non perdiesen sus derechos. Mas si por ventura acaesçiese que en torrnandose amas sus compañas o a alguna dellas non pudiese torrnar a aquel logar onde salieron por que fuesen perdidos o çercados, o por llenas de rrios o por grandes nieues que gelo estoruasen, o sabiendo que les tenian los enemigos las carreras o los pasos por do auian de yr, o porque el rrey o el otro señor o el caudillo que ouiesen les mandase yr a otro logar, o por otro enbargo semejante desto que ouiesen comunalmente toda aquella compaña que traxiese la presa. Ca entonçe deuen yr si pudieren a aquel logar que los mandaron, o al otro mas conueniente que fallasen, e alli dar su derecho al rrey o al otro señor que los ouiese embiado, o al logar donde mouieron, segund dicho es en las leys de suso, e lo al partirlo entre si, e esto por que non perdiesen su ganançia por rrazon de non poder tornar al logar donde mouieron.

Como deuen fazer quando dos compañas yoguiesen en çelada e sopieren la vna de la otra.[27]

Iaziendo dos compañas en la çelada que se viesen o ouiesen sabiduria de si, e fuese la vna mayor que la otra, e les embiasen dezir como eran mas que ellos, e que querian correr primero que non les embargasen la ganançia que cuydauan fazer mas que corriesen quanto pudiesen quando ellos en vno o despues que ellos ouiesen corrido, entonçe la menor compaña deue fazer vna dellas de dos cosas, e faziendolo asi, todo lo que ganasen deuenlo partir con ellos, bien asi como si amas corriesen de so vno. Mas si la menor compaña otorgase que corriese la mayor primero e ellos despues, lo que cada vno ganare deue ser suyo. E si fuesen otorgados que corriesen en vna sazon cada vno a su parte, seyendo la villa o el logar atal que lo pudiesen fazer a su pro, todo lo que ganasen deue ser ayuntado a partirlo todos entre si, torrnando a fazer la partiçion a aquellos logares onde salieron, e dando sus derechos al rrey e partiendo lo al asi como sobredicho es. E los que fiziesen contra lo que esta ley dize deuen perder por pena su parte de la ganançia que ouiesen fecha. E demas, si otro estoruo nasçiese dellos al rrey o a la otra compaña, deuen rresçebir pena por ello, segund entendiere el rrey

---

[27] Cf. *Segunda Partida*, XXVI, xxii (II, 526b-527a).

que lo mereçen, acatando al fecho e a los fazedores e al logar e al tiempo.

Como deuen partir la ganançia quando dos caualgadas o mas o rriedro caualgada se fallaren en vno.[28]

Fallandose dos caualgadas o mas en vno que quisiesen entrar a algund logar señalado en tierra de los enemigos, si se acordaren a fazer todos vna yda, lo que ganaren deuenlo partir entre si comunalmente, e esto por se fazer como vna compaña. Mas si fuere tal logar en que cada vna de aquellas conpañas por si puedan algo ganar non faziendo estoruo la vna a la otra, lo que ganare sea suyo, e non den parte a los otros. Pero si entendiesen que aquel logar era tal que la vna compaña estoruaria a la otra en manera que non pudiesen acabar aquel fecho que quisiesen fazer entonçe deuen saber qual compaña fue primero sabidora de aquel fecho, e a aquella deuen dexar entrar, e la que fincare deue yr buscar do fagan de su pro o esperar fasta que salga la primera, e de si entrar ellos si quisieren. Mas si acaesçiere que ambas aquellas compañas fuesen sabidores de aquel fecho en vna sazon, aquella que ante se guisase e mouiese primero, esa deue ante entrar, fueras ende si lo fiziese maliçiosamente por estoruar a la otra, e esto seria quando aquella que primero mouiese fuese menos compaña e lo fiziese mas por estoruar a la otra que por fazer daño a los enemigos. E estos atales por su atreuimiento deuen auer pena por aluedrio del rrey, segund entendiere que mereçen, por el estoruo que fizieron a el e a la compaña de la otra caualgada. E si acaesçiere que alguna destas compañas non pudiese tornar con lo que ganase al logar que ouiese a dar su derecho por alguno de los embargos que dize en la ley que fabla de las çeladas, entonçe deuen fazer segund en esa ley dize. E eso mesmo dezimos de las rriedro caualgadas.

Que quiere dezir apellido, e como deuen partir lo que ganaren en tiempo de paz.[29]

Apellido tanto quiere dezir como boz de llamamiento que fazen los omnes para ayudarse a defender lo suyo quando rreçiben daño o fuerça. E esto se faze por muchas señales, asi como por boz de omnes o de compañas o de trompas o de añafiles o de cuernos o de atambores, o por otra señal qualquier que faga sueno o mostrança que oyan o vean de lueñe, asi como atalayas e almenaras, segund los omnes lo ponen e lo vsan entre si. Pero estos apellidos son en dos maneras: los vnos se fazen en tiempo de paz; los otros de guerra. E no queremos fablar de cada vno dellos segund los antiguos lo mostraron. Primeramente diremos de aquellos que fazen en paz. Onde, dezimos que tan bien en los vnos apellidos como en los otros, todos aquellos que los oyeren deuen salir luego para ello, asi de pie como de cauallo, e yr en pos de aquellos que el daño les fazen. E por ende, los que en tiempo de paz salieren en apellido, deuenlos seguir

---

[28] Cf. *Segunda Partida*, XXVI, xxiii (II, 527a).
[29] Cf. *Segunda Partida*, XXVI, xxiv (II, 527b-528a).

575 fasta que cobren lo suyo que perdieron, e despues que lo ouieren cobrado non deuen seguir a aquellos que lo leuauan para fazerles mal. Mas si lleuadores son porfiosos en lo leuar o amparargelo teniendo que fazen derecho, entonçes los que gelo van toller deuen mostrar que con derecha rrazon gelo quieren tomar, dando fiadores o peones que estaran a fuero o a mandamiento del rrey. E si sobre esto non quisieren aun dexarlo
580 amparandogelo por fuerça con armas, entonçe sy gelo tolleren e les fizieren daño los que van en pos lo suyo, non caen por ello en pena nin en caloña ninguna, pero quantoquier que les tomasen mas de lo que leuauan de lo suyo non lo deue auer ninguno para si nin meterlo a partiçion. E esto es porque quando los otros viniesen a emienda para complirlos de derecho, auergelo yan a tomar, e los rrobos e las perdidas
585 que desta guisa se fazen, comoquier que se fagan con armas e se maten e se fieran muchas vezes los omnes yendo en los apellidos, e les tuellen de lo que les fallan, demas de lo que lleuan, e es todo esto manera de guerra, pero porque fazen los omnes esto por demandar su derecho e por defenderlo, non deuen auer ninguna cosa de lo que ganaren por suya quita, nin meterla a partiçion como si la ganasen en guerra de los
590 enemigos. Mas esto non se entiende aquellos a quien el rrey mandase tomar o prendergelo por rrazon de justiçia. Ca vasallo o natural non deue contrastar a su señor sobre tales fechos como estos, sinon demandandole que le tenga a derecho o con humildad, pidiendole merçed. E los que de otra guisa fiziesen caerian en tal pena segund el atreuimiento que ouiesen fecho.

595 **Como deue ser partido lo que ganaren en el apellido que fuere fecho en tiempo de guerra.[30]**

Guerreando los omnes con los enemigos de la fe o de su rrey o señor natural, o de la tierra onde son naturales, acaesçe muchas vegadas que salen en apellido para defender lo suyo. E comoquier que esto deuen fazer con derecho, pero en tal manera
600 auiene que lo fagan que aquellos logares onde salieren que los dexe con rrecabdo, por que los enemigos non gelos puedan tomar nin fazer y mayor daño de aquel que han rresçeuido ende porque van en apellido. E conuiene otrosi que vayan aperçeuidos, e que se guarden alla do fueren quanto mas pudieren de çelada o de otro engaño que les podrian fazer los enemigos por que se ouiesen y a perder aquellos logares donde
605 salieron. Ca los antiguos estas dos cosas sobre todas las otras mandaron guardar a los que estouiesen en guerra: la primera, que se sopiesen guardar de daño de los enemigos; la segunda, que estouiesen guisados e aperçeuidos para podergelo fazer. Onde, si aquellos que el apellido sopiesen bien seguir e alcançasen los enemigos e les tomasen lo que lleuasen, todo lo que les al tomasen mas de la presa que les ouiesen tomado
610 deue ser suyo, e partirlo entre si comunalmente, segund lo que ganasen en caualgada, pagando sus erechas primeramente de los daños que ouiesen rresçeuido, de si dando al rrey sus derechos segund que dicho es en las otras leyes. E comoquier que aquellos que

---

[30] Cf. *Segunda Partida*, XXVI, xxv (II, 528ab).

yendo en el apellido primeramente alcançasen e touiesen por esta rrazon que deuen auer mayor parte de la ganançia que los otros que veniesen en pos ellos, non touieron por derecho los antiguos que asi fuese, mas cataron cosa ygual e derecho para los que fuesen primero e para los que viniesen en pos ellos. E por ende, pusieron asi a los que ante fuesen alcançando que tornasen la cabeça atras [algunas]³¹ vegadas, e quantos viesen que venian çerca ellos fasta vna legua, que son tres mill pasos, que estos ouiesen parte de la ganançia, llegando y con ellos luego que el fecho fuese acauado. E esto fizieron por dos rrazones: la primera, porque non finco por ellos en fazer todo su poder para alcançar; e la otra, porque muchas vezes auiene que aquellos que primero llegan son desbaratados, e los que vienen en pos ellos cobran e vençen el fecho, mas los otros que tardasen, por aboleza de si, o por fazer mal a los otros que fuesen primero, non deuen auer parte de aquello que los primeros ganasen, mas deuen pechar la pena que les fuese puesta por non salir en apellido, e demas, el daño que los primeros ouiesen rresçeuido por non ser acorridos dellos. E esto segund el aluedrio de omnes buenos o del rrey si dellos se agrauiasen. Pero esto non se entiende sinon de los otros omnes menores o medianos. Mas si fuesen de los mayores e se querellasen al rrey dellos, los que el daño rreçiuieron deuenlo pechar segund que sobredicho es, e demas desto ser echados de la tierra por quanto tienpo el rrey touiere por bien. E esto pusieron los antiguos porque el yerro que auiene de los mayores pareçe peor e es mas dañoso que el de los otros. Pero de vna guisa podria ser porque estos, comoquier que fuesen en culpa, non caerian en la pena sobredicha, e esto seria quando los que alcançasen primero e ante que los otros que llegasen cabo dellos fuesen muertos o presos o desbaratados, e los que viniesen a postremas cobrasen todo el fecho e desbaratasen los enemigos.

Como deuen fazer los que fueren en apellido de lo que tolleren a sus enemigos ante que lo metan en su poder o despues.³²

Tollendo los que fuesen en apellido la presa a los enemigos, asi como dicho es en las leys de suso, todo aquello que les tollesen deue ser torrnado a sus dueños, dando a cada vno su parte, bien asi como lo auian ante que les fuese tomado, e esto por dos rrazones. La primera, porque es pro comunal de todos. Ca son tenidos de yr porque aquello que acaesçe vn dia a uno puede acaesçer otro dia a otro. La segunda, porque tan grande podria ser el daño que abrian rreçebido los seguidores del alcançe que quando las erechas fuesen sacadas non sacarian nada aquellos que lo rrobaron primeramente. E aun abrian y a poner mas de lo suyo. Pero si algund daño ouiesen rreçebido los alcançadores, deuengelo pechar aquellos que embiaron por ellos aquello que auian perdido, fueras ende si la presa que torrnasen fuese de aquellos mesmos que siguiesen el apellido. E estos, como lo siguen por fazer su pro, otrosi, deuen catar el

---

³¹ algunas] Omitted in *Inc. 1487*.
³² Cf. *Segunda Partida*, XXVI, xxvi (II, 529a).

650 daño que y rreçibiesen. Pero de lo que deximos que se deue torrnar a sus dueños de la presa lo que ouiesen tollido a los enemigos, non se entiende de aquello que ouiese trasnochado en su poder vna noche o el dia metido em pos muro de alguna su fortaleza o dentro en la hueste por que aquel dia nin aquella noche non lo podiesen cobrar los que fuesen em pos ello. Ca por qualquier destas rrazones ganan el señorio aquellos que
655 lo lieuan e pierdenlo los otros cuyo era. E por ende, dende en adelante todo lo que ganaren deue por derecho ser suyo pues que lo sacan de poder de los enemigos, fueras ende si los seguidores del apellido lo fiziesen engañosamente, dexandogelo leuar e meter en su poder, non los queriendo seguir nin tollergelo como deuiesen. Ca por esta rrazon, maguer lo despues ganasen, non touieron los antiguos por bien que fuese suyo,
660 nin lo pudiesen partir, nin aunque les fuese fecha emienda de los daños que ouiesen rreçebido. Mas aun dieronles por pena que pechasen aquello que pudieran toller a los enemigos. Otrosi, fue puesto antiguamente por derecho que los que siguiesen el apellido tollesen a los enemigos los omnes que lleuasen presos de otra ley que non fuesen ante captiuos que non ganasen algund derecho a ellos, mas que los torrnasen a aquel logar
665 donde los auian leuado o los dexasen yr quitamente por do quisiesen. E si despues que desta guisa los ouiesen dexado, si se quisiesen yr a los enemigos ante que fincar con ellos, dende adelante, quienquier que los prisiese deuen ser suyos captiuos, tan bien como si los ouiesen de guerra. E eso mesmo seria quando los enemigos ouiesen tales omnes presos como estos en su saluo e los soltasen auiendo piedad dellos por que
670 sopiesen que eran de su ley aquellos despues que fuesen sueltos si non quisiesen tornar al logar do los leuaron, podiendolo fazer.

Como deuen ser partidas las cosas que ganaren en la guerra segund la cantidad de los omnes e de las bestias e de las armas.[33]

Touieron por bien los antiguos por que las partiçiones de lo que ganasen en las
675 guerras fuesen fechas derechamente e ouiese cada vno lo que le conuenia en su derecho, segund ya auemos mostrado en las otras leys, tan bien lo que se ganase en batalla o en fazienda o en lid o en caualgada o en çelada o en algara o en siguiendo apellido, como en entrando villa o castillo o otra fortaleza quedando al rrey sus derechos en la manera que dicho auemos por todas aquellas rrazones que en las otras
680 leys son mostradas que gelas deuen dar. E complidas otrosi las erechas de los daños que ellos ouiesen rreçeuido, e pagadas las guardas e las escuchas e las atalayas, e otrosi, los quadrilleros, e promesas que fuesen fechas a Dios e a pro comunal de los que los fechos sobredichos fiziesen en las guerras, e los barruntes, e los que van tomar lengua, segund con ellos se ouiesen puesto, todo lo al que fincare deue venir a partiçion e ser
685 partido desta guisa: dando a cada vno su parte, segund traxese omnes e armas e bestias. Pero deuen ser los omnes contados en esta manera, veyendolos por el ojo, e nonbrandolos cada vno por su nonbre, pasando todos so vna lança que tengan dos

---

[33] Cf. *Segunda Partida*, XXVI, xxvii (II, 529b-530a).

omnes en sus manos por que non podiese en ello venir yerro. E esto pusieron los antiguos que eran sauidores de guerra, porque asi como quando algunos saliesen de villa o de castillo o de otra fortaleza auian de salir por puertas señaladas para yr en huesте o en caualgada por que los pudiesen contar para saber quien era cada vno, o donde o cuyo e que leuaua, que asi los podiesen contar pasando so la lança. E esto fizieron por çinco rrazones. La primera, por saber quantos eran. La segunda, por saber como yuan guisados. La terçera, por saber cada vno que parte deue auer de lo que ganase. La quarta, porque si algunos menguasen por muerte o por ferida o por enfermedad, o por alguna cosa a que los enbiasen los de la hueste o de la caulgada, o los que mal quisiese[n] fazer por tornarse a sus tierras, o para yr aperçebir o ayudar a los enemigos que luego fuese sabido quales eran e quantos, e allende desto, por ser sabidores quantos eran los que fincauan para estar aperçebidos e guardarse de sus enemigos. La quinta rrazon es porque si algunos estraños viniesen entre ellos que fuesen luego conosçidos por que pudiesen guardarse de su daño, e para non dexar leuar parte engañosamente de lo que ellos ouiesen ganado, queriendoles fazer creer que era de su compaña. E por ende, a semejante desto en la hueste o en la caualgada, do non ha puerta de lauor, pusieron dos omnes en manera de paredes e de pilares, e la lança de suso atrauesada en logar de cumbre. E touieron por bien que todos saliesen por alli, asi como por puerta como sobredicho es. Pero esta lança, para ser contados los caualleros, deuenla tener dos caualgantes, e para los peones, dos omnes de pie. E pusieron por pena que el que desta guisa non se quisiese contar que non ouiese parte de la ganançia que fiziesen, fueras ende si fuese omne tan honrrado o que le ouiesen tamaño amor los de la hueste o de la caualgada que non quisiesen que perdiese su parte por non ser contado con los otros, pasando so la lança.

Como deue ser partido lo que ganaren en la guerra entre los caualleros e los peones segund el guisamiento o las armas que cada vno traxere, e por que ha nombre caualleria.[34]

Partiçion, segund deximos en la ley ante desta, deue ser fecha como traxesen omnes e armas e armaduras e bestias los que fueren en la hueste o en la caualgada. E esto pusieron los antiguos por que los omnes fuesen mejor guisados, e ouiesen mayor sabor de leuar mas complidamente las cosas que ouiesen menester para guerrear con los enemigos. E por ende, por que semeje mas fecho de guerra, pusieron nombre caualleria a la parte que cada vno copiese de la ganançia que ouiesen fecho. Ordenaronlo desta guisa: que el que touiese cauallo e espada e lança, que ouiese vna caualleria; e por loriga de cauallero otra; e por loriga complida de almofar, vna caualleria; por brafoneras complidas que se çingan, media caualleria; e por lorigon e escudo e capillo de fierro, vna caualleria; por camisote e perpunte, vna caualleria; e el que leuase guardabraços con perpunte e capillo de fierro, vna caualleria. E lorigon es

---

[34] Cf. *Segunda Partida*, XXVI, xxviii (II, 530ab).

dicho que llega la manga fasta el codo, e non pasa mas adelante faza la mano. E camisote es que llega la manga fasta la mano. E guardabraços son que non tienen mangas. E el que traxiere fojas con capillo de fierro, vna caualleria. E el que traxere fojas complidas con mangas de lorigon fasta el codo con falda de lorigon, vna
730 caualleria. Uallestero de cauallo, con su vallesta con cuerda e con auant cuerda, e çinto, e con su carcax, e con çient saetas o dende arriba, vna caualleria. E por sus armas e por su cauallo, segund suso dicho es, vna caualleria. E el vallestero de pie, por su vallesta con todo su complimiento, asi como de suso es dicho, vna caualleria. E el peon que leuare lança con dardo o con porra, media caualleria. Por cauallo o por otra bestia de
735 silla, o por azemilla, media caualleria. Por bestia asnal, media peonia. Otrosi, dezimos que el caudillo deue auer doble caualleria, demas de los otros derechos que deximos en las otras leys. E el adalid que los guiare e el que leuare la seña deuen auer dobles caauallerias. Pero si tantos adalides fuesen por que se torrnase grand daño de la hueste o de la caualgada, si dobles cauallerias leuasen, entonçes non las deuen auer sinon
740 senzillas, fueras ende si las ouiesen ante en postura que las leuasen dobladas. Pusieron asi que qualquier que fuese contra lo que en esta ley dize, que lo que demas de contra esto leuase de lo que en ello montase, que lo pechase doblado, e que non ouiese parte en aquella ganançia. E eso mesmo seria si lo negase. Mas si lo furtase, deue auer pena de ladron, segund adelante dize.

745 **Que derecho deuen dar al rrey de lo que ganaren en guerra sobre mar.**[35]

Flota o armada faziendo el rrey para guerrear los enemigos sobre mar, dando los nauios con todos sus aparejos e las armas, e pagando la vianda e las soldadas de los omnes, todo lo que ganaren deue ser del rrey, e non han los que fueren en ella parte, fueras ende aquello que les el quisiere dar por fazerles merçed. E si el rrey diese los
750 cuerpos de los nauios con los guisamientos que les pertenesçe e las armas e la vianda, e los otros pagasen las soldadas de los omnes, deue auer el rrey las tres partes e ellos la quarta. Mas si el diese los nauios con sus guisamientos e con las armas, e ellos que fiziesen el armada e pagasen los omnes e la vianda, entonçe deue auer el rrey la meytad e ellos la otra meytad. Otrosi, el rrey diese los nauios con sus guisamientos tan
755 solamente, e los otros las armas e la vianda e pagasen las soldadas a los omnes, deue auer el rrey la quarta parte e los otros las tres. E eso mesmo dezimos que seria quando algunos fiziesen el armada en qualquier destas maneras sobredichas, que deuen auer toda la ganançia o las tres partes o la meytad o el quarto, segund de suso es dicho. E esto touieron por derecho los antiguos, por non poder ser fecha la armada sin estas
760 quatro cosas, que son los omnes e los nauios e las armas e la vianda. E por ende, pusieron que quien diese todo esto que ouiese toda la ganançia, e el que diese alguna partida de ellas, que ouiese otrosi su parte segund aquello que pusiese. Pero sin todo esto deue auer el rrey el quinto por rrazon de señorio, fueras ende si el fiziese la flota

---

[35] Cf. *Segunda Partida*, XXVI, xxix (II, 530b-531a).

o el armada o el ystoria rreal, asi como dize en las leys que fablan desto. E otrosi, hanle a dar aquellas cosas que deue auer por rrazon de onrra de mayoria, asi como dizen las leys que fablan de la guerra que se faze por tierra. E todo esto que dezimos deue ser guardado quando los que fiziesen la flota o el armada non ouiesen postura con el rrey señaladamente, o touiesen su preuillejo. Ca entonçe, segund la postura fuere fecha o el preuillegio dixere, deue ser guardada, fueras ende si fuere fecho engañosamente o a daño del rrey. Ca engaño que sea fecho contra señor en alguna sazon non deue valer, porque bien asi como el que le faze contra otro omne es falsedad, otrosi, el que es fecho contra el señor es otrosi manera de aleue. E por ende, el que lo fiziere deue auer grand pena, segund el fecho, tal como este. E los que negaren sus derechos o gelos encubrieren han de auer otrosi pena, como dize en las leys que fablan de las gananças que se fazen en la guerra que es fecha por tierra.

Como deuen partir entre si lo que ganaren los de la flota o de la armada.[36]

Partir deuen entre si los que fueren en flota o en armada o en cosa sobre mar para guerrear los enemigos aquello que les cayere en su quiñon de la gançia que fizieren, dando primeramente al rrey los derechos que deue auer por rrazon de señorio e de la mayoria, asi como dize en las leys ante desta. Otrosi, deuen dar al almirante el septimo despues desto porque es caudillo mayor dellos so el rrey. E de la otra merçed que les fizieren los señores, que aya cada vno su parte segund la postura que ouiesen fecha con ellos ante que entrasen en la armada. E comoquier que antiguamente non fuese acostumbrado a estos cosarios de dar las emiendas de los daños que ouiesen rreçebido, guerreando por rrazon que van asoldados, nos catando las lazerias e los muchos trabajos que pasan e los grandes peligros a que se auenturan, segund mostraremos en algunas leys deste nuestro libro, auiendo voluntad que ellos se metan mas rrezio a seruir a Dios e a los señores que los embian, non rreçelando muerte nin feridas nin otro peligro que les auiniese, sabiendo que abrian emienda e gualardon por ello, e otrosi, por que vayan mejor guisados de armas, que conuiene mucho para tales fechos, tenemos por bien que los que y fuesen muertos o presos o rreçiban feridas en sus cuerpos, tan bien de las que pudiesen guareçer como de las otras onde fincasen lisiados, que ayan sus emiendas de la gançia que ouieren fecha en la manera que dize en las otras leys que fablan en las erechas que deuen rreçebir los que guerrearen por tierra. E eso mesmo dezimos si perdiesen algunas armas que fuesen suyas. Pero si el rrey fiziese el armada, la emienda de las que se y perdiesen deue ser fecha primeramente a el, fueras ende aquellas que se menoscabasen lidiando o ouiesen con cuyta de tormenta a echar en la mar. Mas si ellos fiziesen el armada por si, non se deue fazer la emienda de los daños que rreçibiesen e de las armas que ouiesen perdido sinon segund la postura que ouiesen puesto entre si o con aquellos que los embiasen en ella. Mas si la ganança que ouiesen a fazer la otorgase el rrey ante que fuese rreal, e por el fecho de la mar es mas

---

[36] Cf. *Segunda Partida*, XXVI, xxx (II, 531b-532a).

peligroso que el de la tierra, e si parasen a rrobar podrian caer en peligro porque podrian perderse todos. Por ende, tenemos por bien que lo que cada vno ganare que lo alleguen todo en vno e lo partan por los omnes, segund fueren e traxeren armas, en esta manera: dando tanto a los comitres e a los naocheles como dize en las leys de guerra que se faze por tierra que deuen auer los adalides, e a los proeres e sobresalientes como a los almogauares de cauallo, e a los vallesteros como a los almoçadenes, e a los galeotes como a los otros peones. E en esta ganançia que partieren, que asi fue fecha rreal, deuen ser contados los cuerpos de los nauios e de las armas e los conduchos e todas las otras cosas que ganaren de los enemigos. Pero esto non se entiende sinon despues que fueren aduchos al logar onde mouieron en que deue ser fecha el almoneda dello. Mas si por auentura desçendiesen a tierra para guerrear los enemigos e ganasen alguna cosa dellos, o entrasen villa o castillo, todo lo que y ganaren deue ser partido asi como de suso es dicho de la ganançia que fazen guerreando por tierra. E para esto fazer lealmente deuen escoger quatro omnes buenos de la flota o de la armada con consejo del almirante o de los comitres si el non fuere y, e fazer los quadrilleros, asi como de suso deximos en la ley que fabla de ellos. E estos han de partir la ganançia en la manera que sobredicha es.

Como deuen partir las cosas que tolleren a los enemigos sobre mar.[37]

Cursarios fazen muchas vezes daños sobre mar, matando los omnes e prendiendolos e rrobando lo que traen, porque auiene que salen nauios en pos dellos como en apellido, e les tuellen lo que lleuan. Onde, los antiguos de España touieron por bien que quando algunos rrobasen a los que aduxiesen por mar algunas cosas seguradamente a la tierra del rrey o leuasen a otra parte que non fuese al señorio de los enemig[o]s, e quanto desta guisa les tollesen que fuese torrnado a los dueños primeros, fueras ende si los enemigos lo ouiesen leuado en su saluo e gelo tollesen despues los otros por fuerça. Ca entonçe deue ser suyo si non fueren asoldadados, e partirlo entre si en la manera que deximos, de lo que ganan los que siguen los apellidos por tierra. Mas si asoldadados estouiesen, deue todo ser del señor de quien la soldada tomasen. Otrosi, dezimos que desta manera se deue fazer de lo que les tollesen, demas de la presa que ouiesen leuado. Mas si acaesçiese que en pos de aquellos cosarios que ouiesen rrobado non saliesen en apellido e fallasen en la mar otros que gelo tollesen ante que lo ouiesen metido en saluo que fuese de aquel señorio del rrey do fuese fecho el rrobo, deuen fazer de lo que le tolleren, bien asi como deximos de los que fuesen en apellido en pos dellos. Mas si fueren de otro rrey, si non gelo quisieren dar, deuengelo acaloñar como enemigos. E sin todo esto touieron por bien que los que lleuasen algunas cosas sin mandamiento del rrey a tierra de los enemigos, quier fuesen christianos o moros, que quienquier que gelo tollese, que fuese suyo, e que lo podiesen partir entre si, como aquello que se gana derechamente en guerra. E mayormente si lo

---

[37] Cf. *Segunda Partida*, XXVI, xxxi (II, 532a).

840 fiziesen contra mandamiento del rrey, entonçe deuenlos matar e prender, e fazer quanto mal podieren. E todas las cosas que deximos, tan bien en esta ley como en las otras ante de ella, de lo que ganaren los omnes sobredichos en la mar de que se deue fazer partiçion, onde, ha de ser aducho en almoneda e vendido en ella asi como deximos de lo que se gana por tierra. E quien de otra guisa las vendiese o las encubriese ha de auer
845 tal pena como en aquellas leys dize.

Que cosa es almoneda, e como se deuen vender en ella las cosas que ganan en guerra.[38]

Almoneda es dicha el mercado de las cosas que son ganadas en guerra e apreçiadas por dineros, cada vna quanto vale, e esto fizieron los antiguos por tres rrazones. La
850 primera, por que alli fuesen apreçiadas quanto mas pudiesen, de manera que los que las ganasen ouiesen ende sabor de yr ganar mas. La segunda, por que los señores non perdiesen sus derechos. La terçera, por que non podiese ser fecho en ellas engaño nin furto vendiendolas ascondidamente. E por que esto se guardase bien pusieron los antiguos que fuese fecho desta manera. E esto es lo que fagan conçejeramente en logar
855 que pueden los omnes veer las cosas e llegar a ellas e aun tañerlas si quisieren, e apreçiar a cada vna quanto le semejare e pujarlas como se atreuieren. E el rrecabdo que y deuen auer para ser esto bien guardado es que sean y los quadrilleros quando esto fizieren e que tomen fiadores de aquellos que alguna cosa sacaren dello, pero que paguen aquello que compraren luego de mano o fasta terçero dia o al mas tardar fasta
860 nueue dias. Pero si ouiere y algunos de los de la caualgada que quieran sacar algo del almoneda en preçio de lo que deuen auer, hangelo a dar asi como dize en la ley que fabla de los quadrilleros. E si por auentura los fiadores non pagaren a este plazo sobredicho o ante, puedenlos prender los quadrilleros sin caloña e sin juyzio alguno. E non la deuen ellos dexar de fazer, nin los otros defenderles los peones, por honrrados
865 e poderosos que sean. Ante gelos deuen dar luego e sin vergüença alguna. E esta prenda pueden fazer en sus casas e en lo suyo, do quier que lo fallen. E si non les fallasen al deuenles tomar las bestias en que caualgaren, e aun los paños que vistieren, asi como mantos e garnachas e capas, e otros paños que desta guisa sean. Pero esto se deue fazer de manera que non finquen del todo desnudos si omnes honrrados fueren,
870 e si otros omnes deuenlos desdudar e tomar quanto les fallaren. E si otra cosa non les fallasen, deuenlos prender los cuerpos e meterlos en carçel o en mano de los fiadores que los fiaron. E estos hanlos de tener bien guardados fasta que paguen lo que deuen doblado por los plazos que se pasaron e se touieron en caro por non querer pagar. Ca por esto pusieron este plazo tan pequeño los antiguos, para poder fazer las pagas porque
875 entendieron que en fecho de guerra non era menester alguna tardança de auer los omnes su parte de la ganançia que ouiesen fecha por que non les embargase sus voluntades de yr otra vegada a las otras cosas que ouiesen y menester por que la non quisiesen

---

[38] Cf. *Segunda Partida*, XXVI, xxxii (II, 532b-533a).

fazer maguer pudiesen. E otrosi, los onrrados omnes e poderosos que por su poderio e por su onrra quisiesen contrallar de fazer estas pagas pasadas los plazos deuen pagar
880 doblado aquello que deuen. E demas desto quantos dias pasaren de alli adelante deuen pagar las misiones que fiziesen, tan bien a los que lo ouiesen de rrecabdar como a los otros que lo ouiesen de auer. E si alguno desdeñosamente se touiese por desonrrado por la prenda que le fiziesen que el auia mereçido por su culpa, la pena que dieron los antiguos a tales como estos es que deuen pechar mas desto que deximos que non
885 ouiesen parte de la ganançia que fiziesen. E por ende, los emperadores e los rreys al tiempo antiguo ellos mismos sacauan algunas cosas del almoneda e sobre a sabiendas non las querian pagar a los plazos sobredichos consintiendo que les prendasen por que los otros non ouiesen vergüença nin se touiesen por desoñrrados quando tal fecho les acaesçiese.

890   Que cosas deuen fazer los corredores en fecho de almoneda.³⁹

Corredores son llamados aquellos que andan en las almonedas e venden las cosas pregonando quanto es lo que dan por ellas. E porque andan corriendo de la vna parte a la otra, mostrando las cosas que venden, por eso son llamados corredores. E estos deuen ser atales que lo sepan almonedar, de manera que crezcan en preçio, e trayan
895 todas las cosas a pro, e amuchiguen la valia dellas a pro de aquellos que las ganaron. E que non las den nin las prometan a dar nin las fagan scriuir fasta que lleguen al postrimero preçio que por ellas prometieron de dar. E aquello que ouieren prometido por ellas deuen dezir muchas vezes a grandes vozes quanto es, de manera que todos lo oyan. E desque non ouiere y quien rresponda a quererlas pujar, deuengelas scriuir, e
900 non ante, e del preçio de lo que dieren e fuere almonedado deuen los corredores auer parte segund la postura que ouieren con aquellos que gelo dieron a almonedar. E por ende, si el corredor tomase de aquello mas de lo que ouiese puesto deuelo pechar doblado, e non ser corredor por ese año. E si otra vegada en tal le fallaren deuenlo matar por ello porque lo primero podiera ser por neçedad o con coyta; la segunda por
905 vso malo. Mas si falsedad fiziese sobre a sabiendas en alguna de las cosas que ouiese de almonedar, furtandolas o faziendolas auer a algunos por menos de lo que valiesen, de manera que se torrnase a daño de la caualgada, deue morir por ello.

           Que deuen fazer los scriuanos de las almonedas.⁴⁰

Fieldad grande deuen auer los escriuanos que ouieren de scribir las cosas del
910 almoneda. E por ende, deuen auer en si estas dos cosas. La vna, que sean leales por guardar comunmente de engaño e de perdida a todos los de la caualgada, e otrosi, a los conpradores, non scriuiendo por miedo nin por amor nin por malquerençia, sinon la verdad. La segunda, deuen auer sabiduria para saber scriuir todas las cosas que

---

³⁹ Cf. *Segunda Partida*, XXVI, xxxiii (II, 533ab).
⁴⁰ Cf. *Segunda Partida*, XXVI, xxxiv (II, 534a).

vendieren, quales son, e como han nombre, e si fueren omnes o mugeres que lo sepan
15 fazer, e de quales logares son, por que non vendan engañosamente las de paz por las
de guerra. Otrosi, deuen scriuir los nombres de los compradores, e qual es la cosa que
compran, e por quanto, e en que logar fue el almoneda, e el mes e el dia e la era. E
desto deuen dar carta al comprador, sellada con sello que fuere fecho para esto del rrey
o del que estouiere en su logar por que puedan leuar seguramente la cosa que
20 compraren, e fazer della sin embargo alguno como de lo suyo. E estos scriuanos deuen
auer por su trabajo segund aquello que ouieren puesto con los de la caualgada o fuese
acostumbrado en la tierra. E si engaño o falsedad fiziesen en las cosas que auemos
dicho que pertenesçen a su offiçio, deuen morir por ello, e el menoscabo que viniese
a los otros por rrazon dellos deuenlo pechar doblado. E tan bien a estos como a los
25 corredores que de suso deximos quando los pusieren para fazer esto deuenlos fazer
jurar que faran cada vno dellos su ofiçio bien e lealmente. E de otra guisa non los
deuen rreçebir para ello.

TITULO [TERÇERO].[1]
De los gualardones que los omnes deuen auer en tiempo de guerra, segund sus mereçimientos.
Introduçion.

5   Maguer non se deuen fazer las buenas obras por sola esperança de gualardon
temporal mas por seruiçio de Dios e puro amor de la virtud, e aun los
profectas varones prinçipalmente siruen a Dios por la bondad de su
esençia e secundariamente por la iglesia eterrnal, pero aun los gualardones
temporales mucho despiertan a los omnes a fazer los buenos fechos, e señaladamente
10 en los actos de fortaleza. Ca comoquier que la fortaleza verdadera, segund es virtud
moral, non se exerçita por esperança de gualardon mas por contemplaçion del
verdadero bien, pero la fortaleza que se llama [politica],[2] que es aquella que faze sus
actos por deseo de fama o por temor de desonrra, de la qual oy por la mayor parte vsan
los caualleros que son auidos por buenos e fuertes, mucho se animan quando los actos
15 della son gualardonados por singulares merçedes e onrras señaladas. Ca el apetito de
la onrra exçita a los altos coraçones a se parar a terribles peligros. Por ende, aunque
las leys de Roma non quisieron en ello espeçificadamente disponer, buena
consideraçion ouieron las leys de España en fablar abiertamente quanto fablar se puede
de la manera de gualardones que por los fechos de guerra se deuen dar, las quales situo
20 el rrey don Alfonso el deçimo en la *Segunda Partida*, en el titulo veynte e siete, en esta
guisa.

---

[1] Terçero] Omitted in *Inc. 1487*, *Inc. 1497*, G.
[2] politica] poliça – *Inc. 1487*, *Inc. 1497*, G ‖ poliaça – *N1* ‖ poliçia – *E*, *N2*, *N7*, *P1*, *B*, *R*, *S* ‖ politica – *N3*, *N4*, *N6* ‖ poliçita – *N5*, *C* ‖ copiçia – *P2*. Cf. Greek: ἡ πολιτική (sc. ἀνδρεία). Political courage is based on discipline and practical training, as opposed to brute force. See Aristotle, *Nicomachean Ethics*, III, viii, 1. See also Appendix 3.

Leys.
Gualardon deuen auer los omnes por los buenos fechos que fazen en las guerras.[3]

Bien por bien e mal por mal rreçibiendo los omnes, segund su mereçimiento, justiçia complida es que faze mantener las cosas en buen estado. Comoquier que esta sea menester en todos los fechos, señaladamente conuiene mucho en los de la guerra. Onde, pues que en los titulos ante deste auemos fablado de las emiendas que los omnes deuen rreçebir por los daños que toman en las guerras e de la parte que deuen auer de lo que ganaren, queremos aqui dezir de los gualardones que les deuen ser dados por los buenos fechos que fizieren guerreando. E mostraremos que cosa es gualardon, e quien lo deue fazer, e a quien, e en que tiempo, e en quantas maneras es, e sobre que cosas deue ser fecho.

Que cosa es gualardon, e quien lo deue fazer, e a quien deue ser fecho.[4]

Gualardon es bien fecho que deue ser dado francamente a los que fueren buenos en la guerra por rrazon de algund buen fecho señalado que fiziesen en ella. E deuelo dar el rrey o el señor o el caudillo de la hueste a los que lo mereçen, o a sus fijos si sus padres non fueren biuos. E deue ser tal el gualardon e dado en el tiempo que se pueda aprouechar del aquel a quien lo dieren.

Que pro nasçe del gualardon.[5]

Departieron los sabios que la natura es virtud que esta ençerrada en las cosas, e faze a cada vna obrar asi como conuiene, segund el ordenamiento que Dios fizo en ellas. E esta es en el omne en vna de dos maneras. La primera, de lo que veen o sienten de fuera, asi como apartarse e auer miedo de aquello de que entiende que le podra venir daño e plazerle de lo que asma que le verna bien. Mas lo que esta dentro en el mesmo es quando obra de la virtud e bondad que ha en si, non por miedo nin por amor que aya de alguna cosa, mas señaladamente por fazer bien. E por ende, comoquier que mereçen buenos gualardones los que deximos que acaudillan bien en fecho de guerra por sus mayorales, o que fazen fechos señalados en las guerras, entendiendo de auer bien de aquellos a quien siruen e rreçelando de rreçebir mal si mal fizieren, mucho mas touieron por bien los antiguos que lo mereçen los que son bien acaudillados e fazen los grandes fechos por si mesmos, e non por miedo de pena nin por cobdiçia de gualardon que esperan auer, mas por fazerlo mejor e por bondad que han en si naturalmente. E por eso, a tales como estos pusieron gualardones señalados porque ellos señalan asi faziendo lealtad, e dexauan buena señal a los que dellos venian, bien asi como dieron penas çiertas a los que contra esto fizieren por el yerro e falsedad

---

[3] Cf. *Segunda Partida*, XXVII (II, 534b).
[4] Cf. *Segunda Partida*, XXVII, i (II, 534b).
[5] Cf. *Segunda Partida*, XXVII, ii (II, 534b-535a).

que fazen, porque ellos non tan solamente fincauan manzillados mas los que dellos venian. Ca dar gualardon a los que bien fazen es cosa que conuiene mucho a todos los omnes en que ha bondad, e mayormente a los grandes señores que han poder de lo
60 fazer, porque en gualardonar los buenos fechos muestrase por conosçedor el que lo faze. Otrosi, por justiçiero, ca la justiçia non es tan solamente en escarmentar los males, mas de gualardonar aun los bienes. E demas desto nasçe dende otro pro, ca da voluntad a los buenos para ser todauia mejores, e a los malos para emendarse. E quando asi non se fiziese uiene ende todo el contrario. E comoquier que de muchas maneras sean los
65 buenos fechos por que merezcan gualardon aquellos que los fazen, señaladamente le deuen auer por los que son fechos en las guerras. E por ende, antiguamente los nobles omnes de España que sopieron mucho de guerra, como biuieron siempre en ella, posieron señalados gualardones a los que bien fizieren, asi como adelante se muestra.

Quantas maneras son de gualardon.[6]

70   Los gualardones que meresçen los que son bien acaudillados e fazen los grandes fechos en las guerras son en dos maneras. La vna es sobre bondades çiertas que los omnes fazen, segund los fechos que acaesçen. La segunda, por albedrio de aquellos que los han de gualardonar. E esta primera que es de los gualardones çiertos se departe en tres maneras. La primera, quando omne rreçibe gualardon sin perdida que aya fecha.
75 La segunda, quando gelo dan por perdida que rreçiben. La terçera, quando le gualardonan el bien que le fazen mas de rrazon. E nos fablaremos en las leys deste titulo de cada vno, segund ellos lo departieron, e primeramente de los gualardones que son çiertos, e de si la pena que deuen auer los que esto podieron fazer e non quisieron.

De los gualardones que omne ha de rreçebir sin perdida que aya fecho.[7]

80   Çiertos gualardones posieron los antiguos a los que fiziesen buenos fechos, señaladamente en las guerras, asi como deximos de suso, mayormente aquellos que se torrnasen en lealtad. E estos gualardones son en tres maneras, segund dize en la ley ante desta. El primero dellos es quando non rreçiben perdida nin pasan muy grand peligro, asi como quando alguno fuese bien mandado en guerra a su señor e le siruiese
85 en ella lealmente. E tal seruiçio como este deuegelo el señor gualardonar gradeçiendogelo de su palabra e faziendole bien, de manera que se tenga por ayudado del, bien asi como quando se fiziese el contrario desto le deue castigar e sacar dello si podiere, si non partirlo de si. Ca segund dixeron los antiguos, en el mundo non ha tal enemigo como el de casa. E por ende, lo deue alongar de si quanto mas podiere, de
90 manera que el vasallo non aya de errar nin el señor non rreçiba daño del. Mas si el seruiçio fuese en algund fecho de armas que ouiese con sus enemigos en que lo ayudase con sus manos, e a uençer e a onrrarse dellos, asi como derribando la seña del

---

[6] Cf. *Segunda Partida*, XXVII, iii (II, 535b).
[7] Cf. *Segunda Partida*, XXVII, iv (II, 535b-536a).

caudillo de la otra parte por que los que con el fuesen ouiesen de ser vençedores, deuele doblar el bien que ante le fazia. E si esto non fiziese, auiendo poder de lo fazer, deuelo toller el señor todo el bien fecho que del ouiere, e quitarlo de si desonrradamente, porque el mostro que non auia sabor de onrrarle de sus enemigos. Mas si le matasen el cauallo por que ouiese de ser preso el caudillo sobredicho, o le prendiese por su mano, o le matase, a tal como este deuele su señor heredar o fazer otro bien de su auer por que pueda siempre beuir onrradamente, e demas, darle las armas e el cauallo del que prendio o mato, asi como touieron por bien que aquel que esto non fiziese, podiendolo fazer, que non tan solamente lo quitase de si e le tollese su bien fecho, mas aun heredamiento si gelo ouiese el dado a otro omne de su linaje, porque mostro que non ouo sabor que el fuese heredado de lo de sus enemigos. E si por ventura heredado non le ouiese, deue fincar dende adelante por su enemigo, demandandole primeramente por corte e prouandogelo. E si fuese este seruiçio acorriendo a su señor dandole el cauallo si le ouiesen muerto el suyo, e sacando luego de poder de sus enemigos o despues de otra prision en que yuguiese, este deue auer gualardon señalado de heredamiento o de otro bien fecho por que viua siempre onrrado, asi como deximos de suso, e los que del viniesen, bien asi como quando esto non fiziese fincaria por traydor e deue morir por ello, como aquel que podiera guardar a su señor de muerte o de prision e non lo quiso. E si non lo pudiesen auer para fazer del justiçia, deue perder quanto ha e nunca auer bien fecho los que del vinieren de aquel a quien fizo el yerro, e cuyo vasallo era, nin de los de su linaje.

De los gualardones que fazen a los omnes por perdidas que rreçiben en las guerras.[8]

Perdidas fazen los omnes en las guerras por que mereçen auer gualardones con que lo cobren. E comoquier que esto sea como en manera de ygualdad rreçebir gualardon por perdida, entiendese que deue ser mas e mejor que lo que perdio porque la perdida fue en guerra. Ca de otra guisa non seria gualardon. E esto auiene quando alguno le muere el cauallo o otra bestia, andando en guerra en seruiçio de su señor, non se le muriendo nin gelo matando en fecho de armas, mas por ocasion o por enfermedad que le auiniese. Ca tal como este, segund fuero antiguo de España, deuegelo pechar tan bueno o mejor, mas si gelo matasen en fecho de armas ayudando a honrrar a su señor e vençer sus enemigos, deuele pechar aquel cuyo vasallo fuere otro que vala tanto e medio, o auer para cobrarlo. E si lo perdiese amparando a su señor deuele dar otro por el que vala dos tanto. E eso mesmo seria de las armas de su cuerpo que en tales fechos como estos perdiese. E si cayese en captiuo, deue el señor guisar en todas las maneras que pudiere que salga dende. Ca muy grand [l]açerio le seria si dexase mucho al vasallo yazer en prision en poder de sus enemigos que a el ouiese sacado della, o que le ouiese seruido lealmente contra ellos buscandole su honrra e guardandole de daño

---

[8] Cf. *Segunda Partida*, XXVII, v (II, 536b-537a).

dellos. Pero con todo esto, si Dios le diese ventura que acabase en onrra e en guarda de su señor algunos de los fechos que de suso deximos, comoquier que le pechasen lo que ouiese perdido, segund dicho es, con todo eso non deue perder los otros gualardones que deue auer, segund deximos en la ley ante desta, bien como rreçibe las
135 penas que en ella dize si non lo fiziese. Pero si en qualquier destos fechos que en estas leys deximos acaesçiese que ouiese a perder miembro que fuese feamiento de su figura o menguamiento de su obra, deuele su señor fazer por ello bien señalado con que pueda guaresçer en su vida, de guisa que non ande pobre. Ca muy grand derecho es que le tuelga pobreza en este mundo pues la vergüença que por el rreçibio non le puede toller.
140 Pero si le matasen en alguno destos fechos que deximos, el gualardon que el señor le deue dar ha de ser dado a su muger e a sus fijos. E si los non ouiere, al otro mas propinco pariente que ouiere. E si muriese con lengua, o ante que en aquel fecho entrase posiese con su señor que por qualquier destos fechos señalados le diese gualardon señalado, en aquella manera lo deue el señor complir que la postura fue o
145 el testamento que el muerto fizo. E los señores que en estas cosas que deximos errasen a sus vasallos sin la grand mal estança que farian, puedengelo ellos mesmos, si quisieren, demandar, o los que dellos vinieren por corte del rrey, asi como las cosas que son seruidas e mereçidas, e non son pagadas nin gualardonadas, segund deue ser, por mereçimiento o por postura. E comoquier que tales gualardones deuen fazer los
150 señores a sus vasallos, pero esto non se entiende sinon de aquellos que han de que gelo complir. Mas por eso non fincan los otros escusados de non fazerlo mas que pudiesen en gualardonar estos seruiçios sobredichos. Mas la demanda que de suso deximos que pueden fazer los vasallos a sus señores non se entiende contra aquellos que quieren dar gualardon e non pueden, mas contra los otros que podrian e non quieren.

155 **De los gualardones que son mas de rrazon.**[9]

Noble rrazon y ha en los gualardones que pueden ser fechos a los omnes quando fazen señalados seruiçios a sus señores en guerra, asi como de suso deximos, mas esto non lo puede otro fazer sinon emperador o rrey, o otro señor a quien conuenga, e aya poderio de fazer todas estas cosas en su señorio, asi como dar heredamiento
160 complidamente o cambiar los omnes de vn estado a otro, segund touiere por bien. E por ende, quando alguno fiziese al rrey los seruiçios que de suso deximos que fazen los vasallos a los otros señores, puedegelo gualardonar como los otros señores. E demas, a los que le ayudaren a ser heredero de lo de sus enemigos puedelos heredar de mayores herençias, e franquearlos tanbien en las heredades que son de los otros en su
165 señorio como en la de su rrealengo. Otrosi, a los que le amparasen de sus enemigos, matando al caudillo de la otra parte, o prendiendolo, puedenles dar honrra de fijosdalgo a los que lo non fuesen por linaje. E el que fuese sieruo de otro puedelo el fazer libre. E si fuese pechero, quitarle de pecho, e non tan solamente en lo suyo, mas aun en lo

---

[9] Cf. *Segunda Partida*, XXVII, vi (II, 537a-538a).

de los otros, segund de suso deximos. Otrosi, ha poder de guardar de mal estado e poner en bueno a aquellos que su cuerpo del rrey guardasen de daño de sus enemigos, sacandole de su poder si lo touiesen preso o lo quisiesen prender o desuiasen del golpe o se parasen ante el quando lo quisiesen ferir o le diesen el cauallo si le matasen el suyo. Ca atales como estos, porque sacaron a el de mal estado, puedelos el poner en estado de los mayores, mostrandoles onrra e faziendoles bien en caualleria, o en casamiento, o en otra manera en que entiendan los omnes que han complidamente su amor. E segund esto deximos del que alçase su seña si los enemigos la ouiesen abaxado, o tomase por fuerça al que la touiese tollido al alferez de su señor el rrey. Ca atal como este puedelo el por derecho alçar entre los otros de su linaje en bien e onrra por este fecho señaladamente. Ca los sabios antiguos que todas las cosas cataron, [touieron][10] por muy derecha rrazon que tales fechos como estos fuesen gualardonados a los omnes que lo fiziesen, maguer ouiese y algunos dellos que lo non mereçiesen por linaje nin por otra bondad que en ellos ouiese. E esto fizieron por tres rrazones. La primera, por que conosçiesen los omnes señorio natural, que es sobre todas las otras cosas, e lo sopiesen honrrar, auenturandose a darle honrra de sus enemigos e guardandole otrosi de daño dellos. La segunda rrazon fue fallada por que se esforçasen a fazerlo mejor, metiendose a grandes peligros por ganar bondad e onrra. La terçera, que sopiesen acaudillar a si mesmos, guardandose de fazer cosas que les estouiesen mal, sofriendo afan e miedo por fazerlo mejor. Mas si otros omnes honrrados e de buen linaje fiziesen algunas cosas destas sobredichas deueles el rrey fazer gualardon por ende en tres maneras. La primera, loandoles el bien fecho que fizieron. La segunda, gradesçiendoles de su palabra el seruiçio que por ellos rreçibio. Ca estas son cosas que esfuerçan e alegran los coraçones nobles para fazer todavia lo mejor. La terçera, gualardonandogelo de fecho, acresçentandoles en su bien fazer e en su honrra. E por ende, touieron otrosi por derecho que qualesquier que en estas cosas sobredichas errasen contra sus señores, que sin la vileza e mal que farian, mostrandose por malos e viles de coraçones, solamente por la trayçion que les y cabria en non querer guardar nin honrrar al señorio natural nin a su rrey, que perdiesen ellos sus cuerpos e lo que ouiesen como traydores. E si acaesçiese que el rrey fuese preso o muerto, que fuesen sus casas derribadas e yermas para siempre, e de los que dellos desçendiesen derechamente, que fuesen echados de la tierra para siempre, lo vno, por vengança del mal que fizieron aquellos de quien ellos vienen, e lo al, por escarmiento de los otros por que los que lo oyesen se guardasen de fazer otro tal. Pero esto non se entiende de los fijos que ouiesen fecho ante que errasen, mas de los que despues fiziesen, seyendo ellos de tan mala ventura que fuesen biuos. Ca los derechos que fablaron los antiguos de España en todas las cosas alli do posieron pena a los fijos por rrazon del padre, siempre guardaron esto: que non ouiesen pena los que ante auian que el fecho malo fiziesen, fueras ende si fueron con el aparçeros en el yerro. E a los otros que metieron en la pena fue porque los fizieron despues que estauan ponçoñados del mal que auian

---

[10] touieron] Omit – *Inc. 1487, Inc 1497, G.*

fecho, temiendose que en alguna sazon rrecoderian a aquello mesmo. E por ende, mandaron que fuesen destroydos de manera que non podiesen fazer mal nin la tierra quedase por ellos denostada. E los otros que lo oyesen tomasen escarmiento. Comoquier que segund las leys de los emperadores, los fijos destos atales omnes non deuen auer esta pena, segund adelante se muestra en la *Setena Partida*, en las leys que fablan en esta rrazon.

Que gualardon deuen auer los que entran villa o castillo o fortaleza por fuerça.[11]

Conbatiendo algunos villa o castillo o fortaleza otra, aquellos que primeramente la entrasen farian dos cosas. La primera, grand esfuerço, como atreuerse, seyendo pocos, a tomar a muchos la fortaleza de que eran apoderados, e prenderlos e matarlos dentro en ella. La segunda, lealtad conosçida, como en ayudar a su señor que sea honrrado sobre sus enemigos, e acresçentandole en heredamiento dellos, que es cosa de que viene pro e honrra. E por ende, posieron antiguamente que el que entrase primero por fuerça alguno destos logares sobredichos, que ouiesen del rrey mill maravedis, e vna de las mejores casas que ay ouiese que non fuese alcaçar o casas de morada del señor de aquel logar con el heredamiento de aquel cuyas eran. E si non lo ouiese, que le diesen con ellas heredamiento en que pudiese beuir bien. E el segundo que entrase, touieron por bien que le diesen quinientos maravedis e las otras mejores casas, so aquellas que deximos, e el heredamiento segund aquello. E al terçero posieron la meytad del auer que al segundo, e otras casas con heredad, segund aquella rrazon. E demas desto, les otorgaron que cada vno destos tres ouiesen sendos presos los mejores que ellos podiesen prender, sacando el señor de aquel logar, e su muger e fijos si los ouiese. E otrosi, que ouiesen todo lo que ellos ouiesen e pudiesen rrobar por si mesmos que non fuesen cosas que señaladamente pertenesçiesen al rrey. Pero quando alguna destas cosas ganasen deueles el rrey dar algo por ellas, non por rrazon de compra, mas por gualardon del seruiçio que dellos rreçibio. Mas si algunos destos que de suso deximos, despues que començasen tal fecho como este, e non lo podiesen acabar, e acaesçiese que todos o algunos dellos fuesen y presos, deue el rrey guisar por qual manera lo podiere fazer mejor como salgan de aquella prision. Mas si alguno dellos moriese entrando en aquel logar, touieron por derecho que el gualardon que ellos deuian auer que lo ouiesen sus mugeres e sus fijos, e si non, los otros mas propincos parientes que dellos fincasen. Pero si moriesen con lengua, deuenlo dar alli do lo ouiesen mandado. E si non moriesen, e alguno dellos perdiese algund miembro, touieron por derecho que le fiziesen bien demas desto sobredicho, de manera que pudiese biuir onrradamente. Mas si los que esto fiziesen fuesen omnes honrrados, deueles el rrey dar grandes heredamientos, e buenos, e cresçerlos en el otro bien, segund entendiere que les conuiene e lo el pueda rrefazer.

---

[11] Cf. *Segunda Partida*, XXVII, vii (II, 538b).

Que gualardon deuen auer los que furtan villa o castillo o fortaleza.[12]

Furtando algunos villa o castillo o otra fortaleza, fazen otrosi muy esfuerço, porque esto non se puede fazer sinon de noche, e muy encubiertamente, e las mas vegadas con muy fuertes tiempos e por peligrosos logares. E por ende, este fecho es de muy grand peligro porque aquellos que lo fazen non veen çiertamente el destoruo que les yaze en los de dentro, nin la ayuda que atienden en los de fuera, demas que non pueden ser muchos aquellos que lo cometen, nin yr tan armados como los otros para acometer ni para defenderse. E esto es porque tal fecho como este se deue fazer muy encubiertamente e sin rroydo, yendo los que alla fueren muy paso por que los non oyan, teniendo señales çiertas entre si por que se entiendan vnos a otros sin palabra que se digan. E por ende, estos que asi lo fazen, maguer se metan a todos estos peligros que deximos porque es el fecho ascondido, non touieron por bien los antiguos que por esto les diesen gualardon de auer conosçido luego de mano, asi como a los otros que deximos en la ley ante desta que lo fazen paladinamente, e a uista de todos. Mas por el grand peligro a que se meten, auenturandose a todas estas cosas que deximos, posieron que ouiesen el gualardon en todo lo al que los otros que ganan por fuerça las fortalezas, segund dize en la ley ante desta.

Que gualardon deuen auer los que entran por fuerça los nauios de los enemigos.[13]

Auentura quiere tanto dezir como las cosas que han de venir. E por esto, non es çierto en los fechos del mundo, e mayormente en los de la mar. Por ende, se auenturan a muy grandes peligros los que guerrean sobre ella. Ca muchas vegadas cuydan yr a un logar e van por fuerça a otro, e do tienen sus fechos como acabados, las mas vezes guisaseles asi que falleçe en ellos. E esto les auiene porque la ventura les es mas çerca de ser ante su daño que su pro. E por ende, tales como estos, que se meten a todos los peligros que deximos en las leys que desto fablan de la guerra sobre mar, non les posieron los antiguos çierto gualardon quando entrasen nauio por fuerça, si non le abiniese con aquel que fiziese la flota o el armada. Pero si la postura y non fuese deue auer gualardon del caudillo con quien fuesen, segund entendiere que mereçen, por la lazeria que ouiesen sofrido o por el esfuerço que ouiesen mostrado en cometer aquel fecho o por la grand bondad que ouiesen fecho en cometerlo e en saberlo bien fazer e acabar. E en esto touieron que les dauan mayor gualardon, con todas estas tres cosas, que si gelo diesen en otra guisa señaladamente. E si acaesçiese que aquel fecho que ouiesen comenzado non lo podiesen acabar e moriesen y, touieron por bien que aquel gualardon que ellos deuian auer que fuese dado, segund dize en las leys ante desta de los que entran por fuerça o por furto villa o castillo de los enemigos. E si algunos dellos perdiesen y miembros, deuenlo fazer bien asi como en aquellas leys manda. E

---

[12] Cf. *Segunda Partida*, XXVII, viii (II, 539a).
[13] Cf. *Segunda Partida*, XXVII, ix (II, 539b).

si cayesen en captiuo, otro tal. E si por ventura acaesçiese que ouiesen de salir a tierra e tomasen por furto o por fuerça villa o castillo o otra fortaleza, o vençiesen y alguna lid, deuen auer por cada vna destas cosas tal gualardon como dize en las otras leys que auemos dicho que fablan en estas rrazones.

En que manera deuen gualardonar por aluedrio los buenos fechos que los omnes fizieren.[14]

Aluedrio quiere dezir como asmamiento que deuen los omnes fazer sobre las cosas que son dubdosas e non çiertas, por que cada vna venga a su derecho, asi como conuiene. Por ende, quando los omnes fazen algunos fechos en las guerras por que mereçen auer gualardones, que quiere tanto dezir como don ygual de su mereçimiento, e el fecho viene en dubda si es tal o non como aquel que dize el que lo demanda, entonçe el caudillo deue auer consejo sobre ello, acatando qual es aquel omne que le demanda el gualardon, e el fecho que fizo, e el logar e el tiempo en que lo fizo. E segund aquello, deuegelo gualardonar. E eso mesmo dezimos que deuen fazer los otros señores que vasallos ouiesen, cada vno segund su poder, e otrosi, los conçejos. Ca a todos pertenesçe de gualardonar los buenos fechos en las guerras, cada vno segund su poder.

TITULO QUARTO.
De como deuen ser castigados e escarmentados los que andan en las guerras por los yerros que fizieren.
Introduçion.

Pues dos cosas, segund deximos, que mucho induzen a los omnes a sofrir los peligros e trauajos de las guerras–la vna es esperança de gualardon; la otra, temor de pena–, e de los gualardones auemos oydo, consiguiente cosa es que oyamos de las penas. E por çierto, mucho es de guardar en la guerra que los yerros della sean muy castigados porque son muy peligrosos. Onde, Çipion Africano el primero, segun del rrecuentan, dezia que en los fechos de armas torpe escusaçion dezir [es][1] "non lo cuyde." Ca todas las cosas se deuen pensar primero porque son los errores muy difiçiles de rreparar.[2] E por esto, los rromanos muy agramente vsauan de

---

[14] Cf. *Segunda Partida*, XXVII, x (II, 539b-540a).

[1] es] Omitted in *Inc. 1487* and *Inc. 1497*.

[2] Cartagena quotes the same passage in his correspondence with the Marqués de Santillana. See *Qüestión*, 431. For the possible source, cf. Valerius Maximus,VII, ii, 2: "Scipio vero Africanus 'turpe esse' aiebat 'in re militari dicere, Non putaram': videlicet quia explorato et excusso consilio, quæ ferro aguntur, administrari oportere arbitrabatur summa ratione. Inemendabilis enim est error, qui violentiæ Martis committitur" (II, pp. 669-670). See also *Lib. de Valerio*, fº 161v: "Sçipion africano desia que fea cosa era en fecho de armas e en guerra que el cauallero dixiesse: 'No me lo penssaua.' Ca judgaua el dicho africano ser muy rrasonable cosa que los fechos que sse auian a determinar con fierro, conuiene a saber, con armas, que fuessen

la disçiplina militar, lo qual paresçe non solamente por las ystorias, mas aun por las leyes del derecho comun, las quales bien latamente fablan de como se deuen castigar los errores de los caualleros.[3] E pues esto non fue oluidado por las leyes de las *Partidas*, oyr se deue con diligençia lo que a este proposito ordeno el rrey don Alfonso el deçimo en la *Segunda Partida*, en el titulo viçesimo octauo, en las leys siguientes.

Leys.
Grand escarmiento se deue fazer en los yerros que fazen en las guerras.[4]

Ierran los omnes en muchas maneras quando andan en guerra. E porque los yerros que y fazen son mas peligrosos que los que son fechos en otros logares porque non se pueden bien emendar, por ende, posieron los antiguos que ouiesen mayor escarmiento, ca de otra guisa non seria la justiçia ygual, asi como deximos de suso, si los malos non ouiesen escarmiento del mal que fiziesen, asi como los buenos gualardon por los bienes. E sin todo aquesto son muy dañosos los yerros que los omnes fazen en las guerras. Ca asaz abonda a los que en ellas andan auerse de guardar del daño de los enemigos, quanto mas de lo que les viniese por culpa de los suyos mesmos. Onde, pues que en las leys ante deste titulo se muestran los gualardones que deuen los omnes auer por los bienes fechos que fazen en las guerras, queremos agora dezir desto como se deuen castigar e escarmentar los que erraren en ellas. E primeramente diremos que cosa es castigo e escarmiento, e a que tiene pro, e por que rrazones deue ser fecho, e quien lo ha de fazer, e a quales, e en que tiempo, e que pena meresçen los que embargasen la justiçia que non se fiziese, o que non guardasen las posturas que ouiesen puesto entre si.

Que cosa es castigo e escarmiento, e a que tiene pro, e por que rrazones se deuen fazer en la guerra.[5]

Castigo es ligero amonestamiento de palabra o de ferida de palo que faze el caudillo contra algunos quando le fuesen desmandados o non fuesen sabidores de las cosas que se han de guardar en la guerra. E escarmiento es pena que manda dar el caudillo contra los que errasen, como en manera de justiçia. E las rrazones por que se deue esto fazer son doze. La primera, si diesen sabiduria a los enemigos de los suyos. La segunda, si se fuesen para ellos. La terçera, si viniesen con ellos a fazer mal a los suyos. La quarta, si non se quisiesen acaudillar. La quinta, si metiesen desacuerdo en

---

administradas con digesto conseio e maduro. Ca la error que es en la violençia o fuerça fecha en los actos del dios Marçe, que es dios de las batallas, non se puede emendar por cosa." Vegetius attributes a similar maxim to Cato: "Deinde in aliis rebus, sicut ait Cato, si quid erratum est, potest postmodum corrigi; proeliorum delicta emendationem non recipiunt, cum poena statim sequatur errorem" (I, XIII, p. 30).

[3] See especially Justinian, *Digest*, XXXXVIIII, xvi, *de re militari*.
[4] Cf. *Segunda Partida*, XXVIII (II, 540a).
[5] Cf. *Segunda Partida*, XXVIII, i (II, 540b).

la gente. La sesta, si mouiesen pelea. La setena, si se firiesen o se matasen, vnos con otros, o se desonrrasen por palabra o por fecho. La octaua, si furtase o tomase por fuerça o por engaño lo que touiesen vnos a otros. La nona, si non guardasen la vianda o la despendiesen ante de tiempo. La deçima, si non ayudasen a fazer justiçia. La onzena, si embargasen al que la ouiese de fazer. La dozena, si embargasen las posturas que ouiesen puestas entre si o con otros. E sobre cada vno destos yerros mostraremos en las leys deste titulo que pena meresçen los que lo fazen, segund los antiguos lo posieron.

Que pena meresçen los que diesen sabiduria a los enemigos o se fuesen para ellos o los ayudasen a fazer a los suyos mal.[6]

Pena muy grande posieron los antiguos a aquellos que descubren a los enemigos fecho de los de su parte. E esto fizieron con grand derecho porque este mal se leuanta de grand deslealtad e es trayçion conosçida. Ca bien asi como lo seria si lo fiziese a uno solo, quanto mas si fuese fecha a muchos. Ca algunas vezes acaesçe que por tales fechos como estos son muchos muertos o presos o desbaratados de los de las huestes o de las caualgadas. E aun podria y auenir ocasion por que se acaesçiese y rrey o su fijo que ouiese de ser heredero, o algund señor de aquellos a quien se faria la trayçion complidamente. Onde, para guardarse deste daño e para saber quales eran los que en tal culpa cayesen, posieron los antiguos, tan bien en la hueste do el rrey era como en que non fuese, o en caualgada, o en otra manera de guerra, que los caudillos o los adalides sopiesen çiertamente por scripto o por otra manera quantas compañas y auia, e en cada compaña quantos omnes auia, faziendolos todos entrar so vna lança, segund que auemos ya dicho en otra ley que fabla de la partiçion. E esto fizieron por que si fallasen alguno de su conpaña que era ydo a los enemigos sopiesen que les auia lleuado sabiduria dellos, que luego que lo cogiesen en mano que lo matasen, dandole la muerte que mereçiese por ello, arrastrandole, o desmembrandole, en manera que todos los que lo oyesen tomasen ende espanto e escarmiento para non fazer otro tal. E esa mesma pena touieron por derecho que ouiesen los que fallasen que venian de parte de los enemigos para tomar barrunte. E otrosi, los que fuesen sabidores, tan bien de los que fuesen de su parte a dar sabiduria como de los que viniesen de la otra a tomarla, que luego que lo sopiesen non aperçibiesen dello al rrey o al caudillo que fuese y en su logar, e los otros que se fuesen para los enemigos ouiesen con ellos para fazer mal a aquellos con quien ante estauan. E esto touieron otrosi por tan estrañña cosa que luego que los cogiesen en mano, que les cortasen las cabeças si fuesen fijosdalgo, e si de los otros, que les diesen la mas estraña muerte que pudiesen. E si los non pudiesen auer, que perdiesen todo quanto ouiesen, e nunca fuesen cabidos en el rreyno. Ca maguer tuerto o fuerça ouiesen rreçebido en alguna manera de los de su parte, en quanto estouiesen en tierra dellos, non se deuen partir de la hueste o de la caualgada con quien

---

[6] Cf. *Segunda Partida*, XXVIII, ii (II, 540b-541b).

ouiesen ydo si el fecho non fuese de aquellos mesmos que el tuerto les fiziesen, nin aun de esos non se deuen partir si les prometiesen que les complerian de derecho luego que llegasen a aquel logar donde mouieron, o a otro que sea en saluo, e non en tierra de los enemigos. Mas si el rrey este tuerto les fiziere mientra estouieren en guerra, non se deuen partir si fueren sus vasallos o ouiesen su soldada rresçebido que non gela siruan ante afrontandole tres vezes por su corte. E si non les quisiere emendar aquello, puedense quitar del, desnaturandose primero, asi como deximos en otro logar. E con todo esto, non deuen yr a logar do sean en su muerte nin en su desonrra nin en su deseredamiento, nin deuen otrosi yr a omnes de otra ley para andar contra la suya. Ca esto fue antiguamente tenido por grand mal que los que lo fazian dauanlos por perdidos e por escomulgados de la tierra e por traydores del señor contra quien yuan, e de la tierra onde eran naturales. E mandauanlos matar de crudas muertes, asi como a omnes viles, echandolos a las bestias que los desmembrasen, o matandolos de fambre, o echandolos en fondon de las aguas que los comiesen los pescados, que nunca paresçiese dellos ninguna cosa. E si acaesçiese que los que esto fiziesen non los podiesen auer para complir en ellos la justiçia sobredicha, maguer que fuesen omnes rricos e honrrados, si moriesen en otra tierra, non los deuen traer a enterrar a aquella contra quien fueron, que non touo por bien la sancta scriptura nin la yglesia que fuesen enterrados en sagrada. Ante mando que si los fallasen y metidos que los sacasen dende sus huesos e los esparziesen por los campos, o los quemasen, e los sus bienes dellos mandaron que fuesen metidos en rrealengo por siempre, porque asi como ellos quisieron desfazer el rreyno, que asi fuesen ellos desfechos, e el rreyno acresçentando de lo suyo.

Que es lo que pueden fazer los caudillos contra aquellos que non quisiesen mandarse por ellos, e que bienes nasçen del caudillamiento, e que males quando non se faze como deue.[7]

Caudillamiento es cosa que deue ser mucho guardada en todos los fechos de guerra, asi como de suso deximos en las leys ante desta. E comoquier que desto vengan todos los bienes que en estas leys dize, aun y ha tres que queremos mostrar. El primero, que fazen mas ayna sus fechos. El segundo, mas con rrecado. El terçero, mas poderosamente. E los que asi non lo saben fazer vieneles ende todo el contrario. E por ende, touieron por bien los antiguos que los que en las guerras andouiesen que fuesen mucho acaudillados e a mandado de sus mayores. Ca maguer que todo el acaudillamiento que de suso deximos es de muchas maneras, pero todo se ençierra en tres rrazones. E queremoslo aqui mostrar, asi que los caudillos las entiendan e las sepan mostrar a los otros. La primera es que non sean desdeñosos de entrar ayna en acaudillamiento quanto gelo mandaren. La segunda, que non se rrebaten a salir del sin mandado. La terçera, que non sean perezosos en non yr ayna do touieren por bien los

---

[7] Cf. *Segunda Partida*, XXVIII, iii (II, 541b-542a).

20 caudillos. Ca por cada vna destas tres cosas, si non fuesen fechas como deuian, poderse ya por y perder todo el fecho. E por esto fue puesto antiguamente que el que derramase que lo podiese el caudillo amenazar o mal traer de su palabra, non le diziendo cosas a sabiendas con que entendiese que podria ser disfamado. E puede otrosi ferir a el o al caballo con palo o con asta de lança, asi que se muestre que la ferida es mas por
25 castigo que por sanña, nin por malquerençia que del ouiese de que se vengase del. E si por ventura le fuese porfiado e non le quisiese ser obediente, puedele matar el cauallo e ferirle el cuerpo. E si moriere, o lision le viniere por ende, non ha el caudillo por que pechar por ello cosa alguna, nin ser enemigo de sus parientes. Pero si acaesçiese que alguno, por cosa que le fagan, non le podiesen vedar que non derramase,
30 aunque otro mal non veniese a los suyos, por ello solamente, porque se desmando, deue ser preso del rrey o del caudillo, e mientra aquel fecho durare tenerlo en qualquier manera de prision que quisiere, e quan desonrrada, asi como en grandes fierros, o en cormas, yendo cauallero en asno, o de pie, leuandolo con cadena a la garganta, o atado con vna soga a la cola de alguna bestia o al atahare. E todas estas penas de
35 auiltamiento posieron los grandes omnes por la grand viltança que touieron que fazia en derramar sin mandado de sus señores porque non sauian sofrir miedo. Ca esta vergüença touieron que les era peor que la muerte. E aun posieron sobre esta rrazon que si el rrey les quisiese fazer merçed de non darles estas prisiones sobredichas que los echasen del rreyno por quanto tiempo touiesen que era cosa guisada. Mas por el
40 derramamiento que fiziesen los menores deuenlos matar por ello. E posieron aun mas, que si el rrey los quisiese perdonar, que lo non podiese fazer sinon si fincasen por sus sieruos. Pero si destos derramamientos nasçiese algund daño al rrey o a la hueste o a la caualgada o a los que en ella fuesen, pu[e]denles dar pena demas de aquesto que deximos, asi como es dicho en las leys que fablan del acaudillamiento.

45 **Que pena mereçen los que meten desacuerdo en las compañas con quien vienen a la guerra.[8]**

Desacuerdo es cosa de que vienen muchos daños. Ca bien asi como el acuerdo ayunta todas las cosas e las mantiene, otrosi, el desacuerdo las departe e las estraña, e mayormente quando es fecho a mala parte, asi como tolliendo el bien e aduziendo el
50 mal. E comoquier que en todos los fechos tenga esto daño, muy mayor lo tiene en los de la guerra, porque alli deuen ser los omnes mas acordados para guardar a si de daño e fazerlo a los enemigos. E por ende, antiguamente fue puesto que qualesquier que metiesen desacuerdo en hueste o en caualgada o en otra cosa en que fuesen los omnes en fecho de guerra, desque les fuese prouado que segun el mal que ellos querian fazer
55 que tal pena ouiesen, asi como quando lo fiçiesen con voluntad que aquel fecho non se acauase. Ca entoçe deuen ser presos, e por el aleue que fazen sacarles los ojos por que nunca vean con ellos lo que cobdiçian ver. E aunque esto les ayan fecho, non los

---

[8] Cf. *Segunda Partida*, XXVIII, iv (II, 542b).

deuen dexar. Ante los deuen tener presos fasta que acauen su fecho. E esto se entiende de los omnes medianos o menores. Mas si fuesen de los mayores, deuen ser metidos en muy fuertes prisiones mientra aquel fecho durare, asi que aun quando el rrey les quisiere fazer merçed que los eche del rreyno por quanto tiempo el touiere por bien. E esto touieron por bien escogido por derecho porque el desacuerdo destos atales non tañe tan solamente al señorio, mas aun a todos aquellos que en aquel fecho son. E desta guisa deue ser escarmentado todo desacuerdo que alguno metiere entre la compaña con quien fuese, segund el daño que fallasen en verdad que queria fazer.

Como deuen ser escarmentados los que bueluen pelea entre los suyos en tiempo de guerra.[9]

Pelea fue cosa que estrañaron mucho los antiguos, e mayormente en fecho de guerra. E esto fizieron por dos males que en ello entendieron. El primero, aueleza de dexar de fazer el bien que començaron para valer mas e torrnar a fazer mal por valer menos. El segundo, falsedad en non querer acabar aquel fecho porque van dando la honrra del a los enemigos e la desonrra a si mismos. E por ende, estableçieron que todo aquel que sacase armas en hueste o en caualgada para tal fecho como este, que gelas tolliesen, e fuese puesto a rrecabdo mientra aquel fecho durase, e de alli adelante que non ouiese parte en la guerra que los otros fiziesen. Mas si desonrrase de dicho o de fecho, que ouiese doble pena que si lo fiziese en otro logar, saluo ende ante el rrey que le diese ferida de que fuese lisiado, que le cortasen aquel miembro con que gelo fiziera, asi como pie o mano. E si moriese della, que le soterrasen so el muerto, fueras ende si fiziese alguno destos fechos en defendiendo su cuerpo o acaudillando o castigando su compaña. E esto non se entiende de los mayores. Ca estos quando tal cosa fiziesen deuen ser metidos en prisiones para siempre. Pero si amor les quisiesen fazer, puedelos echar del rreyno para toda su vida. Mas si el rrey se açertase do esto acaesçiese tan crudamente, quier que lo escarmentase, puedelo fazer con derecho, e si non se açertase y, touieron por bien que fuesen rrecabdados los que esto fiziesen que les diese el rrey la pena por su aluedrio, segund que los omnes fuesen los fazedores del daño, e el que lo rreçibiese, e el logar e el tiempo en que fuese fecho, e catando el mal que ende viniera o pudiera venir.

Como deuen ser escarmentados los que furtaren algo a sus compañeros en tiempo de guerra.[10]

Caramente deuen ser escarmentados los que furtan, e mayormente aquellos que lo fazen en tiempo de guerra, que deuen ser todos vnos para fazer daño a los enemigos e guardarse a si dello. E por ende, los que en aquel tiempo furtan fazen grand falsedad porque los omnes andan seguros, non auiendo casas nin arcas nin otras cosas en que

---

[9] Cf. *Segunda Partida*, XXVIII, v (II, 542b-543a).
[10] Cf. *Segunda Partida*, XXVIII, vi (II, 543ab).

guarden lo suyo, sinon la lealtad que se deuen guardar vnos a otros. Onde, por todas
95 estas rrazones estableçieron los antiguos que los que fuesen en guerra, si se furtasen
vnos a otros, e mayormente en tierra de los enemigos, que si gelo pudiesen prouar con
dos omnes de los de la caualgada que fuesen de buen testimonio, si aquel que lo fiziese
fuese de los menores, que pechase doblado e le señalasen cortandole las orejas o la
mano con que lo furtase. E esto fizieron por dar escarmiento a los otros que se
00 guardasen de fazer mal e por que aquel fazedor o furtador furtase otra vegada, e la
señal le fuese testimonio, deuen darle muerte. Pero si este furto fiziesen los mayores,
deuen pechar por ello quatro tanto e non auer parte de la ganançia que fiziesen en
aquella hueste. Mas si la segunda vegada lo fizieren porque lo tomaron como por vso,
touieron por bien que lo pechasen asi como sobredicho es, e demas, que fuesen echados
05 de la tierra do morauan por quanto tiempo el rrey touiere por bien. E si el furto fuese
de la vianda que traxiesen para si e sus bestias, a que llaman talegas, mandaron que el
que lo fiziese, si fuese de los menores, que lo peche a quatro doble, e demas, que le
cortasen las orejas, fueras si lo fiziese con grand coyta de fambre e aquello que furtase
fuese tan poco que lo comiese luego. E esto por la primera vez. Mas si lo fiziese la
10 segunda, que lo matasen de fambre. E si fuese de los mayores, que pechase por cada
vegada el que lo fiziese dos tanto que por otro furto que ouiese fecho en tal logar como
este. Mas si lo fiziese la segunda vegada, que lo pechase como sobredicho es, e demas,
que fuese echado de la tierra. E comoquier que los antiguos touieron por bien que los
que tales furtos fiziesen fuesen escarmentados, cortandoles las orejas o las manos,
15 touieron porque lisiar omne es fuerte cosa, fueras ende por tal fecho que non lo
podiesen escusar, semejonos derecha rrazon de los mandar señalar en las caras con vn
fierro caliente, asi como es dicho en el titulo que fabla de los furtos, por que quando
otra vegada lo fiziesen fuesen conosçidos al segundo furto e la señal fuese testimonio
para lo escarmentar, dandoles muerte. E otrosi, vsauan los antiguos que al que furtaua
20 a los otros vianda,[11] que llaman talegas, que los soterrauan fasta las çintas, e aquel a
quien auian fecho el furto tiraule vna lança de nueue pasadas, e si le açertaua e le
mataua, non auia por ello omezillo nin caloña alguna, e si non le açertaua, era el otro
quito de furto. Mas nos entendiendo que tal vso como este non auia complimiento de
justiçia porque era la primera vez, e el que perdia las talegas non las cobraua, otrosi,
25 que podrian y matar omne que terrnia grand mengua en la hueste o a la caualgada, por
todas estas rrazones nos semejo que era mas derecho escarmiento el que de suso es
dicho que este que ellos vsaron.

Que pena mereçen los que fuerçan o rroban alguna cosa a sus compañeros en tiempo de guerra.[12]

30 Forçar e rrobar lo ageno es cosa que torrna en grand daño de aquellos contra quien

---

[11] que al que furtaua a los otros vianda] Repeated in *Inc. 1487*.
[12] Cf. *Segunda Partida*, XXVIII, vii (II, 544a).

es fecho, e en mal estança de los que lo fazen. E por ende, touieron por bien los antiguos que los que esto fiziesen que les fuese muy crudamente escarmentado, e mayormente a los que se atreuiesen a fazerlo en guerra. E esto por dos rrazones: la primera, porque lo fazen mas paladinamente que el furto; la segunda, porque toda su voluntad que deuen meter en forçar e rrobar los enemigos, torrnanla entre si, faziendo el contrario. Por ende, fue puesto que el que rrobase o forçase alguna cosa, que torrnase lo que rrobara a su dueño, e demas, que pechase dos tanto. E si fuese de los menores que non ouiese de que lo pechar, que lo cortasen la mano con que fiziera la fuerça o rrobo. E esto por la primera vez. E por la segunda, que lo matasen por ello. Mas si fuese de los mayores, que pechase dos tanto que los otros, e fuese echado de la tierra por la primera vegada. E si le perdonasen e lo fiziese la segunda, que lo matasen por ello. E si el caudillo o el adalid fiziese esto, que pechase dos tanto que los mayorales que auemos dicho han de pechar, e demas, que el caudillo fuese echado de la tierra e el adalid metido en prision. E esto por la primera vez. Mas si esto le perdonasen e lo fiziese la segunda vegada, que el caudillo fuese metido en prision, e el adalid que lo matasen. E ese mesmo escarmiento posieron que deue auer quien ouiese parte de la cosa forçada o rrobada o la encubriese.

Como deuen ser escarmentados los que fazen engaño a otros en tiempo de guerra.[13]

Engañanse los omnes vnos a otros muchas vegadas, cuydando fazer su pro, e esta cobdiçia les çiega de guisa que non les dexa ver la verdad de como es su daño aquello que cuydan que es su pro. E por ende, tal cosa como esta touieron los antiguos que era mucho de escarmentar, mayormente a aquellos que lo fiziesen en guerra. Lo vno, porque es falsedad, e lo al, que el engaño que deuian fazer a los enemigos fazen a si mesmos. E este engaño o se faze ante que partan las cosas que han ganado, o despues, en partiendolas. Ca el que se faze ante de la partiçion es como si pleyteasen algund preso que ouiese de ser del rrey ante que lo metiesen en almoneda o lo diesen por otro captiuo que ouiesen de auer, por que el rrey perdiese su derecho, o menoscabasen en ello, o si cambiasen algunas de sus cosas por otras mejores o peores de las de la caualgada, por que se tornase en daño comunalmente de todos. Onde, por tales engaños como estos que se fazen contra señor son como manera de aleue, touieron por derecho que ouiese tal pena el que se atreuiese a lo fazer que el mesmo fuese tenudo de aduzir al almoneda aquello que engañosamente pleyteasen o cambiasen en vno, asi como sobredicho es, e demas, por la osadia, que pechase otro tanto al rrey, e que perdiese su parte de aquella ganançia. E si aduzir non lo podiese, que pechase el doble de todo aquesto. E si non ouiese de que lo pechar, que fuese metido su cuerpo en poder del rrey para escarmentarlo, segund entendiese que era derecho, catando todas aquellas cosas que por aluedrio son dichas en algunas otras leys deste libro. Pero si el caudillo

---

[13] Cf. *Segunda Partida*, XXVIII, viii (II, 544b-545a).

o el adalid lo fiziese, porque son mayorales e son mas que los otros de guardar los derechos del rrey, touieron por bien que si ambos lo fiziesen, o alguno dellos, que perdiese la ganançia e que pechase quatro tanto. E si non ouiese de que lo pechar e fuese el caudillo el que engaño fiziese, que perdiese la tierra o el bien fecho que del rrey ouiese, e el adalid fuese metido en prision del rrey por quanto tiempo ouiese por bien. Mas si fuese el preso de los que non fuesen al almoneda nin de rremision, mas de aquellos que auemos dicho porque el rrey podria acabar su fecho, touieron por bien que ouiese por escarmiento tal pena el que esto fiziese, segund el daño o la perdida que fiziese o rresçiuiese el rrey por el. E si este engaño fiziesen en alguna destas cosas que perteneçen al rrey por rrazon de honrra e de mayoria, asi como deximos en la ley que fabla en que manera deue dar sus derechos al rrey de lo que ganaren en la guerra, deuen aver tal pena los que lo fizieren como en ella dize. Mas si este engaño fiziesen en las cosas que pertenesçen a los de la caualgada, touieron por bien que lo pechasen doblado, segund lo apreçiasen los quadrilleros. E si dellos ouiesen sospecha, que lo apreçiasen dos omnes buenos de los de la caualgada que touiesen que serian para ello. Otrosi, mandaron que si alguno fiziese engaño en la partiçion, asi como en fazerse screuir dos vezes, canbiandose el nonbre, o faziendo screuir mas omnes o bestias o armas que non traxiese, por leuar mas de lo que deuia, o si metiesen en la cuenta mas peones o cauallerias de las que eran, o si touiese alguna cosa de las que ganasen e non la descubriese el dia de la partiçion, que fuese tenido de tornar el engaño que ouiese fecho con otro tanto de lo suyo e perder su parte de la ganançia, e demas, ser echado por malo de aquella compaña do andaua. E si caudillo o quadrillero o adalid fiziese alguna destas cosas, que ouiese la pena sobredicha, e demas, que nunca touiese onrra de caudillo nin de adalid nin de quadrillero en ningund logar.

Como deuen ser escarmentados los que comen sus talegas ante de tiempo.[14]

Comiendo alguno sus talegas ante de tiempo o perdiendolas por non las saber guardar es cosa de que viene grand daño, non tan solamente a los que lo fazen, mas aun a aquellos en cuya compaña andan. Ca muchas vegadas acaesçe que se torrnan los omnes por ello e dexan el fecho a que van e matan los enemigos o prendenlos o han sabiduria por ellos de los otros en cuya compañia yuan. Onde, por escusar estos daños, posieron los sabidores antiguamente que aduxiesen todas las talegas a un lugar e que las partiesen con aquellos que ouiesen comidas las suyas o perdidas. E esto que lo fiziesen fasta dos vegadas, porque podria ser la primera vez que lo fiziesen por non saber las costumbres de las caualgadas; la segunda, por ayuntarse a ellos algunas compañas con quien las ouiesen a comer mas ayna que ouiesen menester, non poniendo y la guarda que deuian. Mas los que esto fiziesen la terçera vegada mandaron que los prendiesen por que non fuesen descubiertos por ellos, e que los leuasen todauia presos fasta que acabasen su fecho, e que non les diesen de comer ninguna cosa sinon pan e

---

[14] Cf. *Segunda Partida*, XXVIII, ix (II, 545ab).

agua, e desto tan poco por que podiesen solamente sostener su vida que non moriesen de fambre nin de sed, e aun, que esto non fuese tenido alguno de gelo dar como por premia a los que lo fiziesen mas a su grado auiendo piedad dellos. Ca este escarmiento touieron que conplia asaz, lo vno, porque les yazia pena de los cuerpos, yaziendo presos, e sofriendo fambre e sed, e lo al, vergüença, por que sepan los omnes que les viene por su neçedad e por su glotonia.

Como deuen ser escarmentados aquellos que non ayudan a fazer la justiçia a los que la han de fazer, o la enbargan en tiempo de guerra.[15]

Ayudar deuen todos aquellos que fueren en las huestes o en las caualgadas a fazer justiçia e complirla a los que fueren puestos para fazerla por el rrey o por el caudillo que estouiese en su logar o por los que ellos ouiesen puesto entre si. Ca el rrey deuen todos comunalmente ayudar, como a señor, por aquellas rrazones que dichas auemos en algunas leyes deste libro, e al caudillo que y fuese por el, porque tiene su logar e ha de complir su mandado, e aun porque lo han ellos de obedeçer. E otrosi, al adalid en aquellas cosas que pertenesçen a su ofiçio. Ca en esto guardan al rrey su señorio e su derecho e fazen en ello pro de si mesmos en ayudar a aquellos que han de escarmentar los males que entre ellos se fiziesen. E por ende, los que non quisiesen fazer segund las leys antiguas deuen ser echados de la hueste o de la caualgada si fueren de los menores, e si de los mayores, deuen perder todo el bien fecho que del rrey touieren. Mas si por auentura algunos fuesen tan locos o tan atreuidos que esta justiçia quisiesen embargar, deuen auer esa mesma pena que deximos de los otros, e demas, perder todo quanto alli traxieren.

Como deuen ser escarmentados todos los que non guardan lo que ponen entre si o con otros quando andan en guerras.[16]

Posturas ponen entre si los que andan en guerra, e esto se puede fazer en dos maneras: la vna, sobre los fechos que acaesçen entre si mesmos; la otra, con los enemigos. E cada vna destas es de guardar mucho. Ca lo que ellos mesmos ponen, vnos con otros de su grado, e sin premia alguna, bien se entiende que non lo fazen sinon por su pro por que puedan mejor acabar su fecho. E por ende, deue ser mucho tenida seyendo todauia guardados los derechos del rrey e de los otros señores. Ca ninguno contra esto puede fazer postura si non lo fiziese por su mandado. E quienquier que la quebrantase deue auer tal pena por escarmiento, segund que la postura que fiziesen entre si. Mas si non la ouiesen puesto deuengela dar por aluedrio del rrey. E la que ponen con los enemigos, quier sea de paz, o de guerra, deue ser otrosi mucho guardada, fueras ende si fuese contra la fe o a daño del rrey o del rreyno, e esto por dos rrazones: la primera, por guardar su lealtad; la otra, por que aquellos que lo oyeren ayan mayor

---

[15] Cf. *Segunda Partida*, XXVIII, x (II, 545b).
[16] Cf. *Segunda Partida*, XXVIII, xi (II, 545b-546a).

sabor de abenirse con ellos e fazer lo que quisieren, teniendo que les estaran en lo que con ellos posieren. E por ende, deue ser mucho escarmentado el que tal postura quebrantare, asi que le han de menguar nada de la pena que en ella fuere puesta. E si non ouiese pena deuele ser dada por aluedrio del rrey, catadas todas las cosas que dichas son.

Item: en el *Libro Judgo*, en el titulo de los cometedores e de los forçadores, faze a proposito desta materia vna ley que dize asi.[17]

Todo omne que va en hueste, si rroba o fuerça alguna cosa, lo que forço, enterguelo con quatro doblo. E si non ouiere de que pagar en quatro doblo, entergue lo que tomo e rreçiba çiento e çincuenta açotes. E si lo fiziere el sieruo sin voluntad del señor, entergue lo que forço e rreçiba doçientos açotes. E esta cosa fagan entergar los señores e los juezes e los mayordomos de la tierra, que non queremos que nuestra tierra sea gastada por rrobadores.

Rubriçela.

E por quanto en vna de las leys de suso scriptas se faze mençion de algunos yerros que en las guerras a las vezes acaesçen que trocan a trayçion, es bien de situar aqui algunas leyes que fablan della, las quales ponemos por que sepan los caualleros e fijosdalgo quan aborreçido pecado es, e sabiendose, esquiuen con muy grand diligençia del e lo escarmienten quando alguno en el cayere. E esto declara el rrey don Alfonso el deçimo en la *Setena Partida*, en el titulo segundo, en vna ley que dize asi.

[Que cosa es trayçion, e quantas maneras son della.][18]

[L]esse magestatis crimen, en latin, tanto quiere dezir en rromançe como yerro de trayçion que faze omne contra la persona del rrey. E trayçion es la mas vil cosa e la peor que puede caer en coraçon de omne, e nasçen della tres cosas que son contrarias de la lealtad, e son estas: tuerto e mentira e vileza. Ca estas tres cosas fazen el coraçon del omne tan flaco que yerra contra Dios e a su señor natural e contra todos los omnes, faziendo lo que non deuen fazer. E tan grande es la vileza e la maldad de los omnes de mala ventura que tal yerro fazen que non se atreuen a tomar vengança de otra guisa de los que mal quieren sinon encubiertamente e con engaño. E trayçion tanto quiere dezir como vn omne a otro traer so semejança de bien a mal, e es maldad que tira asi la lealtança del coraçon del omne. E cahen los omnes en yerro de trayçion en muchas maneras, segund mostraron los sabios antiguos que fizieron las leys. La primera, e la mayor, e la que mas fuertemente deue ser escarmentada es si se trabaja algund omne de muerte de su rrey, o de fazerle perder en vida su onrra de su dignidad, trabajandose con enemiga que sea otro rrey, e que su señor sea desapoderado del rreyno. E la

---

[17] Cf. *Fuero Juzgo*, VIII, i, 9 (135ab).
[18] Cf. *Setena Partida*, II, i (IV, 289ab). The title is omitted in all the MSS except *N2*.

segunda manera es si alguno se pone con sus enemigos por guerrear e fazer mal al rrey o al rreyno, o los ayudar de fecho o de consejo, o les embia carta o mandado por que los aperçiba de algunas cosas contra el rrey o daño de la tierra. E la terçera manera es si alguno se trabajase de fecho o de consejo que alguna tierra o omne que obedesçiese al rrey se alçase contra el, o que non le obedesçiesen tan bien como solian. La quarta, es quando algund rrey o señor de alguna tierra de fuera del señorio quiere dar al rrey la tierra onde es señor, o le quiere obedeçer, dandole parias o tributo, e alguno de su señerio lo estorua de fecho o de consejo. La quinta, es quando el que tiene por el rrey castillo o villa o otra fortaleza se alça con aquel logar, o lo da a los enemigos, o lo pierde por su culpa o por algund engaño que le fazen. E ese mesmo yerro faria el rrico omne o el cauallero o otro qualquier que basteçiese con vianda o con armas algund logar fuerte para guerrear contra el rrey o contra la pro comunal de la tierra, o si traxiese otra çibdad o castillo, maguer le touiese por el rrey. La sesta, es si alguno desamparase al rrey en batalla, o se fuese a los enemigos, o se fuese de la hueste sin su mandado ante del tiempo que deuia seruir, o se derramase como yendo a lidiar con los enemigos engañosamente, sin mandado del rrey o sin su sabiduria, por que los enemigos le fiziesen arrebato o algund daño o alguna desonrra, estando el rrey seguro, o si descubriese las poridades del rrey en daño del. La setima, es si alguno fiziese bolliçio o leuantamiento en el rreyno, faziendo jurar a cofradias de los caualleros o de villas contra el rrey, de que nasçiese daño a el o a la tierra. La octaua, es si alguno matase a alguno de los adelantados mayores del rreyno, o de los consejeros mayores e onrrados del rrey, o de los caualleros que son estableçidos para guardar su cuerpo, o de los judgadores que han poder de judgar en su corte por su mandado. La nouena, es quando el rrey asegura a algund omne señaladamente o a la gente de algund logar o a alguna tierra, e otros de su señorio quebrantan aquella segurança que el dio, matando o firiendo o desonrrandolos contra su defendimiento, fueras ende si lo ouiesen a fazer auiendo sobre si torrnado, o sobre sus cosas. La dezena, si dan algunos por rrehenes al rrey, e alguno los mata todos o alguno dellos, o los faze foyr. La onzena, es quando algund omne es acusado o rreptado sobre fecho de trayçion, e otro alguno lo suelta o guisa por que fuya. La dozena, es si el rrey toma el ofiçio a algund adelantado o otro ofiçial de los mayores e estableçe otro en su logar, e el primero esta rrebelde, que non le quiere dexar el ofiçio o las fortalezas con las cosas que le perteneçen nin rreçeuir al otro en el por mandado del rrey. La trezena, es quando alguno quebranta o fiere o derriba maliçiosamente alguna ymagen que fue fecha e endereçada en algund logar por onrra e por semejança del rrey. La catorzena, es quando alguno faze falsa moneda o falsa los sellos del rrey. E sobre todo dezimos que quando alguno de los yerros sobredichos es fecho contra el rrey o contra su señorio o contra pro comunal de la tierra, es propiamente llamado trayçion. E quando es fecho contra otros omnes es llamado aleue, segund fuero de España.

Item: el rrey don Alfonso el septimo, que llaman emperador, fizo aqueste proposito vna ley en las Cortes de Najara, la qual puso el rrey don Alfonso el vndeçimo en el *Ordenamiento de Alcala*, en el titulo treynta e dos, que dize asi.

Quantas maneras son de traiçion.[19]

Traiçion es la mas vil cosa que puede caer en el coraçon del omne, e nasçen della tres cosas que son contrarias de la lealtad, e son estas: mentira e vileza e tuerto. E estas tres cosas fazen al coraçon del omne flaco, que yerra contra Dios e contra su señor natural e contra todos los omnes, faziendo lo que non deue fazer. E tan grande es la vileza e la maldad de los omnes de mala ventura que tal yerro fazen que non se atreuen a tomar vengança de otra guisa de los que mal quieren sinon encubiertamente e con engaño e trayçion. E tanto quiere dezir como traer vn omne a otro so semejança de bien a mal. E es maldad que tira asi la lealtad del coraçon del omne. E caen los omnes en trayçion en muchas maneras. La primera, e la mayor, e la que mas cruelmente deue ser escarmentada es la que tañe a la persona del rrey, asi como si alguno se trauajase de lo matar, o lo feriese o lo prendiese, o le fiziese desonrra, faziendo tuerto con la rreyna su muger, o con su fija del rrey, non seyendo ella casada, o se trauajase de le fazer perder la onrra de su dignidad que tiene. E otrosi, qualquier que fiziere qualquier destos yerros sobredichos al infante heredero caera en este mesmo caso, fuera ende si el quisiere ferir o matar o prender o desonrrar al rrey su padre. Ca entonçe, quienquier que fiziere qualquier destos yerros por defender al rrey su señor non deue caer en mal nin en pena. Por ende, ante deue auer por ello gualardon. E esto es porque el señorio del rrey deue ser guardado sobre todas las otras cosas. La segunda, es si alguno se pone con los enemigos para guerrear o fazer mal al rrey o al rreyno, o los ayudar de fecho o de consejo, o les embiar carta o mandado para que los aperçiba en alguna cosa contra el rrey o daño de la tierra. La terçera, es si alguno se trabajare de fecho o de consejo que alguna tierra o gente que obedeçian a su rrey que se alçasen contra el e non le obedesçiesen tan bien como solian. La quarta, es quando algund rrey o señor de alguna tierra de fuera del señorio quiere dar al rrey la tierra donde es señor, o le quiere obedesçer, dandole parias o tributo, e alguno de su señorio lo estoruase de fecho o de consejo. La quinta, es quando el que tiene castillo o villa por el rrey, o otra fortaleza, e se alça con el o lo da a los enemigos o lo pierde por su culpa por engaño que el rreçibiese. La sesta, es quando alguno tiene castillo del rrey o de otro omne o señor por omenaje, e le non da a su señor quando gelo pide, o lo pierde, non morando y, defendiendolo, teniendolo basteçido, e faziendo todas las otras cosas que deue fazer para defender el castillo, segund fuero e costumbre de España; o si traxiere villa o çibdad o castillo del rrey, maguer non lo touiese por el rrey. La septima, es quando alguno desamparare al rrey en batalla o fuyere a los enemigos o se fuere de la hueste o en otra manera sin su mandado ante del tiempo que deuiere seruir. O si alguno descubriere a los enemigos las poridades e secretos del rrey en daño del. La octaua, es si alguno fiziere bolliçio o leuantamiento en el rreyno, faziendo juras o confradias de caualleros o de villas contra el rrey, de que nasçieren daño a el o al rreyno. La nouena, es quien poblare castillar viejo del rrey o peña braua sin mandado del rrey para fazerle

---

[19] Cf. *Ordenamiento de Alcalá*, LXXVIII (556-559).

deseruiçio o grand daño o mal a la tierra. Otrosi, si alguno poblare por seruiçio del rrey, e non gelo fiziere saber fasta treynta dias del dia que lo poblo, para fazer del lo que el rrey mandare. E qualquier que tal fortaleza tomase, aunque el non la touiese poblada nin labrada, mas otro alguno de quien la el ouo, sea tenudo de venir al plazo del rrey e fazer della lo que el rrey mandare, asi como de otro castillo que touiese por omenaje. E qualquier que lo asi non fiziere sea por ello traydor. Otrosi, algunos omnes son dados a rrehenes al rrey por cosa que le sea guardada del cuerpo o del estado, o por que cobre alguna villa o castillo o señorio o vasallo en otro rreyno o señorio, si alguno matare a todos los arehenes o a alguno dellos, o los suelta o los faze fuyr. Otrosi, si el rrey tomare algund omne preso, del qual, seyendo suelto, le podria venir peligro del cuerpo o deseredamiento, e alguno le soltase de la presion e se fuese con el. Que qualquier que fiziese alguna cosa destas sobredichas contra qualquier señor que ouiere o con quien biuiere fara aleue conosçido. Pero si lo matare o firiere o prisiere, o le fiziere tuerto en su muger, o non le entergase su castillo quando lo pidiese, o traxiese villa o castillo o çibdad, maguer non lo touiese por el, en estas cosas faria trayçion e seria por ello traydor, e mereçe por ello muerte de traydor e perder los bienes. Comoquier que este yerro non es tan grande como la trayçion que fiziese contra el rrey o contra su señorio, o contra pro comunal del rreyno, nin su linaje non aya aquella manzilla que abria en lo que tañese al rrey o al rreyno.

TITULO QUINTO.
Como se deuen auer los omnes en guardar e basteçer e en defender e en dar los castillos e fortalezas del rrey e del rreyno.
Introduçion.

Non solo conuiene a los caualleros e fijosdalgo saber las leyes que pertenesçen a los actos de la guerra, mas aun aquellas que tañen a las cosas adherentes a ella, de las quales vna de las prinçipales es la guarda de los castillos e casas fuertes. Ca maguer el rreyno este en paz siempre los castillos e casas fuertes se deuen guardar con diligençia a manera de guerra.[1] E asi como es grand loor a los fijosdalgo defender bien los castillos e acorrerlos al tiempo del menester, ca muy loado fue Diego Perez de Vargas, que llamaron Machuca, por el acorro que fizo al castillo de Martos, asi es cosa muy fea quando por maldad o couardia o por nigligençia

---

[1] On the legal obligations of castellans and the intricacies involved in castle maintenance, see Hilda Grassotti, "Sobre la retenencia de castillos en la Castilla medieval," in *Estudios medievales españoles* (Madrid: Fundación Universitaria Española, 1981), 261-281; and N. J. G. Pounds, *The Medieval Castle in England and Wales: A Social and Political History* (Cambridge: Cambridge University Press, 1990), chapter 5, especially pp. 126-129. On defence and siege techniques, see Edward Cooper, *Castillos Señoriales en la Corona de Castilla*, 3 vols. (Salamanca: Junta de Castilla y León, 1991), I, 65-80; and Kelly DeVries, *Medieval Military Technology* (Ontario: Broadview Press, 1992), 171-280.

se pierde alguna cosa fuerte.² Ca a muy grand mengua fue contado a don Diego de Haro quando desamparo el castillo de Alarcos.³ E estos dos caualleros nombre por que
15 el vno, de menor guisa, faziendo lo que deuia, alcanço grand prez e loor, e el otro, de alta sangre, por querer mas a su vida que a su onrra, quedo muy difamado, non catando lo que dize Valerio, que mejor es onrra sin vida que vida sin onrra.⁴ Ca non es sufiçiente la exselençia del linaje para escusar la infamia de los feos fechos.⁵ E por ende, aunque a todo omne pertenezca saber como se deuen rreçebir, e rreçebidos,
20 defender, eso mesmo entergar a quien deuen los castillos, pero mas cumple esto a los fijosdalgo, e entre ellos aun mas a los que de mayor sangre son, porque mucho les conuiene guardar bien los omenajes. Por ende, oyr deuen todas las leys que puso el rrey

---

² The siege of Martos is described in the *Primera Crónica General*, chapter 1054, pp. 737b-739a. Vargas' deeds at Martos have been described as much by modern critics as by Cartagena as emblematic of the military obligation a vassal should have to his lord. See Hilda Grassotti, *Las instituciones feudo-vasalláticas en León y Castilla*, 2 vols. (Spoleto: Centro italiano di studi sull'alto medioevo, 1969), I, 380-382.

³ Cf. also Cartagena's reply to the Marqués de Santillana's *Qüestión*: "E si la batalla de Larcos falláredes perdida por algunos cavalleros partirse syn tienpo, que después lo enmendaron en la otra que de las Navas se llama" (*Qüestión*, 428). For a possible source, see Georges Cirot, "Une chronique latine inédite des rois de Castille jusqu'en 1236. MS G. 1 de la Real Academia de la Historia," *Bulletin Hispanique* 14 (1912): 30-46, 109-118, 244-174, 353-374; 15 (1913): 18-37, 170-187, 268-283, 411-427. See especially 14 (1912), §13, pp. 258-260. Another possible source is the *Crónica de Alfonso décimo*, chapter LII, p. 39b, where López de Haro's great-grandson is duly reminded of the infamous conduct of his treacherous ancestor. The battle of Alarcos has been studied in detail by José María Martínez Val, "La batalla de Alarcos," *Cuadernos de Estudios Manchegos* 12 (1962): 89-128. Martínez, not unlike Cartagena in his reply to the Marqués de Santillana, considers the battle from an eschatological point of view and sees it as an unfortunate but necessary precondition for the subsequent Christian victory at Las Navas de Tolosa. Most recently Alarcos has been described quite simply as "an unmitigated Christian military disaster," and a "catastrophic defeat." See, respectively, James F. Powers, *A Society Organized for War. The Iberian Municipal Militias in the Central Middle Ages, 1000-1284* (Berkeley: University of California Press, 1988), 50; and Peter Linehan, *History and Historians of Medieval Spain* (Oxford: Clarendon Press, 1993), 295.

⁴ Cf. Valerius Maximus, IX, xiii: "Verum quia excessus e vita et fortuitos, et viriles, quosdam etiam temerarios, oratione attigimus subjiciamus nunc æstimationi enerves et effoeminatos: ut ipsa comparatione pateat, quanto non solum fortior, sed etiam sapientor mortis interdum, quam vitæ sit cupiditas" (II, p. 888). See also *Lib. de Valerio*, ff. 223v-224r: "Pues que en el preçedente titulo auemos rreçitados algunas materias de muertes fechas acaso e fortuna, algunas virtuosas e otras temerarias o locas, justo es que en el presente titulo pongamos en la nuestra estimaçion los omnes friuoles e femeniles que desean mucho venir por tal que conparando los vnos con los otros paresca en que forma muchas vegadas la cobdiçia de morir es non solamente mas fuerte antes avn mucho mas discreta e sabia que la cobdiçia de mucho beuir."

⁵ On incurring *infamia*, see Justinian, *Digest*, III, ii, *de his qui notantur infamia*.

don Alfonso el deçimo en la *Segunda Partida*, en el titulo deçimo octauo.

Leys.
Titulo quinto.
Qual deue ser el pueblo en guardar e basteçer e en defender e en dar los castillos e las fortalezas del rrey e del rreyno.[6]

Guardar los castillos e las fortalezas e darlos a aquellos cuyos son e a aquellos que gelos dieren es cosa que deuen los omnes en dos guisas fazer. Onde, pues que en el titulo ante deste fablamos qual deue ser el pueblo en guardar al rrey en las cosas que son llamadas muebles o rrayzes que pertenesçen a el señaladamente para su mandamiento, queremos aqui mostrar como el rrey deue ser guardado en sus villas e en sus castillos e en las otras fortalezas que pertenesçen a el e a su rreyno. E mostraremos como deuen los del pueblo fazer esta guarda, e por que rrazones, e quales deuen ser los alcaydes que han de tener los castillos, e como los deuen rreçebir, e que es lo que deuen fazer para guarda e amparança dellos, e como se deuen dar e enplazar los castillos, e a quien. E sobre todo diremos de las fortalezas que dan los rreys en fieldad entre si, e de los otros castillos que cobran o ganan los naturales del rrey en su conquista, de como se deuen dar, segund fuero antiguo de España. E en cada ley deste titulo diremos la pena que deuen auer los que de otra guisa guardasen e diesen o rretouiesen para si, o enagenasen los castillos del rrey e las otras fortalezas que pertenesçen al rrey o al rreyno.

Como deue el pueblo
guardar al rrey en sus castillos e en sus fortalezas, e que pena mereçen los que erraren en esta guarda.[7]

Rayz, segund lengua de España, es llamada toda cosa que non es mueble, asi como deximos en las leys del titulo ante deste. Mas comoquier que en ellas mostramos de los heredamientos desta manera que son quitamente del rrey, queremos agora aqui dezir de los otros, que maguer son suyos por señorio, pertenesçen al rreyno de derecho. E estos son las villas e castillos e las otras fortalezas de su tierra. Ca bien asi como los heredamientos sobredichos le ayudan en darle abondo para su mantenimiento, otrosi, estas fortalezas sobredichas le dan esfuerço e poder para guarda e amparamiento de si mesmo e de todos sus pueblos. E por ende, el pueblo deue mucho guardar al rrey en ellos. E esta guarda es en dos maneras: la vna, que pertenesçe a todos comunalmente; e la otra, a omnes señalados. E la que pertenesçe a todos es que non le furten nin le tomen por engaño ninguna de sus fortalezas, nin consientan a otros que lo fagan. Ca los que lo fiziesen farian trayçion conosçida por que deuen morir e perder todo quanto ouieren. E esta pena posieron los antiguos ygual de la muerte del señor, porque tal

---

[6] Cf. *Segunda Partida*, XVIII (II, 433b).
[7] Cf. *Segunda Partida*, XVIII, i (II, 433b-434b).

podria ser el castillo que le fiziese perder que podria por y el rrey ser muerto o desonrrado o perdidoso de la tierra e de todo lo que ouiese. E esa mesma pena deuen auer los que lo consejasen o lo consintiesen. E esta manera de guarda tañe a todos comunalmente. Mas la otra, que es de omnes señalados, se parte en dos maneras: la vna, de aquellos a quien el rrey da algunos castillos por heredamiento; la otra, a quien los da por tenençia. Ca aquellos que los han por heredamiento deuenlos tener labrados e basteçidos de omnes e de armas e de todas las cosas que les fueren menester, de guisa que por culpa dellos non se pierdan nin venga dellos daño nin mal al rrey nin al rreyno. E non los deuen enagenar en ninguna manera en vida nin en muerte a omnes de fuera de su señorio, nin a otros de quien podiese venir guerra, nin daño al rreyno. Ante, segund fuero antiguo de España, si los quisieren vender o cambiar, deuenlo primeramente fazer saber al rrey, e queriendo el dar tanto por ellos en auer o en cambio como otro de la tierra diese a los de auer. Ca maguer que en la carta o en el priuillejo del donadio dixiese que gelo daua para fazer su voluntad dello como de lo suyo, non se entiende por eso que aquel cuyo es el heredamiento deua ende fazer cosa por que el rrey nin el rreyno finquen deseredados, nin que rreçiban mal nin daño de aquello que el dio para fazer bien. Ante se entiende que le deuen con ello guardar e fazer seruiçio. E por ende, el que perdiese el castillo o lo enajenase a sabiendas a quien fiziese guerra o daño al rrey o al rreyno faria trayçion conosçida por que deue perder el heredamiento que ouiere, todo, e ser echado de la tierra para siempre jamas, y el castillo tornar al señorio del rreyno como de primero. E la otra manera de guarda es de aquellos a quien da el rrey los castillos que los tengan por el. Ca estos son tenudos mas que todos los otros de guardarlos, teniendolos vasteçidos de armas e de todas las otras cosas que les fuere menester, de manera que por culpa dellos non se puedan perder. Ca si el pueblo es tenudo por naturaleza de guardar al rrey en ellos, asi como de suso deximos, e los otros a quien los dan por heredamiento por que non venga dellos daño nin mal a los rreyes de quien los ellos heredan, quanto mas estos atales a quien los da el rrey señaladamente, non por otra rrazon sinon que los guarden de manera que los puedan dar sin embargo alguno quando los pidiere. Onde, por qualquier de los que por su culpa perdiese el castillo que touiese desta manera faria trayçion conosçida, por que deue auer tal pena como si matase a su señor. E esta mesma pena deuen auer todos aquellos que fuesen ayudadores o consejadores dello.

Como deuen ser dados e rreçebidos los castillos.[8]

Lealtad es cosa que endereça los omnes en todos sus fechos por que fagan siempre lo mejor. E por ende, los españoles, que todauia vsaron della mas que otros omnes, ueyendo el grand peligro que podria acaesçer a su señor e a ellos mesmos si las fortalezas del rreyno se perdiesen, posieron quatro cosas por que fuesen mejor guardadas. La primera, como rreçibiesen los castillos, e por quien. La segunda, como

---

[8] Cf. *Segunda Partida*, XVIII, ii (II, 435b-436a).

los guardasen. La terçera, de como los defendiesen quando menester fuese. La quarta, como los diesen quando gelos demandasen, o lo ouiesen a dar por derecho. E en el rresçeuir, que es la primera, deuen guardar que los castillos que fueren del rrey que los
100 rresçiban ante el, seyendo y aquel que ha de dar el castillo e el otro que lo ha de rreçebir. E otrosi, deuen ser rreçebidos por su mandado, e señaladamente por su portero. E el portero ha de ser natural del rrey e conosçido por nombre, e por la tierra onde es natural, e que el mesmo gelo de por la mano, e faga enterga de aquel castillo que le manda dar a aquel que lo ha de rreçebir. E sobre todo esto le ha de poner plazo
105 a que lo rreçiba segund el rrey entendiere que sera guisado, asi que aquel que lo ha de rreçebir se pueda guisar para venir a tomarle, e el que le tiene non faga grand costa en esperandole. Ca de aquel plazo en adelante es tenudo a pagar las costas al otro que lo tenia si non quisiere venir a rreçebirlo. Pero ante le deue ser entergado el castillo que las pague. E estas cosas deuen ser pagadas por aluedrio del rrey o a asmamiento de
110 omnes buenos en quien se abengan ambas las partes. E aun quando el portero allegare al castillo por su mano, lo deue rreçebir aquel que lo ha de tomar entergandogelo ante testigos, e conosçiendo el que lo rreçibe ante ellos que es pagado de la enterga que el portero le ouo de fazer por mandado del rrey de aquel castillo. E esto fizieron los antiguos guardando onrra de su señor e lealtad de si mesmos, por que ninguno por carta
115 falsa que fiziese non le diesen el castillo, nin otrosi, maguer alguno dixese que era portero que non le entergasen por el, sinon por el otro conosçido que el rrey le ouiese dado por su mano, asi como sobredicho es.

Por que rrazones touieron por bien los antiguos que las entergas de los castillos fuesen fechas por mano de portero, e que pena deuen auer los que non fueren
120 **rreçebirlos al plazo que les fuere puesto.**[9]

Pusieron los sabios antiguos e touieron por bien que la enterga de los castillos fuese fecha por mano de portero e non por otro ofiçial, porque ellos estan siempre a la puerta del rrey e conosçen mas los omnes que entran e salen e los otros del rreyno a quien van muchas vezes con cartas e con mandados. E son ellos otrosi mas
125 conosçidos de las gentes, e porque ellos son tenudos de yrlos fazer entergar e emendar los tuertos que rreçiben. E por eso, touieron que las entergas de los castillos fuesen fechas otrosi por ellos. E por que los rreçebidores non fuesen perezosos en rreçebir los castillos despues que los porteros les ouiesen dado para ello, asi como suso dicho es, touieron por derecho que si al plazo que les posiesen non los fuesen a rreçebir, non
130 mostrando escusa derecha por que non lo podieron fazer, si el castillo perdiese despues del plazo, aquel que lo tenia, por non tenerlo basteçido de omnes e de armas e de vianda, estando a fuzia, que el otro que lo auia de rreçebir al dia que con el pusiera que la culpa fuese del otro que lo auia de rreçebir, e lo pudiera fazer, e non quiso nin se

---

[9] Cf. *Segunda Partida*, XVIII, iii (II, 436ab).

escusar, por ende, deue auer tal pena como quien [faze]¹⁰ perder castillo de su señor.
Mas si el se embiase a escusar, mostrando rrazones derrechas por que non podiera venir a rreçebir el castillo al plazo que le auia puesto, e el otro que lo tenia lo desamparase, e non lo touiese basteçido de guisa que lo ouiese de perder, entonçe seria el culpado. E ha de auer tal pena por ello como quien pierde castillo de su señor, e deue auer mayor pena que el otro, por dos rrazones: la primera, porque teniendo el castillo lo perdio; la otra, porque auentura su lealtad en fuzia de otro que non era su señor. Comoquier que amos estos yerros sobredichos eran de trayçion, con todo esto non son las penas yguales, porque en mayor culpa es aquel que lo perdio teniendolo que el otro que non lo tenia e lo fizo perder. E por eso, los que han a dar los castillos non los deuen desamparar nin menguar cosa alguna del bastimento dellos, maguer non los vengan a reçebir al plazo que les fue puesto, nin se enbien escusar aquellos que los auian de tomar, fueras ende si fuesen castillos aplazados, asi como dize adelante en las leyes que fablan dellos.

Quantas maneras son de castillos que se pueden rreçebir sin portero, e por que rrazones.¹¹

Castillos e fortalezas y ha que se pueden rreçebir sin portero, segund el fuero antiguo de España, e estas son en quatro maneras. La primera, quando el rrey fuese en conquista o en hueste, e le diesen algund castillo tan a so ora que non podiesen auer portero señalado que diese luego para lo rreçebir. Ca entonçe qualquier a quien el rrey lo mandase rreçebir lo puede fazer sin portero por rrazon del tiempo apresurado, pero atal castillo como este asi lo deue guardar el que lo touiere como si le ouiese portero entergado del. E si lo perdiese por su culpa, esa mesma pena deue auer. Mas despues que por si lo aya rreçebido, deue luego que al rrey veniere dezirle que mande tomar, e si el rrey quisiere que lo tenga dende adelante, deuele dar su portero que lo entergue del. La segunda manera es quando alguno dixese al rrey que el tomaria el castillo muy mal labrado, o otro logar tan flaco que non se atreuiese a guardarlo, temiendose de caer en peligro de trayçion si se perdiese. Ca tal como este non deue ser entergado por mano de portero, pues el mesmo conosçe el peligro en que podria caer si lo tomase. Ca en muchas cosas deuen los rreys guardar que non den carrera a sus vasallos por que cayan en yerro. Onde, qualquier que mostrase al rrey verdaderamente el peligro en que podria caer por la flaqueza del tal castillo, asi como sobredicho es, si el gelo mandase despues tomar por portero, e contra su voluntad e por fuerça, maguer lo perdiese, non caeria por ende en pena de trayçion, porque dixo la verdad e non gela quisieron creer, e gelo fizieron tomar como por manera de premia. Mas si el pusiese ante si tal rrazon como esta mentirosamente, seyendo el logar atal que se pudiese amparar, entonçe si le perdiese caeria en pena de trayçion. La terçera manera es de los castillos que el rrey

---

¹⁰ faze] fazer – *Inc. 1487*.
¹¹ Cf. *Segunda Partida*, XVIII, iv (II, 437ab).

tomase en peños o por entregas de malfetrias que algunos ouiesen fecho e que fuesen tenidos de emendar. E comoquier que estos atales se pueden rreçebir sin portero si el rrey quisiere porque non son suyos, con todo eso, los que los touieren asi son tenidos de los guardar, como si porteros gelos ouiesen entergado. E tales castillos como estos
175 han de ser muy guardados, porque muy ayna podria ser que aquellos de quien el rrey los ouiese auidos se trauajarian de los cobrar. Onde, quien los perdiese por su culpa podiendolos guardar, caeria en pena de trayçion. La quarta manera de castillos es que se han de rreçebir por mandado del rrey, e es de aquellos que el rrey a alguno por heredad en que lo han de acoger e de apoderar en tiempos señalados por
180 rreconosçimiento de señorio, segund el fuero antiguo de España. E tales como estos puede el rrey mandar rreçebir sin portero si quisiere, o por el. E atal apoderamiento como este llaman en algunas tierras potestad, e ha de ser fecho desta guisa: que aquel que touiere el castillo deue sacar del toda su compaña e rreçebir en la fortaleza los omnes del rrey e poner la su seña en la mas alta torre que y ouiere. E el pregonero del
185 rrey ha de pregonar manifestamente como aquel logar es rreal. E deuen y estar los omnes del rrey tantos dias quantos fueren puestos en el paramiento que fue fecho quando el castillo fue dado, despendiendo de lo que fallaren en el, non a mal fazer, mas para gouerrnarse. E si non fallaren y lo que les fuere menester, hanles los señores del castillo a pagar la expensa que y fizieren. Onde, qualquier que desta guisa non quisiese
190 dar poder al rrey en el castillo que desta manera ouiese rreçebido faria trayçion porque desereda a su señor que eredo a el, alçandosele en lo que pertenesçe a su señorio. E por ende, si el rrey lo pudiere prender, deuenlo matar por derecho si quisiere; si non, deue ser desterrado de aquel logar para siempre, fueras ende si el rrey le quisiere fazer tan grand merçed que gelo quisiere torrnar, e esto mas por merçed que por derecho. Pero
195 ante le deue el otro dar todas las costas e las misiones que ouiese fechas sobre esta rrazon. E non touieron por derecho los antiguos que por la rrebeldia que desta guisa fiziesen, maguer el rrey quisiese despues fazer merçed, que en todo fuese quito que non ouiese alguna pena. Pero ante que el rrey le tomase el castillo nin parase contra el en alguna de las maneras sobredichas, deuele afrontar en tres maneras. La primera, hale
200 de embiar su mandado o su carta con consejo de su corte que le venga fazer emienda. La segunda, si viniere el mesmo, deuegelo demandar por su corte. La terçera, si por todo esto non quisiere venir deuelo fazer emplazar nueue dias, e tres dias, e vn dia. E si a todos estos plazos non viniere, nin otro por el, dende en adelante deuele dar la pena sobredicha. Mas si por ventura viniese ante que el plazo del rriepto pasase e
205 pidiese merçed al rrey que diese plazo en que se pudiese aconsejar para fazerle emienda, deuegelo dar de treynta dias, tomando del primeramente buenos fiadores, o omenaje, o otro rrecado, el mayor que pudiere, que non basteçera el castillo nin fara otra cosa que se pare el castillo peor. Pero si el rrey entendiese que el plazo demandaua engañosamente, o que despues que gelo ouiese otorgado fiziese alguna cosa contra lo
210 que ouiese prometido, dende en adelante non ha el rrey por que atenderle mas nin dexar de fazer contra el, asi como dicho es.

Por quales rrazones pueden dar los que han de rreçebir los castillos otros que

lo rreçiban por ellos.[12]

Usaron quatro cosas los antiguos de España que touieron por rrazon que por qualquier dellas pueden los que han de rreçebir castillos dar otros que los rreçiban por ellos. La primera, es quando el rrey quisiese dar castillo a alguno que non ouiese hedad conplida e fuese de buen logar por meresçimiento de su padre o de su linaje, o por merçed que quisiese a el mesmo fazer. La segunda, es quando aquel que lo ouiere de rreçebir fuese enfermo, de manera que non podiese yr a tomarlo. La terçera, quando fuese enemistad, o de guisa que non podiese yr a lo rreçebir sin peligro de muerte. La quarta, quando fuese acusado o rreptado sobre tal cosa que el por si mesmo se ouiese de defender en juyzio. Ca por qualquier destas rrazones el que ouiere de rreçebir castillo puede embiar otro que lo rreçiba por el. Pero este que lo ouiere de rreçebir deue catar que embie tal omne en su logar que sepa e pueda fazer en guarda del castillo todas aquellas cosas que el era tenido de guardar e de fazer. Ca si tal omne non embiase, e el castillo se perdiese, caeria el por ende en pena de trayçion.

Quales deuen ser los alcaydes de los castillos, e que es lo que deuen fazer por sus cuerpos en la guarda dellos.[13]

Tener castillo de señor, segund fuero antiguo de España, es cosa en que yaze muy grand peligro. Ca pues que ha de caer el que lo tobiere si le pierde por su culpa, en trayçion, que es puesta como igual de la muerte del señor, mucho deben todos los que los touieren ser aperçeuidos, de manera que non cayan en ella. Por ende, pues que en la ley ante desta auemos dicho de como los deuen rreçebir, e por quien, queremos de oy mas dezir de como los deuen guardar, e en que manera. E para esta guarda ser fecha complidamente, deuen y ser catadas çinco cosas. La primera, que sean los alcaydes tales omnes como conuiene para guarda del castillo. La segunda, que fagan ellos mesmos lo que deuen en guarda dellos. La terçera, que tengan ay complimiento de omnes. La quarta, de vianda. La quinta, de armas. E de cada vna destas queremos mostrar como se deue fazer. Por ende, dezimos que todo alcayde que tomare castillo de señor deue ser de buen linaje, de padre e de madre. Ca si lo fuere, siempre abra vergüença de fazer del castillo cosa que le este mal nin por que sea denostado el nin los que del desçendieren. Otrosi, deue ser leal por que todavia sepa guardar que el rrey nin el rreyno non sean desheredados del castillo que touiere. E aun ha menester de ser esforçado por que non dubde de se parar a los peligros que al castillo venieren. E sabidor conuiene que sea por que sepa fazer e guisar las cosas que conuinieren a guarda e a defendimiento del castillo. Otrosi, non deue ser mucho escaso por que ayan sabor los omnes de fincar de mejor mente con el. Ca asi como faria mal de ser desgastador de las cosas que fuesen menester para guarda del castillo, otrosi, lo seria de non saber partir con los omnes lo que touiese quando menester le fuese. E non deue ser muy

---

[12] Cf. *Segunda Partida*, XVIII, v (II, 438b).
[13] Cf. *Segunda Partida*, XVIII, vi (II, 439a).

pobre por que non aya cobdiçia de querer enrriqueçer de aquello que le dieren para la tenençia del castillo. E demas de todo esto deue ser muy acuçioso e diligente en guardar el castillo que touiere, e non se partir del en tiempo de peligro. E si acaesçiese que gelo çercasen, o lo combatiesen, deuelo amparar fasta la muerte. E por ver tormentar o ferir o matar la muger o los fijos e otros omnes qualesquier que mucho amase, nin por ser preso o tormentado, o ferido de muerte o amenazado de muerte, nin por otra rrazon que ser podiese, de mal o de bien que le fiziesen o le prometiesen de fazer, non deue dar el castillo nin mandar que lo den. Ca si lo fiziese caeria por ende en pena de tal trayçion como quien trae castillo de su señor.

Qual deue ser el alcayde que finca en el castillo por mano del mayor quando ba fuera a alguna parte, e que es lo que deue fazer el e los otros que fincan.[14]

Escusar non puede el alcayde que non vaya algunas vezes del castillo que tiene a otra parte por cosas que acaesçen. Pero esto non deue fazer en tiempo que entendiese que el castillo se podria perder por la su yda. Mas qua[n]do desta guisa que dicha es ouiese de yr, deue segund fuero de España dexar a otro en su logar por alcayde que sea fidalgo derechamente de padre e de madre e que non aya fecho trayçion nin aleue nin venga de linaje de omnes que lo ayan fecho, e sea omne con quien aya deudo de parentesco, o de grand amor, de manera que aya rrazon de fiar el castillo en el asi como en si mesmo. E atal omne como este deue dexar en su logar, e darle las llaues del castillo, e fazer que le fagan omenaje quantos y fueren, asi como a el mesmo le auian fecho para guardar el castillo bien e lealmente en todas cosas fasta que el venga. E deue otrosi mandar a aquel que dexa en su logar que si acaesçiese que el moriese por qualquier manera o fuese preso, que entergase el castillo al señor cada quando que le demandase, asi como el era tenudo de fazer. Otrosi, que cumpla todas las otras cosas en tenençia e en guarda del castillo, asi como el las deue complir. E de todas estas cosas deue tomar omenaje del que las faga e las guarde, so pena de trayçion. E si por auentura acaesçiese que tal alcayde como este viese prender o ferir o matar al otro que lo dexo en su logar, con todo eso non deue dar el castillo a los enemigos, maguer que lo el mandase, nin aun a el mesmo mientra fuese en poder de ellos, ca si lo fiziese faria trayçion, como quien da castillo de su señor, e deue auer esa mesma pena. E comoquier que en todo tiempo deue dar el castillo al alcayde que lo dexo en su logar quando gelo pidiere, pero con todo eso non lo deue fazer en sazon que se pudiese perder. Ca asi como el otro que lo dexo en su logar era tenudo de dar el castillo a su señor, en esa mesma lo es el. E la lealtad de España por tan estraña cosa touieron deseredamiento de señor que non tan solamente defendieron al alcayde que touiese el castillo que lo non diese por mandado de otro que estouiese de fuera, mas aunque ambos fuesen auenidos para darlo, que los otros que fuesen en el castillo non gelo dexasen fazer en ninguna manera. Ca comoquier que los que estouiesen en el castillo sean tenudos de

---

[14] Cf. *Segunda Partida*, XVIII, vii (II, 439b-440a).

obedesçer al alcayde en todas cosas, en tal rrazon como esta non lo deuen fazer, pues que por ella caerian en pena de trayçion.

En que manera deuen fazer alcayde quando el que tiene el castillo muere sin lengua.[15]

Estando el alcayde en el castillo, si acaesçiese que moriese sin lengua de guisa que non podiesen dexar otro de su mano, deue fincar en su logar el mas propinco pariente que en el castillo ouiere si fuere de hedad. E si tal omne y non fallaren deuen fazer alcayde al mayor omne que en el castillo fuere para tenerlo. Pero todavia deuen mucho catar que sea leal e amigo del señor del castillo. E tal alcayde como este es tenudo de guardar e fazer e complir todas las cosas en guarda del castillo, asi como dichas son de suso. E si errase en alguna dellas caeria en la pena suso dicha. E aun mas pusieron en el fuero antiguo de España, que si alguno ouiese seydo alcayde, e despues que non touiese el castillo fiziese el mesmo fecho por que se perdiese el señor cuyo fuese, o consintiese a otro que lo fiziese, pues que el sabe las entradas e las salidas e las otras cosas por que el castillo se podiese perder, touieron por derecho que cayese en pena de trayçion, tan bien como si fuese alcayde.

Que el alcayde deue meter en el castillo tantos omnes e tales con quien pueda bien guardarlo.[16]

Meter deue el alcayde en el castillo caualleros e escuderos e ballesteros e otros omnes de armas quantos entendiere que le conuiene, segund la postura que ouiere con el rrey de quien lo touiere. E deue mucho catar que aquellos que y metiere, si fueren fijosdalgo, que non aya ninguno dellos fecho trayçion nin aleue, nin venga de linaje de traydores. E estos atales deuen apoderar sobre los otros omnes que estouieren en el castillo por que lo guarden, de manera que el pueda complir su derecho del. E los vallesteros, que son omnes que cumple[n] mucho a guarda e defendimiento del castillo, deue catar el alcayde que sean tales que sepan adobar las vallestas e las saetas e todas las otras cosas que conuiene a uallesteria. E los omnes de armas que y fueren deue catar que sean omnes conosçidos e rrezios e atreuidos para ayudar bien a defender el castillo quando menester fuese. E si sopiere que entre ellos ay alguno que ouiese fecho trayçion, non lo deue y tener, o si viniese de omnes que la ouies[en] fecho. Otrosi, las velas e las sobrevelas, que llaman montarazas, e las rrondas que andan fuera al pie del castillo, e las atalayas que ponen de dia e las escuchas de noche, todos estos ha menester que guarde el alcayde que sean leales, faziendoles bien e non les menguando aquello que les deue dar. E halos de cambiar a menudo, de manera que non esten todauia en vn logar. E el que fallare que non faze bien aquello que deue en el logar do lo pusiere deue fazer justiçia del, asi como de omne que le quiere fazer trayçion. Pero

---

[15] Cf. *Segunda Partida*, XVIII, viii (II, 440b).
[16] Cf. *Segunda Partida*, XVIII, ix (II, 441ab).

los antiguos vsaron a despeñar a los que fallauan dormiendo en la sazon que deuian velar, despues que dos vegadas los auian despertado, castigando los que non lo fiziesen. E el alcayde que tales omnes non catase para guardar el castillo, si por aquello se perdiese caeria por ende en pena de trayçion, porque seria la culpa suya en non fazer lo que auia de complir en guarda de aquel logar.

En que manera deuen ser basteçidos los castillos de vianda e de las otras cosas que son menester[17] ,

Uianda es cosa sin que los omnes non pueden biuir. E por ende, ha menester que la ayan siempre. E si en los otros logares non la pueden escusar, mucho menos lo pueden fazer en los castillos en que han a estar como ençerrados, guardandolos asi que non deuen salir a ninguna parte sin mandamiento de su alcayde. E aun sin esto podria acaesçer que maguer que les mandasen salir, que lo non podrian fazer, seyendo çercados o muy guerreados de los enemigos. E por ende, ha menester que en todo tiempo tenga el castillo basteçido de vianda, e mayormente de agua, que es cosa que pueden menos escusar que las otras. E si la ouieren, que la sepan guardar e despenderla mesuradamente por que non les fallezca. E deuen buscar e fazer todas las cosas que pudieren por que la ayan. Ca asi como el castillo non se puede defender sin omnes, otrosi, ellos non podrian bien guardarlo si non ouiesen con que se gouernar. E por ende, la primera cosa de que se deuen basteçer es agua. Ca non tan solamente la han menester para beuer, mas para otras cosas muchas que non pueden los omnes escusar, pues que por mengua desta podrian mas ayna venir a muerte que por otra cosa. Por ende, la deuen mucho guardar que les non fallezca. Ca maguer el agua es muy baldonada e rrefez entre los omnes, non es ninguna cosa mas cara que ella quando la non pueden auer, e por ende, deue ser muy guardada. Otrosi, se deuen basteçer de pan de aquello que entendieren que mas se puede tener, segund el ayre de aquella tierra. E eso mesmo deuen fazer de carrnes e de pescados. E non deuen oluidar la sal nin el olio nin las legumbres, nin las otras cosas que cumplen mucho para bastimento del castillo. Otrosi, deuen ser aperçebidos de auer molinos, e muelas de braço, e carbon, e leña, e todas las otras cosas a que llaman preseas, sin las quales non se pueden bien ayudar de la vianda, maguer la ayan. E el vestir e el calçar de los omnes, que es cosa que non pueden escusar porque los ayuda a biuir e a ser apuestos. E para bien ser ante deue ser el castillo basteçido de todas estas cosas que dichas auemos ante que la priesa venga. E por ende, todo lo que dieren al alcayde para el castillo deuelo meter en el tan bien en esto que dicho auemos como en las otras cosas que fueren y menester. E si desta guisa non lo fiziese, e el castillo se perdiese por mengua de algunas destas cosas, caeria por ende en tal pena de trayçion como quien toma auer para guardar castillo de su señor e non lo a en el, por que se ouo de perder.

---

[17] Cf. *Segunda Partida*, XVIII, x (II, 441b-442a).

Como deuen ser basteçidos los castillos de armas.[18]

Armas muchas ha menester que aya siempre en los castillos para ser guardados e mantenidos quando lo ouieren menester. Ca maguer sean basteçidos de omnes e de uiandas, si non ouieren bastimento de armas non seria todo nada porque con ellas los han los omnes a defender. E sin todas las que el señor dexase y en su almazen deue siempre el alcayde tener y las suyas por mostrar que ha sabor de guardar su lealtad. E deue y tener todas aquellas cosas que son menester para adobarlas e endereçarlas, de guisa que se ayuden dellas quando menester fuere. Ca el arma de que el omne non se puede ayudar mas faze embargo que pro. E sobre todo esto deue guardar que las que y touiere que non las furten nin las menguen por ninguna manera, por que las ayan quando las ouieren menester. Ante deue fazer grand escarmiento de los que lo fiziesen. Ca si grand pena deue auer el que furta a otro cosa porque le faze menguar en lo suyo, quanto mas los que van furtar aquello porque fizo a otro menguar en su lealtad e caer en pena de trayçion. E por ende, todas las armas del castillo, tan bien las del señor como las que touiese y el alcayde, deuen ser muy guardas, non tan solamente en non las dexar furtar nin enajenar, asi como de suso deximos, mas aun en las dexar dañar nin perder, fueras ende aquellas que se perdiesen en defendimiento o amparando el castillo. Pero esto non deue ser fecho como en manera de baldonamiento, despreçiandolas e non faziendo en ellas aquello que les torrnase pro e guarda dellos e del logar. Onde, el alcayde que desta guisa non touiese el castillo basteçido de armas o mal metiese las que ouiese en el, por que el castillo se ouiese a perder, caeria por ende en pena de trayçion. E maguer el castillo non se perdiese, deue pechar dobladas las armas que por su culpa se perdiesen.

Como se deuen los castillos con esfuerço e con ardimento guardar.[19]

Sabidores fueron mucho los antiguos de España para guardar su lealtad. E acatando todas las cosas por que los castillos fuesen mejor guardados en manera que los señores non los perdiesen, e catando todo aquello que por esto se fiziese mejor, pusieron que aquellos que estouiesen en los castillos fiziesen dos cosas: la vna, defenderlos con ardimento e con esfuerço; la otra, con sabiduria e con cordura. E la que ha de ser con ardideza e con esfuerço es que deuen defender el castillo muy ardidamente, feriendo e matando los enemigos, lo mas rreçio que podieren, de manera que los non dexen llegar a el. Ca en esto non deuen parar mientes a padre nin a fijo nin a señor que ante ouiesen auido, nin a otro omne del mundo que del otro cabo fuese, que viesen que el castillo les quisiesen fazer perder. Porque mucho seria cosa sin rrazon e contra derecho de guardar omne a aquel que le quisiese fazer traydor al rrey. E otrosi, han de auer grand esfuerço en sofrir todo miedo e todo trauajo que les y venga, tan bien en velar como en sofrir sed e fambre e frio, e todo otro trabajo que y prisieren. Ca pues que el

---

[18] Cf. *Segunda Partida*, XVIII, xi (II, 442b).
[19] Cf. *Segunda Partida*, XVIII, xii (II, 443a).

castillo non deuen dar sinon a su señor, menester es que tomen esfuerço en si por que lo puedan fazer e non cayan por su culpa en pena de trayçion. E por ende, muerte nin trabajo que es pasadero non deuen tanto temer como la mala fama, que es cosa que fincaria para siempre a ellos e a su linaje si non fiziesen lo que deuiesen en guarda del castillo. E por eso, touieron por bien los antiguos que quando viesen armar engenio o fazer cauas o otra manera de combatir contra los castillos, que deuen mostrar los alcaydes a los que fueren y con ellos como non desmayen. Ca maguer natural cosa es de auer los omnes miedo de la muerte, pero pues que saben que por ello deuen pasar, ante deuen morir faziendo lealtad derecha e dar a los omnes rrazon verdadera de los loar despues de su fin, mucho mas que quando eran biuos, e dexar otrosi a su linaje buen prez e buena fama e carrera abierta por que los señores con quien biuiesen ayan deudo de les fazer bien e onrra, e de se fiar siempre en ellos que non mostrar luego cobdiçia por que sean tenidos por malos, e de si rreçebir por ende muy crudas penas como traydores. O si estorçiesen, venir a denuesto e a desonrra de si, e dexar su linaje mal infamado para siempre. E por eso, los antiguos ponian siempre en los castillos omnes señalados que predicasen e sopiesen mostrar estas cosas a los que y estouiesen en manera que cogiesen esfuerço para fazer bien e sopiesen guardar de caer en pena de trayçion. E esto deuen fazer en la mañana quando los omnes estan ayuntados, ante que se desparzan en ayunas, nin coman nin beuan. E deuenles predicar que non sean tahures nin ladrones nin peleadores nin mezcladores vnos de otros por que vengan a baraja nin a contienda nin con el alcayde, sinon sopieren çiertamente que querria fazer trayçion, o otro mal por que venga daño al castillo, pero en tal manera que gelo pueda prouar o dar señales por que gelo deuan creer. E los alcaydes son tenudos de predicar esto mas que los otros omnes.

Que en defender e guardar los castillos ha menester cordura e sabiduria.[20]

Sabiduria grande e seso ha menester en defender los castillos. Ca maguer el esfuerço e el ardimento son muy nobles cosas, pero en las mas cosas ha menester que sean ayudados por seso e por cordura por que aquello que los omnes cobdiçian de ser vençedores non les torrne a ser vençidos. E maguer en todos los fechos de guerra es mucho menester esto, señaladamente conuiene a los que los han a defender los castillos de los enemigos, porque mas vegadas gelos toman por sabiduria o por arte que por fuerça sin todo esto porque tal esfuerço o tal ardideza podrian mostrar los de dentro en saliendo a los de fuera que si non lo fiziesen con sabiduria o con seso, por que el castillo fincase en saluo que se podria por y perder. E por eso, fue puesto en España que despues que los castillos fuesen çercados que ninguno non abriese las puertas para fazer espolonada sin mandado del alcayde, ca el que lo fiziese e el castillo se perdiese, por ello fincaria por traydor e deue morir por ende la mas cruel muerte que le podiesen dar, e perder la meytad de lo que ouiere. E maguer el castillo non se perdiese, deue

---

[20] Cf. *Segunda Partida*, XVIII, xiii (II, 443b-444a).

morir por ello, porque salio de mando de su alcayde en tiempo peligroso. Mas el alcayde touieron por bien que non se partiese nin lo prouase en ninguna manera. Ca si lo fiziese, maguer fuese muerto o preso, non podria ser quito de la trayçion si entonçe el castillo se perdiese, porque pues es dado para guardarlo non se deue partir del sin mandado del rrey o de otro señor de quien lo touiere. E el mandamiento que sea çierto de manera que se pueda veriguar por testigos que sean creederos. Otrosi, deue auer sabiduria para tener armas e piedras e las otras cosas que le fueren menester con que defiendan el castillo, de guisa que non ayan a derribar de los muros nin de las torres ninguna cosa en defendiendose. Ca si lo fiziesen e el castillo se perdiese por aquello que del derribasen, non se podria escusar de la pena sobredicha. Otrosi, deue guardar las armas que las non despiendan sinon quando fuere menester, como sobredicho es.

Como el alcayde del castillo deue vsar de sabiduria.[21]

Engenioso e sabidor seyendo el alcayde es cosa que se le torrna en grand pro para guarda del castillo. Ca muy grand derecho es que el omne do tiene la lealtad que meta y su seso para guardarla. Por ende, si el sopiere fazer engenios e otras cosas con que pueda defender el castillo que touiere, deue vsar de su sabiduria, non tan solamente en tiempo de guerra, mas estando aun en paz, por que se pueda acorrer della quando fuere menester. E non se ha de tener en caro nin tomar vergüença en fazerlo. Ca mucho le seria mayor si el castillo se perdiese que ninguna obra nin lauor que por sus manos pudiese fazer e le escusase de caer en pena de trayçion. E aun dezimos mas, que si el non fuese sabidor destas cosas que deue ser enbiso de auer omne consigo que lo sepa para poder contrastar los engenios de los enemigos o para ayudarse de los que el fiziese fazer de dentro si menester le fuese. E deue otrosi el alcayde ser sosegado e sesudo e sabidor el e los que touiere en el castillo, para saber encubrir la mengua que ouieren e el daño que rreçibiesen de los de fuera en manera que ellos ganen esfuerços e los enemigos non fallen rrazon para atreuerse a ellos nin sepan su malandança. E los que desta guisa lo fazen guardan y aquella lealtança que son tenidos de guardar, e demas, fazen cosa por que deuen auer de los señores onrra e bien señalado.

Como los castillos deuen ser acorridos labrandolos.[22]

Entendimiento e seso son dos cosas que fazen a los omnes mucho guardar lealtad. Ca el entendimiento les da sabiduria para fazerlo e el seso para guardarla. E por ende, los antiguos de España que ouieron en si estas dos cosas cataron aquello por que su señor fuese guardado de deseredamiento e ellos de mal estança e el rreyno de daño. E aun todo esto non les semejo que abondaua para guardar complidamente los castillos en basteçiendolos de omnes e de armas e de las otras cosas que deximos en las leys ante desta, mas aun touieron que deuen ser acorridos en tiempo de guerra quando los

---

[21] Cf. *Segunda Partida*, XVIII, xiv (II, 444ab).
[22] Cf. *Segunda Partida*, XVIII, xv (II, 444b).

ouiesen de çercar e conbatir. E este acorro deue ser fecho en dos maneras: la vna de lauor, e la otra de omnes e de las otras cosas que en los castillos menester fueren. E la primera, que es de lauor, deue ser fecha en esta guisa. Que si en el castillo ouiese de ante derribado alguna cosa o cayese de nueuo, que deuen los que y fueren acorrerlos lo mas ayna que podieren, labrandolo por que el castillo non se pierda por y. E comoquier que estas lauores deuiesen ser fechas en tiempo de paz, mas conuiene que se fagan en tiempo de guer[r]a. Pero si el señor non las fiziese, por mengua de seso o por otros grandes embargos que ouiese, con todo eso, aquellos que los castillos touieren deuen luego acorrer a labrarlos en aquellos logares que entendieren que es menester. E desto non se deue ninguno escusar por linaje nin por bondad que aya en si que non ayude a ello en todas las maneras que podiere. Ca lealtad es la mas cara cosa que linaje nin otra bondad que omne pueda auer. Onde, quien esto non quisiese fazer asi, si el castillo se perdiese por y, caeria en pena de trayçion, de que non se podria saluar por ninguna manera.

En que manera deuen los alcaydes socorrer en tiempo de guerra a los castillos que touieren del rrey.[23]

Acorrer deuen los alcaydes a los castillos que touieren del rrey si se non açertasen y e fuesen a otra parte en tiempo de guer[r]a o de peligro. Ca todas las otras cosas deuen posponer e dexar por acorrer. E por eso, luego que lo sopieren, deuen venir con omnes e con armas e con conducho e con todas las otras cosas que entendieren que les seran y menester por que los que estouieren en los castillos non los ayan a desamparar e perder por fambre o por otra mengua. Pero si alguno dellos entendiese que por rrazon de traer el conducho tardaria tanto que el castillo seria en peligro de se perder, estonçe todas las cosas deue posponer e venirle ayudar e a acorrer quanto mas ayna podiere. E los castillos que touiere, si fuere mas de vno, deue primeramente acorrer a aquel que entendiere que lo mas menester ha. Mas si por ventura todos estouiesen en ygual peligro deuen primeramente acorrer a aquel que entendiere de que mayor daño podria venir si se perdiese. E si touieren tanta compaña con que a saluo del castillo se atreua a lidiar con los que le touieren çercado, deuelo fazer, e si non, deue pugnar en todas las maneras que podiere por entrar en el castillo de noche o de dia para guardar su lealtad e dar el castillo a su señor. E si en acorriendolo en qualquier destas maneras fuese muerto o preso, maguer el castillo se perdiese, non caeria en pena de trayçion, pues que el fiziera su derecho en acorrerle e dexando y al alcayde e todas las otras cosas sobredichas. Pero si non le acorriese desta manera, e si el castillo se perdiese por mengua del non faziendo esto que deximos, caeria por ende en pena de trayçion, como quien pierde castillo de su señor por su culpa.

Como los del pueblo deuen acorrer los castillos quando los enemigos los

---

[23] Cf. *Segunda Partida*, XVIII, xvi (II, 445a).

çercasen o los combatiesen.[24]

510 Acorridos deuen ser los castillos, non tan solamente de los alcaydes que los touieren, mas aun de los otros del rreyno que lo sopiesen e estouiesen en logar que lo podiesen fazer. E esto deue ser fecho por las tres rrazones que deximos en el comienço de la terçera ley ante desta. E quando asi non lo fiziesen farian tan grand yerro como quien puede guardar a su señor de deseredamiento e non quieren. E aun mas
515 encareçieron los antiguos deseredamiento de señor. Ca mandaron que si sus enemigos ouiesen algund logar fuerte que non fuese castillo para poblarlo o guerrear del, que deuen luego acorrer e estorruargelo quanto podieren por que lo non cumplan. E comoquier que los que non lo fiziesen non caerian en pena de trayçion como por el castillo, con todo eso, seria el yerro tan grande porque non se podrian escusar de yazer
520 en grand culpa. Ca tan fuerte podria ser aquel logar que poblarian los enemigos que se podria por y perder toda la tierra, o grand partida della, e fincar el rrey deseredado. E tan grande podria ser el poder que y entraria por que el rrey podria venir a peligro de muerte o de prision o de otra grand desonrra. Ca despues que las cosas son aparejadas para fazer daño non les pueden los omnes poner medida fasta quanto pueden llegar. E
525 por ende, los que tal cosa pudiesen escusar e non quisiesen deuen auer muy grand pena. Pero los antiguos non les pusieron penas çiertas, mas touieron por bien que el rrey gelas podiese poner con aluedrio de su corte.

En que manera deuen ser dados castillos a los señores cuyos fueron por guardar los omnes su lealtad.[25]

530 Dicho auemos en las leys ante desta las tres maneras de como se deuen los castillos rreçebir e guardar e defender, segund lo pusieron antiguamente en España. E agora queremos mostrar de como estableçieron que fuesen dados a sus señores. E esto se departe otrosi en dos maneras: la primera, quando los señores los pidiesen; la segunda, quando ellos ouiesen a darlos por si, maguer non gelos pidiesen. Onde, de lo
535 primero dezimos que quando el rrey quisiese demandar su castillo al que lo touiese, que le deue embiar su mandadero o su carta que gelo venga a dar. E el deue, luego que el mandadero oyere, venir e complirlo sin ninguna tardança. E el que asi non lo fiziese non se podria escusar de pena de trayçion sinon por dos rrazones: la primera, por ser el castillo en peligro de se perder; la segunda, si fuese el mesmo enfermo o mal ferido,
540 de guisa que non podiese venir al rrey. Ca tanto encareçieron los de España fecho de castillo que touieron que por ninguna de las otras cosas por que se podrian escusar los omnes de non venir que non se escusauan por ellas aquellos que los castillos touiesen, mas que se deuian auenturar a todo peligro por dar los castillos a sus señores. Ca touieron que era mucho mejor prender muerte en veniendo a los dar que caer en pena
545 de trayçion non lo queriendo fazer. Pero si acaesçiese que el rrey, por oluidança,

---

[24] Cf. *Segunda Partida*, XVIII, xvii (II, 445b).
[25] Cf. *Segunda Partida*, XVIII, xviii (II, 446ab).

embiase mandar por qualquier manera que diese el castillo alla ante queveniese ante el, touieron por bien que esto non fuese fecho en ninguna manera por guardar el peligro que podria acaesçer por falsedad de mandadero o de carta. Mas quando fuere ante el, si el rrey gelo pidiere deuele demandar portero a quien lo de despues que el rrey gelo metiere por mano. Deuele preguntar el que touiere el castillo si sera pagado del, dandolo aquel castillo en su nombre a aquel portero que le el da. E despues el rrey le rrespondiere que si, deue dezir a los que estouieren ante el que sean ende testigos e yrse estonçe con el portero e entergarle el castillo de manera que lo pueda libremente rreçebir e dar al que lo ouiere de auer. Pero este portero non lo deue rreçebir fasta que sea delante el alcayde de que lo ha de tomar o aquel a quien el diere por mano que lo rreçiba por el. E quando lo entergare al portero deuele entergar con el todas las armas del almazen del rrey e las otras que le mandara comprar, o el preçio que les diera para ellas si las non ouiere compradas. E eso mesmo deçimos que deuen fazer de todas las otras cosas que deuen dar con el castillo, sacadas las que ouieren despendido en guarda del castillo. Ca aquellas non gelas deue el rrey demandar. Ante le deue pechar e emendar aquello que el y ouiese metido de lo suyo por falta de lo que el rrey le auia a dar. Ca asi como el rrey deue auer querella del por el mal o daño que le ouiesen fecho en el castillo, e fazergelo pechar e emendar, asi le deue gradesçer el bien que en el ouiere fecho, e pecharle e emendarle lo que y metiere de lo suyo, e demas, fazerle onrra e algo señaladamente por ello. Onde, quien desta guisa que dicho auemos non diese el castillo al señor quando gelo demandase faria tal trayçion como aquel que se alça con castillo de su señor que lo pusieron por ygual de la muerte. E aun adelantaronlo los de España en sus rrieptos que quando rriepta alguno a otro de trayçion primero dize como quien trae castillo o mata señor. E esto fizieron temiendo que por deseredamiento de castillo podria morir e perder quanto ouiese, o rreçebir grand deshonrra en su auer e en su cuerpo.

Por que rrazones non esta mal al alcayde en non dar el castillo por mandado de señor maguer aya rreçebido portero del.[26]

Maguer en la ley ante desta auemos dicho que si non dan el castillo al señor quando lo demandare es vna de las mayores trayçiones que se pueden fazer, pero dos cosas y ha por que non caeria en ella el que lo fiziese. Ante touieron los antiguos de España que faria lealtad: la vna es quando alguno aduxese con trayçion e falsamente mandaderia a otro, o carta, asi como dize en la ley ante desta, al que touiese el castillo que gelo diese; e la otra es quando aquel que touiese el castillo, entendiendo que el otro que lo auia de rreçebir tenia tan poca compaña que lo non podria con ella guardar e que se podria el castillo por ende perder. E por guardar bien su lealtad touieron por derecho que non gelo diese en tiempo peligroso por que el castillo non se perdiese, maguer el rrey gelo ouiese embiado mandar o mandado, asi como dicho es, a menos

---

[26] Cf. *Segunda Partida*, XVIII, xix (II, 447a).

de le embiar a aperçebir dello primeramente. E esto non touieron por bien que se
fiziese por palabra de aquel que touiese el castillo nin del portero que lo auia de
rreçebir porque podria ser que serian ambos de vna fabla. Mas deue el que el castillo
tiene llamar omnes buenos de quien faga testigos e mostrarles las rrazones por que lo
non da, e embiar eso mesmo al rrey dezir por su carta. E si el rrey sobre esto le
embiare otra vez su carta en que gelo manda dar, deue complir su mandado en todas
guisas. Ca dende en adelante, que quier que acaezca del castillo, e non le esta mal en
darlo pues que ha rreçebido portero. E su señor tiene por bien en todas guisas que lo
de.

En que manera deuen los alcaydes emplazar los castillos quando los señores son en culpa non gelos queriendo tomar.[27]

[Segunda][28] manera y ha que fue puesta antiguamente en España para dar los
castillos, maguer non los pida el señor, asi como mentamos en la terçera ley ante desta,
esto es quando los emplazan. E porque esto [es][29] como desamparamiento de los
castillos, cataron los antiguos manera por que los señores non fuesen deseredados dellos
nin cayesen en blasmo nin en pena los que los dexasen. E por ende, touieron por bien
que los podiesen emplaçar aquellos que los touiesen. Pero este emplazamiento podria
ser sobre quatro rrazones: las dos dellas vienen por culpa del señor; e las otras dos por
culpa del vasallo. E las del señor son estas. La primera, non queriendo tomar el castillo
al que lo touiese, sabiendo çiertamente que non le podria tener. Ca esto seria el mayor
mal que el señor podria fazer al vasallo quando le diese carrera para fazer cosa por que
cayese en trayçion. Ca por esto touieron por bien que el vasallo quando esto entendiese
ouiese poder de emplazar el castillo a su señor. La segunda rrazon es quando el señor
non quisiese dar para la tenençia del castillo lo que ouiese puesto con el, queriendole
fazer despender lo suyo. Ca esta es cosa que esta mal al señor quandoquier que por tal
engaño como este faze perder al vasallo lo que ha. E por ende, touieron por bien que
por tal rrazon como esta podiese el vasallo otrosi emplaçar el castillo a su señor. E
porque la rrazon primera de aquel que non podiese tener el castillo es mas peligrosa
que la otra, e por eso touieron por derecho que el emplazamiento fuese mas cuytoso.
E posieron que fuese fecho por esta manera. Que aquel que touiese el castillo viniese
al rrey e le dixese en su poridad como non lo podia tener en ninguna manera,
mostrandole rrazones çiertas, derechas, e conuenientes por que non lo podria fazer. E
si entonçe non quisiere mandar rreçebir el castillo, deuegelo emplazar otra vez e
mostrar ante alguno de aquellos que entendiere que son mas de su poridad, asi como
la primera vez fizo. E si por todo esto non le quisiese dar quien lo rreçibiese, deuegelo
dezir la terçera vez por su corte ante los mas omnes e mejores que y fallar pudiere de
quien faga testigos, e pedirle merçed ante ellos que lo mande tomar, mostrando las

---

[27] Cf. *Segunda Partida*, XVIII, xx (II, 447ab).
[28] Segunda] Segund la – *Inc. 1487, Inc. 1497*.
[29] es] Omitted in *Inc. 1487, Inc. 1497*.

rrazones sobredichas por que lo non podria tener. E si avn por todo esto non quisiese mandar rreçeuir el castillo, puedegelo luego emplazar que lo mande tomar a nueue dias. E si por ventura fuese enfermo o ouiese otro enbargo derecho por que non podiese venir a dezirlo, embiando alguno que sea fijodalgo derechamente que lo diga por el a tanto vale como si el mesmo lo dixiese.

Que deue avn fazer el alcayde despues que ouiere emplazado el castillo.[30]

Afrontado auiendo el alcayde al rrey que le tomase el castillo, asi como dize en la ley ante desta, si non le diese luego quien lo rresçiuiese nin embiase a lo tomar fasta nueue dias, deue el que lo touiese estar en el terçero dia despues del plazo. E si non embiare avn quien lo rreçiua, deue llamar omnes buenos, naturales, caualleros, o omnes de orden, e labradores de los mejores que fuesen en el castillo si los y ouiere, e si non, de los otros que el podiere auer de aquellos logares que fuesen mas açerca. E deueles dezir como paso aquel fecho con su señor en rrazon de aquel castillo, e mostrarles otrosi lo que y dexare de lo que le dieron para guarda del castillo, e que non auia despendido, asi como deximos en las leys ante desta. E otrosi, lo que dexa en el de lo suyo. E si por auentura ninguna otra cosa en el castillo non fincare, señaladamente deue y dexar a lo menos vn can e vn gato e vn gallo e vn çedaço e vna artesa e vna olla, e algunas otras preseas de casa que son menester para casa, por mostrar que lo touiera siempre basteçido, e que todo se despendiera en guarda del castillo, si non estas cosas señaladas que fincaron. Pero esto deue ser fecho verdaderamente e sin engaño. E despues que esto ouiere fecho, deue sacar dende toda la compaña e salir el postrimero de todos e çerrar las puertas del castillo con su mano ante los omnes que deximos e dar la llaue al rrey si fuere açerca, e en logar que lo pueda fazer en saluo, e esto por señal del castillo que le ouiera a dar si gelo quisiera auer tomado. E si esto non pudiere fazer, temiendose que algunos le tomarian la llaue en camino, por que se podria perder el castillo, deue esta rrazon mostrar a los que y estouieren e echar la llaue sobre el muro dentro en el castillo ante ellos todos. E despues que todo esto fuere fecho, si ouiere villa fuera del castillo, deue fazer rrepicar las campanas e allegar el conçejo e mostrarles como lo dexa, e por que rrazones. E si villa y non ouiere deuelo fazer en dos o en tres logares poblados, de aquellos que fueren mas çerca del castillo, en que aya yglesia e conçejo, por que los omnes sepan como el castillo finca desamparado e que puedan y tomar consejo ante que su señor lo pierda. E emplazado el castillo desta guisa e faziendo estas cosas, asi como dichas son, maguer se perdiese el castillo, despues non caeria en yerro nin en pena ninguna el que lo touiese, porque la culpa seria del señor e non del.

Como el alcayde puede emplazar el castillo non le queriendo dar el señor lo

---

[30] Cf. *Segunda Partida*, XVIII, xxi (II, 448ab).

que le auia a dar por la tenençia del.[31]

Tardando el señor al vasallo aquello que le ouiese a dar por la tenençia del castillo, e non gelo queriendo dar por fazerle despender lo suyo, asi como dize en la ley ante desta, puedegelo emplazar e dexar en esa mesma guisa que deximos del otro, fueras ende que los plazos deuen ser mas luengos porque non es tamaño peligro deste como del otro, por quanto es menos perdida de auer que de lealtad. Pero esto deue dezir al rrey primeramente en su poridad como non puede tener el castillo, mostrandole rrazones verdaderas, bien asi como deximos del otro, e pidiendo por merçed que gelo mande tomar. E si por la primera vez non gelo quisiere mandar tomar, deuegelo dezir otro dia ante algunos de su consejo en esa mesma manera. E si aun por esto non gelo quisiese mandar tomar, deuegelo afrontar a terçero dia ante su corte. E despues desto dezirgelo cada dia vna vez fasta nueue dias. E si por todo esto non quisiere dar quien lo rreçibiese deuegelo emplazar fasta treynta dias. E si a cabo de los treynta dias non le diese por mano quien lo rreçibiese nin embiase, despues deue aun tener el castillo demas desto nueue dias, e despues terçero dia. E complidos todos estos plazos puede dexar el castillo en la manera que deximos del otro.

Que es lo que deue ser guardado quando los alcaydes emplazan los castillos como non deuen.[32]

Culpado es mucho el señor quando faze contra el vasallo cosa porque ha de emplazar el castillo que tiene del, segund las dos maneras que deximos en las leys ante desta. Mas otras dos y ha que fazen los vasallos algunas vegadas contra los señores que touieron los antiguos que era mas de culpar, porque la vna es llanamente aleue e la otra trayçion conosçida. Ca sin falla grand aleuosia faze el que quiere dexar el castillo a su señor, podiendogelo bien tener por sabor de leuar del algo, faziendole entender que non gelo terrnia otro tan bien como el, e encareçiendogelo de manera que el señor non gelo podiese complir. E esto, quier fuese verdad o mentira, solamente que por tal intençion lo faga, pero esto non seyendo tiempo de peligro, por que el castillo se podiese perder. Ca entonçe el vasallo en ninguna manera non lo podria fazer, e si lo fiziese, e el castillo se perdiese por ello faria trayçion, por que deue auer tal pena como si fiziese perder castillo de su señor. Pero si fuese en tiempo de paz e gelo quisiese dexar, aunque lo fiziese con este engaño, asi como sobredicho es, non lo puede fazer a menos de gelo emplazar primeramente en la manera que dicho auemos en la ley ante desta de aquel que ha de auer mas luengos plazos quando emplaza el castillo. Mas el otro que lo emplazase por que lo perdiese el señor, este faria muy mal, e esto seria quando el sopiese alguna rrazon por que el castillo se podria perder, de que el señor non fuese sabidor. Ca maguer gelo quisiese dexar sobre aquella intençion non lo puede fazer a menos de gelo enplazar complidamente, asi como deximos de suso. E despues que asi

---

[31] Cf. *Segunda Partida*, XVIII, xxii (II, 448b).
[32] Cf. *Segunda Partida*, XVIII, xxiii (II, 449a).

lo ouiere emplazado, puedelo dexar en la manera que de suso deximos. Pero con todo
695 esto es traydor en si si maguer non gelo sepa ninguno, porque lo faze con mala
intençion, asi que quando le fuere sabido, deue auer tal pena como quien da carrera por
que su señor perdiese el castillo de que el era tenedor. E non tan solamente es traydor
por perderse el castillo, teniendolo el, asi como sobredicho es, mas aun lo seria
perdiendolo otro que despues lo touiese, por aquella rrazon que el encubriera
700 falsamente.

Como se deuen emplazar los castillos que son dados en fieldad.[33]

Trabajar se deuen mucho los que tienen castillos de señor de saber las maneras en
como los han de dar quando gelos demandaren, e emplazar quando dexarlos ouieren,
asi como deximos en las leys ante desta. Pero porque ay otras maneras de que non
705 auemos fablado, queremoslas agora mostrar. E estas son dos. La primera es de los
castillos de fieldades que ponen los rreys entre si por rrazon de amor, o de posturas que
ayan prometidas o juradas de se tener, vnos a otros. La segunda, de los castillos que
conquieren los que son en su señorio del rrey. E de los castillos de fieldades dezimos
que se han de rreçebir por porteros, e tenerse segund las posturas que entre los rreys
710 fueren puestas. Mas non se deuen dar desta guisa, segund fuero de España. Ca si por
auentura acaesçiese que aquel cuyo natural vasallo fuese el que touiere el castillo errase
contra el otro rrey, non le guardando los pleytos que con el ouiese puesto, e aquel rrey
que touiese que rreçebia tuerto le demandase el castillo que gelo diese segund los
pleytos que eran entre el e otro rrey, non gelo deue dar aquel que lo touiere, catando
715 el vasallaje e la naturaleza que ha con su señor por non le deseredar del. Mas deuelo
dar a su señor natural, maguer el pleyto e la postura diga de otra guisa. Pero esto deue
fazer sinon quando el señor cuyo natural fuere gelo pidiere mucho afincadamente,
deziendole o faziendole dezir mal por ello, e esto non vna vez, mas dos o mas fasta
nueue dias, diziendogelo cada dia por corte o en logar que lo oyan muchos, que de
720 aquel plazo en adelante quando lo touiere sea traydor por ello fasta que gelo de. E
pasados los nueue dias, de le emplazar el castillo complidamente, en la manera que
dicha es. E este emplazamiento deue fazer por tres rrazones. La primera, por catar que
lo de en guisa a su señor que le non este mal. La segunda, por que lo pueda fazer saber
al otro rrey a quien fiziera omenaje por que semeje que lo faze a fuerça, e que pueda
725 yr tomar consejo. La terçera, por que pueda sacar lo suyo en saluo por el omenaje que
ha fecho a ambos los rreys.

Por quales rrazones defendieron los antiguos que non rreptase el rrey a su natural.[34]

Uoluntad auiendo el rrey de dezir mal a su natural si non le diese el castillo que

---

[33] Cf. *Segunda Partida*, XVIII, xxiv (II, 449b).
[34] Cf. *Segunda Partida*, XVIII, xxv (II, 450a).

touiese en fieldad fasta nueue dias, asi como dize en la ley ante desta, non touieron por
bien los antiguos que le rreptase el por si mesmo, mas que diese vn cauallero que lo
dixese por el. E esto fizieron por dos rrazones. La vna, por que el señor non perdiese
el castillo, non gelo queriendo dar el que lo touiese por miedo de non ser quito de la
trayçion, maguer lo dixesen. E la otra, por onrra del rrey, por que si aquel que touiese
el castillo lo diese a su señor e pidiese despues que le fiziese la emienda del mal que
le auian dicho, conuiene por fuerça de derecho que aquel que gelo diera le dixiese
despues que dado le auia que era bueno e leal. E porque esta palabra es tanto como
desmentirse, por ende, non touieron por bien los antiguos de España que el rrey lo
dixiese, mas aquel a quien su señor natural demandase el castillo tan afincadamente
deuegelo dar en todas guisas, auiendolo emplazado, asi como sobredicho es, pero
mostrando todavia que es mucho agrauiado del. E en esta guisa faziendo non yaze en
culpa a su señor nin a otro rrey, pues que con tiempo gelo fizo saber. E quando el
castillo ouiere de dar deue tomar portero a que lo de, asi como lo rreçibio.

Como deue fazer el que touiese el castillo de fieldad despues que lo ouiese dado a su señor.[35]

Dando el castillo de fieldad a su señor natural el que lo touiese, asi como dize en
la ley ante desta, si el otro gelo pidiera, deuese escusar del con buena rrazon si la
podiere fallar e gela copiere. Mas si por auentura aquel rrey que pide non gela quisiere
caber e le demandase el castillo tan afincadamente que le rreptase por ello, diziendole
o faziendole dezir que era traydor porque lo diera al otro auiendole a dar a el, entonçe
deue yr a aquel rrey e mostrarle que fizo su derecho en dar el castillo a su señor natural
por non le deseredar. E dezirle otrosi, que porque le fizo omenaje que por aquello mete
su cuerpo en su poder e en su merçed. E faziendolo desta guisa, guardara su derecho
tan bien al vn rrey como al otro, por que ninguno non le pueda dezir mal con rrazon.

Como el que touiere castillo en fieldad non lo deue dar a otro rrey maguer gelo demande su señor.[36]

Quando el señor natural al que tiene el castillo en fieldad mandase que lo diese a
otro rrey con quien auia la postura, esto aun non touieron por bien los sabios antiguos
que lo fiziese, a menos de gelo emplazar complidamente, asi como sobredicho es. E
maguer todos los plazos sean pasados, con todo eso, non deue dar al otro rrey, mas al
portero de su señor que le diere señaladamente para esto. E deuelo asi fazer por que
si su señor mandase dar el castillo al otro rrey non aya blasmo que le pueda rreptar
despues por que lo dio.

Como deue fazer del castillo de fieldad el que lo touiere e ha deudo de

---

[35] Cf. *Segunda Partida*, XVIII, xxvi (II, 450b).
[36] Cf. *Segunda Partida*, XVIII, xxvii (II, 450b).

765 naturaleza o de vasallaje con el vn rrey e con el otro.³⁷

Acordandose los rreys ambos de dar el castillo en fieldad a tal omne que ouiese deudo de naturaleza o de vasallaje con el vn rrey e non con el otro, e si despues desto el rrey cuyo fuese el castillo errase al otro e le quebrantase los pleytos que auia con el, e por esta rrazon aquel rrey que rreçibio el tuerto demandase el castillo a aquel que era
770 su natural o su vasallo, con todo eso non gelo deue dar, a menos de lo afrontar por su corte al rrey cuyo es el castillo a tres plazos de treynta en treynta dias. E si a estos plazos non quisiere fazer emienda, deuele guerrear a tanto de aquel castillo fasta que le faga emienda del daño que fizo a su señor o que le mande entergar de aquel castillo que le demanda. Ca de otra manera non gelo deue dar, pues que se fio en el, non
775 seyendo su vasallo nin su natural. Ca si de otra manera diese el castillo, faria cosa que le estaria mal e por que valdria siempre menos.

Como deuen fazer de los castillos de fialdad aquellos que los tienen e non son vasallos de vn rrey nin del otro.³⁸

Acaesçiendo que aquellos que touiesen los castillos de fieldad non fuesen vasallos
780 nin naturales del vn rrey nin del otro, mas que fuesen tomados por abenençia de ambas las partes, cada vno destos bien puede dar el castillo a aquel rrey que rreçibiese tuerto. Pero deuelos afrontar a ambos primero si lo pudiere fazer, e despues emplazarle aquel que con derecho lo deue auer. Ca entonçe puede fazer esto que de suso auemos dicho sin mal estança. Mas el que fuese su vasallo o su natural dezimos que lo non puede
785 fazer, maguer dixese que se desnaturaba del. Ca por derecho non se puede ninguno desnaturar de su señor, si el ante non fiziese por que. Onde, los que emplazasen o diesen los castillos de fieldad que touiesen, asi como sobredicho es en esta ley e en las otras sobredichas, non caerian e[n] blasmo por que les podiesen dezir mal con rrazon. E los que de otra guisa lo fiziesen caerian por ende en pena de trayçion, como aquellos
790 que deseredan a su señor natural de sus castillos como non deuen.

Por que rrazones pueden tomar con derecho los rreys o los otros señores los castillos de fieldad a los que los touiesen.³⁹

Guardados deuen ser mucho los castillos que son puestos en fieldad, de que fablamos en la ley ante desta, non tan solamente de aquellos que los touieren, mas aun
795 de los rreys por quien los tienen. Ca bien asi como ellos son tenidos de los guardar e los defender de los enemigos, bien asi lo son de si mesmos. Ca non los deuen tomar por ningund engaño nin por fuerça. Ca si lo fiziesen, seria la culpa suya e non de los que los touiesen. Pero tres rrazones y ha por que touieron los antiguos que gelos pueden tomar con derecho. La primera, quando los rreys fuesen abenidos por tollerlos

---

³⁷ Cf. *Segunda Partida*, XVIII, xxviii (II, 450b-451a).
³⁸ Cf. *Segunda Partida*, XVIII, xxix (II, 451a).
³⁹ Cf. *Segunda Partida*, XVIII, xxx (II, 451ab).

a aquellos que los touiesen e darlos a otros, e que les diesen porteros que los fuesen a rreçebir e omnes señalados a quien los entergasen. Onde, aquellos que los touiesen entonçe non gelos quisiesen dar, bien gelos pueden los rreys mandar tomar por fuerça o por furto o en otra manera qualquier, e mayormente aquel en cuyo señorio fuesen. E quando los asi tomasen farian derecho, e los que los perdiesen fincarian por traydores porque non los quisieran dar quando gelos demandauan, e deuen auer tal pena como aquellos que rreuelan los castillos a sus señores, deuiendogelos dar con derecho e por pleyto, por que meresçen perder los cuerpos e quanto han. La segunda rrazon es quando dixesen que los darian e tomasen plazo para ello e entre tanto basteçiesen los castillos de omnes e de armas e de viandas, metiendo y mas de aquello que deuian meter para guarda del, e de lo que les el rrey diera para tener en su bastimento. Ca por tal rrazon, otrosi, bien gelos pueden tomar porque se muestra que los basteçen por non gelos dar o por fazerles dellos guerra. La terçera, quando los que touiesen los castillos rrobasen manifiestamente la tierra de su señor o fiziesen otro daño en ella, nin aun a sus enemigos si los ouiesen, si despues non quisiesen dello fazer emienda, asi como el rrey fallase por derecho. Ca entonçe bien gelo podria tomar por tal rrazon como esta e fazer entergar de lo suyo todo el daño que ouiesen fecho doblado. E esto es porque aquellos que touiesen los castillos en fieldad non deuen dellos fazer otra cosa sinon guardarlos para complir dellos aquello por que los metieron en su fiança. Pero ante que los castillos les manden tomar deuen embiar dezir a aquellos que los touieren que gelos den, e fagan emienda del daño que dellos ouieren fecho. E si esto desde el dia que lo sopieren fasta nueue dias non lo quisieren fazer, dende en adelante puedengelos tomar, asi como sobredicho es. Onde, por todas estas rrazones fallaron los antiguos que pueden tomar los señores los castillos de fieldad a los que los touieren dellos sin ninguna mala andança e non por otra ninguna. Onde, qualquier señor que de otra manera los tomase faria muy grand aleue, como aquel que quiere meter a su vasallo sin derecho en yerro de trayçion.

Por quales rrazones se pueden los rreys tomar los castillos los vnos a los otros que auian metido en fieldad, maguer se los tomen e se los ayan de torrnar.[40]

Tomar se pueden los rreys vnos a otros, segund vso antiguo de España, los castillos que se ouieren metido en fieldad. E esto por dos rrazones, e non mas. La vna dellas es quando alguno dellos quebrantase al otro la postura que ouiesen de so vno puesto, porque los auian puestos en manos de fieles, e aquel a quien fuese quebrantada lo afrontase al otro, embiandogelo a mostrar por su corte treynta dias e nueue dias e aun tres mas. Ca si a ninguno destos plazos non gelo quisiere emendar, si dende en adelante podiese tomar aquellos castillos por qualquier manera, fincarian por suyos. La segunda, quando se leuantase tal guerra entre ellos que se ouiesen a guerrear el vno al otro manifiestamente. Ca entonçe el que tomare el castillo de fieldad al otro sera suyo

---

[40] Cf. *Segunda Partida*, XVIII, xxxi (II, 452ab).

quitamente, pues que el amor y non fuese sobre que eran las fieldades puestas. Mas si acaesçiese que ambos los rreys se acaesçiesen a tomar el castillo al que lo touiese en
840 fieldad dellos por alguna de las tres rrazones que dize en la ley terçera ante desta, touieron por bien los antiguos que diesen luego tal omne que lo touiese por ellos e lo sopiese guardar a cada vno su derecho, segund los pleytos que de so vno. E si ganare el castillo aquel en cuyo señorio es, deuelo luego fazer saber al otro rrey por que se puedan ambos acordar a darlo a tal omne que lo tenga por ellos, como sobredicho es.
845 Mas si por auentura lo tomase el otro en cuya tierra non fuese, non le deue tomar para si, mas darlo luego a aquel rrey cuyo es, e de si dar ambos vn omne señalado que lo tenga por ellos, en la manera que de suso es dicha. Ca todos los sabios de España se acordaron en esto: que por ninguna otra rrazon non puedan los rreys tomar los castillos de fieldad vnos a otros que lo non aya luego de torrnar para ser guardadas las posturas
850 que entre si ponen sinon por las dos que mostramos en comienço desta ley. E el rrey que de otra guisa los tomase, sin el pleyto que quebrantaria al otro, por que caeria en la pena de dicho e de fecho que en el fuese puesta, faria mal estança, por que caeria en blasmo de las gentes, como quien mengua en su verdad.

Como se deuen dar los castillos al rrey que fueren ganados e cobrados en sus
855 **conquistas por sus vasallos e por sus naturales.**[41]

Naturaleza e vasallaje son dos mayores deudos que omne pueda auer con señor. Ca la naturaleza le tiene siempre atado para armarle e non yr contra el, e el vasallaje para seruirle lealmente. E por ende, los antiguos de España que cataron mucho estas cosas, pusieron de como los rreys deuen ser guardados e seruidos de sus naturales e de
860 sus vasallos. E sobre esto mostraron demas destas ayuntadas en vno que fuerça auia cada vna por si. E comoquier que esto mucho catasen de como lo auian de guardar en su vida e en su salud e en su honrra, e en todas las otras cosas que dicho auemos, touieron que deuian esto fazer mucho en aquello que tanxiese a su heredamiento o a mengua de su señorio. E por todas estas rrazones fallaron por derecho que sus naturales
865 non quisiesen otro castillo nin otra fortaleza en su tierra, sinon su lealtad e su verdad en aquello que los rreys les diesen o ganasen o fiziesen de nueuo con su plazer o por su mandado. E esto fizieron por ser siempre bien auenidos con sus señores, guardando siempre su lealtad contra ellos complidamente, de manera que le non ouiesen a errar, atreuiendose en sus fortalezas. Nin otrosi, los señores non ouiesen a fazerles mal por
870 el daño o pesar que rreçibiesen dellos. E por esta fiança que ouieron en los señores, fueles otorgado que las cosas de los nobles omnes fuesen guardadas como castillos, pues la segurança del señor touieron por fortaleza, e ninguno non la forçar nin quebrantar, por poder que ouiese. E qualquier que se atreuiese a fazerlo deue auer tal pena como fuere el yerro, a bien vista del rrey e de la corte. E por esta mesma rrazon
875 pusieron que todo vasallo, aunque non fuese su natural, que quandoquier que ganase

---

[41] Cf. *Segunda Partida*, XVIII, xxxii (II, 452b-453b).

villa o castillo o otra fortaleza en su conquista, o doquier que la podiesen ganar, que
gela diese por rrazon de señorio, e si non, que fuese traydor por ello e que ouiese tal
pena como aquel que desereda a su señor. Mas si esto ganase non seyendo vasallo del
rrey, touieron por derecho que lo diese al otro señor cuyo vasallo fuese, pero esto con
pleyto que lo diese al rrey. E si desto non fuese bien seguro, que el mesmo gelo diese.
E esto fizieron por que non deseredasen al rrey cuyo natural es. Otrosi, por que
guardase a aquel su señor de yerro, de manera que non ouiese de errar contra el rrey
que es mayor señor. E el que contra esto fiziese faria tal trayçion por que mereçeria
auer la pena sobredicha. E avn pusieron mas, que si alguno que fuese natural e su
vasallo e touiese castillo de su heredamiento o por donaçion de su señor o por compra
o por otra manera qualquier, e lo perdiese por su culpa, e despues lo cobrase, que si
el rrey gelo pidiese, que fuese tenido a gelo dar pues que lo ganara seyendo su vasallo
e su natural. Pero si ante que el castillo cobrase, teniendo que lo avria si se despidiese
del rrey por auer escusa de non gelo dar por rrazon de vasallaje, tal engaño como este
non tobieron por bien los antiguos que valiese, e por tollerlo pusieron que quando el
rrey sopiese que por tal engaño era fecho, que cada que gelo demandase fuese tenido
de gelo dar, maguer fuese vasallo de otro. E el que non lo fiziese deue auer la pena
sobredicha. Mas si este atal fuese su natural, maguer cobrase tal castillo como este que
fue ante suyo, non seria tenudo de gelo dar, comoquier que le deue dar todos los otros
que despues ganare por rrazon de la naturaleza que ha con el. E si non lo fiziese, deue
auer aquella mesma pena. E si por auentura fuese vasallo de vn rrey e natural de otro,
e ganase algund castillo en la conquista de aquel cuyo natural fuese, si gelo demandase
entonçe su señor non gelo deue dar nin tomar al rrey cuyo natural es en ninguna
manera, fueras ende si le ouiese ante fecho cosa por que con derecho se le podiese
desnaturar. Onde, quien errase en alguna destas cosas meresçe auer la pena que de suso
deximos. E posieron aun mas, que si alguno engañosamente se despidiese o se
desnaturase del rrey, auiendo fablado o puesto de ganar algund castillo o fortaleza que
fuese en señorio o en conquista de aquel cuyo natural o vasallo fuese, por se partir
desta guisa o se desnaturar del, si lo ganase despues, mandaron que gelo diese, bien asi
como si fuese su vasallo. E esto fizieron por que el engaño non estoruase a la lealtad
e ninguno non se partiese nin se desnaturase de su señor sinon por grand rrazon e muy
derecha, que fuese primero mostrada en su poridad, e despues afrontada por corte fasta
tres vezes. E quien de otra guisa lo fiziese non valdria nada e caeria en la pena que
dicha es.

    Item: pues de los castillos fablamos, bien es de saber como se deue fazer dellos
pleyto e omenaje al rrey nueuo, lo qual se entiende en çiertas leys que se
siguen, las quales situo el rrey don Alfonso en la *Segunda Partida*, en el titulo
trezeno.

    Como deuen entergar al rrey nueuo las villas e castillos e las otras fortalezas, e
en que manera le deuen fazer omenaje aquellos a quien los el diere que los

tengan por el.[42]

Entergar deuen al rrey nueuo de las çibdades e villas e de los castillos e de las otras fortalezas, tan bien de aquellas que ouiesen rreçebido por portero como de las otras. E aquellos a quien el las quisiese dar deuenle fazer omenaje entonçe que gelas
920 den yrado o pagado cada que gelas pidiere. E tal omenaje como este deue ser fecho luego que començare el rrey nueuo a rreynar. E tan grand fuerça ha segund costumbre antigua de España, que cumple tomandole vna vez para todos aquellos que los ouiesen de tener en vida de aquel rrey, maguer las despues cambiase de vnos a otros. E entergas de tales fortalezas como estas non las deuen tardar aquellos que las touieren
925 que non las vengan dar al rrey nueuo luego que lo sopieren que el otro es finado, fueras ende si algunos ouiesen tales embargos por que lo non podiesen fazer en ninguna manera. E este embargo se deue prouar verdaderamente. Pero luego que fuere pasado son tenidos de lo venir complir. E los que lo non fiziesen e tardasen a sabiendas maliçiosamente farian trayçion conosçida, e deuen morir por ello e ser deseredados de
930 quanto ouieren, asi como los quisieron deseredar al rrey.

Como deuen fazer omenaje al rrey nueuo de los castillos que son en su señorio, maguer los ouiesen algunos heredado de otra parte, e fasta quanto tiempo lo han de fazer.[43]

Luego que el rrey nueuo començare a rreynar o a lo mas tarde a treynta dias deuen
935 venir a el todos aquellos que ouiesen castillos en su señorio por donadio de los otros rreys a fazerle omenaje dellos. Pero si les acaesçiese algund embargo por que non podiesen venir a este plazo sobredicho, deuen auer otro de nueue dias, e de si otro dia que sean quarenta dias por todos. E el omenaje que han de fazer destos castillos ha de ser que fagan dellos guerra e paz por su mandado, e que le acojan en ellos quando y
940 quisiere entrar, e que corra y su moneda. E otrosi, que gela den ende quando la echare en la otra tierra suya. Onde, los que de otra guisa maliçiosamente non quisiesen venir a fazer omenaje para complir su derecho al rrey de sus castillos, asi como sobredicho es, puedegelos el tomar luego si quisiere e nunca gelos dar despues. E esta mesma pena pueden auer si desaforasen a los moradores de aquellos logares, fueras ende si les
945 cambiasen alguna cosa de los fueros que ante auian con plazer e otorgamiento del rrey. E esto mesmo dezimos si non quisieren venir a su juyzio negandole el señorio, e quando veniesen e non quisiesen estar por lo que el judgase por esa mesma rrazon, e si non le fiziesen hueste quando la ouiesen de fazer, o non le quisiesen acoger su moneda o dargela quando los otros de su tierra gela diesen, o enbargasen la justiçia en
950 aquellos logares, non la faziendo ellos nin queriendo que la el fiziese, o acogiendo los malfechores en ellos, o non le guardando las posturas que el posiese. Ca qualquier que errase a sabiendas en algunas destas cosas que pertenesçiesen al señorio del rreyno non

---

[42] Cf. *Segunda Partida*, XIII, xxi (II, 401b).
[43] Cf. *Segunda Partida*, XIII, xxii (II, 420ab).

lo queriendo emendar, asi como el rrey fallase por derecho, deue ser deseredado del logar que touiere e nunca lo deue cobrar el nin omne de su linaje, mas siempre deue fincar al rreyno a quien lo el quiso toller, menguando su derecho.

Como deuen fazer omenaje al rrey nueuo de los castillos que son en su señorio maguer los ouiesen algunos heredados de otra parte.[44]

Heredando algunos omnes castillos de otras partes que los non ouiesen por donadio de los rreys, asi como dize en la ley ante desta, solamente por ser en su señorio del rrey nueuo le deuen venir a fazer omenaje luego que rreynare para complirle dellos todas las cosas que dize en la ley ante desta, fueras ende si ouiese entre ellos tal postura por que menguase alguna dellas. E este omenaje deue ser fecho luego que rreynare. Pero los que ouiesen tales embargos por que non lo podiesen fazer han de auer plazo de quarenta dias, asi como de suso deximos de los otros. E, si este plazo pasado, dixesen que auian menester tiempo para acordarse de alguna cosa que pertenesçiese a aquel fecho, deuen auer dos plazos de treynta en treynta dias, asi que sean todos çiento, e en este comedio non les deue tomar aquellos logares fuertes. Onde, si fiziesen dellos mal en el rreyno o los bastiçiesen para guerrear. Ca entonçe tan bien gelos pueden tomar como si non quisiesen venir a fazer omenaje dellos al rrey nueuo en los plazos sobredichos o negasen el señorio que deuen dellos fazer. E pues que gelos ouiesen tomado por alguna destas rrazones, non los deuen ellos jamas cobrar nin otros que sean de su linaje. Pero el rrey que les quisiere fazer merçed puedeles dar cambio por ellos en otro logar que valga tanto. Mas si en todas guisas los quisiese tornar a aquellos logares mesmos que les auia tomado, esto non lo puede fazer a menos de pechar primeramente todas las costas que fueron fechas quando gelos tomaron.

Como deuen fazer omenaje de los castillos que algunos touiesen por postura o por feudo.[45]

Fortalezas o castillos teniendo algunos por posturas o por feudo, deuen venir todos los que las tienen al rrey nueuo a fazerle omenaje que le cumplan todas las cosas, segund que las posturas e los pleytos fueren puestos porque lo han de fazer. E deuen auer plazo para fazerle omenaje que compliran todas las dichas cosas, segund que de suso deximos de aquellos que han los heredamientos por donadio de los rreys. E deuen auer esa mesma pena si non cumplieren aquellas cosas que son tenidos de fazer por rrazon dellos. E todos estos omenajes que de suso deximos, tan bien de los heredamientos que dan los rreys como de los otros que han los omnes de otra parte, e otrosi, estos de los feudos, se deuen rrenouar cada que se cambiaren por muerte o por vida de aquellos que los touieren. Mas los otros omnes que non ouieren del rrey tierra nin ofiçio nin castillo nin otros heredamientos en ninguna de las maneras sobredichas

---

[44] Cf. *Segunda Partida*, XIII, xxiii (II, 403b-404a).
[45] Cf. *Segunda Partida*, XIII, xxiv (II, 404b).

en las leys ante desta, deuen venir a honrrar e conosçer señorio al rrey nueuo. E los que maliçiosamente fincasen que non lo quisiesen fazer farian aleue conosçida, porque segund fuero antiguo de España, si fueren omnes honrrados, deuen ser echados del rreyno para siempre e nunca ser cabidos en el señorio que negaron. E si fueren otros omnes deuen morir por ello.

Item: el rrey don Alfonso el vndeçimo, en el titulo treynta del *Ordenamiento de Alcala*, tomo en su guarda e encomienda las casas fuertes e castillos, segund se contiene en la ley siguiente.

Como toma el rrey en su guarda e en su encomienda las casas fuertes e los castillos, e que pena deue auer el que los tomare o furtare o derribare e los que acogieren a estos tales.[46]

Porque los fijosdalgo e omnes buenos que eran connusco en estas Cortes nos pidieron merçed que porque de las casas fuertes e de los castillos que ellos han non se podiese fazer daño nin malfetria que los tomasemos todos en nuestra encomienda e en nuestro defendimiento por que ninguno nin ningunos non se atreuiesen a tomar casas nin castillos vnos a otros por fuerça nin por furto nin los derribasen. Nos por les dar logar que biuan en paz e en sosiego, e los malfechores non fallasen esfuerço nin cobro nin ellos ayan a tener en las fortalezas que han muchas compañas para las guardar, touimoslo por bien, e seguramos todas las casas fuertes e los castillos que han todos los perlados e rricos omnes e ordenes e fijosdalgo e otros qualesquier de nuestros rreynos e del nuestro señorio, e tomamoslos en nuestro seguramiento e en nuestra guarda, e defendemos que vnos a otros non se los tomen nin otros ningunos. E qualquier o qualesquier que tomaren castillo o casa fuerte a otros por fuerça o por furto, o las derribaren, que mueran por ello, e que sea fecha justiçia en el o en ellos, asi como aquellos que quebrantan seguramiento de su rrey e de su señor. E demas, que de sus bienes que pechen el castillo o la casa con el doblo a su dueño si la derribaren. E si la tomaren e non la derribaren, que mueran por ello, e pierdan la demanda que auian contra ello, e el castillo o casa que sea torrnado e entergado a aquel a quien fue tomado o furtado. E aquel que en esta pena cayere, que lo non acoja ninguno. E si lo captouiere, que sea tenudo el que lo asi captouiere de pechar el castillo o la casa que derribo con el doblo a cuya fuere la casa o el castillo. E si la furto o la tomo, e non la derribo, que peche el que lo captouiere al tanto de lo suyo como valia la casa o el castillo a aquel cuyo fuere, e que sea tenudo de entergar el malfechor a la nuestra justiçia. Pero que si alguno o algunos de casas fuertes o castillos fizieren furtos o rrobos o malfetrias, o se acogieren y algunos malfechores que el merino mayor de aquella tierra o otro qualquier merino do fuere la casa o el castillo que pasen contra ellos en aquella manera que deuen e que es de fuero e de derecho. E otrosi porque nos fazemos ordenamiento que qualquier que sacase cauallo fuera de nuestros rreynos, que

---

[46] Cf. *Ordenamiento de Alcalá*, LXXI (546-548).

lo matasen por ello e perdiese lo que touiese, tenemos por bien que esto que se entienda tan bien por los fijosdalgo como por todos los otros, porque ellos han mas menester los cauallos que todos los otros para nuestro seruiçio. E deuense mas guardar de lo fazer que otros ningunos.

**Aqui se acaba el segundo libro.
E comiença el terçero.**

PROLOGO.

Con graueza grande, muy prudente señor, corre la peñola a escriuir lo que adelante se sigue. Ca como en el presente volumen en el primero e segundo libros ayamos setuado las leys que dispone[n] de los fechos de la cauallería e de las cosas que pertenesçen a ella en los actos que son famosos e loables, asi como son las guerras justas e lo que se sigue e adere a ella, agora la orden de la copilaçion nos apremia que scriuamos aquellas leys que corrigen los bolliçios de los rreynos, los quales, aunque en si sean buenas porque como mandar el bien es buena cosa asi es bueno vedar el mal, pero non se puede omne escusar que non sienta dolor quando oye lo que ellas condepnan, señaladamente en los tiempos presentes porque ya por nuestros pecados para poner exemplo en estos e ayuntamientos de gentes e debates domesticos non es menester que leamos ystorias domesticas pues nosotros lo veemos. Ca mayores allegamientos nin por auentura tamaños de gente de armas que non fuesen para guerra conosçida non creo que hay omne que los viese en este rreyno nin aun los leyese en las coronicas que de los fechos de España se fizieron despues que la monarchia e imperio de los godos se abajo como nos los vimos de pocos dias aca, non vna vez mas muchas. Por ende, segund dize Valerio Maximo: armarse deue el coraçon con dureza quando semejantes cosas crudas oye.[1] E con rrazon, por que pueda con buena equanimidad e paçiençia tolerar la tristeza que el coraçon rreçibe quando la lengua gelas trae a memoria. Mas por nuestra desdicha han mucha paçiençia los que si non la ouiesen lo podrian rreparar e duelense dellos cuyo dolor puede poco aprouechar. Pero si este non se dolia de los daños que por la disension vinieron en Athenas, e Lucano con dolor screuia los males de Roma que por las batallas çibdadanas venian,[2] quanto mas nos deuemos doler avnque nuestro dolor non trae pro de lo que a nos de la discordia rrecresçe. Ca aquellos en vno con los debates de casa mesclauan

---

[1] Cf. Valerius Maximus, VI, iii: "Armet se duritia pectus necesse est, dum horridæ ac tristis severitatis acta narrantur; ut omni mitiore cogitatione seposita, rebus auditu asperis vacet" (II, 609). Cf. also *Lib. de Valerio*, f° 141v: "Nesçessaria cosa es que el oydor o el leedor de aqueste titulo arme el su coraçon de duresa mientra sse rresçitaran actos e fechos de cruel e triste rregurosidat por tal que pospuesta toda cognaçion de cosas dulçes, begninas e suaues se dan a oyr cosas muy asperas a la oyda."

[2] It is no coincidence that Cartagena should refer to Lucan's *Pharsalia* in this particular prologue. In the Middle Ages the *Pharsalia* was often understood as a treatise on ehtics, the aim of which was to discourage civil war. Cf. for example also the fifteenth-century *Lucano en romançe*, Madrid, Biblioteca Nacional, MS 10805, f° 3r: "Aqui desimos las batallas rromanas et çibdadanas que se fisieron en los canpos de Emaçia. Et fue alli el derecho dado a maldat, el pueblo poderoso tornado en sus entrañas a matarse entre sy mismos, parientes con parientes e amigos con amigos con diestra vençedora e quebrantando la postura del rregno en que ovieron que ver todos los poderes del mundo mouidos a ello. E contaremos de las señas, commo fueron vnas contra otras, que las aguilas pares que eran señales de estas señas, e las sus armas, commo amenasauan vnas a otras."

guerras honrrosas de fuera. E avnque tan bien³ e tan continuadamente non las podian exerçitar, pero siempre las tenian abiertas contra sus enemigos por mar e por tierra. Mas que diremosnos que veemos el rreyno lleno de platas e de guardabraços e estar en paz los de Granada, e el fermoso meneo de las armas exerçitarse en ayuntar huestes
30 contra los parientes e contra los que deuian ser amigos, o en justas o en torrneos, de lo qual lo vno es aboresçible e abominable e cosa que trae desonrra e destruyçion, lo otro vn juego o ensaye mas non prinçipal acto de la caualleria. Onde, el philosopho dize que en los torrneos e en las prueuas de las armas non se paresçe qual es el fuerte. Ca la fortaleza verdadera en los fechos terribles e peligrosos de muerte que por la
35 rrepublica se fazen se conosçe. E prouerbio antiguo dizen que es que a las vezes el buen torrneador es temeroso e couarde batallador.⁴ E vedadas fueron en vn tiempo las justas en Françia porque tanto se dauan a ellas que se destorruaua la guerra de Vltramar.⁵ E asi tomando los dos estremos, es a saber, o jugando con las armas o amenazando con ellas a los que llamamos amigos, dexamos el medio para que se
40 fizieron, que es para abaxar la soberuia de los enemigos. E mucho querria que parasen mientes los valientes e poderosos en la caualleria, que non consiste el loor de los caualleros en tener muchas armas nin en mudar el tajo dellas e poner su trabajo en fallar nueua forma de armaduras e poner nombres nueuos que si nuestros anteçesores se leuantasen non los entenderian,⁶ mas en exalçar con ellas la sancta fe e ensanchar
45 los terminos del rreyno. E entonçe por çierto vienen ellas honrradas quando esto fecho torrnan con triumpho e gloria, e ploguiese a Dios que con perpuntes e capellinas fiziesemos lo que algunos de los pasados fizieron. Ca se siguiria dello mayor honrra que entrar en las cortes e en las çibdades muy acompañados de pajes e con elmetes e penachos veniendo de seguro e breue camino. ¿E quien non vee que esto es mas
50 muestra e ostentaçion de rriqueza que de virtud¿ E non digo yo esto como que non aya omnes que para tanto fuesen como algunos de los buenos antiguos, antes cuydo que tan fermosa nin tan guarnida caualleria nin tantos e tan valientes e tan ardides fijosdalgo non ouo en estas partidas grandes tiempos ha como agora los veemos, graçias a Dios.

---

³ tan bien] tan bien e tan bien – *Inc. 1487*.
⁴ Cf. Aristotle, *Nicomachean Ethics*, III, viii, 8-9, where Greek ἄγωνες ("athletic contest") is translated as a tournament and μαχιμώτατοι ("best at fighting") as the knight. See also Appendix 3.
⁵ Popes Innocent III (1198-1216), Innocent IV (1243-1254) and Clement V (1305-1314) all prohibited tournaments for this reason. In a recent study, however, Maurice Keen has argued persuasively that in fact tournaments provided prelates a perfect opportunity to advertise the crusades and recruit knights to participate in them. See Maurice Keen, *Chivalry* (New Haven: Yale University Press, 1984), 97ff.
⁶ Cartagena's opinion is reminiscent of Seneca's in Epistle LXXVI to Lucilius: "Gladium bonum dices non cui auratus est balteus nec cuius vagina gemmis distinguitur, sed cui et ad secandum subtilis acies est et mucro munimentum omne rupturus." See Seneca, *Ad Lucilium Epistulæ Morales*, 3 vols., ed. Richard H. Gummere (Cambridge, MA: Harvard University Press, 1962), II, 154.

Mas por nuestra desauentura despienden su tiempo en ocupaçiones domesticas e debates de vezinos sin mostrar la bondad de sus coraçones e la desemboltura de sus cuerpos contra los verdaderos enemigos. De lo qual ellos se deuen doler mas que yo que lo escriuo, señaladamente aquellos que su hedad non les dio logar a que se viesen en las guerras que de pocos tiempos aca pasaron. Ca los que en ellas vos vistes fezistes algo con que consolaruos cada vno segund lo que en ellas fizo. Mas los que las non vieron e en esto gastan sus dias mucho se deuen dello doler. E si por ventura a alguno pareçiere que fablo en esto mas largo o mas suelto de lo que deuia otorgara perdon membrandose de lo que dizen vnos de los amigos de Job, que la palabra pensada difiçile es de rretener.[7] E prouerbio antiguo es, e en vna de las leyes adelante scriptas se contiene, que de la habundançia del coraçon fabla la boca.[8] E aun quando lo bien considerare fallara que si se dize algo mas de lo que pertenesçia a mi dezir pero menos de lo que la materia meresçe. Mas por este punto que abri entienda el buen entendedor lo que la vergüença me fizo callar e yo continuare lo començado. E pues que dos cosas son en que sin actos de guerra al tiempo de oy los fijosdalgo vsan las armas, e aun las vsaron a las vezes en los tiempos antiguos, por que non loemos tanto los que pasaron e que rreprobemos los modernos del todo: la vna es en contiendas del rreyno; la otra es en juego de armas, asi como son los torrneos e justas. E estos actos de que agora nueuo nombre aprendimos que llaman entremeses de todo scriuamos las leys que a ello se pueden atraher. E porque sobre lo primero se proçede de diuersas guisas, vnos ayuntando gentes e faziendo asonadas e otros desafiando. E desto acaeçe llegar algunos a tanto rrencor que se rrieptan queriendose poner en el campo vno por vno. Destas tres cosas, es a saber asonadas, desafiamientos e rrieptos, por su orden diremos. E porque por euitar los males que desto pueden venir acaesçe de poner treguas e a las vezes paz, añadiremos las leys que dellas fablan. De la segunda, que es juego de armas, aunque es materia en que poco fablaron las leys scriuiremos esas que ay. E por quanto segund dizen los juristas, lo que postrimeramente se dize mejor se tiene en la memoria,[9] en fin deste libro terçero porrnemos la[s] leys de la amistad por que la agrura de las cosas que en las leys de los deuates oyremos se pierda con la dulçura de la delectable amistad.

TITULO PRIMERO.

De las asonadas.

---

[7] Job 4: 2.

[8] Cf. *DC*, III, iv: "Onde, dezimos que quando algunos se quieren mal por rrazon de omezillo o de desonrra de fecho o de daño si acaesçiere que se acuerden para amor de so vno para ser el amor verdadero conuiene que aya y dos cosas: que se perdonen e se besen. E esto touieron por bien los antiguos porque de la abundançia del coraçon fabla la boca" (289).

[9] Cf. Justinian, *Digest*, I, iv, *de constitutionibus principum*, 4: "Leges posteriores priores contrarias abrogant." The author of the precept is Modestinus.

Introduçion.[1]

Paresçen guerras e non lo son estas que llamamos asonadas. Ca aunque en ellas a guisa de guerra se ayuntan los fijosdalgo e a las vezes fazen su muestra en el campo ordenando sus hazes como si fuesen contra los enemigos, e ya acaesçio en tales ayuntamientos auer batallas campales e morir e ser presos grandes señores, ca el conde don Manrrique de Lara, segund dize la scriptura de la ystoria, en pelea de asonada morio, e el conde don Nuño, su hermano, en semejante fue preso,[2] pero luenga diferençia es en el mouer de las armas que justamente se fazen contra los enemigos, e el que en estos ayuntamientos se faze contra parientes e naturales. Ca el vno es loable e virtuoso, asi como aquel que sirue a exaltaçion de la fe e defension della o amparo de la tierra donde los que guerrean naçieron, e el otro es triste e denostable como aquel que inpugna los deudos de sangre e destruye la onrra e destierra las amistades. Del vno nasçe gloria e honor e dilaçion de buena fama; del otro viene daño e destruyçion de la tierra, e disfamaçion de la caualleria. Por ende, con muy grand rrazon son vedadas. E muy duramente deuen ser escarmentadas, segund podemos ver por dos leys que el rrey don Alfonso el deçimo situo en la *Segunda Partida*, en el titulo veynte e seys, que dize asi.

Leys.
Como de las asonadas viene daño.[3]

Asonada tanto quiere dezir como ayuntamiento que fazen las gentes vnas contra otras para fazerse mal. E asi como aquellas que son fechas contra los enemigos de la fe o del rrey o del rreyno son a pro e honrra, otrosi aquellas que fazen entre los de la tierra son a desonrra e daño. E esto por muchas rrazones. Primeramente, que fazen pesar a Dios, tollendole aquellos que serian para su seruiçio e contra los enemigos de la su fe. faziendo que se maten vnos con otros. E desonrra grande fazen otrosi a su señor non queriendo rreçebir emienda por el tuerto que reçibieron e se lo quieren tomar por si mesmos, atreuiendose en su osadia o en su poder mas que non en la justiçia que por el rrey han de auer. E sin todo esto fazen otrosi grand daño en la tierra tomando lo de su señor que ellos deuen guardar e a otros muchos que non les meresçieron mal porque los fazen andar pobres e malandantes. Ca tal cosa como esta mucho pesa a Dios e lo estrañaron los sanctos padres. Ca la justiçia de sancta yglesia scripta dio por

---

[1] In both of the incunabula the introduction to this *Titulo* is placed erroneously at the end of the prologue.

[2] On the capture of Count Nuño de Lara, see *Primera Crónica General*, II, chapter 822, pp. 500b-501b. He was later killed when his small raiding party was ambushed by Aben Yusuf's army at Ecija in May, 1275. See *Crónica de Alfonso décimo*, chapter LXII, 49ab-50a. On the escapades of Nuño and Manrique de Lara see also Hilda Grassotti, "La ira regia en León y Castilla," *Cuadernos de Historia de España* 41-42 (1965): 5-135, especially pp. 40-46.

[3] Cf. *Segunda Partida*, XXVI, xvi (II, 523a).

excomulgados a los que esto fiziesen. E los antiguos quanto a la pena temporal posieronles que perdiesen amor del rrey e que los echasen del rreyno, estrañandoles del por estrañamiento que ellos y meterian, faziendo y el mal e daño que deuian fazer en tierra de los enemigos. E sin todo esto touieron por derecho que pechasen de lo suyo a siete doblo la malfetria que fiziesen. E si el rrey fuese a ellos o otro por su mandado e non lo quisiesen dexar, que los podiesen matar o prender o tollerles quanto ouiesen, como [e]nemigos conosçidos del rrey spiritual e temporal e del rreyno onde son naturales o en que moran. E esto sin caloña ninguna de omezillo nin de pecho. E otrosi, de los sus bienes que les fallasen en muebles que pagasen las malfetrias que ouiesen fecho, como dicho es. E si esto non compliese, que podiesen luego vender de las heredades que ouiesen tanto dellas que fiziesen las entergas e los que los comprasen que ouiesen seguro del rrey e de los del rreyno, e todo lo al que fincase que fuese rrealengo. E porque touieron este fecho los antiguos por muy estraño, posieron que si acaesçiere alguna vez que los de la asonada lidiasen, que non fuese ninguno osado de rrobar nin partir entre si ninguna cosa de lo que en el campo yuguiese. Ca pues que non lo ganaron derechamente, non touieron por derecho que lo partiesen. E posieron pena que quien lo fiziese que lo torrnase con siete tanto.

Que en las asonadas ninguno non deue prender a otro para leuarlo a su prision nin matarle despues que fuere preso nin lastimarle.[4]

Atreuer non se deue ningund omne de prender a otro en asonada para leuarlo a su prision. Maguer lo touiese en su poder en el campo non le ha de cortar la cabeça nin degollar nin fazer perder miembro ninguno sinon en feriendole mientra se defendiese, nin aun despues que le ouiesen muerto non touieron por bien que lo ençentasen nin le tollesen miembro ninguno. E los que contra esto fiziesen touieron por derecho que si mayores con mayores o yguales con yguales fuesen fazedores deste ençentamiento que rreçibiesen otro tal en su cuerpo que el que lo ouiese fecho. E si fuese de los menores, que moriese por ello, e si non los podiesen auer que perdiesen quanto ouiesen. E estas penas posieron a los que lidiasen, lo vno porque se atreuian contra defendimiento del rrey, lo al porque se atreuian a cortar miembro, lo que ninguno non deue fazer sinon el que touiere logar de justiçia. E si acaesçiese que alguno presiese a otro que sea fidalgo non le deue meter en fierros nin en carçel nin en çepo nin darle otras malas prisiones nin desonrras, fueras ende si fuese su enemigo conosçido dado por juyzio. E avn a este non le deuen dar prision de que muera nin por achaque della, nin deue seruirse del metiendolo a fazer labor, nin otra cosa que le non conuenga. Mas si el preso non fuese su enemigo deuele dexar yr sobre su omenaje tomandole pleyto que le non venga mal del por rrazon que lo prendio. E si esto non quisiere fazer puedelo tener ençerrado fasta nueue dias non le dando otra mala prision. Mas en este plazo non lo deue sacar a señorio de otro rrey nin fazerle rredemir nin darle otra pena ninguna

---

[4] Cf. *Segunda Partida*, XXVI, xvii (II, 523b-524a).

por que lo faga, nin ferirle nin matarle en ninguna manera por saña nin por enemistad que con el ouiese ante nin entonçe desque lo ouiese preso. E non le deue apremiar que le faga pleyto que non se querelle al rrey o al que su logar touiese o al fuero de la
75 tierra. Ca tal pleyto non valdria porque lo fiziera teniendolo en su presion. E al plazo sobredicho de los nueue dias estableçieron los antiguos por que en este comedio podiese el que fuese preso o sus parien[t]es fazerlo saber al rrey. E si despues que lo sopiere le embiare su mandado o su carta en que le mande que le suelte o gelo mandare por su palabra deue luego ser fecho. E pues que por el rrey lo dexare el lo deue fazer
80 segurar que le non venga mal de aquel nin de sus parientes al que lo tomo preso nin a los suyos por esta rrazon. E esto es porque fue quito por su mandado. Mas si aquel que lo prisiera quisiera quitar el preso por rruego del mesmo o de sus parientes si la seguraçion ouiere menester dellos la deue auer. Ca non es derecho de la demandar despues al rrey pues que primero por el non la quiso tomar, fueras ende si ellos le
85 quebrantasen el pleyto que con el ouiesen puesto. Ca entonçe bien gela puede demandar. E si algunos de los que touiesen presos non los quisiesen por mandado quitar si a ellos mesmos podiesen tomar que los touiesen en prision tantos meses como dias touieron a ellos presos o los otros sobre su defendimiento. E aun sin todo esto mandaron que los que rrobasen alguna cosa del canpo que la pechasen con nouenas. E
90 la partiçion que estos atales deuen auer de lo que ganaren en las asonadas es que les deuen partir tanto de lo suyo de que puedan entergar las malfetrias que fizieron o matarlos o echarlos del rreyno, asi como suso dicho es.

Item: en la *Setena Partida*, en el titulo deçimo, se contiene en la ley siguiente. Como los que fazen asonadas de caualleros e de peones armados, maguer non
95 **fagan daño, les es contado por fuerça e deuen rreçebir pena por ello.[5]**

Ayuntamiento de omnes armados faze a las vezes algund omne poderoso en castillo o en casa con intençion de fazer mal e daño o fuerça a alguno otro, o por meter escandalo o bolliçio en otro logar. E porque de tales ayuntamientos nasçen muchas vegadas grandes daños e muchos males, por ende, mandamos que el que tal asonada
100 fiziere que le sea contado por tan grand yerro como si fiziese fuerça por armas, e que rreçiba por ende otra tal pena, maguer del ayuntamiento de los omnes e de las armas non nasca mal ninguno. E esto defendemos por que ninguno non sea osado de fazer tal ayuntamiento. Ca entonçe muchas vezes que quando a si se ayuntan los omnes en vno cresçenles los coraçones e cometen entonçe tales soberuias que las non farian nin las
105 osarian cometer si estouiesen cada vno por si en su casa o en otro logar.

Item: el rrey don Alfonso el vndeçimo, en las Cortes de Valladolid, rrespondio a este proposito a una petiçion que dize asi.

---

[5] Cf. *Setena Partida*, X, ii (IV, 345a).

Que non se fagan asonadas.[6]

Otrosi, a lo que me pidieron por merçed que las asonadas que se fazen en la mi tierra que son muy dañosas en guisa que la mayor partida de los mis rreynos es estragada por ellas e que yo que mande poner sobre ello tal rrecabdo e tal escarmiento por que se non faga. A esto [rrespondo][7] que lo mandare asi fazer.

Item: el rey don Alfonso, en las Cortes de Madrid, a la petiçion siguiente.[8]

Otrosi, a lo que me dixeron que los cavalleros e omnes fijosdalgo e poderosos de mis rreynos han fecho muchas asonadas en que tome yo muy grand deseruiçio porque quando las fizieron y quemauan e rrobauan todo quanto fallauan en manera que se despoblaua toda la mi tierra e que me piden por merçed que gelo non consienta e lo escarmiente por que se non atreuan ningunos a lo fazer. A esto rrespondo que lo tengo por bien e lo otorgo.

Item: el rrey don Alfonso el septimo, llamado emperador, fizo a este proposito algunas leys en las Cortes de Najara, las quales situo el rrey don Alfonso el vndeçiomo en el *Ordenamiento de Alcala*, en el titulo treynta e dos, en la manera siguiente.
Que pena mereçen los que non se parten de la asonada quando gelo manda el juez o vienen a ella contra su defendimiento.[9]

Si alguno o algunos fizieren asonadas e los adelantados e merinos mayores e los alcaydes del rrey que andan con ellos, o qualquier de los merinos de qualquier merindad o alguno de los alcaldes o alguaziles de la comarca o villa do fuere o otro qualquier, aunque non sea ofiçial, con carta del rrey sellada o con su sello o con su aluala en que este scripto su nombre, rrecudiere a la asonada e dixere e afrontare a los de la vna parte e de la otra o a qualquier dellas que se partan de la asonada o les mandare e afrontare de parte del rrey que den tregua los vnos a los otros e non lo quisieren fazer, e si los adelantados o merinos o alcaldes o el alguazil o qualquier dellos pusieren tregua o seguro entre ellos de parte del rrey e lo non quisieren guardar, que qualquier o qualesquier que lo non quisieren complir asi nin guardar e ouieren casas fuertes, que gelas derriben. E los que el merino podiere tomar de los que asi non lo quisieren complir nin guardar, como dicho es, que los prendan e los traygan al rrey

---

[6] Cf. *Ordenamiento de las Cortes de Valladolid celebradas por D. Alfonso XI en la era MCCCLXIII (año 1325)*, statute 21, in *Cortes*, I, 372-389, at p. 383.

[7] rrespondo] rrespondio – Inc. 1487.

[8] Cf. *Ordenamiento de las Cortes celebradas en Madrid, en la era 1367 (año 1329)*, statute 75, in *Cortes*, I, 401-443, at p. 430.

[9] Cf. *Ordenamiento de Alcalá*, LXXIV (552-553).

por que el faga dellas lo que su merçed fuere. E si casas fuertes non ouieren, que salgan de la tierra por quatro años. E aunque el rrey los perdone por su talante o a pedimiento de otro que en estos quatro años que auian de estar fuera del rreyno que non puedan querellar nin demandar nin sea tenudo alguno de les rresponder aunque dellos querellen e alguna cosa les demanden. E en esta mesma pena cayan los que yendo a las asonadas a ayudar a algunos les fue dicho o asituado o mandado por los dichos ofiçiales o por qualquier dellos que se torrnen e non lo quisieren fazer.

Como han de pagar los daños que fizieren yendo al asonada.[10]

Todos aquellos que vinieren a las asonadas o fizieren asonadas de que salieren de sus casas viniendo por el camino fasta que lleguen al logar en cuya ayuda vinieren, e desque del partieren o torrnandose para sus casas alguna malfetria fizieren que lo pechen los que la fizieren o los sus bienes con quatro tanto al rrey, e a los que rreçibieren el daño que lo pechen con el doblo, e del dinero del rrey que aya el terçio el merino que fiziere la enterga. Empero, que sean ante pagados los dueños que rreçibieron el daño de lo que les fue tomado con el doblo. E desque salieren que aquel en cuya ayuda vinieren quanto daño con el o con su compaña fizieren en pasada o en morada o en venida el que los llamare a la asonada sea tenido a lo pechar, asi como dicho es. E el merino con los pesquisidores que fagan pesquisa sobre lo que asi fuere tomado, segund fuero, e si fallare por la pesquisa el que fizo la malfetria fagagela emendar a aquel que fizo las asonadas, segund dicho es. E si por pesquisa non podiere fallar el daño que asi fuere fecho, jure el señor de la behetrina o del solariego con los labradores sobre la cruz e los sanctos euangelios. E todo quanto juraren sea tenido a pagar el que jurare que lo fizo si bienes ouiere, e si non, el que los llamo a la asonada, como dicho es. E si bienes non ouieren el que fizo el daño nin el que lo llamo a las asonadas para pagar este daño, que salga de la tierra por dos años. E si antes destos dos años touiere de que pagar que pagandolo pueda entrar en la tierra que lo pagare. Pero despues que torrnare a la tierra si le fallasen bienes que sea tenido a lo pagar. E que si fuere rrealengo o abadengo non faga ninguna cosa si non viniere con merino de su señor o con jurado, mas por si mesmos puedan querellar del daño que rreçibieron al merino del rrey. E si el merino del rrey lo sopiere en verdad entergue a los querellosos con el doblo e en quatro tanto al rrey. Otrosi, el merino mayor o qualquier merino que ouiere de fazer las entergas por el rrey entergue en los bienes de aquellos que el conducho tomaron o la malfetria fizieron como non deuian. E enterguen a los querellosos e a los señores dellos o al abadengo lo que tomaren e al solariego lo que tomaren. E de las entergas que fizieren los merinos, tomen la terçia parte para si, e al rrey denle todo su derecho, como dicho es.

Que los que fueren a las asonadas non tomen conducho sinon de los que los

---

[10] Cf. *Ordenamiento de Alcalá*, LXXV (553-554).

175 **llamaren.**[11]

Establesçemos e mandamos que ningund omne rrico nin cauallero nin fijodalgo non tome conducho nin otra cosa nin faga otra malfetria en todo lo que fuere de nuestro señorio nin en el abadengo que es tanto como lo nuestro por asonada que ayan entre si, nin por mouimiento que ayan de alboroço nin por que los llamemos para
180 nuestro seruiçio. E si algunos fueren a llamamiento de asonadas que vayan con su conducho de aquellos que los llamaren. E los que al nuestro llamamiento fueren que vayan con los dineros de las soldadas que de nos tienen. E quien de otra manera tomare conducho o otra cosa, como dicho es, que lo paguen con quatro tanto a nos, e el doblo a aquel a quien lo tomaren, como dicho es. E si non ouiere de que lo pagar que aya la
185 pena que de suso es dicha en la ley ante desta, saluo si lo pagase luego o diese peones que lo valiese.

TITULO SEGUNDO.
De los desafiamientos.
Introduçion.

Entre todos los omnes, segund dize el jurisconsulto, puso la natura vna manera
5 de parentesco. E por ende, poner asechanças vn omne a otro para ofenderle es cosa maliçiosa e contra buena naturaleza.[1] E aunque esto aya logar entre todos los omnes, pero espeçialmente entre los cristianos que son so vna verdadera fe que han de seguir la doctrina de aquel soberano enseñador que manda "amaras a tu proximo como a ti mesmo."[2] Onde, vn famoso doctor canonista dize que
10 el cristiano que ofende a otro sin actoridad de juez o del derecho non lo desafiando primero comete trayçion, lo qual es de entender non de trayçion particular que se llama crimen de lesa magestad, ca aquella non se comete sinon en çiertos casos, segund que en su logar de suso scriuimos, mas entiendese trayçion general, que quiere dezir deslealtad, segund que comunmente dezimos quando vno engañosamente [comete][3] a
15 otro o lo fiere a trayçion. E esto dizen generalmente los juristas.[4] Pero mas propiamente

---

[11] Cf. *Ordenamiento de Alcalá*, LXXVI (553).
[1] Cf. Justinian, *Digest*, I, i, 3: "Nam iure hoc euenit, ut quod quisque ob tutelam corporis sui fecerit, iure fecisse existimetur, et cum inter nos cognationem quandum natura constituit, consequens est hominem homini insidiari nefas esse" (p. 1). The originator of the precept is Florentinus.
[2] Matthew 22: 39.
[3] comete] Omitted in *Inc. 1487* and *Inc. 1497*.
[4] As Cartagena observes, most canonists and theologians looked with disfavour on duels and tournaments. The immediate source for his remarks is possibly Aquinas, *Summa Theologiæ*, 22æ. q. 40, art. 1, obj. 4, ad. 4.

fablando ha logar en los fijosdalgo porque quanto de mas limpia sangre son mas limpias deuen fazer sus obras; e aun mas señaladamente entre los fijosdalgo de España porque allende de lo suso dicho tienen otro vinculo, es a saber, que entre ellos antiguamente fue fecha expresa amistad. E asi el fijodalgo que en España ofende a otro
20 sin le desafiar quebranta todas las quatro rrazones. Ca yerra contra la primera, asi como vn omne qualquier contra otro; e contra la segunda como vn cristiano contra otro; e contra la terçera como vno de buen linaje contra otro; e contra la quarta como vn amigo contra otro. E asi mucho deuen de ello guardar los fijosdalgo deste rreyno de ofender sin desafiamiento. E por esto que dicho auemos non entienda alguno que
25 despues de desafiado puede liçitamente ofender a otro, porque esto seria vn grand yerro. Ca el desafiamiento quita deslealtad mas non quita la otra culpa nin pena. Por ende, el fijodalgo que ofende a otro fijodalgo sin lo desafiar es desleal, que llamamos aleuoso, si la ofensa es tal que merezca ser dicha aleue. E si preçede desafiamiento es mal fecho e mereçe pena segund la qualidad del malefiçio, mas non comete aleue. E
30 por que esto mejor lo sepades situaremos aqui las leys que desta materia fablan, las quales puso el rrey don Alfonso el deçimo en la *Setena Partida*, en el titulo onze, deziendo asi.

Leys.
Que antiguamente fue fallado el desafiar entre los fijosdalgo.[5]

35 Desafiar e torrnar amistad son dos maneras que fallaron los fijosdalgo antiguamente poniendo entre si amistad e dandose fe entre ellos para non se fazer mal los vnos a los otros a desora a menos de se desafiar e torrnar la amistad primeramente. E por ende, pues que en los titulos ante deste fablamos de las trayçiones e de las aleues e de los omezillos e de las desonrras e de las fuerças, queremos aqui mostrar de los
40 desafiamientos que vienen por rrazon de ellas. E diremos que cosa es desafiar, e a que tiene pro, e quien lo puede fazer, e quales, e por que rrazones, e en que manera, e ante quien, e en que logar, e que plazo deuen auer despues que fueren desafiados.

Que cosa es desafiar, e a que tiene pro, e a quien lo puede fazer.[6]

Desafiamiento es apartar a omne de la fe que los fijosdalgo antiguamente han entre
45 si que fuese guardada entre ellos como en manera de amistad. E tiene pro porque toma aperçebimiento el que es desafiado para guardarse del otro que lo desafio o para abenirse con el. E desafiar pertenesçe señaladamente a los fijosdalgo e non a los otros por rrazon de la fe que fue puesta entre ellos, asi como de suso deximos. E fijosdalgo son aquellos que son nasçidos de padre que sea fijodalgo, quier lo sea la madre, quier
50 non, solo que sea su muger velada o amiga que sea conosçidamente que la tenga por

---

[5] Cf. *Setena Partida*, XI (IV, 356b).
[6] Cf. *Setena Partida*, XI, i (IV, 357a).

suya. E esto es porque antiguamente la nobleza ouo comienço en los barones, e por ende la heredaron los fijos, e non les empeçe maguer la madre non sea fijadalgo.

Por que rrazones e en que manera puede desafiar vn fijodalgo a otro.[7]

Desonrra o tuerto o daño faziendo algund fijodalgo a otro puedelo desafiar por ello en esta manera, diziendo asi: "Tornovos amistad e desafiovos por tal desonrra o tuerto o daño que fezistes a mi o a fulano mi pariente porque he derecho de lo acoloñar." Ca tan bien puede desafiar otro por la desonrra o tuerto que rreçibiese su pariente como por el que ouiese rreçebido el mesmo. E non tan solamente puede vn omne desafiar a otro por si mesmo, mas aun lo puede fazer por otro que sea fijodalgo. E esto puede fazer por alguna destas quatro rrazones. La primera es quando algund rrey quiere desafiar a otro, ca non seria guisada cosa de yr el a lo desafiar por si mesmo. La segunda es que si quisiere desafiar algund pariente a otro que ha vengança de lo fazer por si mesmo por rrazon del parentesco que ha con el. La terçera es si ha a desafiar a otros omnes mas poderosos que el e se rreçela de lo fazer por si mesmo. La quarta es si ha a desafiar a otro omne de menor guisa que el e non lo quiere fazer por si memso, desdeñandolo.

Ante quien e en que logar puede vn fijodalgo desafiar a otro, e que plazo deue auer.[8]

Acostumbraron los fijosdalgo entre si desafiarse en corte e fuera de corte delante testigos. E despues que el desafiamiento han fecho ha plazo el desafiado de nueue dias e de tres dias e de vn dia para fazer emienda al que lo desafio o para auer consejo de amparamiento. E fasta que estos plazos sean pasados non deue ninguno dellos fazer mal nin daño alguno al otro en su persona nin en sus cosas. E estos tres plazos touieron por bien los sabios antiguos que fuesen como en manera de amonestamiento en que ouiesen acuerdo para abenirse o para ampararse.

---

[7] Cf. *Setena Partida*, XI, ii (IV, 358a).
[8] Cf. *Setena Partida*, XI, iii (IV, 358ab).

Item: el rrey don Alfonso el sexto, en el *Fuero de las Leys*, en el libro quarto, en el titulo de los rrieptos, situo a este proposito la ley siguiente.
Que quando algund fijodalgo ha rrazon de caloñar a los otros, que le deuen tornar la amistad.[9]

Antiguamente los fijosdalgo con consintimiento de los rreys posieron entre si amistad e dieronse fe vnos a otros e de se la tener e de se non fazer mal vnos a otros a menos de se tornar ante la amistad e de se desafiar. E por ende, quando algund fijodalgo ha rrazon de caloñar a otro por tuerto que le aya fecho deuele torrnar amistad e desafiarle. E aquella es la amistad e fe que le torrna quando le desafia la que fue puesta antiguamente, asi como sobredicho es. E desde aquel dia que le desafiare non le ha de fazer mal fasta nueue dias.

Item: el rrey don Alfonso el seteno, llamado emperador, en las Cortes de Najera, fizo vna ley de la qual fizo mençion el rrey don Alfonso el vndeçimo en el *Ordenamiento de Alcala*, en el titulo treynta e dos, en esta guisa.
Que los fijosdalgo de España posieron entre si antiguamente paz e amistad.[10]

Porque fallamos estableçido del emperador en las Cortes de Najera que por rrazon de sacar muertes e desonrras e deseredamientos e para sacar males de los fijosdalgo de España que puso entre ellos paz e asosegamiento e amistad e otorgaronsela, asi los vnos a los otros, con prometimiento de buena fe sin mal engaño. E ningund fijodalgo que non firiese nin matase vno o otro nin corriese nin desonrrase a menos de desafiarse e torrnarse la amistad que fue puesta entre ellos, e que fuesen seguros los vnos de los otros desde que se desafiasen a nueue dias, e el que ante deste termino firiese o matase el vn fidalgo al otro que fuese por ende aleuoso e que le podiesen dezir mal ante el emperador o ante el rrey. E nos estableçemos e mandamos que se guarde asi.

Item: este rrey don Alfonso el vndeçimo, en el *Ordenamiento de Alcala*, en el titulo veynte y ocho, estableçio esta ley siguiente.
Por que casos puede desafiar vn fijodalgo a otro.[11]

Por tirar peleas e contiendas que acaesçen entre los fijosdalgo daños e males e rrobos que venian a la nuestra tierra por los desafiamientos que se fazian entre ellos sueltamente como non deuian ordenamos en el ayuntamiento que fezimos en Burgos en el año de la hera de mill e trezientos e setenta e seys años con consejo de don Juan Nuñes, señor de Viscaya, nuestro mayordomo mayor e nuestro alferez, e de los otros

---

[9] Cf. *Fuero Real*, IV, XXI, i (484).
[10] Cf. *Ordenamiento de Alcalá*, CXIX (588-589).
[11] Cf. *Ordenamiento de Alcalá*, LXVI (543-544).

omnes buenos e fijosdalgo que se y acaesçieron connusco que non podiesen fazer los desafiamientos sinon en çierta manera en el dicho ordenamiento contenida. E agora en estas Cortes que fazemos en Alcala de Henares pidieronnos por merçed que les quitasemos el dicho ordenamiento e les otorgasemos que se podiesen desafiar vn fijodalgo a otro por ferida o por presion del que desafia o por correr con el. Otrosi, por muerte de padre o de madre o de aguelo o de aguela o de fijo o de fija o de nieto o de nieta, o por muerte de hermano o de tio o de tia primo o prima de su padre o de su madre o de primo o de segundo del que desafia, o por ferida o por prision de los sobredichos varones o de qualquier dellos, o auiendo ellos embargo por que non podiesen desafiar e seguir enemistad, o por los parientes en los dichos grados, o por su muger del que desafiare, porque son mugeres que non pueden desafiar nin seguir enemistad. E si los sobredichos varones o qualquier dellos non quisieren por su desonrra de las dichas cosas o por alguna dellas desafiar nin seguir enemistad, podiendolo fazer, que otro su pariente non pueda desafiar por ellos. Otrosi, si algund fijodalgo fuere de vn logar a otro do mora otro fijodalgo, o estouiere el o su muger o su madre e feriere o matare o prendiere algund peon del fijodalgo que y morare e estouiere, que por esto que pueda desafiar el que rreçibiere la deshonrra. E si algund fijodalgo o peon que viniere con otro cauallero o omne fijodalgo fiziere esto que dicho es, que aquel con quien viniere que lo non acoja e lo echen de si. E si fijodalgo fuere e lo acojere e non lo echare de si que pueda desafiar el que rreçibio la desonrra, e aquel que lo acogiere al fijodalgo que este malifizio fiziere seyendo afrontado primeramente el que lo acogiere por el merino del rrey o por el querelloso, si el que fiziere el malefiçio fuere peon, que aquel con quien viniere que sea tenido de lo entergar al merino del rrey si lo podiere auer. E si non lo fiziere seyendole afrontado, como dicho es, que lo pueda desafiar por ello el que rreçibio la desonrra, e el merino del rrey que tome al peon e le de la pena segund fuero sin alongamiento alguno. Otrosi, si algund fijodalgo fuere de algund logar a otro do mora otro fidalgo e estouiere y el o su muger o su madre e tomare o prendiere y alguna cosa por fuerça, que pueda ser desafiado por ello, saluo si el que esto fiziere fuere merino del rrey o otro ofiçial que aya la justiçia o poder para la fazer. Otrosi, si algund fijodalgo yoguiere con alguna parienta que otro fijodalgo touiere en su casa seyendo el fecho sabido la leuare o forçare, que lo pueda desafiar por ello. E que por otras cosas algunas non pueda desafiar. E quando desafiare o embiare desafiar, que sea tenido de la fazer saber el que la desafiare la rrazon por que lo desafia. E que desde el dia que lo desafiare fasta que sean pasados los dichos nueue dias primeros complidos non pueda el desafiado fazer deshonrra nin mal nin muerte al que lo desafiare o embiare desafiar fasta que sean pasados los dichos nueue dias. E si por otras cosas desafiare si non por las que dichas son o en otra manera de como dicho es que el desafiamiento sea ninguno, e el que lo fiziere salga de la tierra por dos años, e que deste atal que finquen los bienes en guarda del rrey. E deste desafiamiento que lo non perdone el rrey. E si lo perdonare, quier por su talante o por pedimiento de otro, que en estos dos años que auia de estar fuera del rreyno que non pueda querellar nin demandar, nin sea tenido alguno de rresponder a los que del querellaren o alguna cosa le demandare. Otrosi, si algund fijodalgo desafiare

a otro por las cosas sobredichas o por alguna dellas, e dixere que lo desafia por otras personas parientes e amigos, que estos que asi nombrare non puedan ser contra el desafiado para le fazer mal nin daño nin desonrra nin lo ferir ni lo matar sinon seyendo con aquel que fizo el desafiamiento, mas por si mesmos que non fagan el enemistad
155 nin omezillo con el desafiado. E otrosi, tenemos por bien que por los fechos que acaesçieron entre los fijosdalgo despues del dicho *Ordenamiento de Burgos* fasta el dia de oy que se puedan desafiar como en el dicho ordenamiento se contiene e non en otra manera. E por los fechos que de aqui adelante acaesçieren, que se guarde este ordenamiento que agora fazemos.

TITULO TERÇERO.
De los rrieptos.
Introduçion.[1]

5   **M**uy vedada es, aunque en algunas partes se vsa esta manera de lid que para prueua de malefiçio por causa de rriepto se faze, la qual los juristas dizen duelo, que quiere dezir batalla de dos. E antiguamente los griegos la llamaron *monomata*, que quiere tanto dezir como pelea de vno con vno.[2] E comoquier que en la escriptura sancta se lee que Dauid la ouiese con el gigante Golias, pero aquello fue de voluntad de Dios en aquellos tiempos e non es de traer a
10 consequençia.[3] Ca segund doctrina, asi de los theologos como de los canonistas, non solamente peca el rreptador mas aun el rreptado, maguer sea apremiado por mandamiento de juez, si voluntariamente el rriepto rreçibe, o el prinçipe o juez que lo manda.[4] E aun segund determinaçion de doctores famosos peca el rreptado maguer sea apremiado por mandamiento de juez que el rriepto rreçiba. Pero en tal caso non pecaria
15 tanto como si de voluntad lo rreçibiese, nin se engañe alguno porque en algunas tierras se vsa, ca tal costumbre no ha auctoridad nin porque en algunas partidas aya leys que lo consientan. Ca en esto non son de tener porque dan causa de tentar a Dios. E por çierto, los derechos çiuiles, aunque por los emperadores que eran seglares señores fueron fechos, non lo consentieron. Ca comoquier que en alguna parte del derecho çiuil
20 fable dello como de cosa liçita, esto fazen los legistas allegando leys de la Lombarda que es ley particular e non del cuerpo del derecho.[5] E si algunas leys de los feudos lo

---

[1] The introduction to this title is based on Nicholas of Lyra's *Postillas* (see below, n.6).

[2] *Monomachia* and the legalities of duelling are discussed by Aquinas, *Summa Theologiæ*, 22æ. q. 95, *de superstitione divinativa*, art. 8; and Gratian, *Decretum*, II, Causa II, Q. V, C. XXII (p. 464). This passage from Gratian is also mentioned by Nicholas of Lyra.

[3] 1 Samuel 17: 4-51. The verse is also mentioned by Nicholas of Lyra.

[4] Cf. Gregory IX, *Decretals*, V, 35, 1: "Duella et aliæ purgationes vulgares prohibitæ sunt, quia per eos multoties comdemnatur absolvendus, et Deus tentari videtur" (*Corpus Iuris Canonici*, II, col. 877).

[5] All of the Lombard laws on duelling are listed and discussed by Honoré Bouvet in *L'Arbre*

permiten, estas fueron fechas quando el imperio rromano era ya abaxado e traydo a los germanos, dexado el poderio e señorio de Oriente e aun de Oçidente e de la mayor parte de Ytalia. Mas las leys fechas quando Roma tenia la monarchia non dan a ello
25 lugar. Nin es de creer que ay caso alguno en que el prinçipe con buena conçiençia lo pueda mandar. Ca aunque Nicolao de Lira en su epistola sobre el canpo quiso dezir que podia venir algund fecho tan estrecho en que el juez lo podiese mandar, pero el obispo de Burgos don Paulo en sus *Addiçiones* tiene el contrario, la opinion del qual es mas conforme a los derechos diuinos e humanos.[6] E non cuyde alguno que buenamente se
30 puede escusar de pecado el prinçipe o capitan que lo otorga porque diga que non lo manda mas que lo consiente porque este consentimiento es conjunto con fauor. Ca non solo los dexa pelear mas asignales dia e campo e pone fieles e tiene la plaça segura. E lo que peor es que despues deue seguir la ventura de la pelea condepnando al vençido por aleuoso e traydor sin otra prueua alguna saluo por solo el vençimiento, el
35 qual a las vezes es prueua falsa. E ya acaesçio, segund que texto del derecho cuenta, ser dado el vençido por malfechor e pareçer despues que non auia culpa en el malefiçio. Por ende, a los rreys es de suplicar que non den logar a los tales ca nin siguan las leys que los consienten, las quales rrazonablemente podieramos dexar de enxerir en esta copilaçion, pero porque el proposito fue copilar todas las que de actos
40 de caualleria fablan situaremos aquellas que a esta materia fazen, non para las seguir mas para las sauer. E el rrey don Alfonso el deçimo, en la *Septima Partida*, en el titulo terçero, situo las que se siguen.

---

des batailles, ed. Ernest Nys (Brussels and Leipzig: C. Muquardt, 1883). The following is an example from Antón de Zorita's fifteenth-century Castilian translation, *Arbol de batallas*, Madrid, Biblioteca Nacional, MS 10203, fº 137r: "Avn ay otro caso por el qual aquesta ley lonbarda permite gage e batalla, es a saber, si vn omne durante las treguas auia muerto a otro secretamente o ocultamente, e el queria prouar por su cuerpo commo lo auia asi fecho defendiendosse, la ley lonbarda quiere que sea oydo."

[6] Pablo de Santa María composed the *Additiones* in 1429, in response to Nicholas of Lyra's exegetical writings, the *Postillas*. Pablo dedicated the work to his son, Alfonso de Cartagena. See Luciano Serrano, *Los conversos D. Pablo de Santa María y D. Alfonso de Cartagena* (Madrid: CSIC, 1942), 109-112. Cartagena is alluding specifically the Pablo's rebuttal of the *Postilla super capitulum XVII, I Regum*. There are no modern editions of either the *Postillas* or the *Additiones*. Nicholas' commentary, Pablos' *Additio* and Nicholas' *Replica* can be consulted in volume 2 (no foliation) of the *Biblia latina cum Glossis Ordinariis et Postillis Nicolai de Lyra*, 6 vols. (Basel: Johann Froben and Johann Petri, c. 1498). See also Nicolás de Lyra, *Postilla o declaraçion sobre los cuatro libros de los Reyes*, Madrid, Biblioteca Nacional, MS 10285, ff. 188r-324r. Nicholas' argument is in fact quite sensible: when both sides agree to a duel between representatives from each side, as opposed to pitched battle, thereby avoiding the possible destruction of an entire community and countless loss of life, then a duel would be acceptable, the logic being that "es cosa conuenible aquel que tiene el cuydado de alguna comunidat consentir los menores males para esquiuar los mayores" (fº 272r). Both Pablo and Alfonso de Cartagena objected to this on theological grounds.

Que segund costumbre de España se rrieptan a las vezes los fijosdalgo.[7]

Rieptanse los fijosdalgo, segund costumbre de España, quando se acusan los vnos a los otros sobre yerro de trayçion o de aleue. Onde, pues que en el titulo ante deste fablamos de las trayçiones e de los aleues, queremos aqui dezir del rriepto que se fazen por rrazon dellas, e mostrar que quiere dezir rriepto, e onde tomo este nombre, e a quien tiene pro, e quien lo puede fazer, e quales, e ante quien, e en que logar, e sobre que cosas, e en que manera, e como deue rresponder el rreptado, e por que rrazones se puede escusar que non rresponda o non lidie, e como deue tan bien el rreptado como el rreptador seguir su derecho o su rriepto fasta que se acabe por juyzio pues que començaren el pleyto, e que pena mereçe el rreptado si le prouaren lo que le dizen. E otrosi, en que pena cae el que faze el rriepto si non prouase aquella rrazon sobre que rrepto.

Que cosa es rriepto, e donde tomo este nombre, e a que tiene pro.[8]

Riepto es acusamiento que faze vn fijodalgo a otro por corte, profaçandolo de la trayçion o del aleue que fizo. E tomo este nombre rriepto de vna palaura que es de latin, que quiere dezir tanto como rrecontar la cosa otra vez diziendola en la manera como la fizo. E este rriepto tiene pro a aquel que lo faze porque es carrera para alcançar derecho por el del tuerto o de la desonrra que le fizieron. E aun tiene pro a los otros que lo veen e lo oyen que toman aperçebimiento para guardarse de fazer tal yerro por que non sean afrontados en tal manera como esta.

Quien puede rreptar e a quales e ante quien e en que logar.[9]

Reptar puede todo omne fijodalgo por tuerto o desonrra en que aya trayçion o aleue que le aya fecho otro fijodalgo, e esto puede fazer el por si mesmo mientra fuere biuo. E si fuere muerto el que rreçibio la desonrra o el tuerto puede rreptar el padre por el fijo e el fijo por el padre e el hermano por el hermano. E si tales parientes y non ouiere, puedelo fazer el mas çercano pariente que ay fuere del muerto. E aun puede rreptar el vasallo por el señor e el señor por el vasallo, e a cada vno de los amigos puede rresponder por su amigo quando es rreptado, asi como adelante se muestra. Mas por omne que fuese biuo non puede otro alguno rreptar sinon el mesmo porque en el rriepto non deue ser rreçebido personero, fueras ende quando alguno quisiere rreptar a otro por su señor o por muger o por omne de orden o por tal persona que non pueda tomar armas o las non deua tomar. Ca bien tenemos por derecho que en fecho que en tales aya pueda rreptar cada vno de sus parientes, maguer sea biuo aquel por quien

---

[7] Cf. *Setena Partida*, III (IV, 297a).
[8] Cf. *Setena Partida*, III, i (IV, 297ab).
[9] Cf. *Setena Partida*, III, ii (IV,297b).

rriepta. Empero, dezimos que ningund traydor nin su fijo nin el que fuese aleuoso non pueda rreptar a otro, nin a aquel que es judgado que fizo cosa por que valga menos, segund costumbre de España. E otrosi, non puede rreptar a otro omne que sea rreptado ante que sea quito del rriepto, nin el que se aya desdicho por corte, nin puede alguno rreptar a aquel con quien ha tregua mientra durare. E deue fazerse el rriepto ante el rrey e por corte e non ante rrico omne nin merino nin ofiçial del rreyno, porque otro ninguno non ha poder de dar al fijodalgo por traydor ni aleuoso nin quitarle del rriepto sinon el rrey tan solamente por el señorio que ha sobre todos.

Por que rrazones puede rreptar vn fijodalgo a otro.[10]

Reptado puede ser todo fijodalgo que matare o firiere o desonrrare o prisiere o corriere a otro fijodalgo non le auiendo primeramente desafiado. E el que rriepto por alguna destas rrazones o de otras semejantes dellas puedele dezir que es aleuoso. Por ende, si fijodalgo fiziere alguna destas cosas sobredichas a otro que lo non fuere e otros que non fuesen fijosdalgo fiziesen entre si estos yerros, o alguno dellos, non son por ende aleuosos, nin pueden por ende ser rreptados, comoquier sean tenidos de fazer emienda dello por juyçio, fueras ende si lo fazen en tergua o en pleito que ouiesen puesto vnos con otros. Ca entonçe bien lo podrian reptar por rrazon de la tregua o del pleito que quebranto que auia puesto con el. E sobre todo, dezimos que non pueden fazer rriepto sinon sobre cosa o fecho en que aya trayçion o aleue. E por ende, si algund fijodalgo o otro quemare o derribare casas o corrtare viñas o arboles o furtare auer o heredad o fiziere otro mal que non tangua a su cuerpo maguer lo aya ante desafiado, non es por ende aleuoso ni lo puede rreptar por ello, fueras ende si lo ouiese fecho en tergua o a sabiendas. E si lo fiziese de otra guisa por yerro deuelo emendar quando le fuere demandada la emienda. E si lo emendare non le pueden dezir mal por ello.

En que manera deue ser fecho el rriepto, e como deue rresponder el rreptado.[11]

Quien quisiere reptar a otro deuelo fazer en esta manera. Catando primeramente por que quiere rreptar si es tal en que aya trayçion o aleue. E otrosi, dezimos que deue ser çierto si aquel contra quien quisiere fazer el rriepto es en culpa. E despues que fuere çierto e sabidor destas dos cosas deuelo primeramente mostrar al rrey en su poridad, diziendole asi: "Señor, tal cauallero fizo tal yerro e pertenesçe de lo acaloñar, e pidovos merçed que me otorgueys que lo pueda rreptar por ende." E entonçe deuele el rrey castigar que cate si es cosa que puede lleuar adelante. E maguer rresponda que asi es, deuele aconsejar que se abenga con el, e si emienda le quisiere fazer de otra

---

[10] Cf. *Setena Partida*, III, iii (IV, 298a).
[11] Cf. *Setena Partida*, III, iv (IV, 298b-299a).

10 guisa sin rriepto deuele mandar que la rreçiba, dandole plazo para ello de tres dias. E
en este plazo se pueden abenir sin caloña alguna. E si non se abinieren del terçero dia
en adelante deuelo fazer emplazar para ante el rrey, e entonçe puedelo rreptar por ello
por corte publicamente, estando y delante doze caualleros a lo menos, diziendo asi:
"Señor, fulano cauallero que esta aqui ante vos fizo tal trayçion o tal aleue. E deue
15 dezir qual fue e como lo fizo e digo que es traydor por ello o aleuoso." E si gelo
quisiere prouar por testigos o por cartas o pesquisas deuelo luego dezir. E si gelo
quisiere prouar por lid, entonçe diga que le y metera las manos, e gelo fara dezir o lo
mata o echara del campo por vençido. E el rreptado deue luego rresponder cada que
le dixere traydor o aleuoso que miente. E esta rrespuesta le deue dar porque le dize el
20 peor denuesto que puede ser. E tal rriepto como este deue ser fecho por corte e ante
el rrey tres dias en aquella manera que de suso deximos. E en estos tres dias deuese
acordar el rreptado para escojer vna destas tres maneras que de suso deximos qual mas
quisiere por que se libre el pleyto, o por que el rrey mande pesquirir el fecho, o que
lo prueue el rreptador por testigos e por cartas, o que se defienda el rreptado por lid.
25 E por qualquier destas tres maneras que el rreptado escogiere deue librar el pleyto. Ca
el rrey nin su corte non deue mandar lidiar por rriepto, fueras ende si el rreptado se
pagare de lidiar. E si por ventura el pleyto fuese atal que ouiese menester mayor plazo
de terçero dia, puedelo alongar el rrey fasta nueue dias, e que se cuenten en ellos los
tres dias primeros. E otrosi, dezimos e mandamos que despues que alguno rreptare que
30 esten en tregua, tan bien ellos como sus parientes, e que se guarden vnos a otros en
todas cosas sinon en el rriepto e en lo que le pertenesçe. E si acaesçiere que el rreptado
muera ante que estos plazos se cumplan, finca su fama quita e libre de la trayçion e del
aleue de que le rreptaron e non le empeçe a el nin a su linaje, pues que lo desmentio
al que lo rreptaua a sin rrazon e estaua aparejado para se defender. E otrosi, dezimos
35 que quando el rreptado se echare a lo que el rrey mandare e non a lid, si el rreptador
quisiere prouar lo que dixo por testigos o por cartas pongale el rrey plazo a que prueue.
E si lo prouare con fijosdalgo, valga la prueua, e si non lo podiere prouar por
fijosdalgo o por carta derecha, non valga.

Quien puede rresponder al rriepto, maguer el rreptado non venga al plazo.[12]

40 Non veniendo el rreptado a rresponder al rriepto a los plazos que le fuesen puestos
puedele rreptar ante el rrey el que le fizo emplazar tan bien como si el otro estouiese
presente. Empero, si se acaesçiere y padre o fijo o hermano o pariente çercano, o señor
o vasallo del rreptado o alguno que sea amigo o compadre o compañero con quien auia
seydo en rromeria o en otro camino grande, o que ouiese comido o albergado de so
45 vno, o tal amigo que ouiese casado a el mesmo o a su fijo o a su fija o le ouiese fecho
cauallero o heredero, o que lo fiziera cobrar heredad que auia perdido, o que fuese
desuiador de su muerte o desonrra o de grand daño, o lo ouiese sacado de captiuo o

---

[12] Cf. *Setena Partida*, III, v (IV, 299b-300a).

dado de lo suyo para lo quitar de la prouesa en tiempo que le era mucho menester, o otro amigo que ouiese puesto çierta amistad con su amigo señalando algund omne
150 çierto que se llamase el vno al otro a que dizen nombre de corte, cada vno destos bien podria rresponder por el rreptado si quisiese rresponder al que lo rriepta. E esto puede fazer por rrazon del deudo e amistad que ha con el. Empero, despues que ouiere desmentido, tenudo es de aduzir al rreptado ante el rrey para defenderse del mal que le dizen e para conplir de derecho. E por esto, deue auer plazo a que lo puedan aduzir,
155 segund el rrey entendiere que sea guisado, de manera que lo mas sea de treynta dias. E si a los treynta dias non lo aduxieren puedele luego alongar el plazo nueue dias e aun tres dias mas, e si menester fuere que sean todos quarenta dias e dos mas. E si a estos plazos non lo aduxieren puede el rrey darlo por enemigo a aquel que le desmentio e echarlo de la tierra. E dende en adelante puede dar por fechor al rreptado porque le fue
160 rreuelde e non quiso venir a rresponder e a defenderse al plazo que le fue puesto. E si por ventura acaesçiese que ninguno non paresçiese nin viniese a desmentir e rresponder por el emplazado que non vino a plazo que le pusieron para venir al rriepto, entonçe el rrey de su offiçio le deue otorgar estos plazos de quarenta dias e atenderlo fasta que sean pasados si verrna a defenderse. E si non viniere nin se embiare escusar dende
165 adelante puedelo dar por fechor. Pero si despues desto viniere e mostrare escusa derecha por que non pudo venir, mandamos que le vala e se defienda si podiere.

Por que rrazones se puede escusar el rreptado que non rresponda o que non lidie.[13]

Aleuoso o traydor llama el rreptador al rreptado quando le rriepta, e acaesçe a las
170 vezes que non es tal. E por ende, si el reptado entendiere que el fecho que le rrieptan non es atal que caya en trayçion nin aleue, maguer que lo aya fecho, dezimos que despues que ouiere desmentido a aquel que lo rriepta que puede demandar derecho de aquel mal que le dixo, o el rrey entendiendo que el fecho es atal en que non aya trayçion nin aleue non deue yr mas adelante por el pleyto, mas mandar al otro que lo
175 rrepto que se desdiga pues que dixo lo que non sabia nin deuia dezir, e demas, deue fincar por su enemigo. E esto mesmo deue ser guardado quando alguno reptare a otro non auiendo poder para lo fazer.

Por que rrazon non se puede escusar el rreptado que non rresponda al riepto, maguer non lo rriepte el mas propinco pariente del muerto.[14]

180 Los hermanos del muerto e cada vno de los otros parientes pueden rreptar por la muerte de su hermano o pariente, e el rreptado non puede desechar al rreptador por rrazon que y aya otro pariente mas propinco e del mas çercano deudo, ca porque es

---

[13] Cf. *Setena Partida*, III, vi (IV, 300b).
[14] Cf. *Setena Partida*, III, vii (IV, 300b-301a).

propinco. Enpero, si el fijo o el pariente mas propinco del muerto quisiere rreptar, entonçe deue ser rreçebido ante que otro ninguno. E si el rreptado se defendiere non
85 lo puede dende adelante otro rreptar por aquella rrazon, maguer sea mas propinco que el otro que primero rrepto. Mas si el rreptado se defendiere sin lid e sin prueua e sin pesquisa, asi como desechando la persona del rreptador por que non ouiese derecho de rreptar, entonçe non se podria escusar del rriepto que otro pariente mas propinco le fiziese, segund lo declara de suso esta ley.

90 **Como el rreptador e el rreptado deuen seguir el pleyto fasta que sea acabado, e que pena meresçe el rreptador si non prouare lo que dize, e otrosi el rreptado si le prouaren el mal de que le rrieptan.**[15]

Seguir deuen el pleito tan bien el rreptador como el rreptado fasta que sea acabado por juyzio de corte. E non se deue abenir el rreptado con el reptador sin mandado del
95 rrey. E si lo fizieren puede el rrey echarlos de la tierra por ende. E si por auentura el rreptador non podiese prouar el pleito o se dexase del despues que ouiese rreptado non lo queriendo leuar adelante, deuese desdezir delante del rrey e por corte diziendo que mentio en el mal que dixo al rreptado. E si se desdixere, dende en adelante non pueda rreptar nin ser par de otro en lid nin en honrras. E si desdezir non se quisiere, deuelo
100 el rrey echar de la tierra e darlo por enemigo a aquel que el rrepto, e esto por el atreuimiento que fizo en dezir mal del omne que era su natural ante del non auiendo fecho por que. E eso mesmo deue ser guardado quando el reptador non quisiere prouar por testigos nin por carta lo que dize, sinon por pesquisa del rrey o por lid. Ca si el rreptado non quisiere la pesquisa nin la lid deuelo dar por quito del rriepto porque non
105 es tenudo de meter su verdad a pesquisa nin a lid. E otrosi, dezimos que si el rreptado fuere vençido del pleito porque lo rreptaron e dado por aleuoso que deue ser echado de la tierra para siempre e perder la meytad de todo quanto ouiere e ser del rrey, mas non deue omne que sea fidalgo morir por aleue, fueras ende si el fecho fuese tan malo que todo omne que lo fiziese ouiese de morir por ello. Mas si el rreptador fuere
110 vençido e dado por traydor deue morir por ende, e perder todos sus bienes que ha e ser del rrey, asi como de suso deximos en el titulo de las trayçiones.

Como el rrey deue dar juyzio en rrazon de rriepto quando el rreptado non viene al plazo que le fue puesto.[16]

Dar deue el rrey juyzio contra el rreptado si non viniere al plazo que le fuere
115 puesto en esta manera: faziendolo rreptar otra vez ante si por corte e diziendo el que lo fizo emplazar la rrazon por que lo rrepto, e el yerro que fizo, e mostrando los plazos que le fueron puestos, e como non vino a ellos, e contando el fecho como paso. E

---

[15] Cf. *Setena Partida*, III, viii (IV, 301ab).
[16] Cf. *Setena Partida*, III, ix (IV, 301b).

desque lo oviere contado deue pedir merçed al rrey que faga y aquello que entendiere que deue fazer de derecho. E el rrey quando ouiere de dar sentençia deue fazer muestra
220 que le pesa e dezir asi por corte: "Sabeys ya como fulano cauallero fue emplazado que viniese a oyr el rriepto e ouo plazo a que podiera venir a se defender si quisiera segund que lo deuia auer de derecho, e tan grande fue su mala ventura que non ouo vergüença de Dios nin de nos, nin rreçelo de desonrra de si mesmo nin de su linaje nin de su tierra, nin vino a defenderse nin se embio a escusar de tan grand maldad como esta que
225 oydes de que lo rreptaron. E comoquier que nos pesa de coraçon por auer a dar tal sentençia contra omne que sea natural de nuestra tierra, enpero, por el lugar que tenemos para complir la justiçia e por que los omnes se rreçelen de fazer tan grand yerro e tan grand maldad como esta, damoslo por traydor e por aleuoso. E mandamos que ado quier que sea fallado de aqui adelante que le den muerte de traydor o de
230 aleuoso, segund que meresçe por tal yerro como aqueste que fizo."

Item: este rrey, en esta mesma *Partida*, en el titulo quarto, dize asi. Que lid es vna manera de prueua.[17]

Lid es vna manera de prueua que usaron a fazer los omnes antiguamente quando se querian defender por armas del mal sobre que los rreptauan. Onde, pues que en el
235 titulo ante deste fablamos de los rrieptos, queremos dezir en este de tales lides como estas, e mostrar que cosa es lid, e por que rrazon fue fallada, e a que tiene pro, e quantas maneras son della, e quien la puede fazer, e sobre quales rrazones puede ser fecha, e por cuyo mandado, e en que logar, e en que manera, e en que pena cae el que fuere vençido, e que cosas podra fazer el rreptado por que sea quito de la lid, e que
240 deue ser fecho de las armas e de los cauallos que fincan en el campo despues que han lidiado.

Quien puede lidiar, e sobre quales rrazones, e por cuyo mandado, e en que lugar, e en que manera.[18]

Manera de prueua es, segund costumbre de España, la lid que manda fazer el rrey
245 por rrazon de rriepto que es fecho ante el, abeniendose amas las partes a lidiar. Ca de otra guisa el rrey non lo mandara fazer. E la rrazon por que fue fallada la lid es esta: porque touieron los fijosdalgo de España que mejor era a ellos defender su derecho e su lealtad por armas que meter a peligro de pesquisa o de falsos testigos. E tiene grand pro la lid porque los fijosdalgo temiendose de los peligros e de las afruentas que
250 acaesçen en ella rreçelanse a las vezes de fazer cosas por que han a lidiar. E son dos maneras de lid que costumbraron a fazer en rrazon de la prueua: la vna es que costumbran entre si los fijosdalgo quando lidian a cauallo; e la otra es la que suelen

---

[17] Cf. *Setena Partida*, IV (IV, 302a).
[18] Cf. *Setena Partida*, IV, i (IV, 302ab).

fazer a pie los omnes de las villas e de las aldeas, segund fuero antiguo lo solian vsar.

Lo que se ha de fazer quando el rreptador e el rreptado han de lidiar.[19]

255 Lidiar pueden el rreptador e el rreptado quando se abinieren en la lid e han de lidiar sobre aquellas rrazones sobre que fue fecho el rriepto, segund deximos en el titulo de los rrieptos. E esto deuen fazer por mandado del rrey en aquel campo que les fuere señalado para ello. E deue el rrey darles plazo para ello e señalarles dia en que lidien e mandarles con que armas se combatan e darles fieles que les señalen el campo
260 e lo amojonen e gelo muestren por que lo sepan e entiendan çiertamente por que logares son los mojones del campo de que non han de salir sinon por mandado del rrey o de los fieles. E despues que esto ouieren fecho hanlos de meter en medio del campo e partirles el sol. E deuenles dezir ante que se combatan como han de fazer e veer si tienen aquellas armas que el rrey mando, o mas o menos. E fasta que los fieles se
265 partan de entre ellos cada vno puede mejorar el cauallo o las armas. E desque ellos touieren los cauallos e las armas que ouieren menester deuen los fieles salir del campo e estar y açerca por ver e oyr lo que fizieren e dixeren. Entonçe deue el rreptador acometer al rreptado primeramente. Pero si el rreptador non lo cometiere puede el rreptado cometer a el si quisiere.

270 Como el que rriepta non puede dar par por si para lidiar si el rreptado non quisiere.[20]

Omne poderoso faziendo a otro alguno de menor guisa cosa en que aya trayçion o aleue puedelo rreptar por ende aquel que rreçibio el tuerto. E el poderoso, si quisiere combatirgelo, puedelo fazer o darle par, mas el que rriepta non puede dar par al
275 rreptado en su lugar si el rreptado non quisiere. E quando par fuere deue ser par tan bien en linaje como en bondad e en señorio e en fuerça. Ca non es en ygualdad vn omne valiente combatirse con omne de pequeña fuerça. E si el que ha de dar par diere omne que vala mas por linaje o por otras cosas en tal que non sea mas valiente e que se quiera fazer par del, non le deue desechar. E otrosi, dezimos que si algund omne
280 rreptare a dos o a mas por algun fecho que los rreptados non sean tenudos si non quisieren de rresponder o rreçebir par mas el reptador cate lo que faze. Ca quantos rreptare con tantos avra de combatir o a cada vno dellos, qual mas quisiere, si los rreptados quisieren lidiar e non quisieren rreçebir par. E si muchos ouieren rrazon de reptar a uno sobre algund fecho, escojan entre si vno dellos que rriepte e con aquel
285 entre en derecho e non con los otros.

En que pena cae el que saliere del campo o fuere vençido, e que cosas puede

---

[19] Cf. *Setena Partida*, IV, ii (IV, 302b).
[20] Cf. *Setena Partida*, IV, iii (IV, 303a).

fazer el rreptado en la lid para ser quito.[21]

Salir non deue del campo el rreptador e el rreptado sin mandado del rrey o de los fieles. E qualquier que otra cosa fiziere saliendo dende por su voluntad o por fuerça del otro combatidor sera vençido. Pero si por maldad del cauallo o por rrienda quebrada o por otra ocasion manifiesta, segund bien vista de los fieles contra su voluntad, e non por fuerça de otro combatidor saliere alguno dellos del campo si luego que podiere de cauallo o de pie torrnare al campo non sea vençido por tal salida. E si el rreptador fuere muerto en el campo el rreptado finque por quito del rriepto, maguer que el rreptador non se caya desdicho. E si el rreptado moriere en el campo e non se otorgare por aleuoso o non otorgare que fizo el fecho de que fue rreptado, muera quito del rriepto. Ca rrazon es que sea quito quien defendiendo su verdad prende muerte. Otrosi, dezimos que es quito el rreptado si el rreptador non lo quisiere acometer ca abondale que esta aparejado en el campo para defender su derecho. E aun dezimos que quando el rreptador matare en el canpo al rreptado o el rreptado al reptador que el biuo non finque enemigo de los parientes del muerto por rrazon de aquella muerte. El rrey deuelo fazer perdonar e asegurar a los parientes del muerto si de algunos se temiere o se rreçelare.

Como los fieles pueden sacar del campo a los lidiadores.[22]

Si en el primero dia el rreptado o el reptador non fuere vençido a la noche o ante si amos quieren o el rrey lo mandare los fieles saquenlos del campo e metanlos amos en vna casa e faganles ygualdad en el comer e en el yazer e en todas las otras cosas guisadas. Empero, si alguno quisiere mas comer o beuer que el otro, dengelo, e el dia que los ouieren a torrnar en el campo torrnenlos en aquel mesmo lugar e en aquella mesma guisa de cauallos e de armas e de todas las otras cosas en que estauan quando los ende sacaron. E si el rreptado se podiere defender por tres vezes en el campo que non sea vençido, pasados los tres dias finque quito e el rreptador aya la pena que manda la ley que fabla de aquellos que non prueuan en el rriepto lo que dizen.

Que deue ser fecho de las armas e de los cauallos que fincan en el campo de los lidiadores despues que han lidiado.[23]

Costumbraron ante de nuestro tiempo que los cauallos e las armas de aquellos que salen del campo ante que los fieles los sacasen dende que fuesen del mayordomo del rrey, tan bien de los vençedores como de los vençidos. E nos, queriendo fazer bien e merçed a los fijosdalgo, mandamos que los cauallos e las armas de los que salieren

---

[21] Cf. *Setena Partida*, IV, iv (IV, 303b).
[22] Cf. *Setena Partida*, IV, v (IV, 304a).
[23] Cf. *Setena Partida*, IV, vi (IV, 304ab).

vençedores del campo que las ayan sus dueños o sus herederos de aquellos que morieren en el. Pero tenemos por bien e mandamos que los cauallos e las armas de los que fueren vençidos por aleuosos, quier salgan del campo quier non, que los aya el mayordomo del rrey.

Item: el rrey don Alfonso el sexto, en el *Fuero de las Leys*, en el libro quarto, en el titulo de los rrieptos, establesçio todas las leyes siguientes.

Que el fijodalgo que mato o firio o lisio e prende a otro ante de le desafiar es aleuoso.[24]

Todo fijodalgo que a otro matare o firiere o lisiare o le prisiere o corriere con el ante que le aya desafiado es por ende aleuoso e puedele dezir ante el rrey que es por ende aleuoso. E tal dicho como aqueste es llamado rriepto. Si fijodalgo lo fiziere a otro omne o otro omne a fijodalgo o otros entre si que non sean fijosdalgo, non son por ende aleuosos sinon si lo fizieren en tregua o en pleito que ayan puesto vno con otro. Ca el pleyto de la amistad antigua non fue fecho sinon tan solamente entre los fijosdalgo.

Que el fijodalgo que fiziere mal a otro que non tanga en su cuerpo, aunque non lo aya desafiado, non es aleuoso si non lo faze en tregua.[25]

Si fijodalgo a otro fijodalgo quemare o derribare casas o torre, o corrtare viña o arboles o furtare auer o heredad o fiziere otro mal que non tanga en su cuerpo, maguer non le aya ante desafiado, non es por ende aleuoso. Pero si gelo fiziere en tregua es por ende aleuoso, si lo fiziere a sabiendas. Ca si lo fiziere por yerro deuelo emendar quando le fuere demandado la emienda. E si lo emendare non le pueda dezir mal.

Quando se deue desdezir e quando non el que rriepta.[26]

Si algund fijodalgo dixere mal a otro en tal manera que si non le emendare lo que fizo, que es por ende aleuoso si el fecho fuere tal por que lo pueda dezir. Despues que lo emendare non sea tenudo de desdezirse. Ca cumple si le dixere despues que es leal. E si el fecho fuere tal que non caya en aleue desdigase e aya la pena de la ley.

Que el rriepto non se puede fazer sinon ante el rrey.[27]

---

[24] Cf. *Fuero Real*, IV, XXI, ii (484).
[25] Cf. *Fuero Real*, IV, XXI, iii (485).
[26] Cf. *Fuero Real*, IV, XXI, iv (485).
[27] Cf. *Fuero Real*, IV, XXI, v (486).

Fijodalgo que a otro quisiere rreptar rrieptelo ante el rrey e non ante otro nin ante merino nin ante otro omne ninguno nin de orden nin de siglo. Ca non ha otro poder sinon el rrey de dar fidalgo por aleuoso nin de quitarle de rriepto si non le fuere prouado aquello de que fue rreptado. E maguer le sea prouado o sea judgado por aleuoso, el rrey lo puede dar por quito e por leal si tanta merçed le quisiere fazer. Ca mas grande es el derecho del poder del rrey que todas las leys e todos los derechos tiene so si. E el su poder non lo ha de los omnes mas de Dios, cuyo logar tiene en todas las cosas temporales.

Como se faze el rriepto.[28]

Quienquier que a otro rreptare deuele rreptar en esta guisa. Fagalo llamar delante del rrey. E despues que fuere delante del rrey diga el fecho por que le rriepta, e digale que es ende aleuoso e que gelo fara dezir o que lo matara e le porna fuera del campo. E si gelo quiere prouar por testigos o por carta o por pesquisa del rrey, digagelo. E el rreptado diga que miente. E si quisiere combatir, digagelo. E si non quisiere combatir, diga que fara quanto el rrey mandare.

Que se deue desdezir el vençido.[29]

Si el rreptado entendiere que el fecho de que le rriepta non es tal por que el sea aleuoso, maguer que lo aya fecho despues que desmentiere, si quisiere puede demandar derecho de [aquello que][30] le fue dicho e non yr mas por el pleyto, e el rrey deuele fazer auer derecho. E esto mesmo sea quando alguno rreptare a otro que non deue rreptar. E es derecho que se desdigan pues dixeron lo que non deuian o que non podian dezir e finque por su enemigo. E esto mesmo sea si fuere vençido e non podiere prouar lo que dixo.

Que el rrey non manda lidiar, mas quando las partes son abenidas pone dia e plazo.[31]

Pues que el rreptado desmentiere, en su poder es de combatir sobre el rriepto o non. Ca el rrey non ha de mandar lidiar por rriepto. Mas si amas las partes son abenidas en la lid el rrey les deue poner dia e darles plazo en que lidien e ponerles fieles que vean e que oyan lo que fizieren e que les partan el campo e el sol e les digan ante que se combatan como han de fazer e que vean si tienen las armas que el rrey mando o mas o menos. E ante que los fieles sean partidos de entre ellos cada vno

---

[28] Cf. *Fuero Real*, IV, XXI, vi (486).
[29] Cf. *Fuero Real*, IV, XXI, vii (487).
[30] aquello que] a que – *Inc. 1487*.
[31] Cf. *Fuero Real*, IV, XXI, viii (487).

pueda mejorar en cauallo o en armas.

Que han de fazer los fieles.[32]

Los fieles puestos por el rrey han de meter el retador e el retado en el campo e al plazo que fuere por el rrey o por quien el mandare. E hanles de mostrar los mojones todos del campo por que entiendan e sepan bien su plazo de que non ayan de salir sinon quando gelo mandaren, e como los mandare salir el rrey o los fieles. E qualquier dellos que saliere del plazo sin mandado del rrey o de los fi[e]les por su voluntad o por fuerça del otro combatidor sea vençido. Pero si por maldad del cauallo o por rrienda quebrada o por otra ocasion manifiesta, segund bien vista de los fieles, contra su voluntad e non por fuerça del otro combatidor salier del plazo si luego que podiere de cauallo o de pie torrnare al plazo non sea vençido por tal salida.

Que si el rreptado muere en el campo finca quito del rriepto.[33]

Si el rreptador fuere muerto en el campo el rreptado finque quito, maguer que el rreptador non se aya desdicho. E si el rreptado moriere en el campo e non se otorgue por aleuoso o non otorgare que fizo el fecho de que fue rreptado, muera quito del rriepto. Ca rrazon es que sea quito quien defendiendo su verdad toma muerte.

Quien ha los cauallos e armas que salen del campo.[34]

Maguer que ante de nuestro tiempo los cauallos e las armas que salian del plazo ante que los fieles los dende sacasen eran del mayordomo del rrey, tan bien de los vençedores como de los vençidos, nos, queriendo fazer bien e merçed a nuestros fijosdalgo, mandamos que los cauallos e las armas que salieren del plazo que las ayan sus dueños o sus herederos de aquellos que murieren en el plazo. Pero tenemos por derecho e mandamos que los cauallos e las armas de los que fueren vençidos por aleuosos, quier salgan del campo, quier non, que los aya el mayordomo del rrey.

Que se deue fazer si el rreptado non quisiere lidiar.[35]

Quando el rreptador se echare a lo que el rrey mandare e non a lid, si el rreptador quisiere prouar lo que dixo por testigos o por cartas ponga el rrey plazo a que prueue, e si le prouare con fijosdalgo, vala la prueua, e si non lo pudiere prouar por fijosdalgo o por carta que deua valer segund que manda la ley, non vala.

---

[32] Cf. *Fuero Real*, IV, XXI, ix (488).
[33] Cf. *Fuero Real*, IV, XXI, x (488).
[34] Cf. *Fuero Real*, IV, XXI, xi (489).
[35] Cf. *Fuero Real*, IV, XXI, xii (489).

Que se deue fazer si el rreptado non quisiere pesquisa nin lid.[36]

Si por auentura el rreptador non quisiere prouar lo que dize sinon por pesquisa del
410 rrey o por lid o el rreptado non quisiere la pesquisa nin la lid, sea quito del rriepto. Ca
non es tenido si non quisiere de meter su verdad a pesquisa nin a lid, e el rreptado aya
la pena que manda la ley.

Por quien puede el fijoda[l]go rreptar.[37]

Todo fijodalgo puede rreptar a otro por fecho que caya en aleue e fizieren a el e
415 a su señor o a su padre o a su madre o a fijo o fija o a hermano o a hermana o a
pariente o a parienta por que deua acaloñar quien por otro rreptare e aya la pena de la
ley e el rreptado sea quito. Mas guardese el rreptador que non rriepte por ninguno de
los suso dichos si non por señor mientra que el por quien rriepta fuere biuo, ca non
deue en rriepto personero ser rreçebido, fueras si rreptare por muger o por omne de
420 orden o por tal que non pueda o non deua tomar armas. Ca bien queremos que por
fecho de entre tales caya pueda rreptar cada vno de sus parientes, maguer que sea biuo
aquel por quien rriepta.

Quien non pu[e]de rreptar.[38]

Ningund traydor nin aleuoso nin fijo de traydor non pueda rreptar a otro omne
425 ninguno nin pueda rreptar a otro mientra que ouiere tregua, maguer que en esta tregua
le aya fecho por que. E nin omne rreptado non pueda rreptar a otro omne que sea quito
de rriepto nin omne que se aya desdicho nin vno por otro si non fuere por aquellos que
manda la ley. E quando quisiere alguno rreptar por otro, por que pueda rreptar con
derecho, rriepte en su nombre diziendole que vale menos porque lo fizo e gelo prouara
430 por lid o por testigos o por pesquisa del rrey. Ca si dixere que rriepta por aquel que
manda rreptar non sea oydo ca el rriepto non deue ser rreçebido por personero.

Que puede el rreptado cometer si quisiere.[39]

Maguer que costumbre es que el rreptador cometa al reptado despues que son en
el plazo, si el reptado cometer quisiere en antes puedalo fazer.

435 ### Que se deue fazer quando vno rriepta a muchos o muchos a vno.[40]

---

[36] Cf. *Fuero Real*, IV, XXI, xiii (490).
[37] Cf. *Fuero Real*, IV, XXI, xiv (490).
[38] Cf. *Fuero Real*, IV, XXI, xv (491).
[39] Cf. *Fuero Real*, IV, XXI, xvi (491).
[40] Cf. *Fuero Real*, IV, XXI, xvii (492).

Quien por algund fecho rriepta a dos o mas los rreptadores non sean tenidos si non quisieren de rreçebir p[a]r, mas el rreptador cate lo que faze. Ca quantos reptare a tantos avra de combatir o a cada vno dellos qual mas quisiere si los reptados quisieren lidiar e non quisieren rreçebir par. E si muchos ouieren razon de reptar a alguno sobre algund fecho escojan entre si vno dellos que lo rriepte e con aquel entre en derecho.

Si muriere el rreptado o el reptador quando finca quito o non.[41]

Si despues que el pleyto del rrieto es començado antes que sea feneçido si quisiere el rreptador, quier el rreptado, amos murieren sinon si fincare por el rreptador de seguir su pleyto finque el rreptado quito, quier muerto quier biuo. Mas si acaesçiere la muerte de qualquier dellos, quier de amos non siguiendo el rreptado su derecho, quier non veniendo seguirlo, quier parandolo por rrebuelta desaguisada, non finque quito muerto nin biuo.

Que durando el rriepto estan en treguas.[42]

Mandamos que pues que alguno rreptare a otro que esten en treguas por si e por sus parientes e que se guarden vnos a otros en todas las otras cosas sinon el rriepto e lo que pertenesçe al rriepto.

Que non finque enemigo de los parientes el que mata a otro en el campo.[43]

Si el rreptador matare en el campo al rreptado o el rreptado al rreptador, el vno non finque enemigo de los parientes del otro muerto por rrazon de aquella muerte, e el rrey fagalo perdonar e asegurar de los parientes del muerto si de algunos ouiere miedo o rreguardo por esta rrazon.

Que quando el rreptador es vençido non puede otro rreptar por aquella rrazon.[44]

Maguer que el muerto dexe fijos, cada vno de los hermanos o cada vno de los otros parientes pueda rreptar por la muerte del. Mas si fijo o pariente del mas propinco quisiere rreptar sea rresçeuido el mas propinco e el rreptado non pueda desechar al rreptador porque ay otro pariente çercano. E si el rreptado se defendiere de aquel que lo rreptare por lid o por testigos o por pesquisa e el rreptador fuere vençido, non le pueda otro mas rreptar por aquella rrazon maguer que sea mas propinco el que

---

[41] Cf. *Fuero Real*, IV, XXI, xviii (492).
[42] Cf. *Fuero Real*, IV, XXI, xix (493).
[43] Cf. *Fuero Real*, IV, XXI, xx (493).
[44] Cf. *Fuero Real*, IV, XXI, xxi (493-4).

465 despues le quisiere rreptar. Mas si se defendiere sin lid o sin prueua como si lo echare porque lo non puede rreptar por rrazon de su persona, non pueda echar otro pariente propinco que lo quiera rreptar por aquella rrazon.

Como ha de dar el rreptado al rreptador par.[45]

Qua[n]do algund omne poderoso fiziere a otro de menor poder o de menor guisa
470 cosa que caya en aleue, puedagelo dezir, e el poderoso, si quisiere combatirgelo, puedalo fazer o darle su par. Mas el que rriepta non puede dar par en su logar al rreptado si el rreptado non quisiere. E quando par fuere a dar deue ser par tan bien en linaje como en bondad e en casamiento e en señorio e en fuerça. Ca non es ygualdad vn omne valiente combatirse con omne de pequeña fuerça. E si el que ha de dar par
475 diere como que vale mas por linaje o por las otras cosas en tal que non sea mas valiente e se quiera fazer del otro non le puede desechar.

Que pena deue auer el rreptado si fuere vençido.[46]

El rreptado que fuere vençido por aleuoso sea echado de toda la tierra por siempre jamas e pierda la meytad de quanto ouiere e ayalo el rrey e non muera por rrazon del
480 aleue si el fecho que fizo non fue tal por que deua morir quier que lo faga.

Que deuen fazer quando en vn dia non es vençido el retado ni el retador.[47]

Si en el primero dia el rreptador o el rreptado non fuere vençido a la noche o ante si amos quisieren o el rrey lo mandare, los fieles saquenlos del campo e metanlos amos en vna casa e faganles ygualdad en el comer e en el beuer e en todas las otras cosas
485 guysadas. Pero si el vno quisiere mas comer o beuer mas que el otro, dengelo. E al dia que los ouieren de tornar al plazo tornenlos en ese mesmo logar e en aquella mesma guisa de cauallos e de armas e de todas las otras cosas en que estauan quando los ende sacaron. E si el rreptado se pudiere defender por tres dias en el plazo e non fuere vençido, pasados los tres dias finque quito e el rreptador aya la pena que manda la ley.

490 ### Quien es traydor.[48]

El rriepto del traydor en esta mesma guisa se faga que el del aleuoso, e la prueua otrosi. E maguer que mayor pena aya el traydor que el aleuoso, mandamos que el rreptador por trayçion non aya mayor pena si non prouare lo que dixo que el rreptador

---

[45] Cf. *Fuero Real*, IV, XXI, xxii (494).
[46] Cf. *Fuero Real*, IV, XXI, xxiii (495).
[47] Cf. *Fuero Real*, IV, XXI, xxiv (495).
[48] Cf. *Fuero Real*, IV, XXI, xxv (496).

por el aleue.⁴⁹ Traydor es quienquier que mata a su señor o lo fiere o lo prende o mete en el mano o maltrata o lo manda o aconseja fazer o quien alguna destas cosas fiziere a fijo de señor natural o a aquel que deue aguardar de mientra que non saliere de mandado de su padre. Otrosi, traydor es quien yaze con muger de su señor o quien es en consejo que otro yaga con ella. Otrosi, traydor es quien desereda a su rrey o es en consejo de deseredarlo o quien trae castillo o villa murada.

Que pena deue auer el traydor.⁵⁰

Todo traydor deue morir por la trayçion que fiziere e pierda quanto ha, e que lo aya el rrey maguer que aya fijos de bendiçion o nietos o dende ayuso.

Item: el emperador don Alfonso el secteno, en las Cortes de Najera, estableçio algunas leys a este proposito, las quales situo el rrey don Alfonso el vndeçimo en el *Ordenamiento de Alcala*, en esta guisa.

Como se deue fazer el rriepto.⁵¹

Graue cosa es a los rreyes que los sus naturales sean denostados ante ellos de denuestos de trayçion o de aleue. E por esta rrazon el emperador don Alfonso ordeno e estableçio en las Cortes de Nagera que qualquier que quisiese acusar o rreptar a otro sobre traiçion o aleue que lo mostrase primeramente al rrey e le pidiese merçed que lo podiese acusar o rreptar. E porque fallamos que el dicho ordenamiento es bueno e con rrazon aguarda de los fijosdalgo de nuestro señorio e de los otros nuestros naturales, estableçemos que ninguno non sea osado a acusar nin rreptar a otro ante el rrey sobre trayçion o aleue que non tanga al rrey o al rreyno fasta que primeramente lo muestre al rrey en su poridad con vn escriuano de camara. Porque si el rrey viere que el fecho es tal sobre que se puede fazer emienda que lo faga fazer la que entendiere que cumple o que se escuse la ocasion o el rriepto. E si el rrey viere que la acusaçion o rriepto non se puede escusar que se pueda fazer la acusaçion. E si aquel a quien quisieren acusar o rreptar de trayçion o del aleue que non tanga al rrey o al rreyno fuere en la corte, que avnque lo aya dicho al rrey que non pueda fazer la acusaçion o el rriepto fasta nueue dias. E si non fuere en la corte, que el rrey de su offiçio lo faga saber a aquel a quien asi quisieren acusar o rreptar, e que este a quien asi quisieren acusar o rretar aya plazo de treynta dias e de nueue dias mas. E si non viniere en los treynta e nueue dias, o viniendo en los treynta dias non se abenieren fasta los nueue dias seguientes despues que viniere, o viniendo en los nueue dias despues de los treynta, non se abinieren fasta

---

⁴⁹ What follows appears as a separate statute in the *Fuero Real*, but not in any of the extant MSS. For the source, cf. *Fuero Real*, IV, XXI, xxvi (496).

⁵⁰ Cf. *Fuero Real*, IV, XXI, xxvii (496).

⁵¹ Cf. *Ordenamiento de Alcalá*, LXXVII (555-556).

los nueue dias complidos, e de si de los treynta dias, que dende adelante que se pueda fazer la acusaçion o el rriepto. E si acaesçiere que el rrey por oluido o por otra rrazon non lo fiziere saber a aquel a quien querian acusar o rreptar, como dicho es, tenemos por bien que pasados los treynta e los nueue dias que puedan fazer la acusaçion o el
530 rriepto asi como si el rrey gelo ouiese fecho saber. E si acusare o rreptare sobre trayçion o aleue que non tanga al rrey o al rreyno non guardando lo que dicho es, que el rrey de al rreptado por quito de la acusaçion o del rriepto, e el reptador aya la pena que deue auer el que faze el riepto non lo podiendo fazer, la qual es que se desdiga. E si se desdize non finca por fidalgo. E si non quisiere desdezir que salga del rreyno
535 fasta treynta dias e finque por enemigo de aquel a quien dixo la acusaçion o el riepto e de sus parientes. E si fuere acusaçion que aya el acusador esa mesma pena. E si la acusaçion o el rriepto se ouiere de fazer sobre fecho de trayçion que tanga al rrey o al rreyno, que el que quisiere fazer la acusaçion o dezir el riepto que lo muestre al rrey en su poridad e que se non pueda fazer tal acusaçion nin dezir tal rriepto en ninguna
540 manera nin en ningund tiempo sin mandado del rrey. E si de otra guisa se fiziere la acusaçion o el rriepto de tal trayçion que non lo aya el rrey e lo escarmiente al que asi fiziere la acusaçion o dixere el rriepto sin su mandado como la su merçed fuere parando mientes a las palavras de la acusaçion o del rriepto.

Quien e por quien se deue fazer el rriepto.[52]

545 Estableçemos que en esta manera se puedan fazer los rrieptos todo fijodalgo que pueda reptar por muerte o desonrra que caya en trayçion o en aleue que le aya fecho otro fijodalgo. E esto que lo pueda fazer el por si mesmo, o si fuere muerto el que rreçibiere la desonrra que pueda rreptar el padre por el fijo e el fijo por el padre e el hermano por el hermano. E si tales parientes y no ouiere puedalo fazer el mas çercano
550 pariente que y ouiere del muerto fasta segundos fijos de primos. E aun establesçemos que pueda rretar el vasallo por el señor e el señor por el vasallo, e cada vno de los parientes del rreptado fasta el quarto grado pueda rresponder por su pariente quando es rreptado. Mas por omne que fuese biuo non puede otro rreptar porque en el rriepto non puede ser rreçebido personero, fueras ende quando alguno quisiere rreptar a otro
555 por su señor o por su muger o por omne de orden o por tal que non pueda ni deua tomar armas. Ca bien tenemos por derecho que en fecho que en tales caya bien puede vno de los parientes rreptar, maguer sea biuo aquel por quien rreptase. Pero dezimos que ningund traydor ni aleuoso nin su fijo que ouo despues que la trayçion ouo fecho o el aleue non pueda rreptar a otro nin aquel que es judgado porque fizo cosa por que
560 vale menos. E otrosi, que non pueda rreptar a otro omne aquel que fuere rretado ante que sea quito del rriepto nin el que fuese desdicho por corte, nin pueda ninguno rreptar a aquel con quien ha tregua de mientra que durare la tregua saluo si durando la tregua faziendo alguna cosa de aquellas porque puede ser dicho rriepto. Otrosi, estableçemos

---

[52] Cf. *Ordenamiento de Alcalá*, LXXX (560-561).

que ninguno non pueda fazer rriepto ante omne alguno saluo ante el rrey por corte e non ante rrico omne nin merino nin otro ofiçial alguno del rreyno, porque otro alguno non ha poder de dar al fijodalgo por traydor nin por aleuoso nin quitarlo del rriepto sinon el tan solamente por el señorio que ha sobre todos. E estableçemos que todo fijodalgo puede ser rreptado que matare o firiere o prendiere a otro fijodalgo non le auiendo primeramente desafiado. E el que rreptare alguna destas rrazones puedale dezir que es por ende aleuoso.

Quando el reptado non quisiere lid que el rrey lo mande saber por pesquisa.[53]

Declaremos e mandamos que despues que alguno rreptare a otro que esten ellos e sus parientes en tregua e que se guarden vnos a otros en todas las cosas sinon en rriepto o en lo que a el pertenesçe. E si acaesçiere que el rreptado muera en plazo o andando en la corte defendiendo su verdad finque su fama libre e quita de la trayçion o del aleue de que le rreptaren e non empezca a el nin a su linaje pues que desmintio a aquel que le rreptaua e estaua aparejado para se defender. Otrosi, dezimos que quando el rretado se echare a lo que el rrey mandare e non a lid que el rrey lo mande saber por pesquisa.

Que se deue fazer si el rreptado non viniere a rresponder.[54]

Non ueniendo el rreptado a responder al rriepto a los plazos que le fueron puestos, puedelo rreptar ante el rrey el que lo fizo emplazar tan bien como si el otro estouiese presente. Pero si se acaesçiere y padre o fijo o hermano o pariente çercano fasta el quarto grado, o señor por vasallo o vasallo por señor, cada vno destos bien podria rresponder por el reptado si quisiere e desmentir a quien lo rrepto. E esto puede fazer por rrazon del deudo.

Que si el rreptador dexare el rriepto deuese desdezir[55]

El rreptado non puede desechar al rreptador por rrazon que ay otro pariente mas propinco. Pero si quisiere reptar el otro mas propinco pariente del muerto entonçe deue reptar ante que otro ninguno. E si el reptado se defendiere de qualquier que lo riepta por lid o por pesquisa, e el reptador por aquella rrazon, maguer sea mas propinco el que despues lo queria reptar. Mas si el rreptado se defendiere sin lid e sin pesquisa asi como desechando la persona del reptador por que non ouiese derecho de reptar, entonçe non se puede escusar del rriepto que otro pariente mas propinco le fiziese. E si por auentura el reptador dexase el riepto despues que ouiese rreptado non lo queriendo

---

[53] Cf. *Ordenamiento de Alcalá*, LXXXI (561).
[54] Cf. *Ordenamiento de Alcalá*, LXXXII (561-562).
[55] Cf. *Ordenamiento de Alcalá*, LXXXIII (562-563).

leuar adelante deuese desdezir delante del rrey por corte diziendo que mintio en aquello que dixo al rreptado, e si se desdixere, dende adelante non pueda rreptar nin ser par de otro en lid nin en honrra. E si desdezir non se quisiere deuelo el rrey echar de la tierra e darlo por enemigo de aquel a quien repto. E esto por el atreuimiento que fizo en dezir mal ante el de omne que era su natural non auiendo fecho por que. Otrosi, dezimos que si el rreptado fuere vençido del pleyto que le reptaron e dado por aleuoso deue ser echado de la tierra para siempre e perder la meytad de todo quanto ouiere, e sea del rrey. Mas non deue omne que sea fijodalgo morir por rrazon de aleue, fueras ende si el fecho fuere tan malo que todo omne que lo fiziese deuiese morir por ello. Mas si alguno fuese rreptado por caso de trayçion e fuese vençido e dado por traydor deue morir por ello e perder todos los bienes que ha e ser del rrey.

Que deue fazer el rrey si el rreptado non viniere al plazo.[56]

Dar deue el rrey juyzio contra el rreptado si no viniere al plazo que le fuere puesto en esta manera, faziendolo rreptar vna vez por si ante la corte diziendo el que lo fizo emplazar la rrazon por que lo rriepta e el yerro que fizo mostrando los plazos que le fueron puestos e como non vino a ellos, e contando todo el fecho como paso. E desque lo ouiere contado deue pedir merçed al rrey que faga y aquello que entendiere de fazer por derecho. E el rrey, quando ouiere de dar sentençia, deue fazer muestra que le pesa e dezir por su corte: "Bien sabedes ya como fulano cauallero o fijodalgo fue emplazado que viniese a oyr el rriepto e ouo plazos a que podiera venir defenderse si quisiera, segund que los deue auer por derecho. E tan grande fue su mala ventura que el non ouo vergüença de Dios nin de nos nin rreçelo de desonrra de si mesmo nin de su linaje e de su tierra, nin se vino a defender nin se enbio a escusar de tan grand mal como este. Damoslo por traydor o por aleuoso, segund que mereçe por tal yerro como este que fizo."

TITULO QUARTO.
De las treguas e de la paz.
Introduçion.

Dos maneras generales dixeron los canonistas que ha de treguas: la vna se llama canonica e la otra conuençional.[1] Canonica se dize la çesasion de la guerra que se deue fazer en çiertos tiempos del año, que aunque entre los omnes aya guerra, con todo eso quisieron los sanctos canones de los sanctos

---

[56] Cf. *Ordenamiento de Alcalá*, LXXXIV (563).

[1] See Gregory IX, *Decretals*, I, XXXIV, *de tregua et pace*; and I, XXXV, *de pactis* (*Corpus Iuris Canonici*, II, 203-6). See also *Extravagantes Decretales, quæ a diversis Romanis Pontificibus post Sextum emanaverunt*, I, IX, *de tregua et pace* (*Corpus Iuris Canonici*, II, 1247-52).

padres que en algunas fiestas solenes e ayunos del año çesasen de guerrear, e çiertas personas fuesen todo tiempo seguros, segund que en su lugar mas largamente esta
10 scripto. E esta tregua nin se guarda oy nin fazen della mençion las leys deste rreyno. La conuençional se dize aquella seguridad que se dan vnas personas a otras por çierto tiempo ante que sea acabada la discordia. Ca tanto quiere dezir tregua como cosa que detiene la guerra. E [desta]² tregua conuençional hay çiertas maneras, las quales aqui non escriuimos porque estan escriptas en las leys que se siguen. Pues oydo auemos de
15 las guerras e de los otros debates de dentro de la tierra, oyamos las leys de las treguas, las quales puso el rrey don Alfonso el dezimo en la *Setena Partida*, en el titulo XII.

Que sobre los desafiamientos nasçen las guerras.
Leys.³

Segurança e tregua son cosas que nasçen sobre los malos fechos e sobre las
20 desafiaçiones. Onde, pues que en el titulo ante deste que fablamos del desafiamiento e de tornar la amistad, queremos aqui dezir de las treguas e de las seguranças, e mostrar que cosas son, e por que han asi nombre, e a que tienen pro, e quantas maneras son dellas, e quien las puede poner o dar, e como deuen ser dadas o puestas, e en que manera deuen ser tenidas e guardadas despues que las pusieren, e que pena mereçen los
25 que las quebrantan. E sobre todo diremos de las pazes.

Que cosa es tregua o segurança e por que han asi nombre, e a que tienen pro.⁴

Tregua es seguramiento que se dan los fijosdalgo entre si vnos a otros despues que son desafiados que se non fagan mal en los cuerpos nin en los aueres en quanto la tregua durare. E ha lugar la tregua en quanto la discordia e la enemistad dura entre los
30 omnes e se temen vnos de otros. E segurança es otrosi aseguramiento que los omnes de menor guisa se dan quando acaesçe enemistad entre ellos e se temen vnos de otros. E vsan otrosi en algunos logares de se dar fiadores de saluo que es tanto como tregua e segurança. E dizenle tregua porque ha tres ygualdades en ella. La primera es que por ella son seguros amas las partes de se non fazer daño de dicho nin de fecho nin de
35 consejo en quanto la tregua durare. La segunda es que despues que fuere tomada puedense abenir por si.mesmos faziendose emienda el vno al otro. La terçera es que si ellos non se acordaren en fazer la emienda que la podra auer el vno del otro demandandole por justiçia. E ansi prende en si la tregua tres ygualdades: lealtad e abenençia e justiçia. E a la segurança dizen asi porque por ella son seguros aquellos en quien es puesta mientra durare el plazo que y fue puesto. E tienen por la tregua e la segurança aquellos entre quien son puestas a aquellas cosas e por aquellas mesmas

---

² desta] desata – *Inc. 1487, Inc. 1497* ‖ esta – *Nl*.
³ Cf. *Setena Partida*, XII (IV, 358b).
⁴ Cf. *Setena Partida*, XII, i (IV, 358b-359a).

rrazones que de suso deximos.

Quantas [maneras]⁵ son de treguas e de seguranças, e quien las puede poner o dar, e en que manera deuen ser dadas e puestas, e como deuen ser guardadas despues que las posieren.⁶

En treguas e seguranças son tres maneras. La primera es la que se dan vn rrey a otro. E esta son tenudos de guardar todos los de su señorio pues que fueren pregonadas e lo sopieron en otra manera, maguer non se açertasen al poner dellas. La segunda es la que se dan entre si muchos omnes, asi como quando se dan tregua o segurança vn vando a otro. Ca esta son tenudos de guardar todos los de vn vando e los del otro desque sopieren que es puesta entre ellos. La otra es que se da vn omne a otro. E esta deue guardar cada vno de aquellos entre quien es puesta e los otros omnes que vinieren con ellos e ouieren de fazer su mandado. E pueden poner tregua entre si los rreys e mayorales de los vandos e los otros que han discordia e enemistad entre si. E quando los vandos o los otros omnes que ouieren discordia o enemistad entre si non acordaren a dar tregua o segurança, puedenlos apremiar que la den los merinos o los otros offiçiales de cada logar que han poder de judgar e complir la justiçia en la tierra, e son tenudos de la guardar bien asi como si ellos mesmos la ouiesen puesto de su mano. E deuen ser dadas e puestas las treguas e las seguranças en esta manera: que sepan çiertamente aquellos que las tomaren o las posieren quales son aquellos entre quien las ponen, e quantos, e que fagan carta ante testigos de guisa que non pueda venir en dubda e se pueda prouar si menester fuere. E deuen prometer amas las partes que se guardaran e se non faran mal de dicho nin de fecho nin de consejo. E en esta mesma manera deuen ser tomados los fiadores de saluo, e tan bien las treguas como las seguranças. E las fiaduras de saluo deuen ser guardadas en aquella manera mesma que fuere dicho e prometido a la sazon que fueron tomadas e puestas. E comoquier que tregua ha lugar señaladamente en los fijosdalgo quando se desafian, empero bien se pueden dar tregua los otros omnes e seran tenidos de la guardar despues que fuere puesta entre ellos.

Que pena mereçen los que quebrantan la tregua o segurança o fiadura de saluo.⁷

Los quebrantadores de la tregua o de la segurança si fueren fijosdalgo pueden ser rreptados por ello e caer en la pena que deximos en la ley e titulo de los rrieptos. E si fueren otros omnes de menor guisa, el que firiere o matare o prendiere a otro en tregua o en segurança o sobre fiadura de saluo muera por ello. E si se fiziere daño en sus

---

⁵ maneras] Omit – *Inc. 1487, Inc. 1497, G.*
⁶ Cf. *Setena Partida*, XII, ii (IV, 359ab).
⁷ Cf. *Setena Partida*, XII, iii (IV, 360a).

cosas, pechengelo quatro doblado. E si lo desonrrare fagale emienda a bien vista del rrey. E los que fizieren la fiaduria cayan en aquella pena a que se obligaron quando la fizieron.

Que cosa es paz e en que manera deue ser fecha e que pena mereçe aquel que la quebranta.[8]

Paz es acabamiento de la discordia e del desamor que era entre aquellos que la fazen porque el desacuerdo e malquerençia que los omnes han entre si nasçe de tres cosas: por omezillo o por daño o por desonrra que se fazen, o por malas palavras que se dizen los vnos a los otros. E por ende, queremos aqui mostrar en que manera deue ser fecha la paz sobre cada vno destos desacuerdos. Onde, dezimos que quando algunos se quieren mal por rrazon de omezillo o de desonrra de fecho o de daño si acaesçiere que se acuerden para amor de so vno para ser el amor verdadero conuiene que aya y dos cosas: que se perdonen e se besen. E esto touieron por bien los antiguos porque de la abundançia del coraçon fabla la boca. E por las palabras que omne dize da testimonio de lo que omne tiene en voluntad. E el beso es señal que quita la enemistad del coraçon, pues dixo que perdona a aquel que de ante queria mal e en lugar de la enemistad que puso y el amor. Mas quando la malquerençia viene de las malas palabras que se dixeron e non por rrazon de omezillo, si se acordaren para auer su amor de so vno abonda que se perdona que el perdonamiento es verdadero deuense abraçar. E otrosi, dezimos que quien quebrantare la paz despues que fuere puesta rreteniendo en el coraçon la enemistad de la malquerençia que ante auian non lo faziendo por ocasion ni por otro yerro que acaesçiese entre ellos de nueuo que deue auer aquella mesma pena que han aquellos que quebrantan la tregua en aquella manera que de suso deximos.

Item: el emperador don Alfonso el seteno, en las Cortes de Najera, establesçio la ley siguiente, la qual puso el rrey don Alfonso el onzeno en el *Ordenamiento de Alcala*, en el titulo treynta e tres.
Que pena deuen auer los quebrantadores de las treguas.[9]

Las treguas e seguranças son de tres maneras. La primera es la que se dan vn rrey a otro. E esta tregua que se dan los rreys sea guardada de todos los señores e de los rreys despues que fuere pregonada o lo sopieren por otra manera, maguer que se non açertasen y al poner della. La segunda, la que se dan entre si muchos omnes, asi como quando se dan treguas o seguranças de vn vando a otro. Ca esta son tenudos de guardar los del vn vando e del otro. La terçera, la que se da vn omne a otro. Esta deuen guardar estos entre quien fuere puesta e los otros omnes que fueren con ellos o ouieron

---

[8] Cf. *Setena Partida*, XII, iv (IV, 360b).
[9] Cf. *Ordenamiento de Alcalá*, LXXIX (559-560).

de fazer su mandado. E si los vandos o los omnes que ouieren enemistad entre si non se acordaren de darse tregua o segurança puedanlos apremiar los rreys que la den los sus merinos o los offiçiales de cada lugar que han poder de judgar e de complir justiçia. E mandamos que guarden bien la tregua asi puesta asi como ellos mesmos la ouiesen puesta de su voluntad. E deuen ser dadas en esta manera que sepan çiertamente aquellos que las tomaren o las presieren e quales son aquellos entre quien e quantos, e la pongan ante testigos e por carta de guisa que non pueda ende venir dubda e se pueda prouar si menester fuere. E deuen prometer amas las partes que se guarden e se non fagan mal de dicho nin de fecho nin de consejo. E comoquier que la tregua ha lugar señaladamente en los fijosdalgo despues que se desafian e non ante, pero bien se puede dar entre los otros omnes que non son fijosdalgo e sean tenudos de la guardar despues que la otorgaren. Otrosi, ordenamos que los quebrantadores de la tregua o de la segurança si fueren fijosdalgo e la ellos ouiesen otorgada que puedan ser rreptados por ende e cayan en la pena que dize en los rrieptos. E si fueren otros omes de menor guisa e fue otorrgada la tregua o la segurança por las partes o puesta por el rrey que el que matare o firiere o prendiere a otro en tregua o en segurança que muera por ello muerte de aleuoso e pierda la meytad de sus bienes. E si fuere puesta por los merinos o por los offiçiales de cada logar que han poder de judgar o de complir iustiçia, si matare, que muera por ello, o si firiere o prendiere que peche treçientos maravedis desta moneda que agora corre, e si desonrrare que faga emienda a bien vista del rrey o de los juezes do esto acaesçiere.

Item: pues de paz e de tregua de suso se faze mençion, rrazonable cosa es que despues de las leys suso scriptas pongamos aqui dos leys que ponen la forma de como se deuen fazer las cartas de paz e de tregua, las quales estan en la *Terçera Partida*, en el titulo XVIII.

Como deue ser la carta de la paz que los omnes ponen entre si.[10]

Paz ponen los omnes a las vegadas, e la carta deue ser fecha en esta manera: "Sepan quantos esta carta vieren como Rodrigo Alfonso por si e por Fulano de la vna parte e don Remiro por si e por Fulano e Fulano de la otra parte fizieron entre si acordadamente paz que durase sienpre sobre todas las desafiaçiones e desabenençias e desacuerdos e malquerençias e desonrras que los vnos ouiesen fecho contra los otros de palabra o de fecho fasta el dia de la fecha desta carta, e señaladamente por rrazon de malquerençia o de mal omezillo. E en señal de verdadero amor e paz que deua entre ellos ser guardada vesaronse ante mi, Fulano, escriuano publico, e ante los testigos que aqui son scriptos en esta carta. E prometieron e otorgaron los vnos a los otros esta paz e esta concordia e de la auer siempre por firme e de nunca fazer nin venir contra ella por si nin por otro de fecho nin de dicho nin de consejo, so pena de mill marcos de

---

[10] Cf. *Tercera Partida*, XVIII, lxviii (III, 224ab).

plata, la qual pagada o non esta paz e esta abenençia sea siempre firme e valedera. E por que todas estas cosas sean firmes e valederas obligaronse los vnos e los otros a si
150 mesmos e a sus heredades e bienes rrenunçiando e quitandose de toda ley e de todo fuero que en contrario sea."

Como deue ser fecha la carta de la tregua que los omnes ponen entre si.[11]

Tregua ponen los omnes entre si muchas vezes, e la carta deue ser fecha en esta manera: "Sepan quantos esta carta vieren como Fulano por si e por Fulano e en su
155 nombre de la vna parte e Fulano de tal lugar por si e por Fulano e Fulano de la otra parte pusieron tregua entre si fasta tanto tiempo e prometieron los vnos a los otros esta tregua bien e lealmente a buena fe sin mal engaño en todo este plazo sobredicho de non fazer nin venir por si nin por otro contra ello en ninguna manera de dicho nin de fecho nin de consejo, so pena de trayçion o otra pena en que las partes se abinieren." Ca el
160 escriuano en la manera que es puesta la tregua e la pena della asi lo deue escriuir en la carta.

TITULO QUINTO.
De la deuisa de la vanda e de los torrneos.
Introduçion.

5 Muy peregrina e apartada es de las leyes la materia de las deuisas de los rreys e de los torrneos e justas para la tractar por extenso. Ca avnque los derechos comunes fablan della mas non en ella, e comoquier que el derecho çiuil bien pareçe consentir estas prueuas de armas que por mostrar la fortaleza e virtud del cuerpo se fazen, pero el derecho canonico, en vno de los conçilios que se fizieron en Sant Juan de Letran, expresamente vieda los torrneos,
10 priuando de sepultura a quien torrneando muere.[1] E luengos tiempos despues el papa

---

[11] Cf. *Tercera Partida*, XVIII, lxxxiii (III, 235a).

[1] As well as refusing burial in consecrated ground to knights who were killed in tournaments, the Fourth Lateran Council of 1215 also prohibited priests from having anything to do with tournaments. Gregory IX includes the exact wording in the *Decretals*, V, XIII, 1, as follows: "Felicis memoriæ Papæ Innocentii et Eugenii prædecessorum nostrorum vestigiis inhærentes, detestabiles illas nundinas vel ferias, quas vulgo torneamenta vocant, in quibus milites ex condicto convenire solent, et ad ostentationem virium suarum et audaciæ temere congredi, unde mortes hominum et animarum pericula sæpe proveniunt, fieri prohibemus. Quodsi quis eorum ibi mortuus fuerit, quamvis ei poscenti poenitentia non negetur, ecclesiastica tamen careat sepultura" (*Corpus Iuris Canonici*, II, 804). Cf. also Marc Bloch, *Feudal Society*, 2 vols., trans. L. A. Manyon (Chicago: University of Chicago Press, 1961), II, 305; and V. G. Kiernan, *The Duel in European History* (Oxford: Oxford University Press, 1988), 39. On the impact of the Council on Spanish letters, see Derek W. Lomax, "The Lateran Reforms and Spanish

[Clemente V]² en vna estrauagante vedo las justas e torrneos en Françia e en Inglaterra e en Alemaña e en otras çiertas partes del mundo so grandes penas. Mas el papa Juan XXII, su suçessor, considerando que muchos incurrian en ellas, reuoco la extrauagante de su anteçessor.³ Mas al mi cuydar, avnque las penas nueuamente puestas fueron
15 quitadas, todavia quedo el vedamiento e la pena del Conçilio de Letran en vigor. E maguer que en los derechos romanos, segund dicho es, se fable de los torrneos si se pueden fazer mas non como se deuen fazer. Ca esto a los torrneadores perteneçe. Pero el rrey don Alfonso el XI teniendo en ello mas manera de cauallero famoso e prouado que quiere enseñar a los que menos saben que de rrey que quier fazer leys de que vsen

---

Literature," *Iberoromania* 1 (1969): 299-313.

² Clemente V] Clemente IV – *Inc. 1487, Inc. 1497, N1, N3, N5, N6, G* ‖ Clemente – *N2, N7, B, E, P1, P2, R, S* ‖ Clemeynte Quinto – *N4*. The correct reference is to Pope Clement V (1305-1314). See also below, n.3.

³ Pope John XXII (1316-1334). See *Extravagantes tum viginti D. Ioannis Papæ XXII tum communes suæ integritati restitutæ*, IX, 1: "Quia in futurorum eventibus sic humani fallitur incertitudo iudicii, ut, quod coniectura probabili exnunc interdum attenta consideratio utile pollicetur, reperiri damnosum quandocunque contingat, nonnunquam quod consulte statuitur ex sanioris inspectione iudicii consultius revocatur: sane felicis recordationis Clemens Papa V, prædecessor noster, attente considerans, generale passagium, in concilio Viennensi pro terræ sanctæ subsidio salubriter ordinatum, per torneamenta et hastiludia sive iuxtas non leviter impediri, tum quia frequenter sic ipsum passagii negotium prosecuturos exinaniunt, quod ad eius exsecutionem efficiuntur impotentes, tum quia interdum quam plures a crucis assumptione retrahunt, dum ab illis abstinere (aliis ea exercentibus) erubescunt, torneamenta ipsa et hastiludia sive iuxtas in regnis Franciæ, Angliæ et Alemanniæ, et aliis nonnullis provinciis, in quibus ea consuevere frequentius exerceri, specialiter interdixit, in facientium ea, vel ad id eis præstantium opem, consilium vel consensum, et illorum etiam, in quorum locis vel districtibus fierent, non prohibentium hoc, quum possent, et illorum procedentes ad illa in domibus suis recipientium, vel commercium quomodolibet exercentium cum eisdem, in personas excommunicationis, et in terras interdicti sententias promulgando, absolutione ab excommunicatione huiusmodi, præterquam in mortis articulo, sedi apostolicæ reservata. Verum quoniam, ut intelleximus, per sententiam huiusmodi periculum animabus ingeritur, et pro eo maxime negotio dicti passagii derogatur, quia nonnulli militari cingulo abstinent, et quia vacare militiæ metu præsertim ipsius sententiæ non præsumunt, propter quod idoneos et voluntarios ad terræ prædictæ subsidium in regnis eisdem contingit pauciores solito reperiri: nos, ad dilectorum filiorum nobilis viri Philippi claræ memoriæ, regentis Franciæ et Navarræ regis, et aliorum de domo regia, nec non quam plurium magnatum et nobilium, tam in regno Franciæ quam aliunde considerantium præmissa discrimina repetitæ supplicationis instantiam, sententias excommunicationis et interdicti præfatas, præmissorum supplicationibus inclinati, et ducti considerationibus ante dictis, et ex causis etiam rationabilibus aliis, in favorem sæpe fati negotii de fratrum nostrorum consilio revocamus, eos, qui propter exercitium torneamentorum seu hastiludiorum ipsorum huiusmodi sententias incurrerunt, absolventes ab illis, et cum eis, qui, sic ligati, vel in locis propterea interdictis divina celebrarunt officia, super irregularitate inde contracta auctoritate apostolica dispensantes. Datum Lugduni XVI. Kal. Octobr. Ao. I. [1316]" (*Corpus Iuris Canonici*, II, 1215).

en los juyzios, fizo vna fermosa ordenança en que puso lo que se deuia guardar çerca de la guisa de la vanda, que el de nueuo ordeno, e de los torrneos. La qual si se guarda o non de presente ligeramente se puede ver leyendo lo en ella contenido e veyendo lo que se faze comparando lo vno a lo al. Por ende, oyamoslo mas por saber la diligençia que ponia aquel notable rrey en fablar de los fechos de las armas que por ella en los tiempos presentes ayamos de vsar.

Leyes.
Que dos cosas perteneçen prinçipalmente a los caualleros: verdad e lealtad.[4]

Aqui se comiença el *Libro de la Vanda*, que fizo el rrey don Alfonso de Castilla. E la rrazon por que se mouio a fazerlo es porque la mas alta e mas preçiada Orden que Dios en el mundo fizo es la caualleria. E esto por muchas rrazones; señaladamente por dos. La primera porque la fizo Dios para defender su fe. La segunda otrosi, para defender cada vno sus comarcas e sus tierras e sus estados. E por esto, fallaredes en las coronicas antiguas de los grandes fechos que pasaron, que apartadamente tomo Dios en si los fechos de las batallas que pasan por mano de los caualleros. E asi se prueua que preçio Dios esta orden mas que todas las otras ordenes por que se defienda la su fe e el mundo por ella. E por ende, todo aquel que fuere de buena ventura e se touiere por su cauallero, segund su estado, deue fazer mucho honrrar e por la leuar adelante. E porque la cosa del mundo que pertenesçe mas al cauallero es la verdad e lealtad e avn de que se paga mas Dios, por ende, mando fazer este *Libro de la Horden de la Vanda*, que es fundado sobre estas dos rrazones: sobre la caualleria e sobre la lealtad. E pues que vos auemos fablado algo de la caualleria, agora queremosvos dezir algo de la lealtad. Comoquier que la lealtad se entiende en muchas maneras, pero las prinçipales son dos: la primera es guardar lealtad a su señor; la segunda es amar verdaderamente a quien ouiese de amar, espeçialmente aquel en quien posiere su entinçion. Otrosi, es tenudo omne a amar a si mesmo e preçiarse e tenerse por algo. E por esto se fizo esta Orden de la Vanda, por que los caualleros que quisieren ser en esta orden e tomar la vanda que mantengan estas tres cosas mas que otros caualleros: ser leales a sus señores e amar lealmente a aquel en quien pusiere su coraçon e tenerse por caualleros mas que otros para fazer mas altas caualllerias.

Que los caualleros de la vanda deuen ser corteses.[5]

Pues auedes oydo la rrayz del comienço por que se fizo este *Libro de la Vanda*, queremosvos dezir las maneras que deuen auer en si los caualleros de la vanda para andar mas en habitos de caualleros e para poder complir mejor caualleria e para ser mas corteses e mas guardados, tan bien en fablar e en su traer como en su comer.

---

[4] Ed. Villanueva, cap. 1 (553-554).
[5] Ed. Villanueva, cap. 2 (554).

55 Otrosi, de quales cosas se deuen guardar e arredrar.

Que el cauallero de la vanda deue oyr misa cada dia.[6]

Primeramente dezimos que todo cauallero de la vanda que faga mucho por oyr misa en la mañana podiendola auer por que lo ayude Dios en su caualleria que prouare en seruiçio de Dios e de su señor.

60 **Que el cauallero de la vanda deue andar bien guisado de cauallo e de armas.**[7]

Todo cauallero de la vanda se deue guardar de dezir vno por al podiendolo escusar. Ca la cosa del mundo que mas pertenesçe al cauallero es dezir verdad. E de si em pos desto que siempre ande bien guisado del mejor cauallo e de las mejores armas e mas loçanas que podiere auer, ado quier que vaya que siempre lo traya
65 consigo. E que tenga siempre vnas sobre señales de su cuerpo e de cauallero en que aya vanda. Ca çierta cosa es que si buen cauallo e buenas armas non han, por buen coraçon que hayan nunca podra ser buen cauallero nin fazer buena caualleria. Otrosi, que siempre trayan pendon en la lança. E otrosi, que siempre traya espada o misericordia avnque non este armado. E quando comiere, que siempre tenga la espada cabe si.
70 Otrosi, que nunca se alaue de cosa que faga en caualleria alguna. Otrosi, todo cauallero de la vanda nunca deue dezir "Ay," e lo mas que podiere escuse de quexarse por ferida que aya.

Que el cauallero de la vanda non juegue dados quando andouiere en guerra.[8]

Mucho es de estrañar que ningund cauallero de la vanda non juegue los dados en
75 quanto andouiere en guerra e en menester. E por ende, dezimos que qualquier que los jugare, si fuere sauido en verdad, que le den por pena que le quiten el sueldo de vn mes e que non beua vino en tres dias. E señaladamente si fuere sabido que jugare armas o cauallo que le tiren el sueldo por dos meses e que non traya vanda por quatro meses.

80 **Que el cauallero de la vanda deue ayudar a las dueñas e donzellas fijasdalgo.**[9]

Conuiene a todo cauallero de la vanda que siempre tenga vnos paños en que aya vanda, avnque los non pueda traer cada dia, e que los vista vna vez en la semana e mas si mas podiere. Otrosi, el su andar que sea el mas sosegado que pudiere, e nunca calçe

---

[6] Ed. Villanueva, cap. 2 (554-555).
[7] Ed. Villanueva, cap. 3 (555).
[8] Ed. Villanueva, cap. 4 (555-556).
[9] Ed. Villanueva, cap. 5 (556-557).

botas nin çapatos nin traya las calças rrodilladas. Otrosi, el su fablar non sea muy a
85 priesa nin muy a bozes, e que pare mientes siempre en su lengua e que nunca diga
palavras torpes. E señaladamente nunca diga ningund agrauio contra alguna dueña nin
contra alguna donzella fijadalgo, aunque ella sea contra el, porque ay algunas dellas a
las vezes ariscas. Otrosi, que quando alguna dueña o alguna donzella fijadalgo viniere
a la corte del rrey a querellar algund desaguisado que le ayan fecho que los caualleros
90 de la vanda o qualquier dellos que la pongan delante el rrey por que pueda mostrar su
derecho, e avn si cumpliere, que rrazone por ella por que aya complimiento de derecho.
E aun demas de rrazonar que faga lo que el rrey mandare e fallare por su corte que
deue fazer por que ella aya todo su derecho.

Que el cauallero de la vanda non deue comer manjares suzios.[10]

95 Mucho deue estrañar todo cauallero de la vanda de non comer viandas suzias. Ca
de las buenas hay asaz en que se pueda bien mantener. E otrosi, porque ay algunas
fructas e ortalizas torpes e suzias que guarden eso mesmo de non las comer, tan bien
de los manjares como de las fructas, non las quisimos aqui contar por menudo porque
serian malas de contar. Pero el cauallero de la vanda que lo quisiere guardar bien e
100 nombrandose de la vanda bien entendera qual es lo que deue escusar de comer destas
cosas tales. Otrosi, deue guardarse de non comer ninguna vianda sin manteles saluo si
fuere letuario o fruta o andando a caça o en menester de guerra. Otrosi, que en el beuer
que guarde estas tres cosas: la primera, que nunca beua en pie saluo si beuiere agua;
la segunda, que nunca beua vino en cosa de barro nin de madera; la terçera, que
105 quando beuiere vino que por sed que aya que guarde que non se santingue con el vaso
nin con la taça que beuiere.[11]

**En que manera se deue fazer el cauallero
de la vanda.**[12]

En esta manera se ha de fazer el cauallero de la vanda, quier la gane en la manera
110 que dize en este libro que la deue ganar, quier gela den por bondad que aya en el.
Primeramente que se açierte y el maestre e todos los caualleros de la vanda que y
fueren, e si non podieren y ser e fuere priesa, que a lo menos que se açierten y seys
caualleros de la vanda, e que venga armado de todas sus armas, e que le pregunten si
quiere tomar la vanda e ser compañero de los caualleros de la vanda. E si dixere que
115 si, que le digan, "Vos auedes de jurar estas dos cosas. La primera, que en toda vuestra
vida que seades en seruiçio del rrey o de alguno de sus fijos. Pero si acaesçiere que vos

---

[10] Ed. Villanueva, cap. 6 (557).

[11] Ed. Villanueva includes a complete list of the original members of the Order at the end of this chapter (557-559).

[12] Ed. Villanueva, cap. 7 (560-561).

partiesedes del rrey o de alguno de sus fijos, que embiedes la vanda al rrey e que nunca la podades pedir jamas para que vos la den, e el rrey que nunca vos la pueda dar nin ningund cauallero de la vanda non rruegue por vos al rrey que vos la de. Pero biuiendo
120 con alguno de los fijos del rrey e non faziendo contra vos lo que deuiese, que lo podades dezir al rrey e que vos podades pasar a otro de sus fijos a aquel que fuere mas vuestro talante, o que vos tome el rrey para si. Otrosi, la segunda cosa que auedes a jurar es que amedes a los caualleros de la uanda asi como a vuestros hermanos e que non desayudedes a otro cauallero de la vanda saluo si fuere por ayudar a padre o
125 hermano. E otrosi, si dos caualleros de la uanda pelearen o ouieren contienda en uno que fagades mucho por los partir, e si non los podieredes partir que non ayudedes a ninguno dellos." E desque esto ouieren jurado finque las rrodillas. E tome el rrey los caualleros de la uanda que y estouieren las sobre señales de la vanda con las manos, e uistangelas. E despues que fuere vestido, que abraçe a todos los caualleros de la
130 vanda que y estouieren e que los aya por hermanos dende en adelante. E otrosi, le digan que Dios ponga en su talante e en su coraçon de guardar todas las cosas que dizen en este libro que han de guardar los caualleros de la vanda. Otrosi, si acaesçiere que enbiasen dar la vanda a algund cauallero por vondad o caualleria que ouiese fecho, non seyendo en la corte del rrey, que el rrey que le encomiende a seis caualleros de los
135 de la vanda que gela vayan dar de la manera que de suso dize, e que le tomen la jura sobre aquellas cosas, segund dicho es.

Que deue fazer el [c]auallero de la vanda quando viere a alguno de otro rreyno traer vanda.[13]

Estos caualleros de la vanda han de fazer asi. Que cada que vieren traher vanda
140 a otro qualquier de otro rreyno, quienquier que sea, non seyendo sus armas, que le digan: "Cauallero o escudero"—qualquier que fuere—, "Si quisieredes traer uanda aueys a fazer asi. Uos auedes de justar con dos caualleros de la uanda uno a uno. E que non tiredes el yelmo nin la lança nin el escudo." E si vençiere a qualquier de los de la uanda, que el otro que entre y, segund fuero de la tabla, que nunca pueda traer uanda
145 dende adelante. E si acaesçiere que uençiere la justa el cauallero que quisiere ganar la uanda por caualleria de amos a dos que sea electo para la traer, pero que la non pueda traer fasta que se faga el primero torneo que aqui dira.

Que deue fazer el cauallero en el torneo que quiere ganar la vanda.[14]

Comoquier que dezimos que el torrneo sea en el cauallero que quisiere ganar la
150 uanda, que sea para quando el quisiere. E aunque faga mas, que luego que jure alli que en el primero torrneo que fizieren en Castilla en que se acaesçieren algunos caualleros

---

[13] Ed. Villanueva, cap. 8 (561-562).
[14] Ed. Villanueva, cap. 8 (562-563).

de la uanda que entre y e que con todos vno a uno faga dos venidas con cada uno, e esto que sea en un medio dia. E si acaesçiere que le caya la espada de la mano sin quebrantarse la mançana o sin quebrantarse la espada, o si cayere del cauallo sin caer
155 el cauallo con el, que sea uençido e que non pueda traer uanda asi como aquel que se le cae la espada de la mano e cae del cauallo alli do la ha menester. E si le acaesçiere que le caya de la mano el espada o cayere del cauallo, segund dicho es, alguno de aquellos que primero traya la vanda, que aya vençido el uno, e si amos, que sean uençidos amos, e que fagan aquel juramento que han fecho los caualleros de la vanda
160 e que la puedan traer dende adelante. E si alguno de los caualleros de la vanda non se le cayere la espada nin cayere del cauallo, como dicho es, nin aquel cauallero que vençiere la justa o fiziere muy bien el torrneo, dezimos que si entendiere el maestre e los caualleros que cumple en todo caualleria, que el pueda traer la vanda dende adelante. E si acaesçiere que la traya omne que non aya parte en fidalguia que gela
165 descosan mal paresçiendo e que nunca despues la pueda traer e que non ayan por que justar con el. E dezimos que tan bien en la justa como en el torrneo estas condiçiones non se entiendan saluo en los que quisieren ganar la vanda por su caualleria. Pero si otros justaren o tornearen con los caualleros de la vanda por prouar caualleria e non por rrazon de traer la vanda que lo pueda fazer sin estas condiçiones suso dichas cada
170 quando que quisieren los otros caualleros.

Que deue fazer el cauallero de la vanda quando fuere fuera de la corte del rrey e fallare otro que traxiere vanda.[15]

Dezimos que si algund cauallero de la vanda fuere a otro lugar fuera de la corte del rrey e fallare algund cauallero o escudero que sea omne fijodalgo que traxiere
175 vanda que non sean sus armas, que le diga: "Cauallero o escudero. A mi es mandado que vos diga esto. Si quisieredes traer la vanda auedes de fazer asi que me fagades pleyto e omenaje que de oy en dos meses o dende ayuso que vayades a la corte del rrey a ganarla por la caualleria, segund que la auedes a ganar." E el cauallero que le faga alli pleyto e omenaje que el que sera el primero que juste alli con el. E si non quisiere
180 justar que le diga que dexe la vanda. E si la non quisiere dexar, que lo enbie luego a dezir al rrey. E esta rrazon que gela descubra en la mayor plaça que pudiere ante caualleros e escuderos. Pero faziendole el cauallero pleyto de complir esto que dicho es quedandole plazo para venir e lo complir asi a la corte del rrey, auiendo cauallo[16] o armas, que el cauallero de vanda faga luego alla con el la primera prueua, quier de
185 justa o de torneamiento, qual el otro mas quisiere, e el cauallero de la vanda que lleue su demanda adelante, segund que esta ordenado.

Que deue fazer quando vn cauallero de la vanda ouiere palavras con otro

---

[15] Ed. Villanueva, cap. 9 (563).
[16] cauallo] cauauallo – *Inc. 1487*.

cauallero de la vanda.[17]

Si algund cauallero de la vanda ouiere palavras con otro cauallero de la vanda, dezimos que el rrey que gelo deue escarmentar o darle la pena que mereçe con acordamiento de los caualleros de la vanda que se y acaesçieren. Otrosi, si algund cauallero de la vanda metiere mano a espada contra otro cauallero de la vanda, dezimos que non parezca ante el rrey por dos meses, e que non traya en estos dos meses mas de la meytad de la vanda en las espaldas, e que non traya otra vistidura sinon aquella media vanda en las espaldas en los dichos dos meses. E si amos metieren mano a las espadas, que ayan esa mesma pena, tan bien el vno como el otro. Otrosi, dezimos que si acaesçiere que vn cauallero de la uanda firiere a otro cauallero de la uanda que pierda toda la merçed que ouiere del rrey por vn año, e que non traya en este año mas de la uanda en las espaldas, e que le non fablen los otros caualleros de la uanda ni traya otra uistidura ninguna saluo esta en que anda esta media uanda por vn año.

Si el cauallero de la uanda se touiere por agrauiado del rrey, como deue fazer.[18]

Si por uentura acaesçiere que algund cauallero de la uanda se touiere por agrauiado del rrey en ser contra el por alguno de los que non han la uanda, dezimos que este tal que lo pueda dezir e mostrar al rrey ante los otros caualleros de la uanda, e el rrey, con los caualleros que y fueren, que aya su acuerdo e lo que fallaren que fuere rrazon e guisado que deue fazer que lo faga e que sea tenudo de lo complir ansi. Otrosi, dezimos que si algund cauallero biuiere con algund fijo del rrey e se agrauiare en algunas cosas non faziendo contra el guisado, que el que lo muestre al rrey delante los caualleros de la uanda que y fueren pidiendo merçed que le faga emendar, e si logar ende ouiere, que se pueda emendar; si non, que el rrey que lo tome para si e que le faga merçed.

Que el cauallero de la vanda que non quisiere fincar con el rrey que pierda la vanda.[19]

Faziendo el rrey asi merçed guisada a algund cauallero de la vanda o a alguno de sus fijos, e el non quisiere fincar y dezimos que este atal que pierda la vanda para en todos los tiempos del mundo, e que ningund cauallero non sea despues tenudo de le pedir merçed por el que le torrne la vanda nin el gela deue dar, e [que sea desamado][20]

---

[17] Ed. Villanueva, cap. 10 (564).
[18] Ed. Villanueva, cap. 11 (564-565).
[19] Ed. Villanueva, cap. 12 (565).
[20] que sea desamado] que sea amado – *Inc. 1487, N3, N4, N6, G* ‖ que \non/ sea amado – *N1*.

de todos los caualleros.

Que se deue fazer quando el cauallero de la vanda fiziere cosas por que merezca muerte.[21]

Seyendo algund cauallero de la vanda justiçia o offiçial por el rrey en algund lugar, e acaesçiendo que otro cauallero de la vanda fiziese algunas cosas por que mereçiese muerte, dezimos que aquel que fuere ofiçial que lo prenda e que lo embie al rrey. Otrosi, embiele dezir por scripto todo el fecho como paso por que el rrey faga sobre ello lo que fallare que deue fazer de derecho. E si de otra guisa fiziese el cauallero de la vanda que fuese juez, que el gelo escarmiente dandole aquella pena que fallare que le deue dar.

Quando el rrey fuere en hueste, que todos los caualleros de la vanda vayan en vna quadrilla.[22]

Dezimos que quando el rrey fuere en hueste que todos los caualleros de la vanda sus vasallos que sean en vna quadrilla e vayan en vno a combatir otro lugar donde el rrey mandare, saluo los caualleros de la vanda que son mayordomos de sus fijos e sus vasallos. Ca dezimos que estos atales que vayan con los pendones dellos si ende fueren, e si ay non fueren los pendones que vayan ellos e todos los otros en vno, segund dicho es.

Que los caualleros de la vanda se ayunten en el año çiertas vezes.[23]

Dezimos que en cada dos meses se ayunten todos los caualleros de la uanda con el rrey a ueer como estan guisados. E si por ventura el rrey estouiere en tales menesteres que se non puedan ayuntar que a lo menos que se ayunten tres vezes en el año. E estas que sean la vna por Pascua Florida, la otra por Sant Juan, la otra por la Trinidad o Nabidad. E en cada vno destos ayuntamientos que todos los caualleros de la vanda que trayan cada vno sus cauallos e sus armas por que vea el rrey como estan guisados. Otrosi, para que el ordene torneo o justa si fuere tiempo para ello.

Que deue fazer el cauallero de la vanda quando fuere justa apregonada.[24]

Quando acaesçiere justa que se apregonare en la corte del rrey o en otra villa por caualleria o por bodas que faga alguno, dezimos que qualquier cauallero de la vanda

---

[21] Ed. Villanueva, cap. 13 (565-566).
[22] Ed. Villanueva, cap. 14 (566).
[23] Ed. Villanueva, cap. 15 (566-567).
[24] Ed. Villanueva, cap. 16 (567).

seyendo a diez leguas que venga ay guisado para justar o para tornear si fallare con quien, por que parezca que ado quier que se prouare caualleria que siempre se açierten y algunos caualleros de la uanda. E çierto, non seria honrra de la vanda en se fazer justa o torneo e cauallero de la vanda estar a diez leguas dende e non ser ay. E el que asi lo fiziere, que le loen por ello el rrey e los caualleros de la vanda. E el que lo supo e non quiso yr alla, que le den por pena que non traya vn mes la uanda e que uenga tres uenidas con cauallero que non sea de la uanda non teniendo el lança.

Que quando dos caualleros de la uanda pelearen, que el otro cauallero de la uanda los departa, e non ayude a ninguno.[25]

Si por uentura conteçiere que dos caualleros de la uanda ouieren palavras de pelear e se acaeçiere y algund otro cauallero de la uanda, dezim[o]s que el que faga mucho por despartirlos, e si los non podiere despartir que non ayude a ninguno dellos e los que y se acaesçieren. E si asi non lo fizieren que el rrey les de la pena que entendiere que mereçen con acordamiento de los caualleros de la uanda.

Quando algund cauallero de la uanda casare, como le deuen los otros honrrar.[26]

Quando acaesçiere que algund cauallero de la vanda fuere a casar, dezimos que los caualleros de la uanda que se acaesçieren a diez leguas dende que sean tenudos a le yr fazer muchas honrras e mucho seruiçio seyendo sabidores dello.

Quando algund cauallero de la vanda moriere, como le deuen los otros onrar.[27]

Dezimos que si acaesçiere que algund cauallero de la vanda muriere que todos los caualleros de la vanda que y fuesen que le fagan mucha honrra. E por señal de hermandad que trayan por el diez dias vestidos de tamelin o de otro paño prieto.

Quando el rrey ordenare torneo, conuiene que los caualleros de la vanda vayan a el.[28]

Conuiene a todo cauallero de la uanda que sepa el dia que se ha de fazer el torneo quando lo ordenare el rrey que se faga, e si non fuere en la corte del rrey que venga y do quier que fuere a este dicho torneo sin embiar el rrey por el sabiendo. E el que non viniere, seyendo sano, e non posiere escusa derecha por aquella que entendiere el

---

[25] Ed. Villanueva, cap. 17 (567-568).
[26] Ed. Villanueva, cap. 18 (568).
[27] Ed. Villanueva, cap. 19 (568).
[28] Ed. Villanueva, cap. 20 (568-569).

maestre e sus caualleros que le deuen rreçebir, dezimos que por la primera vez que y non viniere que aya esta pena: que non traya desde el dia que se fiziere este torneo fasta tres meses mas de la meytad de la vanda, e aun demas desto, que venga tres venidas de justa con vn cauallero de los que vinieren a la justa o torneo que mandare el maestre, pero que non sea de los de la vanda. E cada venida que ouiere de fazer que non traya vara. E si acaesçiere que fuere doliente o ouiere escusa derecha por si porque non pudo venir y, que lo enbie mostrar al rrey e a los caualleros de la vanda por testimonio de escriuano publico, por que el se salue e non puedan del dezir ninguna cosa los que non han por que lo dezir. E esto non se entienda en los torneos pequeños de diez dias o dende ayuso, saluo en los grandes quando se ouieren a fazer.

Que los caualleros de la vanda deuen mucho guardar las cosas de suso dichas.[29]

Mucho deuen fazer e poner grand firmeza todos los caualleros de la vanda que son agora o seran de aqui adelante de ser tenidos de guardar todas estas cosas que estan en este *Libro de la Vanda* scriptas. E avn dezimos que si pueden fazer mas de lo que aqui esta, tambien ser corteses como en prouar caualleria, que esto les sea gradesçido demas. Mas a lo menos que esto guarden todos, segund que en este libro es scripto. E si en alguna cosa lo herraren, que el maestre que les de aquella pena que meresçieron, con acordamiento de los caualleros de la vanda, segund fuere el yerro que fiçieren. E otrosi, dezimos que qualquier cauallero de la uanda que descobriere a otro cauallero que non sea de la vanda alguna de las cosas que en este libro se contienen, que le den por pena que non traya la vanda en esos tres meses. E si otro cauallero de la vanda gelo viere o gelo sopiere, que gelo diga luego al maestre. E si non gelo descobriere que aya esa mesma pena que ha de auer el que faze el yerro. E esta pena sera por la primera vez, pero si la segunda uez cayere que la pena sea doblada.

Que deuen fazer los fieles en el torrneo.[30]

Dezimos que la primera cosa que deuen los fieles fazer quando los caualleros quisieren començar el torrneo, que han a catar las espadas que las non trayan muy aguadas en el tajo nin en la punta, sinon que sean rromas. E eso mesmo caten que non trayan agudos los aros de las capellinas. Otrosi, que tomen jura a todos los caualleros que non den con ellas de puntas en ninguna guisa, nin de rreues a rrostro. E otrosi, si a alguno cayere la capellina o el yelmo, que le non den fasta que la ponga. E otrosi, si alguno cayere en tierra que le non entropellen. Otrosi, les han de dezir los fieles que comiençen el torneo quando dieren las trompetas e los atabales e quando oyeren el añafil tañer que se quiten afuera e se rrecojan cada vno a su parte. E otrosi, dezimos que si el torrneo fuere grande de muchos caualleros en que aya pendones de cada parte

---

[29] Ed. Villanueva, cap. 21 (569-570).
[30] Ed. Villanueva, cap. 22 (570-571).

e se ouieren a trauar los vnos a los otros para se derribar de los cauallos, que los [cauallos]³¹ de los caualleros que fueren ganados de la vna parte e de la otra que sean
315 lleuados ado estouieren los pendones, e que non sean dados a los caualleros que los perdieren fasta el torrneo pasado. E otrosi, dezimos que desque fuere pasado el torneo que se deuen ayuntar todos los fieles e dezir por la verdad que son tenidos de dezir como fieles, segund su entendimiento qual cauallero ouo la mejoria del torneo, tan bien de los de la vna parte como de los de la otra, por que den prez a un cauallero de vna
320 e a otro de la otra que fallaren que anduuo y mejor. E si fuere el torrneo de treynta caualleros ayuso dezimos que aya ay quatro fieles de la vna parte e otros quatro de la otra. E si fuere de çincuenta caualleros, o dende arriba, que sean ocho caualleros fieles de la vna parte e otros ocho de [la]³² otra. E si fuere el torrneo de çient caualleros o mas, que sean doze fieles de la vna parte e otros doze de la otra.

325 **La manera que se deue tener en la justa.³³**

Primeramente dezimos que los caualleros que ouieren a justar que fagan quatro venidas e non mas, e si en estas quatro venidas el vn cauallero quebrantare vn asta en el otro cauallero, e el cauallero en quien fue quebrada non quebrare alguna en el otro, este atal que sea vençido, pues la non quebro. E otrosi, dezimos que si quebrare el vno
330 dos astas e el otro non mas de vna, que aya la mejoria el que quebrare las dos astas. Pero si el que quebro la vna derribare el yelmo al otro cauallero del golpe que le dio, que sea ygualado con el que quebro las dos astas. E otrosi, si vn cauallero quebrare dos astas en el otro cauallero e el otro cauallero en quien las quebro derribare a el, aunque non le quiebre el asta, dezimos que este atal que sea ygualado con el que quebro las
335 dos astas. Otrosi, si vn cauallero derribare a otro e a su cauallo, si este que cayo derribare a otro sin el cauallo, dezimos que aya mejoria el cauallero que cayo el cauallo con el, porque pareçe que fue la culpa del cauallo e non del cauallero. E el que cayo sin caer el cauallo con el fue la culpa del cauallero e non del cauallo. Otrosi, dezimos que ninguna de las varas quebradas que sean que non sean judgadas por quebrantadas
340 quebrandolas trauesadas saluo quebrandolas de golpe. Otrosi, dezimos que si en estas quatro venidas quebrantaren dos varas o sendas o fizieren golpes yguales, que juzguen los caualleros por yguales. E si en estas quatro venidas non se podieren dar, que juzguen que non ouieron buen acaesçimiento. Otrosi, dezimos que si cayere la lança a algund cauallero en yendo por la carrera ante de los golpes que el otro cauallero que
345 le alçe la lança e non le de, ca non seria caualleria ferir al que non lleua lança. E para judgar todo esto dezimos que aya y quatro fieles: los dos de la vna parte, e los otros dos de la otra parte, por que den la mejoria a los caualleros que justaren mejor.

---

[31] cauallos] caualleros – *Inc. 1487, B, G.*
[32] la] las – *Inc. 1487.*
[33] Ed. Villanueva, cap. 23 (571-572).

TITULO VI.
De la amistad.
Introduçion.

Avnque en algunas partes del derecho comun se faga mençion de la amistad para rrecusar los juezes o para rrepellir los testigos o para otros efectos juridicos, pero de la manera de la amistad e de las doctrinas della non curaron los textos de los derechos de mucho fablar, lo qual creo que seria porque non es materia que venga a juyzio. Mas las leyes de las *Partidas* fablaron en ello asaz bien. E como esta materia tracta por extenso Aristotiles en el octauo de las *Ethicas*,[1] poniendo notables conclusiones e enseñandola muy sçientificamente, non con ta[nta] sçiençia, mas con fermosa eloquençia, e Tullio despues del en el libro que della fizo, las leyes del rreyno tomaron auctoridades de amos logares e tractaron algo della. E pues fasta aqui todo lo que auemos tractado es de contençiones e deuates, vnos de guerras contra los enemigos, otros de discordias entre los que deuen ser amigos, e despues posimos treguas que presuponen enemistad e añadimos torneos e justas, lo qual aunque se faze en pas, pero es ensaye e figura de guerra, bien es que descansemos algund tanto oyendo las doctrinas de la amistad, la qual, segund dize Tullio, es la mejor cosa que en todo lo temporal ay.[2] Onde, el mesmo dize que el sol quiere quitar del mundo quien quiere quitar la amistad de la tierra.[3] E aunque a todos los omnes pertenezca de la oyr, pero mucho mas a los fijosdalgo, pues que ellos exçellen en la honrra e pueden e deuen exçeller en la virtud. E entre los virtuosos es la verdadera amistad ca entre los malos non la puede auer. Por ende, bien es que entre las leys de la caualleria enxiramos las de la amistad, las quales puso el rrey don Alfonso el dezimo en la *Quarta Partida*, en el titulo veynte y siete.

Leys.
Que el amor pasa todos los deudos.[4]

Amistad es cosa que ayunta las voluntades de los omnes para amarse mucho. Ca segund dixeron los sabios antiguos, e es verdad que amor pasa a todos los deudos. E pues que en el titulo ante deste fablamos del deudo que [es][5] entre los señores e sus

---

[1] This is the only time in the *DC* Cartagena refers specifically to the *Ethics*.
[2] Cicero, *De Amicitia*, VI, 20: "Est enim amicitia nihil aliud nisi omnium divinarum humanarumque rerum cum benevolentia et caritate consensio, qua quidem haud scio an excepta sapientia nil quicquam melius homini sit a dis immortalibus datum" (130).
[3] Cicero, *De Amicitia*, XIII, 47: "O præclaram sapientiam! Solem enim e mundo tollere videntur ei, qui amicitiam e vita tollunt, qua nihil a dis immortalibus melius habemus, nihil iucundius" (158).
[4] Cf. *Cuarta Partida*, XXVII (III, 554b-555a).
[5] es] Omit – *Inc. 1487, Inc. 1497, G*.

30   vasallos, por naturaleza o por bien fecho o por seruiçio o por conueniençia, queremos aqui dezir de los otros deudos que los omnes han entre si tan solamente por amistad. E mostraremos que cosa es amistad como esta, e a que tiene pro, e como deue ser guardada despues que fuere puesta, e por quales rrazones se puede perder.

Que cosa es amistad.[6]

35   *Amiciçia* tanto quiere dezir en rromançe como amistad. E amistad, segund dixo Aristotiles, ha vna virtud que es muy buena e aprouecha a la vida de los omes, e ha lugar propiamente como aquel que ama e es amado del otro a quien ama, ca de otra guisa non seria amistad verdadera. E por ende, dixo que departimiento muy grande ha entre amistad e amor e bien querençia e concordia, ca puede omne auer amor de la
40 cosa e non abria amistad con ella, asi como auiene a los omnes enamorados que aman a las vezes mugeres que los quieren mal. E por ende, dixeron los sabios que amor vençe todas las cosas, e que non tan solamente faze amar al omne las cosas que le aman, mas aun a las que le desaman. E otrosi, han los omnes amor a las piedras preçiosas e otras cosas que non han almas nin entendimiento para amar a aquellos que
45 los aman. E asi se prueua que no es vna cosa amistad e amor porque el amor puede venir de la vna parte tan solamente, mas la amistad conuiene que venga de amas a dos. E bien querençia es propiamente buena voluntad que nasçe en el coraçon del omne luego que oy[e] dezir alguna bondad de algund omne o de otra cosa que non vee o con quien non ha grand fazimiento, queriendo bien señaladamente por aquella bondad que
50 oyo del non lo sabiendo aquel a quien quiere bien. E concordia es vna virtud que es semejante de la amistad, e desta se trabajaron todos los sabios e los grandes señores que fizieron los libros de las leys por que viniesen las otras acordadamente. E concordia puede ser entre muchos omnes, maguer non ayan entre si amistad nin amor. Mas los que han amistad en vno por fuerça conuiene que ayan entre si concordia. E por ende,
55 dixo Aristotiles, que si los omnes ouiesen entre si amistad verdadera que non avrian menester justiçia nin alcaldes que los judgasen, porque la amistad les faria complir e guardar aquello mesmo que quiere e manda la justiçia.

A que tiene pro la amistad.[7]

Prouecho grande e bien viene a los omnes de la amistad, de guisa que segund dixo
60 Aristotiles, ningund omne que aya bondad en si non quiere beuir en este mundo sin amigos, maguer fuese abondado de todos los otros bienes que son en el. Ca quanto los omes son mas honrrados e mas poderosos e mas rricos tanto han menester mas los amigos. E esto por dos rrazones. La primera es porque non podrian ellos auer prouecho de las rriquezas si non vsasen dellas. E tal uso deue ser fazer bien. E el bien fecho deue

---

[6] Cf. *Cuarta Partida*, XXVII, i (III, 555a).
[7] Cf. *Cuarta Partida*, XXVII, ii (III, 555b-556a).

ser dando a los amigos. E por ende, los que amigos non han non pueden bien usar de las rriquezas que ouiesen, maguer sean abondados dellas. La segunda rrazon es porque con los amigos se ganan e se guardan e se acresçientan las rriquezas e las honrras que los omnes han, e de otra guisa los omnes sin los amigos non podrian durar. Porque quanto mas honrrado e mas poderoso es el omne tanto peor golpe rreçibe si le fallece ayuda de amigos. E aun dixo el mesmo que los otros omnes que non son rricos tanto e poderosos han menester ayuda en todas guisas de amigos que los acorran en su pobreza e lo estuerçan de los peligros que acaesçieren. E sobre todo dixo que en qualquier edad que omne sea ha menester ayuda de amigos. Ca si fuere niño ha menester ayuda de amigo que lo crie e lo guarde que non faga nin aprenda cosa que le este mal. E si fuere mançebo mejor entendera e fara todas las cosas que ouiere de fazer con ayuda de su amigo que solo. Si fuere viejo ayudarse ha de sus amigos en las cosas que fuere menguado o que non podiese fazer por si por los embargos que vienen a las vezes.

Como se puede omne aprouechar del consejo del amigo e qual omne deue ser escogido para esto.[8]

Folgura e seguramiento muy grande han los omnes quando se aconsejan con sus amigos. E por ende, dixo vn sabio que ouo nombre Tullio, que ninguna cosa non vale tanto como buen amigo a quien podiese dezir seguramente su voluntad asi como a si mesmo. E dixo en otro lugar: delibera con tu amigo todas las cosas que ouieres a fazer, mas primero sabe quien es el. Ca muchos son que paresçen muy amigos de fuera e son falagueros de palabra e han la voluntad contraria de lo que muestran. E comoquier que estos falaguen al omne, pero mas quieren ser amados que amar, e siempre son dañosos a los que los aman. E sobre esto dixo otro sabio que ninguna pestilençia non puede empeçer al omne en este mundo tan fuerte como el falso amigo con quien omne biue e departe sus poridades cotidianamente, non lo conosçiendo e fiandose en el. E por ende, dixo Aristotiles que ante que con otro omne tome amistad deue pugnar primeramente en conosçerlo si es bueno. E esta conosçiençia non puede omne auer sinon por vso de luengo tiempo, porque los buenos son pocos e los malos muchos e la amistad non puede durar sinon entre aquellos que han bondad en si. Onde, los que amigos se fazen ante que bien se conozcan ligeramente se departe la amistad de entre ellos.

Quantas maneras son de amistad.[9]

Aristotiles, que fizo departimiento naturalmente en todas las cosas del mundo, dixo que eran tres maneras de amistad. La primera es la natural. La segunda es la que omne

---

[8] Cf. *Cuarta Partida*, XXVII, iii (III, 556a).
[9] Cf. *Cuarta Partida*, XXVII, iv (III, 556b).

100 ha con otro por alguna pro o por algund plazer que ha del o espera auer, o amistad de natura, que es la que han el padre o la madre a sus fijos e la muger a su marido e el marido a su muger. E esta non tan solamente la han los omnes que han rrazon en si, mas aun todas las otras animalias que han poder de engendrar, porque cada vna dellas ha naturalmente amistad con su compañera e con sus fijos que nasçen dellos. E amistad
105 han otrosi segund natura los que son naturales de vna tierra, de manera que quando se fallan en otro lugar estraño han plazer vnos con otros e ayudanse en las cosas que les son menester, e bien asi como si fuesen amigos de luengo tiempo. E la segunda manera de amistad es mas noble que la primera porque puede ser entre todos los omnes que han bondad en si. E por ende, es mejor que la otra porque esta nasçe de bondad tan
110 solamente e la otra de deudo de natura. E la que es de bondad tan solamente ha en si todos los bienes que fablamos en vna ley deste titulo. La terçera manera, de que fablamos de suso, non es verdadera amistad porque aquel que ama a otro por su pro o por plazer que espera auer e en cayendo o falleçiendo la pro o el plazer que espera auer del amigo desatase por ende la amistad que era entre ellos porque non auia rrayz
115 de bondad. E aun y ha otra manera de amistad, segund la costumbre de España, que posieron antiguamente los fijosdalgo entre si que se non deuen desonrrar nin mal fazer vnos a otros a menos de se tornar la amistad e se desafiar primeramente. E desto fablamos en el titulo de los desafiamientos, en las leys que fablan en esta rrazon.

Como deue ser guardada la amistad entre los amigos.[10]

120 Tres guardas deuen auer e poner entre si los amigos por que la amistad de entre ellos non se pueda mudar. La primera es que siempre deuen ser leales el vno al otro en sus coraçones. E sobre esto dixo Tullio, que el afirmamiento e el acatamiento de la amistad es buena fe que omne ha a su amigo. Ca ningund amor non puede ser firme en que fe non ha, porque loca cosa seria e sin rrazon demandar lealtad el vn amigo al
125 otro si el non la ouiese en si. Por ende, dixo Aristotiles, que firme deue ser la bondad del amigo, e non se deue mouer a querer ninguna cosa mala que le digan a su amigo que ha prouado luengo tiempo por leal e por bueno. E por ende, vn filosopho a quien dezian que vn su amigo dixera mal del, e el rrespondio e dixo que si verdat era que su amigo dixera mal del que tenia que se moueria a lo dezir por algund bien e non por su
130 mal. La segunda guarda que deuen auer los amigos es en las palabras, guardandose de non dezir cosa de su amigo de que podiese ser disfamado nin le pueda venir mal. Por ende, dixo Salamon en el Ecclesiastico, que quien desonrra a su amigo de palavra desata la amistad que auia con el. Otrosi, non se deuen rretraher nin çaherir el vno al otro los seruiçios nin las ayudas que se fizieren. E por ende, dixo Tullio, que omnes
135 de mala ventura son aquellos que rretrahen como en manera de afruento los bienes e los plazeres que fizieron a los amigos suyos. Ca esto non conuiene a ellos, mas a los que lo rreçibieron. E otrosi, se deuen guardar que non descubran las poridades que se

---

[10] Cf. *Cuarta Partida*, XXVII, v (III, 557ab).

dixeron el vno al otro. E por esto dixo Salamon, que el que descubre la poridad de su amigo desata la fe que auia con el. La terçera guarda es que deue bien obrar por su
40 amigo asi como faria por si mesmo. Ca asi como dixo Sant Agustin, que en la amistad non ha vn grado mas alto que otro. Ca siempre deue ser ygualmente entre los amigos. E otrosi, dixo Tullio, que quando al amigo viene alguna bien andança e grand honrra que de los bienes que se siguen della deuen auer parte sus amigos.

Como el omne deue amar a su amigo.[11]

45 Uerdaderamente e sin engaño deue el omne a su amigo amar, pero en la quantidad del amor fue departimiento entre los sabios. Ca los vnos dixeron que el omne deue amar a su amigo quanto el otro ama a el. E sobre esto dixo Valerio, que esta non era amistad con bien querençia, mas que era como manera de mierça. E otros y ouo que dixeron que deue omne amar a su amigo tanto como a si mesmo. E estos otrosi non
50 dixeron bien porque puede ser que el amigo non se sabe amar o non quiere o non puede, e por ende, non seria complida la amistad que desta guisa ouiese omne con su amigo. E otrosi, dixeron otros sabios que deue omne amar a su amigo como a si mesmo. E comoquier que estos dixeron bien, pero dixo Tullio que mejor podrian dezir, ca muchas cosas ha el omne de fazer por su amigo que las non faria por si mesmo. E
55 por ende, dixo que omne ha de amar a su amigo tanto quanto el deue amar a si mesmo. E porque en este tiempo se fallan pocos los amigos que asi ayan complido amor, pero comoquier que el omne se deue atreuer en la amistad de su amigo, con todo eso non le deue rrogar que yerre o faga cosa que le este mal, e maguer le fiziese tal rruego afincadamente, non gelo deue caber el otro, porque si cayese en mala fama o en pena
60 por ende, non le cavra la escusa, maguer diga que lo fizo por su amigo. Pero con todo eso bien deue el omne poner su persona e su auer a peligro de muerte o de perdimiento por amparança de su amigo o de lo suyo quando menester le fuere. E con esto acuerda lo que se falla scripto en las ystorias antiguas de dos amigos que auian nombre el vno Erestes e el otro Pilades, que los tenian presos vn rrey por malefiçios de que eran
65 acusados. E seyendo Erestes a muerte condenado e el otro dado por quito, embiaron por Erestes para fazer justiçia del, e lo llamaron que saliese del lugar do lo tenian preso. Respondio Pilades, sabiendo que querian matar al otro, e dixo que el era Erestes. E rrespondio Erestes que non dezia verdad, que el mesmo era. E quando el rrey oyo la lealtad destos dos amigos, de como se ofreçia cada vno a muerte por la estorçer al
70 otro, quitolos amos a dos e rrogoles que lo rreçibiesen por terçero amigo entre ellos.

Por que rrazones se desata la amistad.[12]

Natural amistad, de que fezimos mençion en las leys deste titulo, se desata por

---

[11] Cf. *Cuarta Partida*, XXVII, vi (III, 557b-558a).
[12] Cf. *Cuarta Partida*, XXVII, vii (III, 558b).

algunas rrazones de aquellas que deximos en la *Sesta Partida* deste libro, por que pueden los omnes deseredar a los que deçienden dellos. E la otra, por naturaleza, los
175 que son de vna tierra, se desata quando alguno dellos es manifiestamente enemigo della o del señor que la ha de gouernar o de mantener en justiçia. Ca pues el por su yerro [es]¹³ de la tierra enemigo non ha ninguno por que ser su amigo por rrazon de la naturaleza que auia con el. E la terçera manera de amistad que ha el omne con su amigo por bondad del desfalleçe quando el amigo que era bueno se faze malo de
180 manera que se non puede castigar, e yerra tan grauemente entre su amigo de guisa que non puede o non quiere emendar el yerro que le fizo. Mas por enfermedad nin pobreza nin por mal andança que acaezca al amigo non se deue desatar la amistad que era entre ellos. Ante se afirma e se prueua en aquella sazon mas que en otro tiempo la que es verdadera e buena. E la otra manera que semeja amistad e non lo es, asi como el que
185 ama a otro por su pro o por plazer que ha o espera auer del, se desata quando el amigo desfalleçe de lo que quiere, asi como de suso deximos.

Acabase el terçero libro e comi[e]nça el quarto.

---

¹³ es] Omit – *Inc. 1487, Inc. 1497.*

PROLOGO.

Costumbraron en los combites, O varon magnifico, e avn en las cotidianas yantares de las nobles personas, despues de las prinçipales viandas traer frutas de diuersas guisas. Ca non entienden que es la mesa sufiçientemente seruida si en ella se prouee tan solo de los neçesarios manjares del cuerpo si non se
5 satisfaze tan bien a algunos deleytes que pide la gula avn al estomago neçesarios nin complideros non sean. E desto auiene a las vezes que non solo de las comarcas nin de çercanas prouinçias se buscan las frutas, ca piensan que non es dulçe el sabor quando el preçio es pequeño, mas de las trasmarinas rregiones e de dentro de Asia la grande
10 fasta este nuestro fin de Europa en que viuimos acaesçe traher confecçiones e non conosçidas espeçias, a las quales, si fuese preguntado, avnque podiesen fablar, por ventura non podrian dezir el nombre de su tierra porque con la lengua peregrinaçion la avrian ya con rrazon oluidado. E maguer que esto se vse fazer nin por ende es escusado de rreprehension. Onde, Sant Jeronimo contra Juniano dize: "Non comamos
15 tales viandas que se ayan de digerir con dificultad o despues de comidas non condolamos que fueron auidas con grand trauajo."[1] E Epicuro, aquel antiguo filosopho, aunque fue loador de los deleytes e por esto de todos los otros philosophos rreprehendi[d]o,[2] pero dize asi. De simples viandas nos deuemos gouernar porque los solempnes e muy aparejados manjares con grand cuydado e miseria se han de

---

[1] Cf. Jerome, *Libri duo adversus Jovinianum*, II, 10, in *PL* 23, 206-338: "Omnis qui cum his miscetur, non erit sapiens. Nec tales accipiamus cibos, quos aut difficulter digerere, aut comesos, magno partos et perditos labore doleamus" (col. 299).

[2] Of Epicurianism, says Seneca, "Frons eius ipsa dat locum fabulæ et ad malam spem irritat." See Seneca, *De Vita Beata*, in *Moral Essays*, 3 vols., ed. John W. Basore (Cambridge, MA: Harvard University Press, 1965), II, 98-179, at p. 132. See also the marginal gloss in chapter 15 of Alfonso de Cartagena's translation of Seneca, *Libro de prouidençia*, Madrid, Palacio Real, MS II / 1842, ff. 53r-109r, at fº 103r: "Entre los filosofos antiguos ouo grand disputaçion sobre conosçer qual es el soberano bien e fin de todos los bienes. E vn filosofo que llamaron Epicuro disen que desia que la delectaçion era soberano bien. E por esto fue mucho rreprehendido de todos, segund que en muchos libros, asi de filosofos commo de santos doctores se contiene." Finally, cf. another contemporary reference to Epicurus in Alfonso Martínez de Toledo, *Arçipreste de Talavera, o Corbacho*, ed. Joaquín González Muela (Madrid: Castalia, 1984): "Asy les contesce como fizo a los dos sabios, Epicurio e Ynprimas, que nunca su dyos de Epicurio era synon comer, e de Ynprimas synon bever" (124). As a consequence of such remarks, Epicurean philosophy was generally oversimplified and often misunderstood in the Middle Ages. Cartagena's knowledge of Epicurus was probably based on what he had read in Seneca, Cicero, Saint Jerome, and perhaps Andreas Capellanus. His own knowledge of Epicurus has been described as "más o menos impreciso." See Álvaro Alonso, "Cristianismo y epicureísmo: Fray Alonso de Cartagena y el *Libro de la vida bienaventurada*," *Dicenda. Cuadernos de Filología Hispánica* 3 (1984): 191-197, at p. 191.

20 endereçar. E mayor pena dan en los buscar que deleyte en vsar dellos.³ E segund que en el mantenimiento corporal ay prinçipales viandas, e otras non tanto, como son frutas, asi en la gouernaçion del ingenio hay algunas cosas prinçipales e otras açesorias. Mas entre esta spiritual vianda e la corporal hay grand diferençia. Ca la corporal tomada allende de lo que es neçesario trahe contractaçion e fastio e engendra corporales e
25 spirituales dolençias. Mas aquella que gouierna el entendimiento, como es la sçiençia, non se puede en superhabundançia tomar. Ca non puede omne tanto saber que aun mas saber non le cumpliese. E si algunos con mucha sçiençia yerran non es por culpa della mas por sus peruersas costumbres, las quales quieren con sagaçia sotil defender. Ca la sçiençia siempre es buena. E por esto Sant Jeronimo, en la epistola que embio algund
30 orador, escriuio que todos los actores cumple saber para defender la verdad con aquellas armas que mas obraren, segund la calidad de los aduersarios.⁴ E el apostol Sant Paulo, en la epistola [de]⁵ Tito alego contra los [de Creta]⁶ vn dicho del poeta Epimedes.⁷ Esto non dixe porque aqui queremos enxerir materias de sçiençia estraña, mas porque avnque non sea tan neçesario nin tan prinçipal lo que aqui diremos como
35 lo que ya deximos, non lo tengamos en poco, mas que lo oyamos con diligençia e lo⁸ tomemos por fructa en rrespecto de lo ante scripto. Ca en todas las sçiençias e artes hay algunas cosas prinçipales e otras non tanto mas son adherentes e complideras. E asi en esta copilaçion, avnque ayamos scripto las leys que prinçipalmente fablan de los actos de la caualleria, pero para la acabar del todo por manera de fructa añadiremos otras que
40 fablan de actos pertenesçientes a caualleros, avnque algunas dellas tan prinçipales non sean. E como en las fructas, veamos que ay tres maneras. Ca algunas son que las trahen de tierra muy lueñe e non naçen donde las dan. Otras al contrario son de alli donde las muestran e non se han comunmente en otras partes, e por esto se faze destas dos mayor fiesta. E otras son que se fallan generalmente dondequier que se buscan. E asi nos
45 destas maneras añadiremos algunas materias. E en lugar de la fruta que ay en otros logares e partes e non en este rreyno, pornemos los feudos. E por la que ha en este rreyno e non en otras partes diremos de las behentas. E por la que generalmente se puede en cada tierra auer escriuiremos de otros muchos actos de caualleria e fijosdalgo de que disponen algunas leys que adelante oyredes. Por ende, ante que se leuanten los

---

³ The source is most likely Jerome, who quotes this passage in the *Libri duo adversus Jovinianum*, II, 11, p. 300 (see above, n.1), as follows: "Quodque mirandum sit, Epicurus voluptatis assertor, omnes libros suos repleuit oleribus et pomis, et vilibus cibis dicit esse vivendum; quia carnes, et exquisitæ epulæ, in genti cura ac miseria præparentur, majoremque poenam habeant in inquirendo, quam voluptatem in abutendo."

⁴ Cf. Jerome, Epistle LXX, *Ad Magnum, Oratorem vrbis Romæ*, in *Lettres*, III, 209-215.

⁵ de] Omit – *Inc. 1487, Inc. 1497, G* ‖ que escriuio a – *B*.

⁶ de Creta] Omit Creta – *Inc. 1487, Inc. 1497, N6, G* ‖ de Creta – *N1, N4, N5, N7, B, C, E, P2, S* ‖ doctores – *N3* ‖ decretales – *N2, P1* ‖ decreto – *R*.

⁷ Cf. Titus 1: 12. The poet is Epimenides. This verse is also quoted by Jerome in Epistle LXX (see above, n.4), p. 210.

⁸ lo] lo lo – *Inc. 1487*.

manteles de la tabla desta copilaçion, en cuenta de fruta, oyd las materias siguientes.

TITULO PRIMERO.
De los vasallos, e espeçialmente de aquellos que llamamos vasallos porque han dinero o bien fecho de señores.

Diuersas maneras hay de vasallaje, segund que en vna ley del titulo siguiente se declara, mas aquella distinçion para otro proposito. Pero para auer la rrazon de la ordenança de los titulos siguientes considere que de otras çinco maneras llamamos en este rreyno vasallos. La primera es de aquellos que han tierra de señor, como dezimos, vasallos del rrey, a los que del han çierta quantida para lanças. Ca comoquier que todos los del rreyno por otra manera de fablar seamos sus vasallos, pero espeçialmente nombramos asi a aquellos que han dinero del para lanças que llamamos tierra. E desta guisa se vsaua antiguamente llamar en España vasallo de algund conde o rrico omne o señor el cauallero o fijodalgo que del auia, segund las palabras de entonçe, soldada, aunque agora esto non se dize ya tan comunmente sinon en los que han tierra del rrey. La segunda manera es quando tiene feudo. Ca aquel que ha feudo de algund señor llamanle los derechos, e aun nos llamamosle vasallo. La terçera es de aquellos que dezimos vasallos solariegos. La quarta es de vasallos de vehetrias. La V es de los que algunos dizen vasallos porque los tienen en encomienda, la qual, aunque non es propia nin verdadera manera de fablar avnque algunos la vsan, pareçiome rrazonable de la poner aqui para la improuar, e para que vean quan vedada es. E segund estas çinco maneras parti los titulos del vasallaje, rrepartiendo a cada vno las leys que me pareçio que fazian a el e non le mezclando en quanto pude las otras. E oyamos luego la primera, de la qual fablo el rrey don Alfonso el deçimo en la *Quarta Partida*, en el titulo veynte e çinco, poniendo las leys siguientes.

Grand deudo han los señores con sus vasallos e los vasallos con sus señores. Leys.[1]

Uasallaje, otrosi, es vn grand deudo e muy fuerte que han aquellos que son vasallos con sus señores. E otrosi los señores con ellos. Onde, pues que en el titulo ante deste fablamos de los deudos que han los omnes vnos con otros por naturaleza, queremos aqui dezir del que es por rrazon de señorio e de vasallaje, e mostrar que cosa es señor, e que cosa es vasallo, e quantas maneras son de señorio e de vasallaje, e como se puede fazer cada vna dellas, e que deudo han entre si despues que fuere fecho. Otrosi, por que rrazones se puede partir, e en qual tiempo, e en qual manera, e que cosas deue guardar el señor al vasallo e el vasallo al señor despues aunque fueren departidos.

---

[1] Cf. *Cuarta Partida*, XXV (III, 532a).

Que cosa es señor e que cosa es vasallo.[2]

Señor es llamado propiamente aquel que ha mandamiento e poderio sobre todos aquellos que viuen en su tierra. E a este tal deuen llamar todos señor, tan bien sus naturales como los otros que vienen a el a su tierra. Otrosi, es dicho señor todo omne
40 que ha poderio de armar e dar por nobleza de su linaje. E a este atal non le deuen de llamar señor sinon aquellos que son vasallos e rreçiben bien fecho del. E vasallos son aquellos que rreçiben honrra e bien fecho de los señores, asi como caualleria o tierra o dineros, por seruiçio señalado que les ayan de fazer.

Quantas maneras son de señorio e de vasallaje.[3]

45   De señorio e vasallaje son çinco maneras. La primera e la mayor es aquella que ha el rrey sobre todos los de su señorio, a que llaman en latin *merum imperium*. E quiere tanto dezir mero como puro e esmerado mandamiento de judgar e mandar los de su tierra. La segunda es la que han los señores sobre sus vasallos por rrazon de bien fecho e de honrra que dellos rreçiben, asi como de suso deximos. La terçera es la que
50 han los señores sobre sus solariegos o por rrazon de behetria o de deuisa, segund juro de Castilla. La quarta es la que han los padres sobre sus fijos. E desta fablamos complidamente en las leys que fablan en esta rrazon. La V es la que han los señores sobre sus sieruos, segund dicho es de suso en las leys que fablan dellos.

Como se puede fazer vasallo vn omne de otro.[4]

55   Uasallo se puede fazer vn omne de otro segund la antigua costumbre de España en esta manera: ortogandose por vasallo de qualquier que lo rreçibe, besandole la mano por rreconosçimiento de señorio. E aun ha otra manera que se faze: por omenaje, que es mas graue porque por ella non se torna omne tan solamente vasallo del otro, mas finca obligado de complir lo que le promete como por postura. E omenaje tanto quiere
60 dezir como tornarse omne de otro e fazerse como suyo para darle segurança sobre la cosa que promete de dar o de fazer que la complira. E este omenaje non solamente ha logar en pleyto de vasallaje mas en todos los otros pleytos e posturas que los omnes ponen entre si con entinçion de complirlas.

En que sazon es tenudo el vasallo de besar la mano al señor, e quales non.[5]

65   Besar deue la mano el vasallo al señor quando se faze su vasallo, asi como

---

[2] Cf. *Cuarta Partida*, XXV, i (III, 532a).
[3] Cf. *Cuarta Partida*, XXV, ii (III, 532b).
[4] Cf. *Cuarta Partida*, XXV, iv (III, 533b).
[5] Cf. *Cuarta Partida*, XXV, v (III, 534a).

deximos en la ley ante desta. E avn lo deue fazer quando lo faze cauallero luego que le ha çeñida la espada. Eso mesmo deue fazer quando se despidiere del. E en cada vna destas dos sazones es tenido el vasallo de vesar la mano al rrico ombre, segund la costumbre de España, mas en otro tiempo non. Empero, al rrey, tambien los rricos omnes como los otros de su señorio son tenudos de vesarle la mano en aquellas sazones mesmas que deximos de suso. E avn gela deuen vesar cada que el va de vn logar a otro e le salen a rreçebir, e cada quando que viniere de nueuo a su casa o se quitaren del para yr a otra parte, e quando les diere algo o les prometiere de fazerles bien e merçed. E esto son tenudos a fazer al rrey por dos rrazones: la vna, por el deudo de la naturaleza que han con el; la otra, por rreconosçimiento del señorio que ha sobre ellos.

Que deudo ha entre los señores e entre los vasallos.[6]

Deudos muy grandes son los que han los vasallos con sus señores. Ca deuenlos amar e honrrar e guardar e adelantar su pro e desuiarles su daño en todas las maneras que podieren, e deuenlos seruir bien e lealmente por el bien fecho que dellos rreçiben. E otrosi, dezimos que el señor deue amar e guardar e honrrar sus vasallos, e fazerles bien e merçed, e desuiarlos de daño e de desonrra. E quando estos deudos son bien guardados, e faze cada vno lo que deue, cresçe e dura el amor verdadero entre ellos. E otros deudos hay de muchas maneras entre los vasallos e los señores que son tenudos de guardar los vnos a los otros en tiempo de guerra e de paz, de que deximos en la *Segunda Partida* deste libro en las leys que fablan en esta rrazon.

Por que rrazones se puede partir el vasallo del señor e en que tiempo e en que manera.[7]

Expedir nin partir non se puede ningund vasallo de su señor en el primero año en que lo fizo cauallero por pobreza nin por trauajo que sufra por el nin por otra cosa alguna, fueras ende si lo ouiese a fazer por alguna destas tres rrazones. La primera es si el señor se trauajase por muerte de su vasallo. La segunda si se trauajare por desonrrar su muger. La terçera si lo deseredase a tuerto non le cabiendo su derecho por juyzio de amigos nin del rrey nin de su corte. Ca por qualquier destas rrazones bien se puede partir de su señor en todo tiempo ante del año e despues, mas del año en adelante bien se podria partir del maguer el señor non herrase contra el en ninguna de las tres maneras suso dichas. Ca si non ouiese sabor de veuir con el por que le pagase mal la soldada o por otra rrazon qualquier bien se podria partir del. E quando se ouiere de expedir del dueulo fazer por si mesmo e non por otro, fueras ende si se temiese del que lo mataria. Ca entonçe bien se podria expedir del por otro que sea fijodalgo. E el expedimiento deue ser fecho en esta manera, diziendo el vasallo al señor: "Expidome

---

[6] Cf. *Cuarta Partida*, XXV, vi (III, 534ab).
[7] Cf. *Cuarta Partida*, XXV, vii (III, 535b-536a).

de vos e vesovos la mano, e de aqui adelante non soy vuestro vasallo." E quando alguno se expidiere del señor en nombre del vasallo deue dezir asi: "Fulano cauallero se expide de vos e vesovos la mano por el, e digovos de su parte que de aqui adelante non es vuestro vasallo."

105 Que cosas deue guardar el señor al vasallo e el vasallo al señor despues que fueren partidos.[8]

Partiendose el vasallo del señor por algunas de las rrazones que diximos en la ley ante desta, despues que fuere partido del bien se puede fazer vasallo de otro. Nunca el lo deue ferir nin matar por rrazon de la caualleria que del rreçebio e del bien fecho que
110 le fizo, e por el vasallaje que ouo con el, fueras ende si viese en peligro de muerte a aquel señor cuyo vasallo fuese de manera que non lo podiese librar ende a menos de ferir al otro cuyo vasallo fue. E aun entonçe si a ferirlo ouiese por tal rrazon como esta deuelo fazer de guisa que le non de ferida de que muera si lo escusar podiere. Pero en ninguna manera non le deue ferir nin fazer mal nin daño alguno con las armas nin con
115 el cauallo que le dio.

Que pena mereçe el vasallo que rresçiue soldada del señor e non la sirue.[9]

Si el uasallo que se expidiese del señor con quien solia veuir ouiese rreçeuida la soldada e non gela ouiese seruida, si el señor le mando por si mesmo e por su carta que le viniese a seruir e non quiso, deue pechar doblado todo lo que del rreçibio desta guisa
120 porque le non quiso seruir. Otrosi, dezimos que si el vasallo seruiese al señor e non le quisiese dar su soldada que por todo el tiempo que le seruio e non gela dio que gela deue dar doblada. Mas si el señor non lo ouiese menester el seruiçio del vasallo por que non le acaeçiese cosa atal nin embiase por el, entonçe non seria tenido de tornar ninguna cosa de lo que ouiese rreçebido del maguer non le ouiese seruido. Ca pues que
125 siempre estouo aparejado para venir en su seruiçio non es en culpa si el señor non embio por el.

Item: el rrey don Alfonso el sexto en el libro terçero del *Fuero de las leys* a este proposito situo las leys siguientes.
Que deue fazer el fijodalgo quando se quisiere tornar vasallo de otro.[10]

130 Quando algund fijodalgo se quisiere tornar vasallo de otro, vesele la mano a aquel que rreçibe por señor e tornese su vasallo. E si por ventura por mandadero se quisiere tornar vasallo de alguno embie fijodalgo que en su logar e en su nombre rreçiba por

---

[8] Cf. *Cuarta Partida*, XXV, viii (III, 536ab).
[9] Cf. *Cuarta Partida*, XXV, ix (II, 536b).
[10] Cf. *Fuero Real*, III, XIII, i (360).

señor a aquel cuyo vasallo se torna, e vesele la mano. E quandoquier que el vasallo se quisiere partir del señor en tal guisa se parta del en qual le rreçibio por señor. E si de
35 otra guisa se partiere del señor, non vala, e tornele doblada la soldada de aquel año si la rreçibiere. E si la non ouiere rreçebida, dele otro tanto quanto es de soldada que deuia auer.

Que el fijodalgo non se torrne vasallo de otro sin expedirse primeramente del señor primero.[11]

40   Mandamos que ningund fijodalgo non se pueda tornar vasallo de otro fasta que se expida de su señor por si, quier por su mandadero fijodalgo. E quando se quisiere expedir del uesele la mano e digale: "De aqui adelante non soy vuestro vasallo." E si por mandadero se quisiere expedir, el mandadero vese la mano al señor de quien lo expide, e digale: "Fulano vos manda vesar la mano e expidese de vos por mi e
45 mandavos dezir que de aqui adelante non es vuestro vasallo."

Fasta quanto tiempo non se puede el fijodalgo expedir de aquel que lo fizo cauallero.[12]

Si alguno se quisiere expedir de aquel que lo fizo cauallero, seyendo su señor, non lo pueda fazer fasta vn año conplido del dia que lo fiziere cauallero. E si alguno lo
50 fiziere ante del año complido non vala e torrne doblado a aquel que lo fizo cauallero quanto del tomo, tan bien por la caualleria como de la soldada.

Que el que se expide de su señor deue tornar lo que del ouo saluo la soldada.[13]

Toda cosa que el vasallo rreçibiere de su señor por donadio, quier en lugar o en loriga, quier en cauallo, quier en otras armas, ayalo todo por suyo e quanto con el
55 gano. E si quisiere dexar a aquel señor que gelo dio o tomar otro, puedalo fazer, mas torne a aquel señor que dexa las armas e los cauallos que del ouo, e quanto del tenia fueras las soldadas que ouiere seruidas. E esto mesmo mandamos si el señor moriere e el vasallo se quisiere quitar de los fijos del señor.

Que deue tornar el vasallo quando se parte del señor por su plazer.[14]

60   Si el señor dexare al vasallo sin culpa del vasallo o si por su plazer tomare el vasallo otro señor, non le torne ninguna cosa de quanto le dio, fueras ende las lorigas

---

[11] Cf. *Fuero Real*, III, XIII, ii (360-1).
[12] Cf. *Fuero Real*, III, XIII, iii (361).
[13] Cf. *Fuero Real*, III, XIII, iv (361).
[14] Cf. *Fuero Real*, III, XIII, v (362).

e las brafoneras que del ouo, que mandamos que gelas torne.

Que lo que ganare el merino en su merindad sea del señor.[15]

Todas las armas que el señor diere a su merino con que le sirua ayalas el merino e el señor non gelas pueda tomar jamas. Enpero, las cosas que el merino ganare en su merindad todas sean del señor. E esto mesmo mandamos de los mayordomos.

Que se deue fazer si el vasallo non quisiere tornar las armas al señor de quien se partio.[16]

Si el vasallo despues que se expidiere de su señor non le quisiere tornar las armas e los cauallos que del ouo, puedelo el señor rreptar por las lorigas, mas los cauallos e las otras armas puedalas demandar por fuero. E si antes que sea expedido de su señor segund mandan las leys que se deue expedir algund daño o alguna guerra le fiziere, maguer que se torne vasallo de otro puedalo rreptar por ello. E mandamos que el señor de quien algund fijodalgo se expidiere que non le faga por ello otro mal sinon que demande su derecho si quisiere nin le auilte por ello.

TITULO II.
Quando e como pueden seguir los vasallos a sus señores si son echados o salieren fuera del rreyno, e de la naturaleza que han los naturales con sus señores, e en que caso se pueden desnaturar.
Introduçion.

Acaesçe en algunos tiempos ser ayrados algunos señores e rricos omnes del rrey, e a las vezes por su culpa, e a las vezes sin ella, segund que los casos auienen, los quales son tantos, que segund dize Justiniano, nin se pueden dezir nin contar. E han de salir del rreyno, e siguenlos algunos de sus vasallos.[1] E aun conteçe llegar a tanto el fecho que pierden la naturaleza e se ayan de desnaturar o yr a buscar su vida en rreynos estraños, como en los tiempos mucho antiguos acaesçio. E aun despues, en tiempo deste rrey don Alfonso el deçimo, leemos que lo fizo el infante don Felipe e don Nuño de Lara e otros grandes que con ellos fueron.[2] E despues mas çercanamente a nos en aquel deuate de los rreys enemigos

---

[15] Cf. *Fuero Real*, III, XIII, vi (362).
[16] Cf. *Fuero Real*, III, XIII, vii (362-3).
[1] Cf. Justinian, *Digest*, XXXVII, xiv, *De iure patronatus*, and xv, *De obsequiis parentibus et patronis præstandis* (III, pp. 315-320).
[2] Prince Felipe and Count Nuño González de Lara were found guilty of conspiracy against Alfonso X in 1272 and were subsequently exiled to Muslim-occupied Granada. The events are described in the *Crónica de Alfonso décimo*, especially chapters XX and XXVII.

15 ermanos que poco ante de nuestro tiempo fue e de que algunos viuos se acuerdan,[3] todos sabemos que asaz grandes salieron del rreyno, mas porque segund dize Sant Jeronimo, de otra guisa se siente lo que se oye e de otr[a] lo que se vee, dexando los enxiemplos viejos,[4] el otro dia vimos algunos rricos omnes salir de la tierra e a tanto llegar el fecho que muchos cuydaron que se desnaturarian aunque ellos con mas madura
20 deliberaçion non lo fizieron asi. E pues este es caso que de tiempo en tiempo acaesçe, bien es que sepamos las leys que desto fablan, las quales este mesmo rrey don Alfonso puso en la *Quarta Partida*, en el titulo veynte e çinco.

Por que rrazones puede el rrey echar sus rricos omnes de la tierra.
Leys.[5]

25 Ricos omnes, segund costumbre de España, son llama[d]os aquellos que en las otras tierras son llamados condes e varones. E a estos atales pueden echar los rreys de la tierra por vna destas tres rrazones: la primera es quando quiere tomar vengança por malquerençia que aya entre ellos; la II por malfetrias que ayan fecho en la tierra; la III por rrazon de yerro en que caya trayçion o aleue. E quando acaesçiese que el rrey
30 ouiese de echar al rrico omne de la tierra por malquerençia entonçe aquel que quisiere echar deuele pedir por merçed apartadamente e en poridad que lo non faga que y este otro ninguno sinon amos a dos ellos. E si non gelo quisiere caber, entonçe deuele pedir merçed la segunda vez ante vno o ante dos de los de la compañia del rrey. E si acaesçiere que non gelo quiera otorgar puedele pedir merçed la terçera vez por corte,
35 e si entonçe non le quisiere perdonar e le mandare que salga de la tierra por tal rrazon como esta puedenle seguir sus vasallos e salir de la tierra con el. Pero deuele el rrey dar plazo de treynta dias a que salga de la tierra e en aquellos treynta dias deuele otorgar que le vendan viandas por aquellos lugares por do saliere. Pero ante que se cumplan los treynta dias deue el rrico omne salir de la tierra, e en aquellos treynta dias,
40 e desque fuere salido puedele fazer guerra si quisiere para ganar consejo do viua. E esto puede fazer por dos rrazones: la vna porque lo echo non le queriendo dezir rrazon por que lo fazia; la otra por que pueda auer vida de aquella tierra donde es natural. Mas en tal guerra como esta non le deue furtar nin entrar por fuerça villa nin castillo nin quemarla. Pero si el rrey lo ouiese deseredado a el de alguna cosa bien podria entonçe
45 entrar villa o castillo o otra heredad que fuese del rrey que podiese tanto valer como

---

[3] A reference to the dynastic disputes between Pedro I "el Cruel" (1350-1369) and his half-brother Enrique Trastámara, who was subsequently crowned Enrique II (1369-1379).

[4] Cf. Jerome, *Libri duo adversus Jovinianum*, II, 9, in *PL* 23, 206-338: "Sensus noster illud cogitat, quod videt, audit, odoratur, gustat, attrectat, et ad ejus rei trahitur appetitum, cujus capitur voluptate. Quod mens videat, et mens audiat; et quod nec audire quippiam, nec videre possimus, nisi sensus in ea quæ cernimus, et audimus fuerit intentus, vetus quoque sententia est" (col. 299).

[5] Cf. *Cuarta Partida*, XXV, x (III, 537ab).

aquello de que lo deseredo e tenerlo por enterga fasta que el rrey le torne lo que le tomo, mas non lo puede vender nin enajenar en ninguna manera. E non deue tomar por rrazon de tal entergua villa nin castillo nin otra fortaleza que el ante ouiese tenido o alguno de sus vasallos. E por ende, por tal echamiento como este nin por tal guerra non
50 deue el rrey fazer mal nin daño a su muger nin a sus fijos del rrico omne nin a las mugeres nin a los fijos del rrico omne nin a las mugeres nin a los fijos de sus vasallos que le siguen. E otrosi los vasallos, maguer ayuden a guerrear a su señor, la parte que a ellos copiere non la deuen despender nin mal meter, mas deuenla dar al rrey. E non tan solamente pueden salir con el rrico omne por tal echamiento como este sus vasallos
55 e sus naturales, mas avn los sus criados e los otros omnes de su compaña por rrazon del bien fecho que rreçibieron del. Mas estos atales, comoquier que le puedan ayudar e amparar su cuerpo de feridas e de muerte, non deuen fazer guerra al rrey.

Como los vasallos pueden salir de la tierra con el rrico omne quando el rrey lo echare della por malfetria que aya fecho.[6]

60 Echando el rrey a algund rrico omne de la tierra por maldad que aya fecho pueden sus vasallos salir con el e ayudarle a ganar pan de otro rrey. Pero por tal echamiento como este non deuen estar con el fuera del rreyno mas de treynta dias, e dende adelante deuense tornar al rrey e al rreyno. Otrosi, non deue fazer guerra el rrey al rrico omne nin a los que salieren con el de la tierra nin tomar nin rrobar ninguna cosa de su
65 señorio. Comoquier que si el rrico omne se fiziese vasallo de otro rrey por rrazon de aquel señorio cuyo vasal[l]o se faze, bien se podria el por si mesmo guerrear al rrey que lo echo. E esto puede fazer por mandado de aquel cuyo vasallo es, mas non le deue fazer por si por rrazon de tomar vengança del rrey que lo echo de la tierra. E si por ventura el rico omne fiziese guerra al rrey ante que se tornase vasallo del otro o los
70 vasallos fincasen con el de los treynta dias pasados en adelante e le ayudasen a guerrear, entonçe les deue el rrey tomar todo quanto ouiesen en su tierra, tan bien al rico como a los otros que con el eran ydos. E comoquier que el pueda perdonar al rrico omne que torne en la tierra e le quite el coto en que cayo por rrazon de la malfetria que fizo, que es quarenta maravedis por cada cosa de las que tomo, con todo eso non
75 lo puede perdonar que non peche doblado lo que leuo e tomo e rrobo a aquellos a quien fizo la malfetria.

Como los vasallos non son tenidos de seguir al rrico omne que saliere de la tierra, echandolo el rrey por yer[r]o de trayçion o de aleue.[7]

Por yerro de trayçion o de aleue echando el rrey a algund rrico omne de la tierra
80 non son tenudos sus vasallos de seguirlo, fueras ende si el rrico omne se quisiere yr a

---

[6] Cf. *Cuarta Partida*, XXV, xi (III, 538b).
[7] Cf. *Cuarta Partida*, XXV, xii (III, 539a).

desterrar alguna parte e algunos de sus vasallos quisieren yr con el por rrazon de la vergüença e del pesar que ouiesen del fecho. E avnque asi quisiesen yr con el por rrazon de acompañarle deuenlo fazer con intençion de se tornar a la tierra quando mas ayna podiesen. E si por ventura fincasen con el e non quisiesen tornar a la tierra, son traydores por ende, quier le ayuden guerrear al rrey o al rreyno, quier non. E si acaesçiese que fiziese guerra a la tierra puede ende el rrey echar a la muger e a los del rrico omne por traydores. E puede otrosi echar a las mugeres e a los fijos de sus vasallos que fincaren con el, pero non caeran en pena de trayçion.

Como deuen seguir los vasallos al rrico omne que saliere de la tierra de su voluntad non le echando el rrey.[8]

Por su voluntad saliendo algund rrico omne de la tierra non lo echando el rrey, si se fuere a tierra de moros non lo deuen seguir sus vasallos, e esto porque faze trayçion en dos maneras: la vna contra Dios porque va ayudar a los enemigos de la fe; la otra contra su señor natural faziendo guerra e daño en la tierra. E en esta mesma trayçion caerian sus vasallos si fuesen con el e le ayudasen. Pero si el rrico omne se fuese a tierra de cristianos bien podrian sus vasallos seguirle para ayudarle a ganar pan de otro rrey, mas luego que lo ouiere ganado deuense tornar al rrey e non le deue fazer guerra nin daño en la tierra nin en sus vasallos.

Item: la segunda parte deste titulo que es la naturaleza e del desnaturamiento se declara en la *Quarta Partida*, en el titulo XXIIII, en dos leys siguientes. Del deudo que han los naturales con sus señores e con la tierra en que biuen, e como deue ser guardada esta naturaleza entre ellos.[9]

A los señores deuen amar todos sus naturales por el deudo de la naturaleza que han con ellos e seruirlos por el bien que dellos rreçiben o esperan auer, e honrrarlos por la honrra que dellos rreçiben e guardarlos porque ellos e sus cosas son guardadas por ellos, e acresçentar sus bienes por que los suyos se acresçienten por ello, e reçebir buena muerte por los señores si menester fuere por la buena e honrrada vida que ouieron con ellos. E a la tierra han grand deudo de amarla e acresçentarla e morir por ella si menester fuere. E esta naturaleza que han los omnes con sus señores deue ser siempre guardada con lealtad, guardando entre si todas las cosas que por derecho deuen fazer los vnos a los otros en la manera e por las rrazones que deximos en la *Segunda Partida* deste libro en las leys que fablan en esta rrazon.

Como se puede desatar e perder la naturaleza.[10]

---

[8] Cf. *Cuarta Partida*, XXV, xiii (III, 539ab).
[9] Cf. *Cuarta Partida*, XXIV, iv (III, 530b).
[10] Cf. *Cuarta Partida*, XXIV, v (III, 530b-531a).

115   Desnaturar, segund lengua de España, tanto quiere dezir como salir omne de la naturaleza que ha con su señor e con la tierra en que viue. E porque esto es como deudo de naturaleza non se puede desatar sinon por alguna derecha rrazon. E las derechas rrazones por que los naturales esto pueden fazer son quatro: la vna es por culpa del natural, e las tres por culpa del señor. E esto seria como quando el natural
120   fiziese trayçion al señor o a la tierra que solamente por el fecho es desnaturado de los bienes e de las honras del señor e de la tierra. E la primera de las tres que vienen por culpa del señor es quando se trauaja de muerte del su natural sin rrazon e sin derecho. La segunda si le faze desonrra en su muger. La terçera si le deseredase a tuerto e non le quisiese cauer su derecho por juyzios de amigos o de corte.

TITULO TERÇERO.
De los que son vasallos por rrazon de feudo.
Introduçion.

La segunda manera de vasallaje, segund deximos, es de los feudos, de la qual
5   mucho fablaron los juristas, speçialmente en el derecho çiuil, e algund tanto en el canonico.[1] E platicase en otras partes, tan bien en el imperio como en la Çiçilia e en algunas otras rregiones del mundo. Mas en este rreyno non la veo vsar. Ca maguer que algunos cuydan que en el rreyno de Galizia, en la tierra de la yglesia, se vsan estos feudos porque algunos caualleros tienen tierras della e fazen
10   omenaje a los arçobispos en su nombre que por tiempo son e han de seruir con çierta gente cada vno segund que primeramente le fue empuesto, pero segund los titulos antiguos e los que oy se fazen, non pasan en heredero, e avn en vida se pueden rreuocar a sola voluntad del arçobispo que a la sazon es. Por ende, mas pareçe el tal contracto ser aquel que los legistas llaman precario que feudo.[2] Pero aunque al presente
15   que en este rreyno non se vse, puedese vsar adelante. E pues que entre las leys esta materia se puso e es atal que se platica mas, e deue platicar entre caualleros e fijosdalgo que entre los otros omnes, asi en el dar como en el rreçebir, segund el seruiçio e lealtad, e el omenaje que rrequiere bien es que en lugar de la fructa que nasçe en otra parte e en esta tierra non la hay, segund el prologo deste libro quarto lo
20   dize, oyamos las leys de los feudos que el rrey don Alfonso el deçimo puso en la *Quarta Partida*, en el titulo XXVI.

Feudo es vna manera de bien fecho.
Leys.[3]

---

[1] Cf. Gregory IX, *Decretals*, III, xx, *de feudis*, 1-2 (*Corpus Iuris Canonici*, II, 525-6).
[2] Cf. Gregory IX, *Decretals*, III, xiv, *de precariis*, 1-3 (*Corpus Iuris Canonici*, II, 516-7); and Justinian, *Digest*, XXXXIII, xxvi, *de precario* (IV, 611-14).
[3] Cf. *Cuarta Partida*, XXVI (III, 539b).

Feudo es vna manera de bien fecho que dan los señores a los vasallos por rrazon de vasallaje. Onde, pues que en el titulo ante deste fablamos de los vasallos, queremos aqui dezir de los feudos, e mostrar que quiere dezir feudo, e onde tomo este nombre, e quantas maneras son del, e que departimiento ha entre tierra e feudo e honor, e quien los puede dar, e que seruiçios deuen fazer sobre ello los vasallos a los señores, e quien los puede heredar, e por que rrazones pueden perder los vasallos despues que les fueren dados. E otrosi, quien puede judgar e librar las contiendas que acaesçen entre el señor e el vasallo en rrazon del feudo.

Que cosa es feudo, e onde tomo este nombre, e quantas maneras son del.[4]

Feudo es bien fecho que da el señor a algund omne porque se torna su vasallo e le faze omenaje de serle leal. E tomo este nombre de fe, que deue siempre auer e guardar el vasallo al señor. E son dos maneras de feudo. La vna es quando es otorgado sobre villa o castillo o otra cosa que sea rrayz. E este feudo atal non puede ser tomado al vasallo, fueras ende si falleçiere al señor las posturas que con el puso o si le fiziese algund yerro tal por que lo deuiese perder, asi como se muestra adelante. E la otra manera es a que dizen feudo de camara. E este se faze quando el rrey pone maruedis a algund su vasallo cada año de su camara. E este feudo atal puede el rrey toller cada que quisiere.

Que departimiento hay entre tierra e feudo e honor.[5]

Tierra llaman en España a los maravedis que el rrey pone a los rricos omnes e a los caualleros en logares çiertos. E honor dizen a aquellos maravedis que les pone en cosas señaladas que pertenesçen tan solamente al señorio del rrey e dagelos el por les fazer honrra, asi como las rrentas de algund lugar o castillo. E quando el rrey pone esta tierra e honor a los vasallos non faze ninguna postura. Ca se entiende segund el fuero de España que le han a seruir lealmente e non los deuen perder en toda su vida si non fizieren por que, mas el feudo se otorgua con postura prometiendo el vasallo al señor de fazerle seruiçio a su costa e a su mision con çierta quantia de caualleros o de omnes o a seruiçio señalado o en otra manera que lo prometiese de fazer.

Quien puede establesçer feudo, e a quien lo deuen dar, e en que manera.[6]

Dar pueden e establesçer feudos los emperadores e los rreyes e los otros grandes señores, e pueden dar en feudo aquellas cosas que son suyas quitamente. E otrosi, pueden dar en feudo los arçobispos e los obispos e los otros perlados de sancta yglesia

---

[4] Cf. *Cuarta Partida*, XXVI, i (III, 539b-540a).
[5] Cf. *Cuarta Partida*, XXVI, ii (III, 540b).
[6] Cf. *Cuarta Partida*, XXVI, iii (III, 541a).

aquellas cosas que los sus anteçesores acostumbraron dar, mas las otras que non fuesen vsadas a dar en feudo non las pueden dar de nueuo. E puede ser dado e otorgado el feudo ha todo omne que non sea vasallo de otro señor, ca asi es scripto en la ley que ningund [omne non pueda ser]⁷ vasallo de dos señores.

En que manera se deue dar e rreçebir el feudo.⁸

Otorgar e dar pueden los señores el feudo a los vasallos en esta manera: fincando los ynojos el vasallo ante el señor, e deue meter sus manos entre las del señor e prometerle jurando e faziendole pleyto e omenaje que le sera siempre leal e verdadero e que le dara siempre buen consejo cada que lo demandare e que non le descobrira sus poridades e que le ayudara contra todos los omnes del mundo a su poder e que le allegara su pro quanto podiere e que le desuiara su daño e que guardara e complira todas las posturas que puso con el por rrazon de aquel feudo. E despues que el vasallo ouiere jurado e prometido todas estas cosas deue el señor enuestirle con vna sortija o con lua o con otra cosa de aquello que le da en feudo, o meterlo en posession dello por si o por omne çierto a quien lo mande fazer.

Que seruiçio deuen fazer por los feudos los vasallos a sus señores. Otrosi, como los señores deuen guardar a sus vasallos su derecho.⁹

Señalado seruiçio promete[n] de fazer los vasallos a sus señores quando rreçiben los feudos dellos; entonçe lo deuen complir en aquella manera que lo prometieron. E si por auentura non fuese nombrado çierto seruiçio que el vasallo fiziese a su señor, pero todavia se entiende que el vasallo es tenudo por rrazon de aquel feudo que tiene del de ayudarle en todas las guerras que ouiese ha començar derechamente, e otrosi, en todas las guerras que mouiesen otros contra el a tuerto. Otrosi, dezimos que los señores deuen ayudar a sus vasallos e ampararlos en su derecho quanto podieren de manera que non rreçiban daño nin desonrra de los otros, e deuenlos guardar lealtad en todas cosas, bien asi como los vasallos son tenudos de guardar a sus señores.

Quien puede heredar el feudo e quien non.¹⁰

Los feudos son de tal manera que los non pueden los omnes heredar asi como los otros heredamientos. Ca maguer el vasallo que tenga feudo de señor dexe fijos e fijas quando muriere, las fijas non heredan ninguna cosa del feudo. Ante los fijos varones, vno o dos o quantosquier que sean, lo heredan todo enteramente. E ellos fincan

---

⁷ omne non pueda ser] omit – *Inc. 1487, Inc. 1497, G.*
⁸ Cf. *Cuarta Partida*, XXVI, iv (III, 542ab).
⁹ Cf. *Cuarta Partida*, XXVI, v (III, 543a).
¹⁰ Cf. *Cuarta Partida*, XXVI, vi (III, 543b).

obligados de seruir al señor que lo dio a su padre en aquella manera que su padre auia a seruirlo por el. E si por ventura fijos varones non dexase o ouiese nietos fijosdalgo de su fijo e non de su fija, ellos lo deuen heredar, asi como faria su padre si fuese biuo.
90 E la herençia de los feudos non pasa de los nietos en adelante, mas torna despues a los señores e ha sus herederos. Pero si el vasallo despues de su muerte dexase fijo o nieto que fuese mudo o çiego o enfermo o lisiado de manera que non podiese seruir el feudo, non lo mereçeria auer nin lo deue heredar en ninguna manera. E eso mesmo dezimos si qualquier dellos fuese monje o otro religioso o tal clerigo que lo non podiese seruir
95 por rrazon de los ordenes que tiene. E lo que deximos que el fijo o nieto del vasallo puede heredar el feudo, entiendese quando villa o castillo o otro heredamiento señalado fuese dado por feudo. Mas rreyno o marca o condado o otra dignidad rrealenga que fuese dada en feudo non la hereda el fijo nin el nieto del vasallo si señaladamente el emperador o el rrey o el otro señor que lo ouiese dado al padre o al aguelo non gelo
100 ouiese otorgado para fijos e para nietos.

Como los padres o los hermanos de los vasallos non heredan el feudo.[11]

En feudo teniendo algund omne villa o castillo o otra cosa de señor si quando moriese non dexase fijo nin nieto, maguer ouiese padre e aguelo, ninguno dellos non lo heredaria. Ca los feudos son de tal natura que los que deçienden de linea derecha los
105 deuen heredar e non los que suben por ella. Otrosi, dezimos que si el vasallo tiene feudo de señor quando muere non dexa fijo nin nieto e ha hermano, vno o mas, que ellos non pueden heredar el feudo si es atal que fue dado al padre o al aguelo del finado, saluo si los hermanos viuos e el muerto lo compraron de los bienes que auian de consuno. Mas si fuese dado el feudo al hermano finado entonçe los hermanos que
110 fincaron viuos non avrian derecho alguno en el; ante dezimos que deue tornar al señor pues que el finado non dexo fijo varon nin nieto que lo heredase.

Por que rrazones el vasallo puede perder el feudo.[12]

Perder puede el feudo en su vida el vasallo si non compliere al señor o a sus fijos el seruiçio que le prometio de fazer por rrazon del. Otrosi, dezimos que el vasallo
115 pierde el feudo si desampara a su señor en batalla. E aun dezimos que lo pierde si acusa a su señor o le busca tal mal onde le viene grand daño de sus vienes o enfamamiento de su persona. Otrosi, dezimos que si el vasallo sabe que algunos quieren buscar mal a su señor de que le puede venir algund daño muy grande en alguna manera si se non trauajare por gelo desuiar quanto podiere o si non lo aperçibe dello, pierde
120 el feudo por ende si lo calla engañosamente. Otrosi, dezimos que faziendo el vasallo pleyto o jura con otros algunos con intençion de buscar mal o fazer algund daño a su

---

[11] Cf. *Cuarta Partida*, XXVI, vii (III, 545a).
[12] Cf. *Cuarta Partida*, XXVI, viii (III, 545ab).

señor, o si le saltease en algund logar por si o con otros queriendole ferir o matar o prender o desonrrar, o metiese mano en el sañudamente con entiniçion de fazerle alguna destas cosas, o si se trabajase de su muerte en qualquier manera, deue perder
125 el feudo que touiere del señor por qualesquier destas rrazones. Otrosi, dezimos que si el señor o su muger estouiesen çercados en algund castillo o en villa o en otra fortaleza si el vasallo se echase en la çerca con los otros sobre qualquier dellos, que deue por ende perder el feudo. Otrosi, dezimos que si el señor yoguiese preso en carçel o en algund castillo o en otra presion qualquier e el vasallo non se trauajase de lo sacar
130 dende podiendolo fazer, que deue perder el feudo que touiere del.

Por quales yerros que el vasallo faze al señor pierde el feudo e otrosi el señor la propriedad si yerra contra el vasallo.[13]

Matando el vasallo al hermano o al fijo o al nieto de su señor deue por ende
135 perder el feudo. Otrosi, dezimos que si el vasallo yaze con la muger de su señor o con fija o con nieta fija de su fijo o con la muger de su fijo, que deue perder el feudo. Eso memso seria si se trauajase en alguna manera de rreçebir alguna dellas para traherla a fazer tal desonrra. Por todas estas cosas sobredichas e por cada vna dellas e de las que deximos en la ley ante desta por que el vasallo deue perder el feudo quando las fiziere,
140 por esas mesmas pierde el señor la propriedad del feudo si fiziere alguna dellas contra la persona del vasallo o de su muger o de sus fijos o de sus fijas o de sus nueras o de sus nietas fijas de sus fijos, e finca despues la propriedad del feudo al vasallo para siempre por iuro de heredad.

Como el vasallo non deue enaienar el feudo e como el fijo despues de la muerte
145 **del padre deue venir a iurar fieldad al señor e a sus fijos, e por que cosas puede el señor cobrar el feudo sin dar cosa alguna por el e el fijo del vasallo perderlo despues de la muerte de su padre.[14]**

Uendiendo o enaienando o enpeñando el vasallo el feudo que touiese de su señor todo o parte del sin otorgamiento de su señor, puedelo el señor cobrar non dando cosa
150 alguna por el nin le empeçer en ningund tiempo que fuese pasado en que ouiese estado otro algund tenedor del. Otrosi, dezimos que si el fijo varon que dexase el vasallo que touiese feudo del señor e estouiese año e dia despues de muerte de su padre que non viniese ante el señor que dio el feudo a su padre a fazer pleyto e omenaje de guardarle lealtad por aquel feudo e de fazerle seruiçio por el en la manera que su padre era
155 tenido de lo fazer quando era viuo, que pierde el feudo por ende, fueras ende si fuese menor de catorze años, ca entonçe non lo perderia. Eso mesmo dezimos que deue fazer

---

[13] Cf. *Cuarta Partida*, XXVI, ix (III, 546a).
[14] Cf. *Cuarta Partida*, XXVI, x (III, 546b).

el vasallo o su fijo al heredero del señor desque fuere muerto el señor.

Quien deue ser juez entre el señor e el vasallo quando acaesçiere contienda entre ellos por rrazon de feudo.[15]

60 Contienda acaesçiendo entre el señor e el vasallo sobre el feudo, diziendo el señor que auia fecho el vasallo por que lo auia a perder e el otro dixese que no era asi, e que le queria complir de derecho, entonçe tal pleyto como este o otro semejante del non deue ser librado por el señor. Ante si el señor ouiere otros vasallos que tengan feudo, deuen el señor e el vasallo tomar vno o dos dellos en que se acordaren amos que lo oyan e
65 libren. E desque los asi escogieren e les dieren poder de lo librar deue cada vno dellos auer por firme e estar por lo que ellos judgaren. Mas las otras contiendas que acaesçieren entre los vasallos sobre los feudos que touieren de vn señor, e el señor los deue oyr e librar. E si la contienda fuese entre el señor o el vasallo e otro omne estraño entonçe el iuez ordinario que oye todos los otros pleytos lo deue librar, maguer aquello
70 sobre que han la contienda sea del feudo. E eso mesmo seria si la contienda fuese entre los vasallos de dos señores. E lo que deximos en este titulo de los vasallos entiendase tan bien de los vasallos que tienen feudo de otros señores como de los que lo tienen de los rreys. E de todas las otras maneras en que son tenudos los vasallos de guardar a sus señores si fazen yerro contra ellos que pena mereçen mostramoslo asaz
75 complidamente en la *Segunda Partida* deste libro do fabla de las huestes e de las guerras.

Item: pues de los feudos auemos fablado, bien es que sepamos como se deue fazer la carta del feudo, lo qual nos muestra el rrey don Alonso el deçimo en la *Terçera Partida*, en el titulo XVIII, en la ley siguiente.
80 **Como se ha de fazer la carta de que algund señor ha a dar en feudo a sus vasallos.**[16]

Dan los señores a sus vasallos muchas cosas en feudo. E la carta de tal donaçion deue ser fecha en esta manera. Sepan quantos esta carta vieren como Fulano rrico omne da e otorga en nombre de feudo a Fulano rreçibiente por si e por sus fijos e por sus
85 nietos e de todos los otros que del desçendieren de legitimo matrimonio e fueren varones, tal castillo o tal villa o tal alcayria que es en tal lugar e en tales linderos, e dagela con todos sus terminos con montes e con fuentes e con rrios e con pastos e con todas sus entradas e con todas sus salidas e con todos sus derechos e con todas sus pertenençias quantas deuen auer de derecho e de fecho, e en tal manera que el e los
90 sobredichos que lo suyo ouieren de heredar lo puedan tener e auer e esquelmar e fazer

---

[15] Cf. *Cuarta Partida*, XXVI, xi (III, 554a).
[16] Cf. *Terçera Partida*, XVIII, lxviii (III, 224ab).

en ello e dello todo lo que quisiere, saluo que los non pueda vender nin enajenar, e que guarden para siempre que aquel lugar del nunca fagan guerra nin puedan y venir otro daño nin mal a aquel que otorga este feudo nin a sus herederos. E otrosi, le dio e otorgo llenero poder para entrar por si mesmo la tenençia de aquel logar que le dio en feudo sin otorgamiento de juez o de otra persona qualquier. E prometio por si e por los sobredichos que lo suyo ouieren de heredar que en ningund tiempo nin por alguna rrazon nunca les embargara en juyzio nin fuera de juyzio aquel logar que les da en feudo ninguna cosa de las que le perteneçen. Ante de gelo defender e desembargar de toda persona e de quienquier que gelo quisiere contrallar. E asi lo otorgo e prometio de manera que finque en ella e[n] paz e sin contienda e todas estas cosas que sobredichas son. E cada vna dellas otorgo e prometio de guardar el señor e de las auer siempre por firmes e nunca fazer nin venir contra ellas en alguna manera, so pena de çient marcos de plata, la qual pena, quier sea pagada, quier non, sienpre el otorgamiento de aquel lugar sobredicho que fue dado en feudo sea firme, estable e valedero. E otrosi, le prometio de rrefazer todos los daños e expensas e menoscabos que fiziese en juyzio por esta rrazon. E sobre todo por que todas estas cosas de suso dichas fuesen bien guardadas obligo el señor a si e a sus herederos e a sus bienes al que rreçibio el lugar en feudo e a los que lo suyo ouieren de heredar. E el otorgamiento deste feudo e la obligaçion que fizo el señor, asi como sobredicho es, fue fecho por esta rrazon. Porque Fulano que lo rreçibio, estando delante, prometio al señor de suso nombrado e juro sobre los sanctos euangelios de ser de aquella ora en adelante leal vasallo el e sus herederos los que de suso son dichos que el feudo heredasen a el e a los suyos para siempre jamas. Otrosi, prometio de guardar e amparar sus personas e sus aueres e todos sus derechos e de non ser en consejo nin en obra por si nin por otro de que podiese naçer desonrra nin mal nin daño a ellos nin a sus cosas. Ante que cada que sopiere que algunos se trabajan de fazer contra ellos algunas destas cosas que punaran quanto podieren para destoruarlo que non sea. E si ellos por si non lo podieren desuiar que los aperçebiran dello lo mas ayna que podiere, e siempre les guardaran su propriedad de manera que nunca sea encubierta por ellos. E todas estas cosas sobredichas e cada vna dellas prometio de guardar el vasallo al señor suso nombrado por si e por sus herederos contra toda persona e logar, saluo ende al rrey e a su señorio. E despues que fueren fechas e otorgadas todas estas cosas, asi como sobredicho es, el señor por su dicho por confirmamiento e por confirmeza deste fecho enuistio al vasallo del feudo de su[so] nombrado con vna vara que tenia en la mano e con sortija o con luas. E otrosi, en señal de derecho amor e de verdad e desto que deue siempre ser guardado entre ellos rreçibio el vasallo por suyo el señor besandole el vasallo la mano. E desta manera sobredicha es la mas comunal como se deue fazer la carta del feudo. Mas si otros pleytos e otras posturas fuesen puestas en el feudo deuen ser scriptas en la carta en la manera que se acordaren a ponerlas el señor e el vasallo.

TITULO QUARTO.
De los vasallos que llamamos solariegos.
Introduçion.

Dos maneras de vasallaje que de suso deximos acaeçen entre caualleros e fijosdalgo de amas las partes. Ca non solamente los señores que dan la tierra e los feudos mas los vasallos que los rreçiben por la mayor parte son caualleros e fijosdalgo e omnes que viuen por las armas, que es ofiçio pertenesçiente a la fidalguia, mas otras maneras de vasallaje que de suso nombramos en que los mas de los vasallos son labradores e pechan. Pero porque este nonbre de vasallo es de aquellos que los logicos llaman correlatiuos,[1] ca presupone señor, porque asi como diziendo fijo presupone padre, asi en llamando vasallo presuponemos señor. E como los señores comunmente sean grandes e caualleros, pareçiome, segund el proposito desta copilaçion, que deuia enxerir aqui algunas leys que en esto fablan. E es de saber que en estas maneras de vasallaje es vna de los que llamamos solariegos, e en esta pareçeme que en este rreyno tenemos dos maneras de fablar. La vna non es propia e es aquella que mas comunmente vsamos, segund la qual llamamos vasallos solariegos a los que viuen en lugar de alguno señor que non es behetria como son buestros los de Castro e de Lerma e de otros lugares.[2] E aunque esto sea segund nuestra costumbre asaz verdadero fablar, pero non es del todo proprio, porque aunque los tales sean vasallos e subditos al señor e so su jurisdiçion e señorio, pero el suelo e las heredades dellos son saluo lo que el señor compra o por otros titulos singulares que tiene. Otra manera ha destos vasallos que viuen en el suelo del señor e pagan çierta furçion, segund que veemos en algunos logares pequeños destas comarcas, e estos se llaman propriamente solariegos, e de tales fablaron poco las leys, mas estas pocas que vi puselas so este titulo. E el rrey don Alonso el deçimo en la *Quarta Partida*, en el titulo veynte e çinco puso vna ley, el comienço de la qual faze a este proposito, e dize asi.

Que quiere dezir deuisa e solariegos e que departimiento ha entre ellos.
Leys.[3]

---

[1] Cf., for example, Aristotle, *The Organon*, VII (ed. Harold P. Cooke [Cambridge, MA: Harvard University Press, 1938], 46-62), and William of Ockham, *Opera Philosophica et Theologica*, 10 vols., ed. Gedeon Gál and Stephano Brown (St. Bonaventure, NY: University of St. Bonaventure, 1967), I, D.1, Q. V (p. 469).

[2] It is no coincidence that Diego Gómez de Sandoval was count of Castro, Lerma and Denia. All of the MSS, including those dedicated to Alvaro de Luna, include this passage, which corroborates the evidence that Diego Gómez de Sandoval originally commissioned the text, not Alvaro de Luna.

[3] Cf. *Cuarta Partida*, XXV, iii (III, 532b-533a). See also below, Titulo V, n.2.

Deuisas e solariegos e behetrias son tres maneras de señorio que han los fijosdalgo en algunos lugares, segund fuero de Castilla. E deuisa tanto quiere dezir como heredad que viene al omne de parte de su padre o de su madre o de sus aguelos o de los que el deçiende que es departida entre ellos e saben çiertamente quantos son e quales los parientes a quien perteneçen. Solariego tanto quiere dezir como omne que es poblado en suelo de otro. E este atal puede salir quando quisiere de la heredad con todas las cosas muebles que y ouiere, mas non puede enajenar aquel logar e solar ni demandar la mejoria que y ouiere fecha, mas deue fincar al señor cuya es. Pero si a la sazon que el solariego poblo aquel logar rreçibio algunos maravedis del señor o fizieron algunas posturas de so vno, deuen ser guardadas entre ellos en la guisa que fueron puestas. E en tales solariegos como estos non ha el rrey otro derecho ninguno sinon tan solamente moneda.

Item: el emperador don Alfonso septimo fizo vna ley a este proposito que puso el rrey don Alfonso el vndeçimo en el *Ordenamiento de Alcala.* **Que non puede el [señor][4] tomar el solar a los solariegos.[5]**

Ningund señor que sea de aldea o de solares o ouiere solariegos non les pueda tomar el solar a ellos nin a sus fijos nin a sus nietos nin a aquellos que de su generaçion vinieren, pagandole los solariegos aquello que le deuen pagar de su derecho. E ningund solariego non pueda vender nin empeñar nin enajenar ninguna cosa de aquellas que fueren del solar saluo a otro solariego que sea vasallo de aquel señor cuyo es el solar. E si en otra persona algo dello vendiere o enajenare, non vala e enterguelo todo a cuyo es aquel solar. E toda quanta ganançia fiziere el solariego en aquel solar que vino de otro solariego o de fijodalgo o comprare corra a aquel señor cuyo es aquel solar e siempre corra aquel logar solariego, mas si algo compraren de rrealengo, aquella heredad siempre sea pechera del rrey asi como fue de aquel de quien la compro. Otrosi, si el solariego ganare heredad en exidos o en montes o en sierras que non sea en termino del rrey o del abadengo, todas estas ganançias corran a aquel solar que el solariego tiene. Otrosi, estableçemos que todos aquellos que touieren los solares e fueren solariegos e desampararen los solares por yr morar al abadengo o al rrealengo o a la behetria non puede nin deue lleuar algunos bienes deste solar a algunos destos dichos lugares saluo a la behetria de aquel señor cuyo es el solar, e siempre deue tener el solar poblado por que el señor del logar falle posada e tome sus derechos como los ha de auer. E si esto non fiziere puede el señor tomar el lugar e darlo a poblar a aquellos que vinieren labradores de aquella natura de aquel solar. E si dellos non ouiere, delo a quien quisiere o ponga si quisiere aquel solar en la behetria suya e de aquel linaje donde viene aquel solar el solariego. E nigund señor que touiere la behetria non los pueda fazer fuerça nin tuerto, mas de quanto son aforados, e fiziere vna e dos

---

[4] señor] Omit – *Inc. 1487, Inc. 1497.*
[5] Cf. *Ordenamiento de Alcalá*, LXXXVI (564-565).

e tres vegadas tuerto e gelo non quisiere emendar a la terçerra vegada, el labrador saque la cabeça por vna finiestra de aquella casa en que mora e traya testigos clerigos e legos e fijosdalgo e digua que rrenunçia e se parte de aquel señorio que le faze tuerto
70 e se torna vasallo de otro señor con todo lo que ha que sea natural de aquella behetria en que es aquel solar do el viue. E sea vasallo de aquel a quien se torno. E el otro non sea osado de le fazer mal nin tuerto. Pero si algunos solariegos ouieren o han otro vso o costumbre o priuillejo en qualquier manera deuen pasar con los señores e los señores con ellos, que les sea guardado el vso e la costumbre e el priuilegio que ouieren en esta
75 rrazon, e las encartaçiones que le sean guardadas e las condiçiones que en las cartas e priuillejos por do fueron otorgadas las encartaçiones se contienen. E si non ouiere cartas o priuillejos que les sea guardado el vso e la costumbre que ouieren en esta rrazon de tanto tiempo aca que memoria de omnes non es en contrario.

TITULO QUINTO.
De las behetrias.
Introduçion.

M
5 uy singular manera de vasallaje e non vsada en las partes de [E]uropa que sabemos es la de la behetria. Ca non veemos que las aya sinon en Castilla e en Leon. E non generalmente en ambos rreynos mas solo aquende Duero en çiertas prouinçias en cada vno destos rreynos. E allende de Duero ha vna sola. E oy dezir que en el rreyno de Portugal entre Duero e Miño ay otra. E la causa e comienço que ouieron non se saue de çierto, mas bien se puede pensar que fue
10 la muchedumbre de los fijosdalgo puestos en pequeña tierra al tiempo que se ouieron de rretraher quando entraron en España los moros. Ca ordenarian esta manera de vasallaje por auer todos parte en el señorio.[1] E pues esto es espeçial en estas tierras, rrazonable cosa fue, aunque el derecho comun desta manera non faze mençion, que las leys deste rreyno lo tractasen. E soy marauillado que en las *Partidas* ouo desto muy
15 poca memoria, seyendo cosa que tanto se pratica e de que tantos debates e asonadas se leuantan en estas comarcas donde viuimos. Mas aunque las *Partidas* lo tocaron muy vreuemente, despues en los ordenamientos fue algun poco mas declarado, non tanto

---

[1] Cf. Gonzalo Martínez Díez, ed. *Libro becerro de las behetrías. Estudio y texto crítico*, 3 vols. (León: Caja de Ahorros y Monte de Piedad de León, 1981). The scope of the *behetrías* in square kilometers is estimated as follows: "Dentro de los 30.727,81 Km^2 que suman las 15 merindades, existían 6 cotos jurisdiccionales especiales exentos de la autoridad del merino; estos cotos eran: concejo de Valladolid, con 627,98 Km^2; concejo de San Vicente de la Barquera, con 41,47 Km^2; concejo de Burgos, con 75,74 Km^2; concejo de Aranda de Duero, con 127,27 Km^2, y las jurisdicciones de Lara, con 92,37 Km^2, y de Santo Domingo de Silos, con 171,29 Km^2. En total, 1.136,12 Km^2, que habría que deducir de los 30.727,81 Km^2, que suman las 15 merindades; de ellos, la jurisdicción merinal se ejercería sobre 29.591,69 kilómetros cuadrados" (I, 83). On the origin of *behetrías* see also Angel Ferrari, "'Beneficium' y Behetría," *Boletín de la Real Academia de la Historia* 159 (1966): 11-87, 211-78.

que non fuese mas menester, pero estas pocas leys que falle enxerilas aqui por fruta desta tierra. Ca en otros rreynos non ay, segund que en el prologo prometimos. E el rrey don Alfonso el deçimo, en la *Quarta Partida*, en el titulo veynte e çinco, en la ley que comiença "Deuisa...," en la fin della puso vn verso que dize asi.

**Behetria es el heredamiento que omne puede rreçebir por señor a quien quisiere que mejor le faga.
Leys.**[2]

Behetria tanto quiere dezir como heredamiento que es suyo quito de aquel que viue en el. E puede rreçebir en el a qualquier señor que quisiere que mejor le faga. E todos los que fueren enseñoreados en la behetria pueden y tomar conducho cada que quisieren, mas son tenidos de lo pagar a nueue dias. E qualquier dellos que fasta nueue dias non lo pagase duelo pechar doblado a aquel a quien lo tomo, e es tenido de pechar al rrey en coto que es cada cosa que tomo quarenta maravedis. E de todo pecho que los fijosdalgo leuaren de la behetria deue el rrey auer la meytad. E behetria non se puede fazer nueuamente sin otorgamiento del rrey.

**Item: el emperador don Alfonso el septimo en las Cortes de Najera fizo çiertas leys que puso el rrey don Alfonso el vndeçimo en el *Ordenamiento de Alcala*, en el titulo veynte y dos.
Que non tome el merino mas behetrias de la que tomo al tiempo que ouo el offiçio.**[3]

Ningund merino de Castilla nin los merinos que por el rrey andouieren ende non tomen mas behetrias de quantas tenian en aquella sazon que la merindad o el ofiçio le dio el rrey. E del abadengo non pueda nin deua cobrar ninguna behetria nin solariego nin ninguna granja nin caseria de monesterio con poder de merindad.

Que el fijo que touiere la behetria non deue tomar conducho de la tal behetria mientras su padre o madre fueren viuos.[4]

Todo omne fijodalgo que padre o madre touiere viuo non tome conducho nin yantar en las behetrias nin deuisas que fueren del padre o de la madre saluo si ellos fueren enfermos de tal enfermedad que non pueden prouer nin amparar los labradores de la deuisa. Pero pueda auer deuisa si la ouiere de otra parte conprada de otro fijodalgo o auiendola por casamiento de su muger.

---

[2] Cf. *Cuarta Partida*, XXV, iii (III, 533b).
[3] Cf. *Ordenamiento de Alcalá*, LXXXVIII (566).
[4] Cf. *Ordenamiento de Alcalá*, XC (566).

Que fijodalgo puede auer behetria e derecho que su muger deue auer.[5]

50   Todo fijodalgo puede auer toda behetria e todo derecho que su muger deuia auer por naturaleza o por herençia de sus parientes. E el padre o la madre de qualquier fijodalgo o qualquier dellos donde ayan deuisa puedan tomar conducho aforado en toda su vida, e los fijos non gelo puedan enbargar. E qualquier dellos que muera, quier el padre o la madre onde veniere la deuisa o el solariego, pueda tomar el fijo el conducho
55 e la deuisa e los derechos del solar luego por rrazon del muerto si del venia la deuisa o el solariego. E esto se entiende por rrazon que aya el fijo la deuisa que auia el padre o la madre alli do a ellos perteneçe por naturaleza.

En que guisa pueden los deuiseros tomar ha[çe]s de mieses.[6]

Los caualleros e escuderos fijosdalgo que moraren en la villa de la behetria e
60 fueren della deuiseros e estouieren guisados de cauallos e de armas e touieren tierra del rrey e dineros o de rrico omne o de otro qualquier fijodalgo e tienen cauallo e armas para seruiçio de sus señores, e en el verano quando segaren en aquellos logares do ellos viuen de la behetria pueden tomar sendos haçes de mies en esta guisa. Deuense ayuntar los de la behetria e todos los deuiseros, e cada vno de aquello que ouiere. Deuen meter
65 sendos haçes de mies en vna hera o en campo e vno de los fijosdalgo deuiseros que mas montare en esta behetria e tome della para si e para los otros fijosdalgo deuiseros que y moraren quanto durare aquella farina para sus bestias e para los otros fijosdalgo deuiseros que y moraren en aquella behetria. E no tomen mas de las otras heras, e si lo tomaren paguenlo con el doblo e con la caloña. E si algund deuisero viniere a
70 aquella villa e en aquella sazon de aquellos haçes que estouieren en aquella haçina tome dellos pidiendolos al fijodalgo que morare en la behetria, asi como sobredicho es. E non los tome por si de otra hera ninguna nin faga premia alguna a ninguno de la behetria.

Que non tomen por fuerça cosa alguna de la behetria.[7]

75   Ningund fijodalgo nin otro omne non tome por fuerça cosa alguna del solariego nin del rrealengo nin de behetria nin de otro omne ninguno en que non aya rrazon por que lo tomar. E si lo tomare aquel dia mesma lo deue pagar—pan e vino e paja e çeuada e leña e ortaliza. E esto si lo tomare por fuerça do non deue que lo pague doblado en dineros. E lo al que tomare—buey o vaca o carnero o oueja o puerco o
80 cabra o cabron o lechon o cordero o ansar o gallina o capon—deuelo luego pechar doblado, por vno, dos, de aquella natura e de aquella hedad. E por cada solar en que

---

[5] Cf. *Ordenamiento de Alcalá*, XCI (566-567).
[6] Cf. *Ordenamiento de Alcalá*, XCII (567).
[7] Cf. *Ordenamiento de Alcalá*, XCV (568-569).

lo tomare deue pechar trezientos sueldos que montan desta moneda dozientos maravedis, si fuere lo que tomare de labradores, e si fuere de fijosdalgo, quinientos sueldos, que montan desta moneda quatroçientos maravedis e el coto al rrey, asi como
85 aquel que toma lo aieno por fuerça. Pero si algund fijodalgo que por y pasare o llegare e pagare luego o dexare prendas por lo que tomare vala. Mas quanto tomare que non caya en la dicha pena nin en el dicho coto, pero que las prendas que dexare que non sea cauallo nin loriga nin espada nin sortija. E esto que se guarde en lo que acaesçiere de aqui adelante. Otrosi, quando algund fijodalgo deuisero viniere comer a la behetria
90 donde es natural que vaya y con las compañas que suele traer consigo de cada dia e mas non e tome y el conducho e lo coma segund que es de fuero.

Que tome el fijodalgo behetria con fiadores.[8]

Ningund fijodalgo non rreçiba ninguna behetria por fiadores nin por coto por que se del non partan por tiempo. E el que tal fiadura o cotos como estos fiziere non vala,
95 e pierda la behetria e el rrey fagala tornar a aquel diuisero cuyo era ante. E deue fazerle pechar a aquel que gela tomo la rrenta quanto valia en aquella sazon que gela tomo fasta en aquella otra sazon que el gela fizo tomar. E si qualquier que desta guisa tomare behetria a otro e fuere vasallo del rrey, que le tome el rrey la tierra que touiere del. E si su vasallo non fuere que le echen de la tierra.

100 ### Que non pueda ninguno torrnar los solariegos behetria.[9]

Todo fijodalgo nin abadengo nin otro señor ninguno non puede a los solariegos tornarlos behetria. E todos los solariegos que deuen infurçion sean tenudos de tener siempre los solares poblados.

Que el deuisero non pose sinon en la casa de la behetria.[10]

105 Todo fijodalgo que viniere a la behetria donde es deuisero deue posar en aquella casa que sea de la behetria. E si en el aldea de la behetria ouiere solares del rrey o del abadengo, non deue posar en otra casa sinon en la de la behetria donde es deuisero. E deue llamar dos omnes de la behetria donde es deuisero con el su omne e tome conducho en las casas de la behetria, mas non en las casas del rrealengo o del abadengo
110 nin de los fijosdalgo que moraren en las behetrias nin en el solariego. E quando tomare rropa o otras cosas que son menester deue llamar dos omnes buenos de los mejores que moraren en la behetria. E aquellos omnes que llamare e los omnes del señor de la behetria que derramen por la villa de aquellos sus omnes, e que tomen conducho e

---

[8] Cf. *Ordenamiento de Alcalá*, XCVI (569).
[9] Cf. *Ordenamiento de Alcalá*, XCIX (570).
[10] Cf. *Ordenamiento de Alcalá*, CI (571-572).

rropa e las otras cosas, e que vean aquellos buenos omnes de quantas cosas toman, e
15 que vean lo que toman, e fallando rropa de escuso en las casas de la behetria, non
deuen tomarlo de los lechos nin la rropa de los omnes buenos, señores de las casas por
que ellos non sean echados nin desapoderados de sus casas nin de sus rropas porque
si los escuderos e los omes de los escuderos e los rrapazes fuesen en su cabo a las
casas sin otros omnes buenos del aldea que podrian quebrantar las arcas e los çilleros
20 e quebrar e tomar lo que quisiesen e despues negargelo que lo non tomaron. E de la
rropa que en aquella casa de la behetria fallaren deuen tomar para en palaçio de la
mejor aquella que ouieren menester e puedan escusarla de aquella casa para si e para
sus huespedes si los y ouiere con que se puedan componer; e los del palaçio que se
compongan con la rropa que se ayuntare de cada casa de la behetria.

25 **Como deuen ser apreçiadas las cosas que fueren tomadas en la behetria.[11]**

Estableçemos e mandamos que en esta manera valan las cosas que fueren tomadas
en la behetria: vaca o puerco o cabron o cordero o lechon o cabrito o toçino. Deuen
ser apreçiados de los omnes buenos de la villa o del lugar ante que entre en la cozina,
e eso mesmo del otro conducho que tomaren. E si non fuere apreçiado los alcaldes e
30 los jurados, si los ouiere y en la villa, ellos lo deuen apreçiar. E do non los ouiere
deuenlos apreçiar los omnes buenos del logar que non sean vasallos de aquel que toma
el conducho ante que entre en la cozina, e esto que sea apreçiado. E si non ouiere en
la behetria alcaldes nin jurados nin omnes de otro señorio, que lo apreçie otro jurando
el querelloso sobre la cruz e los sanctos euangelios quanto fue lo que le tomaron, que
35 luego le entergue el merino del rrey por quanto jurare. E si esta behetria fuere toda de
vn señor, el merino del rrey deue tomar quatro omnes buenos que sean de esa villa que
apreçien, segund que juro aquel a quien fue tomada la cosa, e le entergue luego al
querelloso segund lo apreçiaren los omnes buenos e juro aquel a quien fue tomada la
cosa.

40 **Que se deue fazer quando el fijodalgo toma mas conducho en la behetria de
quanto es de costumbre e de fuero.[12]**

Si el fijodalgo tomare algund conducho en la behetria allende de quanto es de
fuero e puede prouar que lo pago o dexo y peños non aya y pena alguna. Otrosi, si el
fijodalgo toma mas conducho de tres vezes, asi como son aforados e non quito los
45 peños fasta nueue dias, el rrey non pierde su coto, e deuen los querellosos venir al
merino del rrey e el merino del rrey sauer la verdad e fazer pesquisa e ver lo que tomo
el fijodalgo contra derecho, quier de abadengo quier rrealengo quier de behetria o de
solariego. Deue el merino mandargelo pagar doblado aquello que y fuere tomado e por

---

[11] Cf. *Ordenamiento de Alcalá*, CII (572).
[12] Cf. *Ordenamiento de Alcalá*, CIII (572-573).

cada cosa çinco sueldos buenos al rrey que son quatro maravedis buenos desta moneda. E el conducho destos deuiseros deuen tomar aforado. En la behetria deste preçio lo deue pagar. E en Campos, que son los carneros mayores, el carnero çinco sueldos que son quatro maravedis desta moneda. E en Castilla quatro sueldos, que son dos maravedis e dos dineros desta moneda. E en la Montaña e en Asturias e en Gallizia el carnero dos sueldos e medio. E en Campos, la gallina seys dineros desta moneda; e por el ansaron siete dineros; e por el capon ocho dineros. E en Castilla, por la gallina çinco dineros; e por el ansar seys dineros; e por el capon siete dineros. E en las Asturias e en la Montaña, por la gallina quatro dineros; e por el capon seis dineros; e el ansar çinco dineros. E vaca, puerco, lechon, cabrito, toçino, estas atales quanto las apreçiaren los omnes buenos segund dicho es ante que entre en la cozina. Pan e vino e çeuada e todas las otras cosas atales como valieren en el logar si lo y vendieren o en los otros lugares de arrededor do mas çerca fueren. E esto que sea en la behetria los que fueren naturales en el año tres vezes, e tres dias cada vez, segund que lo han de fuero.

Que non rreçiba fijodalgo behetria donde non es natural.[13]

Ningund fijodalgo non rreçiba behetria donde non es natural o non la ha por herençia, por poderoso que sea. E si la rreçibiere tomegela el rrey e enterguela a aquellos a quien lo tomo e pague al rrey otro lugar solariego tal como el que tomo por fuerça o en preçio del.

Que pena deuen auer los prendadores por que les fagan seruiçio premiosamente.[14]

Los que en la behetria prendaren o en el logar del abadengo o del solariego por que les fagan seruiçio premiosamente como non deuen e la prenda leuaren donde la prendaren e la tomaren la tal prenda deuen pecharla doblada a su dueño e el seruiçio que dende leuaren en el coto.

Que se deue fazer quando el deuisero toma mas conducho en la behetria de quanto es de fuero o en el solariego de lo que deue.[15]

Si algund deuisero que fuere de la behetria o del solariego tomare conducho demas de lo que deue tomar segund fuero e a terçero dia ante que saliere dende non dexare peños de tanto e medio como lo que tomo, e a los nueue dias non lo pagare, deue luego querellar e llamar al merino del rrey. Deue prendar a los fijosdalgo e entergar a los solariegos de todo lo que les fuere tomado. E si los omnes buenos de la behetria o del

---

[13] Cf. *Ordenamiento de Alcalá*, CIV (573).
[14] Cf. *Ordenamiento de Alcalá*, CV (573-574).
[15] Cf. *Ordenamiento de Alcalá*, CVII (574-575).

abadengo o solariego despues de las nueue dias vendieren los peños que el merino les enterguare con su señor o con su merino o con su juez o con su mayordomo o con su casero o con aquel que ouiere de auer lo del señor cuyos eran los bienes a quien tomaren el conducho o el algo, e si la enterga fecha valiere mas de quanto ouieren ellos de auer, torrne lo demas a su dueño. E si non lo quisieren tornar deuenlo entergar en bienes de aquellos que rreçibieron la enterga e fizieron la venta.

Que el señor non suelte la inforçion o la martiniega en la behetria.[16]

Todos aquellos que soltaren infurçion derecha o martiniega o alguna cosa de la manera do la ouiere o ouiere algund derecho o alguna cosa de los derechos que ouieren de fazer al señor, que el que tal cosa como esta fiziere, que pierda la behetria para siempre e que non la aya e que aya el rrey la infurçion o la manera o la martiniega o aquello todo que el otro solto en aquel año e en aquellos omnes, e fagala el rrey tornar a aquel cuya era de ante. E si despues se quisiere tornar a otro deuisero que sea natural de la otra behetria puedalo fazer guardando los derechos del rrey. E si alguno quisiere tornar a forçar la behetria por fuerça o por tuerto el rrey faga tornar la behetria a aquellos a quien fue tomada por fuerça. E si fuere vasallo del rrey el forçador que le tome la tierra que del touiere. E si su vasallo non fuere echelo de la tierra por dos años e fagale pechar de sus bienes con el doblo todo lo que tomo por fuerça. E esto que dicho es se entienda en los que lo fizieren de aqui adelante.

A quien se pueden vender las heredades de las behetrias e de los abadengos.[17]

Si acaeçiere deudas e fiadurias que deuen algunos que moran en los solares de las behetrias e de los abadengos e de las encartaçiones e de los solariegos e fueren a uender las heredades por las deudas que deuen non las pueden comprar sinon aquellos que son de la herençia: a la behetria los de la behetria, e los que son abadengos los del abadengo, e los que son de la encartaçion los de la encartaçion, los de la encartaçion e los del solariego al solariego. E si otros estraños las compraren el señor de qualquier destos lugares lo pueden entrar todo aquello que fuere vendido o cambiado, segund dicho es que non seria rrazon nin derecho que los perdiesen sus derechos nin infurçiones por las baratas nin enagenamientos que fiziesen aquellos que moraren en los solariegos. Ca todas las cosas e las heredades e los lugares de los solares non pueden ser vendidos nin enajenados sinon con aquella carga que han los señores en ello.

---

[16] Cf. *Ordenamiento de Alcalá*, XCVIII (570).
[17] Cf. *Ordenamiento de Alcalá*, C (570-571).

Que el fijodalgo que estouiere en vna villa de behetria non embie tomar conducho a otro.[18]

215 Estableçemos que si alguno tomare conducho o otras cosas a un conçejo e lo querellaren al rrey o a su merino que jurando çinco omnes buenos que los pesquisidores tomaren de la villa o del lugar por todo el conçejo deue valer e darlo por prouado, ca todo el conçejo non puede ser jurado. E si tomare capa o piel o rropa o otra cosa atal e la echare a peños por pan o por vino o por çeuada, deue ser pechada con doble tanto,
220 asi como otro conducho. E si lo tomare para vestir o en otra manera deue ser pechado como rrouo o fuerça. E los fijosdalgo que estouieren en vna villa de behetria e embiaren tomar conducho o vianda o alguna cosa otra e lo aduxieren a otra villa de behetria que lo faga el rrey emendar como furto o rrobo e lo escarmiente como el rrey lo touiere por bien. E si algunos omnes fueren a tomar conducho o lo tomaren de parte
225 de algund fijodalgo o en su nombre, diziendo que el los embia alla e el fijodalgo lo negare o dixere que non son suyos los omnes nin gelo mando tomar, prendalos el merino e enbie preguntar al rrey en que guisa lo escarmentara.

Item: porque la enemistad de los señores e porque por miedo se tornan los labradores de algund señor a las vezes acaeçe ferir o matar los vasallos de otro,
230 **este mesmo emperador don Alfonso ordeno vna ley que el fijodalgo non faga mal a los labradores por que se tornen suyos.**[19]

Ningund fijodalgo non mate a los labradores que se non defiendan por armas nin le aya fecho por que por saña que aya de aquel señor cuyo era el omne nin por espantar los omnes de aquel logar do el muera nin mate nin fiera nin faga mal nin
235 soberuia a otros labradores por que se tornen suyos por miedo. E si lo matare peche seys mill maravedis desta moneda que agora corre e salga fuera del rreyno por dos años. E si non touiere de que pagar la quantia de los dichos seys mill maravedis que salga fuera del rreyno por quatro años. E esta pena de los dineros que se parta desta manera: si el labrador fuere vasallo de otro, que aya la meytad el rrey e la otra meytad
240 el señor cuyo fuere el labrador. Pero en las tierras donde han fuero que el que matare que muera o otra pena que esto que finque segund el fuero.

Item: el rrey don Juan, en las Cortes de Guadalajara, hordeno otra ley que dize ansi.
Que por la enemistad que han los señores non prendan nin maten los vasallos.[20]

---

[18] Cf. *Ordenamiento de Alcalá*, CVI (574).
[19] Cf. *Ordenamiento de Alcalá*, XCVII (569).
[20] Cf. *Cuaderno de las Cortes de Guadalajara del año de 1390*, statute 3, in *Cortes*, II, 424-432, at pp. 427-428.

245 Por quanto las enemistades e malquerençias que acaesçen entre los perlados e rricos omnes e ordenes e fijosdalgo cauallleros e otras personas de los nuestros rreynos, acaeçe muchas vezes que prenden e matan e fieren a los labradores e vasallos de aquellos contra quien han las enemistades e malquerençias e les derriban e queman sus casas e les toman sus bienes e les fazen otros muchos males e daños e desaguisados.
250 E por ende, estableçemos e mandamos que non por enemistad nin malquerençia que los sobredichos e cada vno dellos ayan vnos contra otros que non prendan nin maten nin fieran a los labradores nin vasallos de sus contrarios nin a los apaniguados de los dichos sus vasallos e labradores nin los tomen nin quemen nin fagan otros desaguisados nin a sus casas e heredades. E qualquier o qualesquier personas de las suso dichas que
255 matare o lisiare algund labrador o vasallo o apaniguado de los sobredichos o de qualquier dellos, saluo en defendimiento de sus cuerpos o si fuere dado por su enemigo o si viniere con sus contrarios pelear a la pelea, ca en este caso es nuestra merçed que sea penado por derecho comun e non por esta ley, o le quemaren casas o mieses a sabiendas, o talaren viñas, que muera el por ello muerte qual deue morir aquel que
260 matase otro a sin rrazon e sin derecho. E si lo fiziere e firiere o prendiere sin lisiamiento de miembro que pague al que asi firiere tres mill maravedis demas de las penas contenidas en los derechos de la moneda entonçe corriente. E si los sobredichos o qualquier dellos tomare a los sobredichos labradores e vasallos e sus apaniguados o qualquier dellos contra su voluntad dineros o pan o vino o carne o ganados o otra
265 qualquier cosa de lo suyo, o le tajare sus arbores o le fiziere otro daño o desaguisado alguno maliçiosamente, que les tornen lo que asi leuaron o tomaron e los emienden el daño que los asi fizieren con el quatro tanto de pena. E si non touiere de que lo pagar, asi el prinçipal como la pena de los que les asi tomaren o cortaren, nin de que pagar la injuria que fizieron, padezcan pena en el cuerpo segund que el juzgador viere que
270 es la calidad del malefiçio e las personas.

Item: pues de señores fablamos, bien es de sauer en que manera se deue poner el seguro entre el señor e su vasallo, lo qual declara el rrey don Alfonso el vndeçimo en el *Ordenamiento de Petiçiones* fecho en Alcala, rrespondiendo asi a vna petiçion.
275 **Como se ha de poner el seguro entre el señor e el vasallo.**[21]

E lo que nos pidieron por merçed que mandasemos que non diesen cartas de la nuestra chançelleria por que entrasen en seguro los vasallos con los señores, e si algunas cartas auian pasado sobre esta rrazon que non fuese ninguna cosa por ellas. A esto rrespondemos que mandaremos guardar que se non ponga tal tregua nin segurança
280 en general. Pero si alguno en espeçial quisiere e viniere querellar de su señor e dixere que atal rreçelo que non puede estar seguro, e si nos entendieremos que es tal rrazon

---

[21] Cf. *Ordenamiento de Peticiones de las Cortes celebradas en Alcalá de Henares, en la era MCCCLXXXVI (año 1348)*, statute 5, in *Cortes*, I, 593-626, at p 596.

por que lo deuamos fazer, embiaremos mandar al señor que lo segure so pena çierta. E las treguas e seguranças que se han puestas fasta aqui en general de los vasallos con sus señores rreuocamoslas.

TITULO VI.
De las encomiendas.
Introduçion.

Suelen tener vasallos ajenos algunos señores en encomiendas. E casos ha en que lo pueden fazer, como quando por emperador o rrey les son encomendados, o por otros señores seglares; e casos en que non los deuen tener avnque los lugares se les encomienden e los señores consientan, como son los abadengos. Por ende, rrazonable cosa es que despues de vistas las leys de los otros vasallajes sepan los caualleros e fijosdalgo como se deuen auer en las encomiendas que pueden tener, e como se deuen abstener de rreçebir las encomiendas vedadas, e dexarlas si las han rreçebido, oyendo las leys que en esta materia fablan. E el emperador don Alfonso el septimo fizo çiertas leys que situo el rrey don Alfonso el onzeno en el *Ordenamiento de Alcala*, en el titulo treynta e dos.

Que ningund fijodalgo non faga agrauio en la encomienda que touiere.
Leys.[1]

Ningund fijodalgo a quien el emperador o el rrey diere encomienda o otro alguno non tome otra encomienda por premia nin otra behetria de quanto tenia en aquella sazon que la encomienda tomo nin pueda fazer agrauiamiento en echar pecho en la encomienda que touiere, mas de quanto los de la encomienda han de fuero e de derecho, e si mas tomare pechelo con el doblo al rrey e pierda la encomienda.

Que el fijodalgo non embie pedir seruiçio en lo abadengo nin en los logares do tienen las rrentas del rrey.[2]

Ningund fijodalgo, seyendo en la frontera o en otro logar non deue enbiar a pedir seruiçio nin pedido ninguno a los lugares do tiene los derechos e las rrentas del rrey en tierra nin en lo abadengo por su carta nin por su merino nin por su omne. E si lo fiziere que lo peche doblado todo quanto asi tomare asi como el otro conducho, e mas, que le tome el rrey la tierra que del auia. E si fuere vasallo de otro fijodalgo que le tire la tierra e la soldada que del ouiere. E si gela non quisiere quitar que le tire el rrey la tierra que del touiere el fijodalgo.

---

[1] Cf. *Ordenamiento de Alcalá*, LXXXIX (566).
[2] Cf. *Ordenamiento de Alcalá*, XCIII (567-568).

30   **Que los fijosdalgo non tomen conducho en lo del rrey nin en lo abadengo.**[3]

Ningund fijodalgo non deue tomar conducho en lo del rrey nin del abadengo que deue guardar el rrey. E el que lo tomare pechelo con el quatro tanto. Empero, porque algunos fijosdalgo han encomiendas e otros derechos en algunos monesterios e en sus vasallos que fueron de su solar que estos atales puedan comer segund su fuero e segund
35 las posturas que con ellos ouieron.

Que ningund fijodalgo non pueda auer encomienda en el abadengo.[4]

Ningund fijodalgo nin rrico omne nin otro ninguno non pueda auer encomienda en el abadengo en Castilla saluo el rrey porque lo ha de guardar e defender asi como
40 lo suyo, porque todo quanto han los monesterios e los abadengos fue dado por limosna de los rreys nuestros anteçesores e nos lo deuemos guardar e defender asi como aquello que perteneçe a la nuestra corona rreal. Porque son tenudos los rreligiosos a quien fue dada la elimosna de rrogar a Dios por las animas de nuestros anteçesores que fizieron la donaçion de las limosnas a los monesterios, e por la nuestra vida e salud e de los
45 rreys que despues de nos vinieren. E todos aquellos que lo non guardaren ayan la maldiçion de Dios e de aquellos rreys que fizieron las limosnas e la nuestra como aquellos que son contra voluntad de los finados.

Item: el rrey don Juan, en las Cortes de Guadalajara, confirmo la ley suso scripta añadiendo a ella çiertas penas segund se contiene en la ley siguiente.
50 **Que los caualleros dexen las encomiendas del abadengo e que non las tomen de aqui adelante.**[5]

El rrey don Alfonso, que Dios perdone, en las Cortes de Alcala de Henares fizo vna ley en que ordeno que ningund fijodalgo nin rrico omne nin otro alguno non podiese auer encomienda en lo abadengo de los nuestros rreynos. Otrosi, nos en el
55 ayuntamiento que fezimos en Medina del Campo, agora puede auer diez años, dimos juezes para que oyesen todos los que tenian encomiendas con los perlados e señores de los dichos lugares todo lo que dezir e rrazonar quisiesen por que los tenian e deuian e podian tener, los quales juezes oydas sus rrazones fallaron que las non podian tener de derecho. E mandaron por su sentençia a aquellos que las tenian que las dexasen e que
60 non vsasen mas dellas, de lo qual algunos perlados e abades e clerigos a que tañia el fecho leuaron algunas cartas de sentençias selladas con nuestro sello de plomo. E agora por quanto sopimos que non embargante la dicha, e otrosi, las sentençias que por esta

---

[3] Cf. *Ordenamiento de Alcalá*, XCIV (568).
[4] Cf. *Ordenamiento de Alcalá*, CXXV (590).
[5] Cf. *Ordenamiento otorgado a petición de los Prelados del Reino en las Cortes de Guadalajara de 1390*, statute 8, in *Cortes*, II, 449-459, at pp. 458-459.

rrazon por nuestro mandado fueron dadas, que algunos duques e rricos omnes caualleros e escuderos e fijosdalgo e otras personas se han atreuido e atreuen a tomar, e tienen las dichas encomiendas en menospreçio de la dicha ley e en traspasamiento de las dichas sentençias e en peligro de sus animas e de sus estados. E pues por el temor de Dios non dexan de pecar, rrazon e derecho es que pongamos pena, por que del temor de Dios e della sean castigados los que contra la dicha ley e nuestra sentençia vinieren. Por ende, confirmamos e aprouamos la dicha ley e las dichas sentençias. E mandamos que firmemente se guarde la dicha ley e las sentençias suso dichas segund que en ellas e en cada vna dellas se contiene. E estableçemos e ordenamos que qualesquier duques e condes e rricos omnes, caualleros e escuderos e otras personas de qualquier estado o condiçion que sean de los dichos nuestros rreynos que touieron qualesquier encomiendas de qualesquier lugares e obispados e abadengos que los dexen luego libre e desembargadamente del dia de la data deste nuestro quaderno de leys fasta tres meses primeros siguientes por que los señores de los dichos lugares puedan vsar dellos como de suyos sin embargo alguno. E de aqui adelante non tomen encomienda alguna nin algunas del obispado nin de abadengo nin de monesterio, asi de monjes como de monjas, nin de yglesias nin de sacristanias. E qualquier que lo contrario fiziere que las graçias e merçedes e donaçiones que touieren de los rreys onde nos venimos e de nos que les sean embargados. E nos desde agora gelos embargamos que les non sean librados nin les rrecudan con ellos en quanto las dichas encomiendas touieren. E demas, queremos e mandamos que non puedan rreptar nin demandar nin entergar en juyzio nin fuera de juyzio a otra persona por desaguisado o deuda o otra sinrrazon alguna que le aya fecho. E estas penas que ayan logar aunque los prelados e monesterios e cauillos e abades e conuentos e abadesas e monjas e otras personas qualesquier eclesiasticas les otorguen las dichas encomiendas de su propia voluntad. E es nuestra merçed que contra esto non aprouechen a los tenedores de las dichas encomiendas fuero ni vso nin costumbre nin priuillegio nin cartas nin merçedes que tengan o les fueren dadas e se fizieren de aqui adelante porque serian introduzidas e guardadas con pecado e peligro de sus animas. Nos desde agora las rreuocamos e mandamos que non valan nin [ayan]⁶ en si fuerça ni valor.

TITULO VII.
General.
De algunas cosas que por diuersas materias del derecho deste rreyno son speçialmente estableçidas çerca los fechos de los caualleros.
Introduçion.

En los libros suso scriptos aplique las leys que me pareçian fazer a nuestro proposito a çiertos titulos, segund entendi que conuenian. Pero por quanto, segund dize el jurisconsulto, mas son los negoçios que los

---

⁶ ayan] Omit – *Inc. 1487, Inc. 1497.*

vocablos,[1] aunque dan algunas leys que fablan de fechos pertenesçientes a caualleros que non se metieron en los titulos preçedentes porque eran diuersas de la materia dellos, e si las dexasemos por escreuir non satisfariamos a la intençion desta obra, e si a cada vna fiziesemos titulo apartado con introduçion fariamos mas prolixo el libro de quanto la rrazon demanda, por ende, pareçiome que en esto deuia seguir lo que los juristas en otras mayores copilaçiones fizieron, los quales, despues de los titulos singulares pusieron algunos titulos generales, ayuntando en ellos rreglas del derecho diuersas que ha materias apartadas fazen, o declarando significaçion de palabra que en diuersos negoçios se acaesçen dezir. E siguiendo esto, yo, despues de todo lo particular, quise poner vn titulo ge[n]eral so el qual situe algunas leyes que en diuersos titulos falle que pareçian fazer a actos de caualleros que non fuesen malefiçios, pero porque fablan de diuersas cosas e non estouiesen so vn titulo desencadenadas, siguiendo a algunos de los canonistas que sumas escriuieron, adonde senti diuersidad puse "Rubriçela," que quiere dezir titulo pequeño, por que mas a proposito esten situadas e mas çiertas las falledes quando las quisieredes buscar, sobre escriuiendo cada ley breuemente de que logar la tome. E la que non touiere suprascripçion, entender que es tomada del mesmo titulo de donde se tomo la ley que ante della esta. E non rrepeti los que la fizieron por non los tornar a nombrar tantas vezes. E en las rrubriçelas non puse introduçion porque non era neçesaria, e se alargara mas la scriptura de quanto conuiene. Por ende, so esta introduçion general siguense las rrubriçelas en esta guisa.

Rubriçela primera.
De los personeros.
Leys.
Del titulo [quinto][2] de la *Terçera Partida*.
Como los caualleros que estouieren en frontera o andouiesen en palaçio continuamente en seruiçio del rrey non pueden ser personeros por otros.[3]

Caualleros asoldadados que estouiesen en seruiçio del rrey o de otros sus señores en frontera o en otro lugar non puede ninguno dellos ser personero por otro en juyzio en todo el tiempo que estouieren por mandado de sus señores en algund lugar do los mandasen ser, fueras ende si ouiese alguno dellos a ser sobre cosas que perteneçiesen a toda aquella caualleria. Empero, despues que se partiesen de aquel lugar do fuesen puestos e se fuesen para sus casas o morando y, bien podria ser cada cauallero personero por otro si quisiesen ellos. E eso mesmo pueden todos los otros que morasen en sus casas que non estouiesen señaladamente en seruiçio de su señor, asi como de suso dicho es, e esto es defendiendo por que non se embargue el offiçio del señor por

---

[1] Cf. Justinian, *Digest*, I, iii, 32 (I, 13).
[2] quinto] quarto – *Inc. 1487, Inc. 1497* ‖ çinco – *N2* ‖ Omit entire title – *S*.
[3] Cf. *Tercera Partida*, V, vi (II, 68ab).

45 rrazon de tales personerias. Otrosi, por que non estoruasen a los otros metiendolos en costa por rrazon del poderio e de la conoçençia que han con los de la corte.

En que cosas puede el cauallero ser personero por otro.[4]

Maguer deximos en la ley ante desta que el cauallero que estouiese en seruiçio del rrey o de otro señor ni el que andouiese en la corte que non podria ser personero de
50 otro, pero tres rrazones son en que lo podria ser: la primera, por librar a algund su pariente de seruidumbre quien demandase a alguno por sieruo en juyzio; la segunda, por defender e escusar a derecho a todo omne a quien ouiesen judgado tortiçeramente a muerte, teniendolo preso e non lo queriendo oyr; la terçera, si el cauallero fuese personero por otro en algund pleyto e la otra parte contra quien fuese dado começase
55 por su plazer el pleyto con el por demanda e por rrespuesta non desechandolo. Ca dende adelante non lo podria desechar maguer quisiese. Ante dezimos que deue ser personero del pleyto fasta que sea inçimado.

Que las personas onrradas non puedan rrazonar por si mesmos sus pleytos mas deuen dar personeros que rrazonen en sus lugares.[5]

60 Rey o fijo de rrey, arçobispo o obispo o rrico omne, señor de caualleros, que touiesen tierra del rrey, o maestre de alguna orden o grand comendador o otro omne honrrado de villa que tenga lugar señalado del rrey non deue entrar en pleyto para rrazonar en juyzio con otros que fuesen menores que ellos, fueras ende si lo ouiese de fazer alguno sobre pleyto que tañiese a su fama e a su persona, a que dizen en latin
65 *pleyto criminal*. Mas en los pleytos otros que fuese de heredad o de auer deuen dar personeros que rrazonen por ellos. E esto por dos rrazones: la vna, porque podria ser que en rrazonando el otro menor por defender su pleyto que diria alguna cosa contra el mayor que se tornaria como en su desonrra; la otra, porque por el poder del mayor o por su miedo non osaria el menor rrazonar complidamente su derecho o non fallaria
70 quien rrazonase con el por el, e por aqui podria perder o menoscabar su derecho. Pero tenemos por bien que cada vna destas personas suso dichas pueda estar delante mientra su pleyto se rrazonare para consejar e emendar sus personeros en las cosas que con derecho deuiere e entendiere que lo puede fazer. E otrosi, por que puedan rresponder a las preguntas que le fiziere el rrey o juezes para saber la verdad del fecho. E aun
75 dezimos que ninguna destas personas suso dichas non puede ser personero por otro por estas mesmas rrazones que de suso deximos, fueras en el pleyto que fuese de su rrey o de biuda o de huerfano o de otra mezquina o cuytada persona que ouiese rreçebido tuerto e non fallase quien rrazonase por ella.

---

[4] Cf. *Tercera Partida*, V, vii (III, 68b).
[5] Cf. *Tercera Partida*, V, xi (III, 70b).

Item: el rrey don Alfonso el sexto, en el libro primero del *Fuero de las leys*, en el titulo de los personeros, situo la ley siguiente.⁶

Si acaesçiere que rrey o infante o fijo de rrey o de rreyna o arçobispo o obispo aya pleyto con otro alguno, de cada vno dellos quien rrazone por si. Ca non es guisado que otro omne contradiga lo que ellos dixeren.

Rubriçela II.
De lo que se gana por tiempo.
Del titulo XXIX de la *Terçera Partida*.
Como en el tiempo que omne esta en hueste o en caualgada o en mandaderia o por otra rrazon semejante lo que ganaren contra el por tiempo si le puede empeçer o non.⁷

En hueste o en caualgada o en mandaderia de rrey o del comun de su consejo, o cayendo en captiuo o estando en escuela para aprender alguna sçiençia, o en rromeria, o por otra rrazon semejante destas, si entre tanto que estouiere en alguno destos lugares sobredichos començase otro alguno a ganar alguna cosa suya por tiempo, dezimos que despues que el viniere fasta quatro años puede el pedir al juez del logar que aquel tiempo por que auian començado a ganar la cosa contra el que non enpezca e el judgador deuegelo otorgar. Mas si por auentura despues de su vida fasta los quatro años siguientes el o su heredero si el finase non pidiese esto al judgador desde el dia que sopiese que era muerto en alguno de los lugares sobredichos aquel que lo auia de heredar dende en adelante non lo podria pedir e fincaria al otro en saluo la ganançia que ouiese asi fecha por tiempo.

Rubriçela terçera.
De los guardadores.
En el XVII en la *[Sexta] Partida*.⁸
Quando puede el cauallero escusarse de ser guardador de hurerfanos.⁹

Cauallero que estouiese en corte del rrey o en otro lugar señalado por mandado del rrey o por pro comun de la tierra bien se puede escusar que non tome guarda de huerfano por rrazon del ofiçio que faze.

Rubriçela quarta.

---

⁶ Cf. *Fuero Real*, I, X, iii (220).
⁷ Cf. *Tercera Partida*, XXIX, xxviii (III, 367b-368a).
⁸ Sexta] Setena – *Inc. 1487, Inc. 1497, N4* ‖ Omit entire title – *S* ‖ la ley VI en la [] partida – *P1*.
⁹ Cf. *Sexta Partida*, XVII, iii (III, 242b).

De los fiadores.
Del titulo dozeno de la *Quinta Partida*.
Quales non pueden ser fiadores.[10]

Omnes señalados son que maguer pueden fazer promissiones por si non pueden ser fiadores por otre, asi como los caualleros de mesnada de rrey que rreçiben soldada e bien fecho del. E a estos atales non los deuen los omnes rreçebir por fiadores por que non se embargue el seruiçio que han de fazer al rrey. Otrosi, porque los omnes non podrian alcançar dellos derecho tan bien nin tan ligeramente como de los otros. E señaladamente defienden las leys que los caualleros non puedan ser fiadores por aquellos que arriendan o tienen en fieldad los almoxarifadgos e las rrentas e los otros derechos del rrey.

Rubriçela quinta.
Del poderio que el padre ha con los fijos.
Del titulo XVIII de la *Quarta Partida*.
Que quiere dezir Maestre de Caualleria, e como sale de poder de su padre por rrazon deste offiçio.[11]

La setena dignidad por que sale omne de poder de su padre es quando elijen alguno por Maestre de la Caualleria. E quiere tanto dezir como omne que es puesto como caudillo e maestro de los caualleros del emperador o del rrey, a que llaman en rromançe *Alferez*. E este atal deue traer la seña del rrey quando entrare en batalla. E ha poder de judgar los caualleros en todas las cosas que acaesçieren entre ellos en rrazon de caualleria, asi como si vendiesen o enpeñasen o mal metiesen los cauallos e las armas. Otrosi, ha poder de los judgar los pleytos que entre ellos acaesçieren en rrazon de deudas. Otrosi, puede costreñir e echar de la caualleria a los que fizieren por que si le fueren desobedientes en los ordenamientos e en las cosas que les mandare fazer en rrazon de la caualleria. E comoquier que pueda fazer todas estas cosas sobredichas, con todo esto non puede judgar a ninguno a pena de muerte nin de perdimiento de miembro por cosa que faga o diga.

Rubriçela sexta.
De los ordenamientos.
Del titulo octauo de la *Quinta Partida*.
Que los caualleros non deuen ser arrendadores de los arrendamientos ajenos.[12]

Arrendar e halogar dezimos que puede fazer todo omne que ha poder de vender

---

[10] Cf. *Quinta Partida*, XII, ii (III, 717b).
[11] Cf. *Cuarta Partida*, XVIII, xi (III, 507b).
[12] Cf. *Quinta Partida*, VIII, ii (III, 644b).

e comprar, segund deximos en el titulo de las vendidas e de las compras en las leys que fablan en esta rrazon. Pero los caualleros e los offiçiales de la casa del rrey non deuen ser arrendadores de campos nin de heredamientos ajenos porque por tal rrazon como esta se podria embargar lo que han de fazer en seruiçio del rrey.

Rubriçela VII.
De la caça.
Del titulo veynte e ocho de la *Terçera Partida*.
Cuyo deue ser el venado que los vnos fieren e los otros lo matan.[13]

Uan los caçadores em pos del venado que han ferido e seguiendolo vienen otros e prenden. E porque podria acaesçer contienda quales dellos aurian tal venado como este, dezimos que deue ser de aquellos que lo presieron primeramente. Ca maguer ellos lo auian ferido non es aun en su poder e podria acaesçer muchas cosas por que non lo aurian. Eso mesmo dezimos que si algund omne ouiese parado lazos o çepo o fecho alguna foya o parado otro armadijo en que cayese algund venado, que quienquier que venga primeramente e lo fallare e lo prisiere que deue ser suyo. E esto es segund derecho de ley, comoquier que en algunos lugares vsan el contrario.

Rubriçela octaua.
De los testamentos.
Del titulo primero de la *Sesta Partida*.
Como los caualleros pueden fazer sus testamentos.[14]

Queriendo fazer testamento algund cauallero, si lo fiziere en su casa o en otro lugar que non sea en hueste, deuelo fazer en la manera que los otros omes, ansi como dizen en las leys ante desta. Mas si lo ouiese de fazer en hueste entonçes abonda que lo faga ante dos testigos llamados e rrogados para esto. E si por ventura seyendo en la fazienda e viendose en peligro de muerte quisiese a aquella sazon fazer su testamento, dezimos que lo puede fazer como quisiere e como podiere, por palabra o por scripto. E aun con su sangre mesma scriuiendolo en su escudo o en alguna de sus armas, o señalandolo por letras en tierra o en arena. Ca en qualquier destas maneras que lo el faga e pueda ser prouado por dos omnes buenos que se açertasen ay, uala tal testamento. E esto fue otorgado a los caualleros por priuillegio por les fazer merçed, honrra e mejoria mas que a los otros omes, por el grand peligro a que se meten por seruir a Dios e al rrey e a la tierra en que viuen.

---

[13] Cf. *Tercera Partida*, XVIII, xxi (III, 342b).
[14] Cf. *Sexta Partida*, I, iv (IV, 6a).

Del titulo [quinto] de la *[Sexta]* Partida.[15]
175 Como se faze la sostituçion que llaman en latin *compendiosa*, e que fuerça ha quando la faze el cauallero.[16]

Compendiosa sostituçion, de que de suso fablamos, se faze desta guisa: como si dixiese el testator, "Fago mi heredero a Fulano mi fijo, e quando quier que el moriere sea su heredero tal omne." E en tal caso como este dezimos que si es cauallero aquel
180 que la faze por tales palauras e el fijo a quien da el sostituto ha madre, si se muriese el moço ante de catorze años e si la fija ante de doze años, entonçe el sostituto heredara todos los bienes del e la madre non aura cosa alguna. E si el moço o la moça moriere despues de la hedad suso dicha, entonçe aura la madre la terçera parte de la heredad, e de todos los bienes que el moço heredo de su padre e de todo lo al que gano de otra
185 parte, onde quier que lo ganase. E otrosi, las sepulturas que le pertenesçen del linaje de su padre e todos los otros bienes del finado deue auer el sostituto. Mas si el cauallero, non auiendo fijos, estableçiese en su testamento por heredero a algunos de los que deçienden del, entonçe el sostituto que fuese y puesto por las palauras sobredichas auria toda la herençia del heredero sobredicha quando quier que muriese.

TITULO [VIII][1]
General.
De lo que es establesçido de los derechos deste rreyno, espeçialmente çerca de los malefiçios de los cauallero fijosdalgo.
5 Introduçion.

Como en los otros actos son estableçidas algunas cosas, singularmente en los fechos de los cauallero, asi en los malefiçios ay [al]gunas leys singulares que non han lugar en los otros omnes. E porque estan derramadas copile en vn titulo general aquellas que me pareçio que de copilar eran, e so el fize
10 rrubriçelas segund que en el titulo suso scripto esta fecho, porque semejante manera me paresçio que se deuia tener en ello que semejante orden demanda. E segund dizen los juristas, donde semejante es la rrazon semejante deue ser el derecho.[2] Por ende, como de suso en las otras leys fezimos, asi en este titulo general, oyamos las leys de los malefiçios so las rrubriçelas siguientes.

15 **Rubriçela primera.**

---

[15] quinto . . . Sexta] sexto . . . Quinta – *Inc. 1487, Inc. 1497* ‖ VIII . . . Sesta – *N2* ‖ quarto . . . Sesta – *B* ‖ Omit entire title – *S*.
[16] Cf. *Sexta Partida*, V, xii (IV, 69ab).
[1] VIII] Omit – *Inc. 1487, Inc. 1497, G, P1* ‖ Omit entire title – *S*.
[2] Cf. Justinian, *Digest*, L, xvii, 1: "Non ex regula ius sumatur, sed ex iure quod est regula fiat" (IV, 956). The originator of the precept is Paul.

De las acusaçiones.
Del titulo primero de la *Setena Partida*.
Que el caudillo de la mesnada que pasa a los enemigos puede ser acusado despues de su muerte.[3]

Acusado puede ser todo omne mientras viuiere de los errores que ouiese fechos, mas despues que fuese muerto non podria ser fecha acusaçion del porque la muerte desata e desfaze tan bien los yer[r]os como a los fazedores dellos, comoquier que la fama finque. Pero en pleyto de trayçion que alguno ouiese fecho contra la persona del rrey o contra el pro comun de la tierra o por rrazon de heregia, bien puede ser acusado despues de su muerte. E eso mesmo seria si alguno ouiese seydo offiçial del rrey, de aquellos que han a despender alguna cosa por el, o si fuese de los que han de coger o de rrecaudar sus rrentas e ouiese furtado algo dello o tomado de otra guisa para darlo a otro sin mandado del rrey, o lo ouiese metido en su pro del mesmo e non del rrey, o si fuese cauallero de la mesnada del rrey que rreçibiese soldada del e se tirase de su seruiçio e se fuese a los enemigos e les ouiese dado ayuda encobierta o paladinamente, o en otra manera qualquier en estoruo del rrey o del rreyno. Ca en qualquier destos casos sobredichos que alguno ouiese herrado puede en vida e despues de su muerte ser fecha acusaçion del.

Que el acusador non se puede partir de la acusaçion que es fecha contra cauallero que desampara castillo.[4]

Çiertos e señalados casos son en que el acusador non puede desamparar nin quitar la acusaçion que ouiere fecha, maguer que el juez le otorgue poderio de la desamparar.

Entre los otros casos que non fazen a nuestro proposito estan estos que dizen asi.[5]

El terçero es si la acusaçion fue fecha contra alguno sobre trayçion que tanxiese al rrey o al rreyno. El quarto es quando la acusaçion es fecha contra algund cauallero que fuese puesto por mandado del rrey por guarda en frontera o en castillo o en algund camino o en otro lugar e se tirase dende sin su mandado, desamparandolo.

---

[3] Cf. *Setena Partida*, I, vii (IV, 262b).
[4] Cf. *Setena Partida*, I, xix (IV, 274b).
[5] Cf. *Setena Partida*, I, xix (IV, 274b).

Rubriçela segunda.
De la infamia que llaman menos valer.
Del titulo quinto de la *Setena Partida*.

Que el fijodalgo que se desdize por corte cae en yerro de menos valer.[6]

Caen los omnes en yerro que es dicho menos valer, segund la costumbre vsada de España, en dos maneras. La vna es quando fazen pleyto e omenaje que vos de tal cosa o vos cumpla tal pleyto, diziendo çiertamente qual es, sinon que sea traydor o aleuoso por ello. Ca si non cumple el pleyto o non da la cosa al dia que la prometio uale menos por ello. Mas con todo non cae en pena de trayçion nin de aleue por ende. Ca en este yerro non puede ningund omne caer si non faze tal yerro o fecho por que lo deua ser. La segunda manera es quando el fijodalgo se desdize en juyzio o por corte de la cosa que dixo.

Item: en este mesmo titulo, en la ley que comiença "Lleno...," esta vn parrafo que dize asi.[7]
Que[8] es infamado el cauallero a quien echaron de la hueste por yerro o el que arrienda heredades ajenas en manera de compra.[9]

Otrosi, dezimos que seria infamado el cauallero a quien echasen de la hueste por yerro que ouiese fecho o al que tollesen honrra de caualleria cortandole las espuelas e la espada que touiese çeñida. Eso mesmo seria quando el cauallero que se deuria trabajar en fecho de armas arrendase heredades ajenas en manera de merça.

Rubriçela terçera.
De los que desanparan la hueste o derraman de la batalla.
En el titulo ocho de la *Setena Partida*.
Que el que quiere prender al cauallero que se pasa a los enemigos e en defendiendose lo matan non cae en pena.[10]

Otrosi dezimos que qualquier cauallero que desamparase a su señor en lid o en el campo o en hueste o se fuese a los enemigos, si algund omne lo quisiese prender en la carrera para leuarlo a su señor o a la corte del rrey, si el cauallero se amparase e non se dexase prender e lo tomase non cae por ende en pena el que por tal rrazon lo matase.

---

[6] Cf. *Setena Partida*, V, ii (IV, 305a).
[7] The law is in fact in *Titulo VI*.
[8] Que] Ques – *Inc. 1487*.
[9] Cf. *Setena Partida*, VI, iv (IV, 307ab).
[10] Cf. *Setena Partida*, VIII, iii (IV, 321b).

Del titulo noueno de la *Septima Partida*.
Que non puede demandar la desonrra el cauallero quando por yerro que faze lo castiga su caudillo.[11]

Maneras hay de desonrra que rreçiben los ombres vnos de otros de que non pueden demandar emienda nin les deue ser fecha maguer la demanden. E esto seria como si vn cauallero que estouiese en hueste o en otro lugar do ouiese de lidiar der[r]ancase contra mandamiento del caudillo o fiziese couardia o otro yerro en fecho de armas que se tornase como en desmandamiento o en despreçio de caualleria. E por tal yerro como este el señor de la caualleria le mandase fazer alguna desonrra en manera de castigo o de escarmiento, asi como si le mandase quebrantar las armas o tollergelas o le mandase cortar la cola a su cauallo o le fiziese otra desonrra a el mesmo o a sus armas que fuese semejante destas. Ca por tal rrazon como esta de desonrra non puede demandar emienda porque es fecho por escarmiento e por pro comunal de todos, asi como de suso deximos en la *Segunda Partida* deste libro, en las leys que fablan en esta rrazon.

Rubriçela quarta.
De la falsedad.
Del titulo seteno de la *Setena Partida*.
Que faze falsedad el que anda en talle de cauallero non lo seyendo.[12]

Los secretos e las poridades del rrey deuenlos mucho guardar aquellos que las saben. E si alguno maliçiosamente las descobriese faria muy grand trayçion e falsedad. Otrosi, dezimos que aquel que dize a sabiendas mentira al rrey que faze falsedad. Eso mesmo faria el que andouiese en talle de cauallero non lo seyendo.

Rubriçela quinta.
De los castillares viejos e de los malfechores que se acojen a los castillos.
Del *Ordenamiento de Toro*, fecho por el rrey don Enrrique el segundo, que llaman el viejo.
Que sean derribados los castillos e castillares viejos que son poblados sin mandado del rrey.[13]

Otrosi, ordenamos que los castillares viejos e las peñas brauas e cueuas e otros que son fechos e poblados sin nuestro mandado que sean derribados, porque destos lugares ha venido e viene mucho mal e daño en la nuestra tierra, segund que esta ordenado por el dicho rrey don Alfonso nuestro padre en el dicho *Ordenamiento de Madrid*. E que

---

[11] Cf. *Setena Partida*, IX, xv (IV, 338b-339a).
[12] Cf. *Setena Partida*, VII, ii (IV, 314b-315a).
[13] Cf. *Ordenamiento sobre administración de justicia otorgado en las Cortes de Toro en la era MCCCCIX (año 1371)*, statute 27, in *Cortes*, II, 188-256, at p. 199.

de aqui adelante ninguno non sea osado de poblar las dichas fortalezas sin nuestro mandado.

Que se ha de fazer quando algunos malfechores se acojeren en algund castillo o fortaleza.[14]

110   Otrosi, que si de algund castillo o casa fuerte o de alguna fortaleza se fiziere algund rrouo o toma o malfetria e los que lo fizieren se acojieren al castillo o a la casa fuerte aunque non sean dende, e el castillero los defendiere seyendo sabido por verdad, si el castillo fuere nuestro que lo paguemos nos. E si el castillo fuere de otro señor que lo pague cuyo fuere. E si fuere de yglesia o de orden o el prelado cuyo fuere e al
115 castillero que le den la pena por ello que es derecho e que los alcaldes de la comarca donde esto acaesçiere que fagan pesquisa e sepan la verdad. E si non lo quisieren fazer seyendo rrequeridos sobrello que lo paguen sus bienes en la manera que dicha es.

[Rubriçela VI].[15]
De las ligas.
120 ### Del *Ordenamiento de Guadalfajara*, fecho por el rrey don Juan.
Que non fagan ligas.[16]

    Auemos entendido que muchas vezes acaeçe en los nuestros rreynos que algunas personas fazen entre si ayuntamientos e ligas firmadas con juramento o por pleyto e omenaje o por pena o por firmeza qualquier otra, e contra çiertas personas e en general
125 contra qualesquier que contra ellos quisieren ser. E comoquier que algunas de las dichas perosnas fagan algunos ayuntamientos e ligas so color de bien e guarda de su derecho e por complir mejor nuestro seruiçio, pero por quanto segund por esperiençia conoçemos estas ligas e ayuntamientos que se fazen a las vezes con intençion buena e se siguen escandalos e discordias, enemistades e estoruos de la nuestra justiçia, lo qual
130 todo es nuestro deseruiçio e daño de los nuestros rreynos, nos por ende deseando paz e concordia e buen sosiego entre los nuestros subditos e naturales, e proueyendo a lo que por venir es, e emendando lo pasado, estableçemos e mandamos e defendemos que de aqui adelante non sean osados asi infantes, maestres, priores, marqueses, duques, condes, rricos omnes, comendadores, caualleros, escuderos, e ofiçiales rregidores de las
135 çibdades e villas e logares e conçejos e qualesquier otras comunidades, e personas

---

[14] Cf. *Ordenamiento sobre administración de justicia otorgado en las Cortes de Toro en la era MCCCCIX (año 1371)*, statute 30, in *Cortes*, II, 188-256, at pp. 200-201.

[15] Rubriçela VI] Omit VI – *Inc. 1487, Inc. 1497, N4, G* ‖ Omit – *N2, S* ‖ Rubriçela \VI/ – *N1* ‖ Rubriçela VII – *N6*.

[16] Cf. *Cuaderno de las Cortes de Guadalajara del año de 1390*, statute 2, in *Cortes*, II, 424-432, at pp. 425-427.

singulares de qualquier condiçion o estado que sean de fazer ayuntamientos e liguas con juramentos e rreçibiendo el cuerpo de Dios nin por pleyto e omenaje o por otra pena o firmeza qualquier, por la qual se obligan vnos a otros a se guardar los dichos ayuntamientos e ligas vnos contra otros en la manera que dicha es. Otrosi, que non vsen de las ligas e ayuntamientos e pleytos e omenajes e contractos e firmezas que han fecho fasta aqui en la dicha rrazon. E qualquier de los suso dichos que contra esto o contra parte desto fizieren o faziendo los dichos ayuntamientos e ligas de aqui adelante, o vsando de los dichos ayuntamientos e ligas que fasta aqui son fechos, auran la nuestra yra. E demas desto, nos pasaremos contra ellos e contra cada vno dellos e contra sus bienes en aquella manera que nos entenderemos que cumple a nuestro seruiçio e mereçen los quebrantadores desta nuestra ley, segund la ygualdad de los malefiçios e de las personas. E por que los omnes mas de ligero se mueuan a denunçiar e demostrar lo que dicho es, ordenamos que el denunçiador o el acusador de lo sobredicho que aya la terçia parte de la pena de dineros e de bienes en que nos condenaremos a aquel o aquellos de que el dicho denunçiador o acusador nos denunçiare o mostrare que fizieren de aqui adelante los dichos ayuntamientos e ligas e vsaren de los fechos fasta aqui contra el tenor desta nuestra ley. E nos por esta nuestra ley damos por ningunas todas las ligas e promisiones e pleytos e omenajes que sobre esta rrazon fasta agora fueron fechas e se fizieren de aqui adelante. E mandamos que non valan nin sean tenudos a los guardar ni guarden aquellos que las fizieron e fizieren so qualquier firmeza que se obligaren de las guardar, e que non cayan por ello en pena ni caloña alguna ni por ello puedan ser dichos quebrantadores de pleytos e omenajes e posturas que sobre esto ayan fecho. E rrogamos a todos los perlados de nuestros rreynos e a cada vno dellos en su juridiçion que asueluan a los que fizieron los dichos juramentos. Otrosi, rrogamos e mandamos a todos los prelados de nuestros rreynos, asi arçobispos como obispos, prelados e clerigos e otras personas eclesiasticas qualesquier que non fagan de aqui adelante los tales ayuntamientos e ligas, nin vsen de los fechos fasta aqui. Ca si las fizieren o vsaren de los fechos fasta aqui auran la nuestra yra e non nos podriamos escusar de poner en ello rremedio conuenible.

Del *Ordenamiento de Madrid*, fecho por el rrey don Enrrique el terçero, padre de nuestro señor el rrey.
Que sea guardada la ley que vieda las ligas.[17]

In nomine domini amen. Loo e aprueuo e rretifico e firmo e confirmo la ley justa e derecha e a todo lo en ella contenido que fizo el rrey mi padre e mi señor en las Cortes de Guadalfajara sobre fecho de las ligas, el tenor de la qual es este que se sigue: "Auemos entendido, &c..." E mando que sea guardada en todo e por todo. E por quanto por experiençia yo vi que por fazer estas tales ligas e juramentos contra la dicha

---

[17] Cf. *Cuaderno de las Cortes de Madrid de 1393*, in *Cortes*, II, 524-532, at pp. 528-530.

ley entre los grandes e aun medianos çibdadanos comunes de aquestos nuestros rreynos nasçieron grandes escandalos e porfias e contiendas, de lo qual se rrecreçio a mi grand deseruiçio e a aquestos mis rreynos muchos e grandes daños. Por ende, rrequierese que ayude a la dicha ley, poniendo pena contra los transgressores, e este rrefrenada e punida la su osadia por que non se atreuan nin sean osados contra derecho e contra ley de su señor e de su rrey natural. E poniendo luego en esecuçion rreuoco e anulo e do en estas Cortes por tassas e nullas todas e qualesquier cosas, ligas, juramentos e pleytos e omenajes que sobre esta rrazon sean fechos fasta el dia de oy, e los do por ningunos e por non valederos, asi como fechos en mi deseruiçio e contra derecho, e expressamente contra ley e defendimiento del rrey mi padre e mi señor. E defiendo e mando a todos que los non tengan nin guarden so pena de caer en mal caso, asi aquellos que demandaren que les sean guardadas las dichas ligas e juramentos e omenajes como aquellos que de aqui adelante los otorgaren. E otrosi, defiendo e mando a todos los de los mis reynos, asi infante don Fernando, perlados, duques, condes, maestres, e rricos omnes, caualleros, escuderos, e fijosdalgo, e qualesquier otras çibdades e villas e lugares e qualesquier otras personas de los mis rreynos, fijosdalgo de qualquier estado o condiçion que sean, que de aqui adelante non fagan tales ligas nin tales juramentos ni omenajes. E qualquier que el contrario fiziere que pierda la tierra e merçed que touiere de mi. E si fuere de çibdad o de villa que pierda los bienes e el cuerpo este a la mi merçed. Pero por esto non entiendo defender las buenas amistades por que todos sean amigos e viuan en paz e buena amistad.

Rubriçela setima.
De las presiones.
Del titulo veynte e nueue de la *Setima Partida*.
Que qualquier omne puede prender al cauallero que desampara el logar donde le ponen por guarda.[18]

Poderio non deue tomar ningund omne por si mesmo para rrecaudar los malfechores sin mandamiento del rrey o de los judgadores por el, fueras ende en casos señalados. El primero es si alguno fuese acusado o enfamado de falsa moneda. El segundo es si algund cauallero fuese puesto por guarda en frontera o en otro lugar qualquier e desamparase la caualleria o el lugar do el fue puesto sin mandamiento de su mayoral. El terçero es si fuese ladron o rrobador conosçido o omne que quemase casa de noche o cortase viñas o arboles o quemase mieses. El IIII es quando alguno forçase o leuase rrobada alguna muger, virgen o religiosa que estouiese en algund monesterio por seruir a Dios. Ca qualquier que ouiese fecho alguno de los yer[r]os en esta ley dichos todo omne lo puede rrecaudar e aduzir delante del judgador, do quier que lo fallare por que se cumpla en el la justiçia que mandan las leys deste nuestro libro. Pero el cauallero deue ser leuado ante el rrey o ante el caudillo de la caualleria

---

[18] Cf. *Setena Partida*, XXIX, ii (IV, 448b).

que desamparo o al mayor adelantado de aquella tierra que le pene segund fuero e costumbre de caualleria.

Quales juezes pueden fazer prender e rrecaudar a los que fuesen caualleros e judgarlos.[19]

215 Ierros e malos fechos fazen los caualleros a las vegadas que son contra buenas costumbres de caualleria. E a las vegadas fazen otros yerros que non son señaladamente defendidos a los caualleros mas son defendidos comunmente a todos los omnes que los non fagan. E los yerros que son contra caualleria son estos, asi como vender o jugar o enpeñar las armas e non ouedesçer a su caudillo estando en la hueste, non faziendo
220 su mandado o faziendo contra lo que mandase. Ca en tales casos como estos o en otros semejantes dellos non lo puede otro ninguno rrecaudar o judgar ni dar pena por los yerros que fiziesen sinon el rrey o el caudillo de la hueste que auia de guiar al que asi errase e a los otros caualleros. Mas si fiziesen otros yerros de aquellos que son vedados a todos los omnes comunmente, asi como matar omne a tuerto o rrobar o ferir o fazer
225 otros yer[r]os semejantes destos, entonçe deuen ser rrecabdados ante el rrey o ante el mayor adelantado de la tierra e rreçebir la pena que la ley manda por el yerro o mal fecho que fizieron. E si los yerros que fiziesen fuesen mas leues, asi como malfetria, o si desonrrasen a alguno de palabra o le firiesen de mano sin arma alguna, o feziesen otro yerro semejante destos, sobre tal yerro bien pueden ser acusados delante los otros
230 judgadores de los logares. Mas desque ayan oydo el pleyto de la acusaçion e dada la sentençia contra ellos, si el yer[r]o fuese atal por que mereçiesen alguna pena deuenlos enbiar al alferez o al caudillo cuyos caualleros son que cumplan en ellos la justiçia que el derecho manda. E el alferez o el caudillo deuelo fazer asi.

Rubriçela octaua.
De los que rreniegan.
Del titulo veyente e ocho de la *VII Partida*.
Que pena mereçe el rrico omne que denuesta a Dios e a Sancta Maria e a los sanctos.[20]

Los omnes quanto son de mejor linaje e de mas noble sangre tanto deuen ser mas
240 mesurados e mas aperçebidos para guardarse de yerro. Ca los omnes del mundo a quien mas conuiene de ser apuestos en sus palabras e en sus fechos ellos son. Porque quanto Dios mas de honrra e de bien les fizo e de quanto mas honrrado e de mejor logar vienen tanto peor les esta el yerro que fazen. E por ende, mandamos que si algund rrico omne de nuestro señorio denostare a Dios e a Sancta Maria que por la primera vez que
245 pierda la tierra que touiere por vn año, e por la segunda vez pierdala por dos años, e

---

[19] Cf. *Setena Partida*, XXIX, iii (IV, 449a).
[20] Cf. *Setena Partida*, XXVIII, ii (IV, 444b).

por la III pierdala del año.

Que pena mereçe el cauallero o escudero que tiene tierra que dixiere el denuesto suso dicho.[21]

El cauallero o escudero que tenga tierra si denostare a Dios e a Sancta Maria, por la primera vez pierda lo que tiene del señor por vn año, e por la segunda pierdalo por dos años, e la terçera pierdalo por todavia. E si non touiere tierra e touiere cauallo e armas, pierdalo por la primera vez. E si non touiere cauallo ni armas e touiere vna bestia, pierdala. E si non touiere bestia e touiere paños nueuos, tuellagelos el señor e partalo de si. E si el señor non lo fiziere asi peche al rrey doblado quanto el cauallero o el escudero del tenia. E si en todo ese año otro alguno le rreçibiere echandolo el señor de si o partiendose el del por esta rrazon, peche por el doblado quanto del tenia. E si lo rreçibiere cauallero o escudero que non tenga cosa alguna del señor que le echan de si peche por el çient maravedis. E si qualquier destos sobredichos en esta ley o en la que es ante desta denostare a otro sancto mandamos que aya la meytad de la pena sobredicha en esta ley.

Item: el rrey don Alfonso el XI en el *Ordenamiento de las Tafurerias* ordeno la ley siguiente.
Que pena deue auer el fijodalgo que juga a los dados e descreyere.[22]

El rrico omne que jugare los dados e tan bien el fijodalgo, e descreyere, que la primera vez que peche veynte maravedis de oro. E por la segunda quarenta maravedis o dineros quantos valieren los sobredichos. E por la terçera vez que sea acusado por ante el rrey. E esta caloña mesma ayan los infantes e los caualleros e escuderos que jugaren los dados e descreyeren: pechen diez maravedis de oro por la primera vez, e por la primera vez escape. E por la segunda vez prendanlo por caloña que sobredicha es. E si non ouiere de que los pechar que lo rrecauden los alcaldes e las justiçias en guisa que parezca ante el rrey.

Rubriçela nouena.
De los que dan fauor a los herejes.
Del titulo XXVI de la *VII Partida*.
Que pena mereçen los rricos omnes o el señor que ampara los erejes en sus castillos o en sus casas o tierras.[23]

---

[21] Cf. *Setena Partida*, XXVIII, iii (IV, 445ab).
[22] Cf. *Ordenamiento de las Tafurerías que fue fecho en la era de mill e trescientos e quatorse años por el rey don Alfonso X*, Ley I, in *Opúsculos*, II, 211-231, at p. 216.
[23] Cf. *Setena Partida*, XXVI, vi (IV, 441a).

Amparar non deue ningund cristiano a los erejes en su casa nin en su castillo nin en otro lugar que aya. E los que asi los amparan yerran a Dios e al señor de la tierra e dan carrera a los erejes de fazer cobrar sus maldades. Ca algunos hay dellos que dudarian ser erejes por miedo de la pena que non dubdan de lo ser porque fallan quien los ampara. E por ende, dezimos que si alguno los acojere e los amparare en su tierra despues que fuere amonestado por sentençia de excomunion que diese contra el algund perlado de sancta yglesya si fuere rrebelde e non obedeçiere a la sentençia del perlado e estouiere en esta rrebeldia por vn año, qualquier que esto faga del año en adelante, mandamos que sea enfamado por ello de manera que nunca jamas pueda auer ofiçio nin lugar honrrado. E demas desto, si fuere rrico omne o señor de la tierra o de algund castillo, pierda por ende el señorio que auia en la tierra o en el castillo e sea del rrey. E aun demas desto sea echado de la tierra. E si fuere otro omne el cuerpo e quanto ouiere este a merçed del rrey que le faga tal escarmiento qual entendiere que mereçe por tal yerro como este.

TITULO NOUENO.
General.
De algunos priuillejos que en diuersas partes de las leys del rreyno se otorgan a los cauallleros e fijosdalgo.
Introduçion.

Despedirme quiero desta scriptura, e como a cosa acabada ponerle ya la puerta. E porque algunas de las leys que priuillejos otorgan a los fijosdalgo non fueron puestas en los titulos suso scriptos por non fazer a su materia, pongo estas pocas que quedaron en titulo general, sus rrubriçelas segund que en los otros dos titulos generales de suso en semejante se fizo, el qual puse aqui en fin de dos rrazones. La primera porque esta ordenança touieron los juristas. Ca tractaron de los priuillegios despues de los malefiçios, lo qual en los canones claro pareçe. E aun en las leys que fablan en su fauor puede considerar que es asi quien bien lo catare. E pues leys deste rreyno copilamos rrazonable es seguir la orden que guardaron aquellos que las comunes leys fizieron. La II porque pues en fauor de los caualleros mandastes fazer esta copilaçion paresçiome ser conueniente que como començo en leys que fablan en su fauor, asi acabase en aquellas que les dan priuillegios e les son fauorables. Por ende, en fin de todo añadiremos algunas leyes que otorgan preheminençia o franqueza a los caualleros e fijosdalgo, las quales se comiençan so las rrubriçelas siguientes.

**Rubriçela primera.
De los cauall[o]s e armas.
Del *Ordenamiento de Segouia*, fecho por el rrey don Alfonso el XI.
Que non sean prendadas las armas nin los cauallos por las deudas que deuen
los caualleros e fijosdalgo.**[1]

Porque se vsaua fasta aqui que por las deudas que deuian los caualleros e los fijosdalgo de la nuestra tierra o por fiaduras que fazian que los offiçiales e aquellos que auian poder de lo fazer que los prendauan los cauallos e las armas e que gelas vendian asi como otros bienes qualesquier de los que auian, e por voluntad que auemos de les fazer merçed e honrra, e por que puedan estar mejor guisados para nuestro seruiçio, tenemos por bien que por deuda que deuan los caualleros e fijosdalgo de las villas del nuestro señorio, asi los armados como los otros que mantouieren cauallo e armas, que les non sean prendados los cauallos e las armas de su cuerpo por deuda que deuan, saluo por las nuestras deudas.

**Esta ley contiene semejante que la de suso e ponese aqui por que es de otro
Ordenamiento, ca es de Alcala.**[2]

Usose fasta aqui que por las deudas que deuian los caualleros de la nuestra tierra o por fiadurias que fazian que los offiçiales o aquellos que auian poder de lo fazer que les prendauan los cauallos e las armas e las vendian asi como otros bienes qualesquier de los que auian porque es nuestra voluntad de les fazer merçed por que puedan estar mejor guisados para nuestro seruiçio, e tenemos por bien que por deuda que deuan los caualleros e otros qualesquier de las nuestras çibdades e villas e lugares que mantouieren cauallo e armas que les non sean prendados los cauallos nin las armas de su cuerpo.

**Del *Ordenamiento de las Tahurerias*, fecho por el rrey don Alfonso el vndeçimo.
Que non preste el tablajero sobre armas.**[3]

---

[1] Cf. *Hordenamiento que hizo el rei don Alfonso en Segouia en la era de mill e trezientos e ochenta e çinco años [i. e. 1347], despues que fizo el de Madrid e antes del de Alcala de Henares de leyes*, statute 24, in *Leyes del Rey D. Alfonso el XI*, Madrid, Biblioteca Nacional, MS 5784, ff. 43r-51v, at f° 49v. The statutes of the *Ordenamiento de Segovia* were eventually incorporated into the *Ordenamiento de Alcalá*. This particular precept is repeated almost word for word in the following law as it appears in the *Ordenamiento de Alcalá* (see below, n.2).

[2] Cf. *Ordenamiento de Alcalá*, XXXV (518).

[3] Cf. *Ordenamiento de las Tafurerías que fue fecho en la era de mill e trescientos e quatorse años por el rey don Alfonso X*, Ley XXIII, in *Opúsculos*, II, 211-231, at p. 223.

Sobre armas de cauallero nin de escudero non enpresten los tablajeros nin los que tienen las tahurerias dineros en las tahurerias del rrey. E si lo fizieren que pierdan todo aquello que emprestaren porque los caualleros e escuderos preçian mucho sus armas e es peligrosa cosa venderlas, e podria acaesçer que los caualleros que aurian menester las armas e non las podrian auer, e por esta rrazon acaeçerian grandes trabajos entrellos e los demandadores de las armas e de aquellos que las touiesen.

Del *Ordenamiento de Alcala*, fecho por el dicho rrey don Alfonso el vndeçimo.
Que non sean prendados los palaçios de los caualleros e fijosdalgo nin los cauallos nin mula nin armas por deudas que deuan.[4]

Han priuillejos e franquezas los nuestros fijosdalgo, las quales nos confirmamos que por deudas que deuan non sean prendados los sus palaçios de sus moradas nin los cauallos nin la mula ni armas de su cuerpo. E tenemos por bien que les sea guardado.

Rubriçela II.
Del priuillegio de las monedas.
Del *Ordenamiento de Alcala de las Petiçiones*, fecho por el rrey don Alfonso.
Que los fijosdalgo non paguen moneda.[5]

A lo que nos pidieron por merçed que los fijosdalgo que moran en las villas que non pechasen monedas nin fonsaderas que asi lo auian de fuero e gelo guardaron los rreys onde nos venimos. A esto rrespondemos que lo que piden de la moneda que la non paguen, que lo tenemos por bien e asi les fue otorgado. E a lo de la fonsadera, porque es contienda entrellos e los de las villas, mandarlo hemos ver e ordenar e guardaremos todo su derecho.

Rubriçela terçera.
De los fijosdalgo que estan en la frontera.
Del *Ordenamiento de Alcala*.
Que los fijosdalgo que estouieren en la frontera, aunque sean pasados los tres meses, ayan su franqueza.[6]

Estableçemos e mandamos, queriendo guardar la gran franqueza e nobleza que han los fijosdalgo de Castilla e de las Españas, por la grand lealtad que Dios en ellos puso, que mientras que estouieren en la frontera en seruiçio de Dios e de los rreys, aunque sean pasados los tres meses que nos son tenudos a seruir por la tierra e dineros que de

---

[4] Cf. *Ordenamiento de Alcalá*, CXXX (592).
[5] Cf. *Ordenamiento de las Peticiones de las Cortes celebradas en Alcalá de Henares, en la era MCCCLXXXVI (año 1348)*, statute 7, in *Cortes*, I, 593-626, at p. 596.
[6] Cf. *Ordenamiento de Alcalá*, CXXIX (591-592).

nos tienen que mientra en el nuestro seruiçio duraren que ayan la franqueza que han en los tres meses sobredichos e les sea guardada.

Rubriçela IIII.
Del priuillejo de las presiones.
Del *Ordenamiento de Alcala de Petiçiones*.
Que los fijosdalgo non sean presos por deudas saluo si fueren cojedores o arrendadores.[7]

A lo que nos pidieron por merçed que los fijosdalgo non fuesen presos por deudas que deuiesen a otros algunos. A esto rrespondemos que lo tenemos por bien, saluo si fuere cogedor o arrendador de los nuestros pechos porque el se pone a lo que non es su menester e el se quebranta su libertad mesma.

Rubriçela V.
Del priuillejo de los tormentos.
Del *Ordenamiento de Alcala de Petiçiones*.
Que el fijodalgo non sea atormentado.[8]

A lo que nos pidieron por merçed que en algund lugar de los nuestros señorios ni algund fijodalgo non fuese atormentado. A esto rrespondemos que lo tenemos por bien.

Rubriçela sexta.
Del traher de las vestiduras.
Del *Ordenamiento de Burgos*, fecho por el rrey don Juan.
Que los caualleros pueden traer dorado.[9]

Los caualleros deuen ser mucho onrrados por tres rrazones: la vna por nobleza de su linaje; la segunda por la su bondad; la terçera por la pro que dellos viene. E por ende, los rreys los deuen mucho honrrar. E por esto, los rreys onde nos venimos establesçieron e ordenaron en sus leys como fuesen honrrados entre los otros de sus rreynos en el traher de sus paños e de sus armas e de sus caualgaduras. Por ende, ordenamos e mandamos que todos los caualleros armados que puedan traher paños de oro o dorado o adobos de oro en las vistiduras e en las deuisas e en las vandas e en las sillas e en los frenos e en las armas. E eso mesmo mandamos e ordenamos que se

---

[7] Cf. *Ordenamiento de las Peticiones de las Cortes celebradas en Alcalá de Henares, en la era MCCCLXXXVI (año 1348)*, statute 9, in *Cortes*, I, 593-626, at p. 596.
[8] Cf. *Ordenamiento de las Peticiones de las Cortes celebradas en Alcalá de Henares, en la era MCCCLXXXVI (año 1348)*, statute 8, in *Cortes*, I, 593-626, at p. 596.
[9] Cf. *Ordenamiento de leyes hecho en las Cortes celebradas en Burgos en la era MCCCCXVII (año 1379)*, statute 1, in *Cortes*, II, 283-6, at p. 284.

guarde en los doctores e en los oydores de la nuestra audiençia. E porque los caualleros deuen ser esmerados entre los otros sus traheres, por ende, ordenamos e mandamos que ningund escudero que non traya paños de oro nin en los paños adobos de oro nin en las vandas nin en las sillas ni en las diuisas ni en las armas, saluo en la orladura de los
110 baçinetes e de los quixotes e de los frenos e petrales que puedan traher dorados. Pero tenemos por bien que los de la gineta del Andaluzia que puedan traher dorado en las espadas e en las sillas e en las espuelas e en los frenos e en las aljubas ginetas, e que non trayan oro en las vandas nin en los paños nin en otra cosa alguna.

CONCLUSION.

Estas leys, muy virtuoso cauallero, copile asi por vuestro mandado, apartando de sus originales aquellas que a la caualleria o a actos de caualleros e fijosdalgo paresçian fazer, inxiriendolas so sus proprios titulos, segund que oystes. E aun, donde alguna tenia materia militar mezclada con otras materias, aparte el verso que a la materia fazia dexando las materias estrañas, saluo quando yuan las palauras vnas con otras texidas, de guisa que non se podria vna materia partir sin quebrantar la rrazon. E rrepeti alguna vez diuersas leys sobre vn caso aunque pareçiesen concordar en efecto e en palauras quando eran de diuersos actores por que se sintiese que diuersos prinçipes e en diuersos tiempos lo establesçieron. E si algunas leys vos pareçieren prolixas o non ordenadas segund que la calidad de la materia demanda, atribuildo a la buena e loable simpleza de los tiempos antiguos en que nuestros mayores non curauan de mucho polir las palauras. E aun creo que non sentireys tanto esta diferençia de manera del fablar entre vnas leys e otras segund la antigüedad del tiempo en que se fizieron como segund la diuersidad de los fazedores. Ca las leys que de las *Partidas* tome fallareys compuestas en mas dulçe estillo e con mas sçientificas conclusiones. E esto sin dubda seria porque fueron ordenadas por varones sabios e eloquentes. Ca el fazer de las leys ingenio exçelente quiere. E diuersas son mucho estas dos cosas aunque por ventura algunos non lo cuydan asi judgar por las leys e establesçer leys de nueuo. Ca para lo primero vasta al juez saber las leys que son fechas e quererlas seguir. Para lo segundo non bastaria esto, mas es menester ingenio algund tanto mas eleuado e exerçitado en algunas otras sçiençias vniuersales por que mejor pueda pensar los conuenientes e los inconuenientes que de la ley pueden salir. Por ende, Aristotiles, que esto bien acato, dize que non es cosa ligera estableçer leys, ca escojer quales seran mejores obra es de grand entendimiento porque quando se fazen es de deliberar non despues de fechas.[1] Ca segund Sant Agustin dize, de las leys judgan los omnes quando las establesçen, mas despues que fueren establesçidas e firmadas non perteneçe al juez judgar dellas, mas deue judgar segund ellas.[2] Por ende, si algo en las leys que aqui se contienen vos paresçiere que deuria estar en otra manera establesçido, sofrildo con buena paçiençia. Ca añadir o mudar o menguar o emendar cosa alguna de lo que en ellas es escripto solo al rrey pertenesçe. E otra persona alguna sin expreso su mandado non deue vna sola palaura cambiar. E yo non fize leys mas copile aquellas fechas que a este vuestro proposito me pareçieron fazer. E si en el

---

[1] Cf. Aristotle, *Nicomachean Ethics*, X, ix, 18-21. See also Appendix 3.

[2] Saint Augustine, *De Vera Religione Liber Vnvs*, ed. K.-D. Daur, in *Corpus Christianorum Series Latina*, 32 (Turnholti: Typographi Brepols Editores Pontificii, 1962), 168-260: "Ita etiam quantum potest lex ipsa etiam ipse fit, secundum quam iudicat omnia, et de qua iudicare nullus potest. Sicut in istis temporalibus legibus, quamquam de his homines iudicent, cum eas instituunt, tamen, cum fuerint institutæ atque firmatæ, non licebit iudici de ipsis iudicare, sed secundum ipsas" (XXXI, 58, p. 225).

copilar o ordenar las vnas em pos de otras o en los prologos o introduçiones o en dexar algunas que deuia poner o en poner algunas que deuiera dexar vos paresçiere que ay herror, echad a mi la culpa que non supe mas, o non delibere en ello quanto deuia. E pues bien lo quisiera fazer, concluyendo puedo dezir lo que escriuen que dixo Eschines, aquel griego orador, en fin de vna famosa fabla que contra Thesifontes en Athenas fizo, diziendo asi: "Si lo escreui como la dignidad de la materia rrequeria, fize lo que quise. Si non lo escreui tan bien, fizelo segund pude."[3] Ca mi voluntad buena fue si el sauer la acompañara. Por ende, comoquier que ello sea, uos de buenamente açeptad este pequeño trabajo que por mandamiento vuestro con alegre coraçon e presta mano en esta composiçion yo tome.

Explicit liber.
Fue impresso este libro en Burgos por Maestre Fadrique Aleman, a rruego del capellan mayor de la capilla de la Sancta Visitaçion, que fundo y doto el mesmo señor obispo don Alonso de Cartajena, que es en la Yglesia de Burgos. Sacado del original, do esta en vno con otros libros por el dicho señor obispo ordenados. Acabose a veynte de junio, año de mill e CCCC e LXXXVII.

---

[3] These are the closing words of *The Speech against Ctesiphon*. See *The Speeches of Æschines*, ed. Charles Darwin Adams (Cambridge, MA: Harvard University Press, 1958), § 260, p. 510. Cartagena implies that he copied the quotation from another source, and was probably not directly familiar with the works of Æschines.

Appendix 1

Sketches of the following standards are included in the margin of Biblioteca Nacional MS 6607, ff. 53v-54r.

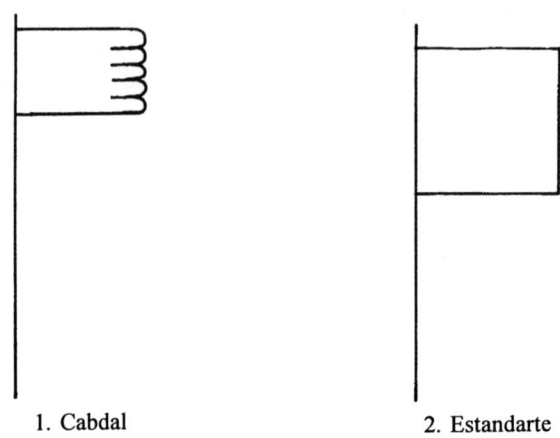

1. Cabdal
2. Estandarte

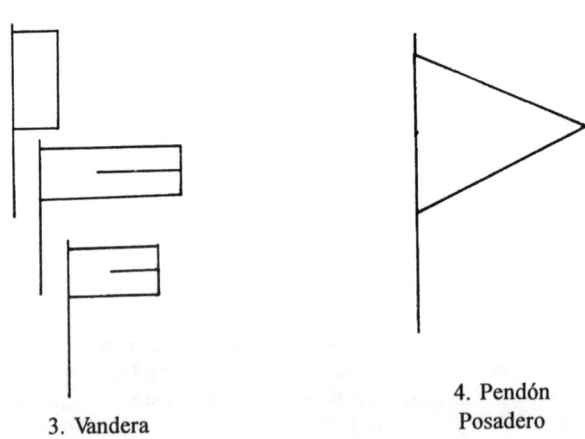

3. Vandera
4. Pendón Posadero

Appendix 2
Watermarks in the extant fifteenth- and sixteenth-century copies of the
Doctrinal de los caualleros
I. Fifteenth-Century Copies

1. Escorial, Real Biblioteca de San Lorenzo de El Escorial, MS h-III-4

2. Madrid, Biblioteca del Museo Lázaro Galdiano, MS 474

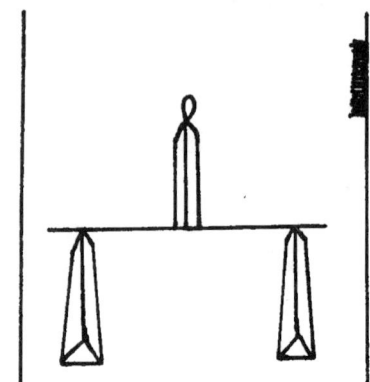

3. Madrid, Biblioteca del Palacio Real, MS 1305

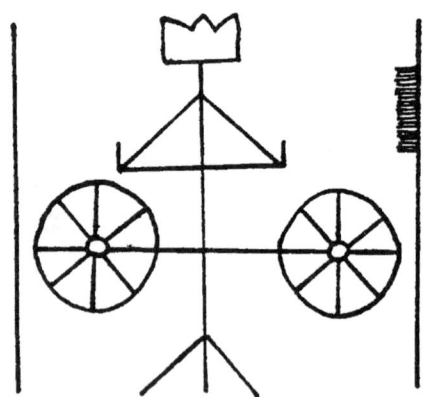

4. Madrid, Biblioteca del Palacio Real, MS 2906

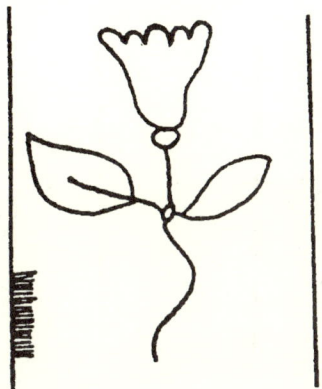

5. Madrid, Biblioteca de la Real Academia de la Historia, MS 9 / 712

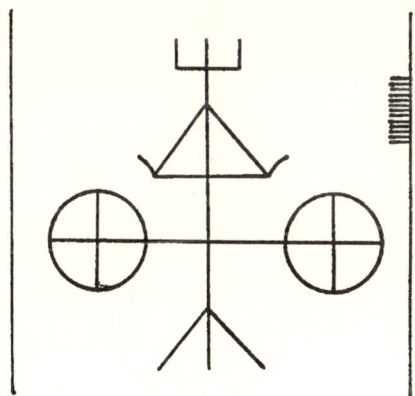

6. Madrid, Biblioteca Nacional, MS 27

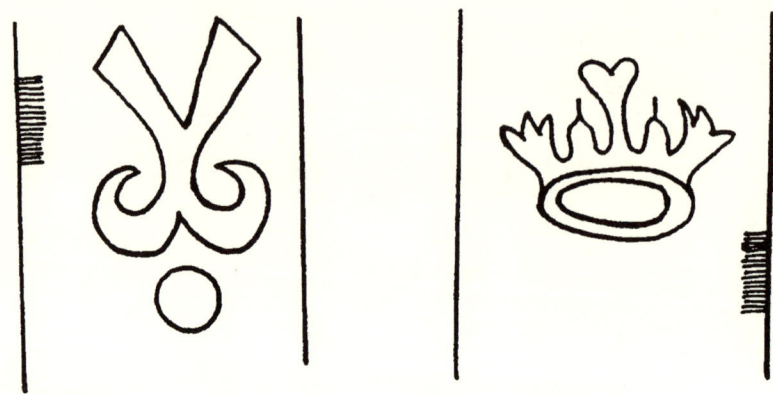

7. Madrid, Biblioteca Nacional, MS 6607

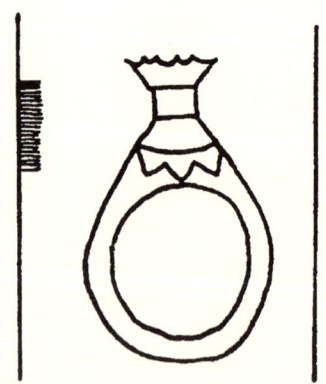

8. Madrid, Biblioteca Nacional, MS 6609

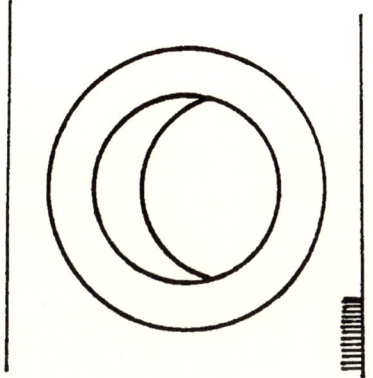

9. Madrid, Biblioteca Nacional, MS 10107

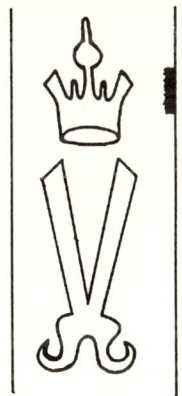

10. Madrid, Biblioteca Nacional, MS 12743

11. Madrid, Biblioteca Nacional, MS 12796

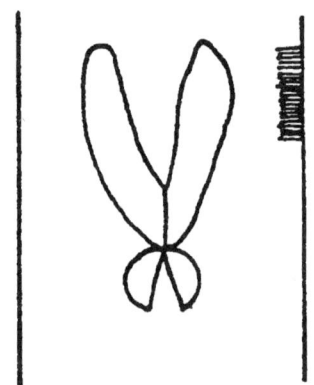

12. Madrid, Biblioteca Nacional, MS 18061

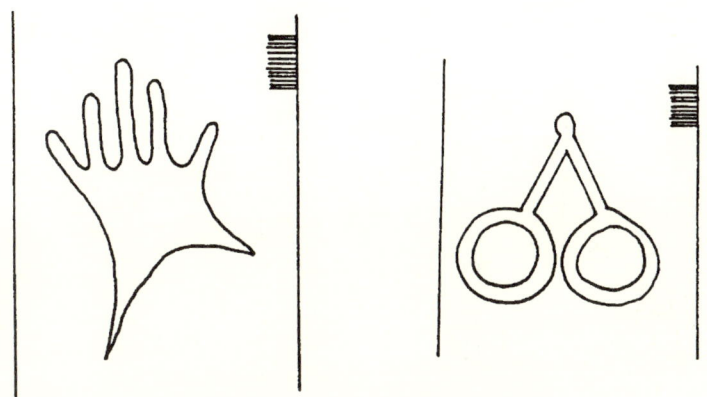

13. Oxford, Bodleian Library, MS 597

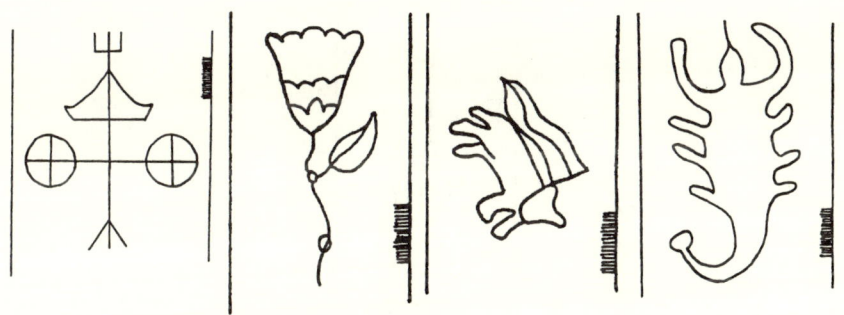

14. Salamanca, Biblioteca Universitartia, MS 1767

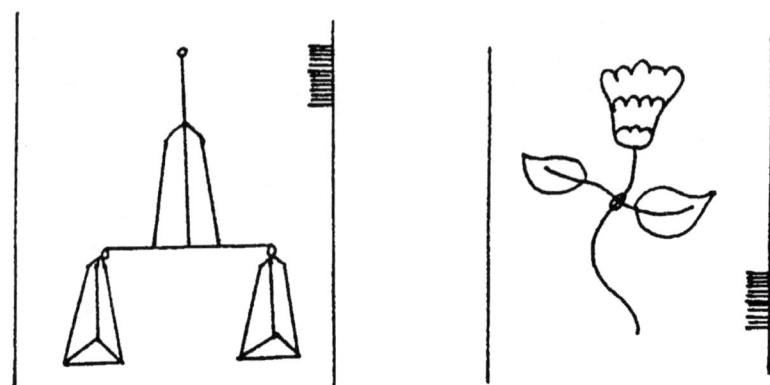

15. Seville, Biblioteca Colombina, MS 7-5-29

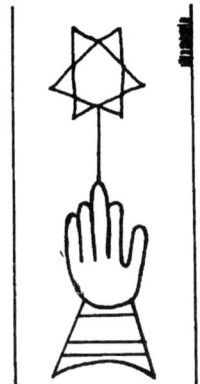

16. Burgos: Friedrich Biel, 1487 (Madrid, Biblioteca Nacional, I-1982)

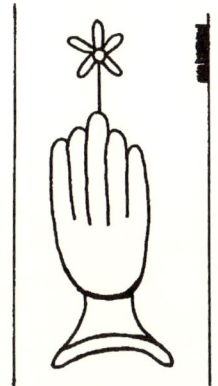

17. Burgos: Juan de Burgos, 1497 (Madrid, Biblioteca Nacional, I-2297)

II. Sixteenth-Century Copies

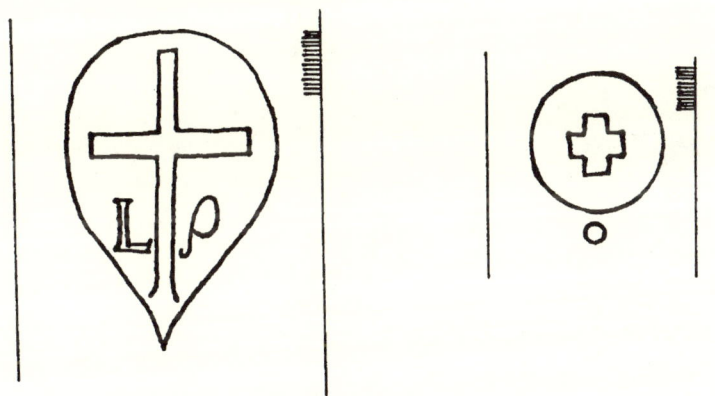

1. Copenhagen, Det Kongelige Bibliotek, MS Gaml. Kongl. Saml. 2219

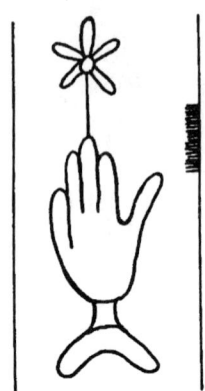

2. Madrid, Biblioteca del Palacio Real, MS II / 758

Appendix 3

Aristotle's *Nicomachean Ethics* constitutes a major source for Cartagena in his own introductions to individual books and titles of the *Doctrinal de los cavalleros*. The following quotations are from Alfonso de la Torre, *Compendio breue de los X libros de la Ethica de Aristotil* (Zaragoza: Juan Hurus, 1489), which is representative of the type of translation scholars had at their disposal in the fifteenth century. Each quotation is preceded by a page and note number, both of which correspond to my edition.

Page 79: n.1
Capitulo VII dize que como haya tres dispositiones, conuiene a saber, dos maliçias e vna virtud, todas son entre si contrarias e ninguna concuerda con la otra. E assi los extremos son contrarios entre si mismos e el medio es contrario a cada uno de los extremos. E por consiguiente el liberal es contrario del prodigo e del auaro, e el auaro e el prodigo son contrarios entre si mismos, e assi de los otros medios con sus extremos. Empero, es de notar con diligentia que aquellos que son mas arredrados son mas contrarios e no son los medios egualmente arredrados de los extremos. Mas aquellos extremos a que somos mas inclinados son mas arredrados e mas contrarios del medio. E porque nosotros somos mas inclinados a buscar los deleytes mas de lo que conuiene. La intemperantia es mas arredrada del medio que la insensibilidad e pone regla para fallar el medio de la recta razon, el qual es la virtud. E primero dize que es muy difficultoso fallar el tal medio, como en el circulo fallar el centro, ca dize que façilmente dara vn hombre dineros, mas darlos a quien deue o quomo deue o quando no lo fara sino el que sabe la arte de dar. E por tanto pone el vna tal cautela que paremos mientes a qual de los extremos somos mas inclinados, e que de alli nos arredremos en el prinçipio e nos inclinemos a otro extremo, e assi quedaremos en el medio, assi como fazemos en vn palo, que quando es tuerto, para enderecharlo doblegamoslo fasta la otra parte por el contrario por que en fin quede derecho. E con gran studio dize que nos deuemos arredrar de los deleytes e apetito carnal porque este es el que mas nos atrahe. E dize que para ser buenos deuemos fazer de la delectation e carnal appetito lo que los vieios troianos hombres populares dezian de Elena, ca todos dezian a vozes que ella era la muerte e que luego la deuian lançar de Troia. E finalmente dize que es muy diffiçil cosa ser hombre en balança virtuoso. Empero que el que declina e se aparta poco del medio es tenido por virtuoso, e que muchas vezes dezimos a los tristes graues e a los prodigos liberales e a los temerarios e atreuidos fuertes e a los auarientos temprados e a los que callan discretos. E dize que para venir al filo del medio derechamente algunas vezes deuemos passar a los extremos e ver si son alabados o vituperados, e finalmente seguir lo que es alabança e fuir lo que es vituperio. (fº 29rv)

Page 84: n.12 / Page 281: n.4
El que exçede en osar es dicho audaz, e el que exçede en temer no tiene nombre propio

mas emprestado, e assi dezimosle medroso. E dize que los medrosos en las tristezas desesperan e temen las cosas en que no hai peligro e quando no conuiene e como no conuiene, &c. E tambien dize que muchas vezes los medrosos soberuios quieren pareçer fuertes e dan en el otro extremo, que es audaçia. E assi como desesperados fazen armas, empero luego son manifiestos e conoçidos por quanto çessa aquella violentia, e luego tornan al natural. E dize que los audaçes ante de los peligros se muestran muy valientes e denodados, mas quando son en ellos luego desfalleçen. E de los fuertes va por el contrario. Ca los fuertes ante de los peligros son quietos e seguros, e en los peligros agustos e constantes. Ca ellos no obran por otro respecto sino por la virtud. E dize que el fuerte suffre virilmente la pobreza e la dolentia o trabaio por la virtud que es en el. E dize que los que fuyen la dureza de los trabaios son dichos muelles e effeminados, e no se deuen poner en la cuenta de los hombres esforçados e virtuosos, mas los tales son propiamente dichos temerosos, ca no se apartan de los tales trabaios sino por suffrir tristeza, e comunmente por no partirse de la delectation sensible. (ff. 36rv)

Page 169: n.2
Ca para ser virtuoso no se requiere solo vn acto de virtud, mas muchos, e ahunque sean gouernados e guiados por sauieza e fechos por election e puestos en la balança del conseio, e que sean voluntarios e con delectation, habito e continuation, assi que no se sigue que por fazer vno ni diez actos de iustiçia o de liberalidad no es el hombre liberal ni iusto, mas por fazer muchas obras tales con las conditiones susodichas. (f° 26r)

Page 172: n.8
Iustiçia commutatiua es aquella que prueua de egualar las cosas con otras semeiantes, e no faze differentia de personas ni en las cosas voluntarias ni inuoluntarias. En las commutationes voluntarias assi dan al rrey vn pan por vn dinero como a vn otro hombre popular. En las inuoluntarias no hai differentia si el que cometio el furto era buen hombre o malo. Ni ahun el juhez, que es ley animada, no deue fazer exçeption de personas, mas deue punir la qualidad de los delictos e quantidad, egualando la punition con la iniuria, lo mas que podia, no permitiendo que alguno sea mas ventaiado tomando mas del bien e menos del mal, ni tampoco que sea damnificado e preiudicado, hauiendo menos del bien o mas del mal, &c. (ff. 50rv)

Page 173: n.10
La iustiçia distributiua a lo menos requiere dos personas e dos cosas çerca de las quales se faga, que seran a lo menos quatro. E por esto hai contentiones en la iustiçia distributiua çerca la honra, la qual se da segun la dignidad de cada uno. E aquesta dignidad no se da en vna manera, ca en la politica democratica en donde muchos tienen el prinçipado, como es en las comunes de Ytalia, muchos atienden la tal dignidad segun la liberdad. Mas en la oligarchia honran a los ricos e de gran linaje. En la aristocratia señorean los sauios e virtuosos. E en la monarchia se da la honra a vno que llaman rrey, siquier sea bueno siquier malo. E todos estos contienden quien deue hauer mas

honra, a los quales ha de egualar la iustiçia distributiua. Empero, dize que aquesta iustiçia no sta en medio de arismetrica, mas en medio de proportion geometrica, en la qual proportion egualamos las cosas segun la estimation de las dignidades. Ca a vno damos mil, a otro çiento, e a otro diez, e con todo son estos eguales. (ff. 49v-50r).

Page 177: n.2
Capitulo octavo prueua que la feliçidad o bienauenturança sea en la meior parte de los hombres siquiere sea aquella entendimiento siquier sea alguna diuinidad que sea en nosotros, basta que ella sta collocada en la parte que es mas exçellente. E aquesta prueua ser la intellectual por algunas conditiones que hauemos dicho de la feliçidad, e todos concuerdan en esto. Primeramente porque la parte intellectual es mas noble sin comparation que qualquiere otra parte de las sensuales e corporales. E en esto no cale prueua como ella de ser e perfection e mouimiento a las otras partes ya dichas. Segundo porque ella es continua ca no çessa sino por acçidente, lo qual conteçe por falta o fatiga de la ymagination que es fincada en el organo corporal, e podemos continuamente specular mas que fazer otra operation alguna. Terçero porque ella es mas delectable que todas. Ca la sabiduria sola tiene por si marauillosos deleytes por la çiertidumbre e puridad suya e de todos otros deleytes es por el contrario ca son viles e de poca turada, cuya razon es que las cosas corporales se comunican todas junctamente e las intellectuales siempre son mas nueuas e ser por si suffiçiente mas conuiene a la parte intellectiua que a las otras. Ca los iustos e liberales e fuertes o magnificos todos han menester ayudadores para obrar, mas esta sola por si misma speculara, e tanto meior quanto mas sçiente fuerte, ahunque ella es tanto meior quanto tiene companya semejante. Empero, quando le falleçe ella por si misma es a bastante e suffiçiente. E dize mas que esta sola tiene oçio virtuoso e reposo final. E de todas las otras virtudes practicas es por el contrario. Ca çierto es que las cosas de la guerra, las quales consisten en operation, no se dessean para si mismas, ca no hai hombre que dessee matar por ser matador, ca entonçes seria el tal homiçida e matador voluntario, mas desseanse las tales cosas por alcançar reposo e paz, e assi de las actiones e conuersationes politicas, ca ninguno las dessea por trabaiar siempre, mas por folgar algun tiempo. E la feliçidad speculatiua assi como causa final no demanda ni quiere otra cosa sino por si misma, la qual es delectable. (ff. 111v-112r)

Page 203: n.2
Pone Aristotiles otras çinquo maneras de fortaleza. La primera es la politica, en la qual dize que muchos por las honras e vituperios que se siguen en las çiudades a los que se han valiente o couardemente en las peleas deliberan ante morir que suffrir vergüença. E dize que Hector era de esta suerte, el qual dezia: "¿Que dira Polimidas de mi?" El qual Polimidas era capitan de los griegos, e despues fue Agamenon. E dize otrosi, que Dyomedes era tal que dezia: "¿Que dira Hector de mi quando se fallara entre los troianos que fuy del ante morir que fuyrle?" E dize que esta fortaleza es muy semeiante a la verdadera fortaleza ca esta se faze por la vergüença e honra. Empero dize que no son de todo semeiantes, ca muchos destos son fuertes e valientes alli donde son

conoçidos que serian quiça couardes donde no lo fuessen. (f° 36v)

Page 460: n.1
 El fabricador de la ley deue saber e coniecturar las dispositiones e qualidades de aquellos a quien se da tal ley, assi como en la mediçina el phisico bueno ha de saber la disposition, qualidad e complexion de los dolientes que conuiene mucho por dar la mediçina. (117rv)

Bibliography

Manuscripts and Incunables

Aristotle, *Compendio breue de los X libros de la Ethica de Aristotil*, trans. Alfonso de la Torre (Zaragoza: Juan Hurus, 1489).

Biblia latina cum Glossis Ordinariis et Postillis Nicolai de Lyra, 6 vols. (Basel: Johann Froben and Johann Petri, c. 1498).

Bouvet, Honoré, *Arbol de batallas*, trans. Antón de Zorita, Madrid, Biblioteca Nacional, MS 10203.

Cartagena, Alfonso de, *Breue copilaçion de algunos dichos de Seneca*, Madrid, Biblioteca Nacional, MS 6962, ff. 123r-219r.

———, *Dichos de Seneca en el fecho de la caualleria*, Madrid, Palacio Real, MS II / 1842, ff. 256r-262v.

———, *Doctrinal de los caualleros*, Copenhagen, Det Kongelige Bibliotek, MS Gaml. Kongl. Saml. 2219.

———, *Doctrinal de los caualleros*, Escorial, Biblioteca de San Lorenzo de El Escorial, MS h-III-4.

———, *Doctrinal de los caualleros*, Madrid, Biblioteca Nacional, MS 27.

———, *Doctrinal de los caualleros*, Madrid, Biblioteca Nacional, MS 6607.

———, *Doctrinal de los caualleros*, Madrid, Biblioteca Nacional, MS 6609.

———, *Doctrinal de los caualleros*, Madrid, Biblioteca Nacional, MS 7345.

———, *Doctrinal de los caualleros*, Madrid, Biblioteca Nacional, MS 7365.

———, *Doctrinal de los caualleros*, Madrid, Biblioteca Nacional, MS 10107.

———, *Doctrinal de los caualleros*, Madrid, Biblioteca Nacional, MS 12743.

———, *Doctrinal de los caualleros*, Madrid, Biblioteca Nacional, MS 12796.

———, *Doctrinal de los caualleros*, Madrid, Biblioteca Nacional, MS 18061.

———, *Doctrinal de los caualleros*, Madrid, Fundación Lázaro Galdiano, MS 474.

———, *Doctrinal de los caualleros*, Madrid, Palacio Real, MS 727.

———, *Doctrinal de los caualleros*, Madrid, Palacio Real, MS 758.

———, *Doctrinal de los caualleros*, Madrid, Palacio Real, MS 1272.

———, *Doctrinal de los caualleros*, Madrid, Palacio Real, MS 1305.

———, *Doctrinal de los caualleros*, Madrid, Palacio Real, MS 2906.

———, *Doctrinal de los caualleros*, Madrid, Real Academia de la Historia, MS 9 / 712.

———, *Doctrinal de los caualleros*, Oxford, Bodleian Library, MS 597.

———, *Doctrinal de los caualleros*, Salamanca, Biblioteca Universitaria, MS 1767.

———, *Doctrinal de los caualleros*, Seville, Biblioteca Colombina, MS 7-5-29.

———, *Doctrinal de los caualleros* (Burgos: Friedrich Biel, 1487).

———, *Doctrina e instruçion de la arte de caualleria* (Burgos: Juan de Burgos, 1497).

———, *Historia original del obispo de Cartagena*, Madrid, Biblioteca Nacional, MS 815.

Leyes del Rey D. Alfonso el XI, Madrid, Biblioteca Nacional, MS 5784.
Libro de Valerio Maximo, Madrid, Biblioteca Nacional, MS 2208.
Libro de Vegeçio de rre militare, Madrid, Biblioteca Nacional, MS 10445, ff. 140r-142v.
Lucano en romançe, Madrid, Biblioteca Nacional, MS 10805.
Lyra, Nicolás de, *Postilla o declaraçion sobre los cuatro libros de los Reyes*, Madrid, Biblioteca Nacional, MS 10285, ff. 188r-324r.
Seneca, *Libro de prouidençia*, trans. Alfonso de Cartagena, Madrid, Palacio Real, MS II / 1842, ff. 53r-109r.

Published Primary Sources

Adalbéron of Laon, *Carmen ad Rotbertum regem*, ed. Claude Carozzi (Paris: Société d'Édition "Les Belles Lettres," 1979).
Æschines, *The Speeches of Æschines*, ed. Charles Darwin Adams (Cambridge, MA: Harvard University Press, 1958).
Alfonso X, *Fuero Real*, ed. Gonzalo Martínez Díez (Avila: Fundación Sánchez Albornoz, 1988).
―――, *Las Siete Partidas*, in *Códigos Españoles*, vols. 2-5 (Madrid: Rivadeneyra, 1848).
―――, *Opúsculos legales del rey don Alfonso el Sabio*, 2 vols. (Madrid: Real Academia de la Historia, 1836).
Aquinas, Saint Thomas, *Summa Theologiæ*, 51 vols. (Blackfriars: McGraw-Hill, 1963-1969).
Aristotle, *Nicomachean Ethics*, ed. H. Rackham (Cambridge, MA: Harvard University Press, 1990).
―――, *'Art' of Rhetoric*, ed. J. H. Freese (Cambridge, MA: Harvard University Press, 1982).
―――, *Politics*, ed. H. Rackham (Cambridge, MA: Harvard University Press, 1990).
―――, *The Organon*, ed. Harold P. Cooke (Cambridge, MA: Harvard University Press, 1938).
Augustine, Saint, *De Civitate Dei*, 2 vols., ed. B. Dombart (Leipzig: B. G. Teubner, 1877).
―――, *De Vera Religione Liber Vnvs*, ed. K.-D. Daur, *Corpus Christianorum Series Latina*, 32 (Turnholti: Typographi Brepols Editores Pontificii, 1962).
Bonaventura, Saint, *Breviloquium*, ed. Trophime Mouirem (Paris: Éditions Franciscaines, 1967).
Bouvet, Honoré, *L'Arbre des batailles*, ed. Ernest Nys (Brussels and Leipzig: C. Muquardt, 1883).
Carrión Pardo, Juan de, *Tratado cómo se deven formar los quatro escuadrones en que milita Nuestra nación Española* (Lisbon: Antonio Álvarez, 1595).
Cartagena, Alfonso de, *Allegationes factas per reuerendum patrem dominum alfonsum de Cartaiena Episcopum burgensem in consillio bassilensi super conquesta Jnsularum Canarie contra Portugalensses Anno domini M. CCCC. tricessimo 5°*, in *Descobrimentos portugueses*, 2 vols., ed. João Martins da Silva Marques (Lisbon: Ediçao do Instituto para a alta cultura, 1944), I, 291-346.
―――, *Alonso de Cartagena y el Defensorium Unitatis Christianæ*, trans. Guillermo Verdín Díaz (Oviedo: Universidad de Oviedo, 1989).

———, *Defensorium Unitatis Christianæ*, ed. P. Manuel Alonso (Madrid: CSIC, 1943).

———, "Discurso pronunciado por D. Alfonso de Cartagena en el Concilio de Basilea acerca del derecho de precedencia del Rey de Castilla sobre el Rey de Inglaterra," *La Ciudad de Dios* 35 (1894): 122-129, 211-217, 337-353, 523-542.

———, *El "Oracional" de Alonso de Cartagena. Edición crítica*, ed. Silvia González-Quevedo Alonso (Valencia: Albatros Hispanófila, 1983).

———, *La "Anacephaleosis" de Alonso de Cartagena: edición, traducción, estudio*, ed. Yolanda Espinosa Fernández (Madrid: Universidad Complutense, 1989).

———, *La rethorica de M. Tullio Ciceron*, ed. Rosalba Mascagna, Romanica Neapolitana, 2 (Naples: Liguori, 1969).

———, *Texto y Concordancias del "De Officiis de Cicerón." Traducción castellana por Alonso de Cartagena. MS. 7815, Biblioteca Nacional de Madrid*, ed. María Morrás (Madison, WI: Hispanic Seminary of Medieval Studies, 1989).

———, *Un tratado de Alonso de Cartagena sobre la educación y los estudios literarios*, ed. Jeremy N. H. Lawrance (Barcelona: Universidad Autónoma de Barcelona, 1979).

Caxton, William, *The Book of the Ordre of Chyualry*, ed. Alfred T. P. Byles, Early English Text Society, 168 (Oxford: Oxford University Press, 1926).

———, *The Book of Fayttes of Armes and of Chyualrye*, ed. Alfred T. P. Byles, Early English Text Society, 189 (Oxford: Oxford University Press, 1932).

Chacón, Fernando, *Tractado de cavallería de la gineta*, ed. facsímil (Madrid: Bibliófilos Madrileños, 1950).

Cicero, *De Amicitia*, ed. William A. Falconer (Cambridge, MA: Harvard University Press, 1954).

———, *De Officiis*, ed. Walter Miller (Cambridge, MA: Harvard University Press, 1961).

Cirot, Georges, "Une chronique latine inédite des rois de Castille jusqu'en 1236. MS G. 1 de la Real Academia de la Historia," *Bulletin Hispanique* 14 (1912): 30-46, 109-118, 244-274, 353-374; 15 (1913): 18-37, 170-187, 268-283, 411-427.

Corpus Iuris Canonici, 2 vols., ed. Æmilius Friedberg (Leipzig: Graz, 1959).

Cortes de los antiguos reinos de León y de Castilla, 5 vols. (Madrid: Real Academia de la Historia, 1861).

Covarrubias Horozco, Sebastián de, *Teatro universal de proverbios*, ed. José Luis Alonso Hernández (Salamanca-Groningen: Universidad de Salamanca, 1986).

Crónica de Alfonso décimo, in *Crónicas de los reyes de Castilla*, I, ed. Cayetano Rosell, Biblioteca de Autores Españoles, 66 (Madrid: Rivadeneira, 1953), 1-66.

Crónica de Don Álvaro de Luna, ed. Juan de Mata Carriazo (Madrid: Espasa-Calpe, 1940).

Crónica de los señores Reyes Católicos Don Fernando y Doña Isabel de Castilla y de Aragón, in *Crónicas de los reyes de Castilla*, III, ed. Cayetano Rosell, Biblioteca de Autores Españoles, 70 (Madrid: Rivadeneira, 1953), 223-511.

Crónica del halconero de Juan II, ed. Juan de Mata Carriazo (Madrid: Espasa-Calpe, 1946).

Crónicas del Gran Capitán, ed. Antonio Rodríguez Villa, Nueva Biblioteca de Autores Españoles, 10 (Madrid: Bailly Baillière, 1908).

Darnet, Ana Julia, "Un diálogo de Luciano romanceado en el siglo XV," *Cuadernos. Facultad de Filosofía y Letras de la Universidad de Buenos Aires* 1. 4 (1925): 143-159.

Daumet, Georges, "L'Ordre castillan de l'Écharpe (Banda)," *Bulletin Hispanique* 25 (1923): 5-32.

Fernández Pousa, Ramón, *"Libro que fizo Séneca a su amigo Galión contra las adversidades de la fortuna." Versión inédita de Alonso de Cartagena según el MS. 607 de la Biblioteca Universitaria de Salamanca* (Escorial: Ediciones Escorial, 1943).

Florus, Lucius Annæus, *Epitomæ de Tito Livio Bellorum Omnium Annorum DCC Libri II*, ed. Edward Seymour Forster (Cambridge, MA: Harvard University Press, 1960).

Frontinus, Sextus Julius, *Strategemata*, ed. Mary B. McElwain (Cambridge, MA: Harvard University Press, 1980).

Fuero Juzgo en latín y castellano (Madrid: Ibarra, 1815).

Giles of Rome, *De Regimine principum libri III* (Frankfurt: Minerva GMBH, 1968).

Glosa Castellana al "Regimiento de Príncipes" de Egidio Romano, 3 vols., ed. Juan Beneyto Pérez (Madrid: Instituto de Estudios Políticos, 1947).

Gómez Moreno, Ángel, "La Qüestión del Marqués de Santillana a Don Alfonso de Cartagena," *El Crotalón* 2 (1985): 335-363.

———, ed. Marqués de Santillana, *Obras completas* (Barcelona: Planeta, 1988).

Gratian, *Decretum*, in *Corpus Iuris Canonici*, vol. I, ed. Æmilius Friedberg (Leipzig: Graz, 1959).

Gregory I, *Registrum Epistolarum*, 2 vols., ed. Dag Norberg, *Corpus Christianorum Series Latina*, 140 (Turnholti: Typographi Brepols Editores Pontificii, 1982).

Hinojosa, Gonzalo de la, *Crónica de España*, in *Colección de Documentos Inéditos para la Historia de España*, 105-6 (Madrid: Imprenta de José Perales y Martínez, 1893).

Isidore, Saint, *Etymologiæ*, 2 vols., ed. José Oroz Reta, Manuel-A. Marcos Casquero, Manuel C. Díaz y Díaz (Madrid: Biblioteca de Autores Cristianos, 1982).

Jerome, Saint, *Lettres*, 10 vols., ed. Jérôme Labourt (Paris: Société d'Édition "Les Belles Lettres," 1949-1963).

Jiménez de Rada, Rodrigo, *Historia de rebus Hispaniæ sive Historia Gothica*, ed. Juan Fernández Valverde, *Corpus Christianorum Continuatio Mediævalis*, 72 (Turnholti: Typographi Brepols Editores Pontificii, 1987).

Juan Manuel, *Libro del cauallero et del escudero*, in *Obras completas*, ed. José Manuel Blecua (Madrid: Gredos, 1982), I, 35-116.

———, *Libro de los Estados*, ed. R. B. Tate and I. R. MacPherson (Oxford: Clarendon Press, 1974).

Justinian, *Digest*, 4 vols., ed. Theodor Mommsen, Paul Krueger, Alan Watson (Philadelphia: University of Pennsylvania Press, 1985).

———, *Institutes*, ed. Peter Birks and Grant McLeod (Ithaca: Cornell Univeristy Press, 1987).

Las Etimologías de San Isidoro Romanceadas, 2 vols., ed. Joaquín González Cuenca (Salamanca: CSIC, 1983).

Libro becerro de las behetrías. Estudio y texto crítico, 3 vols., ed. Gonzalo Martínez Díez (León: Caja de Ahorros y Monte de Piedad de León, 1981).

Libro de Alexandre, ed. Jesús Cañas Murillo (Madrid: Editora Nacional, 1978).

Livro da ensinança de bem cavalgar toda sela que fez El-Rey Dom Eduarte de Portugal e do Algarve e Senhor de Ceuta, ed. Joseph M. Piel (Lisbon: Livraria Bertrand, 1944).

Livy, *Annals*, 14 vols., ed. B. O. Foster, E. T. Sage, A. C. Schlesinger, R. M. Geer (Cambridge, MA: Harvard University Press, 1940).

Llull, Ramón, *Llibre de l'Orde de Cavalleria*, ed. Marina Gustà (Barcelona: Edicions 62, 1981).

López de Gómara, Francisco, *Annales del Emperador Carlos Quinto*, ed. Roger Bigelow Merriman (Oxford: Clarendon Press, 1912).

Lucena, Juan de, *Libro de Vida beata*, in *Opúsculos literarios de los siglos XIV a XVI*, ed. Antonio Paz y Meliá (Madrid: M. Tello, 1892), 105-205.

Maldonado, Alonso de, *Hechos de Don Alonso de Monroy, clavero y maestre de la Orden de Alcántara*, in *Memorial Histórico Español: Colección de Documentos, Opúsculos y Antigüedades*, 4 (Madrid: Real Academia de la Historia, 1853), 1-110.

Manrique, Gómez, *Cancionero*, 2 vols., ed. Antonio Paz y Meliá (Madrid: Pérez Dubrull, 1886).

Martínez de Toledo, Alfonso, *Arçipreste de Talavera, o Corbacho*, ed. Joaquín González Muela (Madrid: Castalia, 1984).

Muntaner, Ramon, *Crònica*, 9 vols., ed. E. B. (Barcelona: Barcino, 1927).

Obras del Marqués de Santillana, ed. José Amador de los Ríos (Madrid: José Rodríguez, 1852).

Ockham, William of, *Opera Philosophica et Theologica*, 10 vols., ed. Gedeon Gál and Stephano Brown (St. Bonaventure, N. Y.: University of St. Bonaventure, 1967).

Padilla, Lorenzo de, *Crónica de Felipe I llamado el hermoso*, in *Colección de Documentos Inéditos para la Historia de España*, 8, ed. Miguel Salvá and Pedro Sainz de Baranda (Madrid: Imprenta de la Viuda de Calero, 1846), 5-267.

Palencia, Alfonso de, *Crónica de Enrique IV*, ed. Antonio Paz y Meliá, Biblioteca de Autores Españoles, 257 (Madrid: Rivadeneira, 1973).

Patrologia Latina, 222 vols., ed. J. P. Migne (Paris: Vrayet, 1844-1864).

Penna, Mario, ed. *Prosistas castellanos del siglo XV*, Biblioteca de Autores Españoles, 116 (Madrid: Rivadeneira, 1959).

Pérez de Guzmán, Fernán, *Crónica del serenissimo rey Don Iuan Segundo deste nombre* (Pamplona: Thomas Porralis, 1591).

———, *Generaciones y Semblanzas*, ed. Robert Brian Tate (London: Tamesis, 1965).

Pérez Galdós, Benito, *Cánovas* (Madrid: Alianza, 1980).

Piccolomini, Æneas Sylvius (Pius II), *De Gestis Concilii Basiliensis Commentariorum Libri II*, ed. Denys Hay and W. K. Smith (Oxford: Clarendon Press, 1967).

Pliny, *Natural History*, 10 vols., ed. H. Rackham, W. H. S. Jones, D. E. Eichholz (Cambridge, MA: Harvard University Press, 1961).

Plutarch, *Lives*, 11 vols., ed. Bernadotte Perrin (London: Heinemann, 1928).

Poetæ Latini Minores, ed. Nicolas Eloi Lemaire (Paris: Lemaire, 1824).

Primera Crónica General, 2 vols., ed. Ramón Menéndez Pidal (Madrid: Gredos, 1955).

[Pseudo-Aristotle], *Poridat de las poridades*, ed. Lloyd Kasten (Madison, WI: Hispanic Seminary of Medieval Studies, 1957).

Pulgar, Fernando del, *Claros varones de Castilla*, ed. Robert Brian Tate (Oxford: Clarendon Press, 1971).

Quaglioni, Diego, *Politica e diritto nel trecento italiano: il "De tyrano" Di Bartolo da Sassoferrato (1314-1357). Con l'edizione critica dei trattati "De Guelphis et Gebellinis," "De regimine civitatis" e "De tyranno"* (Città di Castello: Leo S. Olschki, 1983).
Quixada de Reayo, Juan, *Doctrina del arte de la cauallería* (Medina del Campo: Pedro de Castro, 1548).
Rodríguez de Lena, Pero, *El passo honroso de Suero de Quiñones*, ed. Amancio Labandeira Fernández (Madrid: Fundación Universitaria Española, 1977).
Sachs, Georg, ed. *El libro de los caballos. Tratado de albeitería del siglo XIII*, Revista de Filología Española, Anejo 23 (Madrid: C. Bermejo, 1936).
Sandoval, Fray Prudencio de, *Historia de la vida y hechos del Emperador Carlos V*, 3 vols., ed. Carlos Seco Serrano, Biblioteca de Autores Españoles, 80-82 (Madrid: Rivadeneira, 1955).
Santa Cruz, Alonso de, *Crónica del emperador Carlos V*, 5 vols., ed. Ricardo Beltrán y Rózpide and Antonio Blázquez y Delgado Aguilera (Madrid: Imprenta del Patronato de Huérfanos de Intendencia e Intervención Militar, 1920-1925).
Scarión de Pavia, Bartolomé, *Doctrina militar* (Lisbon: Pedro Crasbeeck, 1598).
Sconza, M. Jean, *History and literature in fifteenth-century Spain: An edition and study of Pablo de Santa María's "Siete edades del mundo"* (Madison, WI: Hispanic Seminary of Medieval Studies, 1991).
Seneca, *Ad Lucilium Epistulæ Morales*, 3 vols., ed. Richard H. Gummere (Cambridge, MA: Harvard University Press, 1962).
———, *Moral Essays*, 3 vols., ed. John W. Basore (Cambridge, MA: Harvard University Press, 1965).
Spanish Ballads, ed. C. Colin Smith (Oxford: Pergamon, 1969).
Stuart, Bérault, *Traité sur l'art de la guerre*, ed. E. de Comminges (The Hague: Nijhoff, 1976).
Torre, Lucas de, "Enrique de Villena. *El libro de la guerra*," Revue Hispanique 38 (1916): 497-531.
Tractats de cavalleria, ed. Pere Bohigas Balager (Barcelona: Barcino, 1947).
Túy, Lucas de, *Crónica de España*, ed. Julio Puyol (Madrid: Tip. de la Revista de Archivos, Bibliotecas y Museos, 1926).
Valerius Maximus, *Factorum Dictorumque Memorabilium Libri Novem*, 3 vols., ed. Joannis Kapii (London: A. J. Valpy, 1823).
Vegetius Renatus, Flavius, *Epitoma Rei Militaris*, ed. Leo F. Stelten (New York: Peter Lang, 1990).
Villanueva, Lorenzo Tadeo, "Memoria sobre la orden de caballería de la Banda de Castilla," *Boletín de la Real Academia de la Historia* 72 (1918): 436-465.
Villena, Enrique de, *Los doze trabajos de Hércules*, ed. Margherita Morreale (Madrid: Real Academia Española, 1958).
Viña Liste, José María, *Textos medievales de caballerías* (Madrid: Cátedra, 1993).
Zapata, Luis, *Miscelánea*, in *Memorial Histórico Español: Colección de Documentos, Opúsculos y Antigüedades*, 11 (Madrid: Real Academia Española, 1859).

Secondary Sources: Books

Allmand, Christopher, *The Hundred Years War. England and France at War, c. 1300-c.1450* (Cambridge: Cambridge University Press, 1989).

Amador de los Ríos, José, *Historia crítica de la literatura española*, 6 vols. (Madrid: José Fernández Cancela, 1861-1865).

Antonio, Nicolás, *Bibliotheca Hispana Vetus*, 2 vols. (Madrid: Joaquín Ibarra, 1788).

Bainton, Roland H., *Christian Attitudes toward War and Peace. A Historical Survey and Critical Re-evaluation* (New York: Abingdon Press, 1960).

Baldwin, John W., *Masters, Princes and Merchants. The Social Views of Peter the Chanter and his Circle*, 2 vols. (Princeton: Princeton University Press, 1970).

Bayley, Charles C, *War and Society in Renaissance Florence: The "De Militia" of Leonardo Bruni* (Toronto: University of Toronto Press, 1961).

Beer, Rudolf, *Handschriftenschätze Spaniens* (Amsterdam: Gérard Th. Van Heusden, 1970).

Benson, Larry D., and John Leyerle, ed. *Chivalric Literature: Essays on Relations between Literature and Life in the Later Middle Ages* (Kalamazoo: Medieval Institute Publications, 1985).

Bloch, Marc, *Feudal Society*, 2 vols., trans. L. A. Manyon (Chicago: University of Chicago Press, 1961).

Blüher, Karl Alfred, *Séneca en España. Investigaciones sobre la recepción de Séneca en España desde el siglo XIII hasta el siglo XVII*, trans. Juan Conde (Madrid: Gredos, 1983).

Bofarull y Sans, Francisco de Asis de, *Los animales en las marcas del papel* (Villanueva y Geltrú: Oliva, 1910).

Boulton, D'Arcy Jonathan Dacre, *The Knights of the Crown: The Monarchical Orders of Knighthood in Later Medieval Europe, 1325-1520* (New York: St. Martin's Press, 1987).

Briquet, Charles Moïse, *Les filigranes. Dictionnaire Historique des marques du papier dès leur apparition vers 1282 jusqu'en 1600*, 4 vols., ed. Allan Stevenson (Amsterdam: The Paper Publications Society, 1968).

Brundage, James A., *Medieval Canon Law and the Crusader* (Madison, WI: University of Wisconsin Press, 1969).

Cantera Burgos, Francisco, *Alvar García de Santa María y su familia de conversos: historia de la Judería de Burgos y de sus conversos más egregios* (Madrid: Instituto Arias Montano, 1952).

Chaytor, H. J., *From Script to Print. An Introduction to Medieval Vernacular Literature* (London: Sidgwick and Jackson, 1966; first publ. 1945).

Chodorow, Stanley, *Christian Political Theory and Church Politics in the Mid-Twelfth Century. The Ecclesiology of Gratian's Decretum* (Berkeley: University of California Press, 1972).

Contamine, Philippe, *War in the Middle Ages*, trans. Michael Jones (New York: Blackwell, 1984).

Cooper, Edward, *Castillos Señoriales en la Corona de Castilla*, 3 vols. (Salamanca: Junta de Castilla y León, 1991).

Curtius, Ernst Robert, *European Literature and the Latin Middle Ages*, trans. Willard R. Trask (London: Routledge and Kegan Paul, 1979).
Davis, R. H. C., *The Medieval Warhorse. Origin, Development and Redevelopment* (London: Thames and Hudson, 1989).
DeVries, Kelly, *Medieval Military Technology* (Ontario: Broadview Press, 1992).
Di Camillo, Ottavio, *El humanismo castellano del siglo XV* (Valencia: J. Doménech, 1976).
Diccionario de Autoridades, ed. facsímil (Madrid: Gredos, 1964).
Domínguez Bordona, Jesús, *Manuscritos con pinturas*, 2 vols. (Madrid: Centro de Estudios Históricos, 1933).
Duby, Georges, *Guillaume le Maréshal, ou le meilleur chevalier du monde* (Paris: Fayard, 1984).
———, *The Chivalrous Society*, trans. Cynthia Postan (Berkeley: University of California Press, 1980).
Eisenberg, Daniel, *Romances of Chivalry in the Spanish Golden Age* (Newark, Delaware: Juan de la Cuesta, 1982).
Faulhaber, Charles B., *Bibliography of Old Spanish Texts* (Madison, WI: Hispanic Seminary of Medieval Studies, 1984).
Ferguson, Arthur, *The Indian Summer of English Chivalry: Studies in the Decline and Transformation of Chivalric Idealism* (Durham, N. C.: Duke University Press, 1960).
Fernández Llera, Víctor, *Gramática y vocabulario del "Fuero Juzgo"* (Madrid: Real Academia Española, 1929).
Fothergill-Payne, Louise, *Seneca and "Celestina"* (Cambridge: Cambridge University Press, 1988).
Gallardo, Bartolomé José, *Ensayo de una biblioteca española de libros raros y curiosos* (Madrid: Rivadeneyra, 1863-1866; M. Tello, 1888-1889).
González, Julio, *El maestre Juan de Segovia y su biblioteca* (Madrid: CSIC, 1944).
Grassotti, Hilda, *Las instituciones feudo-vasalláticas en León y Castilla*, 2 vols. (Spoleto: Centro italiano di studi sull'alto medioevo, 1969).
Haebler, Konrad, *Bibliografía ibérica del siglo XV. Enumeración de todos los libros impresos en España y Portugal hasta el año de 1500*, 2 vols. (The Hague: Nijhoff, 1903).
———, *Der Westeuropäische Wiegendruck in originaltypenbeispielen* (Munich: Weiss and Co., 1928).
———, *The Early Printers of Spain and Portugal*, Bibliographical Society Monographs, 4 (London: Chiswick Press, 1897).
Hain, Ludwig Friedrich Theodor, *Repertorium bibliographicum, in quo libri omnes ab arte typographica inventa usque ad annum MD*, 4 vols. (Stuttgart: J. G. Gotta, 1826-1838).
Huizinga, Johan, *The Waning of the Middle Ages* (New York: Doubleday Anchor, 1954; first publ. 1924).
Kantorowicz, Ernst H., *The King's Two Bodies. A Study in Medieval Political Theology* (Princeton: Princeton University Press, 1957).
Keen, Maurice, *Chivalry* (New Haven: Yale University Press, 1984).
———, *The Laws of War in the Late Middle Ages* (London: Routledge and Kegan Paul, 1965).

Kiernan, V. G., *The Duel in European History* (Oxford: Oxford University Press, 1988).

Kilgour, Raymond, *The Decline of Chivalry as Shown in the French Literature of the Late Middle Ages* (Cambridge: Harvard University Press, 1937).

Lida de Malkiel, María Rosa, *La tradición clásica en España* (Barcelona: Ariel, 1975).

Linehan, Peter, *History and Historians of Medieval Spain* (Oxford: Clarendon Press, 1993).

Llacayo y Santa María, Augusto, *Antiguos manuscritos de historia, ciencia y arte militar, medicina y literarios existentes en la biblioteca del monasterio de San Lorenzo del Escorial* (Seville: Francisco Álvarez, 1878).

López de Haro, Alonso, *Nobiliario Genealógico de los Reyes y Títulos de España*, 2 vols. (Madrid: Luis Sánchez, 1622).

Madan, Falconer, and H. H. E. Craster, *A Summary Catalogue of Western Manuscripts in the Bodleian Library at Oxford: Seventeenth Century*, 2 vols. (Oxford: Clarendon Press, 1922).

Maravall, José Antonio, *El concepto de España en la Edad Media* (Madrid: Instituto de Estudios Políticos, 1964).

Martínez Añíbarro y Rives, Manuel, *Intento de un diccionario biográfico y bibliográfico de autores de la provincia de Burgos* (Madrid: Manuel Tello, 1889).

Méndez, Francisco, *Tipografía española, o Historia de la introducción, propagación y progresos del arte de la imprenta en España* (Madrid: Imprenta de las Escuelas Pías, 1861).

Menéndez y Pelayo, Marcelino, *Bibliografía hispano-latina clásica, II*, ed. Enrique Sánchez Reyes, Edición Nacional de las obras completas de Menéndez y Pelayo, 45 (Santander: Aldus, 1951).

Pounds, N. J. G., *The Medieval Castle in England and Wales: A Social and Political History* (Cambridge: Cambridge University Press, 1990).

Powers, James F., *A Society Organized for War. The Iberian Municipal Militias in the Central Middle Ages, 1000-1284* (Berkeley: University of California Press, 1988).

Pryor, John H., *Geography, Technology and War. Studies in the Maritime History of the Mediterranean, 649-1571* (Cambridge: Cambridge University Press, 1988).

Rico, Francisco, *El pequeño mundo del hombre. Varia fortuna de una idea en la cultura española* (Madrid: Alianza, 1988).

Ríquer, Martín de, *Caballeros andantes españoles* (Madrid: Espasa-Calpe, 1967).

———, *Cavalleria fra Realtà e Letteratura nel Quattrocento* (Bari: Adriatica Editrice, 1970).

Rodgers, William L., *Naval Warfare Under Oars, 4th to 16th Centuries. A Study of Strategy, Tactics and Ship Design* (Annapolis: U. S. Naval Academy, 1967).

Rodríguez de Castro, Joseph, *Biblioteca española*, 2 vols. (Madrid: Imprenta Real de la Gazeta, 1781).

Round, Nicholas G., *The Greatest Man Uncrowned: A study of the fall of Don Álvaro de Luna* (London: Tamesis, 1986).

Russell, Frederick H., *The Just War in the Middle Ages* (Cambridge: Cambridge University Press, 1975).

Salvá y Mallén, Pedro, *Catálogo de la biblioteca de Salvá*, 2 vols. (Valencia: Imprenta de Ferrer de Orga, 1872).

Sánchez Cantón, Francisco Javier, *La biblioteca del Marqués del Cenete, iniciada por el Cardenal Mendoza (1470-1523)* (Madrid: Consejo Superior de Investigaciones Científicas, 1942).

———, *Libros, tápices y cuadros que coleccionó Isabel la Católica* (Madrid: CSIC, 1950).

Schiff, Mario, *La bibliothèque du Marquis de Santillane*, Bibliothèque de l'École des Hautes Études, 153 (Paris: Emile Bouillon, 1905).

Seigel, Jerrold E., *Rhetoric and Philosophy in Renaissance Humanism. The Union of Eloquence and Wisdom, Petrarch to Valla* (Princeton: Princeton University Press, 1968).

Serrano, Luciano, *Los conversos D. Pablo de Santa María y D. Alfonso de Cartagena* (Madrid: CSIC, 1942).

Simón Díaz, José, *Bibliografía de la literatura hispánica*, 2nd. ed. (Madrid: CSIC, 1965).

Suárez Fernández, Luis, *Nobleza y Monarquía. Puntos de vista sobre la Historia política castellana del siglo XV*, Estudios y Documentos, Departamento de Historia Medieval, 15 (Valladolid: Universidad de Valladolid, 1975).

Valdeón Baruque, Julio, *Los conflictos sociales en el reino de Castilla en los siglos XIV y XV* (Madrid: Siglo XXI, S. A., 1986).

Vale, Malcolm, *War and Chivalry: Warfare and Aristocratic Culture in England, France and Burgundy at the End of the Middle Ages* (London: Duckworth, 1981).

Vals i Subirà, Oriol, *Paper and Watermarks in Catalonia*, 2 vols. (Amsterdam: The Paper Publications Society, 1970).

Vanderjagt, Arie Johan, *"Qui sa vertu anoblist": The Concepts of "noblesse" and "chose publicque" in Burgundian Political Thought* (Groningen: Jean Miélot, 1981).

Vindel, Francisco, *El arte tipográfico en España durante el siglo XV*, 7 vols. (Madrid: Dirección General de Relaciones Culturales, 1951).

———, *Manual gráfico-descriptivo del bibliófilo hispano-americano (1475-1850)*, 7 vols. (Madrid: Góngora, 1930).

Windass, Stanley, *Christianity Versus Violence. A Social and Historical Study of War and Christianity* (London: Sheed and Ward, 1964).

Zarco Cuevas, Juan, *Catálogo de los manuscritos castellanos de la Biblioteca de El Escorial*, 3 vols. (Madrid: Imprenta Helénica, 1924).

Secondary Sources: Articles

Alonso, Álvaro, "Cristianismo y epicureísmo: Fray Alonso de Cartagena y el *Libro de la vida bienaventurada*," *Dicenda. Cuadernos de Filología Hispánica* 3 (1984): 191-197.

Álvar, Carlos, "Traducciones francesas en el siglo XV: el caso del *Árbol de batallas* de Honoré Bouvet," *Miscellanea di Studi in onore di Aurelio Roncaglia a cinquant'anni dalla sua laurea* (Modena: Mucchi, 1989). 25-34.

Andrés, Gregorio de, "Historia de dos colecciones de códices," *Hispania Sacra* 23 (1970): 459-470.

———, "Historia de un fondo griego de la Biblioteca Nacional de Madrid," *Revista de Archivos, Bibliotecas y Museos* 77 (1974): 5-65.

———, "La biblioteca de un teólogo renacentista: Martín Pérez de Ayala," *Helmántica* 27.82 (1976): 91-111.

Anglo, Sydney, "How to Kill a Man at your Ease: Fencing Books and the Duelling Ethic," in *Chivalry in the Renaissance*, ed. Sydney Anglo (Woodbridge: Boydell Press, 1990), 1-12.

———, "How to Win at Tournaments: The Technique of Chivalric Combat," *Antiquaries Journal* 68. 2 (1988): 248-264.

———, "Jousting—the earliest treatises," *Livrustkammaren. Journal of the Royal Armoury* (1991-2): 3-23.

Antolín, Guillermo, "La librería de D. Pedro Ponce de León, obispo de Plasencia," *Revista de Archivos, Bibliotecas y Museos* 20 (1909): 370-400.

Astrana Marín, Luis, "Dos Antonios de Segura y la librería de Antonio de Sigura," *Vida ejemplar y heroica de Miguel de Cervantes Saavedra*, 7 vols. (Madrid: Reus, 1958), VII, 792-793.

Avenoza, Gemma, and Germán Orduna, "Registro de filigranas de papel en códices españoles," *Incipit* 11 (1991): 1-9.

Bataillon, Marcel, "La librería del estudiante Morlanes," *Homenaje a Don Agustín Millares Carlo*, 2 vols. (Madrid: Caja Insular de Ahorros de Gran Canaria, 1975), I, 329-347.

Battistessa, Angel G, "La biblioteca de un jurisconsulto toledano del siglo XV," *Revista de la Biblioteca, Archivo y Museo del Ayuntamiento de Madrid* 2 (1925): 342-351.

Beceiro Pita, Isabel, "Los libros que pertenecieron a los condes de Benavente, entre 1434 y 1530," *Hispania* 43 (1983): 237-280.

Beltrán de Heredia, Vicente, "La embajada de Castilla en el Concilio de Basilea y su discusión con los ingleses acerca de la precedencia," *Hispania Sacra* 10 (1957): 5-31.

Beneyto, Juan, "Índice y balance del decretismo español," *Studia Gratiana* 2 (1954): 541-563.

Birkenmajer, Alexander, "Der Streit des Alfonso von Cartagena mit Leonardo Bruni Aretino," *Beiträge zur Geschichte der Philosophie des Mittelalters* 20. 5 (1922): 129-236.

Bornstein, Diane, "Military Manuals in Fifteenth-Century England," *Medieval Studies* 37 (1975): 469-477.

Borsa, Mario, "Correspondence of Humphrey Duke of Gloucester and Pier Candido Decembrio," *English Historical Review* 19 (1904): 509-526.

Bosch, Siegfried, "Les partides i els textos catalans didàctics sobre cavalleria," *Homenatge a Antoni Rubió i Lluch. Estudis Universitaris Catalans* 22 (1936): 655-680.

Bravo García, Antonio, "Sobre las traducciones de Plutarco y de Quinto Curcio Rufo hechas por Pier Candido Decembrio y su fortuna en España," *Cuadernos de Filología Clásica* 12 (1977): 143-85.

Cabrera, Carlos, "Cartagena, traductor de Séneca. Aproximación al estudio del manuscrito escurialense N-ij-6," *Studia Zamorensia* 8 (1987): 7-25.

Cast, David, "Aurispa, Petrarch, and Lucian: An Aspect of Renaissance Translation," *Renaissance Quarterly* 27 (1974): 157-173.

Cátedra, Pedro-Manuel, "Sobre la biblioteca del Marqués de Santillana: La *Ilíada* y Pier Candido Decembrio," *Hispanic Review* 51 (1983): 23-28.

Contamine, Philippe, "The War Literature of the Late Middle Ages: The Treatises of Robert de Balsac and Béraud Stuart, Lord of Aubigny," *War, Literature and Politics in the Late Middle Ages. Essays in Honour of G. W. Coopland*, ed. C. T. Allmand (Liverpool: Liverpool University Press, 1976), 102-121.

Cook, Weston F. Jr., "The Cannon Conquest of Nasrid Spain and the End of the Reconquista," *Journal of Military History* 57. 1 (1993): 43-70.

Dehérain, Henri, "Fernand Colomb et sa bibliothèque," *Journal des Savants* 12 (1914): 342-351.

Di Camillo, Ottavio, "Humanism in Spain," *Renaissance Humanism: Foundation, Forms, and Legacy*, ed. Albert Rabil (Philadelphia: University of Pennsylvania Press, 1988), II, 55-108.

Dworkin, Steven N., "The Role of Near-Homonymy in Lexical Loss: The Demise of Old Spanish *laido*, 'ugly, repugnant,'" *La Corónica* 19. 1 (1990): 32-48.

Fallows, Noel, "Chivalric manuals in medieval Spain: The *Doctrinal de los cauallleros* (c. 1444) of Alfonso de Cartagena," *Journal of Medieval and Renaissance Studies* 24. 1 (1994): 53-87.

―――, "Just Say No? Alfonso de Cartagena, the *Doctrinal de los caballeros*, and Spain's Most Noble Pastime," *Studies on Medieval Spanish Literature in Honor of Charles F. Fraker*, ed. Mercedes Vaquero and Alan Deyermond (Madison, WI: Hispanic Seminary of Medieval Studies, 1995), 129-141.

―――, "'Nobility of Soul': A Rhetorical Commonplace in Cervantes' *La ilustre fregona*," *Romance Notes* 33 (1993): 305-312.

Faulhaber, Charles B., "Some Private and Semi-private Spanish Libraries: Travel Notes," *La Corónica* 4 (1976): 81-90.

Fernández Pomar, José M, "Libros y manuscritos procedentes de Plasencia. Historia de una colección," *Hispania Sacra* 18 (1965): 33-102.

Ferrari, Angel, "'Beneficium' y 'Behetría,'" *Boletín de la Real Academia de la Historia* 159 (1966): 11-87, 211-78.

Fink-Errera, G., "A Propos des bibliothèques d'Espagne. Tables de concordances," *Scriptorium* 13 (1959): 89-118.

García-Jalón, Santiago, "La noción de 'cuerpo místico' en Alonso de Cartagena," *Helmántica* 43 (1992): 409-414.

García y García, Antonio, "Los manuscritos del Decreto de Graciano en las bibliotecas y archivos de España," *Studia Gratiana* 8 (1962): 161-93.

Gillmor, Caroll, "Practical Chivalry: The Training of Horses for Tournaments and Warfare," *Studies in Medieval and Renaissance History*, New Series 13 (1992): 5-29.

Goffart, Walter, "The Date and Purpose of Vegetius' *De re militari*," *Traditio* 33 (1970): 65-100.

Gómez Moreno, Angel, "La caballería como tema en la literatura medieval española: tratados teóricos," *Homenaje a Pedro Sáinz Rodríguez* (Madrid: Fundación Universitaria Española, 1986), II, 311-323.

González de Palencia, Angel, and Eugenio Mele, "La biblioteca de Mendoza," *Vida y Obras de Don Diego Hurtado de Mendoza*, 3 vols. (Madrid: Instituto de Valencia de D. Juan, 1943), III, 481-572.

González-Quevedo Alonso, Silvia, "Alonso de Cartagena, una expresión de su tiempo," *Crítica Hispánica* 4.1 (1982): 1-20.

Grassotti, Hilda, "La ira regia en León y Castilla," *Cuadernos de Historia de España* 41-42 (1965): 5-135.

——, "Sobre la retenencia de castillos en la Castilla medieval," in *Estudios medievales españoles* (Madrid: Fundación Universitaria Española, 1981), 261-281.

Hartigan, Richard Shelley, "Saint Augustine on War and killing: the Problem of the Innocent," *Journal of the History of Ideas* 27 (1966): 195-204.

Hatto, A. T., "Archery and Chivalry: A Noble Prejudice," *Modern Language Review* 35 (1940): 40-54.

Högberg, P., "Notices et extraits des manuscrits espagnols de Copenhague," *Revue Hispanique* 46 (1919): 382-399.

Howard, Michael, "Can War be Controlled?" in *Just War Theory*, ed. Jean Bethke Elshtain (New York: New York University Press, 1992), 23-35.

Hubrecht, G., "La 'juste guerre' dans le Décret de Gratien," *Studia Gratiana* 3 (1955): 160-77.

Impey, Olga Tudorica, "Alfonso de Cartagena, traductor de Séneca y precursor del humanismo español," *Prohemio* 3 (1972): 473-494.

Johnston, Mark D., "Literacy, Spiritual Allegory, and Power: Llull's *Libre de l'Orde de Cavalleria*," *Catalan Review* 4. 1-2 (1990): 357-376.

Lacarra, José María, "En torno a la propagación de la voz 'hidalgo,'" *Homenaje a Don Agustín Millares Carlo* (Gran Canaria: Caja Insular de Ahorros de Gran Canaria, 1975), II, 43-53.

Ladero Quesada, Miguel Angel, and María Concepción Quintanilla Raso, "Bibliotecas de la alta nobleza castellana en el siglo XV," *Livre et lecture en Espagne et en France sous l'Ancien Régime: Colloque de la Casa de Velázquez* (Paris: ADPF, 1981), 47-62.

Lane, Frederic C., "The Crossbow in the Nautical Revolution of the Middle Ages," in *Economy, Society, and Government in Medieval Italy. Essays in Memory of Robert L. Reynolds*, ed. David Herlihy, R. S. Lopez, V. Slessarev (Kent, OH: Kent State University Press, 1969), 161-171.

Lawrance, Jeremy N. H., "Nueva luz sobre la biblioteca del conde de Haro: inventario de 1455," *El Crotalón* 1 (1984): 1073-1111.

——, "The Spread of Lay Literacy in Late Medieval Castile," *Bulletin of Hispanic Studies* 62 (1985): 79-94.

Lenihan, David A., "The Just War Theory in the Work of Saint Augustine," *Augustinian Studies* 19 (1988): 37-70.

Lewis, Archibald R, "The Islamic World and the Latin West, 1350-1500," *Speculum* 65 (1990): 833-844.

Lomax, Derek W., "The Lateran Reforms and Spanish Literature," *Iberoromania* 1 (1969): 299-313.

López Martínez, Nicolás, "La biblioteca de D. Luis de Acuña en 1496," *Hispania* 20 (1960): 81-110.

Marcos Rodríguez, F., "Los manuscritos pretridentinos hispanos de ciencias sagradas en la Biblioteca Universitaria de Salamanca," *Repertorio de Historia de las Ciencias Eclesiásticas en España* 2 (1971): 261-481.

Marín, Tomás, "La biblioteca del obispo Juan Bernal Díaz de Luco. Lista de autores y de obras," *Hispania Sacra* 7 (1954): 47-84.

Martínez Burgos, Matías, "Don Alonso de Cartagena, Obispo de Burgos. Su testamento," *Revista de Archivos, Bibliotecas y Museos* 63 (1957): 81-110.

Martínez Ruiz, Bernabé, "Notas sobre las creencias y supersticiones de los caballeros castellanos medievales," *Cuadernos de Historia de España* 3 (1945): 158-167.

Martínez Val, José María, "La batalla de Alarcos," *Cuadernos de Estudios Manchegos* 12 (1962): 89-128.

Millares Carlo, Agustín, "La biblioteca de Gonzalo Argote de Molina," *Revista de Filología Española* 10 (1923): 137-152.

Morel Fatio, Alfred, "Les deux *Omero* castillans," *Romania* 25 (1896): 111-129.

Nance, R. Morton, "The Ship of the Renaissance," *Mariner's Mirror* 41 (1955): 180-192, 281-298.

Newman, W. L., "The Correspondence of Humphrey, Duke of Gloucester, and Pier Candido Decembrio," *English Historical Review* 20 (1905): 484-496.

Pagden, A. R. D., "The Diffusion of Aristotle's Moral Philosophy in Spain, ca. 1400-ca. 1600," *Traditio* 31 (1975): 287-313.

Paterson, Linda M., "Military Surgery: Knights, Sergeants and Raimon of Avignon's Version of the *Chirurgia* of Roger of Salerno (1180-1209)," in *The Ideals and Practice of Medieval Knighthood, 2: Papers from the Third Strawberry Hill Conference*, ed. Christopher Harper-Bill and Ruth Harvey (Bury St. Edmunds: Boydell Press, 1986), 117-146.

Piemontese-Ramos, Luisa, "*Libre del Ordre de Cavayleria*: Fashion and Fiction," *Catalan Review* 4. 1-2 (1990): 347-355.

Porro, Nelly R., "¿Decadencia o cambio en la caballería? Un pacto esclarecedor de la Castilla bajomedieval," *Literature, Culture and Society of the Middle Ages: Studies in Honour of Ferran Valls i Taberner, 9: Interdisciplinary Studies in Honour of Ferran Valls i Taberner on the Occasion of the First Centenary of His Birth*, ed. Miguel Martínez López (Barcelona: Promociones Publicaciones Universitarias, 1989), 2741-2759.

Prévot, Brigitte, "Le Cheval malade: l'hippiatrie au XIIIème siècle," in *Le cheval dans le monde médiéval* (Aix-en-Provence: Centre Universitaire d'Etudes et de Recherches Médiévales d'Aix, 1992), 449-64.

Quintanilla Raso, María Concepción, "La biblioteca del marqués de Priego (1518)," *En la España Medieval: Estudios dedicados al profesor D. Julio González González* (Madrid: Universidad Complutense, 1980), I, 347-383.

Redondo, Agustín, "La bibliothèque de Don Francisco de Zúñiga, Guzmán y Sotomayor, troisième duc de Béjar (1500?-1544)," *Mélanges de la Casa de Velázquez* 3 (1967): 147-196.

Rodríguez Marín, Francisco, "La librería de Barahona," *Luis Barahona de Soto: estudio biográfico, bibliográfico y crítico*, 2 vols. (Madrid: Tip. de la Real Academia Española, 1903), II, 520-551.

Rodríguez Moñino, Agustín R., "La biblioteca de Benito Arias Montano. Noticias y documentos para su reconstitución (1548-1598)," *Revista del Centro de Estudios Extremeños* 2 (1928): 555-598.

Rothstein, Marian, "Etymology, Genealogy and the Immutability of Origins," *Renaissance Quarterly* 43. 2 (1990): 332-347.

Roubaud, Sylvia, "Les manuscrits du *Regimiento de príncipes* et l'*Amadís*," *Mélanges de la Casa de Velázquez* 5 (1969): 207-222.

Round, Nicholas G., "The Shadow of a Philosopher: Medieval Castilian Images of Plato," *Journal of Hispanic Philology* 3 (1978-79): 1-36.

Rubio, Fernando, "*De Regimine Principum*, de Egidio Romano, en la Literatura Castellana de la Edad Media," *La Ciudad de Dios* 173 (1960): 32-71.

———, "*De Regimine Principum*, de Egidio Romano, en la Literatura Castellana de la Edad Media, siglo XV," *La Ciudad de Dios* 174 (1961): 645-667.

Russell, P. E., and A. R. D. Pagden, "Nueva luz sobre una versión española cuatrocentista de la *Ética a Nicomaco*: Bodleian Library, MS *Span. D. 1*," *Homenaje a Guillermo Guastavino* (Madrid: Asociación Nacional de Bibliotecarios, Archiveros y Arqueólogos, 1974), 125-146.

Sánchez Cantón, Francisco Javier, "La librería de Velázquez," *Homenaje ofrecido a Menéndez Pidal*, 3 vols., (Madrid: Hernando, 1925), III, 379-406.

Sanchis Guarner, "L'ideal cavalleresc definit per Ramon Llull," *Estudios Lulianos* 2 (1958): 37-62.

Serrano y Sanz, Manuel, "Inventarios aragoneses de los siglos XIV y XV," *Boletín de la Real Academia Española* 2 (1915): 85-97.

———, "Libros manuscritos o de mano [de la biblioteca del conde de Gondomar]," *Revista de Archivos, Bibliotecas y Museos* 8 (1903): 65-68, 222-228, 295-300.

Shrader, Charles R., "A handlist of extant manuscripts containing the *De re militari* of Flavius Vegetius Renatus," *Scriptorium* 33 (1979): 280-305.

Simó, María Lourdes, "Los Conocimientos Heráldicos de Mosén Diego de Valera," *La Corónica* 22 (1993): 41-56.

Solalinde, Antonio G., "Las versiones españolas del *Roman de Troie*," *Revista de Filología Española* 3 (1916): 121-165.

Solenni, Gino V. M. de, "On the date of composition of Mosén Diego de Valera's *El doctrinal de príncipes*," *Romanic Review* 16 (1925): 87-88.

Suárez Fernández, Luis, "The Kingdom of Castile in the Fifteenth Century," *Spain in the Fifteenth Century, 1369-1516*, ed. John Roger Highfield (London: MacMillan, 1972), 80-113.

Tate, Robert Brian, "La *Anacephaleosis* de Alfonso García de Santa María, Obispo de Burgos, 1435-1456," *Ensayos sobre la historiografía peninsular del siglo XV* (Madrid: Gredos, 1970), 55-73.

Tellechea Idígoras, J. Ignacio, "La biblioteca del arzobispo Carranza," *Hispania Sacra* 16 (1963): 459-499.

Thompson, I. A. A., "*Hidalgo* and *pechero*: the language of "estates" and "classes" in early-modern Castile," in *Language, History and Class*, ed. Penelope J. Corfield (Oxford: Blackwell, 1991), 53-78.

Tubino, Francisco María, "El *Doctrinal de Caballeros*, por Don Alfonso de Cartagena, obispo de Burgos, diplomático, literato y poeta de la corte castellana de Don Juan II. Códice de la Biblioteca del Escorial. Estudio histórico-crítico," *Museo Español de Antigüedades* 10 (1880): 129-177.

Turner, E. Daymond, "Los libros del alcaide: la biblioteca de Gonzalo Fernández de Oviedo y Valdés," *Revista de Indias* 31.125-6 (1971): 139-198.

Unger, Richard W., "Warships and Cargo Ships in Medieval Europe," *Technology and Culture* 22 (1981): 233-252.

Valle Lersundi, Fernando del, "Testamento de Fernando de Rojas, autor de *La Celestina*," *Revista de Filología Española* 16 (1929): 366-388.

Vignau, Vicente, "Inventario de los libros del duque de Calabria (A. 1550)," *Revista de Archivos, Bibliotecas y Museos* 4 (1874): 7-10, 21-25, 38-41, 54-56, 67-69, 83-86, 99-100, 114-117, 132-134.

Wagner, Klaus, "La biblioteca del Dr. Francisco de Vargas, compañero de Egidio y Constantino," *Bulletin Hispanique* 78 (1976): 313-324.

Ward, John O., "Some Principles of Rhetorical Historiography in the Twelfth Century," *Classical Rhetoric and Medieval Historiography*, ed. Ernst Breisach (Kalamazoo: Medieval Institute Publications, 1985), 103-65.

BJ 914 .C37 F35 1995
Fallows, Noel, 1961-
The chivalric vision of
Alfonso de Cartagena